東洋史研究叢刊之七十七

魏晉政治社会史研究

福原啓郎 著

京都大学学術出版会

目　次

目　次

目　次

第二部　社会史篇

目　次

魏晋政治社会史研究

序論

魏晉時代

まず、この小著の標題『魏晉政治社会史研究』の「魏晉」とは、曹魏・西晉両王朝とその時代を指す。本来的には曹魏・両晉（西晉・東晉）を指すのであり、六朝と同義で使われる魏晉南北朝の魏晉はその用法である。もう一つの用法として、曹魏・西晉両王朝のみを指し、曹魏を中核とする三国時代と西晉時代であり、逆に言うならば、東晉を除く。その点では、岡崎文夫『魏晉南北朝通史』〔岡崎一九三二〕の第一章「魏晉時代」（第二章は「東晉五胡時代」）の用法である。この小著ではおもに後者の用法である。というのは、禅譲革命で交替するものの、両王朝の連続性に重きを置き、この時代を一つのサイクルと見るからである。そのサイクルとは、政治的には、分裂から統一への過程である。それは、六朝・隋唐時代の分裂から統一への過程の先蹤と把握することもできる。そして、その開始は後漢王朝の滅亡と曹魏王朝の成立、終末は西晉王朝の滅亡である。それは、名目的には、西暦で言うならば、二二〇年から三一六年までであるが、実質的には、このサイクルの開始は、党錮事件（一六六年。「『演義』にない大事件」金文京氏の言［金二〇〇五］、貴族制成立の源流）、黄巾の乱（一八四年。群雄が登場する、小説『三国志』の開始）、霊帝の歿後の宦官大虐殺（一八九年。群雄割拠の開始）、曹操がその本拠に許県に献帝を迎えたこと（一九六年。曹魏の原点）などに求められる。いずれにせよ、その前半は、曹操が活躍する「三国志」の時代である。つまり、群雄割拠から、三国（もしくは「四国」大庭脩氏の言［大庭一九七二］）に絞られ、西晉により統一され（二八〇年）、その西晉が、八王の乱により自壊し、永嘉の乱により、洛陽が陥落し（三一一年）、実質的には滅亡、さらに長安が陥落し（三一六年）、名実ともに滅亡するのである。

この狭義の魏晉時代の一サイクルは内藤湖南の時代区分では、古代（「上古」）から中世（「中古」）への過渡期である、後漢後半〜西晉（『支那上古史』緒言）の後半に相応するのであり、古代の残滓と中世の萌芽がせめぎあう故の複雑な様相が想定されるのである。拙著『西晉の武帝司馬炎』［福原一九九五］は、この狭義の魏晉時代の展開を、河内の司馬氏を中心に描いた概説である。

そして、この魏晉時代に立ち現われてくるのが、「貴族」である。

貴族・貴族制・貴族制社会――日本における貴族制研究の展開――

「貴族」とは、一般的には、平民に対置する身分階層で、血統・門地ゆえに社会的特権を有する一族を指すが、日本の中国史学界では、六朝隋唐、とくにその前半の六朝時代の階層を指す歴史的概念である。

中国史における歴史的概念としての「貴族」を確立したのは内藤湖南（一八六六―一九三四年）である。湖南の「貴族」に対する認識には段階的な深化がある。第一段階（『支那論』）では、「君主独裁政治」に先行する、いわゆる「唐宋変革」以前の「貴族政治」というように、おもに政治体制の文脈で登場する。しかも、「貴族政治」の時代は、はじめは、古代（「上古」）・中世（「中古」）であったが、のちに、中世のみに絞られる。第二段階（「概括的唐宋時代観」、『支那近世史』）では、貴族の本源と本質を指摘する。本源については、地方の名望家（「概括的唐宋時代観」、『支那近世史』）と中央の官僚（『支那近世史』）という相互規定的な二元論（「その家柄が自然に地方の名望家として永続した関係から生じたもので、もちろんこれは元来幾代も官吏を出したのに基因する」）であり、本質は自立性（「制度として天子から領土人民を与へられたといふのではなく」）であり、貴族が社会的存在であること（ということは、本源としては地方の名望家に重きを置くか）を示す。第三段階（『支那中古の文化』）では、貴族成立の過程を漢代に求め、その本源を、学問（儒学）、そしてその影響を受けた礼儀と名節を重んずる風潮に見出す、貴族の生成論である。［福原二〇〇一b］参照。

この湖南の貴族制論を継承した、「京都学派」に属する研究者の貴族制論を略述する。岡崎文夫氏は「貴族制」の呼称を最初に用いており、貴族（士族）に対する階級的な統制（姓族制。その前提に士庶区別）にもとづく社会制度を指しており、南朝にて成立したとする（ということは、魏晉時代は貴族制の時代ではない）。宮崎市定氏は、君主権の存在の下、官僚制と封建制（中世の本質）の中間形態として、貴族制を想定し、貴族（「士」）は豪族が発達し、政権と結合し、三国時代に成立したとする。宇都宮清吉氏も、門閥〔貴族〕は、漢代に形成された豪族の中の特定の家柄、歴世高位の官職に就くものであり、三世紀に「門閥・豪族」体制が形成されたと考える。注目すべきは、六朝時代の自律性という特徴（「時代格」）や、後漢末の清議の士の基盤として清議（輿論）を指摘している点である。森三樹三郎氏は、「土地貴族」「財産貴族」「官職貴族」（「官僚貴族」）「教養貴族」「世襲貴族」と「貴族」

の多様な性格を示し、根本的な特徴として世襲を指摘し、貴族の条件を、世襲、教養、官職、土地・財産の順にランク付けする。宮川尚志氏は、「天子の意志や国家の興亡と無関係な血統の清貴、族的結合の安固、大土地所有を主とする経済力、朝廷を中心とした官僚界上流社交界における優越、平戦時を通じて郷里において占める政治的社会的勢望を保持しうると考えられるもの」とさまざまな要素を列挙し、とくに「士」という社会的身分を絶対条件というように、重視する。

湖南の貴族制論を、宮崎・宇都宮両氏の考え方も消化し、批判的に継承・展開したのが、川勝義雄氏である。キーワードは「貴族制社会」であり、その貴族制社会の成立を社会構造の変化（後漢の基層社会「里共同体」の変化）に求め、第一の条件として豪族の伸張、第二の条件としてその豪族の領主化傾向に対するレジスタンス運動の高まり、その矛盾の相克から貴族制社会が出現したと考える。その貴族制社会の構造は郷論〔環節〕の重層構造である。川勝氏の貴族制論の特徴として、後漢末の清流勢力（「逸民的人士」）を貴族の直接のルーツとみなし、それと関連して、始めて後漢政治史の大事件である党錮事件や黄巾の乱を貴族制社会の成立過程に位置付けた点である。

谷川道雄氏の貴族制論は川勝義雄氏のそれと重なる。宮崎市定氏の『九品官人法の研究』にもとづき、「官品が郷品によって決定されるという事実は、貴族の身分・地位、本源的にはその郷党社会における地位・権威によって決定されるもの」「貴族を貴族たらしめるものは、本源的には王朝内部にはなくて、その外側にあるわけである」（[谷川一九六六]）と、湖南が主張した貴族の自立性の根源を明示した点は重要である。それとともに、郷里社会の基層構造における共同体の一貫性と変遷（里共同体から豪族共同体へ。ほかに宗教共同体）において、魏晉代の塢の集団の指導者や北朝の賑恤を行う豪族に注目し、世俗的欲望に対する自己規制のモラルを有する豪族共同体の指導者こそが貴族であるというように、貴族を主体的に位置づける。川勝・谷川両氏の貴族制論の骨格は湖南の第二段階の名望家の側面であり、それを継承しているのである。

それに対して、貴族の官僚の側面を強調したのが矢野主税・越智重明両氏であり、その点では、湖南の第二段階の官僚的側面と繋がるのであるが、ただし、両氏は、皇帝権のアプリオリな設定と、突き詰めるならば、六朝貴族制の否定という点で共通しており、矢野氏は王朝権力への官僚の寄生を説き、越智氏は皇帝の一方的な支配体制を前提とする。

貴族論の現在は、「貴族」の呼称と概念は定着し、中国・韓国・欧米など外国へも波及したが、既成概念化する、と同時に、学界全体としての時代区分論争と連動した貴族制論争は終熄し、貴族制論は「消滅」した。最近の個人レベルの貴族制論としては、名望家の側面と官僚の側面の両者の統一をめざす方向（池田温・堀敏一・中村圭爾諸氏ら）、貴族の本質を儒学・文化に求める方向（渡邉義浩氏。内藤湖南の第三段階と類似）、九品中正制度の再検討（堀敏一・川合安両氏ら）、貴族制論が立脚している史料の批判的再検討（安部聡一郎・津田資久両氏ら）などが見られる。［福原二〇一二］参照。

魏晉史の史料の特徴

魏晉史を「復元」することができるものは、すべて「史料」である（その分類は杉山正明「史料とはなにか」［杉山一九九八］、その他、史料の解題などは［平凡社一九五五］［島田一九八三］［山根一九八三］［中林・渡邉一九九六］［渡邉二〇〇七］参照）。であるから、扱いは難しいが、現在の景観も当然のこと史料であり、たとえば、漢魏洛陽故城や褒斜道もそうである。以下、拙著を構成する論考の執筆時に実感した、史料上の特徴を点描したい。

最も直接的な史料として文献史料がある。その文献史料の中心に『三国志』『晉書』などの正史がある。西晉の歴史の「復元」の場合、正史の『晉書』である。ただし、唐の貞観年間、分業による編纂、太宗李世民の関わり、などにより、この唐修『晉書』に対する評価は、「粗略な点の多い」、「不統一や矛盾」、「客観的な史実より、伝奇・小説に素材を求めた記事が少なくない」というようにやや貶められてきた。しかし、その史料的価値は他の正史と比べて遜色ないのであり、六朝時代に著され、すでに散逸している十八家（実際は二十四家）の晉史（太宗「修晉書詔」に「十有八家」）を利用している点を（臧栄緒『晉書』を底本。他の「晉史」を参考。『三国志』の裴注所引の諸史書に相応するであろう）、また、その「伝奇・小説」を含め、「準同時代史料」とも称すべき、同時代に書かれた上奏文や文学作品などが、節略などをともなうものの、引用されている点を意識することが重要である。当然、二段階の編纂（十八家の段階と唐修の段階）を経ているので、より批判的読解が必要であるが。『三国志』『晉書』に含まれる「準同時代史料」を積極的に利用したのが、第一章・第五章・第七章・第九章・第十章である。

史書ではない典籍として『世説新語』がある。この『世説』は、魏晉時代の人物評価に関わる言行の逸話を収集・分類した「小説」であり、「竹林の七賢」ら名士が主役である。その一方、小説『三国志』の主役である関羽・張飛は全く出てこない。フィクションの要素が、史書よりも高いので、扱いは慎重であらねばならないが、史書には概して少ない、当時の人々の心性が直接に反映している点、史料として魅力的である。この『世説』を正面から扱ったのが第八章である。

後世に編纂された文献史料に対して、同時代史料があり、①文字の有無、②素材など（文書などの書写材料の簡牘から紙への移行期である。冨谷至『木簡・竹簡の語る中国古代』、[冨谷二〇〇三]参照）、③伝世品か出土品か、などの基準により、文書史料、金石（石刻）史料、考古史料に分類することができる。

「文書」史料としては、簡牘類（竹簡と木簡・木牘）の長沙呉簡（一九九六年に出土）や郴《ちん》州晋簡（二〇〇三年に出土）、トゥルファン文書、ニヤ・楼蘭晋簡などがある。長沙呉簡を見ると、『三国志』呉書とは接点はあるものの、呉書が描かない世界が広がっていることが、当然のことであろうが、実感される。なお、伝世品として、紙に書かれた北京の故宮博物院所蔵の陸機の尺牘「平復帖」がある（カバーの表の写真。法帖所収の魏晋時代の書として、西晋の武帝（司馬炎）の書や鍾繇の「宣示表」などがある）。ちなみに、戦国魏墓の竹簡である汲冢書が、西晋の咸寧五年（二七九）に出土している。

金石（石刻）史料としては、地下（地中）の墓室から出土した墓誌がある。地中で眠っていたためにおおむね文字は鮮明である。この墓誌を用いたのが第十一章である。それに対して、地上に立っていた顕彰碑（墓碑など）は、魏晋に何度か出された立碑の禁により、漢代に比べて少ない。曹魏では毌丘倹紀功碑・王基碑などがあり、孫呉では禅国山碑など特異な碑がある。西晋の辟雍碑は例外の巨碑である。この辟雍碑を検討したのが第四章である。

考古史料としては、画像甎（嘉峪関古墓など）・明器（神亭壺や動物意匠の古越磁は時代的特徴を示す）などがある。これら出土史料には真偽などの問題がある（「偽刻」「疑刻」「模刻」。第十一章の注（16）参照）。また、文献史料との関係として、補充、訂正など、「二重証拠法」という文献史料と同時代史料のつきあわせがある。

たとえば、左思の妹、左棻については、文献史料として、『晋書』巻三十一、后妃列伝上にその伝が立てられている（左貴嬪の条）。そこでは、諱は「芬」、官は「貴嬪」であったが、金石史料の左棻の墓誌では、諱は「棻」、官は「貴人」と異なっているが、どちらが正しいのか、即断はできない。また、左思には二人の娘があり、かれの「嬌女詩」（『玉臺新詠集』巻二）に、「小字為紈素」「其姉字恵芳」とその字（小字）が記されていたが、左棻の墓誌では「芳、字恵芳」「媛、字紈素」と刻されており、字が一致し、その実在が確認された。また、賈皇后の乳母徐義〔徐美人〕について、文献史料は全く語らないが、徐義の墓誌が出土したことにより、始めて知られるようになった。そして、賈皇后については、『晉書』后妃列伝上の恵賈皇后の条によると、「性酷虐」「荒淫放恣」など悪女として描かれているが、徐義墓誌では「寝食も、美〔人〕〔徐義〕非ざれば、臥さず食わず」と刻されており、それによると、賈皇后は皇后になっても乳母離れしておらず、この落差から実像が結びにくい。両者ともにバイアスがかかっており、鵜呑みにはできないことは確かである。第十一章第三節参照。

以上、おもに文献史料・金石史料、とくに唐修『晉書』・『世説新語』・墓誌などについて述べてきた。言うまでもないことであるが、「復元」のためには、文献史料にせよ、石刻史料にせよ、いずれの史料でも、批判的読解が必要であるのは当然のことである。

各章の要旨と契機

この拙著は第一部の政治史篇〔第一章〜第六章〕と第二部の社会史篇〔第七章〜第十一章〕からなる。以下、各章の要旨を、そのテーマに取り組むきっかけを中心に紹介する。

第一章「魏晉時代における肉刑復活をめぐる議論の背景――廷議における賛成派と反対派の論拠の分析を中心に――」は、曹魏・西晉・東晉の時代に繰り返し起こった、肉刑の復活の是非をめぐる朝廷での議論について、とくに賛成派・反対派それぞれの論拠の分析を中心に論じた。何故に鄭玄や葛洪ら当代を代表する知識人が、肉刑の復活という一見すると時代錯誤的な議論を主張したのか、また、何故に曹操や曹魏の文・明両帝らが意欲を有していたにもかかわらず、肉刑の復活が実現しなかったのか、という二つの疑問が基点にある。第二章「曹魏の明帝――奢靡の皇帝の実像――」は、その肉刑復活に意欲的であった曹魏の明帝を論じたものである。そのきっかけは、何故に諫奏があいつぐにもかかわらず、明帝は宮殿の造営を強行したのか、という疑問である。

第三章「西晉における国子学の創立に関する考察」は、西晉において創立された国子学に関して、とくに西晉での国子祭酒・博士に就いた人物、創立の年時とその背景などに重点を置いて論じたものであり、同じ中央官学である太学がすでに存在していたにもかかわらず、何故に国子学が創立されたのか、また、何故に西晉王朝が創立したのか、という二つの疑問が基点にある。第四章「晉辟雍碑に関する考察」は、その国子学の創立のわずか二年後に建立され、国子学の遺址近くから出土するなど、国子学と密接な関係が想定される、西晉代随一の巨碑である「晉辟雍碑」に関する論考であり、碑陽の刻文の分析により、立碑の背景について考察するとともに、碑陰の題名の分析により、「晉辟雍碑」に刻印されている時代性について考察した。きっかけは、何故にこのような巨碑が立てられたのか、という疑問からである。

第五章「八王の乱の本質」と第六章「西晉代宗室諸王の特質――八王の乱を手掛りとして――」は、ともに西晉王朝の後半に勃発した宗室諸王が主役であるクーデターや内乱などの諸抗争の総体であり、西晉滅亡の要因である八王の乱に関して論じたものであり、第五章は、何故に抗争が連鎖的に繰り返し起こったのか、という疑問がその出発点であり、それぞれの抗争の構造の分析などを試みた。第六章は、何故に西晉の宗室諸王が八王の乱の主役とならざるを得なかったのか、という、第五章の論考の結果により、改めて浮上した疑問がその出発点であり、「藩屛」の役割が期待され地方の要衝に出鎮した宗室諸王の幕下の構造的な特徴や八王の乱の諸抗争に利用された皇帝権の権威などを探索した。

第七章「賈謐の二十四友をめぐる二三の問題」と第八章「西晉の貴族社会の気風に関する若干の考察――

『世説新語』の倹嗇篇と汰侈篇の検討を通して――」はともに西晉の貴族社会の特徴についての論考である。第七章は、元康年間（二九一―九九年）当時の貴族社会に存在し、「二十四友」と呼ばれた「文学集団」の歴史的性格について論じた。八王の乱での宗室諸王と私的に結び付いた寒門・寒人層出身者に対する断罪とは対照的に、永康元年（三〇〇）に起こった賈皇后に対するクーデターにより外戚の権貴である賈謐が誅殺された際に、何故に賈謐と私的に結び付いていた二十四友が罪に問われなかったのか、という疑問がその基点にある。第八章は、『世説新語』の倹嗇篇と汰侈篇に収録されている西晉・東晉の貴族社会の吝嗇と奢侈に関する逸話を、吝嗇と奢侈との関係に留意して分析し、当時の貴族社会の一側面を明らかにするとともに、汰侈篇には奢侈とはいえない、むしろ豪爽篇にでも収めたらよいと思う、豪気についての逸話がいくつか収められていることに疑問をもち、その意味を考察した。

第九章「『銭神論』の世界」と第十章「『釈時論』の世界」は、ともに西晉の恵帝（在位は二九〇―三〇六年）の治世に現われた、「互市」になぞらえられた時世を批判する警世の書を対象としており、第九章は当時の拝金主義の風潮を揶揄した魯褒の『銭神論』を、第十章は当時の選挙の溷濁を批判した王沈の『釈時論』を分析・検討し、当時の選挙の実態に迫った。そもそものきっかけは、『銭神論』の二人の登場人物「司空公子」「綦毋先生」のうち、拝金主義を体現している「司空公子」が批判されていることは当然として、学問や清談を重視する「綦毋先生」も批判されているのは何故かという疑問が湧いたからである。

第十一章「西晉の墓誌の意義」は、西晉時代の墓誌（「墓誌碑」）に取り組んだ論考であり、その過程で、墓誌の地域的な偏在傾向、女性の墓誌の多さなどを見出したのであるが、それが何故なのか、という疑問がきっかけとなり、私なりに当代の墓誌の意義を考察するとともに、中国における墓誌（墓誌銘）の起源について私見を提示した。

第一部　政治史篇

第一章　魏晋時代における肉刑復活をめぐる議論の背景

——廷議における賛成派と反対派の論拠の分析を中心に——

はじめに

後漢時代から魏晋南北朝時代にかけて、中でも魏晋時代において肉刑復活をめぐる議論が活潑になされた。肉刑とは人間の身体のある部分を傷つけるか、あるいは除く刑罰であり、墨刑（黥、いれずみ）・劓刑（はなそぎ）・剕刑（刖、あしきり。左足首切断の「刖左趾」と右足首切断の「刖右趾」とに分ける）・宮刑（男は去勢、女は幽閉）からなる。[1]そしてこれら肉刑は前漢の文帝の十三年（前一六七）に原則的には廃止された。自ら官婢となることで父淳于公の罪を贖わんとした少女緹縈《ていえい》の訴えに心打たれた文帝が、淳于公の罪を許し、肉刑を刑罰から除かせたのである。緹縈の上書の中に「妾は、夫れ死する者が復び生まる可からず、刑せらるる者が復び属《つ》く可からずして、過ちを改め自ら新たにせんと欲すと雖復すれども、其の道由る無きを傷むなり（妾傷夫死者不可復生、刑者不可復属、雖復欲改過自新、其道無由也）」の一節があり、一旦ほどこされるや元にもどらないという肉刑のもつ非人間性こそが肉刑廃止の最大の理由であった。そして肉刑廃止にともない、黥は髡鉗城旦舂（五歳の労役刑）、劓は笞三百、斬左趾は笞五百、斬右趾は棄市（死刑）というように刑罰が改められた。(2) このようにして廃止された肉刑に対し、その肉刑の復活を主張する議論が登場する。張華の『博物志』典礼考に

肉刑は明王の制なり。荀卿（荀子）毎に之を論ず。漢の文帝、太倉公の女（緹縈）の言に感じ、而して之を廃すに至れり。班固、著して宜しく復すべきを論ず。漢末魏初に迄びて陳紀又た宜しく古制を申ぶべきを論じ、孔融は可ならざるを云う。復た之を申べんと欲するも、鍾繇・王朗同じからずして遂に寝む。夏侯玄・李勝・曹羲・丁謐（謐）、私議を建て、各おの彼此有るも、多くは時未だ復すべからざるを云い、故に遂に寝むなり。(3)

また、葛洪の『抱朴子』外篇、用刑に

昔、魏世、しばしば此の事を議す。諸の碩儒達学の洽く殷理に通ずる者、咸な謂えらく、宜しく肉刑を復すべしと。而るに異を意う者、之に駁すも皆な合わざるなり。……(4)

とあり、後漢の班固の議論をはじめとして肉刑復活論がしだいに高まり、後漢末から曹魏・西晋・東晋と、とくに曹魏の時代を頂点に肉刑否定論者との間に議論の応酬が繰り広げられた。しかしその後、東晋末の論争を最後に議論は下火となり、肉刑の復活もついには実現しなかった。

以上のように肉刑の復活は論議されただけで終わり、結局は実現しなかったのであるが、ここにどうしてもわからない素朴な疑問が残る。それは、何故に肉刑復活という一見すると時代の流れに逆行するアナクロニズム的な議論が登場するのか、という疑問である。それも後漢の班固以来くりかえしくりかえし出されるのであり、たとえば『晉書』の刑法志全体のほぼ三分の一はその議論で占められており、その分量は魏晉の律令編纂に関する

記述の分量に匹敵する。しかも訓詁学の大家である鄭玄や『抱朴子』の著者である葛洪ら当代を代表する知識人が主張しているのである。またこの疑問と関連して以下の疑問が出てくる。何故に後漢から東晉にかけて、とりわけ曹魏の時代に肉刑復活をめぐる論争がさかんであったのか。それ以前でもなく、以後でもないのは単なる偶然なのであろうか。何故に、影響力の大きい鄭玄らが主張し、しかも曹操（後漢の丞相、魏王）・曹魏の文帝・西晉の武帝・東晉の元帝や桓玄のように当時の皇帝もしくは実権を掌握していた人物がその復活に意欲をもっていたのにもかかわらず、結果的には肉刑が復活しなかったのであろうか。何故に肉刑賛成論者と肉刑否定論者はそれぞれ持論を主張し、その議論に固執するのであろうか。その両者の議論をささえる理念は如何なるものであり、また両者の相違は根本的に何に由来するのであろうか。以上のような疑問が湧く。ではこれまでこの肉刑復活をめぐる議論はどのように理解し解釈されてきたのであろうか。

肉刑復活をめぐる論争に関する代表的な論文として、重沢俊郎氏の「漢魏に於ける肉刑論」［重沢一九五二］と西田太一郎氏の「肉刑論から見た刑罰思想」［西田一九七四］がある。

［重沢一九五二］では、後漢の班固・仲長統・陳紀の肉刑復活論、つまり肉刑賛成論の論拠には、荀子と同じく犯罪と刑罰とが「称《かな》う」、両者の等価を求める理念が根底にあり、肉刑廃止により重い刑罰である死刑と軽い刑罰である笞刑との中間の刑罰が缺如し、刑罰があるいは偏重し、あるいは偏軽し、刑罰体系を混乱させていると主張、また刑罰の意義として犯人に対する応報と将来の犯罪防止（予防）をみる。そして当初、この肉刑賛成論が優勢であった。それに続く魏の鍾繇・李勝・曹志らの肉刑賛成論も基本的に同じであるが、肉刑反対論との論争の中で、しだいに本来斬右趾にあたる犯罪の死刑回避のみに重点がおかれるようになった。それに対し魏の孔融・夏侯玄らの肉刑反対論は犯罪の原因を犯罪者個人のみに帰するのではなく、社会全体に求め、犯人を更生させるための刑罰を主張、更生を阻害する肉刑の機能ならびに中間刑としての妥当性を否定した。この肉刑否定

論がしだいに優勢となる。こうした肉刑をめぐる論争の変遷は社会の変化と関連しており、前漢における国家権力と豪族勢力との対立が、豪族抑圧のために肉刑廃止を名目とする厳刑主義を生み出したが、豪族の時代である後漢ではその弊害除去のために肉刑廃止論が登場、その後半になると農民層の向上と魏晉時代における人間論の趨勢から人間の生育（生命の尊重）が重視され、肉刑賛成論では死刑回避を、肉刑反対論では犯人の更生を強調した。また魏（曹操が実権を掌握していた後漢末も含める）では曹操以下為政者が肉刑復活を目論み、そのために論争は活潑となったが、賛成論者には曹氏一族や曹氏と利害をともにする人物が多く、反対論者には政権から離れている人物が多い。なお魏律制定に見られる法律思想の発達が刑罰の応報主義や一般予防主義のほかに更生を重視する特別予防主義を出現させたのであろう。まとめると以上のように重沢俊郎氏は論を展開されている。肉刑賛成論・肉刑反対論の論理の分析は正しいと思う。だが肉刑廃止および賛成論・反対論の登場の原因を社会的背景に探究する方向は正当であるが、当時の王朝の性格規定およびそれと前漢の肉刑廃止の政策や後漢から魏にかけての肉刑をめぐる論議の登場との結び付きは機械的すぎるように思われる。また題名からもわかるように西晉以後の肉刑論に言及されていない点が残念である。

それに対し、［西田一九七四］では、後漢から東晉にかけて、および唐での肉刑復活論と反対論の主要な論者とその論点をまとめ、それに魏律・晉律での刑罰規定を対応させている。そして最後に肉刑復活論と反対論全体の要点を整理している。肉刑復活論は、［ア］文帝が廃止した肉刑のうち死刑となった斬右趾の復活、［イ］差の大きすぎる死刑と髡鉗刑の間に中間刑としての肉刑の必要性、［ウ］犯罪の手段の除去という肉刑の特別予防主義としての効果、［エ］世人に威嚇を与えるという肉刑の一般予防主義・威嚇主義としての効果、にまとめられる。それに対し反対論は、［オ］肉刑が残酷であるという事実、［カ］罪人は心身ともに善良な状態に導くべきであるという教育主義的傾向にまとめられる。肉刑復活論も反対論もともに国家の最高原理である儒教を基盤とし、その上で議論しているのであるが、肉刑が原則として復活されなかったという事実から刑罰思想において教育主義的傾向が有力になってきているのであり、中国の刑罰制度の中で「五刑」の中間刑が肉刑から徒刑（労役刑）に移行するが、その中に夏侯玄の人民の生活を安定させ、教化によって犯罪の発生を防止し、もし犯罪が起これば教育刑によって罪人を改悛させる（改悛しない徹底的悪人、つまり「妖逆」のみは死刑にする）という考えに代表される肉刑反対論の教育主義的な考え方が労役刑の要素に含まれるのであろう。西田太一郎氏は以上のように論を展開されている。肉刑反対論の教育主義的傾向と、この時期に形成されていった律の「五刑」の中間刑としての労役刑との対応に注目している点は鋭く、示唆を多く含む。また肉刑復活論者および反対論者の個々の要点、および復活論・反対論の要点を箇条書きに整理されているのは適確であり非常に参考になる。しかし、たとえば肉刑復活論の並列された要点の中でこの時代において何が最も根底的問題なのか、さらに知りたいと思う。

以上、［重沢一九五二］［西田一九七四］の論文を要約し、注目すべき論点、問題点を指摘した。私が提出した疑問に対し、［重沢一九五二］では、豪族の時代である後漢において豪族勢力抑圧のための肉刑廃止を名目とする厳刑主義を緩和するために肉刑復活論が登場した、と説明されるが従いがたい。また、［西田一九七四］では、魏晉で編纂された律との対応関係を指摘される点は示唆的であるが、直接には触れておられない。

本章では、魏晉時代の論争、とくにときの朝廷での論議における賛成派および反対派の議論の内容を、その論拠を中心に分析し、その結果を踏まえて、二つの疑問の解明を試みたい。

第一節　肉刑復活の是非をめぐる論争の特徴

魏晋時代における肉刑復活の是非をめぐる論争の推進派、賛成派と阻止派、反対派、それぞれの議論の内容の分析に入るにさきだち、まず論争の経緯とその特徴を考察したい(5)。

そもそも肉刑復活論の系譜は前漢末後漢初めに始まり、中でも班固がその著『漢書』の巻二十三、刑法志で展開した議論はその後の肉刑復活論の原点に位置する(6)。そして後漢後半、とりわけその末年に崔寔・鄭玄・陳紀ら「名儒大才」（『晉書』刑法志）(7)や、ともに曹操の幕下に辟召された傅幹・仲長統・荀悦ら(8)、あわせて葛洪が言う所の「諸の碩儒達学の洽く殷理に通ずる者」（「はじめに」）、降って西晋では曹志・葛洪(9)、東晋でも王隠・袁宏と、陸続と肉刑復活論者が輩出した。

肉刑復活論の出現に対して、「漢朝は既に其の事を議せず。故に用うる所無し」（『晉書』刑法志）と当初後漢王朝はとりあげなかったが(10)、建安年間（一九六―二二〇年）に至り曹操の登場により、一転してこの脈脈たる肉刑復活論の底流が朝廷を舞台にした論争の場に浮上し、以後、魏晋時代を通じて都合八回の論争が行われたのである。この諸論争に関して、とくに賛成派と反対派の対比に重点をおいて整理したのが表1‐1「後漢末から東晋にかけての肉刑復活の是非をめぐる論争」であり、この表を参考に個々の論争の経緯を検討したい。

表1－1　後漢末から東晋にかけての肉刑復活の是非をめぐる論争

	王朝	元号	皇帝と輔政の権臣 *は肉刑復活論者	肉刑復活論者	反対論者	備考
A	後漢	建安	献帝 *曹操	［荀彧］	孔融	
B	後漢［魏王国］	建安	献帝［魏王*曹操］	陳羣 鍾繇	王脩 王朗	魏王国の藩廷での論争
C	魏	黄初	*文帝	鍾繇		
D	魏	太和	*明帝	鍾繇	王朗	
E	魏	正始	廃帝（斉王芳） 曹爽 司馬懿	李勝	夏侯玄 曹羲 丁謐	「正始の音」に属する人士による「私議」
F	西晋		*武帝	劉頌		廷議に至らず
G	東晋	太興	*元帝	衛展 王導 刁協	周顗 王敦	
H	東晋	元興	安帝 *桓玄	蔡廓	孔琳之	

［A］最初の論争は後漢の建安年間の初期、おそらくは官渡の戦い（建安五年（二〇〇））以前に起こったのであろうが(11)、献帝を許県に迎え、司空を拝し実権を掌握した曹操は肉刑の復活を目論み、曹操の意を受けた尚書令の

荀彧がその是非を広く漢廷の百官に諮ったが、朝廷では少府の孔融が主張した反対論に同調する者が多数を占めた[12]。

［B］続いて建安年間の末期、曹操が魏公から魏王に進封された（建安二十一年（二一六）四月）後のこと[13]、曹操が封ぜられた魏王国の都の鄴の藩廷に舞台を移して再び論議が起こった。魏王曹操は魏国の御史中丞の陳羣に命じてその父陳紀の肉刑復活論にもとづき、それを敷衍させ、肉刑の利便なる点を主張させた。それに対して魏国相国の鍾繇は賛同したが、孔融の故吏で当時魏国郎中令であった王脩は時期尚早を唱えて反対、王朗ら多くの人士も王脩の反対論を支持した結果、賛成派の旗色が悪いと判断した曹操は心中では陳羣らの肉刑復活論に賛同していたにもかかわらず、藩王国の立場から漢王朝の制度の改革を論議すること自体僭越であること、かつ戦乱が収まっていないことなどを理由に論争そのものを一旦うちきった[14]。

［C］魏の文帝曹丕の黄初年間（二二〇―二二六年）の初期に、文帝の命により肉刑復活に関して論争が始まったが、結論を出すに至らず、そうこうするうちに戦役が勃発し、またもや論争そのものがうちきられた[15]。

［D］魏の明帝の太和年問（二二七―二三三年）の初期に[16]、太傅の鍾繇の上奏をきっかけに、明帝が詔を下して論議を尽くさせた。今回の論争はそれに加わった者が百人を超すという大規模なものであったが、反対派の司徒王朗の議論に賛同する百官が多数を占め、その結果、呉・蜀二敵国がいまだに平定されていないという当時の対外情勢を理由に論議がまたもうちきられた[17]。

［E］魏の廃帝（斉王芳）の正始年間（二四〇―四九年）、哲学を主題とした清談で名高い「正始の音」の主要メンバーによる論争が起こった。夏侯玄とかれの故吏であった李勝の二人を中心に曹羲や丁謐らも参加し、肉刑そのものの是非をめぐり、とりわけ夏侯玄・李勝両人の間では「凡そ往復すること十六たび」（『通典』巻一六八、刑典、肉刑議）というように白熱の議論が応酬され、双方ともに自説を譲らなかったが、この場合も時期尚早論が

大勢を占め、論争が終わった。この論争の場合、「私議を建て、各おの彼此有り」（『博物志』典礼考）とあることからもわかるように、朝廷を舞台とした公の論争ではなく、あくまでも仲間内での「私議」の応酬であり、そこでは国家の制度の改革に関する論争という性格は薄れ、その反面、純粋な意味での肉刑そのものに関する認識が深められた[18]。

［F］西晋の武帝の治世（二六五―九〇年）において、廷尉の劉頌が頻繁にその立場から肉刑復活の必要を上奏したが、武帝自身も個人的には賛同するも、結局は握りつぶされ、朝廷での論争を開かせるまでには至らなかった。さらに武帝の治世の末期にも当時淮南相であった劉頌が他の問題とともにまたも肉刑の復活を建白したが、とりあげられなかった[19]。

［G］東晋が成立してまもない元帝の太興年間（三一八―二一年）[20]、廷尉の衛展の肉刑復活すべし、との内容の上奏をとりあげた元帝は内外に詔して通議せしめた。王導・賀循・紀瞻・庾亮・梅陶・張嶷らが賛成論を展開、また刁協・薛兼らも条件付きの賛成論を主張、一方それら賛成論に対して周顗・曹彦・桓彝らは反対論の論陣を張り、双方ともに錚錚たるメンバーが名を連ねており、魏の太和年間の論争（［D］）以来の朝廷を揺るがす大論争となった。三者の議論が上奏され、裁断を下すべき元帝自身、「猶お（衛）展の上す所に従わんと欲す」（『晋書』刑法志）と肉刑復活に心が傾いていたが、結局は王敦の上奏に従い断念した[21]。

［H］東晋末の安帝の元興二年（四〇三）[22]、相国を拝し輔政の任にあった桓玄は制度改革の一環として肉刑復活に意欲を燃やし、百官に命じて論議させたところ、蔡廓は賛成の議論を上奏したが、孔琳之は王朗・夏侯玄の論旨を引いて反対論を唱え、当時の輿論も孔琳之に同調したので、結局実施には移されなかった[23]。

以上、魏晋時代の、より厳密に言うならば後漢末から東晋末までの［A］～［H］の八回にわたる論争の経緯を概観した[24]。まず気が付くのは［E］の魏の正始年間の「私議」とよばれた論争を除けば、いずれも時の朝廷、もしくはそれに準ずる藩廷（［B］の後漢王朝下の魏王国）の場での論争、すなわち「廷議」「朝議」であり[25]（［F］の西晉の場合は廷議が開かれるに至っていないが）、それらの廷議には個々の経緯において、以下の共通した要素（［I］～［Ⅳ］）が見出されるのであり、それ故にその要素をもとに当時の廷議の基本的なパターンが浮かび上がる。

［I］廷議のきっかけとしてまず肉刑復活論者の働きかけ、すなわち肉刑の復活を主張する上奏がある。上奏した人物として、［B］の陳羣、［C］［D］の鍾繇、［F］の劉頌、［G］の衛展らがおり、刑獄を所管とする廷尉（大理）の現職もしくは前任者（［C］の鍾繇、［F］の劉頌、［G］の衛展）である場合が多い。なお［A］の荀彧は尚書令として司空曹操の意を受けて広く朝臣に意見を徴しており、［B］の陳羣の場合、藩廷でのことであるので、献帝に対する上奏ではなく、はじめに魏王曹操の指示があり、それに応える形で上申している。

［Ⅱ］この上奏に対し、肉刑復活に意欲をもつ皇帝もしくは権臣、曹操・魏の明帝・東晉の元帝と法術主義の立場の人物が多いが、公平な立場から広く意見を徴するという内容の詔勅を下すことにより廷議が開始される。［C］の魏の文帝、［D］の明帝、［G］の東晉の元帝がその典型であり、［C］の場合、「文帝、羣臣を饗するに臨むに及びて、詔して謂えらく、……、公卿、当に善く共に議すべし、と」、［D］の場合、「詔して曰く、……公卿・羣僚、善く共に平議せよ、と」（以上、『三国志』鍾繇伝）、［G］の場合、「内外に詔して通議せしむ」（『晉書』刑法志）とある。なお、［A］［B］の曹操の場合、［A］では司空として漢廷において、［B］では魏王として魏国の藩廷において、むしろ主導者として働きかけており、その点では［H］の桓玄の場合も同様である。また［F］の西晉の武帝の場合、劉頌の上奏を尽く却下しており、廷議の開始に至っていない。

［Ⅲ］朝廷もしくは藩廷を舞台に、肉刑復活の上奏を支持する一派とそれに反対する一派との間で論争が展開される。「議する者百餘人」（［D］、『三国志』鍾繇伝）というように朝廷を揺るがす大規模な論争もあり、しかも

「詳議するも未だ定まらず」（〔C〕、『晉書』刑法志）というように双方相い譲らず、決着がつかなかったが、「朝廷、之（孔融の議論）を善しとす」（〔A〕、『晉書』刑法志）、「衆議を顧み、故に且く寝む」（〔B〕、『三国志』陳羣伝）、「議する者百餘人、〔王〕朗と同じくする者多し」（〔D〕、『三国志』鍾繇伝）、「時論、多く〔孔〕琳之と同じ」（〔H〕、『晉書』刑法志）と、一貫して反対派が優勢であった。なおこの状況から推量するに、〔F〕の西晉の武帝も当時の肉刑復活反対の空気を察していたからこそ、自身賛成でありながらも劉頌の上奏を却下したのであろう。

〔Ⅳ〕皇帝もしくは輔政の任にある権臣が、たとえば「且く寝む」（〔B〕、『三国志』陳羣伝。〔D〕、『三国志』鍾繇伝）というように、一旦中断という形式でもって廷議をうちきる。中断の理由としては、「軍事未だ罷まず」（『晉書』刑法志、王敦の議論）と、戦役の勃発や継続、あるいは魏の場合は呉・蜀、東晉の場合は五胡諸国という敵国が存在する戦時下であること、また〔B〕のように、藩国である魏の立場で漢王朝の制度の改革を論議することと自体不遜であることなどが挙がっているが、そうした表向きの理由に対して、より決定的な理由は要するに反対の輿論の優勢であり、それ故に表面的には廷議の局外で中立を保つ皇帝による廷議のうちきりは、実質的には肉刑復活を実現せんとした皇帝・権臣および肉刑復活論者の輿論の前での敗北であり、その結果、肉刑の復活は実現しないのである。

以上、〔E〕の「私議」を除く〔A〕～〔H〕の廷議は、典型的には、〔Ⅰ〕肉刑復活の上奏→〔Ⅱ〕皇帝の命による廷議の開始→〔Ⅲ〕廷議→〔Ⅳ〕皇帝の命による廷議の中止、という経過をたどっており、魏晉時代においてこれらの同じパターンの廷議が繰り返すのは、肉刑復活をめぐり賛成派と反対派とがせめぎあい、ある意味では両者が相い拮抗していたからであろう。つぎに、第二節と第三節において賛成派・反対派それぞれの論拠を、議論の分析を通して考察したい。賛成派・反対派の論拠の考察はおのずから「はじめに」の冒頭で掲げた二つの疑問それぞれと対応しており、それらの解明に繫がるであろう。

第二節　賛成派の論拠

肉刑復活論者、すなわち班固に始まる肉刑復活論者と魏晉時代の廷議・私議における賛成派、推進派の朝臣からなるが、その議論のおもな論拠をあわせて、時代順に列挙したのが表1-2「肉刑復活論者とその論拠」である。なお、論拠の分類は西田太一郎氏が〔西田一九七四〕の中でまとめておられる（二三六頁）のに従った。それが以下の四点であり、「はじめに」でも挙げたが、再度列挙する。〔ア〕（前漢の）文帝が肉刑を廃止したときに代替された、死刑より軽い斬右趾の復活。〔イ〕死刑と髡鉗刑（労役刑）の差が大きすぎるから中間刑としての肉刑の必要性。〔ウ〕肉刑による犯罪の手段の除去（特別予防主義）[26]。〔エ〕肉刑による世人への威嚇（一般予防主義・威嚇主義）。以下、〔ア〕～〔エ〕の論拠を個別に分析する。

第一に〔イ〕の中間刑の缺如を論拠とする議論を検討したい。班固は『漢書』巻二十三、刑法志において、まず犯罪と刑罰のつりあいを強調する『荀子』の正論篇を引用した上で、「いったい肉刑を排除したのは本来人民を傷つけて不自由にさせるということがないように願ったからである。現在『髡鉗』（髡鉗城旦舂、五年の労役刑）から一ランク〔重くなると〕、一転して『大辟』（死刑）の範疇に入る。死刑でもって人民を網にかけるように罰するのは本来の恩恵〔という趣旨〕を失っている。だからこそ命を落とす者が毎年、万単位で数えるほど〔多数にのぼるのは〕、刑罰が重いということがもたらした結果である。窃盗、怒りにかられての傷害、男女の姦淫、

表1-2　肉刑復活論者とその論拠
○は議論中で言及された論拠
◎はとくに力説された論拠

王朝	肉刑復活論者（ラテン大文字は表1-1の廷議）	斬右趾の矛盾［ア］	中間刑の欠如［イ］	特別予防主義［ウ］	一般予防主義［エ］
後漢	班固	○	◎		
	陳紀	○	○	○	
	傅幹				
	仲長統		◎		
	陳羣B	○	○		
	荀悦	◎			
魏	鍾繇B	○			
	鍾繇D	◎			
	李勝（E）	○	○	○	○
西晋	曹志				○
	劉頌F	○	○	◎	○
	葛洪	○	◎		◎
東晋	衛展G	○			
	王導G	○	○	○	○
	刁協G	○			
	王隠	◎		○	
	袁宏		◎		
	蔡廓H	◎			

官吏の不正な取り込み、このような悪事に対しては『髡鉗』の刑罰では十分に懲らしめることができない。だからこそ受刑者が毎年、十万単位で数えるほど〔多数にのぼり〕、人民は〔刑罰を受けることを〕畏れないばかりでなく、全く恥じないのは、刑罰が軽いことが生み出した結果である。それ故に世間でいう有能な官吏は公然と窃盗犯〔のような本来ならば中間刑を科せられる罪人〕を殺して人々を威嚇し、勝手に〔罪人を〕殺す者が職務にかない、法規を守る者は治めることができないとされる[27]」と、肉刑廃止により実質的な中間刑が欠如し、そのために中ランクの犯罪に対応する刑罰がなく、そうした犯罪に対して、一方では死刑という刑罰が重すぎ、刑死者が膨大な数にのぼるのであり、その一方で労役刑と

いう刑罰が軽すぎ、犯罪が跡を絶たず、また官吏が威嚇のために恣意に罪人を殺す、と論ずる。すなわち、肉刑廃止による中間刑欠如が惹き起こす偏重・偏軽がもたらす二つの弊害、莫大な刑死者と多発する犯罪・官吏の私的威嚇、を指摘する。この班固の議論により［イ］の論拠は尽くされている。なお、このうち刑罰偏重の問題が［ア］の斬右趾復活の論拠と重なる。

後漢末年に曹操の公府の参軍であった仲長統はその著『昌言』の損益篇の中で、「肉刑が廃止されると、〔刑罰の〕軽重に『品』（等級）がなくなり、……」[28]と、班固の議論と同じ趣旨で論じているが、ただ偏重の面において刑死者が多数である点ではなく、生き返らない点を強調している。西晉末の葛洪はその著『抱朴子』の外篇、用刑の中で、国家にとって法律・刑罰は徳教の補助手段として必要不可欠なものであると論じ、さらに刑罰の中でも肉刑については班固・仲長統と同じ論旨を展開し、その上で「現在、肉刑を用いなければ、死刑に当たる罪に次ぐ罪はいつも裁くことができない[29]」と、その必要性を説く。東晉の袁宏もまず「徳化」と「刑辟」を併用しなければならないと論じ、それを踏まえて、刑罰の中でも中間刑としての肉刑の必要性に説き及ぶ。特徴的であるのは偏軽がもたらす弊害の面を強調し、「だからこそ受刑者が多く、乱世が治まらないのである[30]」と論ずる点である。そこには中間刑の缺如が犯罪と刑罰の「称」（『荀子』正論篇。つりあい）、さらには「応報」「懲悪」という法の理念が機能するのを阻み、その結果、現実に社会問題を惹き起こしているという現状認識があり、徳刑併用主義者の警世の書では刑罰の問題が国家存立の根幹にかかわる重要な問題として位置づけられるが故により深刻に受け止められているのである。

以上は個人の著作の中での議論の論拠であるが、廷議でも［F］の劉頌、［G］の王導それぞれの上奏の一節、「今、死刑重し。故に非命なる者衆し。生刑軽し。故に罪、姦を禁ぜず。然る所以の者は肉刑用いざるの致す所なり」、「又た死刑は太だ重く、生刑は太だ軽し。生刑は上に縦にし、死刑は下に怨む。軽重当を失す。故に刑政中らざるなり」と、その論拠の一つとして挙げられている。[31]

［ア］前漢の文帝の肉刑廃止により、それによる刑罰の軽減化という詔勅の趣旨に反して、廃止された肉刑の中で斬右趾は棄市に代替され、以前よりも刑罰が重くなるという矛盾が存在していた、少なくとも魏晉人にはそのように認識されていた。[32]前述のように班固以下の論者は［イ］の中間刑の缺如の矛盾のうち偏重の面としてこの矛盾を指摘しているが、現存する史料の範囲内で廷議において最初にこの問題点に言及したのは［B］の陳羣であり、かれは父陳紀の肉刑復活論の要点を紹介した上で、「漢律の殺す所の殊死の罪は仁の及ばざる所なり。其の餘の死に逮ぶ者は以て刑殺す可し」と、斬首刑が適用される殺人罪（「殊死之罪」）以外で死刑に当てられていた犯罪（「其餘逮死者」）、すなわちかつて肉刑廃止以前では斬右趾を適用していた犯罪には減刑して（「刑殺」）、肉刑（斬右趾）を適用すべきであると、この問題の解決を訴えている。[33]また同じ頃に荀彧のいとこで献帝のもとで秘書監、侍中を歴任、曹操の幕下にもいたことがある荀悦がその政治・社会論である『申鑒』の中で斬右趾のみの復活を主張している。[34]この陳羣と荀悦の議論を引き継ぎ、明確に斬右趾のみの復活を廷議の場にて最初に主張したのは鍾繇である。鍾繇は［D］の廷議において、「本もと右趾（斬右趾）に当たるを出だし、而して大辟（死刑）に入るる者は、復た此の刑を行わん」と、斬右趾の復活を主張し、「其れ黥・劓・左趾（斬左趾）・宮刑は、自ら孝文（前漢の文帝）の如く、易うるに髠・笞を以てせよ」と、荀悦と同じく斬右趾以外の肉刑の復活には反対する。[35]さらに肉刑は残虐であるという反対派の批判を事前に避けるためであろうか、斬右趾の受刑者に従来の死刑との間での選択を認めるというように譲歩している。なおこの鍾繇の議論に対して、反対論者の王朗は従来の労役刑（「髠刖（刑）」）による代替、それが軽すぎるのであるならば、当時実施されていた最も長い居作の年限五年をさらに倍にした労役刑を創設し、あくまでも斬右趾という肉刑を復活することなく労役刑の範囲内での代替による解消を提唱して対抗している。[36]その後、東晉初めの［G］の廷議では、衛展が斬右趾の復活に眼目を置

いたのであろう肉刑復活論を上奏、それに対し王導らは全面的に賛成し、刁協らも鍾繇と同じく死刑か斬右趾かの選択の餘地を残すという条件付きで賛同している[37]。東晉末の［H］の廷議は「肉刑の斬左右趾（斬左趾と斬右趾）の法を復し、以て死刑を軽くせん」とする桓玄の命により始まった[23]。この場合、死刑の軽減というのであるからには基本的には鍾繇の議論の趣旨と同じであるが、何故か前漢の文帝の肉刑廃止時に髠鉗城旦舂（と笞五百）で代替され消滅した斬左趾も加わっている。この桓玄の命に応じた蔡廓は「酸惨之声」のみで効果が上がらない黥・劓の復活を否定した上で、死刑の軽減としての斬左右趾の復活に賛成する議論を展開した[38]。以上のように、肉刑復活論者、とりわけ魏晉時代における廷議での賛成派は一貫してこの［ア］の論拠である肉刑廃止による矛盾の解消に焦点を絞り、肉刑の中でも斬右趾のみの復活の実現をめざしたのである[39]。

　この［ア］の論拠の背景を探りたい。荀悦は『申鑒』時事篇にて論ず[34]。現在のように人口が極端に減少した時代には寛容な政策を採用し、それでもって寡少な民草を撫綏《ぶすい》するのが筋であり、それ故に原則的には肉刑を復活させる必要はないのであるが、ただ本来生刑に当てられるべきであるのに死刑となっている場合は寛容政策の一環として生刑としての肉刑を例外的に復活してもよい、と論を展開し、その上で「古の肉刑の除かるる自り、斬右趾は死なり。惟うに肉刑を復するは、是れ死するを生かし、而して民を息わすを謂うと」と、肉刑の中でも斬右趾のみの復活を主張する。そこには人口が激減した乱世における人民対策としての寛容主義の方針が存在している。この考え方は鍾繇の議論の中にも見出すことができる。「今、天下の人、孝文（前漢の文帝）の世よりも少なし。下に全うせしむる所を計るも、歳ごとに三千人なり。張蒼（前漢文帝時の丞相）、肉刑を除くや、殺す所、歳ごとに万を以て計う。臣、肉刑を復し、歳ごとに三千人を生かさんと欲す」（『三国志』鍾繇伝）と、斬右趾の復活により、ひかえめに見積っても毎年三千人もの死刑囚を生かすことが可能であるという。同様の指摘はすでに班固の議論にも「死する者、歳ごとに万を以て数う」とある。［G］の東晉初めの王導も現在死刑に処さなくともよい罪人の数が「歳ごとに巨を以て計る」（『晉書』刑法志）と言う。斬右趾を復活するならば死なずにすむ罪人の数がかくも膨大なことは、とりわけ「今や至って寡なし」（荀悦）、「今、人戸は彫荒、百に一も遺らず」（衛展）、「況んや今、千に一も遺らず」（王隠）と、実感を込めて表現する「今」、後漢末から三国（荀悦）、および西晉末から東晉初め（衛展・王隠）の、戦乱により人口が激減し、さらにその少ない人間をも当時の政権が十分には把握しがたい時代にあっては、死刑囚本人を生かし、その上、その子孫を期待しうる斬右趾の復活が当時の政権にとって魅力ある政策と映ったであろうことは首肯できる。それは罪人の立場に立って、死に代えて生を与え、人民に仁政をほどこすという、人道主義的な寛容政策の方針、すなわち荀悦の議論に見られた見地（重沢俊郎氏は「人間尊重の倫理的立場から誘発された」として鍾繇をも挙げる（［重沢一九五二］一一〇頁））をも一方では含みつつ、廷議という現政権の政策を論議する立場では、東晉初めに王隠が庾亮に建白した文章に「上古は人民が多かったが、それでもなお人民の生命をいとおしみ、だからこそ外敵を防ぐことができた。ましてや現在は〔上古と比べて〕千人に一人も遺っていないのであるから、上古以上に〔人民を〕生かし、それにより強大な寇賊（前趙と後趙）を征伐すべきである。かりにこれを改めること（「断支」、斬右趾の復活）ができたならば、年間に数万人の生命を活かすことになり、かれらが生む数も同様になるであろう。このようにして十年たてば、生まれるのが数万にものぼるであろう。『断支』を執行した後、刑罰に従って〔刑徒を〕使役させれば、人民も失わず、労働力も不足しない。富国強兵とはこういう状態をさすのである」[40]と、明確に論ずるように、現政権のために刑徒を駒のように活用せんとする意図、そこには冨谷至氏が論ぜられた漢代の労役刑を主体とする刑罰体系がもつ功利性[41]と基本的には同じ発想が感ぜられるが、を窺うことができる。この意図こそが、寛容の方針と並んで、廷議における賛成派がその実現を望んだ大きな理由であったと考えられる。

しかし、より根本的には、「息民」というように人民・罪人の立場に立ち寛容の精神から主張した荀悦を例外として、肉刑のうち斬右趾のみに限定しての復活は鍾繇ら廷議における賛成派の論拠であり、しかも［イ］の中間刑の缺如との関連でいうと偏軽の部分を捨てており、さらに斬右趾と死刑の選択の餘地を残すという譲歩をしたり（鍾繇・刁協）、荀悦の寛容主義を援用するなど、そこに共通するのは廷議における反対派の「残虐」の非難を回避するための手段であり、本来的には賛成派の根底には［イ］の論拠があったのではないかと推測される。

［ウ］の特別予防主義は陳紀・李勝・劉頌らの議論に見出すことができる。陳紀と李勝とは、「若し古刑を用い、淫する者をして蚕室に下し、盗む者をして其の足を刖れば、則ち永く淫放・穿窬の姦無からん矣」（陳紀）[42]、「盗みは其の足を断ち、淫は而して之を宮すれば、改めざると欲すと雖も、復た安くんぞ施す所あらんや」（李勝）[43]と、ともに窃盗・姦淫の再犯防止のために刖刑・宮刑が、また劉頌は「その悪事を為すための道具を除去すれば、その悪人が用いることができず、再び欲するがままにさせないであろう。姦悪を阻止し、根本から絶つのは道理の極みである。逃亡する者は足を刖れば〔足を〕用いて再び逃亡するわけはなく、盗みをする者は手を截れば、〔手を〕用いて再び盗みをするわけはなく、姦淫する者は去勢すれば、道理としてまた同様である。悪を除き源を塞ぐ最善の方法である」[44]と、逃亡・窃盗・姦淫の再犯防止のために「刖足」「截手」「割勢」が挙げられており、それぞれの犯罪に直接に関わる身体の部位を除去すれば、「悪の源を塞ぎ、絶ち」、当然のことに再犯が不可能であると論ずる。受刑者の将来の再犯を防止するという点では、改悛・更生による再犯防止を目的とする教育刑とは全く異なるが、形式的には確かに特別予防主義の一種であり、仁井田陞氏は「中国における刑罰体系の変遷」［仁井田一九五九］の「中国旧法の同害刑と反映刑」において、反映刑思想を見出されるように[45]、古い刑罰思想であり、また応報刑思想と結び付きやすく、その点では肉刑復活の積極的な論拠とは言い難い。ただ劉頌の場合、その上奏の前半において流徒刑に服役する刑徒の逃亡が続出している事態を訴えており、その対応策として特別予防主義を論拠として刖刑の復活を改めて提唱している[46]。この劉頌の逃亡再発防止のために刖刑を科すという考

え方は、その後東晉の王導や王隠[47]、降って北宋の曾布[48]の議論にも見られ、さらに、原則的には肉刑復活に反対する孔琳之の議論においてさえも、逃亡罪に対する例外措置として肉刑復活が認められていることは注目に値する[49]。

［エ］の一般予防主義（威嚇主義）の代表的な議論は葛洪が『抱朴子』外篇、用刑の中で展開している。「〔肉刑を受けた者は〕死ぬまで残毀の身である。人々の中でそれを目にして、寒心せざる者はいないであろう。まことに未だ犯さざる者を粛慄せしめ、それでもって将来にわたって顕示する点では死刑をもしのぐ。死刑が重くないのではない。しかし、処刑して三日たち、遺体を運んで埋棄すれば、知らない者も多く、見ていない者も多い。以上のようであるから、肉刑を受けた者の方が摽戒を為す場合が多いのである」と、肉刑を死刑と比較し、はるかに長きにわたり人目にさらすという点で「百姓」に対して犯罪抑止の効果があると論ず[50]。

この一般予防主義の威嚇説はほかに陳羣（［B］）をはじめ、李勝（［E］）・曹志・劉頌（［F］）・王導（［G］）の議論の中にも見出すことができる[51]。

以上、四つの論拠を検討してきた。その相互の関連は、［イ］中間刑の缺如が魏晉時代を通じて肉刑復活をめぐる論争の底流に存在し、［イ］の偏重の部分にあたる［ア］斬右趾廃止の矛盾が廷議における賛成派の最大の論拠であり、［ウ］特別予防主義と［エ］一般予防主義が［ア］［イ］の補強の役割を果した。そして注目すべきは、肉刑特有の色彩を加えるものの、［イ］と［ウ］［エ］の論拠の根幹にはすでに『荀子』正論篇で明らかにされている「凡制刑之本、将以禁暴悪、且懲其未也」、すなわち犯罪に対する応報と将来への予防という二つの法理念が内包されているのであり、逆に言うならば両者をその精神にあわせもつという条件を満たしている刑罰として肉刑が班固以来再び脚光を浴びるのであるが、その点ではその廃止以前の原則的には労役刑と結び付いていた肉刑とは異なり、それ故に復活というものの事実上の誕生と言い得るであろう。『晉書』刑法志の「是の時、天下将に乱れんとし、百姓に土崩の勢い有りて、刑罰以て悪を懲らしむるに足らず。是に於いて名儒大才……咸な以為らく、宜しく復た肉刑を行うべし、と」の記事を信ずるならば、後漢末に至り、「乱世」に際会して、治安維持のための「懲悪」が果せない従来の刑罰に代る肉刑の復活が、国家存亡に関わる喫緊事として「名儒大才」によって高唱され、それが魏晋時代の論争の発端となったのである。(52)

第三節　反対派の論拠

何故にすべての廷議において反対派が優勢であったのであろうか。反対派が廷議の場において優勢であった点、たとえば［D］の魏の太和年間の廷議での「議する者百餘人、［王］朗（反対論者）と同じくする者多し」など、すでに第一節の廷議のパターン［Ⅲ］で列挙した記事により明らかである。肉刑が実施されていないこの時代、反対論は肉刑復活を実現せんとする人士が起こした論争の場において始めて登場するのであるが、廷議に参加した人士の多くがこの反対論を支持しており、当時の朝廷を中心とする輿論の大勢が肉刑の復活に反対であったことがわかる。そしてこの輿論の大勢に対して、肉刑復活に執着する皇帝やあるいは実権を掌握する輔政の権臣といえどもその輿論に逆らい肉刑の復活を強行することができなかったのである。では反対論が廷議の場において支持された、輿論に受け容れられた最大の論拠はどこに求めることができるであろうか。

まず、第二節と同じく西田太一郎氏のまとめに従うと反対派の論拠はつぎの二点である。［オ］肉刑が残虐である。［カ］罪人を心身ともに善良な状態に導くべきだ。(53)

代表的な反対論者として、孔融（［A］）・王脩（［B］）・王朗（［B］［D］）・夏侯玄（［E］）らの名が挙がるが、かれらの中で、［カ］の受刑者の立場に立ち、その更生を図るという教育主義的な傾向はすでに孔融の議論にその萌芽を見出すことができ、そしてそれをさらに明確に打ち出したのが夏侯玄であった。孔融の説では「一旦肉刑をほどこされた者は生きる望みを失い、死ぬことを思い、かれらの多くは悪の道に走る傾向があり、更生することはない」と、受刑者の立場から考えて、肉刑に処せられた受刑者には更生の餘地がないという缺陥を指摘する。(54) さらに夏侯玄の説では、まず人民の生活を安定させ、教化によって犯罪の発生を防止し、もし犯罪が起これば、教育刑によって罪人を改悛させ、改悛しない徹底的悪人、つまり「妖逆」のみを死刑にすればよい、と論理的に議論を進める。(55) すなわち罪人を更生不可能な徹底的悪人と更生の可能性がある罪人に二分し、前者には死刑を、後者には教育刑をあて、それ故に原則的にはその間に肉刑が存在する餘地を認めないのである。この夏侯玄の説は、論理的展開は西欧近代の刑法思想史上の近代学派（新派）のリスト（Franz von Liszt）が論じた、目的刑論の特別予防主義に属する教育刑論を想起させるが、［E］の魏の正始年間の「私議」、すなわち廷議のもつ政策論争の様相を払拭した、純粋に学問的な白熱した論争を通じて育み深められた、当時の最も先進的な刑罰に対する考え方であった。

ところが、孔融の伝に「朝会・訪対ある毎に、〔孔〕融輒ち正しきを引き議を定め、公卿・大夫皆な名に隷うのみ」（『後漢書』孔融伝。『続漢書』は「隷名」を「寄名」につくるが、ともに議主である孔融の議文に連署するの意）(12) とあり、あたかも廷議での反対論の支持者が無条件に孔融の議論に賛同しているかのように描かれており、オピニオンリーダーとして朝廷における輿論を主導した孔融の、この場合は肉刑復活に対する反対論の趣旨を、他の反対派人士がどこまで理解して賛同したのか、大いに疑問が残るところであり、さらに「私議」で出された夏侯玄の説が廷議という公の場における、政治的判断が優先する論争での反対派に対してどれほど影響を与えたのかも疑問である。少なくとも［E］の論争は魏の正始年間のことであるから、時期的にはそれに先行する［A］～

［D］の広義の曹魏政権下における一連の廷議での反対派の論拠にはなり得ない[56]。以上のように、廷議、とりわけ初期の曹魏政権下の廷議における反対派の論拠の中に、［カ］の罪人を心身ともに善良な状態に導くべきだ、という受刑者の更生に重点を置く考え方は希薄であったと言わざるを得ない。

ここで注目すべきは、［B］の魏王曹操の藩廷における論争において王脩が展開した反対論は、「時、未だ行うべからず」（『三国志』王脩伝）と、肉刑の復活が時期尚早であるという趣旨であり、王朗はじめこの論争に加わった人士の多くも王脩の議論を支持している事実である（『三国志』陳羣伝）。また［E］の李勝対夏侯玄・曹羲・丁謐の「私議」においても、「各おの彼此（あれこれ）有るも、多くは時未だ復すべからざるを云い、故に遂に寝むなり」（『博物志』典礼考）とあり、同様に［G］の東晉初めの廷議での周顗ら反対派は「肉刑は平世応に立つべき所にして、弊を救うの宜しきに非ざるなり。……、聖化漸く著われ、兆庶威し易きの日を須ちて徐ろに施行するなり」（『晉書』刑法典、『通典』刑法典、肉刑議[57]）と、肉刑は社会が安定した太平の世に施行すべき刑罰であり、乱世である現時点では見合わせるべきであると議論を展開しており[58]、より明確に反対派の論拠を知ることができる。重要であるのはこの王脩らの反対論の趣旨では肉刑そのものは否定されていない点である[59]。このように肉刑そのものを否定しない反対論者が、廷議において肉刑復活に反対する最大の論拠は何かといえば、［オ］の肉刑のもつ残虐性に対する反撥である。たとえば［E］の魏の正始年間の「私議」で肉刑復活を主唱する李勝は「今の諸もろの議する者（反対論者）、唯だ断裁を以て虐しと為すのみ[60]」と、反対論者が肉刑の残虐性ばかりを強調すると論じており、確かに反対論者の議論の内容には、「前世の仁者、肉刑の惨酷なるを忍びず」（［D］の王朗の議論[61]）に代表されるように、「虐」「惨酷」「酸惨」など肉刑の残虐性を表現する用語が頻出するが[62]、注意すべきは、「［殷の］紂王は［冬の］早朝に川を渡る人の脛を斮《き》り（『尚書』泰誓下）、天下の人々は無道を為したと思った」（［A］、孔融の議論）、「今、再び肉刑を実施すれば、軽減されたという文章が万民の目に触れる前に、肉刑を実施したという風聞がすでに寇讐（呉と蜀）の耳に達するでありましょう。遠国の人を帰順させる方策ではありません」（［D］、王朗の議論）とあり、反対論者はかりに「残虐」な肉刑が復活した場合に生ずる、人心に与える影響を憂慮するのである[63]。そしてそれは葛洪が『抱朴子』外篇、用刑で「［魏の武帝（曹操）は］ただ二陲（孫権と劉備）が未だに賓従しておらず、遠人で至理を理解しない者はにわかに中国（中原）では人の四肢を刖《き》り、人の耳鼻を割くと聞けば、すなわち「酷虐を為す」と評判を立てるであろうと考え、故にしばらくの間、かりに停止し、四方が併合されるのを待っていただけである」[64]と、曹操が敵対する勢力に酷虐の風評が流れるのを恐れて、肉刑の復活を当座は断念したことを伝えており、また［G］の東晉初めの廷議では、王敦が「突然に肉刑を復活すれば、必ずや遠近を駭《おどろ》かせることになりましょう。且つ逆賊が未だに滅びておらず、「惨酷」の風評を満天下に聞かせるべきではありません」と奏上したことにより、逡巡していた元帝は最終的に肉刑の復活を断念している（『晉書』刑法志）。以上の曹操・東晉の元帝の例から明らかなように、反対論が強調する肉刑の残虐性が肉刑復活に意欲を燃やしていた皇帝や輔政の権臣にその復活を思いとどまらせ、見送らせているのである。当時の政権、とくに後漢末の群雄割拠、ついで三国鼎立の時代の曹魏政権や永嘉の乱直後に成立し北方の五胡政権と相い対峙していた東晉政権など、緊張した対外関係の下での脆弱な政権にとっては肉刑復活を強行した場合に予測される当政権に対する国内外における「残虐」の評判が、肉刑に対する見方がそのままその政権に対する見方に直結するのであるが、人心の離反を招き、それがただちに流動化した社会において人々が敵国から帰順しないばかりか、逆に敵国に流出するであろうという、現政権の基盤を揺るがす致命的な事態を予測し危惧するからである。政策の是非を論議する場である廷議での反対派にとって最大の問題は肉刑そのものの刑罰としての是非如何にあるのではなく、肉刑復活がもたらす政権の存亡にかかわる衝撃こそが問題なのであり、それ故にその復活を阻止せんとする。その点、賛成派が如何に肉刑が古き良き時代に制定されたとその正当性を主張し[65]、あるいは残虐さにおいて肉刑を死刑と比較して反論しても、[66]如何せん、反対派の論拠を覆すことができなかったのである。かくして廷議の場において、それを開いた皇帝や肉刑復活論者の意図にもかかわらず、反対派の優勢裏に、表面的には皇帝の命による廷議そのものの打ち切りという形でもって、実質的には肉刑復活の案が、それにより解決せんとした矛盾を持ち越したまま、葬り去られたのである。

第四節　肉刑復活をめぐる廷議の意義

以上、第二節と第三節では私の二つの疑問に答えるために賛成派と反対派のそれぞれの論拠を考察したが、この節ではまず、魏晉時代における肉刑の復活をめぐる廷議を当時の政治史、とりわけ曹魏政権下のそれとの関連とに留意して考察したい。

廷議、とりわけ［A］～［D］のそれにおける賛成派と反対派のそれぞれの論者はともに基本的には肉刑そのものを否定しているわけではなく、[67]また肉刑に付着する残虐のイメージの前に、前者は斬右趾のみの復活を、後者は肉刑復活の時期尚早を唱えるが、突きつめれば両者の間に根本的な見解の相違があったわけではなく、前者は実質的な中間刑を回復すること、すなわち「懲悪」「応報」を果すことにより、公権としての政権・国家の権威・威信を打ち建てようとしたのであり、それに対して後者は公権としての政権・国家の基盤である輿論・人心に重きを置くのであり、両者がともに公権とかかわる権威・威信と輿論・人心とのいずれを優先するかの点に帰着するのである。政権・国家の公権性を成立させている両要素が、乱世において、しかも脆弱なる政権・国家なるが故に、引きさかれ、対立が尖鋭化するのであり、そのジレンマとして露呈したのが肉刑の復活をめぐる廷議であったのである。逆に当時の政権・国家が公権性を獲得するための必要十分条件が浮かび上がる。ここで興味深いのは肉刑のもつ残虐というイメージである。たとえば、魏の敵国である呉の張悌が曹氏と司馬氏を対比した議論の一節に「曹操はその功績が中夏を蓋い、その威光が四海を震わせはしたが、権詐をたっとび術数にたより、征伐はやむことがなく、民衆はその威光を畏れはしたものの、その仁徳に懐いたわけではない。曹丕（文帝）、曹叡（明帝）が継承した後も、『惨虐』なやりかたを引き継ぎ、内には宮殿を造営し、外には英雄豪傑（呉と蜀か）を恐れ、〔その征伐のために〕東奔西走し、一年として平穏なときはなく、そのために曹氏が民心を失ってすでに久しい」（『三国志』巻四十八、呉志、三嗣主伝、孫晧、天紀四年の条、裴注所引の『襄陽記』）とあり、魏の曹氏三代は「惨虐」であると論じ、その「惨虐」の具体的な内容として宮殿の造営と呉蜀に対する親征を挙げているが、それらは実は新興の魏王朝およびその皇帝の権威を高めんがための方策であった（［福原一九九五］六五―六六、一三〇―一三一、三二一―三二四頁参照）。実現したか否かの違いはあるが、同じく曹氏三代の時代に浮上した肉刑の復活も同一線上で把握できるのではないか。

なお、曹氏三代の時代の廷議［A］～［D］での肉刑復活論者、荀彧・陳羣・鍾繇と反対論者、孔融・王脩・王朗に関して、重沢俊郎氏（［重沢一九五二］一一八頁）は、前者に曹氏一族や曹氏と利害をともにする人物が多く、後者に政権から離れている人物が多い、と論ぜられ、確かに前者は曹操とはより緊密で信任されており、後者は一定の距離が感ぜられ、また川勝義雄氏の範疇でいえばともに清流派であるが、さらには前者が潁川グループであるのに対して後者は北海グループ、吉川忠夫氏の範疇でいえば前者が権道派であるのに対して後者は党人派（「正論派」）の色合いが濃い[68]が、むしろ同じく清流派に属するという点で共通しており、現在でいえば官僚的側面と代議士的側面をあわせもつ当時の官僚貴族のいわばペルソナの両面であり、前述のように根本的な相違はな

かったのではないか。(69)

おわりに

以上、魏晉時代における肉刑の復活をめぐる論争のもつ意義を論じてきたが、多分に私の主関心である魏晉政治史の文脈に引きつけて解釈するきらいがあった。そもそも廃止以前の肉刑とその廃止に関して改めて焦点をあてるならば、肉刑の性格を考察する上で示唆的であるのは滋賀秀三氏の見解である。滋賀氏は「刑罰の歴史――東洋――」〔滋賀一九七二〕と「中国上代刑罰についての一考察」〔滋賀一九七六〕の中で、中国上代における刑罰、つまり死刑と肉刑の基本観念は社会からの追放であったと論ずる。また前漢の文帝による肉刑の廃止は、冨谷至氏の秦漢の刑罰体系に関する一連の論考、「秦漢の労役刑」〔冨谷一九八三〕、「ふたつの刑徒墓――秦～後漢の刑徒と刑期――」〔冨谷一九八七a〕、『古代中国の刑罰、髑髏が語るもの』〔冨谷一九九五〕によると、死刑・肉刑・労役刑・身分刑・徙遷刑など各種の刑罰からなる秦の刑罰体系を、死刑以下の刑罰を労役刑（強制労働刑）に一本化し、髡鉗城旦舂（五年）以下、刑期でもって段階づけた、漢独自の刑罰体系へ改正したのが文帝の刑法改正であり、肉刑の廃止はその刑罰体系全体の改革の一環であった、と論ぜられており、さらに「文帝の刑法改正は、このように政策を重視した功利的なものといえるが、政策のもつ功利性のなかで缺落したもの、それは理念であった。班固は、刑法志を結ぶにあたり、荀子のことばを借りて肉刑復活論を展開する。肉刑の廃止は、従来肉刑に備わっていた犯罪に対する応報と将来に向けての威嚇という刑罰の基本的精神を没却したのであるという班固の主張は、その後も引き継がれていく。これは政策重視のなかで失われた法理念復活の提唱であったといえよう」（[冨谷一九八三]）と、すでに魏晋時代における肉刑復活論の登場の背景を示しておられる。また籾山明氏は「秦漢刑罰史研究の現状」[籾山一九九五]の中で、前漢の文帝の改制以前の（無期）労役刑はアルカイック（archaic）な刑罰の域を脱しきれず、肉刑とは一体であり、肉刑の廃止は必然的に無期労役刑の改訂（刑期の設定）を意味し、ここに労役と肉刑は完全に分離した、と論ぜられている。ということは、魏晋時代における肉刑の復活を推進する動き、基本的には社会からの追放という本来の意義を失い、また労役とは本来的には結び付かず、廃止以前の肉刑とは異なるという点では、復活というよりも事実上の創設であるが、その目的である法理念の回復が、秦漢帝国の崩壊を受けた魏晋王朝下において政権・国家の存立に関わる、それ故に喫緊の政治課題としてその実現が要請されたのであろうか。

肉刑の復活は実現しなかったのであるが、では肉刑の復活にその解決が託された矛盾は如何なる形で解消がはかられたのであろうか。それを考える上で新たなる問題として浮上してくるのは、一、同時代に並行して行われ、『晉書』刑法志を肉刑をめぐる論争と二分する魏晋時代における律令の編纂（魏の明帝の治世に魏の律令が、さらに西晉の武帝の泰始四年（二六八）に泰始律令が完成）、およびその運用にあたっての、犯罪と刑罰との対応のよりどころを律令のみに限定し、官吏による専断を否定した、劉頌（[F]の肉刑復活論者）の「罪刑法定主義」の考え方の出現と如何なる点において連関するのか、二、六朝時代における肉刑に代る新たな中間刑の成立とそれら刑罰からなる新たなる「五刑」（『尚書』呂刑の「五刑」、墨・劓・剕・宮・大辟という肉刑と死刑からなる刑罰体系に対して）、すなわち笞・杖・徒・流・死の確立と、それが隋唐の律令の律の冒頭の総則規定である名例律の第一に置かれたこと（『唐律疏議』巻一、名例律）と如何に繋がってゆくのか、という一点である。

最後に今一度、本章の内容をまとめるならば、後漢から肉刑の復活、実際には中間刑としての肉刑の創設の議論が起こり、それを踏まえて、曹魏から東晉にかけて、何度も廷議など公の場でその賛否をめぐる政策論争が起こったが、結局は復活する（創設される）ことはなかった。魏晉政治史でのこの論争の意義を考えるならば、「私議」ではなく、公の政策論争の場において、賛成派は肉刑の中でも死刑に代替されていた斬右趾のみの復活、反対派は肉刑そのものの否定ではなく、その実施の時期尚早、というように、両者の間に根本的な見解の相違はないのである。曹魏前半当時の士大夫に絞り、川勝義雄氏・吉川忠夫両氏の分類と現代政治の立場でもって分けるならば、賛成派は潁川グループ・権道派・官僚、反対派は北海グループ・党人派・代議士であるが、両者ともに同じく清流派の流れを汲み、官僚的側面と代議士的側面をあわせもっていたのである。両者の分岐点は、脆弱な政権、国家にあって、当時の公権としての国家（政権）の必要十分条件である、権威の確立と輿論（人心）の支持のいずれを優先するかの判断であり、両者のせめぎあいの中で、賛成派は反対派の最大の根拠である、輿論（人心）の反撥を招来するであろう肉刑が本来的に有する残虐のイメージを覆すことができず、反対派優位の中で、肉刑が復活する（創設される）ことはなかったのである。

次章では肉刑復活の意欲を有していた曹魏の明帝について、肉刑復活とも通底する宮殿造営の意図を中心に考察する。

注

（1）『尚書』呂刑では五刑として大辟（死刑）のほか、墨辟・劓辟・剕辟・宮辟が挙げられている。『周礼』秋官、司刑でも墨・劓・宮・刖・殺を五刑とする。『漢書』巻二十三、刑法志では「凡殺人者踣諸市、墨者使守門、劓者使守関、宮者使守内、刖者使守囿、……」とある。なお崔寔の『政論』（『後漢書』列伝巻四十二、崔駰伝、崔寔）には「漢初有鯨・劓・斬趾・断舌・梟五刑」とある。

（2）『史記』巻十、孝文本紀、十三年五月の條、巻一〇五、扁鵲倉公列伝と『漢書』巻四、文帝紀、巻二十三、刑法志。なお宮刑に関して、文帝の詔勅では「今法有肉刑三」とあり、この三種類の肉刑、すなわち黥・劓・斬左右趾を廃止しており、宮刑に言及していないが、その後宮刑も廃止され、次の景帝の治世に復活したらしいが問題が残る。

（3）張華『博物志』巻六、典礼考、「肉刑、明王之制、荀卿毎論之。至漢文帝感太倉公女之言而廃之。班固著論宜復。迄漢末魏初、陳紀又論宜申古制、孔融云不可。復欲申之、鍾繇・王朗不同、遂寝。夏侯玄・李勝・曹羲・丁謐建私議、各有彼此、多去時未可復、故遂逭焉」。范寧氏の『博物志校証』［范寧一九八〇］の校勘記に従い、「去」を「云」、「逭」を「寝」に改めて読んだ。

（4）葛洪『抱朴子』外篇、用刑、「昔魏世数議此事。諸碩儒達学、洽通殷理者、咸謂宜復肉刑。而意異者駁之、皆不合也。魏武帝亦以為然、直以二陲未賓、遠人不能統至理者、卒聞中国刖人肢体、割人耳鼻、便当望風謂為酷虐、故且権停、以須四方之幷耳。通人揚子雲（揚雄）亦以為肉刑宜復也。但廃之来久矣。坐而論道者、未以為急耳」。なお葛洪自身は「用刑」で論じている内容から肉刑復活論者であることがわかる。

（5）最も基本的な史料は『晉書』巻三十、刑法志（その訳注は内田智雄編『訳注中国歴代刑法志』［内田一九六四］）。沈家本『歴代刑法考』［沈家本一九〇九］刑法分考、巻五、議復肉刑、程樹徳『九朝律考』［程樹徳一九二六］巻二、魏律考、魏肉刑之議、巻三、晉律考上、晉肉刑之議など、重沢俊郎「漢魏に於ける肉刑論」［重沢一九五二］、西田太一郎「肉刑論から見た刑罰思想」［西田一九七四］を参照。また肉刑復活論を引用した論考として濱口重国「漢代の笞刑に就いて」［濱口一九三七］がある。

（6）『抱朴子』用刑によると、前漢末の揚雄が肉刑復活論者である。注（4）参照。後漢の光武帝の建武十四年（後三八）、直接に肉刑が問題となった論議ではないが、梁統ら群臣が肉刑復活を含む刑罰の強化を上奏し、それを受けた光武帝は詔を下して三公・廷尉ら公卿に論議させた。光禄勲の杜林が上奏して反対論を出し、梁統も自説を主張したが、杜林の議論が採用されて決着がついている。杜林は古文学者。袁宏『後漢紀』巻六、建武十二年の條。『東観漢記』杜林伝。『後漢書』列伝巻十七、杜林伝。『晉書』刑法志。［西田一九七四］二三〇頁参照。実質的な最初の肉刑復活論者である班固は、自分の著作である『漢書』（巻二十三）の刑法志の中で自説を展開しており、この班固の肉刑復活論はのちの魏晋時代における論議の中で重視されるようになるが、当時の朝廷においてそれにもとづき論議がなされた形迹はない。『通典』巻一六八、刑典、肉刑議、『博物志』巻六、典礼考の記事。注（3）参照。

（7）崔寔（実）（もと遼東太守）の議論については、『後漢書』列伝巻四十二、崔駰伝、崔寔所収の『政論』、『晉書』刑法志、『通典』刑典、肉刑議、『太平御覧』巻六四八、刑法部、論肉刑（『政論』）。『晉書』刑法志と『通典』刑典では肉刑復活論者として扱われている。〔重沢一九五二〕一一二―一一四頁参照。鄭玄（大司農）の議論については、『晉書』刑法志と『通典』。訓詁学の大家で律の章句をつくる。陳紀（大鴻臚）の議論については、『魏志』巻二十二、陳羣伝、『晉書』刑法志、『通典』刑典、『博物志』典礼考。『陳子』の著作がある。陳羣の父（〔重沢一九五二〕一〇八頁参照）。

（8）荀悦の議論については『申鑒』巻二、時事。ほかに『漢紀』などの著作がある。〔西田一九七四〕二三一頁参照。仲長統の議論については、『昌言』損益篇（『後漢書』列伝巻三十九、仲長統伝）。〔重沢一九五二〕一〇七―一〇八頁、〔西田一九七四〕二三一頁参照。

（9）曹志の議論については、『藝文類聚』巻五十四、刑法部、刑法、『太平御覧』刑法部、論肉刑（『王隠晉書』、ここでは曹彦となっている）。曹氏の一族。〔重沢一九五二〕一一一―一一二頁参照。葛洪の議論については、『抱朴子』外篇、用刑。葛洪は道教確立に寄与した道士。

（10）『晉書』刑法志、「是時天下将乱、百姓有土崩之勢、刑罰不足以懲悪、於是名儒大才故遼東太守崔寔・大司農鄭玄・大鴻臚陳紀之徒、咸以為宜復行肉刑。漢朝既不議其事、故無所用矣」。『通典』刑典、肉刑議、「後漢献帝之時、天下既乱、刑法（罰）不足以懲罪。於是名儒大才崔実・鄭玄・陳紀之徒、咸以為宜復肉刑」。

（11）孔融が曹操に殺されるのが建安十三年（二〇八）八月壬子のことであるから（『後漢書』本紀巻九、献帝紀）、論争が起こったのが建安十三年以前であることは確実である。さらに『後漢書』列伝巻六十、孔融伝では論争の記事の後に建安五年（二〇〇）の記事がある点を勘案するならば、おそらくは論争は建安五年以前に起こったのであろう。建安元年（一九六）九月に曹操が献帝を許県に迎えた直後の「是に至りて、宗廟・社稷の制度、始めて立つ。〔是の歳〕始めて屯田を興す」（『三国志』巻一、魏書、武帝紀）という情勢下でのことではないか。

（12）『晉書』刑法志の「及魏武帝（曹操）匡輔漢室、尚書令荀彧博訪百官」の箇所の記載が、北宋版『通典』巻一六八、刑典、

肉刑議では「及曹公令荀彧、博訪百官」と明白に曹操が荀彧に指示したことになっている。『太平御覧』巻六四八、刑法部、論肉刑の『続漢書』。『後漢書』孔融伝。なお『三国志』巻十二、魏書、崔琰伝裴注所引の『続漢書』に「建安元年、徴還為将作大匠、遷少府。毎朝会訪対、輒為議主、諸卿大夫寄名而已」（『後漢書』孔融伝では「及献帝都許、徴〔孔〕融為将作大匠、遷少府。毎朝会訪対、融輒引正定議、公卿大夫皆隷名而已」）と朝廷での論争では「議主と為り」「正しきを引き、議を定め」というように孔融が主導権を握っていたことがわかる。渡辺信一郎『天空の玉座』〔渡辺一九九六〕、第Ⅰ章第一節注（2）参照。

(13) この論争に加わった鍾繇が魏国の相国になったのは建安二十一年（二一六）八月であり、同二十四年（二一九）九月に免官されているので（『三国志』武帝紀）、〔B〕の論争はこの期間に起こった可能性が高く、当時曹操は魏王であった（『三国志』武帝紀では建安二十一年五月に魏公から進封。『後漢書』献帝紀では四月甲午に繫ぐ）。

(14) 『晋書』刑法志、「及魏国建、陳紀子羣時為御史中丞。魏武帝下令、又欲復之、使羣申其父論。羣深陳其便。時鍾繇為相国、亦賛成之。而奉常王脩不同其議。魏武帝亦難以藩国改漢朝之制、遂寝不行」。『通典』刑典、肉刑議も『晋書』刑法志とほぼ同文。ただ「王脩」を「王循」につくる。『三国志』巻十三、魏書、鍾繇伝、「初、太祖（曹操）下令、使平議死刑可宮割者。〔鍾〕繇以為、……。議者以為、非悦民之道、遂寝」、同巻二十二、魏書、陳羣伝、「魏国既建、遷為御史中丞。時太祖議復肉刑、令曰、……。〔陳〕羣対曰、……。時鍾繇与羣議同、王朗及議者多以為、未可行。太祖深善繇・羣言、以軍事未罷、顧衆議、故且寝」。また同巻十一、魏書、王脩伝に「初平中（一九〇—九三年）、北海〔相〕孔融召以為主簿・守高密令。……魏国既建、為大司農、郎中令。太祖議行肉刑、〔王〕脩以為、時未可行。太祖採其議、徙為奉尚」とあり、王脩はかつて〔A〕の論争で反対派の中心であった孔融の故吏であり、また当時、王脩は奉尚ではなく郎中令であったことがわかる。

(15) 『三国志』鍾繇伝。建安二十五年（延康元年、二二〇）正月に曹操が歿し、曹丕が魏王を嗣ぎ、同年十月に漢魏の間で禅譲が行われた。鍾繇は曹丕が魏王を嗣ぐや魏国の大理、二月に同御史大夫、曹丕が即位するや廷尉を拝命。文帝の詔の中の「大理」は同じ職務である廷尉のことかもしれないが、論争が九品官人法の制定と同じく曹操の死から禅譲革命の間に起こった可能性をも残す（『三国志』巻二、魏書、文帝紀）。

(16) 太和年間の論争における反対派の王朗は太和二年（二二八）十一月に歿している（『三国志』巻三、魏書、明帝紀）。

(17) 『三国志』鍾繇伝。『太平御覧』刑法部、論肉刑の『魏志』。

(18)『通典』刑典、肉刑議。『博物志』巻六、典礼考、「……夏侯玄・李勝・曹羲・丁謚〔謐〕建私議、各有彼此、……」。この論争に参加している夏侯玄・李勝・曹羲・丁謐らは宗室の曹氏、および曹氏の同郷で、かつ曹操の父嵩の実家であり、その後も曹氏と通婚を幾重にもかさねた夏侯氏を中心に形成されたグループに属しており、このグループは明帝に「浮華」のレッテルを貼られて排斥されたが、正始年間に曹爽が実権を掌握するや官界に復帰し、何晏と王弼らが中心となり、「正始の音」と称される哲学などを主題とする清談を行っていた。しかし正始十年（二四九）の司馬懿のクーデターによりほぼ潰滅した。『三国志』巻九、魏書、曹真伝、附曹爽伝。同伝裴注所引の『魏略』。同夏侯尚伝、附夏侯玄伝。同伝裴注所引の『魏略』。なお『魏略』に「〔夏侯〕玄嘗著楽毅・張良及本無肉刑論、辞旨通遠、咸伝于世」とあり、夏侯玄には『本無肉刑論』という題をもつ著論があったことがわかる。『通典』刑典、肉刑議に「夏侯太初（太初は玄の字）著論曰、……」と記し、それに続けて収載する議論『本無肉刑論』の一部であろう。なお朝廷での論争（廷議）と私議との関係はちょうど清議と清談との関係に対応するのであろう。〔福原一九九五〕六九―七二頁参照。

(19)『晋書』刑法志、「及劉頌為廷尉、頻表宜復肉刑、不見省。又上言曰、……。疏上、又不見省」。『通典』刑典、肉刑議（以下、〔王文錦他一九八八〕による）に「晋武帝初、廷尉劉頌上言曰、……。疏上、又不見省」とあるが、『晋書』巻四十六、劉頌伝に「……除淮南相。……〔劉〕頌在〔淮南〕郡上疏曰、……。又論肉刑、見刑法志。詔答曰、得表陳、……任刑斉法、宜復肉刑、……、諸所陳聞、具知卿之乃心為国也、動静数以聞。元康初、従淮南王允入朝」とあり、『晋書』刑法志、『通典』刑典はともに廷尉とするが、その内容を載せている劉頌の上奏はおそらくは淮南相のときのものであろう。淮南王允が始封されたのは太康十年（二八九）十一月のことであり、翌年四月に武帝が歿するのであるから（『晋書』巻三、武帝紀）、劉頌の原文の伝わる最後の上奏は武帝の最晩年のことになる。なお武帝が当初から肉刑復活に賛同していたことは劉頌の上奏の中に「臣昔常侍左右、数聞明詔、謂、肉刑宜用、事便於政」と述べていることから窺われる。武帝の賛同にもかかわらず、肉刑復活の実現どころか、それに関する朝廷の論争さえ開かれず、劉頌の執念は実らなかった。

(20)この論争に参加していた賀循が太興二年（三一九）七月に歿しているので（『晋書』巻六、元帝紀）、論争が起こったのはそれ以前のことである。また刁協の肩書きは尚書令であるが、刁協が尚書左僕射から尚書令に昇進したのが太興元年（三一八）六月のことであるので（『晋書』元帝紀）、論争が起こったのはそれ以後の可能性が高い。

(21)『晋書』刑法志、「及〔元〕帝即位、〔衛〕展為廷尉、又上言、古者肉刑事経前聖、……愚謂宜復古施行、以隆太平之化。詔内外通議。於是驃騎将軍王導・太常賀循・侍中紀瞻・中書郎庾亮・大将軍諮議参軍梅陶・散騎郎張嶷等議、以……。尚書令刁協・尚書薛兼等議、以為……。尚書周顗・郎曹彦・中書郎桓彝等議、以為……。議奏、元帝猶欲従〔衛〕展所上。大将軍王敦以為……。於是乃止」。

(22)『晉書』刑法志では「至安帝元興末、桓玄輔政、……」と、元興年間（元年―三年、四〇二―〇四）の末期とするが、『資治通鑑』はこの記事を元興二年（四〇三）十月に繫ぐ。このことからもわかるように、桓玄は元興二年十二月壬辰に帝位を奪い、元号を「永始」に改めており、この場合の「元興末」とは、偽元号「永始」以前の元興の末年、つまり元興二年のことであろう。

(23)『晉書』刑法志、「至安帝元興末、桓玄輔政、又議欲復肉刑斬左右趾之法、以軽死刑、命百官議。蔡廓上議曰、……。而孔琳之議不同、用王朗・夏侯玄之旨。時論多与琳之同、故遂不行」。『晉書』巻九十九、桓玄伝では「……議復肉刑、断銭貨、迴復改異、造革紛紜、志無一定、条制森然、動害政理」と、桓玄が意図した、幣制改革などからなる一連の制度改革の一つとして肉刑の復活がとりあげられたことがわかる。『宋書』巻五十七、蔡廓伝、および同巻五十六と『南史』巻二十七の孔琳之伝参照。

(24) 魏晉以降の王朝下でも論争が散発的に起こったり、あるいは一時実施されたりしている。たとえば五胡十六国時代の鮮卑族慕容部の前燕・後燕・南燕の各王朝での廷議（『晉書』巻一二八、慕容超載記）、南朝梁での一時実施（『梁書』巻二、武帝紀中、天監十四年正月辛亥の条）、唐の太宗の貞観元年の廷議（『資治通鑑』巻一九二、唐紀、貞観元年の条。『唐律疏議』巻二、名例律、応議請減。『大唐六典』巻六、刑部）、北宋の神宗の熙寧三年の廷議（『続資治通鑑長編』巻二一四、熙寧三年八月戊寅の条）。

(25) 永田英正「漢代の集議について」〔永田一九七二〕、中村圭爾「南朝における議について――宋・斉代を中心に――」〔中村一九八八a〕、渡辺信一郎『天空の玉座』〔渡辺一九九六〕第I章など参照。以下、永田氏の用語「廷議」を用いる。廷議の中でも少なくとも［D］［G］は漢代の「大議」の系譜をひく「内外博議」「通議」であろう（〔渡辺一九九六〕参照）。

(26) 四つの論拠のほかに、議論の冒頭で上古の理想的な帝王が制定したと論じ、肉刑を正当化することが多い。重沢俊郎氏が言われるところの「古典的根拠」（〔重沢一九五二〕一一〇頁）。［D］の鍾繇、「古之肉刑、更歴聖人。……孝文（前漢文帝）革法、不合古道。……思復古刑、為一代法」（『三国志』鍾繇伝）。傅幹、「雖湯武之隆、成康之盛、不専用礼楽、亦陳肉刑之

法。而康哉之歌興、清廟之頌作。由此推之、肉刑之法、不当除一也。……拠経按伝、肉刑不当除有五験」（『藝文類聚』刑法部、刑法）。［F］の劉頌、「議者拘孝文之小仁、而軽違聖王之典刑。……聖王之制肉刑、遠有深理、其事可得而言」（『晉書』刑法志）。［G］の衛展、「古者肉刑、事経前聖。……愚謂宜復古施行、以隆太平之化」、［G］の王導ら、「肉刑之典、由来尚矣。肇自古先、以及三代、聖哲明王所未曾改也」（『晉書』刑法志）。［H］の蔡廓、「肉刑之設、肇自哲王」（『宋書』蔡廓伝）。なお［E］の「私議」では李勝と丁謐の間で、古の聖人が肉刑を制定したか否かをめぐって議論を戦わせている。李勝「且肉刑之作、乃自上古。書載、五刑有服。又曰、天討有罪、而五刑五用哉。割劓之属也。周官之制、亦著五刑。歴三代、経至治、周公行之、孔子不議也」、丁謐「堯典曰、……、咎繇曰、……、呂刑曰、……。以此、肉刑在於蚩尤之代、而堯舜以流放代之。故黥劓之文、不載唐虞之籍、而五刑之数、亦不具於聖人之旨也。……」（『通典』刑法典、肉刑議）。

（27）［内田一九六四］「漢書刑法志」、［重沢一九五二］一〇六—一〇七頁参照。

（28）『後漢書』列伝巻三十九、仲長統伝、「肉刑之廃、軽重無品。下死則得髡鉗、下髡鉗則得鞭笞。死者不可復生、而髡者無傷於人。髡笞不足以懲中罪、安得不至於死哉。夫鶏狗之攘窃、男女之淫奔、酒醴之賂遺、謬誤之傷害、皆非値於死者也。殺之則甚重、髡之則甚軽」。［重沢一九五二］一〇七—一〇八頁、［西田一九七四］二三一頁参照。

（29）『抱朴子』外篇、用刑、「……及於犯罪、上不足以至死、則其下唯有徒謫鞭杖。或遇赦令則身無損。且髡其更生之髪、撾其方愈之創、殊不足以懲次死之罪。今除肉刑、則死罪之下無復中刑。在其間而次死罪、不得不止於徒謫鞭杖。是軽重不得不（衍字）適也。又犯罪者希而時有耳。至於殺之則恨重、而鞭之則恨軽。犯此者為多。今不用肉刑、是次死之罪、常不見治也」。

（30）『三国志』鍾繇伝の裴注、「袁宏曰、……今大辟之罪、与古同制。免死已下、不過五歳。既釈鉗鎖、復得歯于人倫。是以民無恥悪、数為姦盗、故刑徒多而乱不治也」。袁宏の生卒は東晉の咸和三年（三二八）—太元元年（三七六）。［西田一九七四］二三二頁参照。

（31）劉頌の場合、「今死刑重、故非命者衆。生刑軽、故罪不禁姦。所以然者、肉刑不用之所致也」、王導の場合、「死刑太重、生刑太軽、生刑縦於上、死刑怨於下、軽重失当、故刑政不中也」（ともに『晉書』刑法志）。

（32）崔寔は前漢文帝の肉刑廃止が結果的に重刑化をもたらした点を積極的に評価する。『後漢書』列伝巻四十二、崔駰伝、附崔寔伝所載のその著『政論』の一節、「文帝雖除肉刑、当劓者笞三百、当斬左趾者笞五百、当斬右趾者弃市。右趾者既殞其命、笞撻者往往至死、雖有軽刑之名、其実殺也。……以此言之、文帝乃重刑、非軽之也、以厳致平、非以寛致平也」によると、文帝の肉刑廃止による厳刑化、斬右趾を棄市に改めた施策を善しとする。現存する崔寔の著作を読むかぎり肉刑復活を主張しておらず、その点では重沢俊郎氏が指摘されているとおり（[重沢一九五二]一二一―一、四頁）、この崔寔が『晉書』刑法志において鄭玄・陳紀と並んで肉刑復活論者として挙げられているのは誤りといえば誤りであろうが（崔寔の論理が[G]の廷議における反対派の議論の中にも現われている）、厳刑としての肉刑の復活の主張という点を考え合わせるならば、全くの誤りとして捨て去ることができないと思う。何故ならば肉刑と死刑というようにその刑罰こそ異なるものの、厳刑化による犯罪防止という点においては相い通ずるものがあるからである。この場合に崔寔が評価する死刑の多用による厳刑主義はたとえば班固が否定した裁判担当の官吏の恣意による実質的な死刑の多用とは一見すると似ているが、全く次元の異なる問題である。崔寔のはあくまでも法にもとづき公的であるのに対し、班固が批判したのは法から逸脱した私的なものであり、そこには相い反する根本的な差違が存する。

（33）『三国志』陳羣伝、「漢律所殺殊死之罪、仁所不及也。其餘逮死者、可以刑殺」。「刑殺」を減刑の意で解釈した。

（34）『申鑒』時事、「肉刑、古也。或曰、復之乎。曰、古者人民盛焉。今也至寡。整衆以威、撫寡以寛、道也。復刑非務、必也生刑而極死者、復之可也。自古肉刑之除也、斬右趾死也。惟復肉刑、是謂生死而息民」（『漢魏叢書』子翼所収）。

（35）『三国志』鍾繇伝、「出本当右趾而入大辟者、復行此刑。……使如孝景之令、其当棄市、欲斬右趾者許之。其黥・劓・左趾・宮刑者、自如孝文、易以髡・笞」。[重沢一九五二]一一〇頁、[西田一九七四]二三二―二三三頁参照。

（36）『三国志』鍾繇伝、「司徒王朗議以為、……今可按〔鍾〕繇所欲軽之死罪、使減死之髡刖〔刑〕、嫌其軽者、可倍其居作之歳数。内有以生易死不訾之恩、外無以刖易釱駭耳之声」。『資治通鑑』魏紀、明帝太和元年の条では「髡刖」を「髡刑」に改めている。確かにこのように改めなければ矛盾する。

（37）『晉書』刑法志、「及〔元〕帝即位、〔衛〕展為廷尉、又上言。古者肉刑、事経前聖、漢文除之、増加大辟。今人戸彫荒、百不遺一、而刑法峻重、非句践養胎之義也。愚謂宜復古施行、以隆太平之化。詔内外通議。於是驃騎将軍王導……等議以、……逮班固深論其事、以為外有軽刑之名、内実殺人、……。尚書令刁協・尚書薛兼等議以為、聖上悼残荒之遺黎、傷犯死之繁衆、欲行刖以代死刑、使犯死之徒得存性命、則率土蒙更生之沢、兆庶必懐恩以反化也、……愚謂行刑之時、先明申法令、楽刑者刖、甘死者殺、則心必服矣」。

（38）『宋書』蔡廓伝、「……終身劇役、不足止其姦、況乎黥・劓、豈能反其善、徒有酸惨之声、而無済治之益。……誠宜明慎用刑、愛民弘育、申哀矜以革濫、移大辟於支体、全性命之至重、恢繁息於将来」。

(39)［沈家本一九〇九］刑法分考五、議復肉刑に「蓋自班固創於前、自此推波助瀾、至東晉之末而猶未息、可為法家中之一大争端矣。推求其故、則張蒼定律、改斬右止為棄市、係由生入死、人遂得挾此為言耳」。なお唐の太宗の貞観年間、一時的ではあるが、絞刑五十条の代替刑として断右趾が復活している。注(15)参照。

(40)『太平御覧』刑法部、論肉刑、『王隠晉書』、「自古多人、猶惜民命、得以御寇、況今千不遺一、益宜存在、以伐大賊。今若得改之、則歳活数万、生数亦如之。若此十載、生各数万、断支之後、随刑使役、不失民、不乏用、富国強兵、此之謂也」。

(41)［冨谷一九八三］。

(42)『三国志』陳羣伝、「臣父〔陳〕紀以為、……若用古刑、使淫者下蚕室、盗者刖其足、則永無淫放穿窬之姦矣」、［B］の魏国での論争の際、陳羣が引用した父陳紀の議論の一部。

(43)『通典』刑典、肉刑議、「李勝曰、……盗断其足、淫而宮之、雖欲不改、復安所施」。［E］の「私議」における李勝の夏侯玄に対する反論の一節。［重沢一九五二］一一一頁。

(44)『太平御覧』刑法部、論肉刑、『王隠晉書』「聖王之制肉刑、遠有深重、其事可得而言。非徒懲其畏剝割之痛而不為也、乃去其為悪之具、使夫姦民無用、不復肆其志、止姦絶本、理之尽也。亡者刖其足、無所用復亡。盗者截其手、無所用復盗。淫者割其勢、理亦如之。除悪塞源、莫善於此、……」。［F］の上奏の一節。［西田一九七四］二三五頁参照。刑罰と犯罪の対応関係について、刖刑は陳紀・李勝の場合は窃盗であるのに対して、劉頌の場合は逃亡であり、代って旧来の肉刑にはない「截手」が窃盗に対応。

(45)なお仁井田氏は宮刑の存在により、肉刑は廃絶までには至らなかったと認識されている（［仁井田一九五九］八九頁）。

(46)『晉書』刑法志、「今為徒者、類性元悪不軌之族也。去家懸遠、作役山谷、飢寒切身、志不聊生。……是以徒亡日属、賊盗日煩、亡之数者、至有十数、得輒加刑、日益一歳、此為終身之徒也。……亡者積多、繫囚猥畜。……」。

(47)［G］の王導らの議論の中に「今、盗者窃人之財、淫者好人之色、亡者避叛之役、皆無殺害、則加之以刑」（『晉書』刑法志。『通典』刑法典、肉刑議ではもと「加」を「刖」につくる）とあり、肉刑を執行すべき犯罪として、逃亡が窃盗・姦淫とともに言及されているが、「避叛之役」の意味がよくわからない。王隠は庾亮（征西大将軍）に肉刑の復活を建白したが、その中に「叛盗之属、断支而已、是好生悪殺。叛盗皆死、是好殺悪生也」の一節がある（『太平御覧』刑法部、論肉刑、『王隠晉書』）。なお庾亮も［G］の廷議では王導らに同調し、肉刑復活に賛成している。

(48)『続資治通鑑長編』の熙寧三年（一〇七〇）八月戊寅の条の曾布の議論に「若軍人逃亡応斬、賊盗贓満応絞、刖其足」とあり、この場合は軍隊からの脱走が対象である。

(49)「肉刑不可悉復者也。……鍾繇・陳羣之意、雖小有不同、而欲右趾代棄市。若従其言、則所活者衆矣。……又今之所患、逋逃為先、屢叛不革、宜令逃身靡所、亦以粛戒未犯、永絶悪原」（『宋書』孔琳之伝の孔琳之の議論）。孔琳之は［エ］の一般予防主義をも援用している。

(50)『抱朴子』外篇、用刑、「今若自非謀反大逆、悪于君親、及用軍臨敵犯軍法者、及手殺人者、以肉刑代其死。則亦足以懲示凶人、而刑者猶任坐役能有所為、又不絶其生類之道。而終身残毀。百姓見之、莫不寒心。亦足使未犯者粛慄、以彰示将来、乃過於殺人。殺人非不重也。然辜之三日、行埋弃之、不知者衆、不見者多也。若夫肉刑者之為摽戒也多」。西欧近代の刑法思想では、一般予防主義はさらに威嚇説と心理強制説に分けられるが、フォイエルバッハ（Anselm von Feuerbach）が唱えた心理強制説に相当する施策を強いて捜すならば、魏晋時代における律令の編纂、また泰始律令中の死罪の条目の抜き書きの亭伝（警察と宿場）での掲示か（『晉書』刑法志）。

(51)「刑一人而戒千万人」（［E］李勝、『通典』刑法典、肉刑議）、「且創制墨刖、見者知禁。彰罪表悪、聞者多服」（曹志、『藝文類聚』刑法部、議。［重沢一九五二］一一一頁）、「而残体為戮、終身作誡、人見其痛、畏而不犯、必数倍於今」（［F］劉頌、『晉書』刑法志）、「惑（或）者乃曰、死猶不懲、而況於刑。然人（甿）者冥也、其至愚矣、雖加斬戮、忽為灰土、死事日往、生欲日存、未以為改。若刑諸市朝、朝夕鑒戒、刑者詠為悪之永痛、悪者覩残刖之長廃、故足懼也。然後知先王之軽刑以御物、顕（明）誡以懲愚、其理遠矣」（［G］王導、『晉書』刑法志。（　）は『通典』刑法典、肉刑議）。また西晉の袁準『袁子正書』明賞罰（『羣書治要』巻五十）にも「先王制肉刑、断人之体、……刑不断則不威、……如是則姦不禁、而犯罪者多、……」とある。［仁井田一九三九］の第三節「中国旧法における一般予防主義」参照。

(52)『晉書』刑法志、「是時天下将乱、百姓有土崩之勢、刑罰不足以懲悪、於是名儒大才故遼東太守崔寔・大司農鄭玄・大鴻臚陳紀之徒、咸以為宜復行肉刑。漢朝既不議其事、故無所用矣」。『通典』刑典、肉刑議は「後漢献帝之時、天下既乱、刑罰不足以懲悪。於是名儒大才崔実・鄭玄・陳紀之徒、咸以為宜復肉刑」。崔寔に関しては注（32）、また『抱朴子』外篇、用刑、「今不用肉刑、是次死之罪、常不見治也」、袁宏の議論、「免死已下、不過五歳。既釈鉗鎖、復得歯于人倫。是以民無恥悪、数

為姦盗、故刑徒多而乱不治也」参照。なお重沢俊郎氏は「懲悪」のために肉刑復活論が生じたという点に疑問を呈される〔重沢一九五二〕一一八頁）。

(53)〔西田一九七四〕二三六頁。なお若江賢三氏は「前漢文帝の刑法改革考」〔若江一九七八〕の中で肉刑の復活が実現し得なかった理由を前漢の文帝の権威に求める。肉刑復活論者がその議論の中で上古の帝王を肉刑の制定者として引き合いに出すのは文帝の権威に対抗するためであろうか。注（26）参照。

(54)『後漢書』列伝巻六十、孔融伝、「且被刑之人、慮不念生、志在思死、類多趨悪、莫復帰正」。この一節は『晉書』刑法志も同文。〔重沢一九五二〕一一四―一一五頁、〔西田一九七四〕二三二―二三三頁参照。

(55)『通典』刑法典、肉刑議、「夏侯太初著論曰、……、夫死刑者殺妖逆也、傷人者不改、斯亦妖逆之類也、如其可改、此則無取於肉刑也、……。夏侯答曰、聖賢之治世也、能使民遷善而自新、……、能懲戒則無刻截、刻截則不得反善矣」。〔重沢一九五二〕一一五―一一六頁、〔西田一九七四〕二三四頁参照。

(56)逆に〔E〕の論争以後の反対論には有形無形に夏侯玄の議論の影響が見られる。たとえば〔H〕の東晉末の廷議での反対論者である孔琳之の論旨は王朗と夏侯玄のそれにもとづくという。注（23）参照。

(57)『晉書』刑法志、「尚書周顗・郎曹彦・中書郎桓彝等議以為、……肉刑平世所応立、非救弊之宜也。……須聖化漸著、兆庶易威之日、徐施行也」。『通典』刑法典、肉刑議では「平世」を「平代」、「易威」を「易感」につくる。

(58)〔A〕の孔融も時期尚早であるとは言わないが、「末世」の現在、古刑を復活すべきではないと論じており、「末世」ではない太平の世ならば肉刑の復活の餘地があるという含みが感じられる。『後漢書』孔融伝、「〔孔〕融乃建議曰、……末世陵遅、風化壊乱、政撓其俗、法害其人。故曰、上失其道、民散久矣。而欲縄之以古刑、投之以残弃、非所謂与時消息者也」。

(59)反対論者の中には夏侯玄（〔E〕）、孔琳之（〔H〕）のように、逃亡罪および本来斬右趾で肉刑廃止により死刑となった犯罪に対する刑罰として、部分的に肉刑の復活を肯定している場合、すなわち斬右趾のみの復活を主張する肉刑復活の議論と表面的には同じ場合さえもある。注（49）参照。

(60)『通典』刑法典、肉刑議、「李勝曰、……今、諸議者、惟以断截為虐、豈不軽於死亡邪」。

(61)『三国志』鍾繇伝、「前世仁者、不忍肉刑之惨酷、是以廃而不用」。

(62)後出の〔G〕の王敦の言に「惨酷之声」の語が見え、また〔H〕の肉刑復活論者であるが、蔡廓の議論の中に「況乎黥・

剕、豈能反其善、徒有酸惨之声、而無済治之益」（注（38））。『晉書』刑法志では「其善」を「於善」、「済治」を「済俗」につくる）とあり、蔡廓の場合は斬右趾の復活のみを主張し、ここでは他の肉刑、黥刑と劓刑の「酸惨」を問題にしている。肉刑復活論者の袁宏の議論も李勝のそれ（注（51））と同じく、肉刑と死刑とを残虐という点で比較する文脈の中で「今、不忍刻截之惨、而安剿絶之悲」と論じている（『三国志』鍾繇伝、裴注所引の袁宏の議論）。このような肉刑のもつ残虐性の指摘の源流をさかのぼれば、肉刑を廃止した前漢の文帝の詔勅にたどりつく。「夫刑至断支体、刻肌膚、終身不息、何其楚痛而不徳也」（『史記』巻十、孝文本紀）。

(63)『後漢書』孔融伝、「紂斮朝渉之脛、天下謂為無道」（『晉書』刑法志も同文）。殷の紂王の残虐さをたとえに説いている。『三国志』鍾繇伝、「司徒王朗議以為、……今復行之（肉刑）、恐所減之文、未彰于万民之目、而肉刑之問、已宣于寇讐之耳、非所以来遠人也」（『太平御覧』刑法部、論肉刑の『魏志』もほぼ同文）。鍾繇が主張する、死刑の中で肉刑廃止以前に斬右趾であった刑罰のみを軽減して斬右趾を復活する議論に対する王朗の批判の文脈中に見える。ほかに孔琳之（[H]）も「然人情慎顕而軽昧、忽遠而驚近、是以盤盂有銘、韋弦作佩、況在小人、尤其所惑、或目所不覩、則忽而不戒、日陳于前、則驚心駭属矚」（『宋書』孔琳之伝）と、肉刑の復活がもたらすであろう人心の動揺を危惧する。肉刑復活論者も認めている点は注(62)の蔡廓・袁宏の議論参照。

(64)注（4）参照。

(65)注（26）参照。

(66)肉刑復活論者の中でもとくに斬右趾の復活のみを主張する論者は（[ア]）、死刑と肉刑とを死亡と生息という点で比較し、前者がより残虐であり、後者が仁であると論じ、反対派に対し再反論を試みる。[D]の鍾繇、「子貢問、能済民、可謂仁乎。子曰、何事於仁、必也聖乎、堯舜其猶病諸。又曰、仁遠乎哉。我欲仁、斯仁至矣。若誠行之（斬右趾）、斯民永済」（『三国志』鍾繇伝）。[G]の王導ら、「……、刑之則止、而加之斬戮、戮過其罪、死不可生、縦虐於此、歳以巨計、此迺仁人君子所不忍聞、而況行之於政乎」（『晉書』刑法志）。また[E]の李勝の慈母と猛獣のたとえの議論（『通典』刑法典、肉刑議）、および注（52）の袁宏の議論参照。

(67)重沢俊郎氏は、その（後漢の）後半になると農民層の向上と魏晉時代における人間論の趨勢から人間の生育（生命の尊重）が重視され、肉刑賛成論者では死刑回避を、肉刑反対論では犯人の更生を強調した、と論ずる（[重沢一九五二]）。本章の

「はじめに」参照。

(68) 川勝義雄「シナ中世貴族政治の成立について」〔川勝一九五〇〕、吉川忠夫「范曄と後漢末期」〔吉川一九六七〕。

(69) たとえば肉刑復活論者の陳紀・陳羣父子(〔B〕)と反対論者の孔融(〔A〕)とは交友があった。佐藤達郎「曹魏文・明帝期の政界と名族層の動向――陳羣・司馬懿を中心に――」〔佐藤一九九三〕六一頁。

【補記】陳俊強氏は(〔陳俊強二〇〇四〕)、「恢復」論対「廃除」論の争議が新王朝の創建と密接な関係があること、肉刑に代る中間刑として、曹魏においては漢律よりも豊富な魏律の徒刑が、最終的には北魏において創出された流刑が当てられたことを指摘し、落合悠紀氏は(〔落合二〇一〇b〕)、曹魏、とりわけ明帝期の議論と同じ太和年間における、反対派の王朗の主張に沿う形である労役刑の充実を盛り込んだ魏律の編纂との繋がりを指摘するのであり、両者とも、魏律に見える徒刑(労役刑)の充実に注目する。なお、一九九六年に出土した長沙呉簡の名籍簡に「刑左足」「刑右手」など、「刑」+手足という肉刑を連想させる記載が見えるが、私見ではこの場合の「刑」は傷を意味するのであり、曹魏において肉刑の復活の是非が議論されていた同時期、孫呉において肉刑が実施されていたことを示しているわけではない(〔福原二〇〇四〕)。

第二章　曹魏の明帝　――奢靡の皇帝の実像――

はじめに

魏の明帝といっても馴染みが薄いであろう。蜀の諸葛孔明が出師の表を奉って敢行した北伐、その敵国魏の当時の皇帝といえば見当がつくであろうし、その治世の元号である太和・青龍・景初は日本で出土する紀年鏡などで知られているが、なにしろ小説の『三国志演義』では、侵攻や敗戦の報に接するたびに仰天し慌てふためき、司馬仲達を呼び出し頼りっぱなし、孔明亡き後は宮殿やら高殿やら御苑の建設・造作にうつつを抜かし、諫言に激怒する始末と、いかにも凡庸な君主として描かれており、はなはだ冴えない。

では正史の『三国志』ではどのように評価されているのであろうか。その著者陳寿の手になる明帝紀（巻三）の論賛には、「明帝は沈着にして剛毅、果断にして見識があり、独断専行した。おそらくは人に君臨すべき格別の気概を持ち合わせていたのであろう。当時は人民は疲弊し、天下は分裂・崩壊していたにもかかわらず、先祖の高徳や名誉を顕彰し、帝業の礎を築こうとはせずに、にわかに秦の始皇帝や漢の武帝に追従し、宮殿を造営したのは、将来への遠大なる計画の見地から判断すれば、悪政といっても過言ではないのではないか」と、才幹や気概など皇帝たる資格は十分であるが、宮殿の造営という悪政もあったと、プラス・マイナスの両面を見る。

降って、南宋の袁枢の『通鑑紀事本末』では明帝奢靡の標題でもって、宮殿の造営などの悪政に対する諫奏が集められている（巻十）。また、岡崎文夫『魏晉南北朝通史』［岡崎一九三二］は明帝を「きわめて〔内にあって〕万事を独裁する風の人」と集約的に表現する（東洋文庫版、平凡社、内編、五二・六一頁）。要するに、明帝の最大公約数のイメージは、宮殿の造営に代表される奢靡を断行した独裁君主である。

小論では、その生い立ちと治世を一通り見て、その上で奢靡の再検討を軸に、実像に迫りたい。

第一節　生い立ち――母甄氏の影――

明帝と略して呼ぶが、正式の諡号は明皇帝。廟号は烈祖、姓名は曹叡、字は元仲。本籍は沛国譙県、現在は京九鉄路が通る安徽省亳州市である。祖父は魏王朝の実質的な創業者曹操、父は後漢の献帝の禅譲を受けて王朝を開いた文帝曹丕で、魏の世系では明帝曹叡は文帝を嗣いだ二代目であるが、武帝と追諡された曹操から数えれば第三代にあたる。生年は、後漢末の、官渡の戦いと赤壁の戦いの両戦役に挟まれた、建安十一年（二〇六）[1]。曹操はこの利発な孫に目をかけ、いつもかたわらに坐らせており、同二十一年（二一六）の孫権討伐の親征では同母妹の東郷公主ともども、十一歳の曹叡を同行させている。

黄初元年（二二〇）の漢魏禅譲革命の前後、王孫から王子、皇子となった曹叡の爵位は武徳侯、斉公、平原王と一段ずつ昇り、黄初七年（二二六）五月、危篤の文帝から皇太子に指名された。崩御の前日のことともいう。曹操が嘱望していたにもかかわらず、冊立がぎりぎりまでもずれ込んだ最大の原因は、母の甄氏の「賜死」にあった。

甄氏は、後漢の霊帝の光和五年（一八二）、現在の河北省の省都石家荘市にほど近い中山郡無極県を本籍とする名門に生まれ、建安年間（一九六―二二〇年）に入り、河北で覇を唱えていた袁紹の次子袁熙の嫁に迎えられたが、同九年（二〇四）八月、曹操の攻勢の前に袁氏の本拠である鄴（河北省臨漳県）が陥落した際、曹丕が甄氏を見初め、その意を知った曹操が妻に迎えさせた。体のよい略奪婚である。『世説新語』の惑溺篇では、曹操は「今年、賊を破ったのは全くきゃつのためだった」と言い捨てたという。曹丕の寵愛を一身に受けた甄氏は、まもなく曹叡と東郷公主を生む。曹植もこの兄嫁を密かに慕い、後年、洛水の神宓妃《ふくひ》に仮託して詠ったのが「洛神賦」であるという説が伝わっている(2)。ところが、曹丕が即位するや、暗転する。すでに寵愛の対象は郭氏に移っていたが、ここに至って、文帝の怒りを買ってしまったのである。鄴から都の洛陽へ出てくるようにとの再三の要請を頑なに拒み通した甄氏は、ついには、失意の餘りうらみごとを口にしたらしい。その報に激怒した文帝は使者を遣わして死を賜わった。黄初二年（二二一）六月のことである。

この母の自殺、事実上の誅殺が、十六歳の曹叡に与えた衝撃は想像に難くない。その後の曹叡は宮中にあって、皇后に冊立された郭氏に恭しく仕え、朝臣とは交際せず、ひたすら学問に打ち込み、謹慎ともいえる日々を送る。自分の微妙な立場は十分に承知していたであろうし、父の文帝に複雑な思いを懐いていたにちがいない(3)。

正后である郭氏には男子がおらず、のべ九人の皇子のうち、皇太子の候補は曹叡を含めて四人いた。中でも文帝にかわいがられていた曹礼と曹霖は有力であった(4)。なお、当時、いまだに文帝曹丕のかつてのライヴァルであった曹植への待望論が根強く、後年、即位後の明帝が長安に巡幸したときのことであるが、明帝が崩御し、随行していた臣下たちが曹植を擁立したという、あらぬ噂が立ったことがある。

候補の一人であった曹叡が皇太子に指名されるきっかけについてのエピソードが『魏末伝』に載せられている。「帝（曹叡）がかつて文帝の狩猟に付き従ったときのこと、鹿の親子を見つけた。文帝は母鹿を射殺し、子鹿を射よ、と帝に命じた。ところが、帝は従わず、『陛下はすでにその母を殺されました。臣はこの上、その子を殺すに忍びません』と言上、涙を流した。文帝はただちに弓矢をほうり投げた。このことがあって帝を奇特とした文帝は帝を冊立せんとする意思が固まった」。この甄氏の死と曹叡の冊立を結び付けた逸語は十中八九、創作であろう。実際のところは、死期を悟った文帝が、建国して十年にも満たない曹魏王朝の行く末を案じ、逡巡したものの、結局、一長一短ある候補の中で最も託するに足る皇子として、年長で学問好きな曹叡を選んだのではないか。

第二節　治世

黄初七年（二二六）五月十七日、皇帝の位に即いた。ときに曹叡、二十一歳。十二年半にわたる治世の始まりである。この日、型通りに卞皇太后を太皇太后に、郭皇后を皇太后に格上げし、二日後の十九日、晴れて今は亡き生母の甄氏に文昭皇后の称号を追尊した。子を以て尊きとする特別の尊号を奉ずる礼にのっとった訳であるが、それを通して実子の情として名誉回復を果したのである。続いて、母方の一族に対する一連の顕彰と優遇が実行に移されていった。

文帝の遺命でもって新帝を守り立てる補佐役を仰せつかったのは、文帝の信任が厚かった曹真・曹休・陳羣・司馬懿の四人であった。前の二人は帝室の疏族出身の軍人派に属し、当時、曹真は洛陽の禁軍を、曹休は寿春（安徽省寿県）にあって対呉の軍団を統率しており、後の二人は名族出身の文官派であり、文帝時代は文書行政の中心である尚書台を統轄していた。加えて、鍾繇・華歆・王朗の三人が名族の代表、かつ創業の元老として控えていた。また、曹操、文帝と二代にわたって一貫して秘書・中書系統を掌握していた劉放と孫資が引き続き新帝の秘書役として機密を預かることになった。

即位当初、朝廷では不安が覆っていた。新帝が如何なる人物であるのか、かつて曹操にかわいがられていた少年が如何なる青年に成長したのか、それまで宮中に隔絶され、朝臣とはほとんど接触がなかったので、皆目見当がつかなかったからである。『世語』によると、その不安を払拭したのが侍中の劉曄への接見であった。劉曄はかつて孫権が臣従を求めてきたときに唯一人反対した人物である。接見は丸一日に及んだ。固唾を飲み待ち構えていた朝臣の「どうだった」の問いかけに、「秦の始皇帝や漢の武帝の同類で、才器の点でいささか及ばないだけである」と答え、朝臣は安堵の胸を撫で下ろしたという。なお、人物評論がさかんであったこの時代、明帝に対してもかなりシビアな評価が残っている。長安に出鎮した司馬懿の目付け役として有名な辛毗は「主上は聡明と称されるまでには至っていないが、闇劣ではない」と評している。

ここで明帝曹叡のプロフィールを見ておきたい(5)。曹氏の一員として詩才に恵まれていたが、学問に没頭、中でも法理（法律や道理）を重視し、情に訴えても通じないが、理でもって説けば納得した。どもる癖があり、口数は少なかったが、沈着かつ剛毅、果断で識見があり、大臣を丁重に礼遇し、犯顔の極諫をも許す度量を持ち合わせていたが、軍隊の動員などの重大な判断を敢然と下し、天下は天子である朕自身のものという意識が強く、独断専行のきらいがあり、とりわけ浮華の朋党に我慢がならず、夏侯玄らを排斥した。また、抜群の記憶力を誇り、近侍の小臣に関して官簿の記載や人柄・ふるまい、過去の功績や係累などさえ、一度耳にしたら決して忘れなかったという。庶民の訴えにも耳を傾け、その上書の文章が拙くとも嫌がる素振りも見せずに読み通し、それが一月の間に数万通にも及んだ。前触れもなく自ら尚書台に出向き、文書をチェックしようとしたこともあった。皇帝の気概があったと評され、その真面目な独裁君主ぶりはどこか清の雍正帝を連想させるところがある。

即位したばかりの明帝に早速試練が待ち構えていた。その年の八月、呉の孫権が、新帝を試すが如く、魏領に侵攻、揺さ振りをかけてきた。太和二年（二二八）の春には蜀の丞相諸葛亮がいよいよ北伐を開始、その前哨戦とも言うべき新城太守孟達の三国交界に近い上庸城（湖北省竹山県）での反乱は、南陽に赴任したばかりの司馬懿が鎮圧した(6)。続く北伐に対する抗戦に直接当たったのが曹真であり、明帝自身も長安に出向き、街亭での完勝により、この危機を脱した。もっとも、北伐に呼応した呉の侵攻に曹休は大敗を喫したが。この北伐の後も諸葛亮はもう四回北伐の軍を起こし、そのたびに孫権も連動して侵攻した。それに対して、明帝は輔臣のうち、曹真、司馬懿、曹休の三人を、それぞれ対蜀、対呉の重鎮である長安、南陽、寿春に派遣した。ところが、太和年間（二二七—二三三年）に曹休、曹真があいついで歿し、代って寿春には満寵、長安には司馬懿が着任した。蜀・呉二敵国の両面作戦を避け、持久の方針で臨み、二人の曹氏が対蜀・対呉の最高責任者であった時期でさえ、曹真と司馬懿が北伐の拠点である漢中を叩こうとしたが長雨のため引き返したことや、明帝自ら大軍を率いて合肥に示威したこともあったが、おおむね受け身であり、満寵が合肥新城を築いてからは、さらに専守防衛に傾き、中書令の孫資の進言により、明帝は二人に堅守を命じた。そして、青龍二年（二三四）の夏に満を持して敢行された第五次北伐も、その秋の諸葛亮の五丈原における陣歿により終熄、魏王朝にとっての最大の脅威は去ったのである。そして、その三年後、一転して積極策に転ずる。景初二年（二三八）正月、明帝は長安に駐屯する司馬懿に遼東の公孫淵の討伐を命じた。幽州刺史の毌丘倹を通しての徴召という露骨な圧力に、公孫淵がその前年に燕王を自称し、独立の旗幟を明らかにしていたからである。司馬懿は歩騎五万の大軍を率いて遼東に向かい、同年八月には公孫淵を斬り、その勢力を殲滅した。

つぎに戦争の背後の内政に目を転じよう。(7) まず太和年間（二二七―二三三年）には、五銖銭の再発行を皮切りに、宗廟の鄴から洛陽への移転、新律および州郡令・尚書官令・軍中令の制定、郊廟の楽舞の選定、巡幸の復活など、曹魏王朝をより王朝たらしむるための施策がつぎつぎに実施されていった。ついで、青龍年間（二三三―二三七年）。諸葛亮陣歿の翌年、青龍三年（二三五）に都の洛陽において、太極殿・昭陽殿をはじめ、宮殿・楼門・御苑の造営が本格的に着工した。ちなみに、呉の孫権が建業（南京市）と武昌（湖北省鄂州市）を往復したのと同様に、明帝も太和・景初両年間は洛陽、その間の青龍年間は許昌に居り、洛陽での造営に先立つこと三年、太和六年（二三二）に副都許昌での景福・承光両殿の造営に着手している。そして、景初元年（二三七）、二月に景初暦が発布され、青龍五年三月が景初元年四月となり、五月に明帝が許昌から洛陽に遷り、六月に七廟の制が制定された。

だが、司馬懿が凱旋の途にあった景初二年（二三八）十二月、急病により重篤に陥った明帝は明けて同三年（二三九）正月元日に崩御した。享年三十四。ちなみに、その五ヶ月後の六月に、邪馬台国の卑弥呼の使者が帯方郡（ソウル市付近）に到着、十二月には洛陽にて新帝から詔書や鏡などの下賜品を賜わっている。司馬懿の遼東遠征の餘禄である。(8)

第三節　奢靡

三十四年の明帝の生涯、中でも十二年の治世に対する最も有名な評語が奢靡である。奢靡とは、豪奢靡麗、贅沢で派手の意。『三国志』、魏書、明帝紀、青龍三年の条の裴注所引の『魏略』の太子舎人の張茂の諫奏に「陛下……、而して乃ち奢靡是れ務め、……」とあり、[9]「はじめに」ですでに触れたように、『通鑑紀事本末』では明帝奢靡の標題でもって明帝に対する諫奏が集められている。諫奏したのは、司空の陳羣、廷尉の高柔、衛尉の辛毗、少府の楊阜、護軍将軍の蔣済、中書侍郎の王基・尚書僕射の衛臻、尚書の孫礼、光禄勲の高堂隆、散騎常侍の王粛、侍中の盧毓、司徒軍議掾の董尋、尚書の衛覬、太子舎人の張茂の、「旧臣・大僚・小臣」（内朝外廷の上下の官僚）、十四名にのぼる。[10]

青龍年間に奉られた陳羣の上奏文（巻二十二、本伝）には、「……、禹は唐虞（堯と舜）の盛世を承け継いでさえも、なお宮殿を小さく衣服を質素にいたしました。いわんや現在は乱世が終わったばかりで人民の数は非常に少なく、漢の文帝・景帝の時代と比較すれば、せいぜい一つの大郡の人口にすぎません。しかも国境では戦闘が起こり、将兵が疲れ苦しんでおり、もしも洪水や日照りが起これば、国にとっては深く憂慮すべき事態でありましょう。その上、呉と蜀はいまだに滅んでおらず、国家は安定しておりません。かれらが行動を起こさないうちに、軍事教練をおこない農業を奨励し、それでもって待つのがよろしかろうと存じます。今かりにこの急務を放置しておいて、宮殿を優先すれば、民衆がしだいに困窮することとなり、いったいどのようにして敵に対処するのか、と臣は懸念いたします。むかし、劉備が成都から白水まではたごをたくさんつくり、人民を徴発し労役に酷使したとき、太祖様（曹操）は劉備の『疲民』（民を疲弊させること）を御存じになりました。今、中国（魏）が力を使い果たすのも、また呉・蜀の願う所で、これは安危の微妙な分かれ目であります。どうか陛下、熟慮されんことを」とあり、後漢末の戦乱後の人口の激減と敵国呉・蜀となお対峙している戦時体制という現状を踏まえ、不急の労役への動員による人民の疲弊を、災害による国家存亡の危機の事態の発生をも視野に入れ、問題とし、農業生産の担い手で、かつ兵士の供給源という、国家の基盤である人民の愛護、つまり息民の優先を主張する。直臣の楊阜や高堂隆らの諫奏も異口同音である。あわせて、後宮の女官の急増や贅沢などに対する批判もまま見られるが(11)、何といっても、批判の最大の対象となったのは、徴発した農民の労役による土木工事である宮殿の造営、それも青龍三年（二三五）に着工した洛陽でのそれであった。

そもそも、後漢の都であった洛陽は、初平元年（一九〇）に董卓が献帝以下百官・宮女を引き連れて長安に遷った際に、火を放たれ焦土と化してしまったが、天下が安定に向かうや、曹操が再建に着手し、続く文帝が北宮の跡に建始殿を建てていた。洛陽の宮殿の造営は継続事業であった。明帝による造営の象徴は、南宮の跡での、現在の北京市の明清の故宮では泰和殿と乾清宮に比すべき、太極殿と昭陽殿の新築であった。ことに太極殿は、日本の平城京や平安京の正殿であった大極殿《だいごくでん》のルーツである。これ以外にも、二度にわたり火災で焼け落ちた崇華殿の、九龍殿と改名しての再建、総章観や雲龍門の造営、濛汜池の開鑿などが史料で確認することができる。なお、建始殿の後殿にあたる崇華殿（九龍殿）は文帝・明帝二代にわたり、殯宮に用いられた。こうした大規模な造営のみならず、長安から移した承露盤、あまりにも重い銅柱を鋳直した銅人翁仲、指南車を復元した天才技術者の馬鈞に制作にあたらせたからくりなどでもって、新宮殿を飾り立てた。さらには、洛陽の北に横たわる邙山を平坦にして高殿を築き、黄河の渡し場で離宮もあった孟津を望まんとしたが、さすがにこの工事は諫奏を受けて断念している(12)。

第四節　烈祖

ではいったい、直諫の集中砲火を浴びながらも、何故に明帝は宮殿の造営を強行したのであろうか。『宋書』巻三十三、五行志四によると、景初元年（二三七）九月の異常な淫雨による冀州などでの洪水の原因は、淫奢極欲の明帝が、少女を独占し、兵士の妻を奪い、宮殿を飾り立て、農業・防戦を妨害するなどの触情恣欲に対する天変であると解釈しており、南朝ではすでに本性が崇奢である明帝個人の奢靡を求める私欲に還元する解釈が存在していた。しかし、免役特権を有する官吏や学生をも敢えて動員し、明帝自ら率先して力役に従事したという、このパフォーマンスとも取られかねない、宮殿造営にかけるなみなみならぬ強い意志の由来を説明し尽くしたとは思われない(13)。

そこで注目されるのは、陳羣の上奏に対する明帝の応答の中で引き合いに出された「蕭何の大略」である。この巨視的な計略とは、漢の都長安の未央宮の造営のことであり、『史記』巻八、高祖本紀、漢八年の条に見える。韓王信の残党の討伐から長安に帰還した高祖劉邦は、宮闕がはなはだ壮麗であるのを見て、留守居役の相国蕭何に怒った。「天下は匈匈といくさに苦しむこと数年になるも、いまだに勝敗の帰趨さえ定かではない。にもかかわらず、宮殿の造営がこんなにも度を過ぎているのはどういう料簡だ」。蕭何は答えた。「天下はまさにいまだに定まっていないからこそ、宮殿を造営すべきであります。かつそもそも天子は四海を以て家と為します。壮麗でなければ重威がありません。その上、後世に増築の負担を除いておくのです」。この返答を聞いて高祖は喜んだという。蕭何の返答の中で最も重要なのは「壮麗に非ざれば重威無し」の一節である。壮麗な宮殿の造営は王朝・皇帝の威信を目に見える形で表現する手段なのであり、その重威は天下一統の後よりも、むしろ安定していない、敵国が存在する今こそ必要であるという認識である。

そもそも直諫した朝臣といえども、三代にわたる継続事業であった宮殿の造営そのものに反対したわけではなく、太平ではない現時点では時期尚早、あるいは過度である、というのであり、その点で、この宮殿の造営をめぐる皇帝と朝臣の対立は、その論点の図式が同時代の肉刑の復活の是非をめぐる議論と本質的に同じである（第一章参照）。肉刑とは、身体を損傷する刑罰であり、前漢の文帝のときに原則的に廃止されていたが、後漢末になり、死刑と笞刑の間の中間刑として肉刑の復活を主張する論議が高まり、魏晉両王朝を通じて朝廷を舞台にその是非をめぐる論争が幾度も繰り広げられ、曹操、文帝、明帝の下では四回起こっている。明帝の治世の場合は、太和元年（二二七）もしくは二年（二二八）、復活派の太傅の鍾繇の上奏をきっかけに、それに賛成する明帝が詔を下して論議を尽くさせた。加わった朝臣が百名を超す大規模なものであったが、反対派の司徒の王朗の議論に賛同する朝臣が多数を占め、不利と見た明帝が、呉・蜀二敵国がいまだに平定されていないという当時の対外情勢を理由に、論議そのものを打ち切り、肉刑の復活は事実上の廃案となった。この朝廷での論議における賛成派と反対派の間には根本的な見解の相違があったわけではなく、両者ともに肉刑そのものを否定しておらず、肉刑のもつ残虐のイメージに対して、前者は斬右趾に限定した復活を、後者は時期尚早を唱えたのであり、突きつめれば、前者は実質的な中間刑の回復を通して懲悪・応報を果すことにより、公権としての政権の権威を打ち建てんとしたのに対して、後者は政権の基盤である輿論・人心に重きをおく、つまり、両者の相違は権威と人心のいずれを優先するのか、に帰着し、その点で、宮殿造営の是非の論拠の図式と共通するのである。

肉刑の復活に意欲を燃やし、宮殿の造営を強行した明帝は、内政面でも律令の制定や新暦の発布など積極的に取り組んだのであり、そこにも権威の確立という方向性を見出すことができる。その強い意志の根拠は何であろうか。それを読み解く鍵は、景初元年（二三七）の七廟の制の採用にともなう不毀の廟としての三祖の制定に存する。諡号に関しては、すでに高祖の曹騰に高皇帝、曾祖父の曹嵩に太皇帝、祖父の曹操に武皇帝、父の曹丕に文皇帝と追諡していたが、曹操を筆頭に曹丕、曹叡の廟号を、それぞれ太祖、高祖、烈祖と定めたのである。これが曹魏の三祖であるが、自ら某祖という廟号を、しかも生前に定めること自体、極めて異例であった。廟号とは、宗廟、おたまやでの呼称であり、開国・中興の功に対しては某祖、皇位継承の徳に対しては某宗とつけるのが通例である。では、何故に烈祖とつけたのであろうか。提案した有司の議論によると、曹操が「撥乱反正」、乱世を治めて正常な状態にもどす（『春秋公羊伝』哀公十四年に典拠）、文帝が「応天受命」、天命を応じ受ける、に対して、明帝は「制作興治」、制度を創設して治世を振興したという。[15] 群雄割拠の中から華北を統一して魏王国を建てた事実上の創業主である祖父、禅譲革命により王朝を開いた初代皇帝である父、その二代の後を承け、いまだその制度の面で未完成であった曹魏王朝を三代目の自身が完成させたという自負こそが烈祖という廟号を選ばせたのであろう。

そして、その延長上に封禅の儀があった。平原王のときの傅、守役であり、即位後も侍中、光禄大夫として御意見番であった高堂隆に、儀式を執行するための詳細を研究させていたが、その死により立ち消えとなった。訃報に接した明帝は、「天は吾が事業の完成を欲しておらず、高堂先生は朕を見捨てて亡くなられた」と嘆息したという。[16]

こうした明帝の王朝の建設に対する意欲の底には、自身が帝室の直系であることの自負、個人的な父祖に対する思い、とりわけ祖父曹操に対する敬愛が窺われる。詩才豊かな明帝の楽府の中でも惹かれるのが、『宋書』巻二十一、楽志三に収められている「苦寒行」である。[17]「悠悠として洛都を発し、我れをして征き東のかた行か荓《し》む。征行すること二旬に弥りて、吹龍の陂城に屯す。／顧みて故塁の処を観れば、皇祖の営む所なり。屋室は平昔の若く、棟宇に邪傾無し。／奈何ぞ我が皇祖、徳を潜め聖形を隠さんや。歿すと雖も朽ちず、貴きを書き休名を垂れり。／光光たる我が皇祖、軒耀（黄帝）も其の栄えを同じくす。遺化は四海に佈き、八表は以て粛清たり。／呉蜀の寇有ると雖も、春秋　兵を耀かすに足る。徒らに悲しむ　我が皇祖、永く百齢を享けざるを。詩を賦し以て懐を写し、軾に伏し涙は纓を霑らす」。

偉大な、懐かしい「皇祖」曹操に対する思いが率直に歌われている。この敬慕する祖父曹操の事業を継承し、完成させんとしたのである。

以上、宮殿の造営を断行する明帝の心底を推測を交えつつ探ってきたが、見逃せないのは、同じく威信回復を目的とし、輿論の立場からの批判が大勢を占めた、肉刑の復活と宮殿の造営、この両者の相違点である。明帝は前者は断念し、後者は強行した。また、逆に陳羣は前者に賛成し、後者に反対した。その分岐点は、黄初七年（二二六）に起こった鮑勛誅殺事件に見られる、法を枉《ま》げても、朝臣の命乞いを無視しても処刑を断行した文帝の私怨ほどではないものの、やはり、後者の宮殿の造営には、私的な執念の要素が存するのである。だが、それは奢靡と指弾されるような明帝個人の私欲を満たさんがための利己的なものではなく、さきほどの曹操に対する敬慕の念とも絡んでいる、帝室である曹氏のためのそれであった。ただ、この私的な傾斜は、並行する貴戚の重用と相い表裏する。明帝の治世を通じて、たとえば内朝に属する近侍の官である散騎常侍・侍郎や近衛部隊の長官である歩兵校尉はじめ五校尉のポストを、宗室や外戚という貴戚がしだいに占拠してゆく様相が看取されるのであり[18]、この傾向が頂点に達したのが明帝崩御の六日前に出された新幼帝の輔弼の臣に関する遺詔である。明帝の叔父燕王曹宇を筆頭に、曹真と曹休それぞれの子である曹爽と曹肇、宗室に準ずる夏侯氏出身の夏侯献、異姓ながらも曹操の後宮に入った母に伴われ、宗室の子弟と一緒に後宮で育った秦朗、この五人が指名された。全員が貴戚であり、将軍もしくは校尉の肩書きをもっていた。名族は排除されていた。中でも目を引くのは、燕王宇の大将軍任命である。曹植と激烈なる後継者争いを演じた文帝が帝室の親族を疎外し、その就官を禁止していたからである。親しいとはいえ、父の命を破る異例の措置に、明帝の貴戚にすがる思いが感ぜられる。しかしながら、この決定は中書監の劉放と中書令の孫資の巻き返しにより覆された。二人は明帝のベッドに上がり、無理に手詔を書かせたという。その結果、曹爽と司馬懿の二人が指名された。表面的には文帝の遺命と同じバランスに回帰しているが、内実は、若い曹爽に対して、司馬懿はかつての文官ではなく、赫々たる軍功を重ね、軍隊に隠然たる影響力を有する重臣であり、この手づからの遺詔が、河内の司馬氏の王朝簒奪への道を開いた。崩御の三日前のことである。(19) いずれにせよ、死の床にあった明帝の心の揺れ、とりわけ貴戚五人の集団指導体制を命じた最初の遺詔からは、その人選の偏向故に、帝室の行く末に対する不安と焦燥が感ぜられる。実は、明帝には女子は生まれ育ったものの、黄初七年（二二六）には清河王曹冏、太和三年（二二九）には繁陽王曹穆があいついで早逝し、同五年（二三一）には待望の皇子曹殷が生まれたものの翌六年（二三二）に亡くなるというように、皇子たる男子には恵まれず、洛陽での宮殿造営に着手した青龍三年（二三五）の八月、宮中で養っていた、叔父曹彰の孫ともいわれる、曹詢・曹芳兄弟、当時五歳と四歳、を秦王、斉王に封じている。後継候補に挙げたのである。同時期のこうした動向は、宮殿の造営とは直接には関係はないが、帝室である曹氏の維持という点を介するならば、同じ方向性を見出せるのである。

以上、明帝に対する奢靡の評価を起点に考察を重ねてきたが、そこから浮かび上がってくるのは、外患よりも内憂に心を砕き、一貫して王朝・皇帝の威信を高めることに腐心し、帝室曹氏の維持に苦悩する明帝の姿であった。

おわりに ――魏晉時代の皇帝のジレンマ――

景初三年（二三九）正月元旦、明帝が崩御した。臨終の床で指名された八歳になったばかりの曹芳が即位し、遺詔でもって宮殿の造営が中止された。この遺詔はおそらく司馬懿の意向であろう。

以後、曹魏王朝は、斉王曹芳（廃帝）、高貴郷公曹髦（後廃帝）、元帝曹奐（陳留王）と三代二十五年存続するが、前二者が廃帝、皇帝失格であった結果、死の直前に明帝が皇后に冊立した郭氏が三代にわたり皇太后、つまり先帝の皇后として君臨した。そして、あたかもこの郭太后の一族、つまり外戚のごとき位置を占め、実権を掌握し、王朝簒奪を進めていったのが、司馬氏父子であった。敵国呉の宰相張悌が、曹氏は曹操以下三代の残虐な政策故に人心を失い、代って寛容を旨とする司馬氏に人心が帰した、と魏の情勢を分析するように[20]、威信を優先したあまりに残虐の評を被った曹氏に対して、司馬氏は意識的に人心に重きをおき、その方針は寛容であった。

魏晉禅譲革命により晉王朝を開いた武帝司馬炎は当然、寛容を前面に打ち出した。だが、その実、泰始律令の制定など、意外と魏の明帝の政策を継承しており、それらは後年、隋唐時代の律令体制に結実することになる。また、曹魏が宗室諸王を除く貴戚に頼ったのに対して、西晉は、宗室諸王の冷遇が曹魏の滅亡の要因である事実を前車の轍とし、逆に宗室諸王を優遇し、藩屛を期待したが、その宗室諸王による内乱を招き、奇しくもともに明帝・武帝から数えて三代後に王朝が滅んでいる。この時代に特徴的な貴戚の重視は、表面的には異姓の貴族勢力との対抗のためととらえられるが、本質的には当時の皇帝権そのものの弱さに由来するのであろう。魏の明帝と西晉の武帝は、王朝は異なるものの、同時代に生きる皇帝として、魏晉時代の王朝国家が抱えていた共通のジレンマに直面した、言い換えれば、当時の矛盾を体現していた皇帝であった。

最後に今一度、本章の内容をまとめるならば、曹魏の明帝は「三祖」の制定でもって、自ら烈祖という廟号を定めたことに端的に現れているように、武帝（曹操）、文帝の事業を継承し、制度を創設して権威を確立することにより、曹魏王朝を完成させるという自負を有していたのであり、内政を重視し、その一環として、律令の制定、新暦の発布などの政策とともに、重臣らの反対の声にもかかわらず、「壮麗に非ざれば、重威なし」という蕭何の故事を踏まえ、宮殿の造営を断行したのであり（その一方、肉刑の復活は断念した）、その結果、帝室曹氏の維持のためという私的な要素を含むこともあり、「奢靡」のレッテルを貼られたのである。

そして、曹魏の明帝の事業は、ある意味では、共通の課題に直面していた西晋の武帝により継承されてゆくのである。次章では、その西晋の武帝が実施した国子学の創設について考察する。

注

（1）明帝の生年に関しては、建安九年（二〇四）、同十年、同十一年の三説がある。本書では、延康元年（二二〇）に十五歳の曹叡が武徳侯に封ぜられたという点から逆算した建安十一年生年説を採る。『三国志』巻二、魏書、文帝紀、延康元年五月戊寅の条と巻三、明帝紀の冒頭、景初三年正月丁亥の条、および裴松之の按語。『資治通鑑』巻七十二、魏紀、明帝、景初三年正月の条の胡三省注、盧弼『三国志集解』巻三、明帝紀、景初三年正月の条参照。なお、以下、史料が『三国志』、およびその裴松之注で、出所が明らかな場合は、注記を原則的には省略する。

（2）『文選』巻十九、賦、情、『洛神賦』の李善注。

（3）西晋では明帝は生母の罪に連坐して平原侯（平原王）に降ろされたという認識があった。『晋書』巻四十八、閻纘伝。平原侯と称するのは、曹植の一封爵との混同か。

（4）明帝紀、裴注所引『魏略』と巻二十二、衛臻伝。

（5）おもに明帝紀末尾の裴注所引の王沈『魏書』と孫盛の語による。「はじめに」で引く陳寿の論賛参照。明帝の詩才に関して、梁の鍾嶸の『詩品』は、曹氏一族の中では、叔父曹植の上品、父曹丕の中品には及ばないものの、祖父曹操、叔父の曹彪と同じく下品に入れており、『玉台新詠』にはかれの傷歌行と種瓜篇の二首の楽府が採られている。『世説新語』賢媛篇、許允婦、「明主可以理奪、難以情求」。巻二十五、高堂隆伝、「天下之天下、非独陛下之天下也」。当時、洛陽の官界で名声が高かった散騎常侍の夏侯玄や尚書の諸葛誕・鄧颺らが、仲間内で四聡・八達・三豫という、後漢末の党錮時の名士番付を髣髴させる序列を定めた。この浮華の風潮に対して、司徒の董昭の上疏をきっかけに、太和四年（二三〇）二月、詔を下して、かれらを免官の上、任官資格剝奪の処分を加えたのである。明帝紀、太和四年四月壬午の条、巻九、曹真伝、附曹爽伝、巻十四、董昭伝、巻二十二、盧毓伝、巻二十八、諸葛誕伝、および裴注所引『世語』。巻二十二、陳矯伝、「車駕嘗卒至尚書門。〔尚書令陳〕矯跪問帝曰、陛下欲何之。帝曰、欲案行文書耳。……」。

（6）孟達の反乱および諸葛亮の北伐に関しては、拙著『西晉の武帝司馬炎』［福原一九九五］の四四―五五頁。後出の遼東遠征に関しては五五―六一頁。

（7）五銖銭再行は、明帝紀、太和元年四月乙亥の条、『晉書』巻二十六、食貨志。宗廟の移転は、明帝紀、太和三年十一月・十二月の条。律令の制定は、『晉書』巻三十、刑法志。郊廟の楽舞の制定は、『宋書』巻十四、礼志一、巻十五、礼志二、巻十九、楽志一。巡幸は、明帝紀、太和六年三月癸酉の条。『宋書』巻十五、礼志二、「明帝凡三東巡、……」。

（8）明帝紀では享年三十六。注（1）参照。魏志倭人伝は、景初三年を二年に誤る。

（9）高堂隆の諫奏にも見える。「然今之小人、好説秦漢之奢靡以盪聖心、……」（巻二十五、本伝）。

（10）王夫之『読通鑑論』巻十。『通鑑紀事本末』所載以外、陳矯、毌丘倹、司馬懿（『晉書』巻一、宣帝紀）らも諫奏している。
【補注】安田二郎氏は、諫奏もしくは批判の言動を示した者として二十三名を挙げる［安田二〇〇六］。

（11）少女を採り後宮に入れ、新たに女尚書を設置する以外に、強制的に士家（兵戸）出身で良民に嫁いでいる女性を離婚させ、改めて士家の男子に嫁がせている。

（12）『元河南志』、魏城闕古跡、曹魏京城図参照。太極殿の画期性に関しては、吉田歓「漢魏宮城中枢部の展開」［吉田二〇〇〇〕参照。雲龍門は『晉書』巻四十、楊駿伝、濛汜池は『魏書』巻一一四、釈老志。明帝紀、青龍三年の条の裴注所引『魏略』。邙山の切り崩しに対する諫奏は巻二十五、辛毗伝。
(13) 巻二十五、高堂隆伝、「公卿以下至于学生、莫不展力、帝乃躬自掘土以率之」。
(14) たとえば、巻二十四、高柔伝、「二方平定、復可徐興」。
(15) 明帝紀、景初元年六月の条、および裴注所引の孫盛の語、『宋書』巻十六、礼志三、巻三十一、五行志二。王鳴盛『十七史商榷』巻四十、三祖。
(16) 巻二十五、高堂隆伝。
(17) 注（5）参照。
(18) 佐藤達郎「曹魏文・明帝期の政界と名族層の動向 ──陳羣・司馬懿を中心に──」〔佐藤一九九三〕参照。
(19) 明帝紀、景初二年十二月の条、および裴注所引『漢晉春秋』、巻二十、武文世王公伝、燕王宇の条。前掲注（6）の〔福原一九九五〕六一―六六頁。
(20) 『三国志』巻四十八、呉書、三嗣主伝、孫晧の条、裴注所引『襄陽記』。前掲の〔福原一九九五〕一三〇―一三二頁。

【補記】　渡辺信一郎氏は（〔渡辺二〇〇〇〕）、明帝の、王朝成立の要件である諸制度の整備の中核をなす、天人相応の関係を宮殿構成に取り入れ、天上の紫微宮に対応した、太極殿（後漢の北宮の徳陽殿跡に建設）を中心とする「太極宮型宮城配置」の構想、その一環としての、聴訟観の設置とそこでの皇帝裁判（園林裁判の先蹤）の開始が、以後、三五〇年間、引き継がれたことを論ず。安田二郎氏は（〔安田二〇〇六〕）、明帝の「宮室修治」を、実務僚吏層が下支えしていた「社稷の計」（超大型の公共事業）である都城（帝都）造営（貯水ダム「千金堨」の竣工を基盤とする）の一環として理解する。

第三章　西晋における国子学の創立に関する考察

はじめに

西晋王朝における国子学の創立、それは漢代以来存続してきた太学に新たに国子学を加えた「二学」「両学」[1]の成立であり、最高学府であるべき中央官学の「双軌制」「並立制」[2]の開始を意味する。以後、東晋・南朝では、興廃を繰り返しつつもこの「二学」体制が、国子学（国学）優位で、継承された。五胡十六国・北朝では、まず五胡十六国においては漢魏の制を継承する故か、史料では南朝と対比して太学の設立が目立つ。ついで北魏においては、太学と国子学（中書学）に加えて、皇宗学（宗室を対象）・四門小学・律学・算学も開設され、北斉においては、教育行政官庁、国子寺が創設され（隋にて国子監と改称）、漢代以来の太常所管からの独立を実現した。そして、唐に至り、『大唐六典』（巻二十一、国子監）に機構化されているように、国子学、太学、四門学、律学、書学、算学という階層的な中央官学からなる国子監体制が、律令官制下の一環として完成する。漢晋の太学・国子学の創立から隋唐の国子監の成立に至る過程は、中国における教育史上での一つの大きなサイクルとして把握することができるのであり、(3)以上のように概観し、唐において国子学が中央官学の最上位に位置し、かつ文部官庁国子監の名称のルーツである点を確認するならば、ひるがえって西晉における国子学の創立が歴史的な意義を有することは明らかである。そして、それ故にこそ、中国の教育史に関する概説書なども必ず言及するのであろう。ところが、にもかかわらず、西晉における国子学の創立に関し、たとえば『資治通鑑』の晉紀にはその記載がなく、またそれに関する専論は皆無といって過言ではない。その理由を推量するに、国子学の創立に関する上奏や詔勅が伝存していないというように、それに関する根本史料がごくわずかしか残っておらず、しかも、史料が零細であるにもかかわらず、たとえば創立の年代に関して史料間に矛盾が存するなど、問題点があるからであろう。

この西晉における国子学の創立の問題に取り組むに至った私個人のいきさつをしるすならば、かつて大学院在学当時のこと、谷川道雄先生の演習の場において、先生から「二学」の成立を指摘されて以来、この問題がずっと気にかかっていた。しかし、それにもかかわらず、その研究に取り組まずに放置しておいたため、その結果、拙著『西晉の武帝司馬炎』〔福原一九九五〕では、全く一言も言及することができなかった。そして、一九九六年秋の入院中に、西晉における国子学の創立に関して、少なくとも問題点の所在なりとも私なりに整理したいと思い立ったのである。おそらくこの問題は狭義の教育史の枠内に閉じ込めることができず、官吏任用制度や思想・学術、さらには当時の政治・社会と密接に相い関連すると予想されるが、本章では、すでに同じ中央官学の太学が存在するにもかかわらず、何故に国子学が創立されたのか、また、後漢・三国魏や南北朝諸王朝と、その前後の時代ではなく、何故に西晉王朝において創立されたのか、という二つの問題意識を念頭に置き、具体的には、とくにその創立年代の問題、および創立の理由・背景を中心に検討し、整理したい。

なお、先行研究としては、その、古典ともいうべき陳東原『中国教育史』〔陳東原一九三六〕をはじめとする中国教育史関係の概説書（中華民国でのそれに関しては、高明士「中華民国における中国教育史の研究」〔高明士一九七九〕参照）、とりわけ西晉を含む時代に限定した楊吉仁『三国両晉学校教育与選士制度』〔楊吉仁一九六八〕、楊承彬『秦漢魏晉南北朝教育制度』〔楊承彬一九七八〕、程舜英『魏晉南北朝教育制度史資料』〔程舜英一九八八〕を参照、孫呉・東晉・南朝の二学、とくに国学に関しては柳詒徴「南朝太学考」〔柳詒徴一九一九・三〇〕があるが、(4)中でも最大の成果として挙ぐべきは、唐代における廟学制の成立とその東アジアへの波及を軸に、壮大かつダイナミックに官学教育制度の展開を論じた高明士『唐代東亜教育圏的形成——東亜世界形成史的一側面——』〔高明士一九八四〕であり、本章もおもにこの著書の所論を、範囲や関心の重点は異なるが、批判的に継承してゆきたい。

第一節　西晉の国子学

第一項　名称の由来

国子学という名称は、『宋書』巻十四、礼志一に「咸寧二年、起国子学、蓋周礼国之貴遊子弟所謂国子、受教於師氏者也」、同巻三十九、百官志上、国子祭酒に「国子、周旧名、周有師氏之職、即今国子祭酒也」と解説するように、疑いようもなく、『周礼』地官司徒、師氏の「以三徳教国子、……、掌国中失之事、以教国子弟。……凡国之貴遊子弟学焉」の「国子」を典拠とする。(5)「国子」とは、国（都）の「貴遊」（顕貴、貴族。公・卿・大夫）の子弟を意味し、その用例はすでに国子学創立以前の三国魏の正始年間（二四〇―四九年）の劉靖の上疏中に、「宜高選博士、取行為人表、経任人師者、掌教国子」と見える。[6]なお、西晉の元康年間（二九一―九九年）、国子学と太学のそれぞれの学生（潘岳「閑居賦」は「生徒」）を、「閑居賦」は「国胄」と「良逸」（賢良の意）、潘尼「釈奠頌」は「国子」「胄子」と「学徒」「学生」、と対比的に表現し、東晉・南朝の国子学設立の上奏や詔勅にも国子学の学生そのものを表現する、あるいは密接に結び付いている「国胄」「胄子」の語が決まり文句として使われている（［柳詒徵一九二九・三〇］参照）。興味深いのは、国子学の名称の典故が古文学系の経典である『周礼』に由来するというように、国子学と古文学との結び付きを示唆する点である。この問題に関しては、国子学創立を建議したのが、古文学派の一領袖王粛、その子王恂であった点とあわせて、第三節「国子学創立の背景」にて考察したい。

第二項　学官と学生

つぎに、国子学の人的構成、すなわち学官（教官）と学生について、太学のそれとの対比を念頭に置き、検討する。西晉における、言い換えれば創立当初の学官に関する基本的な史料として、『晉書』巻二十四、職官志、太常と『宋書』巻三十九、百官志上、太常があり、それぞれ「及咸寧四年、武帝初立国子学、定置国子祭酒・博士各一人、助教十五人、以教生徒。……、孝武太元十年、損国子助教員為十人」、「国子祭酒一人、国子博士二人、国子助教十人。……晉初復置国子学、以教生徒、而隷属太学焉。晉初助教十五人、江左以来、損其員。……」[7]と、国子祭酒一人、国子博士一人（おそらく劉宋以降、二人に増員したのであろう）、国子助教十五人（東晉の太元十年（三八五）以降十人）からなり、太学と比較するならば、魏晉当時の太学博士の定員が十九人であったのに対し、[8]祭酒と博士をあわせてもわずかに二人である点、その代りに太学にはなかった助教がそれを補うかのように新たに設けられ、しかも定員が十五人にものぼっている点が特徴である。国子学創立とほぼ同時期の咸寧四年（二七八）十月二十日に立碑された「大晉龍興皇帝三臨辟雍皇太子又再莅之盛徳隆熙之頌」（以下、「晉辟雍碑」と略称）(9)の碑陰に刻された立碑関係者の題名の中に、太学の学官・学生と並んで国子学の学官が見出される。「散騎常侍、博士祭酒、潁川、庾純、謀甫」「散騎常侍、博士、甄（鄄）城公、譙国、曹志、允恭」「助教、中郎、長広、□□、□□」「国子主事、広平、高盛、巨謀」「国子司成、広平、張随、玄時」「国子司業、陳留、董康、興元」「国子司成、陳留、焦岐、宣周」「国子都講、汝陰、謝韶、南伯」（官職〔・封爵〕・本貫・姓名・字）と、国子祭酒（「博士祭酒」）・国子博士・国子助教・国子主事・国子司成（二名）・国子司業・国子都講が刻されている（国子祭酒と国子博士に関しては余嘉錫氏の考証参照）。国子祭酒・国子博士各一名は『晉書』職官志の定員通りであるのに対して、定員十五名の国子助教が一名しか挙がっていない（ちなみに太学の博士は定員十九人であるが、刻されているのは十一名）。国子学創立当初の準備期間は一名であった可能性が高く、『宋書』百官志上、太常の「自宋世若不置学、則助教唯一人、而祭酒・博士常置也」と同じく、国子学が学生を招致していない段階を示しているのかもしれない。『晉書』職官志に見えない国子都講・国子主事と国子司成・国子司業のうち、前二者と対応する〔太学〕都講・〔太学〕主事が碑陰題名に見える。碑陰題名には「礼生」「弟子」「門人」「散生」「寄学」と、学生を示す肩書きが刻されているが(10)、〔太学の学生ではない〕国子学の学生が含まれているかどうかは不明である。

以下、各官職に関して詳述したい。国子祭酒の職務は、後述の国子博士のそれに加えて、国子学を管掌するいわば学長の役割がある。『大唐六典』国子監、国子祭酒、「『晉令』曰、祭酒博士当（掌）為訓範、総統学中衆事」、『藝文類聚』職官部、祭酒、「『〔晉〕百官表注』曰、博士祭酒一人、掌国子学」(11)、『太平御覧』職官部、国子祭酒、「『斉職儀』曰、『晉令』博士祭酒掌国子学」(12)。なお、国子学と太学との関係は、ともに太常所管の中央官学であるが、『宋書』百官志上、太常には、国子学が太学に隷属すると説明されており、(13) また、第三項「学舎とその所在」において後述するように、両者の建物は隣接しており、おそらくは国子祭酒が国子学のみならず、二学両方を統括しており（[余嘉錫一九三二] 下篇、庾純の項）、隷属云云の是非は別にしても、二学が一体として共有する部分が多かったと思われる。国子祭酒の官品は第三品、(14) 旧《もと》より侍中、列曹尚書に視す、(15) その衣冠は阜朝服・介幘・進賢両梁冠で、水蒼玉を佩ぶ。(16) 国子祭酒の別称として、「祭酒博士」(17)、「博士祭酒」(18) があるが、『通典』職官典、国子監に「又漢置博士、至東京、凡十四人、而聡明有威重者一人為祭酒、謂之博士祭酒、蓋本曰僕射、中興転為祭酒。魏因之」(19) とあり、西晋の国子学創立以前、後漢初めから太学の博士の中から一人博士祭酒が選ばれており、それが魏晋と継承されてきた（曹魏ではすでに国子祭酒ともよばれていた）。(20) これが二学ともに統轄する国子祭酒の前身であり、国子祭酒の別称として博士祭酒ともよばれる所以であろう。西晋代の国子祭酒就任者を現存の史料から拾い出し、基本的に年代順に並べると、劉毅、庾純、劉智、曹志、王済、庾旉《ゆふ》、劉寔、裴頠、鄒湛、〔彭城王〕司馬植、杜育、王琛、謝衡〔、盧浮〕となる。(21) 以上の国子祭酒就官者に、注目すべき点が三つある。第一に、建国直後の泰始二年（二六六）の時点ですでに国子祭酒が存在する点（劉毅）である。この問題は次節の「国子学創立の年時に関する問題」にて検討したい。第二に、散騎常侍を兼ねている就官者が多い点である。少なくとも十四人中六人の兼職を史料で確認することができる。この事実は次の国子博士の項にて引用する荀崧の上疏の内容と符合する。第三に、散騎常侍の兼職が多い点とも関連するが、就官者の特徴として、名家出身であり、儒学で名高いという人物像が浮かび上がる。その出身を分析すると、司馬植は晋室である河内の司馬氏、曹志（曹植の子）は魏室の譙郡の曹氏、劉毅は東莱の劉氏、劉寔・劉智兄弟は平原の劉氏で、ともに漢室につらなる。庾純・庾旉父子は潁川の庾氏、王済は太原の王氏、裴頠は河東の裴氏、王琛は琅邪の王氏、謝衡（謝鯤の父）は陳郡の謝氏、盧浮は范陽の盧氏と錚錚たる名家で、六朝を代表する貴族の出身である。とりわけ盧浮は、後漢末から盧植、盧毓、盧欽と連なる范陽の盧氏の直系である。儒学との関連では、とくに庾純は「儒宗」、劉智も「儒行」(22)、謝衡も「儒素」として知られており、劉智に『喪服釈疑論』、劉寔に『春秋条例』の著があった。ただ、左遷されて国子祭酒に任ぜられた王済は「易・荘老」の造詣が深かったという。さらに、劉毅に『九品八損の議』、劉寔に「崇譲論」、裴頠に「崇有論」と、当時の浮華の風潮などに対する批判を展開する人物もおり、太康三年（二八二）から四年にかけて朝廷を揺るがせた斉王攸帰藩事件の際に、武帝に対して敢えて非を鳴らした朝臣として曹志・王済・庾旉らがいた(23)。また、後述のように、曹志・謝衡（・盧浮）は国子博士を経ており、鄒湛は魏の太学博士であり、劉毅の場合、子の劉暾も博士となっている。

国子博士の職務に関して最も明確に述べているのは、『宋書』礼志一に収められている東晉元帝時の太常荀崧の上疏である。その中に、「昔咸寧・太康・元康・永嘉之中、侍中・常侍・黄門之深博道奥、通洽古今、行為世表者、領国子博士。一則応対殿堂、奉酬顧問、二則参訓門子、以弘儒学、三則祠・儀二曹、及太常之職、以得藉用質疑(24)」という一節があり、それによると、西晉王朝下においては侍中・散騎常侍・黄門侍郎などの側近官の中から、学問の造詣が深く、かつそのふるまいが模範となる人物が国子博士を兼領(25)、その職務は、それ故に、（一）皇帝に対する応対・顧問、（二）国子生の訓育、（三）尚書祠・儀両曹および太常という祭祀・儀礼関係所轄の部局からの質疑に対する応対からなっていた。官品は、国子祭酒が第三品であったのに対して第六品であったが、その衣冠は国子祭酒と同じである。『大唐六典』国子監、国子博士、「晉官品第六、介幘両梁冠、服佩同祭酒」。なお、『北堂書鈔』博士の『晉百官表』に「博士、俸有二十五斛云云」、『太平御覧』巻二三六、職官部、博士の『晉令』に「博士皆取履行清淳、通明典義、若散騎・中書侍郎・太子中庶子以上、乃得召試。……(26)」とあるが、『晉令』の規定が荀崧の上疏と矛盾する点、あるいは『晉書』職官志の場合、その記事の後に太学博士の記事が続く点から判断するに、太常博士をも含めた太学博士のことか。

史料に見える西晋代の国子博士就官者としては、*曹志、華嶠、*謝衡、曹嘉、石崇、嵇紹、江統〔、*盧浮〕の名が挙がる（*は国子祭酒就官者としてすでに既出）[27]。曹志・華嶠・嵇紹・江統は本官が散騎常侍で、国子博士を領していたことが確認できる。西晋代、国子祭酒、国子博士ともに散騎常侍を本官として兼領するのが基本であったのか[28]。華嶠は平原の華氏出身で、祖父は華歆、父は華表、兄は華廙。曹嘉は魏室出身、曹彪の子、高邑公。石崇は勃海の石氏出身で、功臣石苞の子。嵇紹は譙郡の嵇氏出身で、嵇康の子。江統は陳留の江氏出身で「徙戎論」を著す。いずれも国子祭酒就任者と同じく名家出身である。

国子助教に関しては、『大唐六典』国子監、〔国子〕助教に「晉武帝初立国子学、置助教十五人、官品視南台御史（第六品）、服同博士。東晉孝武損為十人、宋斉並同、……」とあり、官品（第六品）・冠服とも国子博士と同じである。また、東晉の孝武帝の太元十年（三八五）に定員を十五人から十人に減らしているが（『晉書』職官志）、劉宋においては、「周易・尚書・毛詩・礼記・周官（周礼）・儀礼・春秋左氏伝・公羊・穀梁、各為一経、論語・孝経為一経、合十経、助教分掌」（『宋書』百官志上、太常）と、太学の博士と同様に各経典を分担し教授している。西晋における国子助教就任者については、前出の「晉辟雍碑」の碑陰題名の一人（ただし、姓名・字は剝落のために未詳）の他に、『宋書』巻六十、范泰伝に載せられている范泰の上書に「昔中朝助教、亦用二品（郷品）。陳載、已辞太保掾。而国子取為助教。即淮（準）之弟。……」の一節があり、潁川の陳氏出身である陳準の弟で郷品が第二品の陳載が西晋（「中朝」）において国子助教に就いていたことがわかる[29]。

なお、国子祭酒、国子博士、国子助教以下の下級の学官として、「晉辟雍碑」の碑陰の題名には「国子主事」「国子司業」「国子司成」「国子都講」の官名が刻されているが、太学に入学して（「門人」）、満二年を経、かつ一経の試験に合格した「弟子」ら学生と同列に同じ本籍ごとに列挙されている点から、学生と同じランクと推定され、より厳密には、学官と学生の中間層ということができよう（摯虞『決疑要注』など。〔余嘉錫一九三二〕弟子門人や第四章参照）。国子司業と国子司成に関して、「晉辟雍碑」では単なる「司業」「司成」は見当らず、つまり太学側には存在せず、国子学独自の学官の可能性が高い。司業・司成の名称は『礼記』文王世子を典拠としており、『大唐六典』国子監では司業（従四品下）は「邦国儒学訓導之政令」を掌り、毎年学官の訓導・功業の多少の考査、釈奠・視学の際の補佐など、国子祭酒の副官の役割を果しているが（龍朔二年（六六二）に少司成に改称）、この場合の国子司業・国子司成は、弟子と同ランクという点でも唐代ほどにはランクは高くなく、国子祭酒・博士・助教を補佐するチューターの類ではないか。国子都講・国子主事に関して、「国子」を冠しない「都講」「主事」が刻されていることから太学にすでに存在していたことがわかる。都講とは、［余嘉錫一九三二］都講によると、講経のときに博士の講解の前後に諷誦と質疑・辯難を担当する、助手ともいうべき高弟（「高足弟子」「高材生」）であるという。主事とは、想像するに、補佐という点では都講と同じであるが、講義以外の雑事を掌る高弟ではないか(30)。

国子生に関しては、すでに挙げたように、元康年間のこととして、潘尼の「釈奠頌」や潘岳の「閑居賦」には、国子生が太学生と対比的に、「国子」「冑子」や「国冑」と表現されており、少なくとも元康年間には国子生が存在していたのは確かである。しかし、西晉代に国子生であった人物の具体的な名を見出すことができない(31)。「晉辟雍碑」の碑陰題名の「礼生」「弟子」「寄学」「門人」「散生」などの学生の中の一部が国子生である可能性を一概には否定できない。しかし、次節の「国子学創立の年時に関する問題」ともかかわるが、おそらくは多くは太学に籍を置く太学生であると思われる。西晉代の国子生、しかも創立当初のそれの可能性を史科で確認することができる唯一の人物として注目すべきは束晳である。『晉書』巻五十一の本伝に「晳博学多聞、与兄璆倶知名。少遊国学。或問博士曹志曰、当今好学者誰乎。志曰、陽平束広微好学不倦、人莫及也。還郷里、察孝廉、挙茂才、皆不就」とあり、曹志が（国子）博士在任中、すなわち国子学創立当初の咸寧二年（二七六）に任命され、「晉辟雍碑」の碑陰にも「博士」と刻されているが、束晳が「国学」（国子学）に遊学したという。[32] ただ正式に国子生となったのかどうか、不明である。あるいは「晉辟雍碑」碑陰に見える「寄学」のような待遇であったかもしれない。

第三項　学舎とその所在

国子学の学舎とその所在に関しては、同じ中央官学である太学のそれとの関連が注目される。まず、その学舎がどのような建物からなり、どのように配置されていたのか、については明らかではない。わずかに潘岳「閑居賦」[33]の一節、「両学斉列、双宇如一、右延国冑、左納良逸」により、元康年間なかばにおける国子学のありさまを漠然とながらも窺うことができる。太学と国子学が東西に隣接して甍を並べているさまが髣髴とする。また、「国子堂」（『水経注』穀水）、「国子学堂」（『洛陽伽藍記』城南、報徳寺）[34]と、国子学の学堂（講堂）の存在を示す詔が見える。ちなみに太学の建物については、後漢の光武帝が都の洛陽に興した太学は、「太学博士舎」「内外講堂」「諸生横巷（黌舎）」などの建物からなり、[35]その後、曹魏の文帝が同地に再建、[36]それをはさんで前後の時期に熹平石経（一字石経、漢石経）と正始石経（三体石経、魏石経）がそれぞれ太学の講堂前の東側と西側に立てられている。[37]陸機の『洛陽記』（『後漢書』巻一上、光武帝紀上の李賢等注）によると、太学の講堂の規模は、間口が十丈（二十四メートル）、奥行きが三丈（七・五メートル）である（「太学在洛陽城故開陽門外、去宮八里。講堂、長十丈、広三丈」）。

つぎに、国子学がどこにあったのか、については前出の潘岳「閑居賦」からわかるように太学の西側に隣接しており、「閑居賦」を収める『文選』の李善注所引の劉宋の郭縁生『述征記』に「国学在辟廱東北五里、太学在国学東二百歩」とあり、西晉当時、洛陽の都城の南、当時の洛水の河道の北に、西から東に霊台・明堂・辟雍と並んだ国家儀礼の場をなす一角があり(38)、その辟雍の東北五里（約二・一キロメートル）に国子学、さらに国子学の東二百歩（約三〇〇メートル）に太学があったという。前述のように洛陽の太学は後漢の光武帝が建武五年（後二九）に建立、その後、荒廃や再興を繰り返しながらも、後漢、曹魏、西晉と同じ場所において引き継がれたのであり(39)、『洛陽伽藍記』城南、報徳寺に「開陽門御道東有漢国子学堂(40)、堂前有石経二十五碑、……」、『水経注』穀水に「又東逕国子・太学石経北。……漢魏以来、置太学于国子堂東。……晉永嘉中、王弥・劉曜入洛、焚毀二学、尚髣髴前基矣」とあり、北魏代、西晉末の永嘉の乱の渦中で火を放たれ破壊された国子学と太学の基址が洛陽の城南、漢魏洛陽城の南壁の最も東に穿たれた城門、開陽門から城外へ南に延びる「御道」の東に残存していたという。この漢魏の太学の位置については、［中国社会科学院考古研究所洛陽工作隊一九八二］によると、熹平石経の残石の出土と絡んで、河南省偃師県佃荘公社東大郊大隊太学村（一九八二年当時の行政区画名）、より詳細には太学の旧址は太学村の村落の西北三十五メートルの地、現在の洛河の河道の南に接していることが、確認されている(41)。ではその太学の旧址の西約三〇〇メートルの地に国子学の旧址が埋もれているのであろうか。

ただ、西晉の国子学の所在に関して、一つ気になるのは、『魏書』巻五十五、劉芳伝に収められている劉芳の上表が主張する位置との矛盾である。「『洛陽記』、国子学官与天子宮対、太学在開陽門外。……由斯而言、国学在内、太学在外、明矣。案如『洛陽記』、猶有仿像、臣愚謂、……宮闕府寺、僉復故趾、至於国学、豈可舛替、校量旧事、応在宮門之左。至如太学、基所炳在、仍旧営構(42)」。北魏の宣武帝の治世、国子祭酒の劉芳は国子学と太学をその西晉の旧址に再興することを主張、その文脈において、国子学の位置が問題となり、『洛陽記』を根拠として論陣を張る。この『洛陽記』が陸機撰か撰者未詳（あるいは戴延之撰）かなど問題が残るが(43)、太学が城外であるのに対し、国子学は城内、より詳しくは、太学がすでに見てきたように開陽門外にその基址が残っていることからも確実であるのに対し、国子学は『洛陽記』の一節「国子学官与天子宮対」から宮城の宮門の左（東）

に比定する。国子学の位置に関しては、潘岳「閑居賦」などが示す、太学の西に隣接するという点と矛盾する。無理に整合的に解釈するならば、国子学の「講堂」が城外に、「国子学官」〔高明士一九八四〕九七頁の前漢の長安の太学にあった「太学官」の説明「太学生住宿之地」を援用して、この場合の「国子学官」を国子生の宿舎と解釈するならば）が城内にと分かれていたと一応説明することができるが、穿ちすぎであろう。いずれにしても、西晉の国子学の故址が確定されていない現時点では、国子学の位置はにわかには断定し難い。

第二節　国子学創立の年時に関する問題

国子学が何時、創立されたのか。改めて繰り返すまでもなく、西晉王朝下のことであるが、さらに詳細な創立の年時に関しては検討すべき問題がある。その問題とは、創立年時として、［A］咸寧二年（二七六）と［B］咸寧四年（二七八）と［C］元康三年（二九三）の三説が、その候補に挙がっている点である。どの年時が正しいのであろうか。あるいは、創立年時の説が複数存在するのをどう解釈すべきであろうか。その検討にさきだち、まず三つの年時それぞれの根拠となる史料を示したい。

［A］咸寧二年説。『晉書』巻三、武帝紀、「（咸寧二年）夏五月、……立国子学」。『宋書』巻十四、礼志一、「咸寧二年、起国子学。蓋『周礼』、国之貴遊子弟所謂国子、受教於師氏者也」。

［B］咸寧四年説。『晉書』巻二十四、職官志、太常、「及咸寧四年、武帝初立国子学、定置国子祭酒・博士各一人、

助教十五人、以教生徒。博士皆取履行清淳、通明典義者、若散騎常侍・中書侍郎・太子中庶子以上、乃得召試」。

［C］元康三年説。『南斉書』巻九、礼志上、「永泰元年（四九八）、東昏侯即位、尚書符依永明旧事廃学。領国子助教曹思文上表曰、……拠臣所見、今之国学、即古之太学、晋初太学生三千人、既多猥雑、恵帝時欲辯其涇渭、故元康三年始立国子学、官品第五以上得入国学。……太学之与国学、斯是晋世殊其士庶、異其貴賤耳。然貴賤士庶、皆須教成、故国学太学両存之也、非有太子故立也」。

なお、以上の［A］～［C］の三説に対して、『通典』の礼典（巻五十三、礼典、沿革、吉礼、大学）と『文献通考』（巻四十一、学校考、太学）と『玉海』（巻一一二、学校）は［A］咸寧二年説であり、『大唐六典』（国子監、国子博士）と『通典』の職官典（巻二十七、職官典、諸卿下、国子監）と『冊府元亀』（巻五十八、学校部、総序）と『通志』（巻五十四、職官略、国子監、国子祭酒・国子博士・助教）は［B］咸寧四年説を採っている(44)。

以下、従来の中国教育史関係の論著・概説書などの解釈を概観する。［A］咸寧二年説は、周予同『中国学校制度』［周予同一九三二］、多賀秋五郎『唐代教育史の研究』［多賀一九五三］、宮崎市定『九品官人法の研究』［宮崎一九五六］、また、余嘉錫氏は「晋辟雍碑考証」の中で、『北堂書鈔』所引の『臧栄緒晋書』の記事、咸寧三年の庾純に対する国子祭酒任命の詔（第一節第二項の国子祭酒の条に既出）を論拠に、三説のうち、［A］咸寧二年説を是とし、［B］［C］両説についてはそれらの根拠である史料、『晋書』（職官志）および『南斉書』の誤りである、と考察する（［余嘉錫一九三二］一五一頁）。［B］咸寧四年説は、楊吉仁『三国両晋学校教育与選士制度』［楊吉仁一九六八］、毛礼鋭・沈灌群主編『中国教育通史』第二巻［毛礼鋭・沈灌群一九八六］。［A］［B］両説並記は、楊承彬『秦漢魏晋南北朝教育制度』［楊承彬一九七八］。［A］［B］［C］三説すべてを活かした上で整合的に解釈しようとするのが、陳東原『中国教育史』［陳東原一九三六］と、おそらくはその解釈を継承したであろう程舜英『魏晉南北朝教育制度史資料』〔程舜英一九八八〕である。前者が、咸寧二年に「起」てられたが、咸寧四年に「実は此れより始」まり、元康元年（二九一）に「制を定」めたのであり、「国子学の設くるや、実に武帝に成り、恵帝に定まる」（ちなみに「咸寧」は武帝、「元康」は恵帝の治世の元号）とまとめ、後者が、咸寧二年に「立」てられ、咸寧四年に国子祭酒以下の学官が「設置」され、元康元年（陳東原氏と同じ誤り）に「規定を明確」にしたのであり、「国子学の建立は武帝に開始し、恵帝に定まる」とまとめる〔楊承彬一九七八〕は、「国子学之設、始於晉武帝、而至恵帝纔正式成為制度、所以「南斉書」有「元康三年始立国子学」之語」（一九五頁）と、咸寧二年と同四年の関係はさておき、咸寧年間と元康年間の関係の解釈は陳東原・程舜英両氏と同じである）。〔C〕元康三年説については、その根拠となる『南斉書』礼志所引の曹思文の上奏に言及するのは多いが、その年に国子学が創立されたという積極的な主張はない。いずれにせよ如上の論著・概説書などではその考証に眼目があるわけではないからかもしれないが、国子学創立年時の問題に関して検討を加えられているとは言い難い。高明士氏は「学者不辨由形式到実質的発展過程、見史書所載有異説、草率者輒取其一而立説、慎重者則存諸異説、鮮有由歴史変遷的観点論述其事、対史科亦無批判」（〔高明士一九八四〕一三〇頁）と総括し批判する。[45]

注目すべきは、陳東原・程舜英両氏と同じく三説、すなわち三つの創立年時をすべて活かす、呂思勉氏の解釈と、それをさらに敷衍した高明士氏のそれである。呂思勉氏はその著『両晉南北朝史』〔呂思勉一九四八〕、第二十三章、晉南北朝学術、第一節、学校で、「……蓋屋宇起於咸寧二年、教官定於四年、生徒入学之法、実至元康三年而後定也」と、建物が咸寧二年に造営され、ついで教官（学官）が同四年に任命されたが、国子学生の入学の方法はなんと元康三年に至ってようやく決定されたのであろう、と推測する。[46]それに対して、高明士氏は『唐代東亜教育圏的形成』〔高明士一九八四〕上篇、漢唐間学校教育発展的特質、第一章、学校発展的諸段階、第二節、立国子学─両晉南北朝時代で、創立年時の根拠の史料である三つの正史の成書年代の順序では、沈約が著した『宋書』が蕭子顕の『南斉書』や唐の房玄齢らの『晋書』と比較して最も早く（、それ故に最も信憑性があり）、その『宋書』（礼志、「咸寧二年、起国子学」）に「起」という語が使われているのは、「学館を建築する」の意味であることは明白である、と論ずる（なお、［A］説のもう一つの根拠である『晋書』武帝紀では「立国子学」と「立」の字が使われており、高明士氏はその点をも意識する）。そして、それを踏まえて、国子学の創立の過程を、まず、［1］泰始四年（二六八）に発布された泰始律令の「学令」において、国子学の設置が明文化され（その根拠は、国子祭酒に関する規定を記す『晋令』の佚文の存在。第一節第二項の国子祭酒の条所引の『大唐六典』など参照）、［2］（＝［A］）咸寧二年（二七六）に学館、つまり国子学の建物が建てられ（『宋書』礼志）、［3］（＝［B］）咸寧四年（二七八）に国子祭酒・博士・助教からなる「学官を定置」し（『晋書』職官志）、［4］（＝［C］）元康三年（二九三）にときの国子祭酒の裴頠の建議（『北堂書鈔』国子祭酒所引の『晋諸公賛』。第一節第二項の国子祭酒裴頠の条参照）により、「学生を招収し、授課を開始す」、すなわち、ここに至ってようやく、それ以前（［1］［2］［3］）、「形式意義」の学校から「実質意義」の学校へ、換言すれば、国子学の建置が真に完成した、と推測する。この高明士氏が提示した、［A］～［C］の三説に加えて『晋令』佚文による四段階の国子学創立の解釈こそが、最も精緻な考察であるといえよう。

　では、高明士氏の解釈がはたして正しく、つまり史実であったのであろうか。以下、私の疑問を列挙し、検討したい。まず第一に、［1］泰始律令の「学令」（漢の「功令」から独立）により法律上、国子学が設立されたという点について、その根拠となるべき『大唐六典』国子監、国子祭酒の「……、『晋令』曰、祭酒博士当（掌）為訓範、総統学中衆事。……」、『藝文類聚』巻四十六、職官部二、祭酒所引の『斉職儀』の「『晋令』、博士祭酒掌〔国子学、而〕国子生師事祭酒、執経、葛巾単衣、終身致敬」（〔　〕内は、『太平御覧』巻二三六、職官部、国子祭酒の『斉職儀』にて補う）、『太平御覧』職官部、博士の「『晋令』曰、博士皆取履行清淳、通明典義、若散騎・中書侍郎・太子中庶子以上、及得召試、諸生有法度者、及白衣試在高第拝郎中」など、『晉令』の佚文を検討すると、少なくとも「博士祭酒」「祭酒博士」（「博士祭酒」と同義であるならば）は、第一節の第二項の学官と学生の国子祭酒の条および注（20）で論じたように、国子学創立、さらに泰始律令制定以前の魏晉時代から存在していた。ただ、「国子学」「国子生」の語が『晉令』に存する点、よくわからないが、国子学創立時点で『晉令』の「学令」が増定され、国子学に関する規定の条が著されたと考えた方が自然ではないか。たとえば、元康年間（二九一―九九年）の令の刊定（「定令」）(47)の際の可能性もあると思う。第二に、［2］咸寧二年に学館が建設されたという点について、確かに「起国子学」の「起」の字に注目し、その意味を建築、造営の方向に絞って解釈することも可能であろうが、逆にいえば設立、創設、創立の意での解釈も成り立つであろう。第三に、［3］学官が咸寧四年（二七八）に始めて任命されたという点について、すでに余嘉錫氏が指摘している咸寧三年（二七七）の庾純に対する国子祭酒任命の詔の存在、および、咸寧二年（二七六）の曹志に対する国子博士任命の詔の存在（『北堂書鈔』博士所引の『晉起居注』。第一節の第二項の「学官と学生」の国子博士の条参照）から、それぞれの典拠史料に記されている年時などに誤りがないかぎり、成り立たないのではないか。ちなみに、その碑陰題名に国子学関係の官名が散見する「晉辟雍碑」は咸寧四年十月二十日の刻である。第四に、［4］元康三年（二九三）に国子生が招致され、授課が始まったという点について、確かに第一節の第二項「学官と学生」の国子生の条で考察したように、束晳の場合の可能性を除き、元康三年以前に国子生の存在を確認することができない。しかし、逆に裴頠の建議や曹思文の上表のそれぞれの内容から直接に学生招致の開始を読み取ることができない。

ここで敢えて、［A］～［C］三説を活かす私案を示すならば、まず、［A］咸寧二年（二七六）と［B］咸寧四年（二七八）の関係は、たとえば、劉宋の元嘉年間における国子学の復活の経緯と同じではないか。すなわち、『宋書』によると、元嘉十九年（四四二）に「〔文帝〕詔曰、……広訓冑子、……。〔十二月〕詔曰、冑子始集、……」（巻五、文帝紀）、「立国子学」（巻六十四、何承天伝）、一方、「太祖元嘉二十年（四四三）、復立国子学」（巻十四、礼志一）とあり、柳詒徴「南朝太学考」は「宋書称復立国学、在元嘉二十年。而興学之詔、実在十九年春初。蓋経営締搆。逾年始就」と解釈する。西晉の咸寧年間の［A］［B］両説の関係も同様に、詔勅が下された時点（［A］、咸寧二年）と実際に運営が始まった時点（［B］、咸寧四年）、言うならば、発布と施行の時間的なズレと考えられないであろうか。また、［C］説の元康三年（二九三）は、それと密接な繋がりが推定しうる国子祭酒裴頠の上奏の内容、「立国子・太学、起講堂、築門闕、刻石以写五経」[48]を勘案するならば、講堂の造営など国子学関係のキャンパスの整備（むしろこれが高明士氏が［2］咸寧二年に想定する学館の建築にあたるのではないか）などによる国子学の完成である、と私は思う。ちなみに前漢の太学もその校舎の建設は平帝の元始年間（後三、四年）、すなわち創立から百二十餘年後のことである（［高明士一九八四］九二、九三頁）。あるいは、当初、国子学は北魏の劉芳が論ずるように洛陽城内の宮城の宮門の東にあったが、この結果、潘岳の「閑居賦」が描くように城南に太学と甍を並べることになったのであろうか（第一節の第三項「学舎とその所在」参照）。以上の私案をまとめると、武帝の咸寧二年の詔勅、同四年の施行、恵帝の元康三年の完成、ということになる。

第三節　国子学創立の背景

何故に国子学が創立されたのか。何故に西晉においてなのか。この二つの疑問の解答を見出すためには、国子学創立の背景、すなわち、同じ中央官学であり、すでに四百年の歴史を有する太学の沿革とそれが抱えていた問題、および創立を取り巻く同時代、魏晉時代、とりわけ西晉初期の政治・社会の状況、つまり国子学創立のタテとヨコの背景を考察しなければならない。

前者について、太学の創立は、前漢の武帝の治世時、建元五年（前一三六）の五経博士の設置にともなう元朔五年（前一二四）の博士弟子の採用の開始に求められるが[49]、その後の太学の性格の変化を、西川利文氏は「漢代博士弟子制度の展開」〔西川一九九二〕の中で、太学生（博士弟子）の急増という事態と相い俟って、（1）前漢以来の〔官吏養成を目的とする〕教育・学問の場から、（2）後漢後半では〔人脈形成のための〕交際の場へ、さらに、（3）魏晉では徭役を避けるための場へと、三段階で整理されている[50]。

ここでは国子学創立の前夜である曹魏時代、より厳密には曹魏から西晉初期における太学に絞って検討したい（【補注】曹魏時代の太学に関しては〔落合二〇一〇a〕参照）。そもそも曹魏では、文帝（曹丕）の黄初五年（二二四）に洛陽の後漢の太学の旧址に再建され、門人→弟子→〔文学〕掌故→太子舎人→郎中というコースの考試制度もととのえられ、従来の今文学系の博士に新たに古文学系の博士を加えた十九博士が設けられ、また古文学系の経典のテキストを定めた正始石経（三字石経）が立てられるなど、再建・整備されたが、早くも弊害が起こっていた。それを示す二つの史科、『三国志』魏書、巻十三、王朗伝、附王粛伝、裴注所引の『魏略』〔儒宗伝序〕と『宋書』巻十四、礼志一を挙げたい（〔今鷹・井波・小南一九七七・一九八二・一九八九〕の訳文参照）。まず、前者は、

従初平之元、至建安之末、天下分崩、人懐苟且、綱紀既衰、儒道尤甚。至黄初元年之後、新主乃復始掃除太学之灰炭、補旧石碑之缺壊、備博士之員録、依漢甲乙以考課、申告州郡、有欲学者、皆遣詣太学。太学始開、有弟子数百人。至太和・青龍中、中外多事、人懐避就、雖性非解学、多求詣太学。太学諸生有千数、而諸博士率皆麁疎、無以教弟子、弟子本亦避役、竟無能習学、冬来春去、歳歳如是、又雖有精者、而台閣挙格太高、加不念統其

大義、而問字指墨法点注之間、百人同試、度者未十。是以志学之士、遂復陵遅、而末求浮虚者各競逐也。……
初平年間（一九〇—九三年）の初頭から建安年間（一九六—二二〇年）の末年まで、天下は分裂・崩壊し、人々はその場しのぎで汲々とし、秩序は廃れてしまい、〔中でも〕儒学（学問）が最もひどかった。黄初元年（二二〇）以後となるや（曹魏が建国されるや）、新たに即位した皇帝（文帝曹丕）がようやく太学の〔焼け落ちた〕瓦礫を撤去し、石碑（熹平石経など）の壊れた箇所を復旧・補修し、博士の定員を揃え、漢の甲乙の等級でもって考課を実施した。また、州郡に告知し、学ぶ意欲のある者がおれば、もれなく太学に派遣させた。太学が開校したばかりのときには、「弟子」（学生）が数百人しかいなかったが、太和・青龍年間（二二七—二三六年）になると、内憂外患が多く、人々は役に就くのを避けようと思い、もともと学問がわからない者でも、太学志望が多く、〔そのために〕太学の「諸生」（学生）の人数は数千にものぼり、しかも博士どもはおおむねだめであり、弟子を教える力がなかった。「弟子」もともと役を避けるためなので、ずっと学問を学ぼうとすることもなく、年年歳歳そのまま、また学問に精通している者がいても、「台閣」（政府）の合格ラインは非常に高く、しかも大義を掴み取ろうとする問題ではなく、文字の意味や書き方や句読・注釈などを問うたので、百人が同じ試験を受けても、通る者は十名に満たなかった。その結果、学問を志す人士は、ますます減ってしまい、それに対して小手元で「浮虚」（玄学）を追い求める輩が好き放題に競いあった。……

とある。つぎに後者、『宋書』礼志の記事を、『三国志』魏書巻十五、劉馥伝により補正して、示したい。

魏文帝黄初五年、立太学於洛陽。斉王正始中、劉馥（〔劉靖〕）上疏〔陳儒訓之本〕曰、〔夫学者、治乱之軌儀、聖人之大教也。自〕黄初以来、崇立太学、二十餘年、而成者蓋寡（而寡有成者、蓋）、由博士選軽、諸生避役、高門子弟、恥非其倫、故無学者。雖有其名、而無其実（人）、雖設其教、而無其功、宜高選博士、取行為人表、経任人師者、掌教国子。依遵古法、使二千石以上子孫、年従十五、皆入太学、明制黜陟、陳栄辱之路（明制黜陟栄辱之路）。〔其経明行修者、則進之以崇徳、荒教廃業者、則退之以懲悪、挙善而教不能則勧、浮華交游、不禁自息矣。闡弘大化、以綏未賓、六合承風、遠人来格、此聖人之教、致治之本也。〕不従。晉武帝泰始八年、有司奏、太学生七千餘人、才任四品、聴留。詔、已試経者留之、其餘遣還郡国。大臣子弟堪受教者、令入学。咸寧二年、起国子学、蓋周礼国子之貴遊子弟所謂国子、受教於師氏者也。

曹魏の文帝の黄初五年（二二四）、太学が洛陽に開かれた。斉王（廃帝曹芳）の正始年間（二四〇―四九年）、劉靖が上疏して、儒学の教え（学問）の根本を述べた、「そもそも学問とは、治乱の指標であり、聖人（孔子）の偉大な教えであります。黄初年間以来、太学を建てて二十餘年にもなっておりますが、しかるに学問を身に着けた者が少ないのは、おそらくは、博士の選考が軽んぜられ、「諸生」（学生）は役を避けるための者ばかり、高貴な家柄の子弟はそんな輩といっしょになるのを恥じ、それで学問を修める者がいないのでありましょう。名はあるが実（人）がなく、教える建物はありますが、成果がありません。行いは師表となり、経学では人師を任せることができる者を採用するというように、高い水準でもって博士を選考し、「国子」（貴族の子弟）の教授を任せるべきであります。古法にしたがい、二千石以上（高官）の子孫で、年齢が十五歳以上の者全員を太学に入れ、黜陟《ちゅっちょく》や栄辱の基準をはっきりと制定し、経学に明るく操行が修まっている者は、進級させてその徳を称え、学業をないがしろにする者は、退学させてその悪を懲らしめ、成績の良い者を推挙し、悪い者を励ましたならば、浮華の交游は、禁止せずとも自ら終熄するでありましょう。大いなる教化を広めれば、いまだ服従しない者を安んずるでありましょうし、天下が風靡すれば、遠方の人もやってくるでありましょう。これこそが聖人の教えであり、政治の根本であります」と。〔この劉靖の上疏は〕採用されなかった。晉の武帝の泰始八年（二七二）、担当官が上奏した、「太学生が七千餘人在学しておりますが、その才は四品（郷品）の官を任すことができます。留まることを聴されんことを」。詔が下り、「すでに経学の試験を受けた者は太学に留まることを許す。その他の者は郷里の郡国に帰ること。高官の子弟で教えを受けることができる者は入学を許す」と。咸寧二年（二七六）、国子学を「起」こす。およそ『周礼』（地官、師氏）の「国ノ貴遊子弟」、所謂「国子」は、教えを師氏より受くる者なり」。

とある。とくに注目すべきは太学生の増加である。再建当初の「数百人」から「千数」（数千人）、魏末の嵆康の処刑時に太学生が洛陽の東市に「三千人」集まったといい（『晋書』巻四十九、嵆康伝）、西晋の泰始八年（二七二）には「七千餘人」にものぼり、その時点での規制（経書に関する試験により、「才任四品」の合格者以外を帰郷させた措置）の結果か、「晋初」「三千人」との数字もあり（『南斉書』巻九、礼志の曹思文の上表文）、後漢の二世紀中葉の三万餘人には及ばないものの、数千人に膨れあがっている。そして、その最大の要因として指摘されているのが、「避役」を目的とする太学生の存在であり、本来は学問の修得の便宜のために太学生に付与された免役の特権を、戦役や土木工事の多さ故か、本末顛倒して求められたのである[51]。こうした「避役」太学生が太学を占めるという結果「猥雑」の事態が、その門地故にすでに免役の特権を有する「高門子弟」が太学に入るのを嫌忌するという結果を齎らした。もっとも嫌忌の理由として他にも、教授すべき（太学）博士の地位の低さや質の悪さ、学問としての儒学に対する関心の低下などが考えられ、呂思勉氏は「交游」にかまけていたのが主因であったと論ずる〔呂思勉一九五八〕一三四頁）。ちなみに、周予同氏はその著『中国学校制度』〔周予同一九三三〕の中古編、「魏晋時代学校制度的衰敗」において、この時代の学校教育が大いに「衰落停歇」の現象を呈する原因として、（1）政治の影響、（2）学術の反動、（3）選挙制の変異、の三点を挙げる。（1）は、当時の政府は太学を文治を表章するための「装飾品」とみなし、人民も役を免れ乱を避くるための「収容所」とみなした、と説明。（2）では、仏教・老荘・文学の盛行を指摘、（3）では、九品中正が制定され、「門第世族之風」が形成され、官達は門閥により、太学によらず、太学は「贅瘤」に異ならなくなった、と論ず。このような太学の凋落に対して、先に引用した劉靖の上奏のように改革の提言がなされ、さらに西晋の泰始八年の学力不足の太学生の放校の断行のように改革の実施がなされたのであるが、

表3-1　国学と太学の学生の差異

国学	涇（清）	士	貴	官品五品以上
太学	渭（濁）	庶	賤	官品六品以下

或る意味ではその根本的な改革として登場したのが国子学の創立であった。そして、一連の中央官学の改革が推進された背景には、たとえば後漢の光武帝期の朱浮の上書中の一節「夫太学者、礼義之宮、教化所由興也」（『後漢書』列伝巻二十三、本伝。［高明士一九八四］一一〇頁参照）に窺うことができる、中央官学である太学は礼教・教化の総本山であるべきであるという理念、その理念と太学の凋落という現実との間の落差に対する認識があったと推測される。

　つぎに、後者について、すなわち国子学の創立の同時代的背景について考察したい。まずとりあげたいのは『南斉書』巻九、礼志一に収められている曹思文の上表文である。すでに第二節「国子学創立の年時に関する問題」の［C］説の根拠の史料として挙げているので、ここでは再録はせず、曹思文が認識していた国学（国子学）と太学の、とくにそれぞれの学生の差違を表3-1にまとめる。[52]

　この図式から、南朝の南斉の時代という視座によるバイアスを考慮に入れなければならないが、国子学が士族、すなわち貴族、の子弟を対象としていることは明白であり、この国子学の最大の特徴から、西晋において創立された国子学が同時代の魏晋時代に成立した貴族制と密接に関連しているであろうことは容易に推測することができよう。事実、先学もたとえば、「貴族社会の情勢に対応しようとした」（［多賀一九七七］）、「但西晋新設的国子学、則隷於太学、表面看来、仍是単一制、非為並立制。其後発展的結果、国子学竟凌駕太学、這個因素、当然与西晋以後門閥社会発達有密切的関係。開両学之争長過程不論、従晋以後、中央官学的確是両学並立的制度」（［高

明士一九八四〕一三五頁)、と論ずる。[53] 興味深いのは宮崎市定氏の『九品官人法の研究』〔宮崎一九五六〕の一つの結論との関連である。その餘論の「官僚制と貴族制」を煩を厭わず引用すると、

九品官人法の貴族化を最も明瞭に現わす事実は、九品官制の上下の境をどこで切るかが変ってきたことである。最初の立法の趣旨は、五品以上と六品以下との間に境界を設け、五品以上は特権階級で古の公卿大夫に当り、その家族を併せて免役とするにあった。然るに九品官人法が貴族的に運営されると、貴族子弟が概ね六品官から起家するので、六品以上と七品以下の間に大きな断層が生じた。六品官起家は郷品二品なので、六品官が延いて二品と称せられ、二品以上という言葉が屢々用いられる。

……五品の下に引いた線を官僚線と名付け、六品の下に引いた線を貴族線と名付けるならば、以上の事実は官僚線が薄れて、貴族線が太く深くなったことを示す。

貴族線の深刻化は同時に門地二品なる特権階級を成立せしめている。これは常に郷品二品を得て六品官より起家する家格の謂である。また之を士族、士類と称する。そして貴族線は同時に免役の特典を示す。

(中公文庫版五三七―五三九頁)

とあり(一一七頁の第二表「漢の俸秩と魏の官品との比較」および五四〇頁の第四十二表「魏晉南北朝士庶線変遷表」参照)、『南斉書』礼志の曹思文の上表文がいう国子学の五品以上の子弟という入学資格を勘案するならば、九品官人法の制定後で門地二品の未確立の段階、すなわち貴族制の展開における門閥化の過渡期的性格に如実に対応していることがわかる(〔高明士一九八四〕一四二―一四三頁参照)。言うなれば西晉の劉毅の九品八損の議の中の成語「上品無寒門、下品無勢族」の「勢族」の子弟が国子学の学生の対象であったのである。

ただ留意すべきは、貴族制成立以前に国子学が分化する契機がすでに存在していた点である。たとえば、前漢

の平帝時の太学の定員外に「元士」（六百石）の子への入学枠の設定[54]、後漢に入って、一時的ではあるが、外戚の子弟のみを対象とした「宮邸学」の設置（［高明士一九八四］一二二―一二三頁）、公卿の子弟の諸生採用という左雄の提言や大将軍から六百石に至るものの子弟の入学促進の質帝の詔など（［吉川一九七六a］の「後漢の太学」）からわかるように、のちの国子学と太学それぞれの学生の性格の違いを表現する「冑子」と「賢良」の区分が、あくまでも太学の内であるが、漠然とながら見られ、それが曹魏の劉靖の上奏文中の二千石（五品）以上の子孫で十五歳以上の入学の提言や西晉の泰始八年の大臣の子弟で授業についてゆける者の入学を促す詔（前出の『宋書』礼志の記事）に繋がり、ついには五品以上の子弟という入学制限をもつ国子学の創立に至るのである[55]。

もう一つ留意すべきは、国子学の創立は、結果的には貴族制の確立と相互に寄与しあったのであるが、曹思文の上表文に見える、その所期の目的は「猥雑」を「涇と渭」（清と濁）に分かつ点にあった。そして曹思文の認識では「清濁」は「士庶」「貴賤」と対応しており、それ故に貴族制と結び付くのであるが、「避役」を目的とする太学生の存在に代表される太学の「濁」の問題は、すでに後漢後半に現われている当時の社会に蔓延していた「濁」の風潮の一環として位置づけられ、魏晉時代には太学外でも具体的には拝金主義の風潮などが一世を風靡していた。とすると、国子学の創立はその風潮に対する王朝側の対策の一環と位置付けることができよう。

では、何故に西晉王朝下において、さらにその武帝の治世において断行されたのであろうか。推測するに、おそらくは西晉王朝、さらに武帝に期待されていた使命と密接に結び付いていたのではないか。後漢王朝の滅亡の後を承けて登場した魏晉両王朝の最大の課題は、秦漢古代帝国の崩壊の根本的原因の克服にあり、それは言い換えれば喪失した公権としての国家の権威・威信の新たなる原理にもとづく権威・威信の創出による国家の再建・安定化にあった。そして、曹魏王朝の場合、呉に対する親征や宮殿の造営に代表されるように、目に見える形で威信を高めんとしたが、その結果、王朝に対して「苛酷」のレッテルが貼られたのである。それを目のあたりにした西晋王朝を開く河内の司馬氏は、おそらくは意識的に対極にある「寛裕」のポーズを前面に出し、それにもとづく施策を進めたのであろう。その流れの中にあって、禅譲革命を果した武帝司馬炎は曹魏とは異なる方向、すなわちその一つとして中央官学の改革（国子学の創立）や学礼の重視などにより、文教・教化の分野から権威・威信を高めんとした、いわば礼教立国をめざしたのではないか。その点では泰始三年（二六七）の星気と讖緯の学の禁止も同じ文脈でとらえることができるであろう。そこには当然、河内の司馬氏の原点・本質は「諸生」（学生）であるという武帝の認識（『晋書』巻二十、礼志中の武帝の詔）、それは大なり小なり、帝室の司馬氏をも含む当時の貴族の、学問こそがその存立基盤であるという共通認識と関連するであろうが、その認識が文教政策への積極的な重視に影響を及ぼした一面もあろう（［福原一九九五］一三―一五、六五―六六、一二九―一三二、一四六―一四八、三二二―三二四頁や第一章参照）。第一節第二項で検討したように、名族出身の侍従官で儒学に造詣が深い人物が国子祭酒・博士に任用されるのも、その反映であろう。

なお、以上の武帝の治世において国子学が創立された背景から、武帝自身、積極的・主体的であったと推測されるが、その意欲的な学制改革への取り組みを考える上で興味深いのは、武帝と個人的に結び付いていた二人の人物、劉靖と王恂の存在である。まず劉靖は、沛国の劉氏の出身で、劉馥―劉靖―劉弘と、その父から親子三代、魏晋両王朝に出仕して、とくに地方官として治績を挙げた、葭森健介氏の命名によれば「威恵型官僚」を輩出した家柄であるが、その子劉弘は武帝司馬炎と同年（青龍四年（二三六））に生まれ、かつ近所（同じ洛陽の永安里）に住み、机を並べて学んだ仲で、武帝にとっては「旧恩」があった（『晋書』巻六十六、劉弘伝。［葭森一九九六］参照）。武帝にとっては父の世代であるが、その劉靖が曹魏時代に奉った学制改革を主張する上奏文に見える「国子」の語を使用している点や「二千石以上子孫」（二千石＝官品第五品）を求める学生を対象としている点など、国子学と共通点が見出され、確かに太学とは別の新たな中央官学の創立の提言ではないが、武帝による国子学の

図3-1　東海の王氏

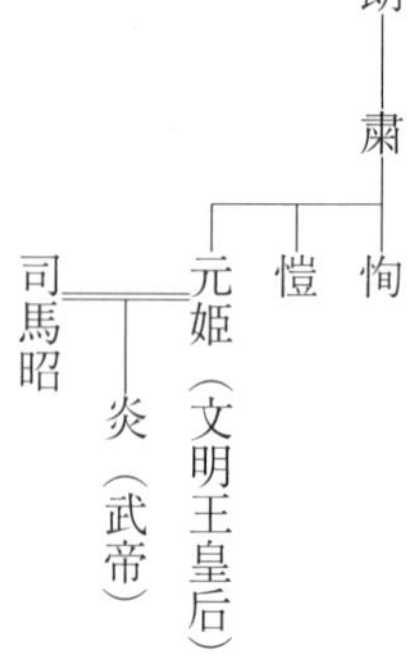

創立は、ある意味では幼馴染の父親である劉靖の提言の実現でもあった。

つぎに王恂は東海の王氏の出身で、祖父の王朗と父の王粛はともに曹魏王朝に出仕したが、それよりも当代を代表する学者として有名で、とりわけ王粛は鄭玄に対抗して新学説を打ち出した古文学者であり、ちなみに「晉辟雍碑」が顕彰する咸寧三年の郷飲酒礼は王粛説、同四年の大射礼は鄭玄説に従って儀式が執り行われている。そしてその王粛の女、つまり王恂の妹である王元姫は司馬昭に嫁ぎ、司馬炎（武帝）を生んでおり、それ故に武帝にとって王恂は母方の伯父にあたる。その王恂が、『三国志』魏書、巻十三、王朗伝、附王粛伝、裴注所引の『世語』の記事によると、「建立二学、崇明五経、皆恂所建」と、二学、すなわち太学と国子学（潘尼「釈奠頌」などにも用例）の建立、事実としては国子学の創立を建言したという。ただ、『世語』の史料としての信憑性の低さと「建立二学」という表現の不分明さが気になるが。ちなみに『晉書』巻九十三、外戚伝、王恂によると、咸寧四年（二七八）に歿している。武帝の母方の実家であり、古文学系の学者の家である東海の王氏の意向が強く反映していたことが想像される。そして、第一節第一項「名称の由来」で言及したように、国子学という名称が古文学系の経書『周礼』に由来する点を勘案し、魏晉の経学との関連を図式化するならば、国子学という名称と王恂の建言は、それぞれ広義の古文学派の擡頭と、とりわけ王粛の学説の風靡という流れを反映していると言い得るのではないか[56]。

最後に、餘談であるが、咸寧年間の国子学の創立以後、太康元年（二八〇）の呉の平定による中国統一の実現を挟んで、同三年から四年にかけて、斉王攸帰藩事件が起こり（事件の経緯に関しては、第五章「八王の乱の本質」、［福原一九九五］一七〇—一八〇頁参照）、この事件がそれ以降の武帝の国子学に対する思いに微妙な影を落としているように、私には思えてならない。というのは、事件の渦中にあって、太常博士の庾旉が武帝の強い意志である斉王攸の帰藩に反対する内容の上奏文を奉り、その父で創立時の国子祭酒の庾純が黙認し、創立時の国子博士で当時国子祭酒の任にあった曹志が同意し、それに対して武帝は激怒したのである。そして、事件後、これも反対派の一人であった王済は国子祭酒に左遷され、庾旉もその後に国子祭酒となっている。これらの事実を勘案すると、この事件を境として、すっかり学制改革に対して意欲を失い、国子学に対して冷淡になったのではないかと思われる。一方、翌太康五年（二八四）には学礼などの舞台でもある明堂・辟雍・霊台が修復されているが。その結果、国子学の完成が武帝の歿後に持ち越され、恵帝の代となって、時の国子祭酒であった裴頠の建言により、実現の運びとなったのではないか。

おわりに

以上、西晉における国子学の創立をめぐって、とくに西晉での国子祭酒・博士に就いた人物、創立の年時と背景などに重点を置いて、検討してきた。ただ、私自身の直接の関心という点で、中国教育史の一齣としてではなく、もっぱら魏晉史の一齣として見てきた。それ故に、「はじめに」で提出した疑問に答える方向で、本論で明らかにした点を、以下にまとめる。

貴族制、より厳密には魏晉段階の門閥化以前の貴族制や、経学における古文学、より厳密には王粛の古文学の影響の下、前王朝曹魏との差違を意識して、礼教国家を志向し、教化を重視する西晉王朝の武帝が、当時の唯一の中央官学である太学がもつ、礼教の中心であるべきであるという理念と本来の教育・学問の場から避役を目的とする「濁」の場に堕ち、数千人にも上るというように膨れ上がった現実の間のギャップを解消するための抜本的な改革として断行されたのが、国子学の創立と、その結果としての中央官学の清濁分離の「二学」体制の確立であった。より詳細には、武帝の咸寧二年（二七六）にその詔勅が下され、同四年（二七八）に施行され、恵帝の元康三年（二九三）に完成した国子学は、劉靖や王恂らの提言の実現であり、儒学に素養がある名族出身の侍従官が国子祭酒や博士に任用され、対象は貴族の子弟であり、「寛容」を前面に押し出す礼教政策の目玉であった。

次なる課題として、魏晉貴族制、経学における古文学との内的連関の考察や同時期に確立した学礼との検討などが挙がる。高明士氏はその著『唐代東亜教育圏的形成』［高明士一九八四］の上篇「漢唐間学校教育発展的特質」に於いて、以後の中国のみならず東アジアでの学校制度のモデルとなった、孔廟と官学の結合による廟学制、その唐代における成立に至る過程の西晉の段階での特筆すべき変革として、（1）学校教育の規定「学令」が「功令」（泰始律令の「貢士令」、唐令の「選挙令」）から独立した泰始律令の制定、（2）国子学の創立による中央官学の「並立制」の確立、（3）学礼内での辟雍で執り行われる大射・郷射・郷飲酒などの諸礼と太学の釈奠礼の分離（（4）太学・国子学の太常からの分離の萌芽）、以上の教育の独立、とりわけ宗教からの脱却という点で共通する三つの施策が挙げられている。高明士氏が列挙する西晉での教育方面の変革を勘案するならば、今後、続いて西晉における学礼の問題、より具体的には、その学礼に属する郷飲酒礼と大射礼を顕彰した、本章でも何度も言及してきた「晉辟雍碑」、国子学の創立とほぼ同時期に立てられ、その碑陰に当時の国子学と太学の学官および太学生らの題名が刻されているのであるが、この碑の分析は次章にて試みる。

注

（1）「二学」は『晉書』巻五十五、潘岳伝、附潘尼伝所載の「釈奠頌」など、「両学」は『文選』巻十六、賦、志下、潘岳「閑居賦」など。『晉書』潘岳伝参照。

（2）「双軌制」は周予同『中国学校制度』〔周予同一九三三〕、楊吉仁『三国両晉学校教育与選士制度』〔楊吉仁一九六八〕など。「並立制」は高明士『唐代東亜教育圏的形成――東亜世界形成史的一側面――』〔高明士一九八四〕など。

（3）多賀秋五郎『唐代教育史の研究――日本学校教育の源流――』〔多賀一九五三〕、同「中世儒教主義学校体系完成の過程」〔多賀一九七七〕、〔高明士一九八四〕参照。

（4）太学を説くが、東晉南朝では最高学府は太学のみであり、国子学、国学とあるも実は太学であるという議論など、従い難い。

（5）師氏に続く保氏にも「而養国子以道、乃教之六藝、……、乃教之六儀、……」とある。

（6）『三国志』巻十五、魏書、劉馥伝。『宋書』礼志一は劉靖を劉馥に誤る。「国子」の語の使用の類例として、前漢の平帝の治世、すなわち王莽の執政時、太学生の事実上の増員である「元士之子得受業如弟子、勿以為員」（『漢書』巻八十八、儒林伝序）の「元士」（善士。公・卿・大夫の下の士、下級官僚。『礼記』王制）の子弟があり、中央官学の入学資格として、ある一定の家柄の子弟に限定する点、国子学の創立の先駆をなす。【補注】渡邉義浩氏は、嘉平年間初頭に王昶が司馬懿に献じた「治略五事」の中で挙げた太学再編策に「使国子入太学」の一節の存在を指摘する（〔渡邉二〇〇六〕）。

（7）『大唐六典』国子監、『通典』職官典、諸卿下、国子監参照。

（8）『宋書』百官志上、「博士、……魏及晉西朝置十九人」。

（9）余嘉錫「晉辟雍碑考証」〔余嘉錫一九六三〕参照。釈文は、顧廷龍の題跋〔顧廷龍一九三一〕と劉承幹『希古楼金石萃編』〔劉承幹一九三三〕巻九と羅振玉『石交録』〔羅振玉一九四一〕巻二の三種の釈文を参照。第四章参照。

（10）木島史雄「「大晉龍興皇帝三臨辟雍皇太子又再莅之盛徳隆熙之頌」にみる晉初の礼学とその実践」〔木島一九九六〕では、「礼生」の中でも「鄭大射礼生」「王郷飲酒礼生」はそれぞれ鄭玄の学説にのっとって行う大射礼と王粛の学説にのっとって行う郷飲酒礼の実際の礼行為を行う事実上の専門技術者であったと論ずる。

(11)『北堂書鈔』巻六十七、設官部、国子祭酒は「一人」を缺き、『太平御覧』巻二三六、職官部、国子祭酒は「百官表注」を「漢書百官表注」につくる。

(12)『藝文類聚』職官部、祭酒は「国子学」を缺く。

(13)黄彰健「論曹魏西晉之置十九博士、並論秦漢魏晉博士制度之異同」〔黄彰健一九八二〕は「太学」は「太常」の誤りで、太常に隷属するの意であると推測する。

(14)『大唐六典』国子監、国子祭酒、「『百官志』、……官品第三」。

(15)『通典』巻二十七、職官典、諸卿下、国子監、「旧視侍中・列曹尚書」。

(16)『大唐六典』国子監、国子祭酒の『百官志』、『藝文類聚』職官部、祭酒の『〔晉〕百官表注』。小林聡「六朝時代の印綬冠服規定に関する基礎的考察――『宋書』礼志にみえる規定を中心にして――」〔小林一九九三〕、「晉南朝における冠服制度の変遷と官爵体系――『隋書』礼儀志の規定を素材として――」〔小林一九九六〕参照。

(17)『大唐六典』国子監、国子祭酒の『晉令』など。

(18)「晉辟雍碑」、『藝文類聚』職官部、祭酒の『〔晉〕百官表注』、『斉職儀』など。

(19)『北堂書鈔』巻六十七、設官部、祭酒の『晉百官表注』、「光武……博士有聡明威重者為祭酒」、同、国子祭酒の『漢旧儀』、「博士祭酒選有道之人、習学者祭酒」、『太平御覧』職官部、国子祭酒の『続漢書百官表』、「建武初、……有聡明威重者、又為祭酒、揔領綱紀」。

(20)国子学創立以前の西晉王朝下の太学の博士祭酒として劉憙と馮恢がいる。劉憙に関しては、「晉辟雍碑」の碑陽の序文の武帝踐祚と泰始三年（二六七）の行礼の間に「博士祭酒、騎都尉」の肩書きで登場、また『晉書』巻三十七、宗室、高陽王睦伝でも「事下太常、依礼典平議。博士祭酒劉憙等議、……」とある。馮恢に関しては、『晉書』巻四十五、崔洪伝に「恢始仕為博士祭酒、散騎常侍翟嬰薦恢高行邁俗、侔継古烈。洪奏恢不敦儒素、令学生番直左右、雖有譲侯微善、不得称無倫輩、嬰為浮華之目。遂免嬰官、朝廷憚之」とある。西晉の国子祭酒就任者の冒頭に挙げた劉毅も太学の博士祭酒であった可能性がある。

(21)典拠の史料を挙げる。劉毅、『臧栄緒晉書』武紀（『北堂書鈔』巻六十七、設官部、国子祭酒）「泰始二年（二六六）、詔曰、劉毅恵忠好古云云、其以毅為散騎常侍・国子祭酒」、『晉書』巻四十五、劉毅伝「武帝受禅、……遷散騎常侍・国子祭酒。

……咸寧（二七五―八〇年）初、復為散騎常侍・博士祭酒」。／庾純、『臧栄緒晋書』（『北堂書鈔』国子祭酒）「咸寧三年（二七七）、詔曰、議郎庾純、篤志好古、敦説詩書、文説（この二字は衍字）儒行〔也〕、宜訓導国子」、『晋書』巻五十、庾純伝「復以純為国子祭酒、加散騎常侍。……侍中甄徳進曰、……詔赦純前愆、擢為近侍、兼掌教官、……」（前出の「晋辟雍碑」、および［余嘉錫一九六三］の庾純の項参照）。侍中彭権の後任人事に関する山公啓事に「博士祭酒庾純強正有学義、亦堪此選。国学初建、王（王済）・荀（荀愷）已亡、純能其事、宜当小留、粗立其制、不審宜爾有当聖旨者不」（北宋版『通典』巻十四、選挙典、歴代制、晋）とある。葭森健介「『山公啓事』の研究――西晋初期の吏部選用――」［葭森一九八七］参照。／劉智、『臧栄緒晋書』武紀（『北堂書鈔』国子祭酒）「咸亨（咸寧）四年（二七八）、詔曰、南陽王師劉智、砥化之緒（学行優著）、其以智為国子祭酒」。／曹志、『晋書』巻五十、曹志伝「咸寧初、詔曰、鄄城公曹志、篤行履素、達学通識、宜在儒林、以弘冑子之教、其以志為散騎常侍・国子博士。……後遷祭酒。斉王攸将之国、下太常議崇錫文物。……」（『三国志』巻十九、魏書、陳思王植伝、裴注所引の『志別伝』、『晋書』巻四十四、鄭袤伝、附鄭默伝と巻五十、庾純伝、附庾旉伝は「博士祭酒」。太康三年（二八二）から四年にかけての斉王攸帰藩事件当時、曹志が国子祭酒であった）。／王済、『世説新語』方正篇、劉孝標注所引の『晋諸公賛』「斉王攸当出藩、済自此被責、左遷国子祭酒」、『晋書』巻四十二、王渾伝、附王済伝「斉王攸当之藩、……以忤旨、左遷国子祭酒、常侍如故」。／庾旉、『晋書』庾旉伝「後数歳、復起為散騎侍郎、終于国子祭酒」（斉王攸帰藩事件の数年後に復帰）。／劉寔、『晋書』巻四十一、劉寔伝「後起国子祭酒・散騎常侍」（愍懐太子司馬遹が広陵王に初封された太康十年（二八九）以前の太康年間のこと）。／裴頠、『晋諸公賛』（『北堂書鈔』国子祭酒。『大唐六典』国子監、国子祭酒所引もほぼ同文）「裴頠、恵帝時、拝為国子祭酒。奏立国子・太学、起講堂、築門闕、刻石以写五経」、『晋書』巻三十五、裴秀伝、附裴頠伝「遷散騎常侍、恵帝即位、転国子祭酒、兼右軍将軍。……累遷侍中。時天下暫寧、頠奏修国学、刻石写経、皇太子既講、釈奠祀孔子、飲饗射侯、甚有儀序」。／鄒湛、『晋書』巻九十二、文苑伝、鄒湛「〔楊〕駿誅、以僚佐免官。尋起為散騎常侍・国子祭酒、転少府、元康（二九一―九九年）末卒」、『晋書』巻四十八、閻纘伝「国子祭酒鄒湛以纘才堪佐著作、薦於秘書監華嶠。……」。／〔彭城王〕司馬植、『晋書』巻三十七、宗室、彭城穆王権伝「子元王植立。……尋拝国子祭酒、……出為安東将軍、都督揚州諸軍事、代淮南王允鎮寿春、未発、……」（就任は遅くとも永康元年（三〇〇）の淮南王允の対趙王倫クーデター以前のこと）。／杜育、『世説新語』品藻篇、劉孝標注所引の『晋諸公賛』「杜育、……累遷国子祭酒、洛陽将没、為賊所殺」（永嘉五年（三一一）の洛陽陥落以前に就任）。／王琛、『晋書』巻三十三、王祥伝、王覧「琛、字士瑋、国

子祭酒」（『晋書』巻七十六、王廙伝、王棱参照。あるいは東晋に入って就任か）。／謝衡、『晋書』巻四十九、謝鯤伝、「父衡、以儒素顕、仕至国子祭酒」（太学博士、国子博士を歴任。「晋辟雍碑」および［余嘉錫一九六三］の謝衡の項参照。あるいは東晋に入って就任か）。／盧浮、『晋書』巻四十四、盧欽伝「浮、……以為国子博士、祭酒、秘書監、皆不就」（『太平御覧』巻四七五、人事部、待士、『晋諸公讃（賛）』では「就以為国子博士」と、国子博士のみが挙がっており、国子祭酒は挙がっていない）、『三国志』魏書巻二十二、盧毓伝、裴注所引の『晋諸公賛』「浮、……就家以為国子博士、遷祭酒。永平中（二九一）為秘書監」（『太平御覧』巻四七五、人事部、待士、『晋諸公讃（賛）』参照）。盧浮の場合、就官拒否もしくは在宅での就官。

(22)『晋書』巻四十一、劉寔伝、劉智。

(23) 庾純も子庾旉の行動を黙認。第五章「八王の乱の本質」参照。

(24)『北堂書鈔』巻六十七、設官部、博士の『晋中興書』潁川荀録、『晋書』巻七十五、荀崧伝は「門子」を「国子」につくる。

(25) 国子祭酒も同様であろう。ただしその多くは散騎常侍。散騎常侍に関しては下倉渉「散騎省の成立——曹魏・西晋における外戚について——」［下倉一九九六］など参照。

(26)『北堂書鈔』博士、『藝文類聚』巻四十六、職官部、博士の『晋令』、『晋書』職官志参照。『晋書』は「散騎・中書侍郎」を「散騎常侍・中書侍郎」につくる。

(27) 曹志、『北堂書鈔』博士、『晋起居注』に「咸寧二年（二七六）、詔曰、甄誠（鄄城）公曹志為篤行道履、達（先）覚通義、宜在儒林、闡弘胄子」（前出の『晋書』曹志伝では、その後に「其以志為散騎常侍・国子博士」と続く）。／華嶠、『晋書』巻四十四、華表伝、華嶠、「更拝散騎常侍、典中書著作、領国子博士、遷侍中。太康末、……」。／謝衡、『晋書』巻四十、賈充伝、賈謐、「恵帝立、……国子博士謝衡、……」、『通典』巻九十九、礼典、沿革、凶礼、与旧君不通服議、「恵帝元康中、……国子博士謝衡議云、……」（［余嘉錫一九六三］、謝衡の項参照）。／曹嘉・石崇、『三国志』魏書、巻二十、武文世王公伝、楚王彪の裴注、「臣松之案、……元康中、（曹嘉）与石崇俱為国子博士」（西晋では国子博士の定員が一名であるとの『晋書』職官志、太常の記載と矛盾する。また、『晋書』巻三十三、石苞伝、附石崇伝には就官の記事が見えず、疑問が残る）。／嵇紹、『晋書』巻八十九、忠義伝、嵇紹、「（賈）謐誅、……封弋陽子、遷散騎常侍、領国子博士」（永康元年（三〇〇））。／江統、『北堂書鈔』博士、『王（隠）晋書』、「江統、字元世、以学義著名、為国子博士」、『晋書』巻五十六、江統伝、「遷黄門侍郎、散騎常侍、領国子博士。永嘉四年（三一〇）、……病卒」。

(28) 漢魏の太学の博士は給事中を兼ねることがある。王国維「漢魏博士考」［王国維一九二一ａ］。

(29) 宮崎市定『九品官人法の研究』［宮崎一九五六］「門地二品の成立」。

(30) 顧廷龍氏は都講を「学舎之長」と釈す。主事に関して、『〔三輔〕黄図』（『太平御覧』巻五三四、礼儀部、学校）に「主事・高弟・侍講、各二十四人」とあり、前漢・新の太学の学官として高弟・侍講と並んで主事が挙げられており、『通典』巻二十二、職官典、尚書上、歴代主事に「主事、二漢有之」とある。［高明士一九八四］九五―一〇〇頁参照。なお、「晉辟雍碑」の碑陰題名には、鄭大射礼・王郷飲酒礼それぞれの「礼生」の先頭に「都講」「主事」各一名が刻されており（余嘉錫氏は「礼生之領袖」と解説する）、推測するに、その場合の都講と主事は行礼の礼生を引率したのであろう。

(31) ［柳詒徴一九二九・三〇］「学生」によると、国子生となった人物名が劉宋以降に見られる。ちなみにこの論考には東晉・南朝の国子祭酒・博士・助教の就官者も丹念に集められている。

(32) 『晉書』巻五十一、束皙伝によると、相国の趙王倫の辟召を辞し、まもなく四十歳で歿しているので、趙王倫の相国在任期間、永康元年（三〇〇）―永寧元年（三〇一）を勘案すると、曹志が国子博士に就任した咸寧二年（二七六）の時点では、束皙は十六歳か、もしくはそれ未満の十五歳・十四歳であり、年齢的にも学生であった可能性が高い。

(33) 興膳宏『潘岳　陸機』［興膳一九七三ａ］は制作年代を元康六年（二九六）とする。

(34) 原文は「漢国子学堂」とあるが、「漢」が「晉」、もしくは「国子学」が「太学」の誤りであろう。下に「堂前有石経二十五碑」と続く点を勘案するならば「漢太学堂」の方が正しいのではないか。ただ漢代においても太学のことを国子学と言ったとするならば誤りとはいえないが。余嘉錫「晉辟雍碑考証」附録の晉辟雍興廃考参照。

(35) 『後漢書』列伝巻十八、翟酺伝。詳細は［高明士一九八四］一〇三―一〇四頁参照。

(36) 『三国志』魏書巻十三、王朗伝、附王粛伝、裴注所引の『魏略』、「至黄初元年之後、新主乃復始掃除太学之灰炭、補旧石碑之缺壊、……」。

(37) 王国維「魏石経考」［王国維一九二一ｂ］など参照。陸機の『洛陽記』（『後漢書』巻一上、光武帝紀上の李賢等注）。

(38) ［余嘉錫一九六三］附録「晉辟雍興廃考」、［中国社会科学院考古研究所洛陽工作隊一九七八］など参照。ただし余嘉錫氏は明堂＝辟雍と論ずる。

(39)『後漢書』光武帝紀上。同列伝巻六十九上、儒林伝序。『三国志』魏書、巻二、文帝紀、黄初五年の条。同王粛伝、裴注所引『魏略』。『晉書』職官志、太常。

(40) 注(34)参照。

(41)【補注】塩沢裕仁『千年帝都　洛陽　その遺跡と人文・自然環境』[塩沢二〇一〇]に「太学は、太学村の西北、洛河堤防沿いにあり、周囲より若干高い平坦地形となっている」とある。

(42)『北史』巻四十二、劉芳伝参照。標点本『北史』の校勘記に「国子学官」の「官」について「疑当作『宮』」とある。

(43) 興膳宏・川合康三『隋書経籍志詳攷』[興膳・川合一九九五]。

(44)『宋書』巻三十九、百官志上、太常、国子祭酒は「国子、周旧名、周有師氏之職、即今国子祭酒也。晉初、復置国子学、以教生徒、而隷属太学焉」と、国子学創立の年時を単に「晉初」というのみである。同じ『通典』であっても、礼典が咸寧二年、職官典が咸寧四年と矛盾するのは、前者が『宋書』礼志、後者が『晉書』職官志にもとづいた結果、自動的に原史料のそれぞれの年時が残ったのであろう。『文献通考』巻四十一、学校考、太学は「咸寧二年、起国子学。……恵帝、元康元年、以人多猥雑、欲辨其涇渭、於是制立学。官第五品以上、得入国学」と、咸寧二年説であるが、その後文に『南斉書』礼志の曹思文の上奏文を引用しており、何故か、「元康三年」を「元康元年」に誤っている。『玉海』巻一一二、学校、学校下・辟雍、晉太学・国子学・両学・辟廱の「咸寧二年五月」に「或作九月」と注す。

(45)『文献通考』の記事に拠ったための誤りであり、従って西暦年も誤りである。注(44)参照。

(46) 呂思勉『燕石続札』[呂思勉一九五八]「国子太学」の一三三頁にもほぼ同文があるが、「教官」を「官制」、「生徒入学之法」を「生徒選補之法」に改めている。

(47) 仁井田陞『唐令拾遺』[仁井田一九三三]の六頁参照。

(48)『北堂書鈔』国子祭酒所引の『晉諸公賛』。『晉書』裴秀伝、附裴頠伝は「修国学、刻石写経」。第一節第二項「学官と学生」国子祭酒、裴頠参照。

(49)[冨谷一九七九]、[高明士一九八四]七一―八七頁、[西川一九九〇]など参照。

(50) 吉川忠夫氏は「党錮と学問 ――とくに何休の場合――」[吉川一九七六a]の前半において、後漢の太学の状況に関して、以下のように論ずる。後漢の安帝時(一〇六―一二五年)の太学の荒廃の原因は今文学への固執による学問の沈滞にあり、その打開策としての学舎の新営（順帝、一三二年に完工）などにより遊学者が三万人にまで急増したが、学問そのものの活況ではなく、儒学が衰えて「浮華」が尚ばれ、また新たな問題として、太学が「禄利の路」の性格を強めた。濁流の官界進出が顕著になるなど、いっそうの時代閉塞的な情況のもと、桓帝時（一四六―六七年）清流勢力の一大拠点となった太学は、党錮により頽廃と寂寥が支配し、献帝時の一九三年には課試に応ずるものが四十餘名にまで激減したが、「文学」は、私塾の活況や党人の著作の多さなどに窺えるように、興起した、と。

(51) 宮崎市定氏は、その著『九品官人法の研究』［宮崎一九五六］の「士族の範囲とその特権」の中で、学徒に対する免役の特権の存在を論じている。［曾我部一九七六］の第一節「中国往古の学生が力役を免除される理由」、［高明士一九八四］七七・七八頁参照。

(52) 漢代、「国学」が太学の別称の場合もあるが（『後漢書』列伝巻二十三、朱浮伝や『太平御覧』巻五三四、礼儀部、学校の『三輔黄図』。［高明士一九八四］九五頁）、曹思文の上表文の場合、太学と対比されており、明らかに国子学の略称である。

(53) 「由此可見、国子学的出現、是士族地主階級享有政治・経済的特権、在教育上的反映。由于両晋的政権是建立在依靠南北豪強士族地主階級、同時又必須団結庶族中・小地主階級的基礎之上、因此、為了満足当時豪強士族地主階級与庶族中・小地主階級的需要、并調和両者間的矛盾、鞏固其統治的階級基礎、所以両晋時期太学与国子学一直是両者并存的」（［毛礼鋭・沈灌群一九八六］、三一一―三一二頁。羅佐才・趙家驥執筆）、「這様国学・太学両存可使地主階級士庶両個階層都可以受到教育」（［程舜英一九八八］二七頁）、「這是向教育貴族化趨勢邁出的第一歩、是門閥政治的発展在教育上的反映」（［卜憲群・張南一九九四］二四頁）。

(54) 注（6）参照。［高明士一九八四］九三頁の注五二によると、あるいは『礼記』王制の「卿・大夫・元士之適子（＝嫡子）、国之俊選、皆造焉」の意を取り、元士のみではなく、元士以上（六百石以上）の高官の子弟を「受業如弟子」の対象に拡大したという。ちなみに、太学生は二種類に分けられ、本来「博士弟子」が太常選の正式生、「受業如弟子」が地方から選抜されてきた特別生であった。

(55) 西晉における郷飲酒礼・大射礼・釈奠礼などの学礼の重視と関連して、現実問題としてでの学礼での行礼を演ずるスペシャリストの養成が太学の重要な役割となったであろうことが、「晉辟雍碑」の碑陰題名の中の「礼生」の多さから窺える（注（10）参照）。そうした太学の性格の変化も貴族の子弟が敬遠する一因かもしれない。

(56)　魏晉の古文学、とくに王粛のそれに関しては、狩野直喜『魏晉学術考』[狩野一九六八]、加賀栄治『中国古典解釈史　魏晉篇』[加賀一九六四]の第二章「王粛の反鄭玄的解釈の実態・本質とその後の方向」、李振興『王粛之経学』[李振興一九八〇]、南澤良彦「王粛の政治思想——「感生帝説」批判の背景——」[南澤一九八七]など参照。経学の展開として、後漢末の鄭玄が礼、とりわけ「周礼」を中心に、今文学をも含め古文学を集大成し、それに対して魏の王粛は、鄭玄以前の賈逵・馬融と「荊州の学」を継承し、その立場から鄭玄を批判する、という流れがあった。なお、三国魏における古文学の擡頭の反映として、古文学系の経書を教える博士の枠の新設や古文学系の経書のテキストを刻した正始石経(三字石経)の建立などがある。【補注】渡邉義浩氏は、二学の並立という発想は『礼記』学記の鄭玄注、「謂、内則設師保以教国子学焉、外則有大学・庠序之官」に由来する点を指摘する[渡邉二〇〇六]。

第四章　晉辟雍碑に関する考察

はじめに

「伝世晉碑の冠」（［羅振玉一九四二］）と称される「大晉龍興皇帝三臨辟雍皇大（太）子又再莅之盛徳隆熙之頌」の題額をもつ顕彰碑（以下、晉辟雍碑と略称）の検討を、とくにその立碑の意味の解明を日標におき、試みたい。何故に私が晉辟雍碑に関心を懐いたのかというと、第三章にてその経緯と意義について考察した西晉における国子学の創立、その創立は咸寧二年（二七六）、晉辟雍碑の立碑は咸寧四年（二七八）とほぼ同時期、と密接な関連を見出し（第三章参照）、それ故に改めて晉辟雍碑そのものに興味が湧き、かつその検討の必要を感じたからである。

まず、本論に入るにさきだち、晉辟雍碑に関する先行する釈文・論考などの参考文献を、中国と日本に分け、原則的には年代順に列挙し、紹介したい。

顧廷龍「大晉龍興皇帝三臨辟雍皇太子又再莅之盛徳隆熙之頌跋」（『燕京学報』第十期、一九三一年）
余嘉錫「晉辟雍碑考証」（『輔仁学誌』第三巻第一号、一九三二年。『余嘉錫論学雜著』中華書局、一九六三年、上冊に再録）
執筆者未詳「晉咸寧辟雍碑幷額及附記」（『河北第一博物院半月刊』第十一期・第十二期、一九三二年）
劉承幹『希古楼金石萃編』（呉興劉氏希古楼刻本、一九三三年。『石刻史料新編』（第一輯）、新文豊出版公司、一九七七年、第五冊に所収）巻九、「晉皇帝三臨辟雍皇太子再莅盛徳頌」
張鵬一「晉辟雍碑跋」（『北平図書館刊』第七巻第六号、一九三三年）
陳伯弢「晉辟雍碑跋」（『制言半月刊』第十三期、一九三六年）
許平石「晉太学盛徳隆熙頌碑跋」（『河南博物館刊』第四集、一九三六年）
郭玉堂訪記・王広慶校録『洛陽出土石刻時地記』（一九四一年刊。氣賀澤保規編著『復刻洛陽出土石刻時地記（郭玉堂原著）――附 解説・所載墓誌碑刻目録』、汲古書院、二〇〇二年。郭培育・郭培智主編『洛陽出土石刻時地記』、大象出版社、二〇〇五年）、晉、「晉龍興皇帝三臨辟雍碑　咸寧四年十月二十日」
羅振玉『石交録』（『貞松老人遺稿甲集』一九四一年所収。『羅雪堂先生全集続編』第三冊）巻二
柯昌泗『語石』（原稿本、一九四三年。『語石　語石異同評』中華書局、考古学専刊丙種第四号、一九九四年）
閻文儒「洛陽漢魏隋唐城址勘査記」（『考古学報』第九冊、一九五五年）
啓功「従河南碑刻談古代石刻書法藝術」（『文物』一九七三年第七期）
方若原著、王壮弘増補『増補校碑随筆』（上海書画出版社、一九八一年）
高明士『唐代東亜教育圏的形成――東亜世界形成史的側面――』（国立編訳館中華叢書編審委員会、一九八四年）
張彦生『善本碑帖録』（中華書局、考古学専刊乙種第十九号、一九八四年）

楊育彬『河南考古』（中州古籍出版社、一九八五年）、秦漢、漢魏洛陽城、城外的重要遺迹、霊台遺址・明堂・辟雍和太学遺址
徐金星・黄明蘭『洛陽市文物志』（洛陽市文化局、一九八五年）
王靖憲主編『中国美術全集』（人民美術出版社、一九八六年）、書法篆刻編、巻二、魏晉南北朝書法
馬子雲『碑帖鑑定浅説』（紫禁城出版社、一九八六年。邦訳は栗林俊行訳『中国碑帖ガイド』二玄社、一九八八年）
賀官保編写『洛陽文物与古迹』（文物出版社、一九八七年）、漢魏太学遺址・関林
北京図書館金石組編『北京図書館蔵中国歴代石刻拓本匯編』（中州古籍出版社、一九八九年）第二冊、三国・晉・十六国・南朝
蘇健『洛陽古都史』（博文書社、一九八九年）、漢魏晉時的洛陽、教育科学事業的奇迹
国家文物局主編『中国文物地図集』河南分冊（中国地図出版社、一九九一年）
偃師県志編纂委員会編『偃師県志』（生活・読書・新知三聯書店、一九九二年）
河南省文物局編『河南碑誌叙録』（中州古籍出版社、一九九二年）
傅振倫「洛陽考古随筆」（洛陽市第二文物工作隊編『河洛文明論文集』、中州古籍出版社、一九九三年）
河南省文物局編『河南文物名勝史迹』（中原農民出版社、一九九四年）、洛陽市、偃師県、臨辟雍碑（趙国壁氏の執筆）
「国務院関于公布第四批全国重点文物保護単位的通知」一九九六年十一月二十日（『文物』一九九七年第三期）
新版『書道全集』第三巻、中国三、三国・西晉・十六国（平凡社、一九五九年）、神田喜一郎「中国書道史」3、三国・西晉の石刻と、皇帝三臨辟雍碑の解説（外山軍治氏の執筆）
伏見冲敬「晉・辟雍碑」（『書品』第二一四号、一九七一年）

足立豊解説『晉・皇帝三臨辟雍碑』（二玄社、書跡名品叢刊、第一六六回配本、一九七一年）
西林昭一責任編集・執筆『ヴィジュアル書藝術全集』第四巻、三国―東晉（雄山閣出版、一九九一年）、皇帝三臨辟雍碑
『中国碑刻紀行』（芸術新聞社、季刊墨スペシャル第十四号、一九九三年）
木島史雄「「大晉龍興皇帝三臨辟雍皇太子又再莅之盛徳隆熙之頌」にみる晉初の礼学とその実践」（『中国思想史研究』第十九号、一九九六年）
三国時代の出土文字資料班編『魏晉石刻資料選注』（京都大学人文科学研究所、二〇〇五年）

晉辟雍碑に対する関心の高さ故か、出土直後の一九三一、三二年（民国二十、二十一年）にすでに釈文や考証が出ている。碑陽と碑陰の両面に刻された文字の釈文としては、顧廷龍「大晉龍興皇帝三臨辟雍皇太子又再莅之盛徳隆熙之頌跋」（［顧廷龍一九三一］）、劉承幹『希古楼金石萃編』（［劉承幹一九三三］）、羅振玉『石交録』（［羅振玉一九四一］）と三国時代の出土文字資料班編『魏晉石刻資料選注』（［三国時代の出土文字資料班編二〇〇五］）がある（足立豊解説『晉・皇帝三臨辟雍碑』［足立一九七一］はさらに訓点をほどこすが、釈文は碑陽のみ）。ただ、それぞれ文字の比定、とりわけ碑陰の題名のそれ、などに出入がある。とくに楊殿珣『石刻題跋索引』（増訂本）［楊殿珣一九五七］に唯一とられ、『石刻史料新編』に唯一収められているにもかかわらず、劉承幹氏の釈文（［劉承幹一九三三］）は、たとえば、「弘」「玄」の多くを清諱により「宏」「元」に改めるほかに、「累」を「系」、「汝陰」を「汝陽」、「門人」を「弟子」に誤って釈するなどの不注意なミスがままあり、碑陰題名では十八行分が再度釈読され、その結果であろうか、本来十列であるのが一列分増して十一列に分けるなど、誤りが多く、利用する場合には注意を要する（［木島一九九六］の注3参照）。摩泐《まろく》が激しい碑陰題名にはよく釈読できない文字が多いが、実

見した中では、［足立一九七二］の、整拓とともに収められている、書の手本用に帖仕立てに改められた碑陰の拓本が比較的に見やすい。

おもな先行研究としては、顧廷龍氏の題跋（［顧廷龍一九三一］）、余嘉錫「晉辟雍碑考証」（［余嘉錫一九三二］）、足立豊氏の解説（［足立一九七二］）、木島史雄「「大晉龍興皇帝三臨辟雍皇太子又再莅之盛徳隆熙之頌」にみる晉初の礼学とその実践」（［木島一九九六］）がある。顧廷龍氏の題跋は、碑文に登場する人物や学官・学生の肩書きの考証の後に、学生の州郡別の統計表があり、有用である。なお、前述のように釈文を附す。余嘉錫氏の「晉辟雍碑考証」は、序と上篇、碑文（碑陽の題額と序）と下篇、碑陰題名からなり、「晉辟雍興廃考」を附録する。上篇は碑陽の題額と序の中のポイントとなる文章の考証、下篇は顧廷龍氏の題跋と同じく碑陰題名の人物・肩書きの考証であり、「詳贍」［陳伯弢一九三六］、「至精核」［羅振玉一九四二］と称され、本章においても最も参考になった。足立豊氏の解説は、晉辟雍碑の書風の特徴を具体的に論ずるが、碑陽の刻文の内容を踏まえた上で立碑の理由にも推察を加える。木島史雄氏の論考は、まず碑陽の辟雍礼の制定・実践に関与した学者を検討し、礼に関する著作や経典の注釈を書く学者とは別物である点を指摘、その背景に実践礼学と経典解釈礼学の乖離を推測する。つぎに辟雍礼の中で大射礼には鄭玄、郷飲酒礼には王粛のそれぞれの学説が採用されるようになった点に注目し、そこに本来の鄭・王のそれぞれの注釈がもっていた有機的統一性の放棄、鄭・王両学派の仕事の場の確保のための現実的な両者の住み分け、礼に携わる者の実務的な礼行為という作業の専門技術者化、という学としての礼の形骸化を読みとる。なお、木島氏の論考には「晉代辟雍記事総合年表」が附されている。

以上、晉辟雍碑に関する参考文献を挙げ、その中のおもな釈文や考証・論考を紹介し、コメントを付した。晉辟雍碑のデータの整理、碑陰題名の分析や西晉政治史との関連の考察などの課題が残されていると感ぜられる。小論ではこれらの課題を少しでも解決してゆきたい。具体的には、以下、第一節では晉辟雍碑に関するデータの整理・確認、第二節と第三節ではそれぞれ碑陽・碑陰の刻文の分析、第四節では立碑の意図を中心に政治史との関連、および晉辟雍碑の時代性について考察を試み、晉辟雍碑の本質に迫りたい。

第一節　晉辟雍碑に関するデータ

まず晉辟雍碑の出土の経緯を郭玉堂訪記・王広慶校録『洛陽出土石刻時地記』の「晉龍興皇帝三臨辟雍碑　咸寧四年十月二十日」（〔郭玉堂・王広慶一九四一〕）により確認する。

民国二十年陰暦三月二十四日、洛陽の東南の大郊村の北一里ばかりの黄瑞雲の墓のそばでこれを掘り出した。石経の出土地と同じ。碑は形状が非常に大きく、高さが約一丈一尺、幅が約四尺。正面は千五百餘字で、背面に人名を刻す。『河南府志』では「辟雍行礼碑」と名付け、石はすでに佚しているという。出土当初、村人が牛十七頭で村に運びこみ、遠近より来観する者が日に数百人にのぼった。この年の五月十五日、玉堂は南京に速達をおくり、広慶と保存の方法を相談し、当地から買いとろうとし、果たすことができなかったが、石はいまだにほかに売却されておらず、今は李子彬の後宅に存している。民国二十一年、曾洪父・陸仲漁らといっしょに大郊に行ったが、残念ながらそれを見ることができなかった。……(1)

と、骨董商の目で出土とその後を記録している。出土時期は民国二十年、すなわち一九三一年の陰暦三月二十四日（〔張鵬一、一九三三〕は「春」、〔楊育彬一九八五〕は「三月」）、陽暦に換算すると五月十一日である。〔余嘉錫一九三二〕が「六月」というのは陽暦であろうが、それでも一月のズレがある。郭玉堂・余嘉錫両氏ともに伝聞にもとづいている点は同じであるが（余嘉錫氏は「洛陽の碑賈の言に拠る」と注記する）、余嘉錫氏がつぎの出土地も間違って伝聞している点を勘案するならば、郭玉堂氏の情報の方が精度が高いであろう。いずれにしても民国二十年（一九三一）は動かない。一九三一年は南京国民政府に対して江西省の瑞金に中華ソヴィエト共和国臨時政府が樹立され、また満州事変が勃発するなど激動多難の時期であるが、洛陽あたりは民国十年（一九二一）以来、発掘ブームに沸いており、前年の民国十九年（一九三〇）には西晋の「墓誌碑」三基（菅洛・郭槐・左棻といずれも女性の墓誌）が出土している（第十一章の注（13）参照）。晉辟雍碑の出土もこの発掘ブームの一齣とも受けとれるが、出土後の動向を見るかぎり偶然の出土のように思われる。出土地は洛陽市街の東南、河南省偃師県（現在は偃師市）佃荘郷の東大郊村の北約五〇〇メートルの地（「北一里許」〔郭玉堂・王広慶一九四一〕。〔徐金星・黄明蘭一九八五〕〔偃師県志編纂委員会一九九二〕）、漢魏洛陽故城南郊の太学遺址もしくは辟雍遺址、熹平石経・正始石経の残石の出土地と重なる。〔羅振玉一九四二〕も「〔洛陽〕県城東大郊」と記すが、〔余嘉錫一九三二〕は「河南洛陽県城外大東郊」と記す。おそらくは「東」と「大」がひっくりかえっているのであろう（〔楊育彬一九八五〕は「又云出洛陽東南大郊村」と記す）。あるいは出土地を「朱圪垱村」（〔傅振倫一九九三〕。現在は太学村に属す。〔許平石一九三六〕は「朱格塔村」と表記）、「岡上」（〔閻文儒一九五五〕。「崗上」とも書く）とするが、おそらくは誤りではなく、偃師県佃荘郷の大郊村の北、その地は朱圪垱村にあたり、その小高い丘一帯の当地でのよび名「崗上」（〔岡上〕）で出土ということではないか（図4-1「晉辟雍碑関連地図」を参照）。(2) 出土した晉辟雍碑は〔東〕大郊村に運ばれ、李子彬の「後宅」におかれ（〔郭玉堂・王広慶一九四一〕）、一九五五年の記載によると東大郊村李家営の李長陞（升）の家の「後院」にて保存され（〔閻文儒一九五五〕）、「私有」（〔張彦生一九八四〕）されているという。(3) 李長陞は李子彬の後嗣であろうか。「碑亭」〔賀官保一九八七〕、「碑楼」〔蘇健一九八九〕でもって保護しているという記

写真４－１　碑亭の入口（2009年３月、著者撮影）

載もある。[4] 一九九七年当時、佃荘郷東大郊村の南街（［三国時代の出土文字資料班編二〇〇五］では佃荘郷の南寨門内西辺）の路地の奥に野晒しで立っていたが（［偃師県志編纂委員会一九九二］の「現樹于東大郊村」の記載と図版。［河南省文物局一九九二］。一九九五年夏に訪れられた木島史雄氏の記事や一九九七年五月に訪れられた葭森健介氏の談）、二〇〇〇年の私（福原）の訪問によると、鉄柵で保護されており、二〇〇七年の私の二度目の訪問では、さらに整備され、新たに碑座もあり、晋辟雍碑がその上に立てられていた。なお、この碑が偽刻である可能性はまずありえず（［余嘉錫一九三二］の序）、一九九六年には省文物保護単位（［国家文物局一九九一］［偃師県志編纂委員会一九九二］）から、全国重点文物保護単位である漢魏洛陽故城の中に帰入することにより昇格している（［国務院一九九七］）。この碑のレプリカが洛陽博物館の二階第四室や、洛陽南郊の洛陽古代藝術館（関林）、その東廊内の墓誌碑碣陳列室にある（［芸術新聞社一九九三］の七〇頁、［北京図書館金石組一九八九］の関林の七七頁の写真参照）。拓本に関しては、比較的に新しい出土でしかも原石が堅緻であるからであろうか、「石出づるの後、拓本に大いなる変化無し」（［張彦生一九八四］）と評されている。日本に渡った拓本の中では、京都大学人文科学研究所所蔵の拓本のうち、碑額と碑陽の一部が新版『書道全集』第三巻（［平凡社一九五九b］）に、田近憲三・西川寧両氏所蔵の整拓などが［足立一九七一］にとられており、また一九七三年、日本で展覧があったという（［徐金星・黄明蘭一九八五］［偃師県志編纂委員会一九九二］）[5]。

つぎに晋辟雍碑とその刻文に関する基本的なデータにうつる。晋辟雍碑の原石は高さ三二二、幅一一〇、厚さ三〇センチメートル（［徐金星・黄明蘭一九八五］［蘇健一九八九］［国家文物局一九九一］［偃師県志編纂委員会一九九二］［河南省文物局一九九四］）、あるいは高さ三三五、幅一一〇、厚さ二七センチメートル（［閻文儒一九五五］）[6]、優に三メートルを超す「豊碑巨製」（［余嘉錫一九三二］の序）であり、漢碑と比べても大型の漢碑と相い匹敵する。たとえば孔褒碑が高さ三二三センチメートルである。晋辟雍碑の原石の材質は「青石」（［偃師県志編纂委員会一九九二］［河南省文物局一九九四］）で、俗に銅青石もしくは富平石とよばれる石碑に適した良石であろうか（［馬子雲一九八六］の選石の項参照）。形制は螭首（蟠龍の浮彫りをもつ円首）で、西晋の墓誌碑にもいくつか見られる（第十一章第二節第二項参照）。なお、晋辟雍碑の碑座が近年、辟雍遺址にて出土（［楊育彬一九八五］）。碑は太学遺址の出土とあったが、厳密には太学遺址の南西の辟雍遺址の出土か。碑座の出土年は一九六九年（［蘇健一九八九］［国家文物局

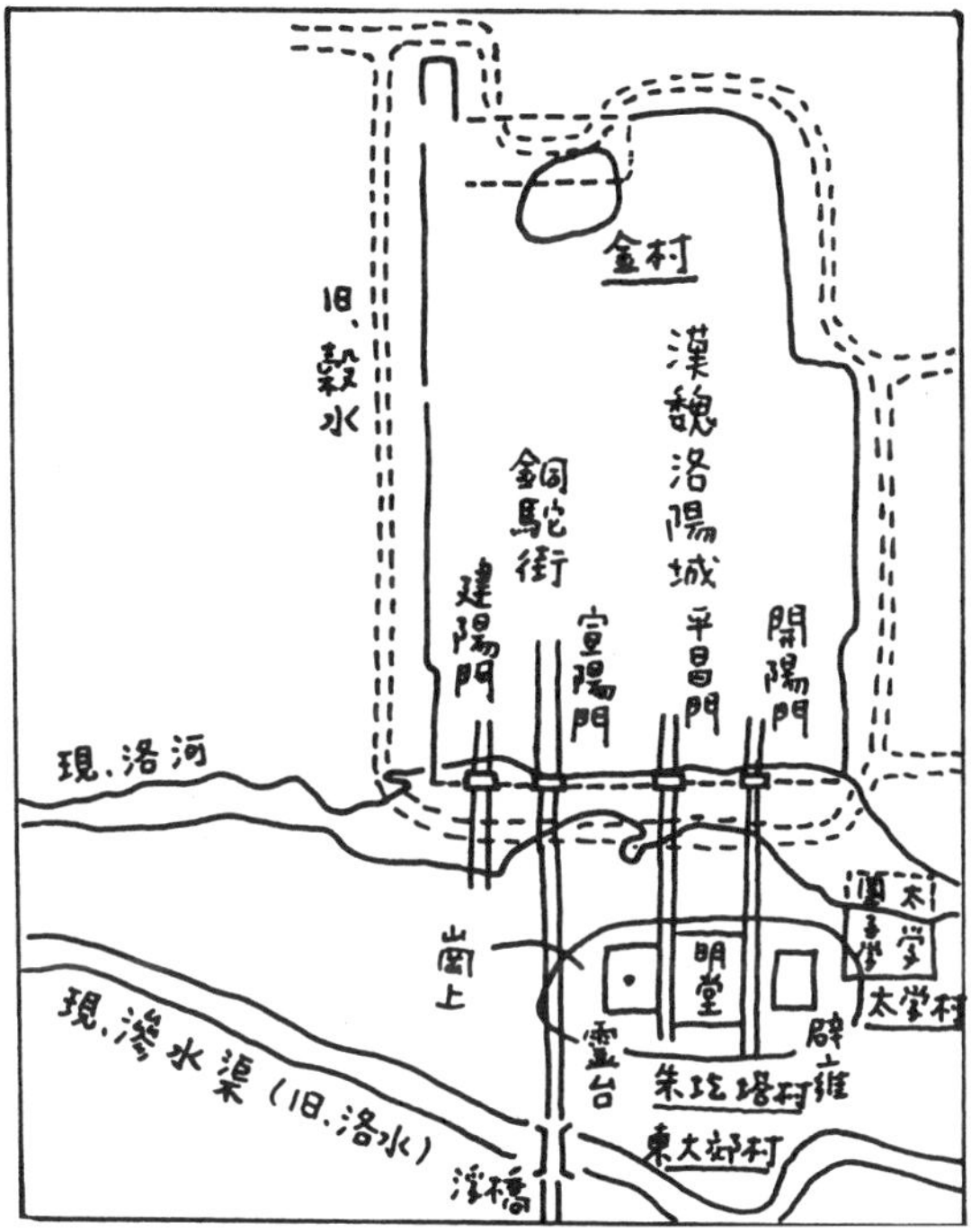

図４－１　晋辟雍碑関連地図

写真４-２　1997年当時の晉辟雍碑（碑陽）の状況（５月、葭森健介氏撮影）

一九九二〕）と一九七四年（〔徐金星・黄明蘭一九八五〕〔河南省文物局一九九四〕）の二説があり、決しがたい。孔子・顔淵ら八人の儒家の人物の画像を刻す（〔蘇健一九八九〕）。「その後、碑身と合わせて一体となして保存している」（〔徐金星・黄明蘭一九八五〕）ともいうが、現在の晉辟雍碑の碑身の部分は、葭森健介氏恵贈の写真４-２を通して見るかぎりでは、セメントで地面に固定されており、約四十年遅れて出土した碑座に嵌め込まれて立ってはいない。その碑座の所在は未詳（二〇〇七年と二〇〇九年に、私（福原）は晉辟雍碑を支える碑座を実見・確認したが、それが出土した碑座そのものかどうかは未詳）。

以下、晉辟雍碑の刻文についてまとめる。碑陽に題額と序・頌、碑陰に題名と、表裏両面に刻す。その書体と書風に関しては、書体は隷書の八分、啓功氏は徐義墓誌とともに晉隷の典型に推している（〔啓功一九七三〕）[7]。晉辟雍碑の書体の特徴のさらに詳しい分析については『書跡名品叢刊』の足立豊氏の解説（〔足立一九七一〕）、書体の変遷、とくに漢隷から晉隷への変化の中での位置付けについては、啓功（〔啓功一九七三〕）・馬子雲（〔馬子雲一九八六〕）、神田喜一郎（〔平凡社一九五九b〕）・西林昭一（〔西林一九九一a〕）諸氏の議論参照。その書風に関して、「方整」（〔平凡社一九五九b〕の解説）、「完整」（〔伏見一九七一〕）、「整正の美」（〔足立一九七一〕）と「整」の字でもって共通に認識されており、また「挺勁樸茂」（［余嘉錫一九三二］）、「謹厳荘重」（［西林一九九一a］）と表現されている。また、扁筆を用いており（［方若一九八二］［徐金星・黄明蘭一九八五］）、「平板刻画」「長方体」（［徐金星・黄明蘭一九八五］）、刻工は細致で、保存は比較的完好であるという（［偃師県志編纂委員会一九九二］）。

碑額は四行、二十三字。第二行「皇帝……」、第三行「皇大（太）子……」を一格擡頭、字径は八センチメートル（［徐金星・黄明蘭一九八五］［偃師県志編纂委員会一九九二］［河南省文物局一九九四］）。柯昌泗氏は「題額の字の多いのは晉辟雍碑をもって嚆矢となす。六朝以前の碑額の中で字が多くしかもすぐれている点ではこれをこえるものはない」(8)（［柯昌泗一九四三］）と評す。なお、碑額全体が碑の中で右に片寄っており、厳密には碑額の中心線、つまり第二行と第三行の間を下に延ばすと、碑陽の序・頌三十行中、第十三行にあたり、逆に碑身の中心線、つまり第十五行と第十六行の間を上に延ばすと、題額の第三行と第四行の行間に連なる。この題額の右寄り（左垂）は同じく螭首の漢碑にも見られる。

碑陽の碑身の部分の刻文は、その内容で言えば序と頌と立碑年月日からなる。三十行、行ごとに五十五字、計一五一六字、「鴻篇巨製」（［羅振玉一九四二］）と称される。第三行の「宣皇帝……」、第五行「文皇帝……」、第八行「聖上……」、第十二行「皇帝……」、第十三行「詔……」、第十七行「皇太子……」が一格擡頭（擡頭した行は五十六字となる。［許平石一九三六］）。字径は三センチメートル（［徐金星・黄明蘭一九八五］［偃師県志編纂委員会一九九二］［河南省文物局一九九四］）、一字の剝蝕もなく（［柯昌泗一九四三］）、完好である。序が二十五行、続く頌が五行、立碑年月日はその頌の第五行、つまり末行の残った空白のところに、上から二十八字目、ほぼ上下のまん中から刻す（［咸寧四年十月廿日立］）。

碑陰は立碑関係者の題名。十列（十段）。第一列は碑陽の題額の部分に相当（やはり右寄り）、十五行。第二列以下（すなわち碑陽の序・頌の部分の裏面）は各行ともに四十四行、行ごとの字数は不等であるが、多くは八字（第三節第一項参照）。四百餘人の名が刻されている（〔偃師県志編纂委員会一九九二〕）。余嘉錫氏は四〇八人（〔余嘉錫一九三二〕）と数えるが、第一列十五人、第二列以下の九列が各四十四行、計算上は四〇九人のはずである（第四列の「右鄭大射礼生」と第六列の「右王郷飲酒礼生」のキャプション二行を除く）[9]。碑陽と比較すると、全体的に摩泐が見られ、まま判読できない文字がある。とくに左右両端がひどい[10]。碑陰を上にして倒れていたことを示すのであろうか。

第二節　碑陽の刻文の分析

すでに前節でも検討したように、碑陽の碑首には題額が、碑身には散文の序と韻文の頌、それに立碑年月日が刻されている。字数が多いが故に内容にも踏み込むのが特徴である題額、「大晉龍興／皇帝三臨辟雍／皇大（太）子又再莅之／盛徳隆煕之頌」は、序および頌とその内容の点で対応しており、題額は序・頌のダイジェストであり、逆に序・頌は題額を敷衍したものであるといえよう。すなわち、序の内容は三段落に分けることができ、それぞれの標題が「大晉龍興」「皇帝三臨辟雍」「皇太子又再莅之」であり、頌の内容が「盛徳隆煕之頌」とまとめることができるのである。以下、まず序の刻文を示し、段落ごとに順次、分析したい。

／曰昔在先代、肇開文教、殊風至化、発跡乎黄唐、備物致用、具体於三代。歴自列辟、廃興存亡、以降于秦漢、雖開国立統、而皇道不融、帝典闕而未／備王綱有所不張、累世弥久、有由来矣。至于大晉龍興、当魏氏多難、而天命未壹、豪桀虎争、三方分崩。寔頼／宣皇帝、櫛風沐雨、経営寓内。是時正朔未加于華陽、王教不被於江表、西嵎抃掘楊（揚）越内侵、戎車屢駕。抑有不暇、雖誕敷神武、光被四海、流風邁化、／恵懐黎元、而未遑治定之制、儒道不得並時而施。至于／文皇帝、方寇負固、猶未帥職、左提右挈、虔劉辺垂、乃振威域外、盪定梁益、西戎既殄、遂眷東顧文告江裔為百姓請命、南蛮順軌、革面款附、九服混／同、声教無貳、彭濮粛慎、織皮卉服之夷、楛矢石砮、歯革大亀之献、莫不和会王庭、屈膝納贄、戎夏既泰、九域無事、以儒術久替、古典未隆、乃興道／教、以熙帝載、廓開大学、広延羣生。天下鱗萃、遠方慕訓、東越于海、西及流沙、並時集至、万有餘人。曁／聖上践祚、崇光前軌、闡五帝之絶業、邁三代之弘風、敦礼明化、以庠序為先。乃遣相国長史東萊侯史光・主

写真4・3　碑陽の拓本（京都大学人文科学研究所所蔵石刻拓本資料より）

簿東莱劉毅、奉詔詣学、延博士、会学生、／　諮詢讜言。又下丙辰詔書、興行古礼、備其器服。大（太）常楽安亭侯琅耶（邪）諸葛緒・博士祭酒騎都尉済南劉熹・博士京兆段溥、孝合儀制、述造絃歌。泰／始三年十月、始行郷飲酒・郷射礼、馬鄭王三家之義、並時而施。然後罍樽列於公堂、俎豆陳于庭階、郷県之楽設、百拝之儀陳、縉紳之士、始覩揖／譲之節、金石之音。六年正月、熹・溥等、又奏行大射礼、乃抗大侯設泮県用肆、夏歌騶虞、邦君之制、於是而顕。其年十月、行郷飲酒礼。／皇帝躬臨幸之、正法服、負黼扆、延王公卿士・博士・助教・治礼・掌故・弟子・門人、咸在列位、莫不被文相徳、祇服憲度、穆穆焉、済済焉、牄牄焉、礼行楽奏。／詔曰、羣生勤学務礼、遵脩旧典、朕甚嘉之。遂斑（班）饗大燕、上下咸周、三家之礼、庭肆終日。既而錫寺卿丞・博士・治礼学生、下至楽工、束帛幬巾、各有等／差。厚施豊備、人知所勧、宇内承風、莫不景慕。于時方国貢使、及款塞入献之戎、倍于海外者、蓋以万数、若夫耆老嘔歎於邑里、士女抃舞於郊畛、／歌詠升平之謡、沓嗟大同之慶、布濩流衍、充塞四嵎、飛英声騰、茂実足以盈天地、而冒六合矣。咸寧三年、大（太）常脩陽子平原劉寔、命博士京兆段／暢・漁陽崔豹、講肆大礼。冬十一月、行郷飲酒礼、四年二月、行大射礼于辟雍。／皇大（太）子聖徳光茂、敦悦墳素、斟酌道徳之原、探賾仁義之藪、遊心遠覧、研精好古、務崇国典、以協時雍。乃与大（太）保侍中大（太）尉魯公充・大（太）傅侍中司空／斉王攸僉（詹）事給事中光禄大夫関内侯珧、及百辟卿士、同升辟雍、親臨礼楽、降儲尊之貴、敦歯譲之制、疇咨軌憲、敷納話言、堂列不臣之客、庭延／布衣之賓、緝柔学徒、接引衆心、温温其仁、翼翼其恭。故夫洪烈之美、可述而不可及、規模之格、可衍而不可階。是以髦士駿奔、華夏嚮臻、緝熙聖／緒、光融至化、儀形万国、作孚四方、盛徳大業、於斯為美。於是学徒沐浴、純沢承風、感化伏膺、詠歎不知手之舞之。乃相与言曰、蓋享帝王之位者、／必有則天之象、成厚載之功者、必建不朽之業。是以順応交泰、莫崇乎三皇、開物興務、罔隆於五帝。前聖之所帰美、永守鴻名、常為称首、唯斯而／已。然夫品物咸亨、以広被為貴、天下化成、以同風為大、光于前人、可得篤述者鮮矣。観今変通之苻（符）、典模之則、順天承運、肇造区域、則虞夏之烈／也。建皇極之中、恢配天之範、則羲農之略也。韜威邁徳、樹之風声、則湯武之軌也。闡化本垂道綱、則宣尼之教也。兼六代之美跡、苞七聖之遐蹤、／魏魏蕩蕩、大晉其是也已。在昔先葉、徳化可述、儀形可像、皆発之於雅頌、播之于金石。故使風流長存、暉光不隧、且古詩之興、采遊僮之歌、収牧／豎之謡。今遇不世之運、被覆燾之施、豈無風人之作、奚斯之志哉。於是礼生・守坊・寄学・散生、乃共刊石、讃述洪美、遂作頌曰、

題額の「大晉龍興」に対応する一行目の冒頭の「曰昔在先代、肇開文教」から八行目の「敦礼明化、以庠序為先」までは[11]、「黄唐」（黄帝・堯）、「三代」（夏・殷・周）、「秦漢」としだいに礼教が衰退してきたが、「大晉が龍興するに至り」、当時の「魏氏多難、而天命未壹、豪桀虎争、三方分崩」の政治上の分裂状況を「宣皇帝」（司馬懿）、ついで「文皇帝」（司馬昭）の尽力により是正し、その結果、「聖上」（武帝司馬炎）が「践祚」、一方、宣帝と文帝は「儒道」「儒術」を重視し、武帝は「敦礼明化、以庠序為先」「興行古礼、備其器服」「考合儀制、述造絃歌」と、その方針を継承し、礼楽を整備したと述べる。晉王朝、河内の司馬氏の立場から、秩序の回復と礼教の復活を三本の柱にして、司馬懿、司馬昭、司馬炎の三代による晉王朝樹立に至る司馬氏の擡頭を賛美する。

ここで一つ気になるのは、景皇帝司馬師の功業に関して一言も触れられていない点である。確かに司馬師の輔政の期間は三年半足らずと短く、司馬氏擡頭の礎を築いた司馬懿、始めて晉公、晉王に封ぜられた司馬昭、晉王朝を開いた司馬炎がそれぞれ高祖、太祖、世祖と祖がつく廟号が与えられているのに対して、司馬師は世宗である点から判断すればおかしくはないが、司馬師とその継嗣司馬攸が嫡流で、司馬攸が帝位をめぐる司馬炎・司馬衷父子のライヴァルであった点を勘案すれば、あるいは意図的なものが含まれていたかもしれない（［福原一九九五］。とくに一七〇―一七一頁参照）。

「皇帝三臨辟雍」、泰始年間における武帝の三回の辟雍における学礼への親臨については、八行目の「乃遣相国長史東萊侯史光」から十五行目の「足以盈天地、而冒六合矣」までであり、その内容の中心は、泰始三年（二六七）十月の郷飲酒礼と郷射礼（馬融・鄭玄・王粛の解釈による）、同六年（二七〇）正月の大射礼、同六年十月の郷飲酒礼への武帝の親臨である。なお、最後の郷飲酒礼に関して、『宋書』礼志は十二月、『晉書』武帝紀は十一月とする。また、傅玄の「〔帝幸〕辟雍郷飲酒賦」はこの行礼をうたったものである。[12]

「皇太子又再莅之」、咸寧年間における皇太子司馬衷の二回の辟雍における学礼への親臨については、十五行目の「咸寧三年、太常脩陽子平原劉寔」から二十五行目の「乃共刊石、讃述洪美、遂作頌曰」までであり、咸寧三年（二七七）十一月の郷飲酒礼（王粛の解釈により、崔豹が行礼の総責任者）と同四年（二七八）二月の大射礼（鄭玄の解釈により、段暢が行礼の総責任者）、咸寧年間の二回の学礼とそれへの皇太子の親臨が中心である。[13]注目すべきは、前段の武帝の親臨と比較すると、より詳しく具体的であり、かつそれに参加した「学徒」の賛美のことばが引用されている点である。

以上の両段は、辟雍における学礼の施行とそれへの皇帝（武帝司馬炎）、皇太子（司馬衷）の親臨に関する内容であった。ここで、辟雍と学礼について簡単にまとめておきたい。

辟雍（辟廱、璧廱）は、本来は周代の天子の大学と意識されており（『詩経』大雅、霊台、『礼記』王制）、漢代から建立され、後漢では行礼の場として、明堂と霊台とともに「三雍」（班固「東都賦」）「三朝之礼」（『後漢書』明帝紀、永平二年の条）とよばれ、当時の都洛陽の城南に営まれており（現在の遺構址は洛河の南。第一節の図４‐１「晉辟雍碑関連地図」および注（２）参照）、後漢の末年に董卓により破壊、曹操により再建され、西晉の元康年間（二九一―二九九年）にうたわれた潘岳の「閑居賦」（『文選』巻十六、賦、志下）では「其東則有明堂・辟雍、清穆敞閑、環林縈映、圓海迴淵」と描写されていたが、永嘉の乱による洛陽陥落の結果、再び破壊された（〔余嘉錫一九三二〕の附録である「晉辟雍興廃考」参照。ただし、余嘉錫氏は西晉の辟雍＝明堂と考える[14]。

つぎに学礼としては、郷飲酒・大射・郷射・釈奠・視学・養老などの諸礼があるが、西晉において執行されたのは辟雍での郷飲酒礼と大射礼（郷射礼）と太学での釈奠礼であった[15]。郷飲酒礼と大射礼（郷射礼）の典拠は『儀礼』の郷飲酒礼と郷射礼と大射〔儀〕（ともに五礼中、嘉礼に属す）、『礼記』の郷飲酒義と射義である。本来、郷飲酒は、郷学で三年の業を修めて成績が優秀で君に推薦された者を郷大夫が送行する宴、郷射は郷飲酒に先立って行う射術の会、大射は諸侯、のちには天子が主催する射術の会であった。漢代以来、民間において儒者が大射礼・郷飲酒礼を行っており、後漢に入り、明帝の代になって、辟雍において、「春射秋饗」（『詩経』大雅、霊台の注所引の『韓詩説』）にもとづく学礼で皇帝親臨という、西晉での学礼の原型ができあがり、降って西晉に至って始めて本来が地方における学礼である郷飲酒礼が失われた饗礼に代り採用され、「春射秋饗」の大射礼の対をなすに至った。すなわち、晉辟雍碑が記す、泰始六年正月の大射礼と十月の郷飲酒礼、咸寧三年十一月の郷飲酒礼と同四年二月の大射礼である（なお、元康九年（二九九）にも恵帝親臨のもと、辟雍で郷飲酒礼が行われているが、そのペアとなるべき大射礼の記載がないのは翌年正月の愍懐太子殺害事件の餘波で中止されたからであろうか。『宋書』巻十四、礼志、『晉書』巻二十一、礼志。高明士氏の［高明士一九八四］の一四五頁参照）。西晉における郷飲酒礼の採用は、咸寧年間の郷飲酒礼が王粛説による点から推測するならば、王粛の学説にもとづくのであろうか。以上、高明士氏の『唐代東亜教育圏的形成』（［高明士一九八四］）の「学礼的実施」（一〇四―一二二頁）、「釈奠於学校与孔顔地位的建立」（一四四―一六二頁）、［木島一九九六］の「晉代辟雍記事総合年表」参照。

最後に「盛徳隆煕之頌」を分析したい。まず頌の刻文を示す。

／悠悠皇羲、承天作帝、幽讃神明、観象天地。三墳五典、八素九丘、発原在昔、邁茲清流。大道陵遅、質文推移、樸散為器、醇澆為灕。降逮三代、世篤軌／儀、郁郁之美、莫尚於斯。六国従横、礼楽消亡、秦焚其緒、漢末之詳。鑠哉皇代、時惟大晉、龍飛革命、天応人順。敷演彝倫、亮采賢儁、神化罔極、風翔／雨潤。明明大（太）子、玄覧惟聡、遊心六藝、再臨辟雍。光光翠華、騤騤六龍、百辟雲集、卿士率従。儒林在位、爰曁生童、升降有序、行過乎恭。祇奉聖敬、曠／若発蒙、玄冥司節、饗飲嘉賓。大射之儀、講于元春、執弓鷹揚、百拝逡巡。金石迭奏、両礼並陳、容服猗猗、宴笑斌斌。徳感庶類、洪恩豊沛、東漸西被、／朔南式頼。遂作頌声、永垂万世。

「盛徳隆熙之頌」と「頌」と題するように(16)、この碑の刻文の中でも最も重要なのは韻文で刻された頌の部分、二十六行目の「悠悠皇羲、承天作帝」から末行の「遂作頌声、永垂万世」までである。そしてこの頌は序で記されていた、晉王朝の興隆と皇帝、皇太子それぞれの親臨行礼、それら全体の「盛徳隆熙」の頌である。しかし、頌の直接の対象は皇太子であり、それ故に立碑の目的は皇太子の辟雍への親臨に対する顕彰であることは、すでに余嘉錫氏が「余嘉錫一九三二」で「蓋碑立于咸寧四年、実専為太子莅雍而作、故其頌曰、『明明太子、玄覧惟聡、遊心六藝、再臨辟雍』。而於武帝、惟言其『応天順人、敷演彝倫』而已、略不及泰始間饗射之事。……」と論じ、直接的には立碑が皇太子親臨の行礼の後であり、頌を読むかぎり武帝に関する部分はわずか二句のみで、あくまでも皇太子に対する頌であることを指摘する。附け加えるとするならば、碑陰題名に刻されている立碑関係者の主体は、序の末尾によれば「於是礼生・守坊・寄学・散生、乃共刊石、讃述洪美、遂作頌曰」とあるように、あくまでも皇太子親臨の行礼へ参列した「学徒」が自発的に立碑したという点である。また、前節でも触れたが、題額が右寄りの結果、三行目の「皇太子又再莅之」が碑の中心になっている点も、ことによると意図的に配した可能性があるのではないか。

以上、碑陽の刻文を、おもにその構成を中心に分析してきた。つぎに碑陰の題名の分析にうつりたい。

第三節　碑陰の刻文の分析

第一項　立碑関係者の題名

碑陰の刻文は立碑関係者の題名であり、十列、第一列のみは十五行、第二列以下の九列は本来各四十四行、四〇九人の題名が刻されていたと推定される（第一節の碑陰のデータ参照）。一行一名の題名に関して、その構成要素は、たとえば、「礼生安平王沈弘道」（第二列二十七行目）のように、肩書き＋本貫＋姓・名＋字、からなっており、行ごとの字数は不等であるが、多くは八字である。[17]

この四〇九人の題名（第一節の碑陰の説明参照）はそれぞれのまとまりによりいくつかのグループに分けることができる。ここではかりに便宜上、五つのグループに分け、順次グループごとに分析を進めたい。

第一のグループは第一列十五行、すなわち十五人の題名であり、碑陽では題額に相当する所に位置する。左はその題名の釈文である。ただし文字は通用の常用漢字に改めている。頭に附した＊＊印は『晋書』に立伝されている人物、＊印は史書に登場する人物を示す。

＊＊大（太）常脩陽子平原劉寔子真

＊＊散騎常侍博士祭酒穎（潁）川庾純謀甫
＊＊散騎常侍博士甄（鄄）城公譙国曹志允恭
大（太）常丞陽丘男譙国蔣林永元
＊高功博士中山張靖彦貞
＊典行鄭大射礼博士京兆段暢永弘
＊典行王郷飲酒礼博士漁陽崔豹正雄
博士東郡周暘彦春
＊＊博士新興秦秀玄良
＊博士京兆杜琬文琰
＊博士東莞孫毓休朗
博士梁国項棐建政
博士京兆韋承元挙
＊博士平原宋昌茂初
＊博士陳国謝衡徳平

太学・国子学を所轄する太常府の長官・次官である太常〔卿〕（三品）の劉寔と太常丞（七品）の蔣林を除く十三人はみな広義の博士である。広義の博士の中で、庾純と曹志はおそらくは国子学の博士祭酒（国子祭酒。太学の祭酒をも兼ねる）と博士であり、散騎常侍（三品）でもって兼ねており、他の十一人の博士は太常博士もしくは太学博士（六品）であろう。さらに太常・太学博士の中に「高功」「典行鄭大射礼」「典行王郷飲酒礼」を冠する博士がそれぞれ一人ずついる。「高功」については余嘉錫氏の考証（〔余嘉錫一九三二〕）では、「高功博士とは博士の中でも「資深」き者であろう。……およそ官職で高功を称する者はみな祭酒になることができたのであり、そうすれば高功博士もまた博士祭酒の次に位置するポストである」と論ぜられており、(18)「高功」を冠する太常博士張靖はその在職期間の長さ故に、博士全体の中では博士祭酒の次にランクされていたのであろう。「典行鄭大射礼博士」の段暢と「典行王郷飲酒礼博士」の崔豹は、碑陽の序に「咸寧三年、大（太）常脩陽子平原劉寔、命博士京兆段暢・漁陽崔豹、講肄大礼。冬十一月、行郷飲酒礼、四年二月、行大射礼于辟雍」とあることからもわかるように、それぞれ皇太子親臨の二度にわたる一連の辟雍礼、大射礼（鄭玄の解釈による）と郷飲酒礼（王粛の解釈による）の、企画段階から同時に太常の劉寔に命ぜられ、咸寧四年二月と咸寧三年十一月の実際の行礼の場に至

写真4・4　碑陰の拓本（京都大学人文科学研究所所蔵石刻拓本資料より）

るまでの、文字通りの統括責任者であったのであろう。

以上の博士を主体とする学官の「顕職」（［顧廷龍一九三二］）に就いている、さらに劉寔と曹志と蔣林の三人はそれぞれ脩陽子・甄（鄄）城公・陽丘男、すなわち五等爵の爵位を有している、人物については、［余嘉錫一九三二］の下篇において詳細に論じ尽くされている。ただ確認しておきたいのは、十五人中、『晉書』に立伝されているのは劉寔（巻四十一）・庾純・曹志・秦秀（いずれも巻五十）の四人、それ以外に張靖・段暢・崔豹・杜琬・孫毓・宋昌・謝衡の七人は、史書、多くは『晉書』礼志、『隋書』経籍志、『通典』礼典など礼関係の議論や書物と結び付いて、見出すことができ、合わせて十一人の名が文献史料に残っている（逆に言うと、蔣林・周暘・項棐・韋永の四人の名は見出せないのであるが）。この事実は、第二グループ以下の下級官吏・学生の名が文献史料に全く見出すことができないのと好対照をなす。

第二のグループは第二列四十四行中、右から十一行、すなわち十一人の題名である。左はその題名の釈文。

助教中郎長□（広）□□□□

治礼議郎魯国孔胤宗明

治礼議郎大（太）原常賁忠宣

治礼議郎河南陳厳敞平

治礼郎中済北戴瓘公孝

治礼中郎勃海王誕承宗

治礼舍人趙国耿陵偉発

治礼軍謀掾楽安孫優泰元

治礼軍謀掾東海戴珍偉琦
大（太）学吏舎人斉国徐龍伯虎
大（太）学吏軍謀陳留帥囿邵虎

十一人の肩書きに注目すると、すべて上下二つの部分に分けることができ、上部は「助教」「治礼」「大（太）学吏」の三種、下部は「議郎」（七品）「郎中」「中郎」（ともに八品）のいわゆる郎官と「舎人」（九品）「軍謀掾」（「軍謀」、七品?）の舎人・掾属（九品・流外官）からなる。「助教」は国子助教、国子祭酒・博士の下で実際に国子生に教授する学官（第三章第一節第二項の「国子助教」条参照）。ただし、碑陽の序の泰始六年の行礼の際に、つまり国子学創立以前にもその名が見える。「治礼」の肩書きを有するのが八名であり、その大半を占めているが、文字通り「礼を治む」の意で、具体的には典行鄭大射礼博士・典行王郷射礼博士の下にあって、直接に行礼を指揮する役割であろう（顧廷龍氏はこのグループ全体を「当属行礼之指導及執事者、半主大射、半主郷飲」と解釈し、また「治礼」に関して『続漢書』百官志から大鴻臚に属す「治礼郎」の例を引用する。〔顧廷龍一九三一〕）。「太学吏」舎人・軍謀〔掾〕は太学の学吏の元締めか。いずれにせよ、第一グループと比較するならば、同じく学官ではあるが、第一グループが上級官吏であるのに対して下級官吏であり、下級官吏で構成されている第一グループはさらに郎官層と舎人・掾属層に大別することができる。

第三のグループは第二列の十二行目から第六列の十二行目までの一七五人の題名。肩書きで見ると、「都講」二名、「主事」二名、「礼生」一七一名（うち、八名は姓名など確認できない）からなり、まず「都講」「主事」各一名に続き「礼生」一〇八名が刻され（左右両端の五人は摩泐のため読めないが、その前後の行の肩書きや後述のキャプションから九分九厘「礼生」であろう）、終りに一字下げて「右鄭大射礼生」と刻し、次行からまた「都講」「主事」

各一名に続き「礼生」六十三名が刻され（左右両端の三人が確認できないが）、終りに一字下げて「右王郷飲酒礼生」と刻す。このグループの主体は「礼生」であり、「礼生」とは、顧廷龍氏は「行礼之学生」（［顧廷龍一九三二］）、余嘉錫氏は「太学諸生」と解釈し、その礼が至って繁重であり、「俯仰揖譲、進退周旋」すべてに節度があるので、太学生に講習させて素質がある者が行礼の「礼生」となったと論ずる（［余嘉錫一九三二］）。その礼生は二つのキャプションにより、前半の「鄭大射礼生」と後半の「王郷飲酒礼生」に大別されることは明らかであり、鄭大射礼生が咸寧四年二月の大射礼にて、王郷飲酒礼生が咸寧三年十一月の郷飲酒礼にて、それぞれ鄭玄の解釈、王粛の解釈にのっとって行礼の儀式を演じたのであろう。両者ともにその先頭に「都講」「主事」各一人がいるが、顧廷龍氏はあわせて「礼生之領袖」（［顧廷龍一九三二］）、「都講」を「学舎之長」（［顧廷龍一九三二］）、余嘉錫氏は「都講」を「高足弟子」「高材生」（［余嘉錫一九三二］）と解釈する。助手ともいうべき都講・主事引率のもと礼生が演じたのであろう。この第三のグループに関して疑問として残るのは、第一に鄭大射礼生一〇八人、王郷飲酒礼生六十三人という人数の差である。両学礼の規模の差の反映であろうか。第二に両学礼が実施された時間的順序は郷飲酒礼（咸寧三年十一月）、大射礼（咸寧四年二月）であるにもかかわらず、碑陰題名では鄭大射礼生、王郷飲酒礼生と順序が逆になっているのは何故であろうか。第三に「右鄭大射礼生」「右王郷飲酒礼生」とわざわざキャプションを挿入してその区分を明示しているが、何か理由があるのであろうか。

第四のグループは第六列の十三行目から第九列の二十八行目までの一四八人の題名。いくつか注目すべき、それ故に検討すべき特徴があるので、その検討の材料として、左に題名の釈文（先学の釈文［顧廷龍一九三二］［劉承幹一九三二］［羅振玉一九四一］［三国時代の出土文字資料班編二〇〇五］、および［足立一九七一］と著者所蔵の拓本の実見による）を挙げる。

掌故熒（滎）陽傅宣孝周
弟子汲郡王洪孔範
弟子汲郡焦胤宗嗣
弟子河東上官楨徳幹
弟子河東上官雄季幹
弟子平陽相里揮茂英
弟子弘農許鮑延叔
都講河間李奐淵沖
弟子清河牟徽允休
弟子清河成寂君孫
弟子清河邢儁文英
弟子清河孟珪偉璋
弟子安平李擢延宗
弟子安平李該道休
弟子安平崔柔士援
弟子安平張随士世
弟子安平馬臨世長
弟子安平趙烈霊基
弟子安平董超士倫

写真４‐５　辟雍碑（碑陰）の状況（1997年５月、葭森健介氏撮影）

弟子広平竇衡叔淵
弟子広平張誠叔休
弟子広平高愷巨悌
国子主事広平高盛巨謀
国子司成広平張随玄時
弟子鉅鹿霍慮友林
弟子鉅鹿賈余允桓
弟子中山張遵徳挙
弟子中山趙卓初季
弟子高陽王統世倫
弟子高陽斉游偉龍
弟子高陽劉開宗明
□□□菅□□之
□□□□□□□□
弟子勃海程莠伯苗
弟子勃海樊商広容
弟子勃海李舒思平
弟子勃海孫儀令宗
弟子勃海陶沖霊黙

写真４－６　碑陽題額（1997年５月、葭森健介氏撮影）

寄学倍位陽平劉雄雋英
弟子陽平解种休徵
弟子頓丘張宣子叔
弟子常山張詢元中
弟子常山趙倫曼英
弟子章武孫昌元時
国子司業陳留董康興元
弟子陳留崔誕景舒
弟子陳留馮徽賢先
弟子陳留呉基茂初
弟子陳留胡慮顕思
国子司成陳留焦岐宣周
弟子高平翟洪長業
主事高平夏茂季倫
弟子高平江栄初玄
弟子高平王劭士南
弟子済北萊嘉世弘
弟子東郡伏歆舒伯
弟子泰山王揚宣叔

写真４‐７　碑陰題額（1997年５月、葭森健介氏撮影）

弟子任城孫造士元
弟子東平曹尚次先
弟子平原栄深淵仲
弟子平原西門佩士容
弟子平原杜頎長旗
弟子平原県伏□光
弟子平原王紹方伯
弟子平原孟胤玄嗣
弟子東莱唐陽令春
弟子済南彭旂叔謀
弟子済南梁丘熊承伯
弟子済南用粲紹世
弟子北海后爽世高
弟子北海無選乾儁
弟子楽安国悝広元
弟子楽安王弨成叔
弟子楽安車度世文
弟子楽安接礼兆文
弟子楽安王興世林

写真４‐８　碑亭内の辟雍碑（碑側も）
（2009年３月、辻正博氏撮影）

□□□□□□□□

弟子楽陵孫恪元恭

弟子城陽淳于恢昭裕

弟子城陽令振□明

弟子城陽侍其熊彦雄

弟子琅邪盧権良伯

弟子彭城紀瑾季偉

弟子沛国傅康徳初

国子都講汝陰謝韶南伯

弟子汝陰龍運孔機

弟子梁国王悝元淑

弟子魯国脅施初伯

弟子穎（潁）川張顗休明

弟子汝陰鄭穆季恭

弟子新平李琛玄舒

弟子京兆王造元始

弟子馮翊楊殷泰宗

門人遼東狼休子脩

門人遼東呉顗令伯

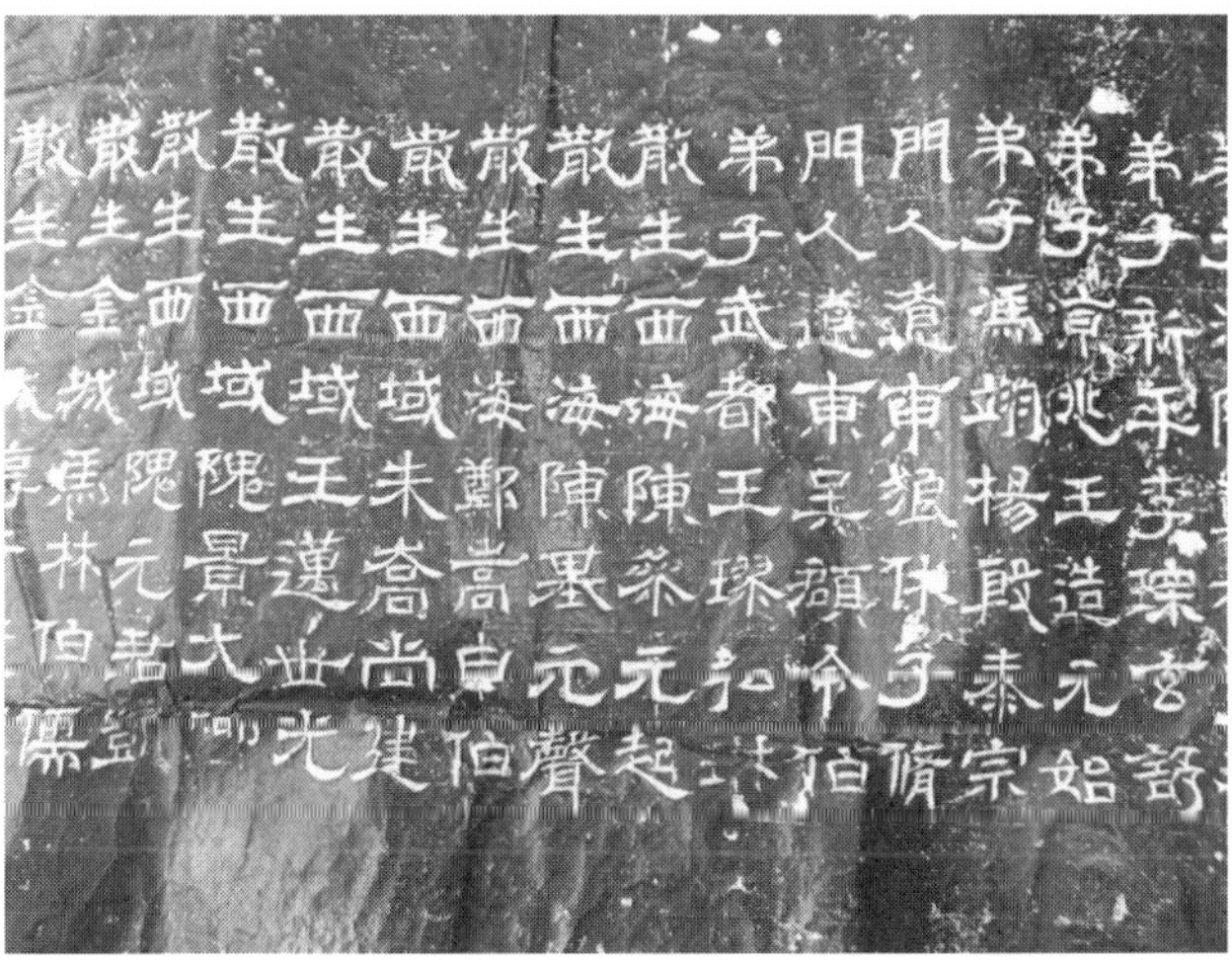

写真４‐９　碑陰題名の拓本（著者所蔵）**の「門人」「散生」の列挙の部分**

弟子武都王璆弘琳
散生西海陳参元起
散生西海陳基元声
散生西海鄭嵩申伯
散生西域朱喬尚建
散生西域王邁世光
散生西域隗景大卿
散生西域隗元君凱
散生金城馬林伯儒
散生金城淳于光顕初
散生金城竇震伯宗
散生金城竇良脩伯
散生金城毛祉偉道
散生金城毛條偉達
散生金城馬称宣衡
散生金城張立子木
散生金城淳于文顕章
散生敦煌馬訓子道
散生敦煌盖壹思文

写真４‐10　碑陽（2009年３月、辻正博氏撮影）

散生敦煌竇蟠鴻挙
散生敦煌田絢巨蘭
散生敦煌馬斌世義
散生敦煌孟旂長休
散生西平田亀玄象
散生西平鞠興伯始
散生西平□□□□
散生西平馬育□□
散生西平衛鮮世明
散生西平衛琨允先
散生西平鞠仁仲興
散生西平麴晃巨明
弟子楽陵李順建忠
散生西平衛深少明
散生西平橋旂玄龍
散生西平衛直正平
散生西平麴康休祖
散生西平衛其令章
散生西平郭豊文盛

写真４－11　碑陽題額（2009年３月、辻正博氏撮影）

散生西平彭泰文平
散生西平孫術孔儒
散生西平楊欽仲明
散生西平馬萱玄仲
弟子清河卞曾正子
散生西平楊達顕通
散生西平麴崇巨元
散生西平王初長発
散生西平衛斐儁雄
散生西平田敷威国
散生西平田法長則
散生西平北宮默叔治
散生西平楊敷公演
散生西平郭平叔直
散生西平馬達文伯

右の一四八人の題名を肩書きでもって分類すると（（　）内の漢数字は人数）、「弟子」（八十四）・「門人」（二）・「寄学倍（陪）位」（一）・「散生」（五十）、「都講」（一）・「主事」（一）・「掌故」（一）、「国子司成」（二）・「国子司業」（一）・「国子都講」（一）・「国子主事」（一）と不明（三）からなり、太学の学生（弟子・門人・寄学陪位・散生）[19]、太学の学官・学生の中間層で助手・大学院生のような存在（都講・主事・掌故）、国子学の学官・学生の中間層（国子司成・国子司業・国子都講・国子主事）に大別され、題名の前半は弟子、後半は散生が主体であり、弟子が主体である前半は弟子と他の肩書きの並び方は肩書きの点から言えばアトランダムであり、本貫（本籍）により原則的にはまとめられている。以下、本貫の郡国を順序に従い、列挙する。（ ）内の上の漢数字はまとまって並んでいる題名の人数、一人の場合は「一」を省略。（ ）内の下の漢字はその本貫の郡国が属する州名。「州」字を省略。

滎陽（司）、汲郡（二・司）、河東（二・司）、平陽（司）、弘農（司）、河間（冀）、清河（四・冀）、安平（七・冀）、広平（五・司（旧冀））、鉅鹿（二・冀）、中山（二・冀）、高陽（三・冀）、勃海（五・冀）、陽平（二・司（旧冀））、頓丘（司（旧冀））、常山（二・冀）、章武（冀）、陳留（六・兗）、高平（四・兗）、済北（兗）、東郡（兗）、泰山（兗）、任城（兗）、東平（兗）、平原（六・冀）、東萊（青）、済南（三・青）、北海（二・青）、楽安（五・青）、楽陵（冀）、城陽（三・青）、琅邪（徐）、彭城（徐）、沛国（予）、汝陰（二・予）、梁国（予）、魯国（予）、潁川（予）、汝陰（予）、新平（雍）、京兆（雍）、馮翊（雍）、遼東（二・平）、武都（秦（旧雍））、西海（三・涼）、西域（四・涼州刺史が間接統治）、金城（九・秦（旧涼））、敦煌（六・涼）、西平（八・涼）、楽陵（冀）、西平（十　涼）、清河（冀）、西平（十・涼）。

本貫の郡国が所属する州に注目するならば、出入はあるもののだいたい、司、冀、兗、青、徐、予、雍、平、秦、涼と、都洛陽を中心に時計廻りになっており、また、太康元年（二八〇）の天下統一後の西晋王朝の十九州のうち、幽・幷・揚・荊・梁・益・寧・広・交の九州に属する郡国が見えない。立碑の咸寧四年（二七八）当時、広・交二州はすべて敵国呉の版図内であり、揚・荊二州は西晋にも置かれていたが、本来のその領域の大半は呉の版図内に含まれ、晋側の二州も対呉の前線に位置し、第三グループ・第五グループも含めた学生全体でも荊州はわずか三人、揚州はいない（[顧廷龍一九三一] 中の学生人数統計表参照。以下同じ）。旧蜀漢の版図であった梁・益・寧の三州はすでに西晋の版図内に属していたにもかかわらず、学生全体でも梁州に一人あるのみ。蜀漢の滅亡（曹魏の景元四年（二六三））から十五年もたち、またすでに旧蜀の人士が入洛し出仕していたであろうにもかかわらず、あまりにも少ない点、腑に落ちない。顧廷龍氏は「彼の時、蜀は初平に値り、呉は尚お負固す。故に太学中に南方の学者無し」（[顧廷龍一九三一]）と論ずる。幽・幷二州は北辺に位置する点で共通している。学生全体でも幽州が十一人、幷州が七人と少ない。あるいは非漢民族の反乱など理由があるのであろうか。いずれにせよ、第四グループでは、呉と旧蜀漢および北辺の幽・幷二州に属する学生を見出せないのである。

それに対して、幽・幷二州と同じ辺境の涼州と平州は、その肩書きとの関連で著しい特徴を呈す。まず涼州に関しては、涼州出身者（泰始五年（二六九）に涼州から新設の秦州にその所属が移った金城郡と、涼州刺史が戊己校尉を兼職することにより間接的に統治していた西域をも含めると）の肩書きはすべて「散生」であり、かつ散生という肩書きは他のグループには見えず、それ故に散生はすべて涼州出身者であり、すなわち涼州出身者と散生は排他的に結び付いている。その点はすでに余嘉錫氏が指摘しており（「……、又不知何以独幷（涼の誤り）州及西域人為散生、且無一礼生弟子門人、而他州亦無一散生也」[余嘉錫一九三二]）、太学の定員外の学生（「散生蓋在太学弟子員之外者」[余嘉錫一九三二]）、今でいえば特別枠の帰国子女の学生もしくは留学生に近いのではないか（顧廷龍氏は「疑為預備入太学為門人者」[顧廷龍一九三一] と解釈する）、が涼州に対して設けられたのは、「西北儒学独盛」（[張鵬一、一九三三]）からではなく、「豈以其介在辺陲、文風不及中原、特設此名以処之耶、不可考矣」[余嘉錫一九三二] の方向であろう。

さらに涼州と散生の関連を細かく検討するならば、同じ涼州内でも西平郡の二十八人を筆頭に、金城郡の九人、敦煌郡の六人、西域の四人、西海郡の三人と続くのと対照的に、河西回廊沿いに位置し、涼州の州治が置かれている武威郡、その武威郡をはじめ、西郡・張掖郡・酒泉郡が一人もいないことに気付く。おそらく泰始五年（二六九）頃から咸寧五年（二七九）に至るまで、西北辺において猖獗を極めていた鮮卑系の禿髪樹機能の反乱の影響であると思われる。[20] ちなみに立碑はこの反乱の終熄の前年、咸寧四年（二七八）のことである。涼州を主舞台に活動していた樹機能は咸寧三年（二七七）には本拠地を武威に移している。西海・西域・敦煌出身の散生は河西回廊を避け、南に祁連山脈を越え、西平、金城経由で都の洛陽に至ったのではないか。[21] なお、散生の中、西平郡二十八人の中に、楽陵と清河出身、すなわち冀州の二人の弟子が、しかも西平出身の散生を十人ずつ分けるかのように入っているのは、辟雍での学礼に列席した際に冀州出身の模範生を配した反映であろうか。

　平州に関して、涼州と散生の関係と同じく、碑陰題名全体を通して、平州、遼東郡と「門人」が排他的に結び付いている。そもそも平州は遼東郡を中心に楽浪郡などをもその勢力下においた公孫氏政権がその勢力範囲に新設した州であり、公孫氏政権（最後に公孫淵は国号を燕と定めた）の滅亡が景初二年（二三八）、つまり立碑当時より四十年ほど遡る。[22] ただ問題であるのは、「門人」は同時代の摯虞の『決疑要注』[23] にもとづくと思われる『通典』巻五十三、礼典、沿革、吉礼、大学に「時慕学者始詣大学為門人。満二歳、試通一経者称弟子、不通罷遣。弟子満二歳、試通二経者、補文学掌故……」とあり、大学（太学）入学から官吏登用のルートとして二年ごとの考試により、門人、弟子、文学掌故、太子舎人、郎中、「随才叙用」と示されており、ちょうど現在の大学にあてはめると、門人が一・二回生、弟子が三・四回生にあたるのであり、その点からも門人は少なくとも弟子と同数以上在学しているはずである。にもかかわらず、碑陰題名全体でも門人がわずかに平州出身の二人のみであるのは、碑陰題名の全学生数が四百名足らずに対して、晋初の太学生の数「三千人」（『南斉書』巻九、礼志所収の曹思文の上表文）という点を勘案するならば、辟雍の収容人数の限度により、太学に入学して日が浅い門人は原則的に行礼への参列が許されず、僻遠の平州出身の門人のみが涼州出身の散生と同様に特例で参列を許され、碑陰題名に名を連ねることになったと考えるのが最も妥当ではないか。

北辺に位置する幽・幷・涼・平四州のうち、幽・幷二州とは対照的に、涼州は第四グループの「散生」と、平州も第四グループの「門人」と排他的に結合しており、涼・平二州には、いわば、特別枠が設けられていたのである。

最後の第五のグループは第九列の二十九行目から末尾の第十列の四十四行目までの六十人の題名。肩書きでは「弟子」(五十二)、「寄学」(三)、「礼生」(二)、不明(三)と、全員が太学の学生であり、弟子が主体である点は第四グループと共通する。疑問点は、第三グループから離れて礼生が二名刻されている点と、「寄学」は第四グループの「寄学陪位」とどのように異なるのかという点である。順序については第四グループのような規則性が見出せなかった。ただ、本貫不明の四名を除く五十六名を州別に整理すると、冀州が四十名と圧倒的なシェアを誇り、以下、司州(四)、青州(三)、雍州(三)、兗州(三)、幷州(二)、徐州(一)と続き、冀州の中でも最も多いのが平原郡の十七名であり、勃海・趙両郡の七名が続く。この平原郡を中心として冀州出身者が多い点、碑陰題名の全学生にもいえるのであり、[顧廷龍一九三二]の「晉初学籍人数統計総表」および同「分表」によると、総計三八四名中、冀州が一四一名(ちなみにつぎに多いのが涼州の四十六名)、うち平原郡が三十四名である。その理由はよくわからないが、一つ考えられるのが、当時の太常卿が、碑陰題名の冒頭の劉寔であり、かれの出身が平原郡である点である。この太常卿との地縁が働いたのであろうか。より示唆的であるのは、吉川忠夫氏が「鄭玄の学塾」[吉川忠夫一九八七]の中で指摘した、二世紀後半の鄭玄の学塾で学んだ人たちには一定の地域性をもち、学塾が存在した青州を中心として冀州・兗州・予州・司隷校尉部が推定される、という点である。必ずしも冀州のみの突出を説明しきることはできないものの、冀州も含めてその一帯で、鄭玄の学塾の餘風で他の地域よりも向学心が旺盛であったというベースが想定できるのではないか。

以上、碑陰題名を便宜的に五つのグループに分けて分析してきた。最後に碑陽の序の第三段、皇太子親臨の行礼の記載との関連でいえば、序の「学徒」＝「礼生・守坊・寄学・散生」を碑陰題名の学生の肩書きと対比するならば、「守坊」が「弟子」にあたるのであり、また「学徒」を「行礼」と「列位」に分けるが、前者が第三グループの礼生、後者が第四・五グループの弟子・散生などに対応するのであろう（表4－1参照）。

写真4－12　碑陰題名の拓本（著者所蔵）**の第二列の「趙郡」が見える部分**

表4－1　碑陽の序と碑陰の題名における学生（学徒、生童）の名称の対応関係

碑陽の序			碑陰の題名
	泰始六年		咸寧三・四年
行礼		礼生	礼生（郷大射礼生・王郷飲酒礼生）3・5
列位	弟子門人	守坊	弟子4・5　門人4
		寄学	寄学陪位4　寄学5
		散生	散生4

アラビア数字はグループを示す

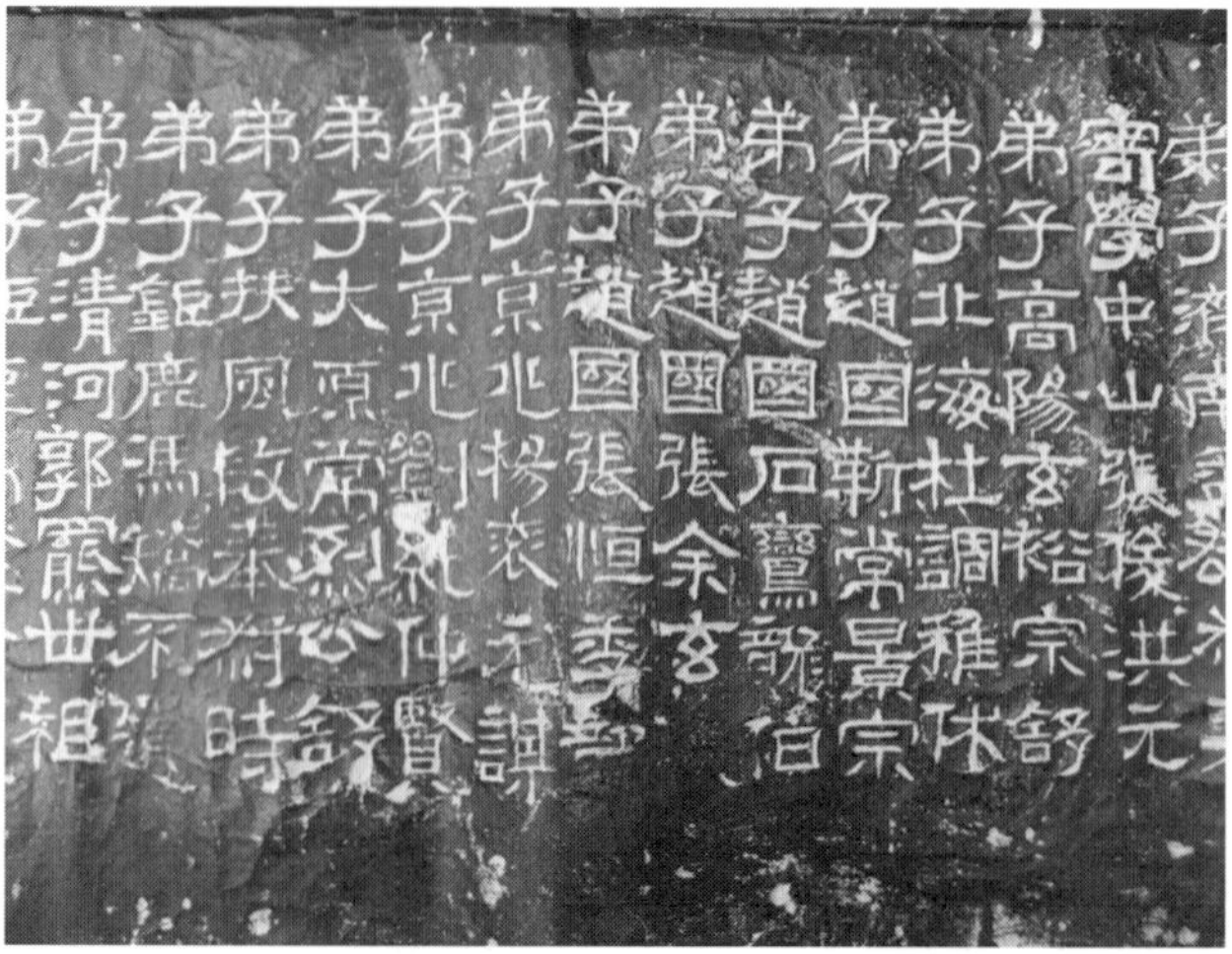

写真４-13　碑陰題名の拓本（著者所蔵）**の第十列の「趙国」が見える部分**

第二項　碑陰題名の本貫について

つぎに、さらに踏み込んで、本貫を示す地名、つまり郡国名について、同じ郡国に二つの名称があるケースを分析・検討したい。すなわち、「趙郡」と「趙国」が並存している点である。両者を本貫とする人物の姓名（肩書き、列）をすべて列挙する。

「趙郡」の場合、郄（郤）超（礼生、二）・王察（礼生、三）・解肇（礼生、三）・趙京（礼生、四）・宋康（礼生、五）・苗謐（礼生、五）・解慶（礼生、六）・趙粲（礼生、九）の八名であるのに対して、「趙国」の場合、耿陵（治礼舎人、二。顧廷龍氏は「楚国」に釈す）・張允（弟子、十）・靳常（弟子、十）・石鸞（弟子、十）・張余（弟子、十）・張恒（弟子、十）・李施（弟子、十）の七名である。

「趙郡」の場合、八名全員が第三グループに属する礼生（郄超・王察・解肇・趙京の四名は郷大射礼生、宋康・苗謐・解慶・趙粲の四名は王郷飲酒礼生）であるのに対して、「趙国」の場合、第三グループに属する礼生は一人もおらず、治礼舎人が一名、残りの六名は弟子である（ただし、弟子の多くが属する第四グループには一人もおらず、第五グループに属す。第五グループには礼生・趙郡の趙粲もいる）[24]。このことは何を意味しているのであろうか。少なくとも、明白に分かれていることから、ミスや不統一ではない。おそらくは、碑陰題名の原稿作成の際にもとづいたであろう名籍類の段階で異なっていたのであろう。

そして、宗室出身で武帝の叔父にあたり、のちに八王の乱の主役となる司馬倫（第五章・第六章参照）、その司馬倫が琅邪王から、新たに設けられた趙王に転封されたのが咸寧三年（二七七）八月癸亥のことであり（『晉書』巻三、武帝紀。西晉王朝では、大規模な始封・転封が、王朝成立の泰始元年（二六五）、この咸寧三年、太康十年（二八九）と、十二年ごとに実施されており、このときは二回目であり、始封が四人、転封が十一人、司馬倫は転封の対象の一人であった。なお、「国」字が省略されていない、国名が一字（「趙」など）の封国に転じたのは司馬倫のみである（郡国名が二字の場合は「郡」「国」が省略され刻されている）。［福原一九九五］二二六―二二七頁参照）、これにともない、郡から国へ、すなわち、「趙郡」から「趙国」へ、呼称が変化したのであろう。ということは、礼生の場合、咸寧三年八月癸亥以前の名籍に、弟子らの場合、それ以後の名籍にもとづいていることになる。

ちなみに、西晉の二つの墓誌であるが、太康三年（二八二）、同五年（二八四）に葬られた馮恭、和国仁の本籍は、それぞれ「趙国高邑」「趙国中丘」と、当然のことであるが、「趙国」で刻されている（第十一章第二節参照）。

第三項　後漢の顕彰碑の碑陰題名との対比

碑陰に題名を刻する顕彰碑という側面に焦点を当てるならば、晉辟雍碑のルーツは漢碑、より限定すれば、後漢の顕彰碑である。ここでは、同じく碑陰題名を有する後漢の顕彰碑（祭祀関係碑をも参考に含める）と対比することにより、晉辟雍碑の碑陰題名の特徴を浮かび上がらせたい(25)。

碑陰題名が始まった後漢の顕彰碑の場合、その書式は、碑陰の上から下に列（段）に分け、列ごとに右から左に、一行に一名、立碑者の姓名を刻する。多くは三列までである。中には中平二年（一八五）の曹全碑のように、五列の碑陰題名もある。[26] 立碑者の人数に関しては、たとえば、漢安二年（一四三）の北海相景君碑の五十四名など、四十―六十名が多いが、韓勅碑は一〇三名に上り、冀州刺史王純碑は二〇〇名以上である。[27] 列数と人数の点では、晉辟雍碑は、碑陰に十列（碑側に関しては未詳であるが、おそらくは、題名は刻されていなかったであろう）、四〇九名が刻されていたのであり、規模の点で漢碑を大きく上回っている。

漢碑の題名の構成要素（晉辟雍碑の場合は、肩書き＋本貫＋姓・名＋字）を、姓・名を中心に、整理するならば、言うまでもなく、大半の題名には姓・名は刻されている。[28] 晉辟雍碑も姓・名が刻されている。

姓・名の前には肩書きと本貫が記されている。肩書きは官名・爵名・職名などや門生名であり、たとえば、孔宙碑の「門生」「門童」「故吏」「故民」「弟子」、張遷碑の「故安国長」「故従事」「故守令」「故吏」「故督郵」などの具体的・一般的な肩書きがあり、[29] さらに、張遷碑や北海相景君碑（「故門下督盗賊劇騰頌字叔遠」「故吏朱虚孫徴字武達」）のように、あるいは、建寧四年（一七一）の孔彪碑の「故吏司空掾博陵安国劉徳字伯桓」のように、肩書きの頭に「故」「故吏」という碑主との関係を示す語が附されている例が多い。[30] そして、碑陽の序の末尾に、たとえば、孔宙碑の「故吏門人」や衡方碑の「海内門生故吏」など、立碑関係者が記されていることが多く、[31] また、それに関連して、たとえば、孔宙碑と鄭季宣残碑（中平三年（一八六））のそれぞれの碑陰の篆額には「門生故吏名」「尉氏故吏処士人名」と題名があり、[32] このことから、碑主と立碑関係者の関係は、いわゆる門生故吏関係の端的な表現であることがわかる。晉辟雍碑は学官と太学の学生であり、その主体である学生の名称が、「行礼」と「列位」、「列位」の「学徒」がさらに細分化されているのが特徴的である。

つぎに、本貫の地名に関して、その地名が記されている場合、[33] さらに、郡・県、郡のみ、県のみ、の三つに分けることができる。郡・県ともに記されているのは、孔宙碑などの漢碑であり、[34] 郡のみは、王純碑のほかは、曹魏太和五年（二三一）頃の曹真碑（全行の冒頭に「州民」と記されている）や廬江太守范式碑（一部、本貫の郡を記す）と、漢碑にはほとんどなく、県のみは、北海相景君碑（故吏名はすべて北海国出身者）などである。(35)晉辟雍碑は郡名（郡国名）である。

姓・名の後には字、場合によっては醵金額が記されている。字に関して、陽嘉二年（一三三）の陽嘉残碑のように字が記されていない例もあるが、その多くは字を記す。そして、書式として二通りがある。字の前に「字」を添える場合と、そのまま姓・名に続ける場合である。前者として、北海相景君碑などが、(36)後者として、魯峻碑などがある。(37)醵金額の数字が記されているのは、曹全碑や張遷碑などの漢碑であり、(38)張遷碑には数字の前に「銭」の字を加える。この醵金を当時、「義銭」（白石神君碑）「奉銭」などと称していた。それに対して、晉辟雍碑は字のみである。

碑陰題名、とくにその構成要素を対比・検討した結果、晉辟雍碑は形式的には後漢の顕彰碑を襲っていることを確認することができた。後漢時代に盛行した、当時の社会において自然発生的に出現した、封建関係に比せられる、門生故吏関係、その門生故吏関係の典型的な行為の一つが、門生故吏が醵金して顕彰碑を立てることであり、その碑陰に門生故吏の名を刻んだのである。晉辟雍碑はこの後漢の顕彰碑の系譜を引いているのである。そして、たとえば、列数と人数の点での規模の相違は、基本的には、後漢の顕彰碑があくまでも郡レベルなどの郷里社会に根ざしているのに対して、晉辟雍碑が国家（全国）レベルである点に求められる。

その反面、魏晉の立碑の禁を挟んで、後漢の顕彰碑と晉辟雍碑の間には断絶が存する。すなわち、容認されていた段階での郷里における立碑と禁止されていた段階での国家による、例外的な立碑である。そのことは、一方で、立碑の背景に存する門生故吏関係の否定を含意していると推測される。この、ある意味では、王朝、中央による回収、吸い上げという、科挙における殿試の創設を連想せしめる動きに、魏晉国家体制、とりわけ、西晉王朝国家の性向が窺われるのである。

第四節　立碑の背景と時代性

魏晉両王朝における立碑の禁の下、晉辟雍碑は何故に立てられたのであろうか。当時、洛陽城南の太学一帯には後漢以来の諸碑が林立していた。『水経注』巻十六、穀水の条によると、[39] 熹平石経と正始石経（計四十八基）、『典論』碑（六基）、「太学賛」と「太学弟子賛」の両碑、陽夏（嘉）元年（一三二）の碑、「晉辟廱行礼碑」などの諸碑の名が挙がっており、往時のありさまが髣髴とする。晉辟雍碑もその碑林、すなわち国家公認の特例、の中の一碑であった。ただ、よく似た名の「晉辟廱行礼碑」とは別の碑である。なぜならば、「行礼碑」は『水経注』の記載によると立碑年が太（泰）始二年（二六六）で、また北魏の時点で碑身がなかほどで折れていた（「中折」）点、咸寧四年（二七八）の立碑で、完整の状態で出土した晉辟雍碑とは異なるからである。[40]

では、立碑の意図はどこにあるのであろうか。すでに第二節と第三節で検討したように、立碑の主体は碑陽の序によると「礼生・守坊・寄学・散生」、すなわち太学生、碑陰の題名によると太常・太学・国子学の学官と学生であり、その目的は晉王朝およびときの皇帝武帝司馬炎および皇太子司馬衷の辟雍における行礼への親臨に対する顕彰、とりわけ皇太子のそれに対する顕彰にあった。その点では、第三節第三項で検討したように、漢碑の中で碑陰題名に名を連ねる門生や故吏が先生や地方官を顕彰する墓碑や徳政碑、たとえば北海景君碑・孔宙碑や曹全碑・張遷碑と同じ構造をもつ。[41]

しかし、学官や学生、とりわけ学生が主体であり、下からの自発的な盛り上がりという点、朝臣の勧進や地方からの瑞祥の報告が連想されるように、この場合もその背後に西晉王朝、皇帝である武帝司馬炎の強い意思が感ぜられる。そうであるならば、立碑の意図は行礼・親臨の意図と密接に結び付いているのであり、その点から二つの意図が浮かび上がってくる。

一つは足立豊氏が「三臨とか再莅をことさらに碑額に書するのも魏から帝位を譲り受けた晉が、いかに礼教を尊重する国であるかを世に示し、三国時代の動乱を一掃せんとする晉の権威を宣揚するための一種の文教政策なのであろう」［足立一九七二］と論ずるように、礼教・文教重視政策による権威の宣揚にある。さらに敷衍するならば、晉辟雍碑が顕彰する辟雍での郷飲酒礼と大射礼のほかに太学での釈奠礼などを含めた学礼の体系化、および第三章で考察した国子学の創立による中央官学の「二学」体制の確立など、一連の礼教立国政策の一環であり、それは秦漢帝国が有していた権威を持たない魏晉国家が新たに模索していた創出すべき権威のよりどころであり、「苛酷」な曹魏に対して「寛容」を標榜していた晉王朝がその選択肢の中から礼教政策を選んだのは自然のなりゆきであった。

もう一つは足立豊氏が「以下碑文は皇太子が、……りっぱな人物であることを述べ、彼が天子の後継者たるべきことを力説する。乱世をまのあたりにしてきた武帝にとって後継者を明確にしておくこともまた大晉帝国の永遠を願う上から重要なことであったろう」［足立一九七二］と論ずるように、皇太子の顕彰にある。そもそも皇太子の司馬衷、のちの恵帝は、『晉書』巻三、武帝紀、巻四、恵帝紀によると、泰始三年（二六七）に武帝の事実上の嫡子として九歳で皇太子に冊立され、同八年（二七二）、重臣賈充の女賈南風を娶り、その間、泰始七年と咸寧三年にはそれぞれ『孝経』と『詩』を修了し釈奠の礼を執行しており（『晉書』巻十九、礼志上）、咸寧四年（二七八）の立碑当時は二十歳になっていた。ところが、成長するにつれ、その資質が「純質」ではあるが「蒙蔽」

（愚か）、将来皇帝になったあかつきにはとうてい親政することは不可能であろうことは、しだいに武帝自身も気づき始め、朝臣の間の共通認識になり、廃位問題さえ浮上しつつあった[42]。

こうした文献史料が示す恵帝の暗愚の評判に対して、晉辟雍碑はその序で「皇太子、聖徳光茂、敦悦墳素、斟酌道徳之原、探賾仁義之藪、研精好古、務崇国典、以協時雍」、また頌で「明明太子、玄覧惟聡、遊心六藝、再臨辟雍、光光翠華」と、その聡明さや好学ぶりを讃える点、著しいコントラストを呈す。暗愚な評判とそれにともなう廃位問題が厳に存在するが故にこそ、逆にそれを打ち消し、あるいはその動きを封じ、牽制せんがために、やっきになって褒詞を連ねて、ことさらに持ち上げ、箔付けしなければならなかったのではないか。

南方の孫呉と対峙していた段階である泰始年間・咸寧年間の、都洛陽の城南の辟雍においての学礼への皇帝・皇太子自身の臨席、およびそれに対する顕彰のための立碑には、その背後に、権威を創出せんとする強い意志が感ぜられる。それは、一言で言うならば、秦漢帝国瓦解後の魏晉国家の課題であり（第一章で論じた肉刑の復活をめざす動きもその一環である）、曹魏滅亡後の西晉の課題である（曹魏との違いの強調などもその一環である）。つまり、西晉王朝にとっては二重の課題であったのであり、この学礼親臨と立碑という二段階の演出は、その試みであったのである。両者の目的は、端的に言えば、礼教政策による視覚的な権威の創出である。それと同時に、立碑当時、二十歳の暗愚な皇太子司馬衷の箔付けをも兼ねていた。より厳密に言うならば、咸寧年間の皇太子の親臨と晉辟雍碑の立碑、「盛徳隆熙之頌」の直接の対象は皇太子の顕彰にあったのである（すでに［余嘉錫一九三二］が指摘）。

ちなみに、立碑に関して、その時期は咸寧四年（二七八）十月であり[43]、孫呉平定による再統一の実現の一年半前にあたる。注目すべきは、同年の立碑の禁との関連である[44]。立碑の時期が立碑の禁と同じ年という点、第三節第三項での結論である、晉辟雍碑は後漢の顕彰碑の系譜を引いているが、その一方、社会に瀰漫している門生故吏関係の国家による回収を意味していた。それ故に、立碑の主体に関して、碑陽の末尾に刻された学生と碑陰に刻された題名にはズレが認められ、そこに西晉王朝の「下」から自発的な盛り上げという演出が馬脚を現わしているのである。強いて言うならば、門生故吏関係の利用である(45)。

おわりに

本章では、「はじめに」の冒頭で述べたように、晉辟雍碑という、一つの碑を通して、西晉王朝の特徴を、より具体的には、碑に即して、とくに碑陰題名の分析・検討に重心をおき、後漢の顕彰碑との対比をも踏まえ、考察した。晉辟雍碑は、偶然が重なり、幸運にもほぼ完好な姿で残されているのであり、また、偽刻の可能性は極めて低い。そして、同時代史料として、極めて価値が高い。とくに、その刻文には時代性が刻印されている。

本章の内容をまとめるならば、民国二十年(一九三一)に河南省偃師県の漢魏洛陽故城南郊の太学遺址付近で出土した「晉辟雍碑」は高さ三メートル以上の螭首の巨碑であり、表裏両面に晉隷でもって刻されており、咸寧四年(二七八)に立てられた。碑陽は題額と序と頌と立碑年月日からなり、その内容は、秩序の回復と礼教の復活を軸にした晉王朝樹立の過程、および辟雍での学礼への、泰始年間における武帝の親臨と咸寧年間における皇太子司馬衷(後の恵帝)の親臨、とりわけ皇太子自らの臨席に重点がある。碑陰は題名であり、学礼関係者で立碑関係者でもある、太常、博士祭酒、博士以下、「礼生」「弟子」「寄学」「散生」など各種の学生に至る、四百人餘りが刻されている。「散生」は涼州出身者の特別枠である。立碑は、表向きには、主体は学生であり、目的は武帝と皇太子、とりわけ皇太子の辟雍での学礼への親臨に対する顕彰にあり、その点では、後漢代から盛行した顕彰碑に属するのである。しかし、魏晉における立碑の禁の中での立碑などから、武帝の肝煎りであることは明白であり、それ故に、立碑の第一の意図は、「寛容」を標榜していた西晉王朝の礼教重視政策による視覚的な権威の宣揚であり、この点では、第三章で考察した国子学の創設と繋がるのであり、第二の意図は、その「暗愚」が取り沙汰されていた皇太子に対する、その風評を否定するかのような、顕彰にあった。繰り返しになるが、立碑の背景には、第一に後漢における門生故吏関係を反映した顕彰碑の盛行、第二に魏晉における立碑の禁による顕彰碑の激減という状況があり、その中での立碑には、門生故吏関係を反映した顕彰碑という後漢の要素、立碑の禁という、後漢を否定した魏晉の要素、「寛容」を標榜する礼教重視政策の一環という、曹魏を否定した西晉の要素が層を成しているのであり、そこに王朝国家としての意志が如実に表現されているのであり、その結果、時代性が反映しているといえよう。

細かいところでは、泰始・咸寧年間の涼州での鮮卑系の禿髪樹機能の反乱（第三節第一項）、咸寧三年（二七七）の宗室諸王の大規模な始封・転封の一環である、武帝の叔父司馬倫の琅邪王から趙王への転封（第三節第二項）など、三国志の時代の最末期の段階における現象の痕跡が残っており、見出すことができた。

晉辟雍碑が顕彰した皇太子は、立碑の十二年後、即位したが（恵帝）、その治世に勃発した八王の乱に関しては、第五章（次章）・第六章で論ずる。

以上の結論を導き出したのであるが、基礎作業にとどまり、残された問題も多い。たとえば、碑陽の序の内容や碑陰の題名の第五グループの意味など。今後、碑陽の刻文の再検討をも含め、晉辟雍碑全体の解明に取り組み、その上で西晉王朝における学礼体系のもつ時代的性格、およびそれと当時の貴族制との関連を考察したい。

なお、本章は、一九九七年八月の第三回漢魏石刻の会、および同年十一月のエルの会、二〇〇八年九月の国際学術シンポジウム「魏晉南北朝史と石刻史料研究の新展開」での口頭発表にもとづき作成した。また、徳島大学の葭森健介氏からは、晉辟雍碑の現況について、当時、筑波大学（現在、中央大学）の妹尾達彦氏からは、洛陽関係の参考文献について、御教示を賜わった。

注

（1）「民国二十（廿）年〔（一九三一年）〕陰暦三月二十（廿）四日、洛陽東南大郊村北一里許、黄埔雲墓旁、掘得之。与石経出土処同〔地〕。碑形制甚大、〔碑首和碑身系用一塊整石雕成。碑〕高約一丈一尺、広約四尺。正面（、碑正文隷書卅行、毎行五十五字、共）千五百餘字、背面刻人名〔多至四百餘人〕。『河南府志』名「辟雍行礼碑」、謂石已佚。初出土、郷人以牛十七頭〔拉〕運至村中、遠近来観者、日数百人。是年五月十五日、玉堂馳函南京、与広慶商保存之法、擬由地方購存、未果、然石亦未外售、今存李子彬後宅。民国二十（廿）一年、与曾洪父・陸仲漁等同至大郊、惜未能見之也。……」。郭培育・郭培智主編『洛陽出土石刻時地記』［郭培育・郭培智二〇〇五］の異なる箇所は〔 〕（ ）でもって示した。「辟雍行礼碑」は別碑。第四節参照。［傅振倫一九九三］、五、盛徳隆熙頌碑は「……有晉「太学碑」、已断為二、1922年有半截出土、而大半仍埋于地下。1931年徐森玉訪古至此、雇工掘出、将碑摹拓20份、曾贈我1份、北大考古学会亦得2份、其一原様保存、其一剪裱為貼、加楠木板。馬衡先生以碑原題《大晉龍興皇帝三臨辟雍皇太子又〔再〕莅之盛徳隆熙之頌》23字、故定名為「盛徳隆熙頌之碑」、親題簽其上、考《水経注・洛（穀）水》云、「漢石経北、有晉辟雍行礼碑、是太（泰）始二年立、其碑中断」、即此碑也、……」と、『時地記』と出土状況が異なる。断碑という点、誤っている。注（39）（40）参照。

（2）地図は［閻文儒一九五五］［中国科学院考古研究所洛陽工作隊一九七三］のそれぞれの「漢魏洛陽城（平面）実測図」をもとに作製。［中国社会科学院考古研究所洛陽工作隊一九七八］参照。霊台遺址の位置を河南偃師県佃庄公社朱圪垱大隊崗上村と表記する。［閻文儒一九五五］は「朱圪塔村」と表記、また、「岡上」を漢魏洛陽東城の延長線上、現在の洛河の南四四〇メートルあたりから西にのびる丘陵の当地でのよびなと説明する。［国家文物局一九九一］の佃庄郷の項では、辟雍・明堂は崗上村東、太学は太学村西、霊台は朱圪垱村西に比定する。［柯昌泗一九四三］と［馬子雲一九八六］が漢魏洛陽故城の北部に位置する「金村〔鎮〕」出土とするのは誤りであろう。

（3）天津の河北第一博物院、あるいは開封の河南博物館に入ったという説明があるが（［啓功一九七三］［楊育彬一九八五］）、それぞれ［河北第一博物院一九三二］『河北第一博物院半月刊』、［許平石一九三六］『河南博物館館刊』という、その博物館が刊行している雑誌に晋辟雍碑の題跋類が発表された点（［河北第一博物院一九三二］と［許平石一九三六］）からの早とちりではなかろうか。また、［国家文物局一九九一］は河南省博物館の所蔵とする。

（4）【補注】塩沢裕仁『千年帝都　洛陽　その遺跡と人文・自然環境』［塩沢二〇一〇］によると、「なお、西晋の辟雍碑（高さ3・22メートル、幅1・10メートル、厚さ0・30メートル）は東大郊村の聚落内に建っている。文革中にその紛失を恐れた村民達の手により村の中に持ち込まれた」（九二頁）とある。

（5）洛陽の龍門博物館は民国時代の拓本を有しており、私も偃師商城博物館の購買部で4千元で買っている。

（6）［河北第一博物院一九三二］は高さ八尺五寸、広さ三尺四寸、［劉承幹一九三三］は高さ八尺四寸、広さ三尺二寸、［許平石一九三六］は高さ七・六八尺、広さ三尺と記す。拓本では、京都大学人文科学研究所所蔵本は、碑額がたて六八、碑身（碑陽）が二〇六×一〇九センチメートル［平凡社一九五九b］、西川寧氏所蔵の整本（碑陽）は、高さ二七三、幅（下辺）が一〇七センチメートル［足立一九七一］、北京図書館蔵本（陰陽ともに）は、二六四×一〇四センチメートル［北京図書館金石組一九八九］である。

（7）大阪市立美術館編『六朝の美術』［大阪市立美術館一九七六］の中川憲一「北朝の書」、碑刻は、晋辟雍碑などの晋隷は、起筆と収筆を強調する、形式化がきわまった隷書である、と論ず。

（8）［柯昌泗一九四三］の巻三、碑額、「額字之多、当以晋辟雍碑為始見。……。六朝以前碑額、字多式奇、無逾此者」。

（9）［傅振倫一九九三］は「確認できたのは三九五人」という。

（10）顧廷龍氏は「碑陰題名十列。第一列十五行、餘列均四十四行。惟二・四・九列、蝕左一行、七・八列、蝕右一行、三・五・六・十諸列、則両辺皆泐一行」［顧廷龍一九三二］と述べる。

（11）［足立一九七一］は「大晋龍興」が次行の「皇帝」（さらに第三行の「皇太子」もか）の形容と理解するが、序の刻文中に

「至于大晉龍興」の一節があることを勘案するならば、その解釈は成り立たないであろう。

(12) 『宋書』巻十四、礼志一、『晉書』巻三、武帝紀。傅玄の賦の佚文が『藝文類聚』巻三十八、礼部上、辟雍の「辟雍郷飲酒賦」と『太平御覧』巻五三四、礼儀部、辟雍の「帝幸辟雍郷飲酒賦」である。なお、〔張鵬一、一九二三〕は「三臨辟雍」を泰始六年十月と咸寧三年十一月、同四年二月とするが、後二者は明らかに皇太子の親臨である。また、木島史雄氏〔木島一九九六〕は泰始六年正月の大射礼については、その行礼を否定する。泰始三年十月の郷飲酒礼と郷射礼を二回と数え、泰始十年十月の郷飲酒礼とあわせて皇帝の親臨三回とするのであろうか。

(13) 〔河北第一博物院一九三二〕は皇太子の「再莅」を泰始七年と咸寧三年の『孝経』『詩』の修了にともなうそれぞれの太学での釈奠の儀への親臨にあてるが、序の刻文を読むかぎり、咸寧年間の郷飲酒礼と大射礼に際しての辟雍親臨を指すことは明らかである。

(14) 劉向『五経通義』に「霊台以望気、明堂以布政、辟雍以養老教学」、『後漢書』巻一下、光武帝本紀下、中元元年（後五六）の条の「是歳、初起明堂・霊台・辟雍、及北郊兆域」の注に「〔『漢官儀』〕又曰、辟雍去明堂三百歩、車駕臨辟雍、従北門入、三月九日、皆於中行郷射礼、辟雍以水周其外、以節観者」、『白虎通』辟雍に「天子立辟雍何、所以行礼楽、宣徳化也」とある。なお、曹魏の王沈に「辟雍頌序」の著がある〔陳伯弢一九三六〕。

(15) その学礼とは、郷飲酒礼と大射礼である。以下、おもに小南一郎氏の論考「射の儀礼化をめぐって」〔小南一九九五〕、「飲酒礼と祼礼」〔小南二〇〇二〕にもとづき論ず。〔藤川一九五四〕、〔呂思勉一九五八〕「郷飲射」、〔高明士一九八四〕、〔渡邉一九九五〕第一篇第四章「祭祀」なども参照。

本来、氏族共同体における、祖先神との神人共食が原「郷飲酒礼」、神意を探る射が原「郷射礼」であり、両者は神が主役であるという点と飲酒の儀式をともなうという点で共通しており、本来的には成員間の平等な関係を基盤とするとともに、神と成員を媒介する首長に権威を賦与した。この状況は殷・西周前半まで続いた。西周中期に政治的機能が加わることにより「礼楽」化し、さらに戦国初期に儀礼化する。それは同時に宗教性を払拭することであった。

郷飲酒礼と郷射礼は、郷里社会における年歯秩序と成員の結合の維持を目的としており、郷飲酒礼と郷射礼を上部の支配階層に適合するように、より高級に再編成されたのが饗礼と大射礼であり、基本的構造は一致している。戦国時代に成立した『儀礼』（郷飲酒礼、郷射礼、燕礼、大射）と『礼記』（郷飲酒義、射義、燕義）にはそれぞれ儀礼のシナリオと解釈が説かれており、これらの儀礼は儒家に取り込まれた。孔子の死後、魯の孔子廟では、先聖・先師である周公・孔子を祭る釈奠礼とともに行われていた（『史記』孔子世家、「乙瑛碑」「礼器碑」「史晨碑」）。一六九年の「史晨後碑」に描かれている行礼は西晉の行礼と同じ構造である）。前漢での儒学の官学化、明堂・辟雍・霊台の建設にともない、学校での「学礼」（釈奠礼・養老礼・視学礼など）の一環となり、後漢に入り、皇帝が親臨する国家祭祀となる一方（安帝を境に途絶える）、郡国では長官が教化策として学校において実施した（しだいに衰退する）。

　後漢末から三国にかけて、馬融・鄭玄・王粛らがそれぞれ解釈を施し、曹魏では釈奠礼のみを実施したが、魏晉革命時（二六五年）、武帝司馬炎は逸早く「古礼」の復活に着手し（碑陽の序「相国長史・主簿を太学に派遣する」）、泰始元年もしくは二年（二六六）には行礼が実施され（『水経注』穀水、泰始二年の「晉辟廱行礼碑」）、そして、晉辟雍碑の碑陽の序に刻されているように、泰始三年（二六七）十月に郷飲酒礼と郷射礼（馬融・鄭玄・王粛の解釈による）、泰始六年（二七〇）正月に大射礼、同年十月（あるいは十一月か十二月）に郷飲酒礼が実施され、武帝が三度、親臨したのであり、咸寧三年（二七七）十一月に郷飲酒礼（王粛の解釈による）、咸寧四年（二七八）二月に大射礼（鄭玄の解釈による）が実施され、皇太子が二度、親臨したのである。

(16)〔許平石一九三六〕は「為感皇帝崇尚儒学徳意所立、故曰、盛徳隆熙之頌碑」と論ずる。

(17) 何故ならば、肩書き＋本貫＋姓・名＋字、の四つの要素のうち、本貫と字はすべて二字であり、姓・名のうち、姓はほとんどが単姓、名はすべて一字であり、肩書きも、題名のほとんどを占める学生の場合は「寄学倍（陪）位」以外、二字であるからである。

(18)〔河北第一博物院一九三二〕は「高功」を『宋書』百官志により、のちの卓茂でもって入銜するものの意に解釈する。

(19)〔河北第一博物院一九三二〕は、学生の中にさまざまな肩書きがある点、趙宋の三舎法のような制度の存在を想定する。〔張鵬一、一九三三〕は「而寄学陪位・散生義、不可考。或其数為弟子名額所限、而附於其列之謂」と論ずる。「門人」「散生」に関しては後述。

(20)『晉書』巻一二六、禿髪烏孤載記「孫樹機能立、壮果多謀略。泰始中、殺秦州刺史胡烈於万斛堆、敗涼州刺史蘇愉于金山、尽有涼州之地。武帝為之旰食。後為馬隆所敗、部下殺之以降」。同、巻五十七、馬隆伝「俄而〔涼州刺史楊〕欣為虜所没、河西断絶、帝毎有西顧之憂、……。〔馬〕隆到武威、……。又率善戎没骨能、与樹機能大戦、斬之、涼州遂平」。同、巻三、武帝紀「〔咸寧四年六月〕涼州刺史楊欣与虜若羅抜能等戦于武威、敗績、死之」「五年春正月、虜帥樹機能攻陥。乙丑、使討虜護軍、武威太守馬隆撃之。……、十二月、馬隆撃叛虜樹機能、大破、斬之、涼州平」。［福原一九九五］三〇二―三〇三頁参照。

(21) ［唐長孺一九八三c］で論じられている「河南道」の一部を利用したのではないか。なお、唐長孺氏の論考中、現在の居延の地に置かれていた西海郡に対し、青海湖の西にかつて王莽が西海郡を置いたことを指摘する。ただ碑陰題名の西海郡は居延に設置されていたのを示すであろう。

(22) 後漢末以降の遼東郡の動向に関しては、［大庭一九七一］邪馬台国をめぐる国際関係、［谷川一九八九］、［福原一九九五］五五―六一頁参照。

(23) 『決疑要注』の佚文は『北堂書鈔』巻六十七、設官部、学士と『太平御覧』巻五三四、礼儀部、学校。

(24) 封国名として「国」が出てくるのは、地名が一字の場合であり、泰始元年（二六五）に始封された梁王・斉王・燕王・沛王・譙王・陳王・魯公の宗室諸王・異姓諸侯、咸寧三年（二七七）に転封された趙王、太康十年（二八九）に始封・転封された楚王・秦王・代王があり、それに対して、晉辟雍碑の碑陰題名の本貫で「国」「郡」が書かれているのを抜き出すと、「国」の譙国・梁国・陳国・楚（趙）国・斉国・燕国・沛国・魯国はすべて泰始元年に始封された封国であり（治礼舎人の耿陵の本貫を顧廷龍氏は「楚国」と釈すが、羅振玉氏は「趙国」と釈す）、「郡」は東郡・汲郡・代郡・魏郡であり、太康十年に始封にともない代国となった代郡は「代郡」と表記されている。「趙郡」と「趙国」のように併記されている例は他にない。ちなみに、礼生と弟子ともにある場合として、沛国・梁国・魯国・魏郡・汲郡がある。

(25) ［袁維春一九九〇］、［角谷一九九一］、［永田一九九四］（本文篇に永田英正「概説　漢代の石刻」所収）、［井波陵一二〇〇五］など参照。

(26) 曹魏の青龍三年（二三五）頃の廬江太守范式碑（残碑）は四列である。立碑者が少なければ、建寧四年（一七一）の孔彪碑のように、一列で収まる場合もある。また、建和元年（一四七）の武斑碑のように、碑陽の末尾に刻する場合もある。逆に、永寿二年（一五六）の韓勅碑のように、碑陰のみならず、碑側に及ぶ場合もある。

(27) 延熹七年（一六四）の孔宙碑は六十二名、熹平二年（一七三）の魯峻碑は四十二名、中平三年（一八六）の張遷碑は四十一名である。冀州刺史王純碑（『隷続』巻十二）に関しては［小嶋一九九九］参照。

(28) ただし、張遷碑の「故吏韋伯善銭三百」や范式碑の「翟仲栄」のように、名が記されず、字のみの場合もある。また、碑陰題名ではないが、曹魏の黄初元年（二二〇）頃の「上尊号碑」は、「相国安楽郷侯臣歆」（華歆）のように、姓を省略し、「臣」＋名、である。

(29) その他、熹平二年（一七三）の魯峻碑の「故吏」「門生」「義士」など。祭祀関係の碑である、光和六年（一八三）の白石神君碑では「主簿」「祭酒」「都督」。

(30) 曹真碑の題名の場合、「州民雍州部従事天水苗梁……」のように、肩書きの頭に「州民」が附されている。

(31) 北海相景君碑では、碑陽に「州里郷党」「故吏」「四海冠蓋」の語が見え、碑陰に「豎建□□、惟故臣吏」と刻されている。題名の故吏はすべて北海国出身者であり、三年の喪に服している。

(32) 祭祀関係の碑である、延熹六年（一六三）の桐柏淮源廟碑には、碑陽に「侍祠官属」の語がある。

(33) 光和六年（一八三）の白石神君碑、中平三年（一八六）の穀城県長から蕩陰県令に転任する張遷の顕彰碑、年代不明の劉熊碑残石、蜀漢の章武元年（二二一）もしくは同二年（二二二）の「黄龍甘露碑」（『隷続』巻十六）などにはない。「黄龍甘露碑」に関しては、津田資久氏の口頭発表「蜀漢『黄龍甘露之碑』について」（中国石刻合同研究会、明治大学、二〇〇八年七月二十六日）参照。

(34) その他、武斑碑・韓勅碑（郡〔・県〕）・建寧元年（一六八）の衡方碑・孔彪碑（郡名はすべて「博陵」）・魯峻碑など。

(35) その他、桐柏淮源廟碑や年代不明の華嶽廟残碑陰など祭祀関係の碑に多い。

(36) その他、韓勅碑・孔宙碑・孔彪碑・年代不明の孟琁残碑など。

(37) その他、武斑碑・白石神君碑・華嶽廟残碑陰・年代不明の劉熊碑残石・曹真碑残石など。

(38) その他、陽嘉残碑・韓勅碑・延熹五年（一六二）の蒼頡廟碑・魯峻碑・白石神君碑（「義銭」）・劉熊碑残石など。

(39) 「又東逕国子太学石経北。……、漢霊帝光和六年、刻石鏤碑、載五経、立于太学講堂前、悉在東側。蔡邕以熹平四年、……、奏求正定六経文字、霊帝許之。邕乃自書丹于碑、使工鐫刻、立于太学門外、……、魏正始中、又立古・篆・隷三字石經。……、魏初、伝古文出邯鄲淳、石経古文、転失淳法。樹之于堂西、石長八尺、広四尺、列石于其下。碑石四十八枚、広三十丈。魏明帝又刊典論六碑附于其次。陸機言、太学贊別一碑、在講堂西。下列石亀、碑載蔡邕・韓説・堂谿典等名。太学弟子贊復一碑、在外門中。今二碑並無。石経東有一碑、是漢順帝陽嘉元年立。碑文云、建武二十七年造太学、年積毀壊、永建六年九月、詔書修太学。刻石記年、用作工徒十一万二千人、陽嘉元年八月作畢。碑南面刻頌、表裏鏤字、猶存不破。漢石経北、有晉辟雝行礼碑、是太始二年立、其碑中折。但世代不同、物不停故、石経淪缺、存半毀幾、駕言永久、諒用憮焉。……」。

（40）［張鵬一、一九三三］は、晉辟雍碑は北魏孝文帝が太和十七年に洛陽遷都したときにはすでに埋没しており、爾朱栄の乱のときには完全に湮滅してしまっていた、と論ず。私も碑面、とくに碑陽の完好さから、早い段階、永嘉の乱以前すでに倒れて埋もれていたのではないかと考える。なお、碑陽の序の記事によると、武帝の最初の親臨は泰始三年（二六七）、『洛陽伽藍記』穀水の条に見える「晉辟雝行礼碑」が立てられた（泰始二年（二六六））後のことである。

（41）［柯昌泗一九四三］の巻三、碑陰では永寿孔廟碑と対比する。

（42）『世説新語』規箴篇のエピソード、「晉武帝既不悟太子之愚、必有伝後意。諸名臣亦献真言。帝嘗在陵雲台上坐。衛瓘在側、欲申其懐、因如酔、跪帝前、以手撫牀、曰、此坐可惜。帝雖悟因笑曰、公酔邪」。その劉孝標注所引の『晉陽秋』、『晉書』巻三十六、衛瓘伝。『晉書』巻四、恵帝紀、「帝之為太子也、朝廷咸知不堪政事、武帝亦疑焉。……、其蒙蔽皆此類也」、同、巻三十一、后妃列伝上、恵賈皇后、「帝常疑太子不慧、且朝臣和嶠等多以為言、故欲試之。……」。［福原一九九五］一九〇―一九二頁参照。

（43）碑陽の末行に「咸寧四年十月廿日立」と刻す。第一節参照。

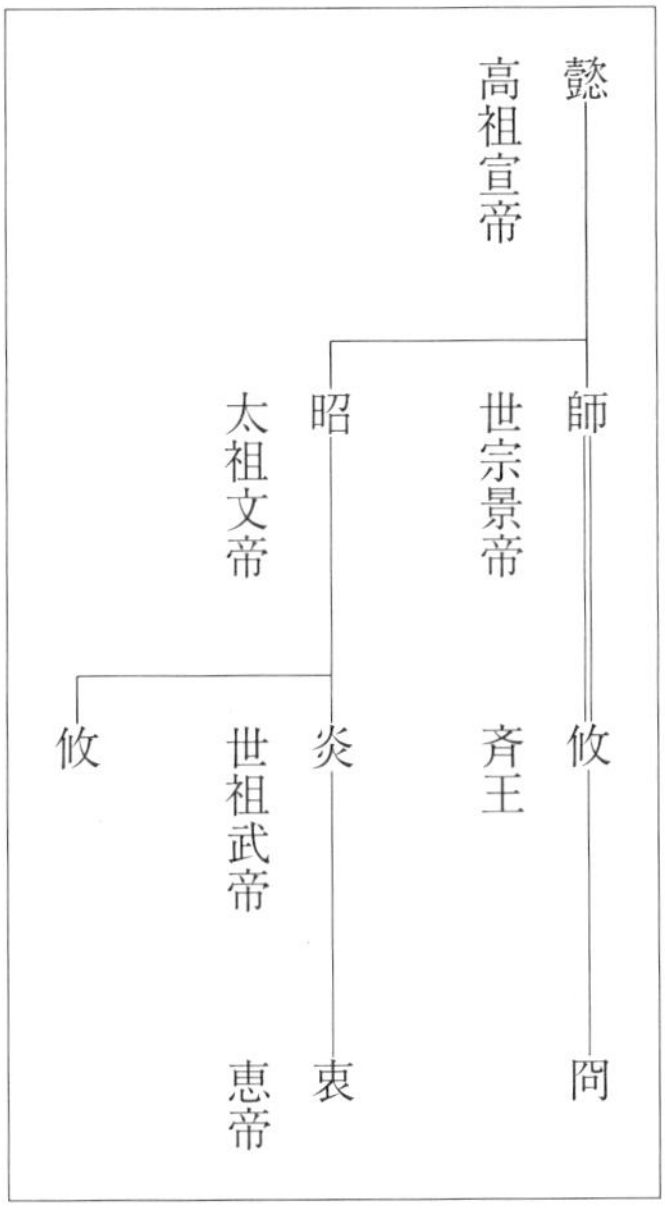

司馬氏　略系譜

（44）『宋書』巻十五、礼志二に「漢以後、天下送死奢靡、多作石室石獣碑銘等物。建安十年、魏武帝以天下彫弊、下令不得厚葬、又禁立碑。……。晉武帝咸寧四年、又詔曰、此石獣碑表、既私褒美、興長虚偽、傷財害人、莫大於此。一禁断之。其犯者雖会赦令、皆当毀壊」とあり、後漢においてさかんであった厚葬の禁止の一環として、後漢の建安十年（二〇五）と西晉の咸寧四年（二七八）、二度にわたり、立碑の禁が布告されていたのである。

（45）［内藤一九二二］［内藤一九四七］。

【補記】　中国社会科学院考古研究所編著『漢魏洛陽故城南郊礼制建築遺址』〔中国社会科学院考古研究所編著二〇一〇〕は太学遺址・辟雍遺址に関して詳しい。一九六三年の調査により、晉辟雍碑の碑座が辟雍遺址の中心建築台基の南辺縁で確認されている。

第五章　八王の乱の本質

はじめに

八王の乱は、三世紀末から四世紀初めにかけて、西晋王朝の外戚と宗室が起こした内乱である。内乱は当初、朝廷を舞台にした外戚間の権力をめぐる抗争に過ぎなかったが、軍隊を握る宗室が抗争の主役となるに従い、その戦乱が全土に拡大し、それにつれて国家体制も弱体化し、ついには内徙の異民族及び流民集団が起こした反乱である永嘉の乱を招き、西晋王朝自体が滅亡するに至る。この中国全土を混乱の極みに陥れた西晋の滅亡という事態は、漢帝国の瓦解がもたらした混乱を収拾し、中国の再統一を果した魏晋国家体制の破綻を意味する。何故ならば、八王の乱は国家体制の根幹の自壊作用であり、その原因が外因ではなく、体制内部に求められるからである。それ故に、錯綜した経緯をたどり、不可解な様相を呈する八王の乱の本質を探究することは、遡って魏晋国家体制を、ひいてはその基盤である当時の社会を解明する上で、重要ないとぐちとなるであろう。

では八王の乱は、従来どのような方向で研究がなされてきたのであろうか。ふつう八王の乱の原因は、西晉の武帝が採用した諸政策に帰せられている。とくに天下統一後、州郡に配備していた軍隊を撤廃した措置の結果、西晉の主要な軍隊としては、京師洛陽の禁軍と各地に「封建」された、あるいは出鎮した宗室諸王の軍隊の二つが残り、しかも禁軍の多くは宗室諸王が統率したので、西晉の軍事力が宗室に集中することになり、この宗室諸王が掌握する軍事力を利用した外戚が、さらには宗室諸王自身が、たがいに権力をめぐり抗争したのが八王の乱であると理解されている。(1) このことから西晉の「封建」制・兵制などの諸制度との関連で、八王の乱は研究がなされてきた。(2) その中で八王の乱そのものがもつ意味を内面的に洞察したのが岡崎文夫氏である。

岡崎氏は、その主著『魏晉南北朝通史』〔岡崎一九三二〕の中で、八王の乱を、宗室及び貴族を優遇する西晉王朝の政策が生んだ、奢侈の風潮の中で起こった「利慾を主とする家族羣（宗室・貴族とくに外戚—筆者注）の争闘」（〔岡崎一九三二〕一〇九頁）と把握し、八王の乱の素因を「利慾」という、抗争の主体となった人間がもつ欲望に求める。この岡崎氏の見解を継承して、「利慾」という概念をさらに歴史的に展開したのが、谷川道雄・安田二郎の両氏である。谷川氏は『世界帝国の形成』〔谷川一九七七〕の中で、「それ（宗室諸王のもつ軍事力—筆者注）は晉王朝の公権を支えるのではなく、これを私権化する方向にはたらいた」（〔谷川一九七七〕一〇〇頁）と、当時の私利追求の風潮に染まった宗室諸王が、本来国家を維持する機能であるべき軍事力（さらには国家機構）を私物化した、その結果として起こったのが八王の乱であると論じ、また安田二郎氏は、「八王の乱をめぐって——人間学的考察の試み——」〔安田一九七六〕の中で、古代の「里」共同体の解体により、個人として放出された人間がもつ、自己の「利欲性」を肯定し、それにより自己実現を追求する傾向が、魏晉時代の「浮競」の風潮を現出し、その「「浮競」〔という当時の人間のあり方（——筆者注）〕がより露骨に突出した社会現象として具現したのが「八王」の乱ではなかったか」（〔安田一九七六〕六八頁）と論ず。両氏の八王の乱に対する認識を整理すると、第一に八王の乱の素因は当時の人間個々がもつ権力を求める私欲にあり、第一にその私欲は魏晉時代に広汎に見られる奢侈の風潮と同根のものであり、第三にその風潮は漢帝国の瓦解が象徴する古代社会の秩序価値体系の崩壊がもたらした社会傾向であり、それ故に八王の乱は、古代から中世への時代の転換期における秩序の混乱が政治史上に反映した結果であるとする点で共通している(3)。

八王の乱の研究のこうした方向は、この時代における基層社会の変動に、その主因を求めてゆく点、極めて視野が広く、しかも正当である。しかし、この視点からだけでは一元的に過ぎ、八王の乱という現象を十分に解明しつくせないのではないか。とくにこの転換期に新たに形成され、社会体制となった貴族制と八王の乱との主体的な関係が見えてこない。魏晉国家体制の成立と密接に関連している貴族制と、その魏晉国家体制の自壊作用である八王の乱との関係が見出されなければならないのではないか。

この章では、以上の問題意識を念頭に置き、八王の乱の個々の抗争という現象を検討することから始め、その上で八王の乱の本質に迫りたい。

第一節　八王の乱の性格

八王の乱は、武帝炎が病歿し、その嫡子である恵帝衷が即位した翌年、すなわち元康元年（二九一）に起こった、賈皇后が外戚の楊駿を誅殺したクーデターに端を発し、光熙元年（三〇六）、対河間王顒の内戦で勝利を収めた東海王越が、この年に即位した懐帝熾の輔佐として、実権を掌握した時点で一応終熄するが、この間に外戚・

宗室を中心に幾多のクーデターや内戦が続発した[4]。この八王の乱の諸抗争の推移を整理したのが、表5－1の「八王の乱抗争表」である。この表を見渡すと、何故に西晋という統一国家が滅亡するまで抗争が続いたのか、という素朴な疑問が湧く。この疑問は、安田二郎氏が「何故にあれほどまでに執拗に抗争と興亡をくりかえさねばならなかったのか」（［安田一九七六］五六頁）と自問した、八王の乱の「根因」を問う問題に繋がる。この節では、安田氏の問題提起に対して、私なりに解答を出したいと考える。その方法としては、八王の乱の中の一抗争をとりあげて、その性格を検討することから始めたい。対象としては表5－1の（Ⅴ）に挙げられている、趙王倫対斉王冏・成都王穎・河間王顒の三王の間で繰り広げられた内戦を扱う。すなわち「三王起義」と称される抗争である。まず三王起義の経緯から見てゆきたい。

表5－1　八王の乱抗争表

	抗争が起こった年と月	当時の皇帝	討伐を受ける側の中心人物	その地位・官職	討伐を行う側の中心人物	その地位・官職	抗争のおもな舞台（主戦場）	備考
Ⅰ	二九一年三月	恵帝 洛陽	楊駿	太傅	賈皇后 楚王瑋	皇后 鎮南将軍→衛将軍	洛陽城内（太傅府）	二九〇年四月、武帝が歿し、恵帝が即位、楊駿が輔佐する。
Ⅱ	二九一年六月		汝南王亮 衛瓘	太宰 太保			洛陽城内（太宰・太保府）	二九一年三月、東安王繇が賈后を廃せんことを謀るも失敗する。
Ⅲ	三〇〇年四月		賈皇后	皇后	梁王肜 趙王倫 斉王冏	大将軍 車騎将軍 翊軍校尉	洛陽城内（宮中）	三〇〇年三月、廃嫡された愍懐太子が殺害される。

Ⅳ	Ⅴ	Ⅵ	Ⅶ	Ⅷ	Ⅸ	Ⅹ
三〇〇年八月	三〇一年一—四月	三〇二年十二月	三〇三年八月—三〇四年正月	三〇四年七月	三〇四年八月	三〇五年七月—三〇六年六（十二）月
	（趙王倫）	恵帝			鄴	長安
	趙王倫	斉王冏	長沙王乂		成都王穎（鄴）	河間王顒（長安）
相国	皇帝	大司馬	驃騎将軍		皇太弟 丞相	太宰
淮南王允 呉王晏	斉王冏 成都王穎 河間王顒	河間王顒 成都王穎 長沙王乂	河間王顒 成都王穎 東海王越	恵帝 東海王越	王浚 新蔡王騰	東海王越 范陽王虓
驃騎将軍 後軍将軍	鎮東大将軍 征北大将軍 征西大将軍	太尉 大将軍 撫軍大将軍	太尉 大将軍 司空	皇帝 司空	安北将軍 寧北将軍	司空 安南将軍
洛陽城内（相国府）	陽翟・潁陰 黄橋・溴水	洛陽城内（大司馬府）	洛陽城内（宜陽・建春門など）	蕩陰	鄴	関中
淮南王允が挙兵するも、逆に殺される。	いわゆる「三王起義」。三王のほかに宗室では長沙王乂（当時は常山王）・南中郎将の新野王歆（新野公）らが呼応した。	三〇二年六月、東萊王蕤・王輿が斉王冏を廃せんことを謀るも発覚して未遂に終わる。		蕩陰の戦いで東海王越側が敗北し、恵帝は鄴に遷された。	鄴陥落後、成都王穎と恵帝は洛陽、ついで十一月には長安に遷る。	三〇六年十一月、恵帝が歿し、懐帝が即位。

XI	三一一年三月	懐帝	東海王越（項県）	丞相	懐帝 荀晞	皇帝 征東大将軍		三一一年三月、東海王越が歿し、抗争に至らず。同年六月、洛陽が陥落し、懐帝は平陽に拉致される。

三王起義が起こった当時、実権を掌握していたのは趙王倫である。一言、説明を付け加えると、八王の乱を通じて帝位にあった恵帝は生来暗愚であったために、つねに政治上の輔佐（「輔政」）が不可欠であり、その結果、実権を掌握することができる輔政の座をめぐり、外戚・宗室が抗争を繰り返したのである。そもそも趙王倫が恵帝の輔政として、実権を掌握したのは、賈皇后一派に対するクーデターによる。その功績により、相国・使持節・都督中外諸軍事・侍中に任命され、文武の実権を掌握した趙王倫は、その後も九錫の栄典を加えるなど、着々と自らの権威を高め、永寧元年（三〇一）正月、ついに恵帝の禅譲を受けるに至る。[5] このように趙王倫が禅譲を装い、帝位を簒奪したという状況において起こったのが三王起義である。[6]

三王起義の発端は、同年三月、鎮東大将軍（・都督豫州諸軍事）として出鎮していた許昌の地において、かねてより謀議を重ねていた斉王冏が、恵帝の復位という大義を掲げて挙兵し、それと同時に全国の「征・鎮・州・郡・県・国」に対して、檄書を送ったことである。鄴の成都王穎・長安の河間王顒らが、この挙兵に呼応し、ここに三王を中心に趙王倫討伐の「義軍」が結成され、それぞれ京師洛陽に進軍した。[7] こうした三王側の動きに対して、趙王倫は禁軍を各方面に派遣した。かくして趙王倫対三王という宗室諸王同士（もっとも趙王倫は皇帝を僭称しているが）の内戦が始まる。戦況は当初、禁軍を主力とする趙王倫軍に有利であったが、湨水《けきすい》の戦いを転機に三王軍が優勢となり、その結果、不利な展開に動揺した趙王倫の私党の一部が、洛陽においてクーデターを起こし、趙王倫を誅殺し、幽閉されていた恵帝を復位させた。こうして趙王倫の敗北をもって、三王起義は終結し

（同年四月）、その戦後処理のために三王が入洛して、論功行賞を行い（同年六月）、三王起義を首唱した斉王冏が新たに恵帝の輔政となる。[8]以上が三王起義の経緯のあらましである。

ではこの三王起義は何故に起こったのであろうか。そしてその要因から如何なる抗争の図式が浮かび上がるであろうか。まず第一に、宗室諸王同士の抗争という点に注目するならば、三王起義は宗室諸王の権力争いであり、その要因は宗室諸王各自がもつ権力欲であると見ることができる。何故ならば、趙王倫はもちろんのこと、斉王冏ら三王ものちに実権を掌握すると、趙王倫と同じ轍を踏み、権勢を振うようになるからであり、その点から推し量るならば、三王起義を首唱した斉王冏らも、実は自らの権力欲を満たさんがために挙兵したことになる。つまり趙王倫も三王も、権力志向をもつという点においては同次元に立つといえよう。さらに趙王倫と斉王冏の個人的な関係に絞って、三王起義のより具体的な契機を求めるならば、かつて賈氏討伐のクーデターの際には、両者は利害の一致により、クーデターに向けて結託したが、その所期の目的が達成されるや否や、論功行賞に不満な斉王冏は趙王倫に対し怨恨を懐き、それをきっかけに両者は反目しており、それが抗争に発展したと考えられる。[9]こうしたことを勘案すると、権力志向をもつ宗室諸王自身の個人的な利害が三王起義の要因であり、安田二郎氏が、権力への激しい欲望をもつ首領と、それを取り巻く同じ志向をもつブレーン・将士からなる「八王」の権力集団が、「対内的には分裂の、対外的には新たな敵対集団の擡頭をよびおこし、かくして結局は敗滅の途をたどらねばならなかった」（［安田一九七六］六一頁）と、八王の乱の抗争の性格を説明しておられるが、それがこの三王起義にもあてはまるのであり、それ故に三王起義は、「私」対「私」という図式で表わすことができよう。

しかし、この内戦が「起義」と称されている点に注目するならば、宗室諸王の利害による抗争という性格とは異なった側面が現われるのではないか。結論から言うと、自己の権力欲により国家を私権化する趙王倫に対する、公権としての国家の回復をめざす大義名分の発動が三王起義の要因であると考えられる。趙王倫の国家の私権化がしだいにエスカレートし、その極限として帝位が簒奪されるという危機的な状況において、「趙王は道理に背き、ほしいままに簒奪という悪逆を行った。それに対して天下の人も神も憤り怒らないものはいない」という盧志のことばに窺われるように[10]、全国的な規模で趙王倫非難の輿論が高まる。そして有力宗室諸王の一人、斉王冏は、この「衆心の怨望に因り」、すなわち広汎な趙王倫非難の輿論を背景にして挙兵したのである[11]。その結果、潘尼・孫恵・王豹の如く、斉王冏の幕下に馳せ参ずる人士が続出し[12]、また各地において、斉王冏の檄に呼応して、起義に立ち上がる動きが現われた[13]。こうして斉王冏を中核として、「義を以て来たる」士庶百姓を主体とする「義軍」が形成され、趙王倫により私権化された禁軍と戦い、勝利を収める[14]。

このように三王起義の底流に、私権化に対し、公権回復をめざす輿論の存在を見出すことができ、それ故に表面的には「私」対「私」の抗争である三王起義は、「公」対「私」の図式でもって表わすことができる。では三王起義に見られる「公」対「私」の図式は、八王の乱における他の抗争にもあてはまるであろうか。表5-1に挙げられている諸抗争の経緯を、（Ⅴ）の三王起義を除き、順序を追って見ることにより確認したい[15]。

（Ⅰ）外戚楊駿の「多く親党を樹て、皆な禁兵を領せしむ」といった措置に対して、「公室は怨望し、天下は憤然たり」という空気が生まれ、ついには賈皇后を中心としたクーデターが起こり、楊駿一派は誅殺された。

（Ⅱ）「宗望」として輔政の座に就いた汝南王亮は、濫賞を実施するなどの失政により「望を失い」、賈皇后の内旨を受けた楚王瑋の手にかかり、「廃立の謀」の嫌疑で誅殺された。

（Ⅲ）賈皇后は「民の望」である愍懐太子を冤罪により廃嫡し、殺害した。それに対して「衆情は憤怨し」、もと賈氏の私党であった趙王倫が賈皇后討伐のクーデターを起こし、賈氏一派を誅殺した。

(Ⅳ)「簒逆の志」を蔵す趙王倫に対して、淮南王允が同母弟の呉王晏とクーデターを計画したが、失敗に終わり、逆に殺害された。「百姓」は淮南王允の死を歎いたという。

(Ⅵ)斉王冏の自らを皇帝に擬すふるまいや私党の重職への任用などの「驕矜僭侈」に対して、「朝廷は側目し、海内は失望す」。その機に乗じて河間王顒が挙兵し、その檄に内応した長沙王乂が斉王冏を誅殺する。

(Ⅶ)河間王顒と成都王穎は、長沙王乂が不公平な論功行賞を実施したことや外戚の羊玄之らと「朝政を専権し、忠良を殺害した」ことを名目に挙兵し、その檄に「四海が雲応した」という。戦闘は長期化したが、結局は河間王顒側に内応した東海王越の手にかかり、長沙王乂は収縛され、ついで殺害された。

(Ⅷ)皇太弟の成都王穎は、宦官を重用し、また陸機一族を誅殺するなど、「僭侈、日日に甚し」く、大いに衆望を失う。これに対して、東海王越らは恵帝を奉じて挙兵し、檄を飛ばして「四方の兵」を召集、その檄に応じて赴く者が「雲集」したという。しかし鄴への進軍の途次、蕩陰にて成都王穎軍と遭遇し、敗北を喫す。そして恵帝は成都王穎のもとに拉致された。

(Ⅸ)東海王越の後を受けて挙兵した、王浚と新蔡王騰(当時は東嬴公)の聯合軍は鄴を陥落させ、成都王穎は恵帝を奉じて洛陽に逃れる。

(Ⅹ)河間王顒配下の部将である張方が、恵帝を長安の河間王顒のもとに拉致した行為に対して、「天下の怨憤」が河間王顒に集まる。東海王越は義を唱え、山東の「征・鎮・州・郡」に檄を伝え、恵帝の洛陽奉還を図る。この内戦の渦中で、河間王顒と成都王穎は殺害され、また洛陽に帰還した恵帝もまもなく歿した。

(Ⅺ)東海王越は懐帝の外戚である王延や側近の繆播《ぼくは》らを殺害するなど威権を振った。こうした東海王越の「不臣の迹」は四海の周知する所となり、懐帝の密詔を受けた征東大将軍の苟晞が、東海王越討伐のために挙兵したが、東海王越が病歿したために抗争には至らなかった(16)。

このように、三王起義以外の抗争においても、基本的には実権を掌握する外戚・宗室が私権化に走り、それに対して非難する輿論が盛り上がり、そしてその輿論の期待を担った、あるいはそれに乗じた、あるいはそれを先取りした、別の外戚・宗室が挙兵して、私権化に走った外戚・宗室を討伐する、という三王起義の類型を見て取ることができる。すなわち八王の乱は、個々の抗争がクーデターあるいは内戦と形態を異にし、それを取り巻く状況も変化しているにもかかわらず、「公」対「私」という図式をもつ同型の抗争すなわち「起義」の繰り返しである。

さらに表5-1を参考に、八王の乱全体の流れを見渡すと、最初に実権を掌握していた外戚の楊駿を倒した賈皇后が、楊駿に代り実権を掌握し、賈皇后を倒した趙王倫がつぎに実権を掌握し、さらにまた趙王倫を倒した斉王冏が代って実権を掌握するというように、八王の乱は個々の抗争が同型で、しかもそれを繰り返すばかりではなく、実権を掌握した外戚・宗室の私権化とそれに対する輿論の反撥という一連の動きを環節として、個々の抗争がたがいに相い連環し、八王の乱全体としては鎖のように繫がっている。そしてそれを順々に一つの方向に推し進めていったのは、目まぐるしく権力を争奪しあった、いわば八王の乱の主役である外戚・宗室からは、一歩離れた存在である輿論であった。

以上、八王の乱の性格をまとめてみると、第一に同じ図式をもつ抗争の繰り返しであり、第二にその同型の抗争が相い連環しており、第三にそれを推進したのが輿論の力であるということである。この結論により、この節の最初に出した、何故に抗争を繰り返さなければならなかったのか、という問題提起に対して、現象面では一応解答が得られたのではないか。

つぎに考えなければならないのは、では八王の乱を推進した当時の輿論とは具体的に如何なるものなのか、という問題であるが、それについては節を改めて考察したい。

第二節　輿論について

第一項　斉王冏に対する批判

八王の乱を推し進めた輿論とは如何なるものであろうか。この節では、はじめにこの問題を考察するために、斉王冏による国家の私権化とそれに対する輿論の反撥という一連の動きを対象に、輿論の具体的な現われとして、斉王冏に対する批判の内容を検討したい。

まず斉王冏の興亡の経緯を、彼による国家の私権化を中心に、簡単に記す。斉王冏が実権を掌握したのは、すでに第一節で触れたように、永寧元年（三〇一）六月、三王起義を首唱した功績により、大司馬となり、恵帝の輔佐として政治を総攬したことによる[17]。そして実権を掌握した斉王冏は、しだいに私権化への傾斜を深める。そのありさまは『晉書』巻五十九、斉王冏伝に

> 大掛りに〔大司馬府の〕第宅を修築し、そのために北側には「五穀市」を、南側には諸の官署を立ち退かせ、〔増築のために〕家屋を取り壊した数は数百にも及ぶ。〔将作〕大匠に営造させ、その規模は「西宮」にも匹敵する。また千秋門（宮城の西門）の牆壁に穴を穿ち、「西閣」に通じさせた。そして後房では「鍾懸」を行わせ、前庭では「八佾」を舞わせるありさま。〔斉王冏は〕酒色に溺れ、朝覲を怠り、府第に坐したまま百官の拝伏を受け、「三臺」（尚書・御史・謁者）に符敕す。官吏の任用は公正ではなく、自分が気に入った者だけを厚遇する。……

と描かれており[18]、むろんこの記述を鵜呑みにすることはできないが、斉王冏の「輔政」の立場を利用して、第一に自らを皇帝に擬するふるまいや、第二に自分の私党の重用となって現われた、国家を私権化する傾向が窺われる。このような「驕恣」な斉王冏に対して、「是において朝廷は側目し、海内は失望す」（斉王冏伝）と、人心が離れ、その結果、太安元年（三〇二）十二月、長安の河間王顒・鄴の成都王穎らの挙兵を招き、直接には内応した長沙王乂との市街戦の末、斉王冏は誅殺される[19]。

この斉王冏の破滅に先立ち、斉王冏に対して、内外からさまざまな形で批判が加えられている。その批判を整理したのが、表5-2の「斉王冏に対する批判」である。この表を見ると、批判を行う人物の多くは名族出身の、いわゆる士大夫であり、彼らが斉王冏自身に諫争を試みるのである。そして斉王冏の場合に特徴的なのは、大司馬府の幕僚が府主である斉王冏に対して諫争を試みている点である[20]。この府主と幕僚の関係を考察してみると、そもそも府主に辟召されて幕僚となった士大夫は、府主が自らに人心を繋ぎ留めるために辟召した人物、すなわち輿論の期待を担っている人物であり、逆に言うならば、輿論を導く立場にある人物であり、それ故に幕僚の府主に対する批判は、輿論の具体的な代弁である。

表5-2　斉王冏に対する批判

姓名	出身	当時の官職	批判の形式と斉王冏の対応	内容
孫恵	呉郡富陽県 孫呉の一族	前の賊曹属 （戸曹掾、東曹属）	諫言を献ず。 斉王冏は納めなかったが罪を加えなかった。	斉王冏が行った「五難」と、現在居る「四不可」について述べ、万機を二王（長沙王乂・成都王穎）に委ね、帰藩することを勧める。

大司馬府の僚属	曹攄	譙国譙県 曹魏の一族	記室督	斉王冏の下問に答える。 斉王冏は納めず。	斉王冏がよく朝臣を選び、その後に帰藩することを勧める。
	王豹	順陽郡	主簿	箴規の牋を致す。 斉王冏は長沙王乂の勧めにより王豹を誅殺する。	鄴に鎮する成都王穎を北州伯に任じ、斉王冏は宛に赴き、南州伯となり、南北に二分し、それぞれの地域を統轄し、恵帝を輔佐せんことを勧める。
	江統	陳留郡圉県	参軍	切諫する。	〈現存せず〉
朝臣	嵇紹	譙国銍県 曹魏の姻戚、 嵇康の子	侍中 （のち大司馬府左司馬）	書でもって諫める。 斉王冏は嵇紹に謝したが、従わなかった。	斉王冏の「驕奢」なふるまい、とくに不急の建造の中止を求める。そして、「謙損之理」に従うことを勧める。
	王戎	琅邪郡 臨沂県	司徒 （尚書令）	河間王顒の上奏文に関する斉王冏の下問に答える。 斉王冏の謀臣葛旟が反論する。	三王起義の論功行賞における斉王冏の失策を指摘。二王（河間王顒・成都王穎）の挙兵には対抗しないで、「就第」することにより、大権を譲ることを勧める。
処士	鄭方	南陽郡		露版でもって極諫する。 斉王冏は「若し子無ければ、則ち過ちを聞かざるなり」と答えるが従わなかった。	斉王冏の五失（五闕）として、斉王冏自身の奢侈、宗室内の問題、異民族の侵入への対策、戦後の振恤、義軍に対する論功行賞、が挙げられている。
他の宗室諸王の僚属	陸機	呉郡呉県	成都王穎 大将軍府参軍 ？	「豪士賦」で風刺する。 斉王冏は悟らず。（？）	三王起義の功績は斉王冏にあるのではなく、斉王冏は単に「時勢」に乗っただけである。故に斉王冏の威権が天子を震わせるほどになれば人心が離れて、危機が訪れて、ついには顛仆するのも必然である。

宗室諸王	河間王顒	河内郡温県 宗室	太尉	恵帝への上奏文	三王起義の第一の功績者は成都王穎であり、それにもかかわらず、斉王冏は洛陽で私党とともに皇帝をも凌ぐふるまいを重ねており、こうした状況に対して挙兵したのであり、長沙王乂に檄を飛ばし、斉王冏を廃して「還第」させんとする。

ではつぎに、斉王冏に対する批判の内容について検討する。斉王冏に対する諫争は、斉王冏の私権化傾向に歯止めをかけようと意図する点で共通しており、その多くはさらに、斉王冏に「輔政」の地位からの退譲を求めている。たとえば孫恵の諫争の場合、政治を恵帝の弟である長沙王乂と成都王穎の二人に委任し、封国である斉国に帰藩（「之国」「就国」）せんことが提案されており[21]、また曹攄《そうちょ》も、孫恵と同じく、中央の体制を万全に固めてから帰藩せんこと[22]を、王豹は、斉王冏が宛（南陽）に退いて南州伯となり、鄴に鎮する成都王穎を北州伯となし、二人で恵帝を守り立てんこと[23]を提案する。これらの諫争が斉王冏に退譲を求める理由は何であろうか。たとえば、輔政の座に留まること自体、極めて危険であり[24]、また退譲という行為が輿論の賞賛を博す[25]、という理由も挙げられるが、退譲を求める士大夫の意識の根底には、陸機が「豪士賦」の序で議論しているように[26]、斉王冏は「時勢」に乗って、三王起義を主唱し挙兵したのであるから、本来その功績は斉王冏個人に帰すものではなく、それ故に斉王冏が三王起義の功績により、輔政の座に就き、威権を振うこと自体が不合理である。だから大義にのっとり挙兵したのであるから、大義にのっとり帰藩しなければならない。という認識があり、「輔政」という座は国家の存立に関わる地位であり、本来「輿望」が就くべきである、という輿論が背後にある。それ故に、斉王冏が自発的に退譲することは、第一節で考察した、八王の乱における因果的な連環を断ち切ることを意味する。と

ころが河間王顒が斉王冏討伐のために挙兵した際に恵帝に上した上奏文には、挙兵の「大義名分」は、たとえ名目であるにせよ、斉王冏を「第に還らせ」、輔政の座から退かせること、すなわち強制的に退譲させることにあるとする。このように斉王冏に退譲を求める輿論の方向が、結果的には斉王冏を討伐し、八王の乱を推し進め、八王の乱における因果的連環を繋ぐ論理に転化している。それ故に、洛陽に届いた河間王顒の上奏文を前に、斉王冏が朝臣を招集して、今後の対策を協議させた場において、王戎は自発的に「第に就く」ことを斉王冏に勧め、河間王顒挙兵の大義名分に沿うことにより、武力衝突を回避せんことを望んだが、それに対して斉王冏の謀臣である葛旟が即座に、「漢魏以来、王侯の第に就いた者で、妻子の命を保った者が一人としていたか。このような議論をする者は斬る」と、王戎に激しく反論したように、すでにこの切迫した状況下においては、「就第」はすなわち斉王冏の死を意味していた。このように本来は抗争を阻止するはずの輿論が、斉王冏を見離し、抗争を推進する論理に転化し得るのは、一つには輿論の根底には第一義に「公」なる国家の存立のことがあり、「私」なる斉王冏の存在は第二義であるからである。そして幕僚あるいは朝臣の立場から斉王冏を批判した士大夫は、その背景に輿論があり、その輿論の最関心事は国家の存立であり、具体的には政権中枢が輿論にかなっているかが焦点であった。

斉王冏の場合に見られる士大夫の批判の動きは、八王の乱の他の外戚・宗室の場合にも認められるのであり、八王の乱を通じて、実権を掌握して私権化に走る外戚・宗室に対して、抗争に至るに先行して、士大夫の批判という形で、輿論の意思が具体的に現われていたのである。

第二項　斉王攸帰藩事件

では、斉王冏に対する批判の場合に見た輿論とそれを自覚的に担う士大夫のありかたは、単に八王の乱においてのみ現われる現象であろうか。つぎに八王の乱以前、武帝の治世下に起こった斉王攸（斉王冏の父）の帰藩をめぐる事件をとりあげて、その問題を検討したい[30]。

武帝の唯一の同母弟である斉王攸は、かつては晉王の太子の位をめぐる武帝のライヴァルであった[31]が、その後、魏晉革命、さらに西晉の全国統一を経て、今度は武帝の皇太子司馬衷（のちの恵帝）のライヴァルと目されたのである。こうした情勢の中で、太康三年（二八二）十二月、斉王攸帰藩の詔敕が下ったのである[32]。それは皇太子の将来に危惧を懐く武帝が、内臣の馮紞・荀勖らの入智慧に従い[33]、「封建」の実をあげるに名を借りて、斉王攸を左遷同然に京師から遠ざけ、皇太子の地位を磐石たらしめんがために意図したものであった。それ故に、内外に「遠きも近きも驚き嗟き、朝も野も失望した」と、反響を呼び起こし[34]、とくに朝廷を中心に、斉王攸の留京を願い、武帝に諫争する者があいついだ。ところが武帝はこの問題を帝室内の「家事」とみなし、それに対する批判を拒絶した[35]。こうして醸成された、いわば皇帝対輿論の対立は、翌年（二八三）三月、問題の焦点である斉王攸が帰藩の途次、急死したことにより一頓挫をきたす[36]。以後、この事件の後遺症として、輿論が逼塞し、それとはひきかえに、外戚楊氏の権勢がますます強まり、そうした状況が武帝歿後の八王の乱に繋がってゆく[37]。

武帝の斉王攸帰藩の措置に対する輿論の動向を、今少し克明に追ってみたい。この事件以前に、たとえば、あるとき衛瓘が酔ったふりをして武帝の前にひざまずき、手で武帝の坐っている牀を撫《たた》きながら、「此の席が惜しゅうございます」と言ったという逸話[38]や、張華は、「後事を託すとすれば、誰がよいであろうか」という武帝の下問に、「明徳にして至親の点、斉王攸を措いて他におりません」と答え、そのために外任として、京師から遠ざけられた事件[39][40]などから窺えるように、その頃の輿論の趨勢は、岡崎文夫氏が「故に太子の愚闇なるにより太子を廃して司馬攸に位をつがしめんと欲する朝臣の一派もあり又そこ迄極端に行かずとも彼をして太子を輔佐せしめ、以て実権を其手に収めしめんとする一派もあり、温（穏）健な輿論はむしろ最後の一派が代表して居たと見るべきであらう」（〔岡崎一九三二〕一〇一頁）と説かれるように、輿望である斉王攸が実権を掌握することを期待していた。それ故に、その斉王攸の排除を意味する斉王攸帰藩の詔勅が下されると、ただちに扶風王駿・李憙・王渾・羊琇・甄徳ら朝臣がつぎつぎに切諫し、あるいは自分の妻である公主をして懇願させ、武帝の翻意を促そうと試みた。[41]また帰藩にともなう斉王攸の典礼に関しての太常への下問に対して、庾旉ら七人の博士が連名で、その下問には答えずに、代りに斉王攸帰藩の措置自体を批判する内容の上奏を行い、しかもその長官である太常〔卿〕の鄭黙はその行為を黙認し、博士祭酒の曹志は博士らに同調するのみならず、別に上奏を行った。こうして太常全体が批判する側にまわる格好となった。[42]このように武帝に対する輿論の批判が、この事件を機に朝廷を中心として一気に噴出したのである。

では朝臣らは、何故にかくまで敢えて諫争を試みたのであろうか。その根拠を上奏文の文脈の中に探りたい。対象としては王渾の上奏文を扱う。王渾（字は玄沖）は貴族の名門である太原の王氏出身で、かつて呉平定の戦役で功績があり、この当時は尚書左僕射（加散騎常侍）の任にあった。文章は『晉書』巻四十二、王渾伝に収録されている。[43]まずその内容をかいつまんで意訳すると、

かつて周では建国に際して同姓を封建し帝室の藩屛となし、それを永世の憲章としましたが、武王の弟である周公旦をとくに封国には帰らせずに、政治を輔済せしめました。それは至親にして信義ある者を朝廷から遠ざけないという趣旨を明らかにするためであります。それ故に、周公旦は幼主（成王）を輔弼することができました。

斉王攸の大晉における立場は、ちょうど周公旦の周における立場と全く同じであります。だから斉王攸は皇朝を守り立て、政治に与らせるべき、まことに陛下（武帝）の腹心にして、二心を懐くことがない臣下であります。その上、斉王攸の人柄は修潔にして義信、さらにはうるわしい至親であり、その志には忠貞をもっておられます。今、都督の虚号でもって帰藩させ、内外の実権に与らせないことは、道理に悖るばかりではなく、先帝（司馬昭）及び文明太后の御遺志にも背くのではないでしょうか。もしもどうしても事宜にて斉王攸のような輿望を出鎮させなければならないのならば、代りに汝南王亮を出鎮させればよいでありましょう。古来より朝政を外戚に任せても、あるいは宗室に与らせても、すべて弊害を伴ってきました。その一つ一つを丹念に防ぎきることは到底不可能です。将来起こるかもしれない患禍を避けるための唯一の方策は、正道に従い、忠良の臣を求めるしかありません。もしも智計なるものをもって、至親でさえも疑惑をもたれるとするならば、疎遠なる者に至ってはどうして自らを保つことができましょうか。人々がこのような危惧を懐くということは、安寧を為す道理ではありません。こうした情勢は国家を有つ者が最も忌避すべきものであります。愚考いたしますに、斉王攸を太子太保の任に就け、それに宗師の汝南王亮と外戚で朝望のある楊珧を加えた三人で皇太子を守り立て、また政治を担当させるべきであります。そうすれば、一人が専権を振うという懸念もないでありましょう。

となる[44]。一言で言うならば、輿望である斉王攸を京師に留めて朝政に与らせよ、という内容である。つまり、前に見た当時の輿論の意向と一致する。それでは、王渾がこのように主張する根拠は何に由来するのであろうか。その問題について考察する。皇帝の「至親」であり、しかも徳望ある、国家第一の臣下の斉王攸が、皇帝の猜疑を受け、政権の中枢から遠ざけられるという事態は、ひいては皇帝にとっては、より「疏遠」たる存在である異姓の、「忠良」な臣下を不安に陥れる。何故ならば、このような血統、並びに資質の点で当然政治に与るべき筆頭の人物が疎外される状況は輿論における人物評価と現政権を担当する人物とが乖離している象徴であり、その意味で全士大夫に深刻な影響を与える。その結果、輿論と現政権との乖離という現象は、国家に対する信頼における人心の動揺という、国家を有する皇帝が最も忌避すべき国家存亡の危機をもたらす。このように王渾の議論は、国家の存立の原点を見据え、そこを起点として展開している。つまり武帝の斉王攸帰藩という、輿論を無視した措置は国家自体の滅亡に繋がると論ずるのであり、だからこそ、王渾は敢えて武帝に向かって諫争を試みるのである。(45)

それ故に、王渾の上奏に代表される朝臣の諫争は、単に斉王攸という一個の人間の去就に関する批判にとどまらず、この事件の背景である当時の政治状況、すなわち太康元年（二八〇）の全国統一後に顕著になった、公然たる官職の売買や情実による選挙などの横行という形で現われる国家の私権化と、背後でその傾向を主導する外戚の楊駿や内臣の荀勖・馮紞一派に対する批判でもある。逆に言うならば、斉王攸が憤死したこの事件は、国家の私権化への傾斜を象徴する事件なのである。(46)

以上、この節の前半では八王の一人斉王冏に対する批判を、後半では斉王攸帰藩事件における武帝に対する批判を検討した。両者を比較すると、表面的には前者は斉王冏の退譲を求め、後者は斉王攸の留京を求めるというように、あたかも正反対のことを輿論が求めているかのように見えるが、一歩踏み込んで考察するならば、前者では宗室の斉王冏による国家の私権化に対して、後者では武帝及びそのもとにおける外戚の楊駿による国家の私権化に対して、両者ともに輿論がその状況を国家の存亡の危機ととらえ、その結果、士大夫が諫争を試みるという点で共通している。それ故に、斉王攸の帰藩事件と八王の乱の個々の抗争は、国家の私権化とそれに対する輿論の反撥という同じ構図をもっており、その点から斉王攸帰藩事件が八王の乱における抗争の原型であることは確かであり、その意味では八王の乱の端緒をなす事件であるともいえる。そして、斉王攸帰藩事件が八王の乱の各抗争と異なる点は、その対立を解消するために武力が利用されず、その結果、抗争にまで至らなかったという一点に存する。[47]

西晉国家に脈々と存在する輿論の内容はすでに検討されてきたように、その根底には公権としての国家の安定と存続を願望する精神があり、それは現実には現政権との関わりにおいて輿論における人物評価にもとづく、とくに「輿望」を中心とする政権の確立の実現を図る。こうした西晉時代における輿論のありかたの源流を遡って求めるならば、後漢の末年において党錮の禁を惹き起こした清流運動に行き着くのである。それは外戚・宦官という濁流勢力が朝廷を壟断するという国家の私権化への傾斜に対して、清流士大夫を主体とした、国家の公権としての性格の回復をめざす全国的な輿論の形成である。川勝義雄氏の研究によると、この清流士大夫の輿論、すなわち清議には、その原理として本来の国家のありかた、すなわち郷里の共同体の維持を目的とする、しかも天界の秩序に対応し裏付けられた普遍的国家、すなわち儒教的国家の理念があると説かれる。[48] こうした後漢末における輿論は、その基盤・主体・理念などの点で、後の八王の乱に現われる輿論と共通しており、この輿論が魏晉国家成立以後も貴族制の下において存続していたのである。

最後に、この時代に現われた輿論を中国史全体の中に位置づけてみたい。長期にわたり統一の時代が続き、あるいはたとえ分裂の時代においてさえも、統一の機運が存在していたというように、中国はつねに統一への志向を内包しており、この中国においては、その基盤としての郷里社会における共同体の維持を意図する、さらに究極の処では人間の一人一人の生を保障するための、公権としての国家は中国の統一を実現して始めて十全の国家たりうるという、中国固有の国家のありかたがあったのではないか。そして、こうした国家を成立させ、中国を統一に導く志向が、この時代においては当時の士大夫を主体とする輿論という形で現われ、魏晉国家体制の成立と、それによる中国の再統一に与ったのではないか。

では何故に、本来は中国の統一とその国家の存続を希求する理念にもとづく輿論が、八王の乱を推し進め、西晉国家の瓦解をもたらしたのであろうか。節を改めて考えたい。

第三節　八王の乱と貴族制

本来、国家の存続を希求する輿論が、何故に八王の乱を推し進めるのか。その原因を八王の乱の個々の抗争に即して求めるならば、国家を私権化する外戚・宗室に対する輿論の批判を「大義名分」として、挙兵し、その外戚・宗室を討伐した別の外戚・宗室が、その後、新たに国家を私権化することにより、抗争が繰り返されるからであり、それ故に最初に提起した問題は、第一に、何故に外戚・宗室が私権化せねばならないのか、第二に、何故に輿論が外戚・宗室、とくに軍事力をもつ有力宗室諸王と結び付いて、当面の国家の私権化に対して武力により解決を図るのか、という二つの問題に帰着する。この節では、前者の外戚・宗室の私権化の問題について考察を加えたい。

この問題については、すでに安田二郎氏が「八王の乱をめぐって」［安田一九七六］において考察されており、とくに外戚・宗室を中心とする権力集団の性格に注目され、それについて「爵賞志向をもつ将士層を結集し、権勢や封爵に強い志向を懐くブレーンに依拠し、それ自身が権力への激しい欲望をもつ首領によって構成されていた」（［安田一九七六］五九頁）と説明されており、外戚・宗室の私権化への動きが、単に彼ら個人の私欲によってのみ起こされるのではなく、ある外戚あるいは宗室諸王を中核として結集したブレーン・将士ら私党の権力志向の反映であることを示唆する。では、私党の権力志向にはどのような背景があるのか。この問題を、趙王倫の第一の腹心であった孫秀を対象として考えてゆきたい。

孫秀（字は俊忠）は、趙王倫の帝位簒奪にともない、ついには中書監・侍中・驃騎将軍・開府儀同三司となり、趙王倫をも凌ぐ権勢を誇った人物であり、まもなく起こった三王起義により、趙王倫とともに誅殺された[49]。そもそも、趙王倫とその私党である孫秀の結託は、孫秀の本籍である琅邪郡（国）における出会いに始まる。はじめ琅邪郡の「小史」（「小吏」）であった孫秀は、当時琅邪王であった趙王倫の「近職の小吏」となり、「文才」を発揮して文盲の趙王倫に代って文書を作製するなど、趙王倫のために働き、さらに趙王倫が趙国に改封されると、孫秀も「戸を徙して、趙人と為り」、趙国侍郎に累遷するに至った[50][51]。こうして趙王倫の信任を得て、その腹心となった孫秀は、その後も趙王倫の背後につねにあり[52]、賈氏討伐のクーデター、さらには帝位の簒奪などの策謀を回《めぐ》らした[53]。

このように孫秀は趙王倫と私的に結び付き、趙王倫が権力を掌握するのに尽力し、それにより自らもその権力に与るというように、趙王倫との私的関係を基盤にして、ついには趙王倫の下で実権を掌握するに至る。そして権力を得た孫秀は、同姓の貴族である楽安〔郡〕の孫氏との「合族」[54]や息子孫会の「尚主」[55]などの工作[56]を通して、自らを貴族化し、趙王倫との私的な結び付きを超えた処で、さらに自己の権力を補強せんとしている。

では孫秀の生き方に色濃く現われている権力志向、あるいは上昇志向は何に由来するのであろうか。かつて、琅邪郡の小吏であった頃、孫秀は同郡の「郷議」に郷品を求め、それに対して王衍ははじめそれを許す意思はなかったが、従兄の王戎の勧めで、結局は孫秀に郷品を与えたことがある[57]。この話からも窺われるように、孫秀は寒門（寒士）、あるいは寒人層の出身である。また、当時同郡の太守であった潘芘の子潘岳は、小吏の孫秀を使役していたが、人間扱いをせずに、しばしばむちうち、けとばした。後年、孫秀が「志を得て」、中書令になっていた時、潘岳に「孫長官は昔のおつきあいをおぼえておられますか」と問いかけられたのに答えて、「中心、これを蔵す。いつの日か、これを忘れん（『詩経』、小雅、湿桑）」と言ったという。[58]この応答が示すように、孫秀はずっと潘岳に「宿怨」を懐いており、事実、潘岳を石崇・欧陽建らとともに、謀反の嫌疑で誅殺し、宿怨を晴らした。[59]この例のように、怨恨によりつぎつぎと貴族を殺害した孫秀の行動には、貴族に対するコンプレックスが感ぜられる。とするならば、その貴族に対する反撥をばねにしたのが、寒門寒人層出身の孫秀がもつ「志」、すなわち権力志向ではないであろうか。そして、それを実現する手段として、趙王倫という一宗室諸王と結び付いたのではないか。

以上見てきた孫秀のような、寒門あるいは寒人層出身で、自己の才能をよりどころとして、宗室諸王と私的に結び付くことにより、自らの出世を図った私党は、八王の乱当時、他に河間王顒の部将張方ら、[60]宗室諸王の幕下に数多く見出すことができる。[61]そして権力志向をもつ私党が、同じ性格をもつ宗室諸王と結託し、あるいは無能な宗室諸王を操り、権力の中枢に突き進む状況が、国家の私権化として輿論に映るのである。ここで寒門寒人層出現の背景を確認すると、魏晉時代に確立した貴族制が、貴族階層を生み出し、さらに固定化する中で、そこから疎外された存在として、内部では寒門（寒士）を、外部では寒人を出現させた。[62]この寒門寒人層が、貴族体制としての国家において、閉塞せしめられている自己の上昇志向を実現するための突破口として、宗室諸王と結び付いたのである。とすれば、八王の乱の諸抗争において、しばしばその戦端を開き、あるいは抗争の中で勝敗の帰趨を決定した寒門寒人層出身の禁軍将校・兵士の動向も、宗室諸王の私党のそれと同じ性格をもつものであろう。[63]

そしてこれら権力志向をもつ外戚・宗室幕下の私党並びに禁軍将校らが期待するのが、出世の契機であり、功績を挙げる機会であり、その最大の機会が、すなわち公権回復という大義名分を掲げた起義である。それ故に、彼らが起義の主導権を握るのであり、それのみならず、大義名分をより明確にするために、作為的に討伐すべき相手の私権化傾向を増幅するなど画策する。こうして国家存立のために、国家の私権化を阻止する意図をもつ輿論がその意思を発現する場である起義が、ある私権化に走る勢力を滅亡させるのと同時に、別の同じ性格の勢力を登場させる場となる。こうした構造をもつ起義の繰り返しが八王の乱なのであり、起義という形の抗争が起こるたびに、一歩一歩国家自体が滅亡に近づくのである。

最後に、輿論の歴史的展開を軸に、八王の乱の構造を確認したい。後漢末期、郷里社会を基盤とし、清流士大夫を主体として形成された全国的な輿論は、それ以後も、その本来的な理念が、自覚的な士大夫の精神の中に脈々と受け継がれ、公権としての国家を私権化する動きに対しては、より広汎な支持を受けつつ、士大夫を主体に、それを抑止する方向で働く。ところが、その輿論が一方では、漢帝国崩壊がもたらした混乱から秩序回復をめざして、新たなる国家体制の成立に関与することにより、現実には貴族制を形成し、その結果、階層としての貴族を生み出すとともに、そこから疎外された存在である寒門寒人層を出現させた。この寒門寒人層が、外戚・宗室と結び付くことにより、政権内に進出しようとする状況が、とくに選挙の紊乱として現われ、国家の私権化と輿論に映り、その批判を受けるのである。このように考えるならば、八王の乱の本質は、輿論の歴史的展開の結果であり、表面的には、あたかも外戚・宗室の権力をめぐる抗争である八王の乱が、その底流では輿論が深く関わっており、その意味では、当時の貴族制が内包していた、理念と現実の矛盾の表われであったといえよう。

おわりに

表面上は、外戚及び宗室相互の抗争に終始した八王の乱は、単に外戚・宗室が自己の権力欲によって起こした場合に想定し得るような、ばらばらで無秩序な様相を呈して展開するのではなく、外戚・宗室の興亡の繰り返しの中に、一つの方向性が認められ、その方向に推し進めた原動力として、当時の輿論が浮かび上がる。

この輿論は郷里社会を支持基盤とし自覚的な士大夫を主体として、公権としての国家が私権化される状況、とくに政権を担う人物が輿論の人物評価と乖離する状況を、国家の存亡の危機と認識し、私権化を主導する勢力を批判するという形で現われる。このような輿論のありかたの系譜をたどるならば、八王の乱以前、西晋武帝治世下に起こった斉王攸帰藩事件における、朝臣らの武帝に対する批判にその原型を、さらに後漢末の清流運動における輿論の形成に、その源流を見出すことができる。こうした輿論は、中国においてつねに存在する、統一国家への志向のこの時代における形態ではないか。

この本来は国家の存続とその中国統一を志向する輿論が、逆に八王の乱を推し進める結果をもたらした原因は、八王の乱の個々の抗争——起義——において見るならば、その中核に外戚・宗室があり、彼らを起義の中核に据え、抗争後には私権化に走らしむるのは、その幕下にある私党、すなわち権力志向をもつ寒門寒人層からなる集団であり、彼らの行動が輿論には国家の私権化と映り、それに対する批判が再び起義を惹き起こすからである。この寒門寒人層は、輿論が魏晉国家体制形成において関与した際に成立した貴族制の所産であるから、一面では八王の乱は輿論の歴史的展開の結果であり、貴族制の理念と現実の矛盾であるといえよう。

以上まとめたように、本章により、八王の乱の底流には輿論が存在し、それ故に、この時代の社会を規定する貴族制も八王の乱と密接に関連していたことが明らかになった。

八王の乱を解明する過程でつぎに前面に出てくるのは、第三節で提起した、二つの問題の内、残された問題である。すなわち、起義という個々の抗争において、何故に輿論が外戚・宗室、とくに軍事力をもつ有力宗室諸王と結び付いて、当面の私権化する勢力を討伐するという形で解決を図るのか、という問題である。これは究極的には当時の皇帝権の問題に帰着する。何故ならば、当時皇帝権はある意味では皇帝のみならず皇后（及びそれに連なる外戚）・皇太子（皇太弟）、さらには「封建」された宗室諸王に分有されていたと考えられ、それ故に八王の乱の個々の抗争の発端の多くには、彼らの廃立があり、また彼らが起義側の中核として出現するからである。図式的には軍事力をもつ皇帝と輿論を背景にもつ貴族により成る魏晉国家体制において、こうした皇帝権のありかたの本質は何なのか。この問題についても、八王の乱それに続く永嘉の乱において露呈してくる皇帝権のありかたを通して、考えられるのではないか。この皇帝権の問題を解明してはじめて、八王の乱のみではなく、「はじめに」で言及した、魏晉国家体制、さらにはその基盤である当時の社会を把握することができるであろう。

次章では、この問題に関する考察を、本章と同じく八王の乱を対象として、試みる。

注

（1）　宮川尚志「黄巾の乱より永嘉の乱へ」［宮川一九五六］三八―四一頁（「八王の乱について」、西晉の軍備縮小と諸王封建）、濱口重国「魏晉南朝の兵戸制度の研究」［濱口一九六六］三七六―三七九頁（「東晉・南朝の兵戸制の史料」、刺史と兵権）、大澤陽典「西晉政治史の二・三の問題　――八王の乱の前史として――」［大澤一九七六］。

（2）おもな論考を列挙し、その内容を略述する。越智重明「封王の制と八王の乱」［越智一九六三］では、宗室諸王が封国支配と四征将軍としての支配を一体化することにより、「自律的独立的勢力」を蓄えたことが八王の乱の一因であると考察する。また唐長孺「西晉分封与宗王出鎮」［唐長孺一九八二］では、呂思勉氏の「……八王之乱、由於方任之重、而不由封建、明矣」（［呂思勉一九四八］上冊、三一頁）という見解を踏まえ、司馬氏政権を鞏固にするために、宗室諸王を重要な諸州の都督に出鎮させたことが八王の乱を招いたと考察する。それに対して、祝総斌「「八王之乱」爆発原因試探」［祝総斌一九八〇］では、八王の乱を招いたという地方の宗室諸王及び都督の権力は、「専制主義中央集権制」を完備し、強力な皇帝権を形成していた中央の掣肘を受けており、八王の乱の主因は、中央において皇帝権を継承した恵帝とそれを輔佐する大臣が、才望ともになき人物であったために、その地位が争奪の的となったことにあると考察する。【補注】［景有泉・李春祥一九九七］は原因についての見解を十三に分類する。

（3）この認識は、宮川尚志氏が［宮川一九五六］の中で、黄巾の乱・三国の角逐・八王の乱・永嘉の乱と、戦乱に明け暮れる時代の基調として、古代から中世への転換期における秩序の混乱により析出された人民が、新たなる秩序内に再編成されてゆく過程とし、とくに流民集団が軍隊として軍閥、さらにそれが形成する国家に吸収されてゆくのに注目する視点と通じる。

（4）八王の乱の「八王」とは、『晉書』巻五十九の列伝に収録されている汝南王亮・楚王瑋・趙王倫・斉王冏・長沙王乂・成都王穎・河間王顒・東海王越の八人の西晉宗室諸王を指す。この名称は、散佚した盧綝の『［晉］八王故事』に由来する。盧綝は八王の一人成都王穎の謀臣盧志の甥で、彼自身も成都王穎の幕下にいた。他に『四王遺事』の著がある。なお、『晉書』巻五十九には序論と論賛が附され、そこでは西晉王朝が「封建」制を採用したことは肯定し、その上で八王それぞれを西晉王朝を滅亡に導いた元凶として糾弾する。

（5）『晉書』巻四、恵帝紀、永康元年（三〇〇）四月、及び永寧元年（三〇一）正月の条。巻三十一、后妃伝上、恵賈皇后。巻四十、賈充伝、附賈謐伝。巻五十九、趙王倫伝。

（6）反趙王倫の動きは三王起義が最初ではなく、その前年には、失敗に終ってはいるが、淮南王允のクーデターがあり（表5-1、Ⅳ）、また未遂に終わってはいるが、梁王肜を擁立し趙王倫を打倒せんとする計画もあった。このように宗室を中心に、反趙王倫の動きが、帝位簒奪以前にすでにあり、三王起義の主唱者である斉王冏も関与していた形跡がある。

（7）宗室としては三王以外に、新野王歆（当時は新野公）や長沙王乂（当時は常山王）らが参加している。また厳密に言うならば、河間王顒の動向は他の二王とは異なる。当初、河間王顒は斉王冏に呼応しようとした夏侯奭を誅殺し、斉王冏の檄書をもたらした使者を捕らえて、趙王倫に送ったばかりではなく、一旦は趙王倫に援軍を派遣しており、情勢が二王側に有利なのを見て、始めて趙王倫に敵対している。『晉書』巻五十九、河間王顒伝。

（8）三王起義の経緯については、『晉書』恵帝紀、永寧元年、三月・四月・六月の条。同、趙王倫伝・斉王冏伝・成都王穎伝・河間王顒伝など。

（9）賈氏討伐のクーデターの際には、趙王倫と斉王冏は、「趙王倫密与〔斉王冏〕相結、廃賈后」（『晉書』斉王冏伝）と、協力して賈氏一派を一掃したのであるが、その論功行賞で斉王冏は自分の処遇（游撃将軍）に不満を懐き、「有恨色」（斉王冏伝）と、すでに両者の関係には亀裂が生じている。そして趙王倫も、「内懐不平」（趙王倫伝）ところの斉王冏を疎んじ、外任として洛陽から遠ざけ、その後も「必有異図」（趙王倫伝）と、絶えず警戒を怠らなかった。このように両者の間には緊張関係が生じ、ついには抗争するに至る。

（10）『晉書』巻四十四、盧欽伝、附盧志伝、「斉王冏起義、遣使告〔成都王〕穎。穎召〔盧〕志計事。志曰、趙王無道、肆行簒逆、四海人神、莫不憤怒、……」。他にも『晉書』巻三十八、扶風王駿伝、附新野王歆伝、「斉王冏挙義兵、移檄天下、〔新野王〕歆未知所従。……参軍孫洵（詢）大言於衆曰、趙王凶逆、天下当共討之。……」、巻五十七、趙誘伝、「値刺史郗隆被斉王冏檄、使起兵討趙王倫。……会羣吏計議、〔趙〕誘説隆曰、趙王簒逆、海内所病、……」。なおこの三例は、いずれも斉王冏の檄書を受けて対処を協議した際の、斉王冏側に加担せんことを主張した議論に見えることばである。

（11）『晉書』斉王冏伝、「〔斉王〕冏因衆心怨望、潜与離狐王盛・潁川王処穆謀起兵誅〔趙王〕倫。……」。

（12）『晉書』巻五十五、潘岳伝、附潘尼伝、「……、〔潘尼〕聞斉王冏起義、乃赴許昌。冏引為参軍、与謀時務、兼管書記」、巻七十一、孫恵伝、「永寧初、赴斉王冏義、討趙王倫。……」、巻八十九、忠義伝、王豹、「〔王〕豹重牋曰、……、況豹雖陋、大州之綱紀、加明公起事険難之主簿也。……」。

（13）『晉書』河間王顒伝、「及趙王倫簒位、斉王冏謀討之。前安西参軍夏侯奭自称侍御史、在始平合衆、得数千人、以応冏、遣信要〔河間王〕顒。……」。巻六十四、淮南王允伝、「及〔趙王〕倫誅、斉王冏上表理〔淮南王〕允曰、……洎興義兵、淮南国人自相率領、衆過万人、人懐忼慨、愍国統滅絶、発言流涕。……」。

（14）趙王倫側では禁軍が主体であるのに対して、三王側では宗室諸王が有する軍隊を中核にして、それに自発的に起義に赴いた士庶百姓が将士として加わっており、むしろ後者が三王側の主体であったと想像される。たとえば、『晋書』成都王穎伝に「留義募将士既久。咸怨曠思帰。或有輒去者、乃題鄴城門云、大事解散、蠶欲遽。請且帰、赴時務。昔以義来、今以義去。若復有急、更相語。〔成都王〕穎知不可留、因遣之。百姓乃安」とあり、三王起義に赴いた人士が、起義が終わった後も、そのまま成都王穎の将士として鄴に留められており、その一兵士が帰郷した際のエピソードが語られているが、この記事は「義軍」が如何なる基盤からなっていたのかを示唆する。また『晋書』巻三—九、王沈伝、附王浚伝に「及趙王倫簒位、三王起義兵。〔王〕浚（当時、寧朔将軍、都督幽州諸軍事）擁衆挾両端、遏絶檄書、使其境内士庶不得赴義。成都王穎欲討之而未暇也」とあり、そこの地方長官が起義に加わらなかった地域においても、義軍に投じようとした動きが窺われることから、士庶百姓が起義に赴こうとする動きが全国的な趨勢であったことが推測される。そしてこのような基盤がある故に、義軍は「而〔張〕泓・〔司馬〕雅等連戦雖勝、義軍散而輒合、雅等不得前」（『晋書』趙王倫伝）と、正規軍に対するゲリラを想起させるような戦闘を展開し、ついには禁軍を主力とする趙王倫軍を破ったのではないか。またたとえば、斉王冏の檄書を受けた揚州刺史の郗隆が、逡巡して起義に赴こうとしなかったために幕僚・将士の反撥を招き、殺害されたという事件からもわかるように、こうした動きが地方長官に対して、幕僚を通して、起義に応ずる方向に向かせたのではないか。注（10）参照。

（15）八王の乱の諸抗争の経緯については、おもに『晋書』恵帝紀、及び主要な登場人物の列伝、『資治通鑑』晋紀などによる。個々の抗争の出典については、一々挙げない。なお八王の乱全体の流れを追うには、袁枢『通鑑紀事本末』の「西晋之乱」の項が便利で、しかも示唆に富む。

（16）この事件は、起こったのが永嘉の乱の真只中であり、しかも東海王越と苟晞の対立が抗争にまで至らなかったのであるから、本来は八王の乱の中には入らない。しかし、当時輔政の地位にあった東海王越が威権を振い、それにより懐帝との間に対立が生じ、それが原因で苟晞が挙兵するに至ったという過程に、八王の乱の諸抗争と同じ性質が窺われ、しかも東海王越自身が八王の乱と密接に関わっており、そのために敢えてこの事件を八王の乱内の一抗争として挙げた。このように一方では永嘉の乱が起こって、滅亡寸前の国家内部においてさえも、こうした内争が存在した事実からも、八王の乱が西晋王朝の抱えていた宿痾の如き感さえ懐かせる。

（17）『晋書』恵帝紀、永寧元年六月甲戌の条。同、斉王冏伝。なお『資治通鑑』巻八十四、晋紀永寧元年六月甲戌の条参照。

（18）『晋書』斉王冏伝、「〔斉王〕冏於是輔政、居〔斉王〕攸故宮、置掾属四十人。大築第館、北取五穀市、南開諸署、毀壊廬舎

以百数、使大匠営制、与西宮等。鑿千秋門牆以通西閤、後房施鍾懸、前庭舞八佾、沈于酒色、不入朝見。坐拝百官、符敕三臺、選挙不均、惟寵親昵。……」。『資治通鑑』巻八十四、晉紀太安元年十二月の条。『北堂書鈔』巻七十、設官部、諸王所引の『王隠晉書』斉王冏伝。『世説新語』方正篇注所引の『虞預晉書』参照。なお斉王冏伝の後半に載せる、河間王顒挙兵の際の、斉王冏の罪状を陳べた上奏文の記事と多く符合する。

(19)『晉書』恵帝紀、太安元年十二月丁卯の条。同、斉王冏伝・長沙王乂伝・河間王顒伝。巻六十、李含伝。

(20)八王の乱当時の外戚・宗室と士大夫の関係を考える場合、多くの外戚・宗室が、「開府辟召」の権限を有していたことを考慮しなければならない。開府、すなわち公府あるいは軍府を開くことは本来、丞相・相国などの一品官に附帯する特権であったが、驃騎将軍・衛将軍などの二品官も開府儀同三司を加官することにより開府することができた。開府することにより、一定の幕僚と軍隊を保持することができ、それにより才能・声望ある士大夫を辟召することができた。それ故に八王の乱当時の外戚及び有力宗室諸王は例外なく開府しており（表5‐1参照）、また功績を挙げ、開府せんことを熱望する（『晉書』巻三十八、斉王攸伝、附東萊王蕤伝）。また「百六掾」と称された琅邪王睿（のちの元帝）の鎮東大将軍府（丞相府）が、東晉政権の母胎となったように、当時の公府・軍府は制度の枠を超え、幕僚・軍隊を抱えて肥大化し、自己の政権の実現を志向する（[宮崎一九五六]二一七―二一九頁参照）。

(21)『晉書』斉王冏伝、「前賊曹属孫恵復上諫曰、……今、明公（斉王冏）建不世之義、而未為不世之譲。天下惑之、思求所悟。長沙・成都、魯衛之密、国之親親、与明公計功受賞、尚不自先。今、公宜放桓文之勳、邁臧札之風。芻狗万物、不仁其化、崇親推近、功遂身退。委万機於二王、命方嶽於羣后、耀義譲之旗、鳴思帰之鑾、宅大斉之墟、振泱泱之風、垂拱青徐之域、高枕営丘之藩。……」。

(22)『晉書』巻九十、良吏伝、曹攄、「……願大王（斉王冏）居高慮危、在盈思沖。精選百官、存公屏欲、挙賢進善、務得其才。然後脂車秣馬、高揖帰藩。則上下同慶、攄等幸甚」。

(23)『晉書』巻八十九、忠義伝、王豹、「……今誠能尊用周法。以成都為北州伯、統河北之王侯、明公（斉王冏）為南州伯、以摂南土之官長。各因本職、出居其方、樹徳於外、尽忠於内。歳終率所領而貢於朝、簡良才、命賢儁、以為天子百官。……今若従豹此策、皆遣王侯之国。北与成都分河為伯。成都在鄴、明公都宛。寛方千里、以与圻内侯伯子男小大相率。結好要盟、同奨皇家。貢御之法、一如周典。……」。

(24) 王豹の牋に「豹伏思晉政漸缺、始自元康以来、宰相在位、未有一人獲終、乃事勢使然、未為輒有不善也」とあるように、八王の乱が始まった元康年間以来、抗争が打ち続き、輔政の座にいた人物で寿命を全うした者が一人もいないという事実があった。

(25) たとえば成都王穎は三王起義後、自発的に鄴に帰還し、さらに三王起義の戦場となった地域の賑恤や戦死者の埋葬を行ったので、人心が帰した。『晉書』成都王穎伝。同、盧欽伝、附盧志伝。

(26) 『文選』巻四十六、序下、陸士衡(陸機)「豪士賦序」、「……是故苟時啓於天、理尽於民、庸夫可以済聖賢之功、斗筲可以定烈士之業。故曰、才不半古、而功已倍之。蓋得之於時勢(世)也。……夫以自我之量、而挾非常之勳、神器暉其顧盼(眄)、万物随其俯仰、心玩居常之安、耳飽従諛之説。豈識乎功在身外、任出才表者哉。……身危由於勢過、而不知去勢以求安。禍積起於寵盛、而不知辞寵以招福。見百姓之謀己、則申宮警守、以崇不畜之威。懼万民之不服、則厳刑峻制、以賈傷心之怨。然後威窮乎震主、而怨行乎上下。衆心日隊、危機将発。而方偃仰瞪眄、謂足以夸世。笑古人之未工、忘己事之已拙、知曩勳之可矜、暗成敗之有会。是以事窮運尽、必於顚仆、風起塵合、而禍至常酷也。聖人忌功名之過己、悪寵禄之踰量、蓋為此也。……」(『晉書』巻五十四、陸機伝の「豪士賦序」との異同を( )で示した)。なお、「豪士」が斉王冏を指すことは、『文選』「豪士賦序」注所引の『臧栄緒晉書』に「〔陸〕機悪斉王冏矜功自伐、受爵不譲。及斉亡作豪士賦」とあることから明瞭である。

(27) 『晉書』斉王冏伝、「翊軍校尉李含奔于長安、詐云受密詔、使河間王顒誅〔斉王〕冏、因導以利謀。〔河間王〕顒従之、上表曰、……今輒勒兵、精卒十万、与州征並協忠義、共会洛陽。驃騎将軍長沙王乂、同奮忠誠、廃冏還第。有不順命、軍法従事。……」。『晉書』河間王顒伝、巻六十、李含伝参照。

(28) 『晉書』巻四十三、王戎伝、「既而河間王顒遣使就説成都王穎、将誅斉王冏。檄書至、冏謂〔王〕戎曰、……。戎曰、公首挙義衆、匡定大業、開闢以来、未始有也。然論功報賞、不及有労、朝野失望、人懐貳志。今二王帯甲百万、其鋒不可当、若以王就第、不失故爵。委権崇譲、此求安之計也。冏謀臣葛旟怒曰、漢魏以来、王公就第、寧有得保妻子乎。議者可斬。……」。『晉書』斉王冏伝参照。

(29) たとえば、楊駿の濫賞や専権に対する傅祗・石崇・何攀・傅咸・孫楚ら朝臣の批判、汝南王亮の濫賞に対する傅咸の批判、九錫を加えんとする趙王倫に対する劉頌の批判、宦官に唆されて陸機一族を殺害した成都王穎に対する江統・蔡克・棗嵩ら幕僚の批判など。

(30) この事件については、［岡崎一九三二］一〇〇—一〇二頁、［大澤一九七六］一〇—一八頁、［呂思勉一九四八］「斉献王争立」の節、三五—四二頁、［祝総斌一九八〇］八—一一頁など参照。

(31) 武帝と斉王攸は、司馬昭（のちに文帝と追謚）とその正室王元姫（文明王皇后）との間に生まれた子で、才望の点で兄の武帝に優る斉王攸は、祖父司馬懿（宣帝）・父司馬昭から、後継者として兄以上に期待されており、そのために子の無い伯父司馬師（景帝）の後を嗣いだ。しかし、賈充らの尽力で、武帝が父司馬昭の後を継いで晋王となり、魏晋革命において帝位に即き、斉王攸は斉王に封ぜられて、この問題は一応落着した。『晋書』巻三、武帝紀。巻三十八、斉王攸伝。巻三十一、后妃伝上、文明王皇后。巻三十五、裴秀伝。巻四十、賈充伝。巻四十三、山濤伝。巻九十三、外戚伝、羊琇。【補注】安田二郎「西晋初期政治史試論——斉王攸問題と賈充の伐呉反対を中心に——」［安田一九九五］参照。

(32) 『晋書』武帝紀、太康三年十二月甲申の条、「以司空斉王攸為大司馬・督青州諸軍事。……」。同、斉王攸伝、「〔武〕帝既信〔荀〕勖言、又納〔馮〕紞説、太康三年、乃下詔曰、古者九命作伯、或入毗朝政、或出御方嶽。周之呂望、五侯九伯、実得征之。侍中・司空斉王攸、明徳清暢、忠允篤誠。以母弟之親、受台輔之任、佐命立勳、劬労王室、宜登顕位、以称具瞻。其以為大司馬・都督青州諸軍事、侍中如故、假節、将本営千人、親騎帳下司馬大車皆如旧、増鼓吹一部、官騎満二十人、置騎司馬五人。餘主者詳案旧制施行。……明年、策攸曰、於戯、惟命不于常、天既遷有魏之祚。我有晋既受順天明命、光建羣后、越造王国于東土、錫茲青社、用藩翼我邦家。茂哉無怠、以永保宗廟。又詔下太常、議崇錫之物。……」。

(33) 『晋書』斉王攸伝。同巻三十九、荀勖伝、馮紞伝。なお、当時の朝廷では賈充・荀勖を中心とする一派と任愷・和嶠を中心とする一派が対立しており、斉王攸はその政争の犠牲になったとも考えられる。丹羽兌子「魏晋時代の名族——荀氏の人々について——」［丹羽一九七〇］一九〇—一九一頁。

(34) 『晋書』巻五十、論賛、「史臣曰、斉献王（攸）以明徳茂親、経邦論道、允釐庶績、式叙彝倫。武帝納姦諂之邪謀、懐始終之遠慮、遂乃君茲青土、作牧東藩。遠邇驚嗟、朝野失望。……」。

(35) 王済・甄徳らが自分の妻である公主までを動員して、斉王攸の帰藩を思いとどまらせようとした行為に対して、武帝が激怒して侍中の王戎に言ったことばに「我兄弟至親。今出斉王、自朕家計。而甄徳・王済連遣婦入来生哭人邪。済等尚爾、況餘者乎」（『世説新語』方正篇注所引の傅暢『晋諸公賛』）とあるように、そこには斉王攸帰藩の問題は帝室内の、しかも兄弟間の問題であり、すなわち「家計」（「家事」『晉書』巻四十二、王渾伝、附王済伝）に属する問題であり、輿論が介入すべき対象ではないという論理が窺われる。王渾・曹志らが議論するように、帝室は「公」的な存在であるから、輿論が関心をもつべき問題であるとする立場とは鋭く対立する。なお、「家事」という語については、宮崎市定『大唐帝国』〔宮崎一九六八〕三四七―三四八、三五三頁参照。

(36)『晉書』武帝紀、太康四年三月癸丑の条、「大司馬斉王攸薨」。同、斉王攸伝、「（斉王）攸知（荀）勖・（馮）紞構己、憤怨発疾、乞守先后陵、不許。帝遣御医診視、諸医希旨、皆言無疾。疾転篤、猶催上道。攸自強入辞、素持容儀、疾雖困、尚自整厲、挙止如常、帝益疑無疾。辞出信宿、欧血而薨、時年三十六」。

(37)『晉書』巻四十、楊駿伝、附楊珧伝、「（楊）珧（駿の弟）初以退譲称、晩乃合朋党、搆出斉王攸。中護軍羊琇与北軍中候成粲謀欲因見珧而手刃之。珧知而辞疾不出、諷有司奏琇転為太僕。自是挙朝莫敢枝梧、而素論尽矣」。これ以後、「三楊」と称された外戚楊氏がますます権勢を振い、宗室では「宗師」で太尉の汝南王亮が武帝を輔佐した。そして武帝の臨終の際に、遺詔は汝南王亮と楊駿の二人が恵帝を輔佐することを命じていたが、楊駿の陰謀により、輔政の任は楊駿一人に帰した。また武帝の死の前年には、恵帝の藩屏として、すでに出鎮していた趙王倫（鄴に鎮す）ら宗室諸王とともに、新たに秦王柬（長安）・楚王瑋（宛）・淮南王允（建鄴）の三子を要衝に出鎮させた。こうした状況が八王の乱に繋がってゆく。

(38)『世説新語』規箴篇、「晉武帝既不悟太子之愚、必有伝後意、諸名臣亦多献直言。帝嘗在陵雲臺上坐。衛瓘在側、欲申其懐、因如酔跪帝前、以手撫牀、曰、此坐可惜。帝雖悟、因笑曰、公酔邪」（〔川勝他一九六四〕など参照）。同、注所引の孫盛『晉陽秋』、『晉書』巻三十六、衛瓘伝。

(39)『晉書』武帝紀、太康三年正月甲午の条、「以尚書張華都督幽州諸軍事」。巻三十六、張華伝、「……会（武）帝問（張）華、誰可託寄後事者。対曰、明徳至親、莫如斉王攸。既非上意所在、微為忤旨、間言遂行。乃出華為持節・都督幽州諸軍事・領護烏桓校尉・安北将軍。……」。

(40)皇太子が暗愚であるということは、当時周知の事実であり（『晉書』恵帝紀）、前の二例の他にも、武帝が和嶠を東宮に行かせて、皇太子の成長ぶりを確かめさせた際に、還ってきた和嶠が、「皇太子のご資質は相変らずでございます」と直言したという逸話（『世説新語』方正篇、同注所引の干宝『晉紀』、孫盛『晉陽秋』、『晉書』巻四十五、和嶠伝）や、夏侯和が賈充に「あなたの二人の女婿（恵帝と斉王攸）は、親疏の点では等しい。人を擁立する場合、有徳の人を立てるべきです」といった話（『晉書』巻四十、賈充伝）があり、また武帝自身も皇太子が帝位を保つことを危ぶんだが、皇太孫の司馬遹（のちの愍懐太子）が聡明なのに期待し、皇太子を廃立しなかったという（『晉書』武帝紀）。

（41）『晉書』巻三十八、扶風王駿伝。巻四十一、李憙伝。巻四十二、王渾伝。巻九十三、外戚伝、羊琇。注（35）参照。

（42）『晉書』巻四十四、鄭袤伝、附鄭黙伝。巻四十五、劉毅伝、附劉暾伝。巻五十、曹志伝、庾純伝、附庾旉伝、秦秀伝。『三国志』巻十九、魏志、陳思王植伝注所引の『〔曹〕志別伝』。なお、庾旉ら博士の上奏に激怒した武帝が尚書にその越権行為を論議させたところ、尚書の朱整・褚䂮らは、彼ら七人及び旉の父庾純を廷尉に付し、断罪せんことを主張し、それに対して尚書夏侯駿は反駁し、左僕射魏舒・右僕射下邳王晃も夏侯駿に同調するというように対立し、また廷尉の劉頌が、大不敬を犯した庾旉らを棄市せんことを上奏するなど、この問題は紛糾したが、結局彼らを除名することで落着した。『晉書』巻五十、庾純伝、附庾旉伝。

（43）『冊府元亀』巻五四〇、諫諍部、直諫門、『資治通鑑』巻八十一、晉紀、太康三年十二月の条参照。

（44）『晉書』王渾伝、「伏承聖詔、憲章古典、進斉王攸為上公、崇其礼儀、遣攸之国。昔周氏建国、大封諸姫、以藩帝室、永世作憲。至於公旦、武王之弟、左右王事、輔済大業、不使帰藩。明至親義著、不可遠朝故也。是故周公得以聖徳光弼幼主、忠誠著於金縢、光述文武仁聖之徳。攸於大晉、姫旦之親也。宜賛皇朝、与聞政事、実為陛下腹心不貳之臣。且攸為人、修潔義信、加以懿親、志存忠貞。今陛下出攸之国、假以都督虚号、而無典戎幹方之実、去離天朝、不預王政。傷母弟至親之体、虧友于款篤之義、懼非陛下追述先帝・文明太后待攸之宿意也。若以攸望重、於事宜出者、今以汝南王亮代攸。亮、宣皇帝子、文皇帝弟、伷・駿各処方任、有内外之資、論以後慮、亦不為軽。攸今之国、適足長異同之論、以損仁慈之美耳。而令天下窺陛下有不崇親親之情、臣窃為陛下不取也。若以妃后外親、任以朝政、則有王氏傾漢之権、呂産専朝之禍。若以同姓至親、則有呉楚七国逆乱之殃。歴観古今、苟事軽重、所在無不為害也。不可事事曲設疑防、慮方来之患者也、唯当任正道而求忠良。若以智計猜物、雖親見疑、至於疏遠者亦何能自保乎。人懐危懼、非為安之理、此最有国有家者之深忌也。愚以為太子太保缺、宜留攸居之、与太尉汝南王亮・衛将軍楊珧共為保傅、幹理朝事。三人斉位、足相持正、進有輔納広義之益、退無偏重相傾之勢。令陛下有篤親親之恩、使攸蒙仁覆之恵。臣同国休戚、義在尽言、心之所見、不能黙已。私慕魯女存国之志、敢陳愚見、触犯天威、欲陛下事毎尽善、冀万分之助。臣而不言、誰当言者」。

（45）また、曹魏の王室の出身で当時博士祭酒であった曹志は、魏において逼塞せしめられていた父曹植に思いを馳せつつ、王朝を永久に存続させる方策は、その権力を独占することなく、つねに人心を繫ぎ留め、天下とともに議すことにあり、それ故に天下の望である斉王攸が内に在れば国家は安泰であるが、逆に斉王攸を外に出すことは王朝の滅亡に繫がると、議論を展開する（『晉書』巻五十、曹志伝）。

(46)『晉書』武帝紀、「……平呉之後、天下乂安。遂怠於政術、耽於遊宴、寵愛后党、親貴当権、旧臣不得専任、彝章紊廃、請謁行矣。……」。また『晉書』巻四十、楊駿伝。巻三十一、后妃伝上、武悼楊皇后、附胡貴嬪。巻四十五、劉毅伝参照。

(47)斉王攸帰藩事件においても、クーデターが起こる可能性があった。注（37）参照。

(48)川勝義雄「シナ中世貴族政治の成立について」〔川勝一九五〇〕、「漢末のレジスタンス運動」〔川勝一九六七〕、「貴族制社会の成立」〔川勝一九七〇b〕。以上の三論考は、川勝『六朝貴族制社会の研究』（岩波書店、一九八二年）に再録されている。なお、中村圭爾「「郷里」の論理――六朝貴族社会のイデオロギー――」〔中村一九八二〕参照。

(49)『晉書』趙王倫伝、「〔趙王倫〕乃僭即帝位、大赦、改元建始。……孫秀為侍中・中書監・驃騎将軍・儀同三司、張林等諸党皆登卿将、並列大封。……王輿反之、……輿自往攻〔孫〕秀、秀閉中書南門。輿放兵登牆焼屋、秀及〔許〕超・〔士〕猗遽走出、左衛将軍趙泉斬秀等以徇。……」。

(50)『晉書』趙王倫伝、「〔趙王〕倫素庸下、無智策、復受制於〔孫〕秀、秀之威権振於朝廷、天下皆事秀而無求於倫。秀起自琅邪小史、累官於趙国、以諂媚自達。既執機衡、遂恣其姦謀、多殺忠良、以逞私欲。……倫無学、不知書。秀亦狡黠小才、貪淫昧利。……孫秀既立非常之事、倫敬重焉。……」。『世説新語』賢媛篇注所引の傅暢『晉諸公賛』、「孫秀、字俊忠、琅邪人。初趙王倫封琅邪、秀給為近職小吏、倫数使秀作書疏、文才称倫意。倫封趙、秀徙戸為趙人、用為侍郎、信任之」。

(51)陳寅恪氏は「天師道与浜海地域之関係」〔陳寅恪一九三三〕の「趙王倫之廃立」の章で、浜海地域である琅邪郡でさかんであった天師道（五斗米道）に孫秀及び趙王倫が入信していたことを論じている。もうそうであるならば、趙王倫と孫秀とは、その信仰を一にすることで強く結び付いていたとも考えられる。

(52)たとえば、元康年間に趙王倫が長安に出鎮していた時も、孫秀は趙王倫の幕下にあり、内徙異民族の対策を誤り、斉万年の反乱を惹き起こしている。『晉書』巻三十六、張華伝。巻六十、解系伝。『世説新語』仇隟篇注所引の孫盛『晉陽秋』。『文選』巻二十、献詩、潘岳『関中詩』注所引の傅暢『晉諸公賛』。

(53)『晉書』趙王倫伝。

図5-1　西晋帝室司馬氏略系図

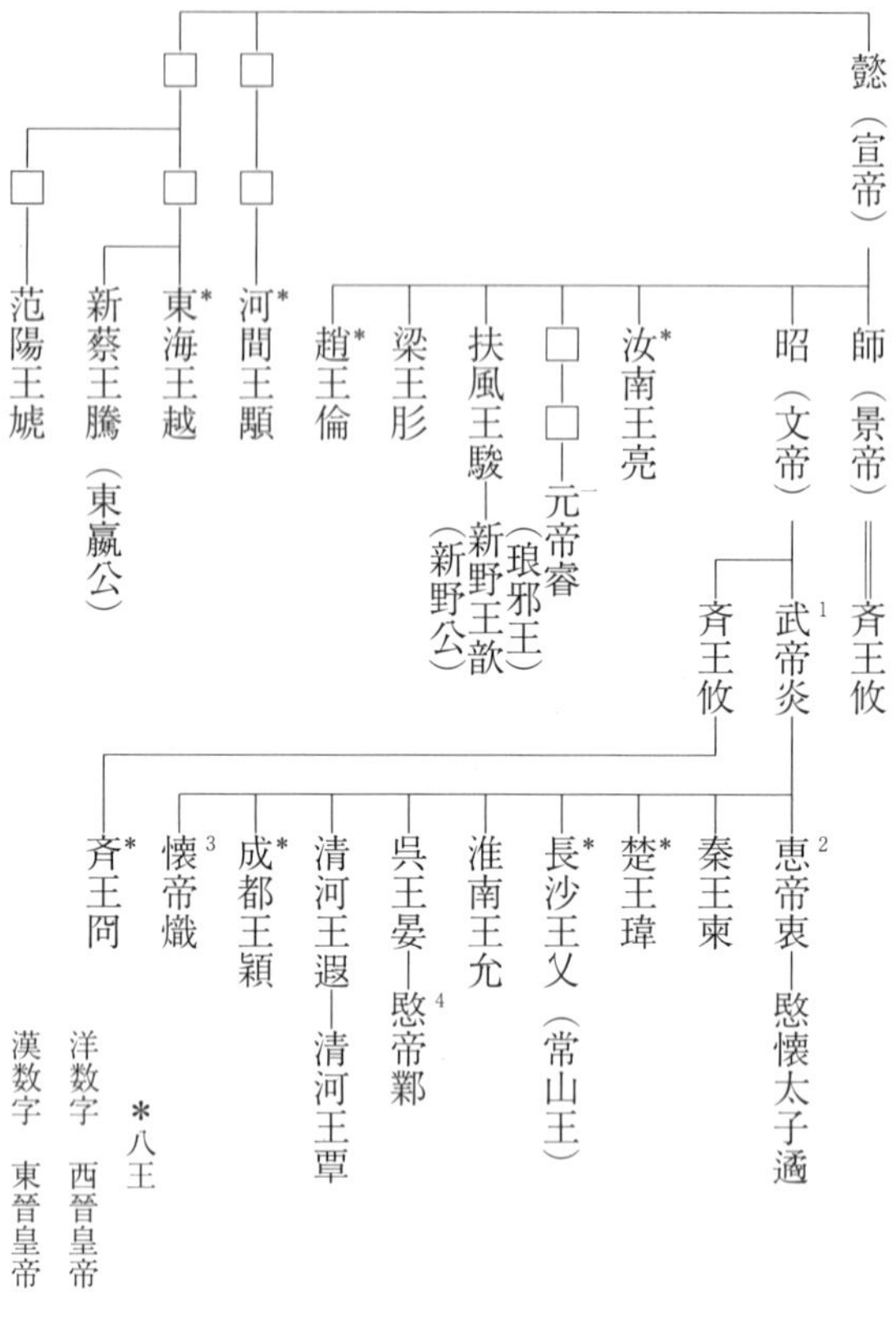

(54)『晉書』巻六十、孫旂伝、「孫旂字伯旗、楽安人也。……名位与二解（解系・解結）相亜。……遂与孫秀合族。……」。同、后妃伝上、恵羊皇后参照。

(55)『晉書』趙王倫伝、「〔孫〕秀子会、年二十、為射声校尉、尚帝女河東公主。……」。

(56)『晉書』巻三十四、杜預伝、附杜錫伝、「趙王倫纂位、以為治書御史。孫秀求交於〔杜〕錫、而錫拒之、秀雖銜之、憚其名高、不敢害也」とあり、仲間入りせんとして、貴族に交際を求めている。

(57)『晉書』巻四十三、王戎伝、「初、孫秀為琅邪郡吏、求品於郷議。〔王〕戎従弟衍将不許、戎勧品之。及秀得志、朝士有宿怨者皆被誅、而戎・衍獲済焉」。

(58)『世説新語』仇隟篇、「孫秀既恨石崇不与緑珠。又憾潘岳昔遇之不以礼、後秀為中書令、岳省内見之、因喚曰、孫令憶疇昔周旋不。秀曰、中心蔵之、何日忘之。岳於是始知必不免。後収石崇・欧陽堅石（建）、同日収岳。……」。同注所引の『王隠晉書』、「岳父文徳、為琅邪太守、孫秀為小吏給使。岳数蹴蹋秀、而不以人遇之也」、『晉書』巻五十五、潘岳伝、「初、芘為琅邪内史、孫秀為小史給岳、而狡黠自喜。岳悪其為人、数撻辱之、秀常銜忿。……」。

(59)他にも、張華・裴頠・解系・解結兄弟・李重ら名士が孫秀の個人的な怨恨により誅殺されている。

(60)張方は河間王顒の部将であり、三王起義以来、しばしば河間王顒軍を率いて、洛陽に進駐、ついには恵帝を長安に拉致し、そのもとで中領軍・録尚書事・領京兆太守となるに至ったが、こうした行動が、東海王越の河間王顒討伐の挙兵を惹き起こし、その和解を図る河間王顒に殺害された。張方と河間王顒との関係を見てみると、「張方、河間人也。世貧賤、以材勇得幸於河間王顒、累遷兼振武将軍。……初、方従山東来、甚微賤、長安富人郅輔厚相供給。……」（『晉書』巻六十、張方伝）と、代々「貧賤」の家に生まれた張方は、本籍の郡を封国とする河間王顒の下に赴き、「材勇」という才幹でもって、河間王顒の恩顧を受け、それをいとぐちに出世し、ついには保持する軍隊を背景に、いわば軍閥化し、河間王顒にも制禦しがたき存在に成長する。なお、張方暗殺の一因として、同郷（河間国）でしかも同じ幕下の、「貧賤」の出身ながら河間王顒軍を掌握する張方と、張方の侮蔑を受けていた「冠族」出身の一幕僚（参軍）であった畢垣との軋轢が挙げられる。

(61)宗室諸王の私党としては、他に趙王倫幕下の張林、斉王冏幕下の葛旟、成都王穎幕下の孟玖、河間王顒幕下の李含らが有名である。なお、八王の乱以前に遡っても、宗室諸王とその私党の関係があったことはたとえば、呉王晏の郎中令であった陸雲が、呉王晏が吏卒といった「小人」を信任していることを批判していることや、またしばしば、宗室諸王がその手足に「小人」を使って、蓄財に狂奔していることなどから窺われる。『晉書』巻五十四、陸機伝、附陸雲伝。巻三十七、義陽王望伝、高陽王睦伝。巻三十八、梁王肜伝等。

(62)〔宮川一九四三〕、〔宮崎一九五六〕の「寒士の実態」、〔唐長孺一九五九〕等参照。

(63)〔何茲全一九四八〕、〔宮川一九五六〕参照。

第六章　西晋代宗室諸王の特質

——八王の乱を手掛りとして——

はじめに

さきに私は前章「八王の乱の本質」において、三世紀末から四世紀初めにかけて勃発した八王の乱の経緯について考察し、この西晉の内乱をその根底において一歩一歩推し進めた原動力として、輿論の存在を指摘した。そして、クーデターもしくは内戦の形をとる八王の乱の個々の抗争は、皇帝を輔佐し、その立場を利用して現政権を私権化する宗室あるいは外戚出身の宰相に対して、宗室出身の他の諸王がこの輿論を背景として決起し、対立するという図式で表わされ、しかも挙兵し勝利を得た宗室諸王が打倒した相手に代って実権を掌握して私権化することがまたも輿論の反撥を招き、それが再び新たな抗争を惹き起こすというように、その結果として抗争が連環的にとめどなく繰り返されることを論じた。この前章の結論を踏まえてつぎに追究すべき問題は、何故に八王の乱が宗室諸王同士の抗争劇に終始したのか、言い換えるならば何故に宗室が八王の乱の主役とならざるを得なかったのか、という前章では課題として残しておいた問題である。そして前章の結論により新たな様相を帯び、かつより明瞭に浮かび上がってきた課題に答えることは、単に八王の乱という一事件を解明するにとどまらず、当時の国家体制、さらにはその基盤である当時の社会の構造とその変動を解く鍵となるのではないか。

ではこれまで八王の乱と宗室の関連についてはどのように把握されてきたであろうか。従来八王の乱の原因として西晉王朝を開いた武帝司馬炎が採用した宗室に対する封建が挙げられ、そしてその採用は前朝曹魏の宗室抑圧策に対する反動という文脈でとらえられてきた。確かに魏晉時代、とくに西晉では曹冏の「六代論」・陸機の「五等諸侯論」、さらには劉頌・段灼の上奏などから窺うことができるように、封建に関する議論が当時の士大夫の間ではさかんであり、これらの封建論はいずれも三代から曹魏に至る歴代王朝の存続と滅亡を判断の基準とするという観点から封建制の是非を論じ、郡県制に対する封建制の優越性を説き、同姓諸侯を各地に封建し王朝の藩屏たらしむ封建制を実施すべしと結論づけている。そして西晉では事実大いに宗室を封建し、宗室優遇策を打ち出してはいる。がしかし決して彼ら士大夫が展開した封建論の主旨にそのまま沿っておらず、西晉の宗室を封建した施策が八王の乱に直結していた訳ではなかった(1)。すでに呂思勉・唐長孺・宮崎市定・越智重明ら諸先学の論考に共通して認識、かつ重視されているように、宗室を地方に都督として「出鎮」させた西晉の施策が八王の乱の直接の原因である(2)。ここで注目すべきは西晉では宗室諸王が封建されたことによるのではなく、都督という一官職に就くことが国家体制そのものを揺るがすほどの権力を握る端緒になった点である。この事実はたとえば同じ宗室の内乱である前漢の初めに起こった呉楚七国の乱と対比するならば、呉楚七国の乱では宗室諸王の権力基盤が諸侯王に封建されたことによっており、ともに同じ宗室が起こしたとはいえ両内乱の性格の相違は歴然としている(3)。それでは八王の乱と密接にかかわる西晉における宗室諸王の出鎮による藩屛の体制は、単に宗室抑圧策を採ったが故にかえって王朝の断絶を招いた後漢ならびに曹魏の轍を踏まないための対応策としてのみ採用されたのであろうか。また同じ藩屏の体制である前漢初めの宗室を諸侯王として封建するという方策を採らずに、何故に宗室の出鎮という西晉特有の方策を採ったのであろうか。唐長孺氏が、「注意すべきは西晉のように宗室を用うることが、……秦漢にもまた唐以後にも見られなかったのであるが、程度の差こそあれ南北朝では全般的に行われ、唐初に至るまで続いていたことである。先人の議論ではふつう西晉が宗室を重用したのは曹魏が諸王を禁錮したことに鑑み、つまり「ここに覆車を改めん」（前の失敗を戒めとする）がためであったという。これは当然のことながら重要な一原因である。しかし「八王の乱」の教訓を経たのに、何故に劉宋・斉・梁・北魏の諸王朝は晉の「覆車」を鑑みることなく、ひきつづき皇子と宗室を任用し入輔出鎮させたのか。北魏の場合は部落の遺風に託して説明すればできるかもしれないが、それでは南朝の場合どのように解釈するのか」と自問されているように[4]、この時代すなわち魏晉南北朝という時代がもっていた固有の状況にその起因を見出すことができるのではないか。宗室の重用は単に西晉の武帝が勝手に採用した施策というような、偶然のもたらした所産ではなく、この時代の特質にかかわる重要な問題をはらんでおり、そしてこの問題を解きほぐす鍵は、宗室の活躍が入輔・出鎮という形をとったことにあるのではないか[5]。

この章では、以上述べてきた八王の乱に対する問題意識をつねに念頭に置き、具体的には八王の乱という状況における宗室の出鎮のありかたに焦点を当てて検討を加え、その結果を踏まえて当初の課題に迫りたい[6]。

第一節　宗室諸王の出鎮——成都王穎の場合——

この節では「はじめに」で提起した疑問——何故に八王の乱において宗室がその主役となるのか——、この疑問を解く第一歩として、繁雑かもしれないが、西晉の宗室諸王の出鎮についてまず検討したい。具体的には「八王」の一人に数えられ、また前章で扱った「三王起義」に際し斉王冏の檄に呼応して挙兵、その後も八王の乱における諸抗争の主役の一人であった成都王穎をとりあげる。成都王穎、字は章度は初代皇帝である武帝司馬炎の第十六子で、第二代皇帝である恵帝司馬衷の異母弟にあたる。この成都王穎の略歴をまとめ、ついでそこに見られる彼の帯びていた官職を中心に考察したい(7)。

太康十年（二八九）十一月、皇子として成都王に始封される。当時十一歳(8)。のちに起家して越騎校尉（四品）・加散騎常侍（三品）となる。

元康九年（二九九）正月、平北将軍となり、鄴に出鎮する。二十一歳。

永寧元年（三〇一）正月、征北大将軍・開府儀同三司に進位する。三—四月、三王起義（前章表5-1、Ⅴ）、湨水の戦いに勝ち洛陽に入城する。六月、論功行賞の結果、大将軍・都督中外諸軍事・假節加黄鉞・録尚書事となるにもかかわらず鄴に帰還する。

太安元年（三〇二）十二月、斉王冏を討伐する（Ⅵ）。

太安二年（三〇三）八—十二月、長沙王乂を討伐する（Ⅶ）。

永興元年（三〇四）正月、丞相となり、ついで三月には皇太弟となる。七月、蕩陰の戦い（Ⅷ）。八月、鄴が陥落し、洛陽にのがれる(Ⅸ)。十一月、長安の河間王顒のもとに赴き、十二月には皇太弟の位を剝奪される。

永興二年(三〇五)九月、領軍大将軍・都督河北諸軍事となり鄴に向かうも東海王越に阻まれる。

光熙元年(三〇六)九月、劉弘の死にともなう荊州の混乱にまきこまれ、そこからのがれる途次にとらえられ、十月に范陽王虓の長史劉輿に殺害される。享年二十八歳。

以上の略歴の中で最も注目すべき点は、成都王穎が八王の乱のさなかである元康九年(二九九)から永興元年(三〇四)にかけての五年餘りにわたって鄴(現在の河北省臨漳県)に出鎮していたことである。この鄴県はかつて後漢末においては魏郡の郡治のみならず冀州の州治をも兼ね置かれた要衝の地であり、かの冀州牧となり河北に勢威を振った袁紹の本拠地でもあった。またその袁紹を破った曹操もここに銅雀台など三台を含む都城を建設し、重兵を配備し、自ら魏公ついで魏王に封ぜられるや、鄴を中心にこのあたり一帯を封土とし、そのため曹魏では創業の地として五都の一つに数えられるに至る。つづく西晉においても長安・許昌とならんで重視され、建国以来司馬氏の一族が出鎮するのが慣例であった。事実、成都王穎以前、曹魏時代にすでに琅邪王伷・済南王遂が、西晉に入っても高陽王珪・彭城王権・高密王泰・山濤・梁王肜・趙王倫・河間王顒と、山濤を除き宗室諸王が鄴に出鎮している(9)。この要衝の地に出鎮していたことが、成都王穎が八王の乱に深く関与する要因であったと予想し得るであろう。ちなみに成都王穎の前任としてこの地に出鎮していた梁王肜・趙王倫・河間王顒らも八王の乱の主役である。

ではそもそもこうした要衝に出鎮するということは如何なることであろうか。本来出鎮とは同じ中央から地方に出るとはいっても封建による就国とは異なり、あくまで官職を帯び、その任務として任地である軍鎮に赴くことである。それでは出鎮に際して具体的には如何なる官職を帯びるのか、そしてその官職が如何なる権限をもち、それが八王の乱において如何に宗室諸王挙兵のよりどころとなるのであろうか、簡単に検討したい。魏晉当時の出鎮の例を正史の列伝などで調べると、たとえば假節・平南将軍・都督淮北諸軍事あるいは使持節・鎮西大将軍・都督雍涼二州諸軍事と基本的にはその肩書きとして出鎮する方面を示す将軍号と管轄地域を示す都督号とそれに付帯した持節号の三つが記されている。[10] そしてそれぞれにランクがあり、たとえ同じ地に出鎮するにしても、出鎮する当人の官資などによりそのランクが異なり、また同じ人物がそのまま出鎮していても進位してゆく場合も多い。[11] 鄴への出鎮を例にとると、将軍号は征北大将軍以下、鎮北大将軍（以上が二品。あるいは「大」の付かない征北将軍、鎮北将軍もある）、安北将軍、平北将軍（以上三品）、北中郎将（四品）と続く。[12] 成都王穎の場合、平北将軍として出鎮、つづいて鎮北大将軍、さらには征北大将軍と進位している。[13] 都督号は都督鄴城守諸軍事・監鄴城守諸軍事・督鄴城守諸軍事、[14] 持節号も使持節、持節、假節の三ランクがある。[15] 将軍とは本来一軍の指揮官であり、征伐があるごとに任命され、任務が終われば解任される非常任の武官であった。前漢以後さまざまな名号をもつ将軍号が生まれたが、その中で遠征する方面を表わす四征・四鎮・四安・四平の各将軍および四中郎将は後漢初めとその末から三国初めの二つの戦乱期に続々と作られ、曹魏において九品官制の中に序列化されて整理され、また都督と結び付くことにより禁軍を統率して前線に駐屯する官職として常官化した。[16] 都督とは本来征伐にあたって天子に代り諸軍を率いる将軍を監督する、つまり実質的には全軍を指揮する任務であり、曹魏の初め都督某州諸軍事を設け、戦時において管轄下の州刺史・郡太守・県令らを指揮し、さらには直接人民を徴募するなどの権限を有するように変化した。また それにともない中央には天子に代り全禁軍を掌握する都督中外諸軍事や大都督が置かれるようになった。[17] 持節は天子の権限が委任されていることを示し、都督に付帯された場合にはとくに管轄下にある人士を処刑する権限を表わしている。[18] 以上の三つの肩書きをもって出鎮することにより地方における、基本的に一州あるいは数州単位の軍事権の最高責任者となったのである。

では何故にこのような将軍号と都督・持節号をもち地方に出鎮する体制が確立し、しかも宗室諸王がその任に就くようになったのであろうか。その歴史的背景とその後の展開をたどりたい。始めて出鎮体制が確立したのは漢魏革命直後の黄初年間（二二〇―二二六年）の初めであったが[19]、当初曹魏の最大の懸案は対峙していた呉蜀両国への対処であり、出鎮体制は両国に対する防禦と攻撃の軍事上の拠点としての役割が課せられていた。たとえば使持節・征東大将軍・都督揚州諸軍事と使持節・征南大将軍・都督荊州諸軍事とがそれぞれ出鎮していた寿春と襄陽は対呉の前線基地であり、使持節・征西大将軍・都督関中（雍涼二州）諸軍事が出鎮していた長安は対蜀の前線基地として重兵がつねに駐屯していた[20]。ところがそれ故にこそ寿春に出鎮していた王淩・毌丘倹・諸葛誕らがあいついで中央に対し反旗を翻したり[21]、あるいは長安に出鎮していた司馬懿が連年にわたる蜀の攻撃を支える中で着々と司馬氏擡頭の基盤を築いたなど[22]、一面では出鎮は反乱を起こしたり、自己の勢力を扶植するための絶好の機会となる、朝廷にとっては危険極まりない存在であった。この諸刃の剣ともいうべき出鎮体制の危険性を熟知していた司馬氏は魏晋革命への準備段階においてすでに信頼すべき同族ないし腹心を出鎮させており、その措置が晋朝成立後もそのまま継続し、宗室諸王を中心とする出鎮体制として制度化したのである[23]。そして太康元年（二八〇）、宿願であった中国再統一が呉の平定により実現したのを契機に、州郡の軍備を事実上撤廃した結果[24]、地方における都督の軍事面での比重がさらに増大、その中でも重兵が駐屯し宗室の中でも皇帝に近い親族が出鎮するのが慣例であった鄴・長安・許昌の三都市がとくに重要となり[25]、はからずも京師洛陽を中心に、この三都市を加えた間で八王の乱が展開するのである。

今一度、西晋における国家と宗室諸王との官職を通しての結び付きを検討すると、西晋以前のどの国家よりも密接であった、つまりありていにいえば宗室諸王が中央の官職に就くことが多かったことがわかる。西晋の宗室諸王は就国する場合以外にはほとんど何らかの官職に就いている。たとえば成都王穎の略歴を見ると、まず（1）越騎校尉（加散騎常侍）と中央の将軍・校尉官で起家し、ついで（2）平北将軍（のち鎮北大将軍から征北大将軍と昇進する）となって地方に出鎮し、さらに（3）大将軍から丞相と、本来は入輔すべき三公の位にまでのぼりつめている（なお成都王穎は鄴の地から離れなかった）。こうした西晉における宗室諸王とその就くべき官職との関連については、宮崎市定氏が『九品官人法の研究』［宮崎一九五六］の中で論ぜられているところによると、宗室諸王は中正の管轄外にある宗室選により、散騎常侍（三品）もしくは諸校尉（四品）といった貴族では起家官となり得ない高い品官で起家し（ふつう名門の子弟で六品官から起家する）、以後も京師において員外の散官を歴任し、あるいは軍隊を握る将軍あるいは都督となるのが典型であったという[26]。西晉以前の歴代王朝の宗室と比較するならば、前漢では建国当初、戦国の旧六国の末裔や漢の功臣らからなる異姓諸侯を各地に封建したが、やがて反乱・陰謀などの嫌疑をかけて諸侯王をつぎつぎに劉氏一族に切り換えていった。ところが数郡にわたる封土とそれを統治するための組織的には中央政府と同じ機構からなる王国を保持する、その点ではいわば皇帝と対等の存在である同姓諸侯が皇帝ならびにその下にある中央政府と対立し、ついには呉楚七国の乱を惹き起こすに至る。この内乱を鎮圧した皇帝側はこれを契機に旧来の王国の封土を削減・没収あるいは分割すると同時に王国の官制をも縮小、その後も推恩の令・酎金の律・左官の律・阿党の律など宗室抑圧策の実施を通じて諸侯王の権限をさらに制限し、宗室諸王を皇帝に対抗し得ない、食邑の租税を食むだけの存在に退化させた[27]。後漢に入っても前漢の制度が踏襲され、始封された皇子・皇弟が就国し、亡くなるとその嫡子が世襲していったが、宗室諸王は中央から派遣された国相らの監視のもと、人士との交通は禁止され、また官職にも就けず、それ故に国政には関与することができなかった[28]。曹魏の封建も形式的にはいわゆる周の封建に倣ってはいるが、その内実を検討すると就国の強制とそれにともなう仕官への道の杜絶、藩国における王官、とくに封国を守備すべき軍隊の貧弱さ、中央から派遣される曹魏特有の防輔・監国謁者などによるきびしい監視、さらにはたびかさなる転封（国替え）などから窺うことができるように、実質的には藩屛としての役割を期待されていたのではなく、「囹圄」と称されるように飼い殺し同然に幽閉されていたといっても過言ではなかった。[29]しかしこうした宗室諸王をとりまく状況は曹魏のみが特異なのではなく、以上の如く前漢以来の一貫した宗室対策の方針のさらなる強化にすぎず、その延長線上にあったのである。それに対して西晋では魏晉禅譲革命の直前に司馬昭が実施した五等爵の復活により形式的には周の爵制に復古し、[30]また建国当初、宗室諸王に対して食邑の大幅な増加、軍隊の増員、防輔・監国謁者の官の撤廃、王官の自選など、制限の緩和や特権の付与による宗室優遇策を打ち出した。[31]しかし本来宗室諸王が封建された国を統治する内史は郡の太守と事実上差違はなく、宗室諸王は封国の租税を食む存在に過ぎず、しかも転封が繰り返されており、前代と比較して優遇されているとはいえ、封建本来の意義が失われ本質的には前漢以来の方針の枠から出るものではなかった。[32]この西晉の宗室諸王のありかたの重大な特質で以前の歴代王朝と大きく異なるのは、宗室諸王が必ずしも就国することなく、中央の官僚に仕官することができたことである。そしてさらに官職の中でも軍事に関わる官職に就く傾向が顕著である。そして成都王穎の場合に見たように、（1）諸（将軍）校尉・（2）都督（出鎮）・（3）三公（入輔）と昇進する例が多く、八王の乱で活躍する宗室諸王も、第五章の表5‐1から窺われるように、（2）都督の宗室諸王が挙兵し、（3）三公として輔政する宗室諸王が討伐され、また（1）諸（将軍）校尉の宗室諸王も抗争勃発において両陣営に分かれて参加する、こういった状況がよく見られるのである。[33]

ではこうした特徴は一体何を意味するのであろうか。そもそも後漢末の分裂状況から三国鼎立を経て西晉王朝による統一へとしだいに秩序を回復してゆく過程において、その統一を推進する中核にあったのが魏晉国家体制であり、その軍事的側面を形成していたのが後漢末の群雄曹操の軍隊から発展した禁軍である。川勝義雄氏は「曹操軍団の構成について」［川勝一九五四］の中で、軍閥としての曹操の掌握する軍団が、曹操自身の武力集団を中核に、（1）招募・徴発された武力集団、（2）自発的に帰順した武力集団、（3）投降し再編された武力集団からなっており、この軍団が魏晉国家の禁軍の原型であったと分析しておられる。魏晉国家においてさらに旧蜀・旧呉の軍隊を解体し、その一部を吸収してゆく禁軍は洛陽あるいは鄴などに軍営ごとに宿衛・駐屯しており、「三十六軍」と総称された。[34]この禁軍こそが魏晉国家の軍事面における統一への志向の象徴であり、実際に推進・維持したのである。そしてこの禁軍を中央において一営ごとに分掌したのが諸将軍・校尉であり、また地方における軍事行動の際に諸将軍・校尉を皇帝の代理として督率するのが本来の都督であり、それ故に都督を兼ねての出鎮は中央から地方への臨時の派遣の常駐化である。西晉におけるこうした重責を担う武官に多く宗室諸王を任命する制度は、禁軍の形成過程からも窺えるように、司馬氏一族の血縁による紐帯により、たえずばらばらに分離する傾向を内包する禁軍をたばねようとする意図の表われであり、その典型が宗室諸王の出鎮体制である。

以上の論述によりわかるように西晉における宗室の優遇措置は、唐長孺氏がいわれる司馬氏一族の他の貴族に対する優位性の保持、つまり帝位を簒奪されないがためという私的な面よりも、むしろ第一義的に宗室諸王が掌握する禁軍が支える国家体制、さらにはそれが果している秩序の維持という公的な役割を担うがためであった。[35]西晉の宗室諸王は地方への出鎮が代表するように、一官僚として軍事力を掌握するのであるが、皮肉にも逆に国家体制の内からの瓦解の張本人となるのであり、それ故により悲劇的である。

第二節　宗室諸王と士大夫——陸機・陸雲誅殺事件——

第一節でも触れたように歴代王朝では宗室諸王が人士と交通したり、賓客を養ったりする行為に対して非常な警戒心を懐いている。それはたとえば前漢の呉楚七国の乱において人材をあつめて富国をめざし、それを基盤に朝廷に歯向かったことなどに窺える帝位の簒奪の危険性とそれにともなう国家体制の動揺を考えてのことであろう。[36]西晉においても「小人」と結託した宗室諸王がしばしば弾劾されていることからもわかるように一応は禁止されていた。[37]ところが西晉の宗室諸王は官職に就くことにより、実質的にはその官職の権限でもって自己の配下に士大夫を召しかかえることができた。とくに重要な点は宗室諸王が人輔出鎮した際に、公府あるいは軍府を開き、その幕下に士大夫を辟召し幕僚として召しかかえ一種の君臣関係を結ぶことである。[38]こうした西晉特有の制度こそ、西晉の宗室諸王が権力をもつに至った要因の一つであると考えられる。この問題のもつ意味を、八王の乱の際に成都王穎のもとで起こった陸機・陸雲誅殺事件を素材にもう少し詳しく検討してみたい。まずこの事件の概要について簡単に述べる。

この事件の発端は、太安二年（三〇三）八月、洛陽で恵帝を擁し輔政の任にあった驃騎将軍の長沙王乂に対し、長安に出鎮していた太尉の河間王顒が鄴に鎮する大将軍の成都王穎を誘い、共同して長沙王乂を討伐せんことを計画、そして河間王顒の挙兵に呼応した成都王穎は平原内史の陸機に假節・前将軍・前鋒都督を假授、ここに討伐軍の総司令官となった陸機の統率下総勢二十餘万人の成都王穎軍が洛陽めざして進発したことに始まる（第五章　表5‐1、Ⅶ）。その後河間王顒・成都王穎連合軍と恵帝を奉ずる長沙王乂軍は八月以来洛陽城内外で戦闘をいくどとなく続けていたが、その中で十月戊申の建春門での戦いで成都王穎軍は大敗を喫した。[39]そしてこの敗北をきっかけに成都王穎側で陸機に対する不満が噴出、鄴にて宦官の孟玖が成都王穎に、陸機の長沙王乂への内通を讒言し、現地にいた王闡・郝昌・公師藩ら部将たちも陸機の貳心を証言したため、激怒した成都王穎は参軍の王彰の弁護にもかかわらず、現地にいる冠軍将軍の牽秀に命じ軍中にて陸機をその子陸蔚・陸夏とともに誅殺させ、あわせて鄴にいた弟の陸雲・陸耽および陸機の司馬であった孫拯らも獄に下した。[40]この成都王穎の処断に対して大将軍府の僚属であった江統・蔡克・棗嵩らは、陸機自身が敗戦の責任を問われ誅戮されたのは当然の処置かもしれないが、陸機の反逆という未確認の情報をもとに他の陸氏一族までをも族誅するのはさしひかえるべきだと再三にわたり「上疏」し、さらには蔡克を先頭に数十人の僚属が成都王穎に拝謁し涕涙を流して陸雲らの助命を嘆願し、蔡克に至っては叩頭のあまり流血するほどの懇請であったがために、一旦は心を動かされた成都王穎は陸雲らを赦そうとしたが、迷ったすえに結局は盧志や孟玖らにうながされて誅殺してしまった(41)。

陸機ならびに陸雲誅殺事件の概要は以上の如くであるが、後日陸機兄弟を誅殺においこんだ張本人である宦官の孟玖に対する非難の輿論におされて、丞相府の従事中郎であった王澄が孟玖の私姦をあばき、孟玖の誅殺を進言、その結果、成都王穎は王澄の言に従い孟玖を誅殺している(42)。またこうした成都王穎のもとで孟玖が専横する状況が世間には成都王穎の私権化の表われと映り、それがひいてはこの翌年の東海王越の挙兵を招き、ついには東海王越に呼応した王浚・新蔡王騰らの攻撃の前に鄴城は陥落するに至る(43)。

この陸機兄弟の悲劇の背景には、成都王穎の下において対立が存在しており、しかもそれはさらに性格を異にする二種類の対立がともに陸機をめぐることにより絡みあっていたという状況が浮かび上がる。軍府内における僚属間の対立、旧呉の名門出身で呉平定後新たに西晉の朝廷に出仕し、その才能故に急速に成都王穎の信任を得つつあった陸機と、彼に対してねたみをもつ河北出身でもとから西晉に出仕しており、自身鄴令の時代より成都王穎の信任を得ていた盧志の場合に尖鋭化される対立である(44)。もう一つは宦官の孟玖に対する士大夫の代表としての陸機・陸雲兄弟という構図である。それはたとえば孟玖が自分の父を邯鄲令に任用されんことを成都王穎に求めたのに対して、大将軍府右司馬の陸雲が反対したことを孟玖が深く恨んだとか、陸機統率下の成都王穎軍において孟玖の弟孟超が陸機の指示に敢えてそむいたとか、孟玖が孟超の戦死を陸機のしわざと思い込んだという記事に窺うことができる(45)。こうした孟玖の陸機兄弟に対する恨みが陸機の反逆という讒言を生み、ついには陸機・陸雲兄弟が誅殺されたのである。ここに成都王穎の寵倖を得ていた宦官孟玖とそのまわりに弟の孟超や孟玖に推挙されて成都王穎の部将となった王闡・郝昌・公師藩らからなるグループが存在し、孟玖は成都王穎の寵倖と自ら扶植した親党を背景に威権を振い、それに対して府内では僚属となっていた士大夫が批判を加え、また外からは成都王穎の「驕奢」として輿論の非難を浴びる結果をもたらした(46)。そして府内における成都王穎に対する批判は、陸雲の孟玖批判にはじまり、江統・蔡克・棗嵩らの陸雲擁護・王澄の孟玖弾劾という一貫した批判を展開した流れを見出すことができるのであり、それを担った主体が軍府の僚属であった。このグループがどのような人物からなっていたのか検討したい。まず成都王穎のもとにいた僚属を『晉書』の列伝などを参考にしてまとめたのが、表6-1「成都王穎の軍府の僚属とその本籍」である。なお便宜上、征北大将軍府・大将軍府・丞相府の各軍府（厳密に言うならば丞相府は公府）を区別しなかった。なお表において*印が付いている人物は本来鄴に出鎮していた都督が管轄範囲として想定し得る冀州（および司州の一部である魏郡・陽平郡・広平郡・頓丘郡）以外の全国、つまり在地以外の出身であるとはっきりわかる人物である。

表6-1　成都王穎の軍府の僚属とその本籍

府官名	姓名（本籍）
長史	盧志*（范陽涿）・鄭球*（滎陽開封）
司馬	程牧（広平曲周?）・和演*（汝南西平?）・陸雲*（呉郡呉県）・王混
従事中郎	顧栄*（呉郡呉県）・王澄*（琅邪臨沂）・成夔
東曹掾	蔡克*（陳留考城）
掾	応詹*（汝南南頓）・杜毗*（蜀郡成都）・歩熊（陽平発干）

記室督	江統（陳留圉県）
参軍	陸機*（呉郡呉県）・邵続（魏郡安陽）・孫恵*（呉郡呉県）・王彰・崔曠・劉淵（新興郡匈奴）・喬智明（鮮卑前部）
（官属）	棗嵩*（潁川長社）

こうした宗室諸王が府主として権力を掌握した基盤である軍府を構成する長史・司馬以下の僚属、つまり府官は本来制度上はその長官である四征将軍（あるいは三公）と同じく中央から任命されるべき勅任官であり、それ故に八王の乱当時においても制度として府主である宗室諸王が適当な人物を上奏し、それにもとづき皇帝が正式に任命するのであり、決して府主が辟召するのではない(47)。そしてこの制度があるからこそ、たとえば趙王倫が自分の腹心を監視牽制のために成都王穎らの下に参佐と郡太守として送りこむことができたのである(48)。こうした府主と僚属の関係は、その軍府が統轄する郡県の長官にもあてはまる(49)。ところが実際には府主に裁量権があり、自分の都合により自由に任免することができ、実質的には辟召する権限をもっているのと同じであった。そしてしかも将軍職が中央官であるので辟召する人物の出身を州刺史の如くその管内に限ることなく、中央の朝廷に出仕している人々をも含めて広く全国に求めることができるのである。このように宗室諸王は開府することにより、軍府の僚属および管内の郡県の長官の任免権を掌握していたのである。ではすべて宗室諸王の恣意によるかといえばそうではなく何かに規制されている。その規制するものが士大夫の輿論であり、逆に言うならば輿論で支持された人物こそその軍府内の僚属となるのである。このように府主と僚属の関係は、制度としては官職上の上下関係、つまり公的な関係であるが、実質的には府主の任命による一種の君臣関係、つまり私的関係である。ところがこうした人物を府主が全く自由に登用するかといえばそうではなく輿論の規制を受けている。ここに「公」

が「私」、「私」が「公」という極めて中世的な複雑な様相があるのである。そしてあまりにも輿論を無視していわゆる「小人」を登用すると私権化傾向の表われとして輿論の非難を受けるのである。逆にたとえば三王起義において成都王穎が挙兵にさきだち軍府の長史・司馬を改選し、掾属を辟召したのは、当時鄴県県令であった盧志が「……しかし戦争はこのうえない重大事であり、聖人でさえも慎重となります。ですから賢才を旌表任用し、声望ある人物を収攬すべきでありましょう」という進言にもとづいていることからも窺われるように、輿論を自らに引き付ける手段であった。すなわち第五章において、斉王冏の大司馬府での府主と僚属つまり府官との関係について、「そもそも府主に辟召されて幕僚となった士大夫は、府主が自らに人心を繋ぎ留めるために辟召した人物、すなわち輿論の期待を担っている人物であり、逆に言うならば、輿論を導く立場にある人物であり、それ故に幕僚の府主に対する批判は、輿論の具体的な代弁である」（一七四頁）ということが、この成都王穎とその僚属との関係においてもそのままあてはまる。こうして府主である宗室諸王は辟召した士大夫（すなわち貴族）を通して具体的に輿論と結び付くのである。

いますこし府主と府官との関係を検討したい。「成都王穎の軍府の僚属とその本籍」（表6－1）からわかるように成都王穎の場合、その府官の本籍はその管轄地域のみならず、当時西晋が領有していた全域にわたっており、その中でもあるものは後漢末以来士大夫の淵藪とよばれた中原の汝南・潁川・陳留などの各郡を本籍とする士大夫であり、また他の地域でも琅邪の王氏出身の王澄や呉郡の陸氏出身の陸機など名族の出身者である。たとえば丞相府記室督の江統は「徙戎論」を著したことで有名であるが、彼は本籍は陳留郡圉県で、祖父・父とも郡太守で終わっており、また亢父男という封爵を嗣いでおり、陳留郡では蔡克と並び称され、「嶷然稀言江応元」といわれ、襲爵し山陰県の県令でもって起家した。のちに京官・東宮官、斉王冏の参軍などを歴任している[51]。また丞相府の従事中郎であった顧栄はそれ以前には趙王倫の子虔の大将軍府長史、斉王冏の大司馬府主簿、長沙王乂の驃騎将軍府長史を歴任、その後も東海王越の太傅府軍諮祭酒、琅邪王睿の安東将軍府軍司馬（軍司）となっている。[52]このように実権を掌握していた宗室諸王の府下を転々と移りながら、府主である宗室諸王の浮沈とは関わりなく生存しているのは、顧栄自身「南土の著姓」として輿論の支持を得ていたからであり、ここに府主に対する自立性が窺えるのであり、その関係は南北朝時代、とくに南朝における皇帝と貴族との関係、つまり王朝交替にも関わりなく存続した貴族のありかたに繋がる。

こうした宗室諸王と士大夫を府主と府官という関係で内包する軍府（あるいは公府）は、たとえば琅邪王睿（のちの東晉元帝）の鎮東大将軍府が東晉政権の母胎となったように[53]、政権の中核となる可能性を秘めた存在であり、それ故に現政権にとっては地方の分離の拠点ともなり得る存在でもあった。

八王の乱において何故に宗室諸王がその主役となるのか、という問いに対し、第一節・第二節を通じて、西晉特有の宗室諸王のありかた、とくに出鎮の場合を中心に検討してきた。そこには官職を介しての宗室諸王による軍隊の掌握と軍府における士大夫との一種の君臣関係と、その二つを基礎にした一種独立的な権力基盤を見出した。こうした宗室優遇策は魏晉国家体制がその統一を維持するための施策の結果であった。出鎮の場合、委任した宗室諸王に皇帝の権限を分与し、それにより地方の遠心的傾向を防止しようとしたのである。ではこうした強大な権力をもつ宗室諸王が何故に挙兵に踏み切ることができるのか、また何故にその宗室諸王のもとにさらに人士が結集し得るのか、この問題については節を改めて考えたい。

第三節　宗室諸王の権威

何故に八王の乱において出鎮した宗室諸王が挙兵に最終的に踏み切れるのか、その根拠をどこに求めることができるであろうか。例を三王起義にとるならば、斉王冏が、あるいは斉王冏に呼応した成都王穎・河間王顒が何故に趙王倫討伐の兵を挙げることが許されたのであろうか。八王の乱の諸抗争は第五章の表5-1「八王の乱抗争表」の下段を見れば一目瞭然に永寧元年（三〇一）に起こった三王起義を転機として、それ以前の洛陽城内を舞台としたクーデター劇に終始した段階と、以後の全国をまきこんだ内戦に展開した段階とに分けることができるが、はじめに前半の段階におけるクーデター決行の場合について検討し、ついでそれを踏まえて後半の段階における挙兵の場合について考えたい。

クーデターの場合の検討材料として元康元年（二九一）六月の楚王瑋が汝南王亮と衛瓘を殺害したクーデター（第五章表5-1、Ⅱ）をとりあげる。まず『晉書』巻五十九、楚王瑋伝を中心にクーデターの概略を述べたい。[54]

ある夜、衛将軍・領北軍中候の楚王瑋のもとに青紙に書かれた密詔が届けられた。その密詔には「太宰（汝南王亮）と太保（衛瓘）は『伊・霍の事』（皇帝の廃立）を目論んでいる。王（楚王瑋）はよろしくこの密詔を宣示し、まず淮南王〔允〕・長沙王〔乂〕・成都王〔穎〕に命じ、〔不測の事態に備え〕宮城の各門を固めさせ、その上で二公（汝南王亮と衛瓘）から官位を剝奪すべし」という内容が記されていたという。[55]この密詔が黄門によりもたらされるや、楚王瑋は自ら領する北軍を統御するとともに、この恵帝の手詔をよりどころにしてつぎつぎに偽詔を発した。その第一は自身を都督中外諸軍事に任命する偽詔であり、その権限でもって洛陽城内外の全禁軍（三十六軍）を召集、城内で宿衛の任に就いていた軍営に対してはその部署において厳戒体制を敷かせ、城外に駐屯していた軍営に対してはただちに汝南王亮の居る太宰府ならびに衛瓘の太保府の制圧に赴かせた。第二に汝南王亮と衛瓘のもとへは太宰・太保の印綬と侍中の貂蟬の返還を命じ、その上で両者の封国に退居させ、また太宰府・太保府の僚属を解任する旨の偽詔をたずさえた使者をつかわし、また別に両公府の僚属に対してはこの詔敕に従い反抗しないかぎり罪には問わない旨の偽詔を示した。こうした楚王瑋のやつぎばやの措置により汝南王亮と衛瓘は抵抗らしい抵抗もせずに縛に就き、殺害されたのである。

このクーデターの顚末から、詔敕が数多く出され、その詔敕がクーデターの成否に関わる重要な役割を果していたこと、とりわけ皇帝である恵帝自身の手になる汝南王亮と衛瓘の罷免を命ずる密詔が楚王瑋のクーデター決行のよりどころとなったことがわかる。そしてこの場合の詔敕に関して二つの特徴を見出すことができよう。まず第一にクーデターの発端となった詔敕の内容があくまでクーデターの目標である人物の免官と引退を命じていることであり、これと同様の詔敕が八王の乱前半の他のクーデターにおいても見られる。たとえば楊駿誅殺のクーデターの場合（第五章表5-1、Ⅰ）では「楊駿（太傅）を廃黜し、臨晉侯の爵位のみ残して第宅（やしき）に退居させよ」という内容の、[56]また賈皇后誅殺のクーデターの場合（Ⅲ）にも「賈皇后を廃位し、庶人の身分に落とせ」という内容の詔敕が出ている。[57]つまりクーデターの目標人物が振う権勢のよりどころである彼の地位、多くの場合は官職を剝奪し、封国ないしは第宅に退居させる、第五章第二節のことばを使うならば「退譲」を迫る詔敕が降るのが常套手段となっていたのである。[58]そしてこの詔敕の執行をたてに禁軍を派遣し、その上で無防備の相手を収縛し殺害するという手順でクーデターが進行するのである。第二の特徴として挙げられる点は、「矯詔」すなわち詔敕を詐称・假託する、あるいは詐称・假託した詔敕という意味の語句がこの事件を扱った記事に頻繁に出てくることである。楚王瑋伝には「遂勒本軍、復矯詔召三十六軍、手令告諸軍曰……」「又矯詔使亮・

瓘上太宰太保印綬・侍中貂蟬、之国、……」「又矯詔赦亮・瓘官属曰……」と、楚王瑋が恵帝の手詔をよりどころにつぎつぎと詔敕に假託し自ら命令を出したことが「矯詔」と表わされ、また恵帝の手詔そのものさえが『晉書』巻四、恵帝紀、元康元年六月の条に「賈后矯詔使楚王瑋殺太宰汝南王亮・太保菑陽公衛瓘」と表わされている。前者が直接には楚王瑋の意図により自ら作製した偽詔であるのに対して、後者は賈皇后の意図による、恵帝自筆にかかる詔敕であった(59)。この「矯詔」という表現は他のクーデターの記事にも頻出し、また「矯詔」という表現を使わない場合にも事実上詔敕に假託する行為が見られる。楊駿誅殺のクーデターの場合（Ⅰ）には、賈皇后の意を受けた殿中中郎の孟観・李肇が夜中に恵帝に啓して楊駿罷免の詔敕を作製させており(60)、また賈皇后誅殺のクーデターの場合（Ⅲ）には、趙王倫が偽詔を作製し、それをたてに賈皇后とその一族をとらえて処刑している。なおこの時に賈皇后をとらえにきた斉王冏と賈皇后との間には以下のやりとりがあったと『晉書』巻三十一、后妃伝上、恵賈皇后に記載する。――賈皇后「おまえがどうしてやってきたのか」。斉王冏「皇后をとらえよ、という詔敕があります」。賈皇后「詔敕はこの私から出るはずである。〔私の手を経ないものが〕どうして詔敕であることがあろうか(61)」。――この挿話から当時在位していた皇帝で、暗愚と評され判断能力に欠けていた恵帝のもとでの「矯詔」の性格が浮かび上がるであろう。重要なことは恵帝の手を経るか否かにかかわらず、クーデターの主謀者の意図にかかる「詔敕」が現われていることである。以上のように楚王瑋のクーデターに代表される八王の乱の前半の段階の抗争では、クーデターの発端として「詔敕」が降っており、それをよりどころにクーデターが決行される。ということはすなわち表面上は皇帝である恵帝の意思が挙兵の根拠となったのである。そしてこの「詔敕」の内実を考えるとクーデターの主謀者の意図そのものであり、つまり「矯詔」であり、具体的には打倒すべき相手の地位を剝奪するという内容をもっていた。

　こうした「詔敕」、その内実はクーデターを謀る側の意図の反映である「矯詔」がクーデターの決め手になるという事態がたびかさなると、この「詔敕」への対抗手段が、とくにクーデターをしかけられた側に講ぜられるようになる。その中で興味深いのが「騶虞幡」の利用である。さきほどの楚王瑋のクーデター（Ⅱ）を再び例として見てみたい。

　夜中に楚王瑋が恵帝からの密詔、実は賈皇后の矯詔をよりどころに、戒厳下禁軍をその統率下におきクーデターを起こすという事態に対し、なすすべを知らなかった朝廷は、その翌未明に太子少傅の張華の計略――「楚王瑋は詔敕を矯りて、擅に二公を殺害した。将校および兵隊たちはこれを『国家』（皇帝である恵帝）の意思であると信じこみ、それ故に楚王瑋に従っているだけであります。いま『騶虞幡』を遣して外軍の戒厳を解除するのがよろしかろうと存じます。さすれば自然としかもまちがいなく麾《さしまね》かれるが如く従うはずであります」――に従い、殿中将軍の王宮に騶虞幡をたてて楚王瑋のもとに赴かせた。そして軍衆を前に騶虞幡をふり、「楚王は詔敕を矯っている」と叫んだ結果、楚王瑋のもとに結集していた禁軍は、「兵士たちは皆な武器をその場に抛り出して逃げ出し、楚王瑋の左右には全く一人もいなくなった」と雲散霧消し、楚王瑋はあっけなくとらえられた[62]。

　ここに出現する騶虞幡とは『資治通鑑』の胡三省の注によれば、「晉の制度には白虎幡と騶虞幡とがある。白虎は威猛にして殺すことをつかさどるが故に戦闘を督促す。騶虞は仁獣であるが故に戦闘を解除す」と説明があり[63]、また趙翼の『廿二史劄記』巻八、「騶虞幡」には「晉の制度では騶虞幡を最も重んじた。危機的な状況に至るたびごとにあるいは用いて皇帝の旨を伝え、あるいは用いて戦闘をやめさせた。これを見た者はたちまち恐れひれふし決して動こうとしない。これは朝廷の令甲である。……他の王朝にはこれを用いたという記事は見当たらない」とある[64]。すなわち騶虞幡は本来は戦争における旗指物の一種で皇帝の意思として戦闘を停止させる場合に使うものであり、それがさらに非常時の際に皇帝の意思を伝える手段としても利用されたのである。楚王瑋のクーデターの場合にこの騶虞幡をもつ王宮が「楚王矯詔」と叫んでおり、騶虞幡の本来の役割でもって禁軍の戒厳を解くと同時に、クーデターは楚王瑋が詔勅を詐称して起こしたのであり、決して恵帝の意思から出たのではないことを示し、楚王瑋を一転して逆賊となしたのである。このことからわかるように、騶虞幡は皇帝の分身として、より皇帝の意思を体する点では詔勅を凌ぐ権威を有していた。それ故に騶虞幡は八王の乱において楚王瑋のクーデター以後にも、たとえば淮南王允のクーデターの場合（Ⅳ）に趙王倫打倒に立ち上がった淮南王允を斬るために、[65] また三王起義の終局に趙王倫が掌握していた禁軍を解除するために、[66] さらには斉王冏軍対長沙王乂軍の市街戦の場合（Ⅵ）にも登場する。[67] ところがこうして騶虞幡がクーデターのたびごとに利用されるにつれ騶虞幡そのものがもっていた効力が薄まり、長沙王乂軍対河間王顒・成都王穎連合軍の内戦（Ⅶ）[68] や蕩陰の役（Ⅷ）[69] に至っては、ついに騶虞幡に代って皇帝である恵帝自身が前面にかつぎだされるという事態にまでエスカレートした。

以上見てきたように八王の乱、とくにその前半における、多くは矯詔という形であるが詔勅が頻出し、ついでそれに対抗するために騶虞幡が登場、さらに皇帝自身が奉ぜられて内戦に現われるなどの現象は一体何を意味するのであろうか。その解答を示唆するのは矯詔ではないかとの疑念を懐きつつも結局その詔勅に従い、クーデターに対して抗うことができなかった楊駿や汝南王亮・衛瓘の例、[70] あるいは騶虞幡の出現により統率下にあった禁軍が一瞬のうちに瓦解した楚王瑋の例、[71] また皇帝の親征に対しその姿を遠望するや配下の軍が退却しはじめた河間王顒の部将張方の例[72]などである。これら詔勅・騶虞幡・生身の皇帝などに共通して存在する無形の皇帝の権威がこうした状況下において絶大の効果を発揮するからであり、だからこそクーデターをしかける側も、またそれを防ぐ側も利用したのである。

ではつぎに当初の問題であった、内戦の形式をとる八王の乱後半の段階での挙兵のよりどころは何なのか、この問題について三王起義の場合を例に考察したい。三王起義の発端は、使持節・鎮東大将軍・都督豫州諸軍事として許昌に出鎮していた斉王冏が、恵帝から帝位を簒奪した趙王倫の討伐と幽閉されている恵帝の反正という大義を掲げて挙兵、と同時に全国の「征・鎮・州・郡・県・国」に檄書を送った。そして各地で斉王冏に呼応する動きがはじまり、直接斉王冏のもとに馳するものもあれば、河北においては斉王冏の檄に応じた使持節・征北大将軍・都督鄴城守諸軍事の成都王穎のもとに兗州刺史王彦・冀州刺史李毅らが結集、封国にあった常山王乂（のちの長沙王）もそれに続くというように趙王倫討伐の連合軍が形成され、ついで洛陽に進撃した。[73] こうした展開の中で注目すべきは、第一に要衝に出鎮し「藩屏」たるべきを期待されている宗室諸王、その中でも「親親」の宗室諸王が挙兵の中核に位置していること、第二にその宗室諸王が反趙王倫という輿論の趨勢を踏まえて挙兵していることである。より具体的には斉王冏が全国各地に檄を飛ばすことにより大義のために挙兵することを表明、成都王穎が挙兵にあたり幕僚を改選することにより、輿論との一体化を示している。[74] こうした条件が整ってこそ詔敕がなくても挙兵を正当化することができ、またその結果他の勢力を結集し得たのである。とすると、突きつめれば、宗室諸王と輿論の存在とその結合が詔敕の代替となったといえよう。そしてこうしたありかたこそ逆に詔敕などに現われた皇帝の権威を生ぜしむる由来を示唆するのではないか。遡って考えてみるに後漢末の群雄割拠の状況の中から曹操という一軍閥が輿論の自覚的な中心である清流士大夫と結び曹操政権を形成、他の軍閥勢力を吸収し、ついには曹魏王朝を成立させ、さらにそれを継承した西晉王朝が中国を再統一した。つまり魏晉国家体制は図式的には軍隊と輿論の結合であり、その両者を結ぶ接点として皇帝が存在するのであり、[75] 皇帝の権威はその背景に両者により支えられており、そこから生じているのである。そしてその西晉王朝下でのたびかさなる私権化という国家体制の危機に際し、この私権化の動きに対し公権としての機能の回復をめざす輿論の反撥という対立が八王の乱の諸抗争の底流における図式であり、それが表面化する契機が国家の意思の象徴である詔敕・騶虞幡の登場であった。そしてさらに八王の乱が拡大し内戦化し、直接に皇帝の詔敕を得ることが不可能な状況で、自らの挙兵を正当化するために輿論とともに宗室諸王の存在[76]が前面に登場してくるのである。

おわりに

本章をまとめてみると、八王の乱は西晉の宗室が前面に出てくる、とくに地方に出鎮した宗室諸王が主役であった内乱である。そもそも西晉の宗室に関し、前代のそれと異なるのは任官し政治に関わることができた点であり、そして宗室が就く官職は軍事関係が、その中でも都督として出鎮するのがその典型であった。この出鎮の体制は地方統治体制の根幹として曹魏以来存続していたが、西晉に入り主要な都督は宗室が独占していた。それは分離傾向を内包していた地方に対し軍事を中核に大幅な裁量権を委託された宗室諸王が、皇帝と宗室諸王の間の血縁のきずなにより中央と地方との紐帯ならびに「藩屏」としての役割を期待されていたからであろう。こうして出鎮した宗室諸王は管轄下における軍事権の掌握のみならず、その地において軍府を開くことにより、両者があいまって宗室諸王が強力な権力を有する要因となる。それは管轄下の地方から人材を軍府に辟召すると同時に、中央官として全国からも士大夫を登用することができ、彼らが代表する輿論と結び付く可能性を有していたからである。ここに西晉王朝の下ではあるが、この時代における政権形成の二大要素が出鎮した宗室諸王の下に結合しており、実際に政権の母胎となった例もあった。こうした宗室諸王が八王の乱において挙兵を許されたのは、たとえば八王の乱前半の諸抗争の切り札として詔敕（しばしば「矯詔」として現われる）、「騶虞幡」、さらには皇帝自身が抗争の場に登場することからわかるように、皇帝の意思、つまり皇帝が体現する国家の意思にもとづくものであり、それ故に直接に皇帝をもちだし得ない後半における地方での挙兵の場合、「藩屛」としての出鎮した宗室諸王が皇帝との血の繫がり、その中でもより皇帝に近い「親親」という立場と士大夫に代表される輿論の支持をよりどころとして挙兵し得た。

以上のことを論述してきたが、「はじめに」で提起した疑問、——何故に宗室が八王の乱の主役とならざるを得なかったのか——に対し十全に解き明かし得ていない。一つは宗室の存在を単に皇帝と血縁で繫がる一族というわば没歴史的な一性格のみで解釈してよいのか、この魏晉南北朝時代の宗室にはこの時代特有の性格が存在するのではないかという点と、もう一つは貴族制との関連についてであり、唐長孺氏の見解を否定しつつ、それに代る新たな見解を明確に出し得なかった。思うに宗室制と貴族制が相い補完し、国家を維持し得たのであろう。しかし、この両者のより内的な連関については解き得なかった。この二つの相い関連するであろう問題を次なる課題としたい。

なお西晉の宗室に論及した際に出鎮した宗室諸王に絞ったために、同じ任官したにしても他の官職、とくに入輔した宗室諸王、また封国に赴き官職を持たない宗室諸王にあまり言及し得なかった。また同じ魏晉南北朝の他の時代、とくに南朝での宗室に関しても果せなかった。当時の宗室諸王のありかたは、その典型である西晉の出鎮した宗室諸王と基本的に同じ性格であろうが、さらに確認してゆきたい。

またこうした宗室が政治の表面に出た魏晉南北朝とは異なり、つづく隋唐になると宗室はしだいに姿を消すようになる。では魏晉南北朝時代の国家において宗室が果した役割を隋唐ではどういう形で受け継ぐのか。魏晉南北朝を通じて模索され隋唐で完成した律令体制とどう関連するのか。また強力な権限を付与して地方に派遣する体制は中国史を通じてまま見出されるが、たとえば唐後半期の藩鎮体制もこの都督の出鎮体制も国家の同じ意図から創出された体制であろうが、それが形態の上で明確に相違点があるのは、中国史の発展段階の相違の反映であろうか。こうした大きな問題も徐々に考えてゆきたい。

注

（1）曹冏の「六代論」は『文選』巻五十二、論と『三国志』巻二十、魏書、武文世王公伝注所引の『魏氏春秋』に、陸機の「五等諸侯論」は『文選』巻五十四、論に「五等論」として、また『晉書』巻五十四、本伝に、劉頌および段灼の上奏は『晉書』巻四十六・巻四十八のそれぞれの本伝に載せる。なお西晉の武帝が採用した方針は荀勖の上奏（『晉書』巻二十四、職官志、王と巻三十九、荀勖伝所収）に見える議論に沿っている。本田済「魏晉における封建論」［本田一九五五］参照。【補注】近年日本では、川合安「沈約の地方政治改革論 ――魏晉の封建論と関連して」［川合一九九五］、濵邉義浩「『封建』の復権――西晉における諸王の封建に向けて」［渡邉二〇〇五］、辻正博「西晉における諸王の封建と出鎮」［辻二〇〇八］など、この時代の「封建」に対する関心が高い。

（2）諸氏の見解は呂思勉『両晉南北朝史』［呂思勉一九四八］上冊、二九―三四頁、封建之制、唐長孺「西晉分封与宗王出鎮」［唐長孺一九八二］、宮崎市定『九品官人法の研究』［宮崎一九五六］一七〇―一七三頁。越智重明『西晉の封王の制』［越智一九五九］・「封王の制と八王の乱」［越智一九六三］・「西晉の封王の制と八王の乱」［越智一九八二］などの論考に示されている。なお越智氏は宗室諸王の封国支配と都督としての支配が一体化し、そこから宗室諸王の自律的独立的性格が生まれる、と説かれている。前章「八王の乱の本質」注（1）および（2）参照。

（3）稲葉一郎「呉楚七国の乱について」［稲葉一九七六］など参照。

（4）［唐長孺一九八二］一三九―一四〇頁。「値得注意的是、像西晉那樣用宗室、如晉書八王伝序所説的「或出擁旄節、蒞岳牧之栄、入践台階、居端揆之重」的情況、既不見於秦漢、也不見於唐以後、但却在不同程度上通行於南北朝、甚至延続到唐初。前人議論、通常認為西晉重任宗室是鑒於曹魏禁錮諸王、「思改覆車」、這当然是一個重要原因。但是経過「八王之乱」的教訓、為什麼劉宋・斉・梁和却没有鑒晉的「覆車」而継続任用皇子和宗室入輔出鎮呢？　北朝如果諉之部落遺風、那麼南朝又怎様解釈呢？」。なお唐長孺氏はその問いに対する答えとして、それに続けて、当時の政権構造が門閥貴族の連合支配であり、皇

室はその門閥貴族の一族の上に凌駕する一族であり、それ故にその一族（宗室）は権勢を得ることにより、優越的地位を保持することが必要であったのであり、この種の情況がほぼ門閥支配とともに終始することはおそらく偶然ではないであろう、と論じておられる。

（5）南朝の宗室の反乱ではたとえば安田二郎「「晋安王子勛の叛乱」について——南朝門閥貴族体制と豪族土豪——」［安田一九六七］など参照。

（6）第五章の表5-1「八王の乱抗争表」を参照。

（7）成都王穎の略歴はおもに『晋書』巻四、恵帝紀および巻五十九、成都王穎伝により作成した。ほかに成都王穎と関係が深い人物の列伝および『資治通鑑』晋紀の該当の条などを参照した。なお成都王穎の妃は、清談の名手で「名教の中に自ら楽地有り」のことばで有名な楽広、その女である。『世説新語』言語篇、『晋書』巻四十三、楽広伝。

（8）太康十年に他の武帝の皇子、長沙王乂・呉王晏らとともに始封された（食邑十万戸）。『晋書』巻三、武帝紀、太康十年十一月甲申の条、および成都王穎伝。なお封国である成都郡（成都国）については、『宋書』巻三十八、州郡志、益州、「……蜀郡太守、秦立。晋武帝太康中、改曰成都国、後復旧」、『晋書』巻十五、地理志下、荊州、「……時（太安二年（三〇三））蜀乱、又割南郡之華容・州陵・監利三県、別立豊都、合四県置成都郡、為成都王穎国、居華容県」とある。このように成都王穎の封国である成都国は最初に現在の四川省に置かれ、のちに永嘉の乱のさきがけをなす李特の反乱の結果、湖北省に移っている。いずれにせよ成都王穎自身が封国に赴いた形跡はなく、おそらく洛陽や鄴で現地にいる内史より租の三分の一を受けとっていたのであろう。なお成都王穎の場合、該当しないが、西晋では宗室諸王の出鎮の地と封国を近接せしめる施策がしばしば行われている。注（2）に挙げた［越智一九五九］［越智一九六三］［越智一九八二］参照。

（9）鄴は六朝時代の代表的都市であり、西晋につづく五胡十六国時代には後趙・前燕の、北朝では東魏・北斉の都であった。鄴の様子については左思「魏都賦」（『文選』巻六、賦、京都所収）、酈道元『水経注』巻十、濁漳水、陸翽『鄴中記』など、沿革については宮川尚志「六朝時代の都市」［宮川一九五六］「鄴」参照。万斯同ならびに呉廷燮の「晋方鎮年表」（『二十五史補編』第三冊所収）には鄴に出鎮した人物の名が列挙されており、それによると曹魏の景元二年（二六一）以来司馬氏一族が独占しており、しかも『太平御覧』巻二四一、職官部、北中郎将所引の『晋起居注』に「武帝太（泰）始二年詔、鄴城守事、宜速有人、又当得親親有文武器任者。高陽王珪、今来之国、雖当出為蕃輔、以才幹事亦古之制也。其以珪為督鄴城守事・北中郎将」、『晉書』巻三十八、琅邪王伷伝に「……正始初、封南安亭侯。早有才望、起家為寧朔将軍・監守鄴城、有綏懐之称」とあり、一族の中でも司馬懿・昭・炎に近く、なおかつ才望ある者に限定されていた。ちなみに成都王穎は元康九年正月に前任の河間王顒が平西将軍となり長安に転じたのにともない洛陽から出鎮している。また成都王穎の後任に予章王熾（のちの懐帝）・南陽王模・范陽王虓・丁紹・新蔡王騰・和郁らがいる。なお山濤が出鎮したのは司馬氏と同郡出身の姻戚で、しかも開国の功臣で鄴と関係が深かったからであろうか（『晉書』巻四十三、山濤伝）。小尾孟夫「晉代における将軍号と都督」［小尾一九七八］一〇一―一〇二頁、［唐長孺一九八二］一二九頁参照。

(10) 西晉の武帝の叔父扶風王駿の場合。将軍号のみに注目すると、扶風王駿は平南将軍のあと安東将軍、安東大将軍と進めて鎮西大将軍に至り、その後征西大将軍、驃騎将軍に進めている。『晉書』巻三十八、扶風王駿伝。

(11) さらに管轄地域によっては護烏丸校尉（幽州）・護羌校尉（涼州）・〔護〕西戎校尉（雍州）・〔護〕南蛮校尉（荊州）など諸校尉（四品）を兼領した。これら諸校尉は、民政長官である州刺史に移管できない当該州に居住する異民族の監視などの職務をもつ、いわば軍政長官であり、一軍営をもっていた（『宋書』巻四十、百官志下、『晉書』巻二十四、職官志、『通典』巻三十四、職官典、武散官、諸校尉）。なお州刺史については、八王の乱以前にも出鎮している州の刺史を領する場合もあったが慣例化しておらず、八王の乱・永嘉の乱を経て、しだいに州刺史を兼ねるのが制度化する。唐長孺「魏晉州郡兵的設置和廃罷」［唐長孺一九八三b］。

(12) 曹魏から西晉にかけての出鎮については「はじめに」注（2）で挙げた諸論考のほかに何茲全「魏晉的中軍」［何茲全一九四八］、濱口重国「魏晉南朝の兵戸制度の研究」［濱口一九五七］、越智重明「晉代の都督」［越智一九五七］・「魏晉時代の四征将軍と都督」［越智一九八〇］、宮川尚志「黄巾の乱より永嘉の乱へ」［宮川一九五六a］、厳耕望『中国地方行政制度史』上篇（三）［厳耕望一九六三］、魏晉南朝地方行政制度、都督与刺史、小尾孟夫「曹魏における『四征』将軍」［小尾一九七八a］・「晉代における将軍号と都督」［小尾一九七八b］、谷川道雄「東アジア世界形成期の史的構造――冊封体制を中心として――」［谷川一九七九］、唐長孺「魏晉州郡兵的設置和廃罷」［唐長孺一九八三b］など参照。

(13) 征北大将軍から進位して最高の将軍号で方面を示さない驃騎将軍・車騎将軍・衛将軍（二品）を帯びる例も多く（注（4）参照）、またさらに大将軍・大司馬・太尉など、本来武官系統の三公（一品）あるいは三公格に進位する場合もある（成都王穎は征北大将軍から大将軍、さらに丞相になっている）。なお平北将軍と同格らしい寧北将軍もある。冀州（鄴）・幽州・幷州がともに某北将軍を帯びるために将軍号が重複するのを避けるためであろうか。また雑号将軍を帯びる例も若干ある。

(14) 鄴に出鎮する場合のみ都督某州諸軍事と州名を称さずに「鄴城守」と称するのは曹操以来重兵が駐屯していた特別の地であったからであろうか。【補注】［山口二〇〇三］三六―三七頁参照。

(15) 『宋書』巻三十九、百官志上、持節都督に「……晉世則都督諸軍為上、監諸軍次之、督諸軍為下。使持節為上、持節次之、假節為下。使持節得殺二千石以下、持節殺無官位人、若軍事得与使持節同、假節唯軍事得殺犯軍令者。……假黄鉞則専戮節将、非人臣常器矣」とある。これらの分析は［小尾一九七八a］［小尾一九七八b］に詳しい。【補注】［山口二〇〇三］三〇―三二頁参照。

(16) 『通典』巻二十八、職官典、武官上、将軍総叙に「……四征興於漢代、四安起於魏初、四鎮通於柔遠（領東西南並後漢末有之、鎮北魏置）、四平止於喪乱（魏置）」とある。『宋書』巻三十九、百官志上、四征将軍以下、『通典』巻二十九、職官典、武官下、四征将軍以下参照。

(17) 『宋書』百官志上、持節都督に「持節都督、無定員。前漢遣使、始有持節。光武建武初、征伐四方、始権時置督軍御史、事竟罷。建安中、魏武帝為相、始遣大将軍督軍。二十一年、征孫権還、夏侯惇督二十六軍是也。魏文帝黄初二年、始置都督諸州軍事、或領刺史。三年、上軍大将軍曹真都督中外諸軍事・假黄鉞、則総統外内諸軍矣。……」とある。平凡社『アジア歴史事典』の「假節」の項目（宮崎市定氏執筆）参照。

(18) 注（15）参照。

(19) ［小尾一九七八a］一一三―一一四頁、［唐長孺一九八一］一二六―一二八頁。【補注】［山口二〇〇三］三六頁参照。

(20) ［小尾一九七八a］一一八―一二二頁。【補注】［山口二〇〇三］三六―三八頁参照。

(21) 嘉平三年（二五一）、寿春の王淩（当時太尉）の楚王彪擁立の陰謀が発覚、司馬懿が収拾する。正元二年（二五五）、鎮東将軍・都督揚州諸軍事の毌丘倹は揚州刺史の文欽と共謀し挙兵するも司馬師の軍に敗北する。甘露二年（二五七）、征東大将軍・都督揚州諸軍事の諸葛誕は呉の来援を受けて反乱を起こすも司馬昭に征討された。なお咸熙元年（二六四）には蜀平定直後、鎮西将軍・都督関中諸軍事の鍾会が現地において反乱を起こすもすぐに鎮圧されている。『三国志』魏書、巻二十八の各列伝参照。【補注】［山口二〇〇三］三七―三八頁参照。

(22) 司馬懿は太和五年（二三一）、大将軍・都督雍涼二州諸軍事として長安に出鎮、以後景初二年（二三八）まで七年間留任する（途中太尉に進位）。『晉書』巻一、宣帝紀。またその間の経緯については［岡崎一九三二］内編、第一章第九節「魏室衰へ司馬氏興る」など参照。

(23) ［唐長孺一九八一］一二九―一三三頁参照。

(24) ［唐長孺一九八三b］一四四―一四九頁。

(25) これらの都市に出鎮した宗室諸王の顔ぶれを見るとわかるが、『晉書』巻五十九、河間王顒伝に「〔元康〕九年、〔河間王顒〕代梁王肜為平西将軍鎮関中。石函之制、非親親不得都督関中、顒於諸王為疎、特以賢挙」とあり、かつて司馬懿が出鎮していた長安の場合は、宗廟の中にある「宗祏」とよばれた石函の中におさめられた制書により、宗室の中でもとくに皇帝と血の繋がりの濃い人物のみが任命されることになっていた。

(26) ［宮崎一九五六］本論、一七〇―一七一頁。

(27) ［稲葉一九七六］に依拠した。

(28) 『後漢書』列伝巻四、宗室四王三侯列伝、同巻三十二、光武十王列伝、同巻四十、孝明八王列伝、同巻四十五、章帝八王列伝参照。

(29) 『三国志』巻二十、魏書、武文世王公伝に「評曰、魏氏王公、既徒有国土之名、而無社稷之実、又禁防壅隔、同於囹圄、位号靡定、大小歳易、骨肉之恩乖、常棣之義廃、為法之弊、一至于此乎」とあり、その裴松之注所引の袁準『袁子』に「魏興、承大乱之後、民人損減、不可則以古始。於是封建侯王、皆使寄地、空名而無其実。王国使有老兵百餘人、以衛其国。雖有王侯之号、而乃儕為匹夫。県隔千里之外、無朝聘之儀、鄰国無会同之制。諸侯游猟不得過三十里、又為設防輔・監国之官以伺察之。王侯皆思為布衣而不能得。既違宗国藩屏之義、又虧親戚骨肉之恩」とある。越智重明『魏晉南朝の政治と社会』［越智一九六三］第一篇第六章「封建制」参照。具体例として曹操の子で、文帝丕の弟である曹植をとりあげると、「植毎欲求別見独談、論及時政、幸冀試用、終不能得。既還、悵然絶望。時法制、待藩国既自峻迫、寮属皆賈豎下才、兵人給其残老、大数不過二百人。又植以前過、事事復減半、十一年中而三徙都、常汲汲無歓、遂発疾薨、時年四十一」（『三国志』巻十九、魏書、陳思王植伝）と、漢魏革命以後は自己の才能を発揮し志を遂げるべき仕官の道は閉ざされ、また亡くなるまでの十三年間に臨菑侯・安郷侯・鄄城侯（のち王）・雍丘王・浚儀王・雍丘王・東阿王・陳王と転封され、しかもその封国では親しい友人のみならず兄弟とも交際を禁止され、なおかつ監国謁者ら目付役の監視下で汲汲としていなければならなかったのである。吉川幸次郎『三国志実録』〔吉川一九六二〕、伊藤正文『曹植』〔伊藤一九五八〕参照。なお防輔・監国謁者については『資治通鑑』巻六十九、魏紀黄初三年四月戊申の条の胡三省注、また〔越智一九六三〕一四七―一四八頁参照。

(30)〔越智一九六三〕第二篇「晉の政治と社会」第四章「五等爵制」、また〔宮崎一九五六〕一四―一五頁および一七一頁参照。

(31)『晉書』巻三、武帝紀、巻二十四、職官志、巻三十七、宗室伝、巻三十八、宣五王文六王伝、巻五十九、「八王伝」、巻六十四、武十三王元四王伝。『通典』巻三十一、職官典、歴代王侯封爵、晉の項にまとまっている。越智重明氏の西晉の封建に関する一連の論考、「西晉の封王の制」〔越智一九五九〕、『魏晉南朝の政治と社会』〔越智一九六三〕第二篇第四章「五等爵制」・第五章「封王の制と八王の乱」、『魏晉南朝の貴族制』〔越智一九八二〕第三章第七節「西晉の封王の制と八王の乱」、あるいは大澤陽典「西晉政治史の二・三の問題」〔大澤一九七六〕参照。

(32) 成都王穎の場合、成都国に赴いた形跡がない。注(8)参照。転封の例としてはたとえば「八王」では汝南王亮はかつて扶風王、楚王瑋は始平王・趙王倫は琅邪王、河間王顒は太原王であり、また長沙王乂は一時常山王に貶されている。ただ越智重明氏らが指摘されるように宗室諸王の都督の配置がえにともなう場合が多い。

(33) 第五章　表5－1参照。

(34)『晉書』巻六十四、秦王柬伝に「……武帝嘗幸宣武場、以三十六軍兵簿令柬料校之、柬一省便擿脱謬、帝異之、於諸子中尤見寵愛」とある。また、巻五十九、楚王瑋伝に「……遂勒本軍、復矯詔召三十六軍、手令告諸軍曰、……」とある。銭儀吉「補晉兵志」(『二十五史補編』第三冊所収)、何茲全「魏晉的中軍」〔何茲全一九四八〕参照。

(35) 当時における皇帝との親疎を基準に、賢の要素も加味して配置し、またしばしば全面的な配置転換を図る西晉の出鎮体制は、封建された宗室諸王の子孫がその封地を世襲してゆく封建体制とは性格を異にし、その意味ではしばしば転封する西晉の封建も理解できる。そしてその時点における「宗師」の存在が象徴する宗室の「家」としてのまとまりがそのまま国家体制の根幹を保証するのに対応しており、そこに宗室としての河内の司馬氏一族の貴族としての側面が表われており、それが他の時代における宗室のありかたと異なる最大の点ではないか。

(36)『史記』巻一〇六、呉王濞列伝、「会孝恵・高后時、天下初定、郡国諸侯各務自拊循其民。呉有予章郡銅山、濞則招致天下亡命者盗鋳銭、煮海水為塩、以故無賦、国用富饒。……〔鼂錯〕説上曰、……、乃益驕溢、即山鋳銭、煮海水為塩、誘天下亡人、謀作乱。……」。『漢書』巻三十五、呉王濞伝。

(37) 第五章注(61)参照。〔越智一九六三〕第一篇第六章第四節「封王と賓客」、第二篇第四章第七節「封建制と(上級)士人」など参照。

(38) 第五章一七四頁および第五章注(20)参照。

(39) この内戦については、『晋書』巻四、恵帝紀、太安二年の条、巻四十四、盧欽伝、盧志、巻五十四 陸機伝、巻五十九、長沙王乂・成都王穎・河間王顒の各伝、巻六十、張方伝、『資治通鑑』巻八十五、晋紀、太安二年・永興元年の条など参照。陸機は假節、前将軍、前鋒都督(成都王穎伝、『資治通鑑』太安二年の条)として、北中郎将王粋・冠軍将軍牽秀・中護軍石超ら諸将を督した。陸機伝では陸機の肩書きを後将軍、河北大都督とする。なお戦いは翌年正月に内応した東海王越らの手によって長沙王乂がとらえられて終結した(『資治通鑑』永興元年の条)。

(40) おもに『晋書』巻五十四、陸機伝および陸雲伝による。孟玖の讒言の直接のひきがねは小都督として従軍していた弟孟超の戦死にあり、孟玖は陸機が孟超を殺害したものと思い込み、陸機が長沙王乂に内通しているとの意の孟超の書信を証拠として訴えた。なお孟玖の陸機・陸雲兄弟に対する宿怨のみならず、ほかに亡国の呉から入朝した陸機兄弟が成都王穎の信任を得たことに対する、とくに盧志に代表される旧来の士大夫の反感を買い、またこの内戦の際には陸機の都督下に入った王粋ら有力部将の反撥などが絡み合っていたのである。盧志は個人的な怨恨から(『世説新語』方正篇参照)、陸氏兄弟排撃の急先鋒となり、孟玖と行動をともにしている。

(41) 『晋書』陸雲伝、「〔陸〕機之敗也、并収〔陸〕雲。〔成都王〕穎官属江統・蔡克・棗嵩等上疏曰、……、穎不納。統等重請、穎遅廻者三日。……、蔡克入至穎前、叩頭流血、曰、雲為孟玖所怨、遠近莫不聞、今果見殺、罪無彰験、将令羣心疑惑、窃為明公惜之。僚属随克入者数十人、流涕固請、穎惻然有宥雲色。孟玖扶穎入、催令殺雲」。

(42) 『晋書』巻四十三、王戎伝、王澄、「少歴顕位、累遷成都王穎従事中郎。穎嬖豎孟玖譖殺陸機兄弟、天下切歯。澄発玖私姦、勧穎殺玖、穎乃誅之、士庶莫不称善」。

(43) 第五章一七一頁、(Ⅷ)・(Ⅸ)。

(44) 注(40)参照。『晋書』陸機伝、「范陽盧志於衆中問機曰、陸遜・陸抗於君近遠。機曰、如君於盧毓・盧珽。志默然。……〔成都王〕穎謂機曰、若功成事定、当爵為郡公、位以台司、将軍勉之矣。機曰、昔斉桓任夷吾以建九合之功、燕恵疑楽毅以失垂成之業、今日之事、在公不在機也。穎左長史盧志心害機寵、言於穎曰、陸機自比管・楽、擬君闇主、自古命将遣師、未有臣陵其君而可以済事者也。穎黙然」。陸雲伝参照。

(45)『晉書』巻五十四、陸雲伝、「曾〔斉王〕冏誅、転大将軍右司馬。〔成都王〕穎晩節政衰、雲屢以正言忤旨。孟玖欲用其父為邯鄲令。左長史盧志等並阿意従之。而雲固執不許、曰、此県皆公府掾資、豈有黄門父居之邪。玖深忿怨」。『世説新語』尤悔篇注所引『〔陸〕機別伝』参照。『晉書』陸機伝、「初、宦人孟玖弟超並為穎所嬖寵。超領万人為小都督、未戦、縦兵大掠。機録其主者。超将鉄騎百餘人、直入機麾下奪之、顧謂機曰、貉奴能作督不。機司馬孫拯勧機殺之、機不能用。超宣言於衆曰、陸機将反。又還書与玖、言機持両端、軍不速決。及戦、超不受機節度、軽兵独進而没。玖疑機殺之、遂譖機於穎、言其有異志。……」。

(46)『晉書』陸機伝の、注(45)引用文に続き、「……将軍王闡・郝昌・公師藩等皆玖所用、与牽秀等共証之。穎大怒、使秀密収機」。公師藩は陽平郡の出身で成都王穎の帳下督であった(巻三十七、宗室伝、南陽王模。巻一〇四、石勒載記上)。なお牽秀も「又諂事黄門孟玖、故見親於穎」(巻六十、牽秀伝)と、孟玖に近づき、そのつてにより成都王穎の信任を得ている。この宦官・部将グループともいうべき集団は、語弊を恐れずにいうならば後で出てくる士大夫グループとは対照的に在地出身の成都王穎とは私的に結び付いている寒門寒人層からなり、成都王穎の軍府内で士大夫グループと対立し、そして孟玖を中心とするこのグループの擡頭が輿論には成都王穎の私権化と映ったのであろう。こうした寒門寒人層の進出は他の宗室諸王の公府・軍府内にも見える。第五章とくに第三節参照。

(47)〔厳耕望一九六三〕上編(三)、都督与刺史、一二一—一二四頁参照。

(48)『晉書』巻五十九、趙王倫伝、「時斉王冏・河間王顒・成都王穎並擁強兵、各拠一方。〔孫〕秀(趙王倫の腹心)知冏等必有異図、乃選親党及倫故吏為三王参佐及郡守」。なお「参佐」は「……〔王〕基上疏固譲、帰功参佐、由是長史・司馬等七人皆侯」(『三国志』魏書、巻二十七、王基伝)、「綱紀、綜理府事者也。参佐、諸僚属也」(『資治通鑑』巻九十三、晉紀、明帝太寧二年七月の条「有詔、王敦綱紀除名、参佐禁錮」の胡三省注)などの用例があり、府内の長史・司馬・主簿など「綱紀」をも含む広義と「綱紀」を除いた「僚属」のみを示す狭義があるらしい。

(49)『晉書』陸機伝、「〔成都王〕穎以〔陸〕機参大将軍軍事、表為平原内史」、陸雲伝、「成都王穎表為清河内史」。成都王穎は軍府の僚属を推薦し、管轄下の郡太守・国内史・県令に任用されんことを上表している。注(45)参照。

(50)『晉書』巻四十四、盧欽伝、盧志、「……斉王冏起義、遣使告〔成都王〕穎。穎召〔盧〕志(鄴令)計事、志曰、趙王無道、肆行簒逆、四海人神、莫不憤怒。今殿下総率三軍、応期電発、子来之衆、不召自至。掃夷凶逆、必有征無戦。然兵事至重、聖人所慎。宜旌賢任才、以収時望。穎深然之、改選上佐、高辟掾属、以志為諮議参軍、仍補左長史、専掌文翰」。

(51)『晋書』巻五十六、江統伝。彼の子孫は陳の江総ら南朝の貴族として連綿と続いている。

(52)『晋書』巻六十八、顧栄伝。ほかにたとえば大将軍府参軍の孫恵はかつて斉王冏の大司馬府で賊曹属、戸曹掾、東曹属を歴任しており（巻五十九、斉王冏伝。巻七十一、孫恵伝）。ただし僚属が私権化する宗室諸王に個人的に与するならば、のちに罪に問われて誅殺されることはまぬがれず、またたとえ無実であっても個人的な宿怨をはらすために処刑される場合もままあった。そのために顧栄は斉王冏の大司馬府主簿の時に「終日昏酣、不綜府事」と、酔って実務をとらず、その結果、中書侍郎に転出している。このように貴族は府内にあって府主を批判するか、あるいは実務にたずさわらないというように積極・消極の違いがあるが府主の宗室諸王と一線を画す傾向が多く見られる。

(53) 前章注（20）参照。東晋政権内に見られる北来貴族と江南豪族との関係も基本的には成都王穎の軍府における貴族層と寒門寒人層との関係と同一である。

(54) このクーデターのあらましについては、楚王瑋伝のほかに『晋書』巻四、恵帝紀、元康元年六月の条、巻三十一、后妃伝上、恵賈皇后、巻三十六、衛瓘伝、巻五十九、汝南王亮伝、『資治通鑑』巻八十二、晋紀、元康元年六月の条参照。

(55)『晋書』楚王瑋伝、「……而〔賈〕后不之察、使恵帝為詔曰、太宰太保欲為伊霍之事、王宜宣詔、令淮南・長沙・成都王屯宮諸門、廃二公。夜使黄門齎以授〔楚王〕瑋、瑋欲覆奏、黄門曰、事恐漏泄、非密詔本意也、瑋乃止。……」。

(56)『晋書』巻四十、楊駿伝、「及〔楚王〕瑋至、〔孟〕観・〔李〕肇乃啓〔恵〕帝、夜作詔、中外戒厳、遣使奉詔、廃〔楊〕駿、以〔臨晋〕侯就第」。楊駿は太傅・大都督・侍中・録尚書事の官職を剥奪された。なお臨晋侯には咸寧二年（二七六）十二月に武帝の皇后の父、つまり外戚ということで封ぜられている（巻三、武帝紀）。

(57)『晋書』恵帝紀、永康元年四月癸巳の条、「梁王肜・趙王倫矯詔廃賈后為庶人。……」。同、后妃伝上、恵賈皇后、趙王倫伝参照。

(58) なお「就国」「之国」もしくは「就第」という処置はすなわち事実上死を意味していた。第五章一七七頁参照。

(59)『晋書』楚王瑋伝、「〔恵〕帝遣謁者詔瑋還営、執之於武賁署、遂下廷尉。詔以瑋矯制害二公父子、又欲誅滅朝臣、謀図不軌、遂斬之、時年二十一。……瑋臨死、出其懐中青紙詔、流涕以示監刑尚書劉頌曰、受詔而行、謂為社稷、今更為罪、託体先帝、受枉如此、幸見申列。頌亦歔欷不能仰視」。

(60) 注(56)参照。

(61) 注(57)参照。『晉書』后妃伝上、恵賈皇后、「趙王倫乃率兵入宮、使翊軍校尉斉王冏入殿廃〔賈〕后。……后驚曰、卿何為来。冏曰、有詔収后。后曰、詔当従我出、何詔也。……」。

(62) 『晉書』巻三十六、張華伝、「……内外兵擾、朝廷大恐、計無所出。〔張〕華白〔恵〕帝以、〔楚王〕瑋矯詔擅害二公、将士倉卒、謂是国家意、故従之耳、今可遣騶虞幡、使外軍解厳、理必風靡。上従之、瑋兵果敗」。同、楚王瑋伝、「……会天明、〔恵〕帝用張華計、遣殿中将軍王宮齎騶虞幡麾衆曰、楚王矯詔。衆皆釈杖而走、瑋左右無復一人、窘迫不知所為、惟一奴年十四駕牛車将赴秦王柬。帝遣謁者詔瑋還営、執之於武賁署、遂下廷尉」。

(63) 『資治通鑑』巻八十二、晉紀、元康元年六月の条、「張華白〔恵〕帝、遣殿中将軍王宮齎騶虞幡、出麾衆曰、楚王矯詔、勿聴也」の胡注に「晉制有白虎・騶虞幡。白虎威猛主殺、故以督戦。騶虞仁獣、故以解兵」とある。騶虞とは伝説上の虎と鹿に似た霊獣である。『詩経』召南、騶虞の毛伝など参照。また白虎・騶虞両幡については『太平御覧』巻三四一、兵部、幡参照。

(64) 『廿二史箚記』巻八、騶虞幡、「晉制最重騶虞幡、毎至危険時、或用以伝旨、或用以止兵、見之者輒慴伏而不敢動、亦一朝之令甲也。……他朝未見有用之者」。なお西晉・東晉における騶虞幡の使用例を挙げている。

(65) 『晉書』巻六十四、淮南王允伝、「〔陳〕徽兄淮〔準〕時為中書令、遣麾騶虞幡以解闘」。

(66) 『晉書』趙王倫伝、「王輿屯雲龍門、使〔趙王〕倫為詔曰、吾為孫秀等所誤、以怒三王、今已誅秀、其迎太上復位、吾帰老于農畝。伝詔以騶虞幡、敕将士解兵。文武官皆奔走、莫敢有居者」。

(67) 『晉書』斉王冏伝、「〔斉王〕冏令黄門令王湖悉盗騶虞幡、唱云、長沙王矯詔。〔長沙王〕乂又称、大司馬謀反、助者誅五族。是夕城内大戦、飛矢雨集」。

(68) 『晉書』巻五十四、陸機伝、「……長沙王乂奉天子与〔陸〕機戦於鹿苑、機軍大敗、赴七里澗而死者如積焉、水為之不流、将軍賈棱皆死之」。巻六十、張方伝、「……〔長沙王〕乂奉〔恵〕帝討〔張〕方于城内、方軍望見乗輿、於是小退、方止之不得、衆遂大敗、殺傷満于衢巷」。

(69) 『晉書』成都王穎伝、「永興初、左衛将軍陳眕・殿中中郎逯苞・成輔及長沙故将上官巳等、奉大駕討〔成都王〕穎、馳檄四方、赴者雲集。軍次安陽、衆十餘万、鄴中震懼。穎欲走、其掾歩熊有道術、曰、勿動、南軍必敗。穎会其衆問計、東安王繇乃曰、天子親征、宜罷甲縞素、出迎請罪。司馬王混・参軍崔曠勧穎距戦、穎従之。……」。同、恵帝紀、永興元年七月の条参照。

(70) 『晉書』汝南王亮伝、「帳下督李龍白、外有変、請距之、〔汝南王〕亮不聴。俄然楚兵登牆而呼、亮驚曰、吾無二心、何至於是、若有詔書、其可見乎。〔公孫〕宏等不許、促兵攻之。長史劉準謂亮曰、観此是姦謀、府中俊乂如林、猶可尽力距戦、又弗聴、遂為〔李〕肇所執、……」。巻三十六、衛瓘伝、「夜〔楚王瑋〕使清河王遐収〔衛〕瓘。左右疑遐矯詔、咸諫曰、礼律刑名、台輔大臣、未有此比、且請距之、須自表得報、就戮未晩也。瓘不従、遂与子恒・嶽・裔及孫等九人同被害、……」。巻四十、楊駿伝参照。

(71) 注(62)参照。

(72) 注(68)参照。

(73) 第五章一六八―一六九頁参照。

(74) 注(50)参照。

(75) 〔川勝一九五四〕一三六―一三七頁参照。

(76) 宗室諸王の典型である成都王穎の人となりは「形美而神昏、不知書、然器性敦厚、……」(『晉書』成都王穎伝)とあり、皇帝である恵帝の人となりと相い通じる。しかも成都王穎は落魄後、襄陽に出鎮していた劉弘のもとでとらわれの身でありながら、劉弘の急死によりその後継の候補に挙げられた(『晉書』巻六十六、劉弘伝)。また殺害された後でもかつての部将であった汲桑が成都王穎の棺を軍中に奉じていた(『晉書』成都王穎伝、「其後汲桑害東嬴公騰、称為穎報讐、遂出穎棺、載之於軍中、毎事啓霊、以行軍令。桑敗、棄棺於故井中、……」)。

第二部　社会史篇

第七章　賈謐の二十四友をめぐる二三の問題

問題の所在

賈謐の二十四友とは、西晉の元康年間（二九一—九九年）の「文学集団」である。この小論では、第一に、賈謐に「諂事」した二十四友が、何故に、狭義の八王の乱の発端となった趙王司馬倫の賈皇后に対するクーデターの際に、賈謐誅殺に連坐し「私党」として処分されなかったのかという問題、それに関連して、第二に、そのクーデター後ほどなく閻纘が上奏した二十四友批判の議論が提案する処分案が有する問題を検討する。あわせて、以上の二つの問題の検討を踏まえて、第三に、賈謐と二十四友の結び付きの性格について考察したい。

賈謐の二十四友に関する先行研究は、日中を問わず、史学方面より、むしろ文学方面の方が多い。その先行研究全般に見られる二つの特徴と近年の中国での成果を紹介する。

第一の特徴は、六朝時代の文人の集団や集会活動の中での位置の指摘である。たとえば森野繁夫氏は、斉梁詩の特色である文学の集団化の先蹤の一つであると把握し、文学の社交性と遊戯性のきざしを見出す（『六朝詩の研究』〔森野一九七六〕）。第二の特徴は、グループ内での対立の存在の指摘である。高橋和巳氏は「競争的雰囲気」（興膳宏氏は「敵対的関係」）と表現する。西晉の修辞文学の底辺には、遊戯（貴族）的・競争的雰囲気の「座」（サロン的交友の場）が前提として存在する、と（「潘岳論」〔高橋一九五七〕、「陸機の伝記とその文学」〔高橋一九五九・六〇〕、『潘岳　陸機』〔興膳一九七三ａ〕）。

近年の中国での成果として、張国星氏は、『晉書』の「二十四友」関連の記載の矛盾を指摘する。成員を三種の類型に分け、主要成員は「賈謐為纂修晉史而羅致的文学之士」であり、二十四友は政治目的や文学創作の主張もない、「好名」を動機とする、「名士聚集」の一つであると論ずる（「関於《晉書・賈謐伝》中的「二十四友」」〔張国星一九八六〕）。徐公持氏は、元康六年（二九六）前後が活動の高潮期であり、成員の条件として、「豪戚貴游子弟」と「文学之士」の二つのタイプに分けられるのであり、賈謐に攀附《はんぷ》する目的は政治上の「発達」の追求と貴游享楽への参与であり、文学の雰囲気が濃厚な活動であり、創作の精力が旺盛であった、と述べ、「文風」上の特質は「浮華躁競」であった、と論ずる（『魏晉文学史』〔徐公持一九九九〕）。張愛波氏は、集団内部の関係の特徴として、「鬆散性」（ばらばらである）と「複雑性」を指摘し、この集団の定義として、「権臣賈謐を中心にし、貴戚を「首」とし、「具有文才声望的中層士族」を主体とした、「交遊唱和等形式」を通して個人の政治利益を実現する」「文人集団」と規定する（『西晉士風与詩歌――以「二十四友」研究的中心――』〔張愛波二〇〇六〕）。以上の三者の共通点は、その成員の構成の性格などにより詳細に分析を加えている点であり、とりわけ注目すべきは、単なる「文学集団」としてではなく、名声を獲得せんとする名士の集まり（〔張国星一九八六〕）や政治上の出世の追求、あるいは政治上の利益の実現をめざす集団（〔徐公持一九九九〕〔張愛波二〇〇六〕。それに対して、〔張国星一九八六〕は政治上の目的はないと論ず）と把握している点である。

私自身の二十四友に対する基本的な考えは、拙著『西晉の武帝司馬炎』［福原一九九五］の中で次のように論じた(1)。

賈謐と「二十四友」の関係は、賈謐や郭槐が外出するときには石崇と潘岳はいつも「塵を望んで拝す」とあるのに端的に見られるように、卑屈なまでの屈従という形で結びついており、その点、当時の貴族の輿論の場での評判は芳しくなかった。（A）

しかしそのメンバーには陸機・潘岳・左思の如く、当代のみならず中国文学史上にも画期的な足跡を残した文人も含まれ（B1）、また劉輿・劉琨兄弟の如く、後の八王の乱・永嘉の乱という晉王朝の危機に直面し、その維持・再建に尽力した官僚も含まれ（B2）、人材が綺羅星の如く居並んでいる。（B）

それでは芳しくない評価との落差はどう理解すればよいのであろうか。「二十四友」に属する人物はおおむね「寒門」に属しており、官界においては上昇志向、出世欲を有していたのであるが、同じ寒門が『銭神論』『釈時論』で描かれている世界では賄賂などにより権貴に取り入り、出世の糸口をつかもうとしているのに対し、自己の文学的才能、あるいは実務能力を武器にし、賈謐という当代随一の権貴に取り入った、と考えられる。さらに寒門・寒人が何とか出世の糸口を見出そうとする点、それが宗室諸王と結びついたのが、つぎに待ち受けている八王の乱の要因だったのである。

以上である。端的に言って、貴族制社会における寒門・寒人層の官界への上昇志向（出世欲）の一環と認識したのである。寒門・寒人層の官界への上昇志向を図式的に示すならば、

［権貴　　↑〔賄賂〕　　　↑　　寒門〕（『銭神論』『釈時論』）
［賈謐　　↑〔文学的才能・実務能力〕↑二十四友〕
［宗室諸王　↑〔軍事的才能など〕　↑寒門・寒人層〕（八王の乱）

となる。一応、AとBの間の矛盾を、自己の才能（B）を武器（手段）として、権貴と結び付く（A）、と説明し、当時の社会の「互市」の風潮（『銭神論』『釈時論』）や八王の乱を推進した宗室諸王との共通の図式を指摘したのである。この認識に関して、現時点でも基本的には正しいと考えている。

しかし、二十四友の成員ははたして寒門とみなせるのか、という問題がある。というのは、その成員の大部分が官僚であり、しかも四品以上が十二人もいるのであり〔徐公持一九九九〕、あるいは「中層士族」と規定されているのである〔張愛波二〇〇六〕。

私自身、近年（二〇〇六—〇八年）、二十四友に関していくつか口頭報告を行い[2]、また「賈謐の二十四友に所属する人士に関するデータ」でもって、二十四友の成員の個々のデータを作成した。

本章は、近年の中国での成果や最近の私自身の一連の研究を踏まえた上での、冒頭に掲げた「二三の問題」の検討・考察を通しての、拙著［福原一九九五］で示した図式的把握の見直しでもある。

第一節　賈謐の二十四友に関する情報

この節では、賈謐と二十四友の結び付きの性格に対する検討の前提として、唐修『晉書』などの史書が語る賈謐の二十四友に関する情報を整理しておく（主要な史料は章末の《二十四友関係史料》のa～i。以下、ラテン文字の小文字でもって出典を略示する）。

「二十四友」という呼称は同時代にすでに存在していた。賈謐殺害後一月餘りの時点での閻纘の上奏文、つまり準同時代史料の中で「魯公二十四友」と記されているからである（d）[3]。なお、「友」は、教えを請う「師友」の「友」であり、語義から対等な関係を示す[4]。

活動の時期は元康年間（二九一―九九年）であり、その下限は、狭義の八王の乱が勃発し、二十四友のパトロンの賈謐や成員の杜斌・石崇・欧陽建・潘岳が殺害された永康元年（三〇〇）である。それに対して、その上限に関しては諸説あり、たとえば『資治通鑑』は元康元年の条に繋ぎ（i）、興膳宏氏は同二年に比定する（［興膳一九七三a］）が、おそらくは元康六年以降の可能性が高い（［張国星一九八六］［張愛波二〇〇六］）。なお、活動の主舞台は都の洛陽である。

二十四友のパトロンである賈謐は「権過人主」の権貴であり、その権力の源泉は、第一に、随一の開国（佐命）の功臣であった賈充の血を受け継ぐ唯一の男子として（母の賈午が賈充の女）、本来は韓謐という異姓（父は韓寿）であるにもかかわらず、武帝の詔でもって例外として認められ、その賈充の後嗣となり、「魯公」の爵位を襲っていたことに求められる。ちなみに最終官歴は侍中・領秘書監。第二に、恵帝の皇后賈南風が姨母（母賈午の姉）にあたり、しかもその賈皇后の「寵」を得ていたことである。随一の外戚であった（すでに楊太后とその一族が排除されていた）。その賈謐は文才を有しており、同好の士である二十四友を招致したのである。（c）

成員は、石崇・欧陽建・潘岳・陸機・陸雲・繆世徴・杜斌・摯虞・諸葛詮・王粋・杜育・鄒捷・左思・崔基・劉瓌・和郁・周恢・牽秀・陳眕・郭彰・許猛・劉訥・劉輿・劉琨の二十四人である（c）[5]。当時、確認しうるかぎり、全員が官僚であり、その大半は高級官僚であり、全員が賈謐より年長であり[6]（a）、石崇・欧陽建・潘岳・陸機・陸雲・摯虞・左思・劉琨らをはじめ、文学で名を馳せている人士が多い（［福原二〇〇八］）。

文学活動に関しては以下の通り。「三曹七子」の游宴の場での詩作に類似する現象として、賈謐の秘書省の官邸内の「坐」における潘岳・陸機・左思らによる『漢書』の講義、およびそれにともなう宴会のありさまを潘岳や陸機が四言詩に描写している[7]。贈答詩は、石崇と欧陽建、潘岳と陸機、陸機と陸雲、杜育と摯虞の間で交わされているのが確認される[8]。

賈謐と二十四友はともに官僚であり、両者の間の官職上の関係は、著作郎の潘岳と陸機や秘書郎の左思を除き、史書では窺えず、それ故に両者の結び付きは本来的には官職を介しておらず、その点では、先行する文学集団である後漢の建安年間（一九六—二二〇年）の「三曹七子」とは、曹操と「七子」とは府主と属僚の関係である点で対照的であり、むしろ、曹魏の正始年間（二四〇—四九年）の曹爽と「正始の音」の名士の関係に近い（注（2）の「魏晉時期文学集団的歴史啓示」参照）。権貴と追従人士の結び付きの一つであるが、注目すべきは「文才」という基準でもって選抜し、定員枠を設定して制限している点である（「号曰二十四友、其餘不得預焉」[9]（c））。

その一方、二十四友間の結び付きに関して、敵対意識の存在（「問題の所在」の先行研究の特徴。注（8）も参照）など、ばらばらであった点は、後年、成都王穎の幕下における南人の陸機・陸雲と北人の王粋・牽秀の対立（［福原一九八五］）などから窺えるのであり、また、賈謐と二十四友の結び付きも脆弱であり（陸機は対賈謐のクーデターの際、功績を挙げている）、賈謐の二十四友は利害でもって結び付いた「同床異夢」的集団であった。

そして、この私的な結び付きに対する史書の表現・評価に関しては、たとえば「傅会」（c）「諂事」（b・e）「翕習」（d）「附託」（h）と表現しており、その敷衍的・具体的な表現が「並以文才、降節事謐」（a）と「望塵而拝」（e）である。賈謐と「二十四友」、あるいは「二十四友」同士の結び付き、つまり、朋党ぶりは「共相朋昵」（a）「共相浮沈」（d）「共相引重」（f）と表現されており、そのバイアスを割り引く必要があろうが、否定的な評価が下されている。では、この否定的評価は何に由来するのであろうか。

第二節　趙王司馬倫のクーデターによる処分

この節では、賈謐に「諂事」した二十四友が、何故に趙王司馬倫のクーデターの際に賈謐誅殺に連坐し「私党」として処分されなかったのかという問題について検討したい。まず、八王の乱の一抗争である趙王倫のクーデターとその後の一連の動向（第五章の表5-1「八王の乱抗争表」のⅢ・Ⅳ・Ⅴ）を、拙著（［福原一九九五］）を用いて、まとめる。

永康元年（三〇〇）四月三日の深更、趙王倫がクーデターを決行した。大義名分は皇太子を殺害した皇后の賈南風の廃位であり、標的はその賈皇后と賈謐である。賈謐は斬り伏せられ、賈皇后は皇后の位を剥奪の上、幽閉された。そして、賈氏の一族・一党が逮捕され、張華ら朝望ある重臣も殺された。同月九日には金墉城に幽閉されていた賈南風が毒殺され、このクーデターの論功行賞が実施された。趙王倫自身は相国・使持節・都督中外諸軍事・侍中を拝命し、相国府を開いている。

五月九日には、同年三月二十二日に賈皇后の命で殺害された皇太子の司馬遹（愍懐太子）、その次子司馬臧が皇太孫に冊立された。なお、賈南風の歿後、愍懐太子殺害に直接関わった劉振らが誅殺されている。

八月、淮南王允が趙王倫打倒を掲げて挙兵するも、失敗。それに連坐して石崇らが処刑された。淮南王允のクーデターを逆に鎮圧した後、趙王倫は九錫が加えられた。

永康二年（三〇一）正月九日、趙王倫は帝位を簒奪した。恵帝は金墉城に送られ、太上皇に祭り上げられ、十七日には皇太孫であった司馬臧が殺害された。

三月、許昌に出鎮していた斉王冏が挙兵し、鄴の成都王穎や長安の河間王顒らが呼応した。「三王起義」である。その結果、四月九日、趙王倫が殺され、その私党が誅殺された。

趙王倫のクーデターとその後の一連の動向は以上である。

趙王倫のクーデターでは、趙王倫は「矯詔」（偽詔）でもって、尚書に対して賈皇后の廃位と賈謐の収捕を命じている。そして、廃されて「庶人」に身を落とした賈皇后は、一旦建始殿に、ついで金墉城に幽閉されていたが、六日後、改めて、趙王倫の「矯詔」でもって殺害された。[10] 話は前後するが、賈謐は「収捕」を逃れんとして、「西鍾」に至り、賈皇后に救いを求めんとするも果さず、その場で「斬」り殺されたのである。[11]『晉書』恵帝紀では「誅に伏す」と表現されているように、「誅」（誅殺）されたのである。古勝隆一氏は、「誅」という行為を、皇帝による直接的な正義の行使としての死刑、と要約し、「誅」は律令の法律用語にはないが、律令の刑罰規定の「大逆不道」罪による処刑に相当し（それ故に「三族」つまり親族の連坐をともなう）、それに皇帝権力の行使（「詔」が発せられる）という側面を加えた行為であるという（[古勝二〇〇八]）。そして、このクーデターの場合、皇太子殺害の罪を問う「詔」が出て、その首謀者や加担者を「誅」するのが本意であろうが、実際に「詔」を出している趙王倫やその懐刀孫秀の思惑により往々にして冤罪が生じた。「詔」を発したのは本来的には時の皇帝である恵帝であるが、恵帝は自発的には「詔」を発することができなかったらしく、いみじくもこのとき賈皇后を捕らえるためにやってきた斉王冏が「皇后を収めよ、という詔がございます」[12]と言ったのに対して、賈皇后が「詔は私から出るはずだ。詔であるはずがない」と反論していることからわかる。実際、臣下が代行し、しかも恣意的、利己的な場合はしばしば「矯詔」と表現されている(13)。賈謐の誅殺の場合は、趙王倫は、賈皇后の収捕・廃位の「詔」とは別の「詔」（尚書に作成させている）でもって賈謐らを殿前に召し、「戮」せんとした（『晉書』賈謐伝）。

この「詔」による「誅」を利用したクーデターでの連坐の処分を分類する。

第一は賈謐とともに「党与数十人」と括られる、誅殺されたグループである(14)。具体的には、後宮関係（多くは女性）の、呉太妃（?）・趙粲（夫人、充華。武元楊皇后の母方の一族）・賈午・董猛（宦官、寺人監。「親信」「参預」）(15)らと、賈皇后・賈謐や趙粲の親族、とくに南陽韓氏の韓寿とその兄弟、韓保（韓寿の兄）・韓預（豫）・韓鑒（ともに韓寿の弟）・韓蔚（韓寿の少弟）と趙俊（趙粲の叔父、中護軍）である(16)。たとえば、賈午は拷問を加えられた上で処刑されている。愍懐太子殺害に直接関わった治書侍御史の劉振と黄門の孫慮と太医令の程拠らもここに含まれるであろう(17)。

第二は以前から趙王倫の私怨を受けており、このクーデターに与するのをいさぎよしとしなかった朝望ある重臣のグループである。矯詔にて式乾殿の前殿に召し出され、その殿前の馬道の南に引き出されて斬られた。これも誅殺である。具体的には司空の張華、尚書左僕射の裴頠、御史中丞の解結、給事黄門侍郎の杜斌の面々である(18)。

第三は多くの「内外羣官」で、免官（「黜免」）されたグループである(19)。ただし、史書からは具体的な例は見出せない。

以上の三グループの中では、第一のグループと第二のグループはともに「誅殺」されている点では共通するが、第二のグループが第一のグループのような賈皇后や賈謐の私党ではないことは、殺害の経緯からも明白であり、『晉書』恵帝紀や閻纘伝で「遇害」と表現されていることや「三王起義」による趙王倫誅殺後、張華や解系・解結兄弟らの「誅殺」が冤罪とされ、その名誉が回復されたことからもわかる(20)。その点では第二のグループはむしろ第三のグループに近いのであり、その死生を分けたのは端的に言って趙王倫の私怨の対象か否かにあった。

では、二十四友の成員はどうなったのであろうか。殺害されたのが、史書により確認できるのは唯一、杜斌である。字は世将、本籍は京兆杜陵。杜預の従兄にあたる。「才望」豊かで、給事黄門侍郎となっていたが、潘岳らと賈謐に「附託」した（給事黄門侍郎の嵇紹は、対照的に、賈謐の求めを拒絶した）（［福原二〇〇八］）。殺害の理由は判然としないが、杜斌は第二のグループに属しており、一緒に召し出されて殺害された張華・裴頠らと同様の理由であろうか。少なくとも第一のグループのような賈皇后や賈謐との結び付きが理由ではない。それは、この時点では他の二十四友の成員は殺害されていないことからわかる。つまり、二十四友は、私的な結び付きという点では共通するにもかかわらず、誅殺の対象である賈謐の私党（「党与」）とは区別されていたのである。では二十四友の成員であり、かつ賈皇后の親族（賈皇后の母郭槐の従兄弟）で、賈皇后の信頼が厚かった、つまり第一のグループと考えられる郭彰はどのような処分を受けたであろうか。史書では明らかではない（郭彰は処刑されたとも考えられるが、『晉書』本伝には言及がない。張国星氏は、諡号が記されている点から、郭彰はクーデター時、すでに歿していたと推定する［張国星一九八六］。［福原二〇〇八］⑳郭彰の項参照）。

永康元年八月の淮南王允の対趙王倫クーデターの場合、淮南王允が返り討ちにあい、淮南王允に与した「数千人」が誅殺されたが、その中には、二十四友の領袖とも言うべき成員である石崇・欧陽建・潘岳の三人が含まれている。が、史書の説明では、その理由は淮南王允の私党であったから、また、クーデターに加担したからではなく、三人がそれぞれ趙王倫とその腹心孫秀の私怨の対象であったからとしている(21)。

永康二年（三〇一）四月の対趙王倫の挙兵である「三王起義」の場合、誅殺の対象は私党（孫秀・許超・士猗）や義陽王威（恵帝の私怨も含む）ら「趙王倫之党与」「凡与倫為逆豫謀大事者」であり、免官の対象は故吏や陸機らである。『晉書』恵帝紀、永寧元年四月辛酉の条に「倫党」、同癸亥の条に「倫之党与」、同趙王倫伝に「凡与倫為逆豫謀大事者」として、張林・許超・士猗・孫弼・謝惔・殷渾・孫秀・張衡・閭和・孫髦・高越・伏胤・蔡璜・王輿（以功免誅）の名が挙がっている。(22)

以上、趙王倫のクーデターとその後の一連の動向の中で命を落としたのが確認される二十四友の成員は、杜斌と石崇・欧陽建・潘岳の四人であるが、いずれも少なくとも私党が誅殺の理由ではなかったのである。逆にそれとは対照的に、陸機・陸雲・杜育・鄒捷らは、趙王倫に積極的に与している。陸機は当時、中書郎の任にあり、趙王倫が誅殺されると、趙王倫の帝位簒奪のための九錫文や禅詔の作成に与したとの嫌疑で、杜育・鄒捷らとともに廷尉に送られたが、その文才を愛する成都王穎や呉王晏の弁護により、罪一等が減ぜられ、さらに恩赦により放免されている。(23)

一体、八王の乱はクーデターや市街戦や内戦などの抗争の連続であった（第五章・第六章）。永平元年（二九一）三月の賈皇后による外戚楊駿に対するクーデターをはじめ、(24)永寧二年（三〇二）十二月の河間王顒・長沙王乂らの斉王冏に対する挙兵など、(25)そのそれぞれの抗争では敗北した外戚・宗室の私党がその三族ともども誅殺されたのである。そして、「詔」による「誅」を利用したクーデターという点では、おそらく趙王倫や孫秀の念頭には、先行するクーデターとして、当然のこと賈皇后の対楊駿クーデター、さらには曹魏の正始十年（二四九）の司馬懿の対曹爽クーデターが想起されていたはずである。(26)

「問題の所在」において、第六章での、寒門・寒人層の官界への上昇志向という共通の図式で示した、八王の乱を推進した宗室諸王のもとの寒門・寒人層が私党（「党与」）として誅殺されたのとは対照的に、二十四友は誅殺されなかったのである。このことから、二十四友は、クーデターで誅殺の対象とされた私党と同様の集団ではなかったことがわかる。では、二十四友に対し全く処分がなかったのであろうか。その問題を考えるために、二十四友批判の議論を次節で検討したい。

第三節　閻纘の批判の議論

同時代において二十四友に対する批判が存在した。史書に載せられているのは張輔の弾劾と閻纘の上奏である。張輔の弾劾（f）については、「賈謐・潘岳・石崇等、共相引重」と、厳密に言うならば、「二十四友」とは記されておらず、名指しされているのはパトロンの賈謐と二十四友の主要成員である潘岳と石崇である。ただ、「潘岳・石崇等」でもって二十四友を指す可能性は高い。その批判点は「共相引重」、つまり、たがいに推薦しあい、全体として「声勢」を形成した点である。(27) この批判点は二十四友の集団としての性格を考える上で参考になる。この弾劾がなされたのは、当然のこと、元康年間のことであろう。

閻纘の上奏（d）については、まず、その関連箇所の邦訳を示したい。

……、世間一般の風潮は浅薄であり、士大夫には清廉・節倹がなく、賈謐の如き小童は、寵愛を笠に着てわがまま放題、そして浅薄で無節操の輩は、さらにたがいに徒党を組んでおり、だからこそ世間は魯公の二十四友と号するのであります。……。潘岳や繆徴らは、みな賈謐の父の一味で、ともにたがいに浮沈し、それに対して人々は恥じ入り、かれらがのほほんとしているのを耳にして、怪訝に思わない者はおりませんでした。かりに今、詔書でもってかれらの罪状を暴露し、並びに全員を地方に転出（「遣出」）させれば、人々はみな「清当」（清切・穏当の意か）というでありましょうが、私めはみなとは異なり道理に合っていないと存じます。ただ潘岳や繆徴ら二十四人全員をひとしなみに免官すること（「黜」）により、風紀を粛正されるのがよろしいかと存じます。

以上である。この上奏がなされた時期は、「皇太孫（司馬臧。愍懐太子の子）が冊立されるや、〔閻〕纘はふたたび上疏した」という説明から、永康元年（三〇〇）五月九日の皇太孫司馬臧の冊立からほどなくの時点が推測されるのであり、賈謐誅殺は同年四月三日に起こったのであるから、この上奏が示す二十四友の情報は同時代史料的性格を有するのであり、それ故に、二十四友の呼称が同時代にすでに存在していたことの一論拠となろう。ただし、その内容の信憑性に関して、張愛波氏は「私怨」による否定的なバイアスを指摘する（「張愛波二〇〇六」）。

この閻纘の上奏の末尾の提議において、二十四友に対する処分について、一般輿論（「百姓」）は「遣出」（転出）が相当とするが、閻纘自身はさらに重い処分である「黜」（免官）を主張している。ただし、この閻纘の提議が実際の二十四友の処分にどう影響したのか、史書からはわからない、というよりも、処分の有無さえも確認することができない。

だが、この提議には注目すべき点が二つある。第一に、軽重は存するものの、輿論（もっとも閻纘が想定している輿論であるが）と閻纘自身の両者とも処分を当然としている点である。第二に、具体的な処分の軽重を問題にしているのであるが、軽重は存するものの、輿論と閻纘自身の両者とも処分の内容は軽い点である。誅殺はいわずもがな、閻纘の提議は多くの「内外羣官」がその対象となった免官（「黜免」）であり、輿論が相応とするのは、それよりもさらに軽い処分である転出であったのである。

魏晉時代、官人のみを対象とした刑事処分は「除名」と「免官」であり、たとえば、元康六年（二九六）に潘岳が著した「閑居賦」（『文選』賦、志）の序には、「自弱冠、渉乎知命之年、八徙官、而一進階、再免、一除名、一不拝職、遷者三而已矣」と、その三十年にわたる官歴が簡潔に述べられているが[28]、その中に、「免」（免官）と「除名」が見える。「除名」とは、名籍から除くことであり、官身分の剝奪で民身分となる刑罰であり、魏晉時代に入り出現、『晉律』では徒三歳刑に相当する[29]。潘岳の除名は賈皇后の対楊駿クーデターにともなう刑事処分である。[30]それに対して、「免官」とは罷免であり、『晉律』では徒二歳刑に相当し、「除名」より一段階軽い刑事処分である。[31]「閑居賦」序では「再免」、つまり二度の罷免がある。一つは廷尉評在任時のことで、「公事」（訴訟事件）による。もう一つは母の病気を理由に博士の官から去ったことによる。[32]

「除名」と「免官」が刑事処分であるのに対して、「遣出」は、おそらくは、転出（あるいは左遷）の意であり、行政処分であろう。いずれにせよ、「免官」より軽い処分であることは確かである。「閑居賦」序での官歴と強いて対応させるならば、三度の「遷」に相当するのではないか。

以上、閻纘の上奏に見える、二十四友に対する処分に関する、一般輿論と閻纘自身の考えを見てきた。輿論が求めているのは一種の行政処分であり、刑事処分ではない。それに対して、閻纘は徒二年刑に相当する刑事処分を提議したのである。では、実際に処分されたのであろうか。二十四友個々の履歴を見ても（［福原二〇〇八］）、判然としない。処分はなかったのではなかろうか。そうこうするうちに、淮南王允が挙兵し、それどころではなく、自然消滅したのではないか。また、陸機は、具体的にはよくわからないが、あろうことか、対賈謐クーデターに功績があったという。

しかしながら、賈謐と結び付いた二十四友に対する処分を求める意識は確乎と存在したのである。現在の、法律上は罪には問えない道義的責任を問うのに近いものであろうか。それは賈謐と二十四友の結び付きに対する史書の否定的評価（第一節の末尾）に通ずるものであろう。そして誅殺どころか、非常に軽い処分であったのは、賈謐と二十四友の両者がともに、社会的身分では「士」（「庶」に対して）に属するのみならず、政治的身分でも「官」（「民」に対して）に属しており（［徐公持一九九九］［張愛波二〇〇六］［福原二〇〇八］）、しかも両者の結び付きは、誅殺の対象となった私党ではなく、除名の対象となった門生故吏関係でもなく、あくまでも「友」という対等な関係であったからである。

おわりに

　本章では、賈謐の二十四友の結び付き、とりわけ賈謐と二十四友の結び付きの性格を、具体的には、趙王倫のクーデターの処分（第二節）と二十四友批判の議論、とりわけ閻纘の上奏（第三節）を通して、検討した。その結果、以下のことがわかった。本来的には党与として誅殺されることはなかった（第二節）。しかし、直接的には史書に記されていないものの、一定の制裁が科されたことが間接的に浮かび上がる。すなわち、閻纘の議論により、その議論が提案する処分案は免官であったが、当時の一般的な認識では、一段階軽い転出が相当であったことが明らかである。

　ということは、問題の所在で挙げた私の二十四友に対する認識、つまり、貴族制社会における寒門・寒人層の官界への上昇志向の一環との認識は修正する必要がある。その図式では、

〔宗室諸王　↑〔軍事的才能など〕　↑寒門・寒人層〕（八王の乱）

の寒門・寒人層は誅殺の対象であるが、

〔賈謐　↑〔文学的才能（実務能力）〕　↑「二十四友」〕

の二十四友は左遷の対象であったのであり、ともに制裁を受けたという点では共通するのであるが、その処分の軽重には開きがある。二十四友に対する史書の否定的表現や評価（第一節）、その中でも、たがいに推薦しあい、

全体として「声勢」を形成したという張輔の弾劾の批判点（第三節）から、賈謐と二十四友の結び付きは、むしろ当時の社会の「互市」の風潮の

〔権貴　↑〔賄賂〕　↑　寒門〕（『銭神論』『釈時論』）

に近い。というのは、「名声」獲得という点で共通するからである。その点は「問題の所在」で言及したように、張国星氏がすでに指摘していたのであり（〔張国星一九八六〕）、間接的には、徐公持氏や張愛波氏が指摘する政治上の出世の追求や利益の実現に繋がるのである（〔徐公持一九九九〕〔張愛波二〇〇六〕）。

そして「名声」獲得の背景には後漢後半期から西晋後半期への人物評価の歴史的展開が存するのである。後漢の後半期、川勝義雄氏が命名した「郷論環節の重層構造」（郷里での第一次郷論、郡での第二次郷論、中央での第三次郷論）を有する名士社会が成立した（〔川勝一九八二〕）。そして、その構造は漢魏革命時に九品中正制度として制度化された。魏晉時期、第三次郷論が遊離した結果、第三次郷論の場である都洛陽を中心に、浮華の風潮が風靡し、その一環として二十四友が出現したのである（それ故に、史書の記載でもって再構成すると賈謐を中心とする同心円状の図式が得られるのであろう。注（9）参照）。というのは、その一環として清議が清談へ転化するとともに、「熱勢」（王沈『釈時論』）と表現される選挙の溷濁が出現した（第十章参照）。この選挙の溷濁は権貴と追従人士が主体であり、本末が顚倒した、名声や官職の獲得をめざした現象であり、宮崎市定氏は、上層階級（貴族社会の社交界）は清談や奢侈を、下層階級は賄賂を手段とした、と論じた（〔宮崎一九五六〕）。なお、私の考えでは、この場合の奢侈の行為は、石崇と王愷の贅沢競争（実は散財競争）に代表されるが、「豪」（豪気、豪胆）の名声の獲得を競っているのである（第八章）。また、二十四友と同じく、元康年間に登場した「放達越礼」の徒（「八達」）も、名声の獲得を希求する点では同様である。「熱勢」とは、第三次郷論の場における大小さまざまの人物評価

の場が錯綜していた状態をも表現しており、たとえば石崇は贅沢競争の主役であると同時に、金谷の会の領袖であり、かつ二十四友の一成員でもあり、「八達」とも交際があった。すなわち、九品中正制度下の名士社会（「貴族社会」）に対して内存的に出現し、権貴への附託と人物評価が絡んでいる「熱勢」を体現する集団の一つこそが二十四友であったのである。

次章（第八章）では、「二十四友」と同じく西晋の都洛陽での吝嗇と奢侈の風潮、「二十四友」の一人石崇は奢侈の風潮の主役であるが、これら二つの風潮について考察する。

注

（1）基本的な構想は、すでに「賈謐の「二十四友」の歴史的意義」（東北中国学会大会史学分科会での口頭発表、一九九〇年）で述べたが、論文にはしていない。

（2）「漢晉間の社会変動に関する考察——賈謐の二十四友の分析をいとぐちとして——」、内藤湖南研究会、二〇〇六年四月十五日。「賈謐の二十四友の歴史的意義に関する一考察」、瀬戸内魏晉南北朝史研究会、和歌山市加太、二〇〇七年三月三十日。「魏晉時代の文学集団——「三曹七子」との対比による「二十四友」の再検討——」、エルの会、二〇〇七年九月二十二日。「魏晉時期文学集団的歴史啓示」、魏晉南北朝史国際学術討論会、武漢大学、二〇〇七年十月十九—二十一日（中国魏晉南北朝史学会・武漢大学中国三至九世紀研究所編『魏晉南北朝史研究：回顧与探索』、湖北教育出版社、二〇〇九年、所収）。

（3）地の文に関しては、現存の史書では、劉宋・何法盛『晉中興書』の佚文が初出である（a）。

（4）「二十四友」の類語として、曹魏の王太子曹丕の「四友」、孫呉の皇太子孫登の「四友」、南斉の竟陵王蕭子良の「八友」など。また、当時、諸王国・諸公国の属官に、諸王・諸公の輔導・教育係として「傅」「保」とともに「友」が置かれていた（洪飴孫『三国職官表』）。

（5）張国星氏は、元康年間にはすでに歿していたであろうと推定し、劉訥を二十四友から外す（［張国星一九八六］）。

（6）［徐公持一九九九］は、「貴戚」「功臣及名門後裔」「当時名士」「与賈謐・石崇有特殊関係者」に四分類する。また、［徐公持一九九九］は四品以上が十二人と、［張愛波二〇〇六］は高層士族と中層士族がそれぞれ約五〇％を占める、と論ず。

（7）潘岳は「理道在儒、弘儒由人、光矣魯侯、文質彬彬、筆下摛藻、席上敷珍、前疑惟辨、旧史惟新、将分爾史、既辨爾疑、延我僚友、講此微辞」（「魯侯」は魯公賈謐を指し、美辞の「光矣」で形容されている）、陸機は「税駕金華、講学祕館、有集惟髦、芳風雅宴」と詠んでいる。なお、元康六年に石崇が開催した金谷の会での詩の競作では、潘岳や杜育らの詩が残っている（［興膳一九七三b］）。

（8）潘岳（賈謐のための代作）と陸機の応酬では、潘岳の「南呉伊何、僭号称王」という孫呉政権の非正当性を盛り込んでの当てこすりに対して、陸機は「呉実龍飛、劉亦岳立」と間接的に反論しており、「二十四友」内の敵対意識が垣間見られる。その敵対意識に関して、高橋和巳氏が、競争的雰囲気の座である「二十四友」内での優劣争いである、と論ず。［高橋一九五九・六〇］［興膳一九七三a］［張愛波二〇〇六］。

（9）賈謐と「二十四友」の結び付きを考える上で興味深いのは、史書の記載でもって再構成すると、賈謐を中心とする同心円状の図式が得られる点である。「開閤延賓」の賈謐を中心に、それに向かう〔甲〕「潘岳と石崇」（「潘岳・石崇・欧陽建・陸機・陸雲・繆徽（徵）・杜斌」）、〔乙〕「二十四友」、〔丙〕「貴游豪戚、及浮競之徒」、〔丁〕「京洛人士」、〔戊〕「海内」（《二十四友関係史料》a・b・c）と同心円を描くのである。そのことは何を意味するのであろうか。

（10）『晉書』巻四、恵帝紀、永康元年四月癸巳の条「梁王肜・趙王倫矯詔廃賈后為庶人」、同月己亥の条「趙王倫矯詔害賈庶人于金墉城」、同巻三十一、后妃伝上、恵賈皇后「趙王倫乃率兵入宮、使翊軍校尉斉王冏入殿廃后、……、至宮西、見謐尸、再挙声而哭遽止。倫乃矯詔遣尚書劉弘等持節齎金屑酒賜后死」、同巻四十、賈充伝、附賈謐伝「及趙王倫廃后、……、賈后服金酒而死」、同巻五十九、趙王倫伝「乃矯詔勅三部司馬曰、……、今使車騎入廃中宮、……。遂廃賈后為庶人、幽之于建始殿。……。明日、……〔趙王倫〕遣尚書和郁持節送賈庶人于金墉」。第五章参照。

（11）『晉書』恵帝紀、永康元年四月癸巳の条に「侍中賈謐及党与数十人皆伏誅」、同賈謐伝「以詔召謐於殿前、将戮之。走入西鍾下、呼曰、阿后救我、乃就斬之。……及是、謐死於鍾下」とあり、恵帝紀では「誅」、賈謐伝では「戮」と表現されている。

（12）『晉書』后妃伝上、恵賈皇后に「趙王倫乃率兵入宮、使翊軍校尉斉王冏入殿廃后。……。后驚曰、卿何為来。冏曰、有詔収后。后曰、詔当従我出、何詔也」とある。

(13) 八王の乱時に頻出する。『晉書』趙王倫伝にはこのクーデターの記事のみで三箇所に出てくる。興味深いのは、賈謐収捕などの内容の詔に対して、尚書台では「詐」ではないかと疑い、尚書郎の師景が露版の上奏でもって「手詔」を請うたのに対して、趙王倫は師景を斬っている。上述の『晉書』恵帝紀の賈皇后殺害の記事も「矯詔」の一例である。注(10)参照。

(14) 『晉書』恵帝紀、永康元年四月癸巳の条「侍中賈謐及党与数十人皆伏誅」。

(15) 『晉書』巻三十一、后妃伝上、武元楊皇后・恵賈皇后。恵賈皇后伝「趙粲・賈午・韓寿・董猛等皆伏誅」、同賈謐伝「賈午考竟用大杖」、同趙王倫伝「収呉太妃・趙粲及韓寿妻賈午等、付暴室考竟」。

(16) 『晉書』賈謐伝「韓寿少弟蔚有器望、及寿兄鞏令保・弟散騎侍郎預・呉王友鑒・謐母賈午皆伏誅」、同趙王倫伝「明日、……、誅趙粲叔父中護軍趙俊及散騎侍郎韓豫等」。

(17) 『晉書』巻五十三、愍懐太子伝、「……、更幽于許昌宮之別坊、令治書御史劉振持節守之。……。〔賈后〕乃使太医令程拠合巴豆杏子丸。三月、矯詔使黄門孫慮齎至許昌以害太子。……、慮以告劉振、振乃徙太子於小坊中、絶不与食、……、慮乃逼太子以薬、太子不肯服、因如厠、慮以薬杵椎殺之、……。及賈庶人死、乃誅劉振・孫慮・程拠等、……」。

(18) 『晉書』恵帝紀、永康元年四月癸巳の条「司空張華・尚書僕射裴頠皆遇害」、同、趙王倫伝「〔趙王倫〕召中書監・侍中・黄門侍郎・八坐、皆夜入殿、執張華・裴頠・解結・杜斌等、於殿前殺之」。同巻三十五、裴秀伝、附裴頠伝、同巻三十六、張華伝、同巻六十、解系伝、附解結伝(すでに免官されていた兄の解系も妻子ともども殺害されている)と［福原二〇〇八］⑦杜斌の項参照。

(19) 『晉書』趙王倫伝「内外羣官多所黜免」。

(20) 注(18)参照。『晉書』巻四十八、閻纘伝では「及張華遇害、賈謐被誅」と書き分けられており、閻纘が張華の遺骸を撫《たた》いて慟哭したのに対して、賈謐の遺骸を叱りつけた、という記事が続く。［古勝二〇〇八］参照。張華らの名誉回復に関しても［古勝二〇〇八］参照。

(21) 孫秀は、かつて郡の小役人であったとき、自分を人間扱いしなかった、太守の息子潘岳を、またその愛妓緑珠を所望したにもかかわらず断った石崇を怨んでおり、そして趙王倫が征西大将軍として関中に出鎮していたとき、馮翊太守として同じく関中にいた欧陽建が諫言したことに対しても、趙王倫と孫秀は怨みを懐いていた(［福原二〇〇八］①石崇・②欧陽建・③潘岳の項、［福原一九九五］)。

(22) 第五章第三節、[福原一九九五] 二四五―二四九頁。私党の典型が、趙王倫の腹心で中書令・監に抜擢された、寒人出身の孫秀であった。きっかけは琅邪国に封ぜられた司馬倫がその地の出身の小役人孫秀と出会ったことであり、司馬倫が趙国に改封されるや、孫秀も本籍を趙国に移し、文才のある孫秀は文盲の趙王倫に代って文書を処理し、さらに趙王倫のためにさまざまな策謀を巡らせた。また、ともに天師道に入信していた可能性がある。

(23) 『晉書』巻四十七、傅玄伝、附傅祗伝。[福原二〇〇八] の④陸機・⑤陸雲・⑪杜育・⑫鄒捷の項参照。

(24) 永平元年（二九一）三月八日に起こった賈皇后による対太傅楊駿クーデターの場合、この日の「誅賞三百餘人」は、すべて賈皇后に代って東安王繇が専断し発せられた（『晉書』巻三十八、宣五王、琅邪王伷伝、附東安王繇伝）。そして、「誅賞」の「誅」の標的である外戚の楊駿、およびその「親党」（「親」しい「党」ではなく、「親」と「党」と解釈する）はひとしなみに三族ともども誅殺され、死者は「数千人」に上った（『晉書』巻四十、楊駿伝。なお、同巻三十一、后妃列伝上、武悼楊皇后伝に、賈皇后の意を受けた担当官が楊皇后を弾劾した上奏文中に「〔楊駿〕布樹私党」「〔楊太后〕以奨凶党」とある）。そのうち、「親」として、楊駿の弟の楊珧（衛将軍）・楊済（太子太保）や楊邈、甥の張劭（中護軍）、その他、李斌（河南尹）・段広（散騎常侍）らが殺害され（八日）（『晉書』巻四、恵帝紀、元康元年三月辛卯の条。楊珧は宗廟に蔵されている「石函」中の上奏文を楯にその冤罪を訴えたが、東安王繇は耳を貸さず、処刑を断行させた（同、楊駿伝、附楊珧伝））、「家属応誅」として楊太后の母龐氏（高都君）も「付廷尉行刑」（九日。武悼楊皇后伝。楊皇后自身は金墉城に幽閉され、餓死させられている。『晉書』恵帝紀、元康元年三月壬辰の条、同、后妃列伝上、武悼楊皇后伝）。裴楷は、尚書左僕射荀愷の上奏により、「婚親」（傅祗伝は「親」）。裴楷の子裴瓚が楊駿の壻であり、裴瓚は乱兵に殺されている）ということで「廷尉」に「付」され、まさに処刑されそうになったが、侍中の傅祗が無罪を訴え、詔でもって赦され、「去官」で済んだ（『晉書』巻三十五、裴秀伝、附裴楷伝、同巻四十七、傅玄伝、附傅祗伝）。「党」としては、蒋俊（中書令）や劉予（劉預。左将軍）らが殺害された。文淑（俶）（小名は鴦。東夷校尉）は、専断していた東安王繇の私怨により、「無罪」にもかかわらず、「謀逆」を構え、三族ともども殺害された（『三国志』巻二十八、諸葛誕伝、附唐咨伝、裴注所引『晉諸公賛』、『晉書』東安王繇伝）。武茂（尚書）も、怨みを買っていた荀愷の上奏により、楊駿の「姨弟」ということで「党」（「逆党」）に陥れられ、殺害されている（『三国志』巻二十七、胡質伝、裴注所引『虞預晉書』、『晉書』巻四十五、武陔伝、附武茂伝）。

楊駿の太傅府の「官属」に関しては、当初、その逮捕令が下されたが、傅祗が、曹魏の正始年間のクーデターの故事を引き、その「僚佐」を罰すべからずと論じた結果、また詔が下り、赦した（『晉書』傅祇伝「時又収〔楊〕駿官属、〔傅〕祇復啓曰、昔魯芝為曹爽司馬、斬関出赴爽、宣帝義之、尚遷青州刺史。駿之僚佐不可加罰。詔又赦之。……」）。個々には、たとえば、主簿の朱振は「戮」されたが、同じ主簿の潘岳（二十四友の一人）は、楚王瑋の衛将軍府長史の公孫宏（河陽令在任時の潘岳に厚遇を受けた恩義があった）が機転を利かせて、楚王瑋に潘岳は「假吏」であると言い、誅殺の対象から外した結果、潘岳は命拾いし、その後、同じ故吏である太傅掾の崔基（二十四友の一人。〔福原二〇〇八〕）や太傅舎人の閻纘（第三節参照）とともに楊駿の遺骸を葬ったかどで「除名」処分を受けている。陸機（二十四友の一人）は祭酒であった。処分の有無は不明だが、失職したのは確かであろう（同巻五十四、陸機伝。〔福原二〇〇八〕）。

なお、賈皇后による対楊駿クーデターの後始末ともいうべき、同年六月の楚王瑋誅殺の場合、楚王瑋の一党である公孫宏・岐盛とその三族が誅殺されている。

（25）永寧二年（三〇二）十二月の河間王顒・長沙王乂らの対斉王冏挙兵の場合、「誅」の対象け斉王冏（『晉書』巻五十九、斉王冏伝「〔李含〕詐云受密詔、使河間王顒誅〔斉王〕冏」）とその「党属」（同、斉王冏伝。「諸党与二千餘人」（同巻五十九、長沙王乂伝）「私党」（同、斉王冏伝））であり、その代表が葛旟（「小豎」、斉王冏の大司馬府の従事中郎、長史、「謀臣」（同巻四十三、王戎伝）。牟平公、「功臣」（同恵帝紀、永寧元年六月己卯の条）が封ぜられた「五公」の一人）や董艾（弘農郡出身。「三王起義」時、龍驤将軍として斉王冏に呼応して挙兵、斉王冏の「腹心」（同巻六十一、劉喬伝）「将」、長沙王乂と戦う）であり、河間王顒の上奏で名指しで弾劾されている（張偉は建興四年（三一六）時、黄門侍郎）。斉王冏の功臣（「五公」、「心膂」）である葛旟・路季（秀）・衛毅・劉真・韓泰ら「二千人餘り」（三族も含む？）が誅された。「幽」（金墉城）の対象は斉王冏の子（淮陵王超・楽安王冰・済陽王英）であり、「廃」の対象は斉王冏の弟（北海王寔）である（同恵帝紀、太安元年十二月の条）。なお、河間王顒の上表に「以樹私党」「僭立官属」の句がある。

（26）〔伊藤一九八六〕〔葭森一九八六〕〔福原一九九五〕など参照。賈皇后の対楊駿クーデター時、傅祇が、このクーデターの故事を引いている。注（24）参照。

（27）『史記』巻一〇七、魏其武安侯列伝に「及魏其（竇嬰）失勢、亦欲倚灌夫引縄批根生平慕之後弃之者。灌夫亦倚魏其而通列侯宗室為名高、両人相為引重、其游如父子然」とあり、「相為引重」について、『集解』に「張晏曰、相薦達為声勢」とある。

（28）『晉書』巻五十五、潘岳伝、「楊駿輔政、高選吏佐、引岳為太傅主簿。駿誅、除名。初、譙人公孫宏少孤貧、客田於河陽、善鼓琴、頗能属文。岳之為河陽令、愛其才藝、待之甚厚。至是、宏為楚王瑋長史、専殺生之政。時駿綱紀皆当従坐、同署主簿朱振已就戮。岳其夕取急在外、宏言之瑋、謂之假吏、故得免。……。乃作閑居賦曰、……、今天子諒闇之際、領太傅主簿、府主（[周一九八五]「潘岳伝」は「府」のみ）誅、除名為民、……、自弱冠、渉乎知命之年、八徙官、而一進階、再免、一除名、一不拝職、遷者三而已矣。……」。

(29) 『唐律疏議』名例律二十一の唐律条文に「諸除名者、官爵悉除、……」とあり、滋賀秀三氏は「除名とは、官爵すべてを剥奪して庶人の身分に落し、……刑事処分である。……、基本的には官人としての特権を失う」と注し、同名例律二十三の唐律条文に「諸除名者比徒三年、免官者比徒二年、免所居官者比徒一年」とある[滋賀一九七九]。中村圭爾氏は、「除名」は「除吏名為民」の略であろうと推定、政治身分である官—民と社会身分である士—庶が両立していた六朝時代において、除名は「民」身分に落ちるものの「士」身分はそのまま有する、と考えている[中村一九八七]。沈家本『歴代刑法考』、[越智二〇〇〇]など参照。

(30) 「閑居賦」序によると「府主誅、除名為民」、『晉書』潘岳伝によると「楊駿輔政、高選吏佐、引岳為太傅主簿。駿誅、除名」とあり、楊駿の「吏佐」であったこと自体が除名の理由のようである。注(24)(28)参照。

(31) 中村圭爾氏は、免官を三つに分ける。第一に単なる免官、第二に爵位の剝奪をともなう免官、第三に禁錮措置をともなう免官である[中村一九八七]。ただし、刑事処分ではない免官として「病免」（病気による免官）がある（[大庭一九八二]）。「禁錮」（「禁固」）とは、任官の禁止であり、在任者は「免官・禁錮」（罷免の上、禁錮）。漢代に多く見られ、とりわけ贓罪に対する刑事処分であった（[鎌田一九六二]など参照）。後漢末の党錮事件では、朝廷を誹謗した「党人」が「禁錮終身」に処せられており（『後漢書』列伝巻五十七、党錮列伝、序）、「党人」の一人陳寔は「禁固二十年」（『文選』碑文上所収の蔡邕「陳太丘碑文」）。「禁錮」が子孫や一族に及ぶ場合もあった。ただし、『唐律疏議』名例律には見えない。なお、『唐律疏議』名例律二十などには、「免官」より一段階軽い刑事処分である「免所居官」（一官のみの剝奪。比徒一年）の規定があり、親や祖先に対する非礼行為に適用された（[滋賀一九七九]）。沈家本『歴代刑法考』、[越智二〇〇〇]など参照。

(32) [福原二〇〇八]③潘岳の項参照。

《二十四友関係史料》

a「魯公賈謐、参管朝政、京洛人士、無不傾心、渤海石崇之徒、年皆長謐、並以文才、降節事謐、共相朋昵、号曰二十四友」（『太平御覧』巻四〇七、人事部、交友二、劉宋・何法盛『晉中興書』）

b「与潘岳諂事賈謐、謐与之親善、号曰二十四友。広城君毎出、崇降車路左、望塵而拝、其卑佞如此」（『晉書』巻三十三、石苞傳、附石崇伝）

c「〔賈〕謐、字長深（淵）。母賈午、〔賈〕充少女也。父韓寿、字徳真、南陽堵陽人、魏司徒暨曾孫。……。謐好学、有才思。既為〔賈〕充嗣、継佐命之後、又賈后専恣、謐権過人主、……。開閣延賓、海内輻湊、貴游豪戚、及浮競之徒、莫不尽礼事之。或著文章、称美謐、以方賈誼。渤海石崇・欧陽建・滎陽潘岳・呉国陸機・陸雲・蘭陵繆〔世〕徴・京兆杜斌・摯虞・琅邪諸葛詮（銓）・弘農王粋・襄城杜育・南陽鄒捷・斉国左思・清河崔基・沛国劉瓌・汝南和郁・周恢・安平索（牽）秀・潁川陳眕・太原郭彰・高陽許猛・彭城劉訥・中山劉輿・劉琨、皆傅会於謐、号曰二十四友、其餘不得預焉」（『晉書』巻四十、賈充伝、附賈謐伝）

d「皇太孫立、纉復上疏曰、……、纉又陳、……、世俗浅薄、士無廉節、賈謐小児、恃寵恣睢、而浅中弱植之徒、更相翕習、故世号魯公二十四友。又謐前見臣表理太子、曰、闔児作此為健、然観其意、欲与諸司馬家同。皆為臣寒心。伏見詔書、称明満奮・楽広。侍郎賈胤、与謐親理、而亦疏遠、往免父喪之後、停家五年、雖為小屈、有識貴之。潘岳・繆徽（徴）等、皆謐父党、共相浮沈、人士羞之、聞其晏然、莫不為怪。今詔書暴揚其罪、並皆遣出、百姓咸云清当、臣独謂非。但岳・徽（徴）二十四人、宜皆斉黜、以粛風教」（『晉書』巻四十八、閻纉伝）

e「岳性軽躁、趨世利、与石崇等諂事賈謐、毎候其出、与崇輒望塵而拝。構愍懐之文、岳之辞也。謐二十四友、岳為其首、謐晉書限断、亦岳之辞也」（『晉書』巻五十五、潘岳伝）

f「転御史中丞。……、又賈謐・潘岳・石崇等、共相引重、……、輔並糾劾之」（『晉書』巻六十、張輔伝）

g「年二十六、為司隷従事、時征虜将軍石崇、河南金谷澗中有別廬、冠絶時輩、引致賓客、日以賦詩、琨預其間、文詠頗為当時所許、秘書監賈謐、参管朝政、京師人士、無不傾心、石崇・欧陽建・陸機・陸雲之徒、並以文才、降節事謐、琨兄弟亦在其間、号曰二十四友」（『晉書』巻六十二、劉琨伝。a『太平御覧』所引『晉中興書』と重なる部分が多い）

h「元康初、為給事黄門侍郎、時侍中賈謐以外戚之寵、年少居位、潘岳・杜斌等皆附託焉。謐求交於紹、紹距而不答。及謐誅、

紹時在省、以不阿比凶族、封弋陽子、遷散騎常侍、領国子博士」（『晉書』巻八十九、忠義列伝、嵆紹伝）

i「於是賈謐・郭彰、権勢愈盛、賓客盈門、謐雖驕奢而好学、喜延士大夫。郭彰・石崇・陸機・機弟雲・和郁、及滎陽潘岳・清河崔基・勃（渤）海欧陽建・蘭陵繆徴・京兆杜斌・摯虞・琅邪諸葛詮・弘農王粋・襄城杜育・南陽鄒捷・斉国左思・沛国劉瓌・〔汝南〕周恢・安平牽秀・潁川陳眕・高陽許猛・彭城劉訥・中山劉輿・輿弟琨、皆附於謐、号曰二十四友。郁、嶠之弟也。崇与岳尤諂事謐、毎候謐及広城君郭槐出、皆降車路左、望塵而拝」（『資治通鑑』巻八十二、晉紀、恵帝上、元康元年の条）

第八章　西晉の貴族社会の気風に関する若干の考察
——『世説新語』の倹嗇篇と汰侈篇の検討を通して——

はじめに

『世説新語』は南朝宋の劉義慶の撰にかかる逸話集で、現行本では一一三〇条の逸話が三十六篇のジャンルに分けられているが、その多くは魏晉時代の貴族社会における人物批評と関連する言行録である。(1) その中で「倹嗇篇」と「汰侈篇」、すなわち吝嗇と奢侈という一見すると相い反する標題をもつ両篇をとりあげるのは、この両篇に収録する逸話がとくに西晉時代の貴族社全の風潮を端的に示しているからである。すでに岡崎文夫氏は『魏晉南北朝通史』〔岡崎一九三二〕内篇の中で（九八—一〇〇頁。東洋文庫版、平凡社の九五—九七頁）、西晉の朝廷では奢侈の風がさかんであり、その奢侈の風にともない淫虐の風がおこり、また奢侈の風と表裏をなして吝嗇の風もあり、この時代は金銭の力が非常に大きかったと、『世説新語』の「倹嗇篇」「汰侈篇」や魯褒の『銭神論』（第九章参照）を素材に西晉当時の拝金主義の風潮を指摘する。ついで谷川道雄氏は『世界帝国の形成』〔谷川一九七七」（九九―一〇〇頁）の中で、岡崎氏の所説を踏まえて、楊氏・賈氏という外戚勢力が牛耳る朝政にあって、「私利追求の濁流の中にまきこ」まれた貴族官僚の「財物に対する関心の強さという点で、そこには共通した精神傾向が見られる」と論を展開する。注目すべきは、第一に吝嗇と奢侈が個人の枠をこえて貴族社会全体をおう風潮として、西晉時代という同時代に両者が並行しておこり、しかも「財物に対する関心の強さ」という共通した精神傾向にもとづく表裏一体としたものとして、その表面的な対照性の奥にある同質性を強調する点であり、第二に当時の政治世界と密接な因果関係があると洞察している点である。それ故に両篇の逸話に描かれている吝嗇と奢侈は没歴史的な個人の性癖というより、むしろこの時代特有の社会の風潮であり、それ故にこの時代の社会を理解する鍵がそこに隠されていることが予想される。以上の問題を、今一度私なりに『世説新語』の「倹嗇」「汰侈」の両篇を読み直し、個々の逸話に即して問題点を整理した上で、考察したい。

第一節　倹嗇篇について

まず倹嗇篇の九条の逸話の原文と日本語訳を掲げる。原文は尊経閣所蔵の宋本（金沢本）を底本とし、邦訳には川勝義雄氏他の『世説新語』の全訳（〔川勝他一九六四〕）などの諸邦訳[2]、また余嘉錫『世説新語箋疏』〔余嘉錫一九八三〕などの注釈[3]を参照した。

〈1〉和嶠性至倹、家有好李、王武子求之、与不過数十。王武子因其上直、率少年能食之者、持斧詣園、飽共噉畢、伐之、送一車枝与和公、問之、何如君李。和既得、唯笑而已。

和嶠は極端に吝嗇な性格のもちぬしで、家においしいすももがなる木をもっていたが、王武子〔王済。和嶠の妻の弟〕がすももをほしがっても数十個しかあげなかった。そこで王武子は和嶠が上番〔で留守であるの〕をみはからい、若くてしかも大食いの者をひきつれ、斧を持って果樹園に押し入り、満腹するまでみんなで食べた。食べおわるとすももの木を切り倒し、車いっぱいの枝を和公〔和嶠〕に送りつけ、「あなたのすももとくらべていかがですか」と問うた。それを受けとった和嶠は苦笑するばかりで何も言えなかった。(4)

〈2〉王戎倹吝、其従子婚、与一単衣、後更責之。

王戎はけちん坊で、彼のおいが結婚したときに単衣《ひとえ》のきものを一枚贈っただけで、しかもあとでその代金を請求した。(5)

〈3〉司徒王戎既貴且富、区宅・僮牧・膏田・水碓之属、洛下無比。契疏鞅掌、毎与夫人燭下散籌筭計。

司徒〔最高の官職、三公の一〕の王戎は身分が高くしかも金持ちであり、〔所有する〕家屋敷・下男・牛飼い・良田・〔製粉用の〕水車のたぐいは、洛陽城下に比肩する者がいなかった。借用証書が山積し、しょっちゅう妻とあかりのもとで計算棒を散じて勘定していた。

〈4〉王戎有好李、常売之。恐人得其種、恒鑽其核。

王戎のところにはおいしいすもものなる木があり、いつもそのすももを売っていた。他人がその種を手に入れるのを恐れて、〔売るときには〕かならずさねにきりで穴をあけておいた。

〈5〉王戎女適裴頠、貸銭数万。女帰、戎色不悦。女遽還銭、乃釈然。

王戎は娘が裴頠に嫁いださいに、数万銭のお金を貸した。娘が里帰りしたところ、王戎は不機嫌な様子であった。娘があわてて借金を返済すると、ようやくはればれとした表情になった。

〈6〉衛江州在尋陽、有知旧人投之、都不料理、唯餉王不留行一斤。此人得餉、便命駕。李弘範聞之曰、家舅刻薄、乃復駆使卉木。

衛江州（衛展。当時江州刺史）が尋陽（現在の江西省九江市）に駐在していたときのこと、旧友が身を寄せてきたが、全く親身に世話をせず、ただ「王不留行」（どうかんそう。漢方薬の一種[6]）を一斤（二二〇グラム）贈っただけであった。この人は贈り物を手にするや、ただちに車の用意を命じた。李弘範（李充[7]）はこの話を耳にしてこう言った。「おじ上はむごいお方だ。草や木でさえもこきつかわれる」。

〈7〉王丞相倹節、帳下甘果、盈溢不散。渉春爛敗、都督白之、公令舎去、曰、慎不可令大郎知。

王丞相（王導）はしまつやで、〔丞相府の〕役所内のおいしいくだものが満ちあふれていたが分配しようとはしなかった。春になって腐ってしまい、都督（帳下都督。丞相府の属官で執事のたぐい）が申し上げたところ、公（王導）は捨てるよう命じて、言った。「くれぐれも長男《せがれ》（王悦）には知られないように」。

〈8〉蘇峻之乱、庾太尉南奔見陶公。陶公雅相賞重。陶性倹吝。及食、噉薤、庾因留白。陶問、用此何為。庾云、故可種。於是大歎庾非唯風流、兼有治実。

蘇峻の乱（三二七―三二九年）のとき、庾太尉（庾亮。太尉は三公の一）は南にのがれ、陶公（陶侃）と会見した。陶公はつねづね〔庾亮を〕高く買っていた。陶〔侃〕はしまりやであった。食事の段になり、にらを食べていると、庾〔亮〕がそのときに〔にらの〕白い部分を食べ残した。陶〔侃〕が「それをどうなさるのですか」と尋ねたところ、庾〔亮〕は「もちろん植えることができます」と答えた。そこで〔陶侃は〕庾〔亮〕は風流を解されるばかりではなく、実際の政務を行う能力も兼ね備えておられると、感嘆することしきりであった。

〈9〉郗公大聚斂、有銭数千万。嘉賓意甚不同、常朝旦問訊。郗家法、子弟不坐。因倚語移時、遂及財貨事。郗公曰、汝正当欲得我銭耳、迺開庫一日、令任意用。郗公始正謂損数百万許。嘉賓遂一日乞与親友、周旋略尽。郗公聞之、驚怪不能已已。

郗公（郗愔）[8]は大規模にとりこみ、お金を数千万銭ためこんでいた。嘉賓（郗超。郗愔の子）は内心たいそう不満であった。ある日、朝の挨拶におもむいた。郗家のしきたりでは、子弟は坐ってはならないことになっていた。それで立ったままで話していたが、かなりの時間がたち、とうとう財産のことに話がおよんだ。郗公は言った。「おまえは、ずばりと言うと、わしの金を欲しがっておるだけだろう」。そこで一日だけ庫を開いて好き放題に使わせた。郗公ははじめ数百万銭ほど損をするだけのことであろうとたかを括っていた。嘉賓はその一日のうちに親戚の者や友人にやってしまい、あっという間にあらかたからっぽになった。それを聞いた郗公は驚きのあまり、しばらくの間、呆然自失の態であった。

以上の〈1〉～〈9〉の九条の倹約・吝嗇に関する逸話は、人物批評という面からは肯定的な評価の話と否定的な評価の話に二分され、〈8〉の庾亮がにらの白いところを食べ残し、その行為を陶侃が感心したというエピソード以外はすべて否定的な評価の逸話である。〈1〉～〈7〉と〈9〉のそれぞれの逸話が否定的な評価の逸話であることは話の内容からも判断し得るが、より直接的には、主人公の吝嗇の性格を表現する評語――「至倹」（〈1〉和嶠）、「倹吝」（〈2〉王戎）[9]、「倹節」（〈7〉王導）[10]――が冒頭に置かれ、あるいは主人公の吝嗇の行為に対する批判の意味をこめた発言か行動――李充のことば「家舅刻薄、乃復駆使卉木」（〈6〉の対衛展）、王悦の諫言の可能性（〈7〉の対王導）、王済の乱暴狼藉（〈1〉の対和嶠）、郗超の散財（〈9〉の対郗愔）――が最後に付け加わっていることにより明白である。中でも〈1〉・〈9〉の吝嗇の行為に対する行動による批判の場合、話の重心はむしろ王済・郗超の過激な行動の描写にある。

ではこのような否定的な評価は具体的に如何なる行為に対してなされたのであろうか。四条の逸話が収められており、倹嗇篇を代表する人物である王戎の場合にしぼって検討したい。王戎の〈2〉～〈5〉の四条の逸話は、その多くが『晉書』巻四十三の王戎伝に再録されており、そこでは「性好興利」（性格として営利を好む。〈3〉の劉孝標注所引の『王隠晉書』では「好治生」、『初学記』巻十一、職官部上、吏部尚書所収の『王隠晉書』では「好営生」）との評に続き、「広収八方園田・水碓、周徧天下。積実聚銭、不知紀極。毎自執牙籌、昼夜算計、恒若不足」（手広く各地の田畑や〔製粉用の〕水車を集めたが、〔それらは〕全国にあまねく広がり、産物の集積や財貨の聚斂はとどまるところを知らない。いつも自分で象牙製の計算棒を手にとり、昼夜を問わず計算するが、〔その様子は〕つねにあたかも赤字であるように見えた）と、「性好興利」の評の内容を敷衍する、〈3〉の逸話と同系統の記事があり、ついで「而又倹嗇、不自奉養、天下人謂之膏肓之疾」（そしてまた吝嗇で、わが身さえ養うことができないほどで、天下の人々は彼の吝嗇を不治の病と言った）と評し、その「倹嗇」の具体例として〈2〉・〈4〉・〈5〉の逸話が〈5〉・〈2〉・〈4〉の順序で列挙され、最後に「以此獲譏於世」（これにより世間から非難を受けた）と締め括っている。[11]正史の『晉書』の編者は「性好興利」に関する〈3〉と同工異曲の逸話と「倹嗇」に関する〈2〉・〈4〉・〈5〉の三条の逸話を、厳密には性格が異なる逸話として分けている。

「好興利」と評された前者（A）を整理すると、貨幣・産物などの聚斂、貸し付けによる利殖などで蓄財に際限なく、追いたてられるが如く、夫婦そろってはげみ、その結果、田畑や水車が全国に分布し、「家僮」の数も数百人の多きに達し（『初学記』巻十八、人部中、富所引の『徐広晉紀』）、所有する資産は洛陽で比べる者がいなくなった。要するに聚斂による過度の蓄財行為であり、支出を制限する方向の、厳密な意味での吝嗇の範疇には入らない。この王戎と同様の行為は他にも倹嗇篇に見出せる。たとえば〈9〉の郗愔は「大聚斂、有銭数千万」と、大掛りに取り込み、数千万銭も貯えている。また〈1〉の和嶠は本文では出てこないが、劉注所引の『晉諸公賛』に「治家富擬王公」（家を経営し、その富裕さは王公になぞらえる）とあり、王公と比肩し得る分不相応な財産を築き上げた。ちなみに和嶠は「銭癖」があると諷刺されている（『晉書』巻三十四、杜預伝）。[11]

それに対して後者（B）の場合、〈2〉は結婚する従子《おい》にわずかに単衣《ひとえ》を一枚贈っただけで、しかもあとでその代金を請求したという話、〈4〉は自分の果樹園にてできた品質のよいすももを人に無料で分け与えるのではなく、商品として売り出し、しかも念入りに一つ一つすももの核にきりで穴をあけて発芽しないようにした話、〈5〉は嫁いだ娘が借金を返済して、やっと王戎の顔がほころんだという話であり、〈2〉・〈4〉・〈5〉の三条の逸話に共通するのは、王戎が自己所有の家産、それが単衣であれ、すももであれ、金銭であれ、できうるかぎり目べりしないように努力する傾向が見られる。ただし〈2〉のように単衣から金銭、〈4〉のようにすももから金銭と交換により形を変えてはいるが。すなわち財産の損失を最小限にくいとめようとする方向であり、文字通りの「吝嗇」にあたる。同様の行為は〈1〉の「好李」をわずか数十個しか与えなかった和嶠、〈6〉の旧友にあてつけで漢方薬一斤を贈っただけで救済しようとしなかった衛展、〈7〉の「甘果」を役所の倉庫に退蔵して散じなかった王導などにも見られる。

このように倹嗇篇に収められている否定的な評価の逸話で描かれている吝嗇の行為は、（A）過度の蓄財と（B）家財の退蔵、つまり狭義の吝嗇に大別され、批判という点では、（B）の行為に対して集中しているように思われる。[12] ただし、この（A）（B）両者は、たとえば倹嗇篇の逸話からもわかるように截然とはわかちがたく密接に結び付いており、[13] 話の中ではどちらかに重点が置かれてはいるが、（A）から（B）へと、すなわち聚斂して財産をつくり、その財産をできうるかぎり支出しない、というように連動しているのも事実である。

では何故に（A）（B）の吝嗇の行為、とくに以上で分析した（B）の狭義の吝嗇の行為が非難をあびるのであろうか。その根拠を谷川道雄氏の「六朝時代の名望家支配について」［谷川一九九〇］、とくにその第二章の「名望家支配における賑恤の意味」にもとづいて考察したい。その論旨を私なりにまとめると、六朝時代の名望家、つまり地方の指導者は、自然との調和をめざし、天人の際を調整しようとする使命感にもとづき、その家政の一環として、止足の教えと賑恤・救済の行為がある。たとえば顔之推『顔氏家訓』の止足篇には「常以二十口家、奴婢盛多、不可出二十人、良田十頃、堂室纔蔽風雨、車馬僅代杖等、蓄財数万、以擬吉凶急速、不啻此者、以義散之、不至此者、勿非道求之」とあり、家産に一定の限度を設定し、餘剰分は他者への賑恤にまわし、不足している場合も非道なやりかたで蓄財することを禁じていると。谷川氏の論文で言及されている顔之推の教えは、六朝時代の名望家に共通する意識であり、『世説新語』の倹嗇篇に見られる、輿論の批判の対象となった吝嗇の行為のまさしく反対の行為の実践を命じているのである。より詳しく言うならば、単純には比較はできないが、たとえば『顔氏家訓』が具体的に二十人家族の場合に、奴婢は多くて二十人、良田は十頃、蓄財は数万銭と制限し、かつそれに達しないときにも決して非道な方法での聚斂を行わないよう禁じている、すなわち抽象的に言うならば「止足」を守る立場であるのに対し、王戎は「家僮」が数百人に達し、「膏田」も全国に広がっており、蓄財も金貸しなどで利殖を図るなど、とどまるところを知らなかったといい、また和嶠も「銭癖」があり、その財産は王侯にも匹敵したといい、また郗愔は大いに聚斂し、数千万銭もの金銭を庫に蔵していたという、前に分析した〈A〉の行為と対極にあるのである。そして『顔氏家訓』で自家消費以外に餘剰があれば、「以義散之」とあるように義の立場から賑恤にまわして、困窮者に対して分与するように命じているのに対し、王戎は〈2〉の逸話にあるように、近親のしかも結婚という最小限の礼儀の支出に対しても出ししぶっており（『顔氏家訓』では「以擬吉凶急速」とあり、平素のたくわえの主目的は冠婚喪祭のさいの支出に対する用意であるのとは好対照をなす）、あるいは〈4〉の如く、自家の果樹園のすももを商品として売り、また〈5〉の如く実の娘からも金銭に関しては他人同様に返済させた「吝嗇」の行為、王戎以外にも、十分にすももを分与しなかった和嶠（〈1〉）、身を寄せてきた旧友を救済しなかった衛展（〈6〉）、おいしいくだものを分け与えずに腐らせてしまった王導（〈7〉）と、賑恤・救済をしようともしない吝嗇な、前に分析したのでは（B）の行為と対極をなすのである。そこで注目すべきは〈1〉と〈9〉では批判が実力行使という強硬手段の形をとっていたが、その具体的な内容として、〈1〉の場合、王済が大食らいの若者をひきつれて、和嶠の果樹園に押し入ってすももを食べており、〈9〉の場合、郗超は庫に蔵していた郗愔の銭をあらかた近親と友人に分け与えており、内容はともかく賑恤・救済の形をとっている点である。そのことからも吝嗇が賑恤・救済行為の対極に位置することがわかる。そして王済のしうちに対して和嶠が苦笑せざるを得なかったのは、和嶠自身、自らの吝嗇が好くないことを十分に承知していたからであり、郗超の散財に対して郗愔が激怒しなかったのも、郗愔自身なにがしかやましい気持ちがあったからであろう。また谷川氏が賑恤の具体的なありかたとして引用された崔寔の『四民月令』の三月の条に「……、振贍匱乏、務先九族、自親者始、……」とあるように、あたかも儒学の教えに「修身、斉家、治国、平天下」（『礼記』大学）と段階的に徳を及ぼすように説いているのと対応するが如く、現実的には賑恤を近親から始めて、餘力があればさらに賓客、郷党と段階的に及ぼすのであり、その点、『世説新語』の「倹嗇篇」の話が王戎の場合、王戎と従子（おい。〈2〉）、娘（〈5〉）、というように、また和嶠の場合も、劉孝標注所引の『晉諸公贊』では和嶠の「諸弟」がすももを食べたのに対し和嶠が代金を請求したという筋になっており、基本的に吝嗇な当主とその近親をめぐる話であるのは、近親でさえも賑恤しない、ましてや賓客や郷党には当然に賑恤しないという批判を暗黙のうちに了解させている（〈6〉の場合は、衛展とそれを頼ってきた旧友、つまり賓客の立場である）。それ故に批判者も、『晉書』王戎伝では「天下人謂為膏肓之疾」（〈2〉の劉孝標注所引の『王隠晉書』）、『論者以為台輔之望不重』（〈3〉の劉孝標注所引の『晉諸公贊』）と、「天下の人」「論者」というように特定の人物ではなく漠然とした輿論なのに対し、『世説新語』倹嗇篇中の個々の逸話では、批判が特定の人物で、しかも義理の弟（〈1〉の王済）、義理の甥（〈6〉の李充）、長子（〈7〉の王悦）、子（〈9〉の郗超）という内外の近親の者が批判の矢を放つ。こうした現象はさきほど見た賑恤が最も関係が深い近親から段階的に始めるという慣習の存在と対応しているのであろう。

また名望家と郷党の間には、たとえば隋代の李士謙の賑恤の例では、凶作の年に郷民に貸し付けた債務を、借用証書を焼きすてて棒引きにしていた（[谷川一九九〇]三二頁）ことからわかるように、平時には郷党に対して貸し付け、凶年にはその債務を棒引きにしたり、またさらに援助する。こうした貸し付けの行為という点では、たとえば〈3〉の王戎の逸話でも「契疏鞅掌」（証文の山があった）とあり、一見すると同じ行為であるが、その目的は李士謙の場合はあくまでも救済が第一義であるのに対し、王戎の場合は利殖が主目的であり、そこには突きつめれば他者、つまり「公」のためか、自己、つまり「私」のためか、という根本的な相違が存在するのである。そして倹嗇篇の中では唯一例外の肯定的評価の逸話である〈8〉の庾亮の話では、にらの白い部分を食べ残すという行為に対して陶侃が感心したのは、にらの再生というささいな行為の中に庾亮の政治に対する姿勢――「倹約」してどんなものでも何かに活かすという実務的な態度――の反映を発見し、そこに共感したのである。陶侃自身も『世説新語』政事篇に、おがくずをまめに集めておいて、あとで正月の式典のさいの庭のぬかるみにそれを撒布して解消した[14]、という細やかな配慮にたけた人物であり、倹約してそれを活かす姿勢は、政治を通して、突きつめれば公共のために尽くしているのであり、決して自己のための「吝嗇」ではないのであり、そこには「私」ではなく「公」の立場に立つという点で、他の倹嗇篇の話とは対照的である[15]。

以上、倹嗇篇に収められている逸話を分析してきたが、〈8〉を除く八条の逸話は（A）過度の聚斂→（B）狭義の吝嗇という構造をもつ一連の吝嗇に関する逸話であり、これらの吝嗇の行為が輿論の非難を浴びる根本的な理由は「公」の立場に立つべき貴族のありかたに反する、つまり「私」の立場に立つ行為であったからである。

第二節　汰侈篇について

つぎに汰侈篇の十二条の逸話の原文と日本語訳を掲げ、それを素材として検討したい。

〈10〉石崇毎要客燕集、常令美人行酒、客飲酒不尽者、使黄門交斬美人。王丞相与大将軍嘗共詣崇。丞相素不能飲、輒自勉彊、至于沈酔。毎至大将軍、固不飲、以観其変、已斬三人、顔色如故、尚不肯飲。丞相譲之、大将軍曰、自殺伊家人、何預卿事。

石崇は客を招いて宴会を開くときには、いつも「美人」（酌婦）に酌をさせ、客が酒を飲み干さない場合は黄門（宦官で「美人」の元締め）に命じて「美人」をつぎからつぎへと斬らせた。王丞相（王導）は大将軍（王敦）とある日一緒に石崇のところに出向いた。丞相はもともと下戸であったにもかかわらず、ついつい無理をして酔いつぶれてしまった。〔酌がめぐって〕大将軍の番になるたびに断固として口もつけようともせず、その悲劇をながめ、すでに三人が斬られても、平然としてなお飲もうとはしなかった。丞相がなじると、大将軍は言った。「やつは自分の家の人間を勝手に殺しているのだ。おまえに何の関わりがあるのだ[16]」。

〈11〉石崇厠、常有十餘婢侍列、皆麗服藻飾、置甲煎粉・沈香汁之属、無不畢備。又与新衣箸（著）令出、客多羞不能如厠。王大将軍往、脱故衣、箸（著）新衣、神色傲然。羣婢相謂曰、此客必能作賊。

石崇の屋敷のトイレには常時、十人餘りの侍女が並んでひかえており、みな綺麗な衣裳を着、美しいアクセサリーを身につけており、甲煎粉（香料の一種）や沈香汁（香水の一種）のたぐいがそなえつけられ、いたれりつくせりであった。また新しいきものを着せられ、出されたので、客はたいそう恥ずかしがってトイレに行くことができなかった。王大将軍（王敦）は〔トイレに〕行くと、もとのきものを脱ぎすて、新しいきものに着がえ、いばった様子であった。侍女たちはたがいに「この客はきっと謀反を起こすにちがいないわ」とうわさしあった。

〈12〉武帝常降王武子家、武子供饌、並用瑠璃器。婢子百餘人、皆綾羅絝羅、以手擎飲食。蒸㹠肥美、異於常味。帝怪而問之、答曰、以人乳飲㹠。帝甚不平、食未畢、便去。王・石所未知作。

武帝（西晉の初代皇帝司馬炎）はある日、王武子（王済）の屋敷にお成りになった。武子は御馳走でもてなしたが、すべて瑠璃（青い玉）の器を用い、百数十人もの侍女たちはみなあやぎぬ・うすぎぬのスカートとブラウスをまとい、〔膳を使わず〕手で料理と飲みものを捧げもっていた。蒸し豚はこってりとおいしく、ふつうの味とはちがっていた。不思議に思った帝が尋ねると、〔王済は〕答えた。「人間の乳を豚に飲ませました」。帝ははなはだ気分を害し、食事の途中で、そうそうに帰られた。王愷や石崇でさえも作り方を知らないものであった。

〈13〉王君夫以粭糒澳釜、石季倫用蠟燭作炊。君夫作紫絲布歩障碧綾裏四十里、石崇作錦歩障五十里、以敵之。石以椒為泥、王以赤石脂泥壁。

王君夫（王愷）が麦芽のあめや乾飯《ほしいい》を燃料にして釜をたくと、石季倫（石崇）は蠟燭で飯をたいた。君夫が青のあやぎぬを裏地とした紫の絹地の幔幕を四十里（十七キロメートル餘り）分つくると、石崇は錦の幔幕を五十里分つくって対抗した。石〔崇〕が山椒を壁土にすると、王〔愷〕は赤石脂（石が風化した赤い樹脂状のもの）を壁に塗った。

〈14〉石崇為客作豆粥、咄嗟便辦、恒冬天得韭蓱虀、又牛形状気力、不勝王愷牛、而与愷出遊、極晩発、争入洛城、崇牛数十歩後、迅若飛禽、愷牛絶走不能及。毎以此三事為搤腕、乃密貨崇帳下都督及御車人、問所以。都督曰、豆至難煮、唯豫作熟末、客至、作白粥以投之、韭蓱虀是擣韭根、雑以麦苗爾。復問馭人牛所以駛。馭人云、牛本不遅、由将車人不及制之耳、急時聴偏轅、則駛矣。愷悉従之、遂争長。石崇後聞、皆殺告者。

石崇は客に豆粥を作ると、あっという間にできあがり、どんな冬の日でもにらと浮草のあえものができた。また〔石崇の〕牛のからだつきや気魄は王愷の牛に劣っていたのにもかかわらず、愷と郊外に遊びに出かけると、〔帰りは〕ひどく遅れて出発したのに、先を争って洛陽城に入り、崇の牛は数十歩遅れていたが、飛ぶ鳥のようにスピードがあり、愷の牛が懸命に走っても追いつけなかった。いつもこの三つのことでくやしい思いをしていた〔王愷は〕、こっそりと崇の帳下都督（執事）と車をあやつる者を買収して、そのわけを問うた。都督は言った。「豆は非常に煮えにくいものでありますが、あらかじめ煮てすりつぶした粉末を作っておきさえすれば、客が来たなら、ただの粥を作り、それをほうりこめばよい。にらと浮草のあえものはにらの根を臼で搗きくだき、麦芽をまぜるだけである」。また御者に牛が速く走るわけを尋ねたところ、御者は言った。『牛はもともと足は遅くはありません。車をあやつる者が追っつかないうちにブレーキをかけてしまうからです。急ぐときには片一方のながえをはずすと速く走ります」。愷はみなこの通りにして、とうとう勝負に勝った。石崇はあとでこのことを聞いて、しゃべった者を二人とも殺した。

〈15〉王君夫有牛、名八百里駮、常瑩其蹄角。王武子語君夫、我射不如卿、今指賭卿牛、以千万対之。君夫既恃手快、且謂駿物無有殺理、便相然可、令武子先射。武子一起便破的、却拠胡牀、叱左右、速探牛心来。須臾炙至、一臠便去。

王君夫（王愷）は「八百里駮《ばく》」（八百里も走る駮の意。駮は馬に似た猛獣）という名の牛をもっており、いつもその蹄と角を磨いていた。王武子（王済）が君夫に話しかけた。「わたしの弓の腕はきみにはかなわないが、今もしもとくにきみの牛を賭けるのなら、〔こちらは〕一千万銭を賭けて勝負をしよう」。君夫は腕に自信がある上に、すぐれたものを殺す道理はなかろうと思い、即座に受けてたち、武子に先に射させた。武子は一発でまとを射抜き、もどってこしかけに坐るや、おつきのものを叱咤し、すぐさま牛の心臓をえぐり出し、もってこさせた。しばらくして〔心臓の〕あぶり肉が届くと、きりみを一切れつまんだだけで帰ってしまった。

〈16〉王君夫嘗責一人無服餘衵、因直内箸（著）曲閤重閨裏、不聴人将出。遂饑経日、迷不知何処去。後因縁相為、垂死迺得出。

王君夫（王愷）はあるとき、衣服も下着も着ていなかった男を処罰し、朝廷で宿直するので幾重にも複雑な屋敷の奥まった部屋の中に閉じ込め、他の者に〔彼を〕連れ出すのを禁じた。かくて〔その男は〕何日間も食べることができず、また迷ってどこに行けばよいのかもわからなかった。ゆかりの者がたのみこみ、瀕死の状態でようやく外に出ることができた。

〈17〉石崇与王愷争豪、並窮綺麗、以飾輿服。武帝、愷之舅也、毎助愷。嘗以一珊瑚樹、高二尺許、賜愷。枝柯扶疏、世罕其比。愷以示崇、崇視訖、以鉄如意撃之、応手而砕。愷既惋惜、又以為疾己之宝、声色甚厲。崇曰、不足恨、今還卿、乃命左右悉取珊瑚樹、有三尺四尺、条幹絶世、光彩溢目者、六七枚、如愷許比甚衆。愷惘然自失。[17]

石崇は王愷と豪奢を競いあい、ともに華美を尽くして乗り物や衣裳を飾りたてた。武帝（司馬炎）は愷の甥にあたり、ことあるごとに愷を応援していた。あるとき、高さ二尺（約四十八センチメートル）ばかりの珊瑚の樹を一座、愷に下賜した。枝はおい繁り、世にもまれなるものであった。愷は崇に見せびらかしたが、崇は見終わると、鉄の如意棒でこれをうちすえ、手をふりおろすやいなやこなごなに砕けてしまった。愷は惜しがると同時に自分の宝物をねたんだのだと思い、声を荒らげ血相を変えていかった。崇は「そう残念がることもあるまい。今きみに返そう」と言い、おつきのものに命じて珊瑚の樹を全部もってこさせた。高さが三尺・四尺の、枝ぶりや幹の様が世にもまれで、まばゆいばかりにあざやかに輝くのが六、七座あり、愷のところのと同じクラスのはごろごろしていた。愷はぽかんとしたままであった。

〈18〉王武子被責、移第北邙下。于時人多地貴、済好馬射、買地作埒、編銭匝地竟埒、時人号曰金溝。

王武子（王済）はお叱りを受け、屋敷を北邙山（洛陽の北にある台地で、墓域として有名）のふもとに移した。当時、〔北邙山のふもとは〕住民が多く地価が高かった。済は馬上から弓を射るのが好きで、土地を買って囲いを作らせ、銅銭を連ねて馬場をめぐらせ、境界の柵とし、当時の人々は「金溝」（お金の溝）とよんだ。

〈19〉石崇毎与王敦入学戯、見顔・原象、而歎曰、若与同升孔堂、去人何必有間。王曰、不知餘人云何、子貢去卿差近。石正色云、士当令身名倶泰、何至以甕牖語人。

石崇はいつも王敦と太学に行き、遊んでいた。顔回と原憲（ともに孔子の高弟）の肖像を見て嘆息して言った。「もしも一緒に孔子の堂（表座敷）にのぼったならば、彼らとどうして差があろうか」。王〔敦〕が言った。「他の人ならいざしらず、子貢（端木賜。孔子の高弟で金持ち）ときみとはへだたりはあるまい」。石〔崇〕はきっとなって言った。「士は身代・名声ともに豊かでなくてはならぬ。どうしてかめのまどから人と話さなければならんのだ」[18]。

〈20〉彭城王有快牛、至愛惜之。王太尉与射、賭得之。彭城王曰、君欲自乗則不論、若欲噉者、当以二十肥者代之、既不廃噉、又存所愛。王遂殺噉。

彭城王（司馬権）は足の速い牛をもっており、とても大事にしていた。王太尉（王衍）は〔彭城王と〕弓を射たさいに賭けをしてこの牛を手に入れた。彭城王が「あなたが自分で乗りたいと思っているなら何も申しませんが、もしも〔殺して〕食べようと思っているのであれば、肥えた牛二十頭ととりかえましょう。〔あなたは〕食べるのをやめるわけでもなく、〔わたしも〕かわいいやつを生かしておけるので」と言ったが、王〔衍〕はそのまま殺して食べてしまった。

〈21〉王右軍少時在周侯末坐、割牛心噉之。於此改観。

王右軍〔王羲之〕が若いころのこと、周侯〔周顗〕の〔宴会の〕末席に連なっていたが、牛の心臓を切りとって食べた。この行為により、〔王羲之に対する〕見る目が一変した。

以上の〈10〉～〈21〉の十二条の汰侈篇の逸話の中で奢侈に関する逸話の最も典型的なパターンは、石崇と王愷との間で繰り広げられた贅沢競争であり、〈13〉・〈14〉・〈17〉の都合三例ある。〈13〉では飯を炊く燃料と幔幕と壁土、〈17〉では珊瑚樹でもって競っている。〈14〉の逸話では石崇側の即席の豆粥の作り方など三つの秘訣を王愷が盗み、石崇と勝負している。なお石崇の贅沢ぶりは〈10〉の宴会や〈11〉のトイレという石崇の屋敷での様子や〈17〉の劉孝標注所引の『続文章志』の「崇資産累巨万金、宅室輿馬、僭擬王者。庖膳必窮水陸之珍、後房百数、皆曳紈繡、珥金翠。而絲竹之芸、尽一世之選、築榭開沼、殫極人巧」（石崇の資産は莫大な黄金がつみかさなり、屋敷や乗り物は不遜にも帝王になぞらえていた。食膳には必ず山海の珍味を尽くし、奥向きの部屋には〔妻妾が〕何百人もおり、いずれも白絹製や刺繡をほどこした衣裳を長くひきずり、黄金や翡翠の耳飾りをつけていた。管絃の音楽では当代の名人を選りすぐり、たかどのを築き池を掘るにもたくみの粋を極めた）の記事からも窺うことができる。この石崇と王愷の二人に絡んでくる第三の人物が王済であり、〈12〉の逸話では、武帝の行幸へのもてなしとして王済は豪華な料理を用意していたが、その中でも極め付きは人間の乳で育てた豚を材料とした蒸豚料理で、「王・石所未知作」と、あの贅の粋を尽くす王愷や石崇でさえも、さすがにその作り方を知らなかったという。また〈15〉の王済が王愷が所有する「八百里駮」という名の牛に一千万銭もの大金を賭けて弓を射た話や〈18〉の王済がわざわざ地価の高い土地に広い馬場をつくり、しかも銅銭をつらねてその馬場を囲んだ話からも、王済が石崇・王愷らと張り合って彼らと同等に贅沢をしていたことがわかる。

石崇らの贅沢競争がその典型である奢侈の行為について、倹嗇篇で見た吝嗇の行為と比較し、その性格を考察したい。前節では吝嗇の行為を（A）聚斂による過度の蓄財と（B）狭義の吝嗇とに分けたが、まず（A）に関して比較する。「〔石〕崇資産累巨万金、宅室輿馬、僭擬王者」と、汰侈篇を代表する石崇は、その資産や屋敷・乗り物が「王者に僭擬す」とあるが、倹嗇篇の和嶠の場合にも「治家富擬王公」〈1〉の劉注所引の『晉諸公賛』）とあり、ともに所有する家産の分を超えた莫大さを表現するために「王者」「王公」に擬すという同型の修辞が使われている。そしてその莫大な石崇の資産の具体的な規模が『晉書』巻三十三、石苞伝、附石崇伝に、石崇が処刑されたときの資産没収の際の数字として示されている。「水碓三十餘区、蒼頭八百餘人、他珍宝・貨賄・田宅称是」（〔製粉用の〕水車が三十ヶ所餘り、下僕が八百人餘り。他の珍しい宝物や財貨や田畑・屋敷もそれに相応する程度あった）とあり、資産の内容・規模などあたかも倹嗇篇を代表する王戎の資産を髣髴させる。石崇がこの資産を築いたのは、同じ石崇伝の記事「在荊州、劫遠使商客、致富不貲」（荊州在任当時に遠隔地貿易に携わる商人を脅して、計りしれない富を築いた）からわかるように、四通八達した荊州（湖北省と湖南省。治所は襄陽）の刺史として現地に赴任、敢えて殺人を犯してまで遠隔地貿易に携わる商人を脅迫して金品を強奪し、莫大な財貨を手に入れたことによる。[19] 王愷と王済の蓄財に関しては汰侈篇の本文および劉注所引の諸書に、直接それに言及した記事は見当らないが、王愷は西晉の武帝の舅にあたり、武帝は珊瑚樹を下賜するなど平素から王愷に応援を惜しまなかったし〈17〉）、王済は常山公主を娶っており（『晉書』巻四十二、王渾伝、附王済伝）、武帝が王済の屋敷に行幸する（〈12〉）というように、二人は石崇と同じく貴族の一員であるとともに、さらに貴族の中でも西晉の帝室司馬氏と繫がりがある「貴戚」（〈17〉の劉注所引の『続文章志』）の一員として、武帝と親密であった。かれら「貴戚」は、さまざまな機会に下賜という形で内外四方から都洛陽にもたらされた貢納品の分配に与かり、また「貴戚」の権威を利用して付け届けや賄賂を取り込み、産業や貸し付けを営み、巨大な家産を築いたのであろう。[20] 石崇らの蓄財、とくに石崇が荊州刺史当時のそれは、前節で言及した『顔氏家訓』止足篇の「勿非道求之」の戒めの対極に位置する。このように奢侈を代表する人物も吝嗇の（A）の行為と全く同質の行為、すなわち聚斂による過度の蓄財を行っており、この行為により築いた財産を元手にして奢侈にふけったのである。

それに対して、（B）狭義の吝嗇と比較すれば、奢侈の行為は如何に位置付けられるのであろうか。敢えて例を引くまでもなく、石崇らの贅沢ぶりを見ると、如何に財貨を湯水の如く使っていたかが想像し得るし、また『晉書』では奢侈の例として、たとえば「食日万銭、猶曰無下箸処」（食費は一日一万銭かけたが、それでもなお箸をつける料理がないと言った。『晉書』巻三十三、何曾伝）のように、食事に金を飽かすのが贅沢の代名詞の如く使われていることからもわかるように、（B）のできうるかぎり支出を抑える方向とは逆の（C）散財の形をとるのであり、その点で、倹嗇篇の〈1〉の、吝嗇の和嶠に対して過激な行動に出た王済が、一方ではこの汰侈篇の〈12〉などの逸話の主役として登場するのは象徴的である。では（B）狭義の吝嗇と対照的な奢侈の（C）散財の行為は、前節で見た（B）の対極をなしていた賑恤・救済の行為とは如何なる関係にあるのであろうか。「散」、つまり資産を消費するという点においては同じであるが、その散ずる目的において両者には大きな隔たりがある。すなわち賑恤・救済が宗族・賓客・郷党を扶助するために散ずるのに対し、奢侈のための散財は自己の欲望を満たさんがために散ずる、つまり浪費であり、突きつめれば前者が他者のための、外に開かれた行為であるのに対し、後者は自己のみのための、内に閉じられた行為であり、この自己に閉じこもる点では奢侈の（C）散財の行為は表層的には正反対の行為である吝嗇の（B）狭義の吝嗇の行為と一致するのであり、それ故に（C）の行為も、たとえば何曾がその分を超えた奢侈ぶりを劉毅らに弾劾された（『晉書』何曾伝）[21]ように、輿論の非難を浴びるのである。

以上、倹嗇篇の吝嗇と汰侈篇の奢侈を比較してきたが、まとめると両者ともまず（A）聚斂の行為があり、続いて（A）により形成された資産を如何に扱うかについて、吝嗇の場合は（B）狭義の吝嗇の行為があるのに対し、奢侈の場合は（C）散財の行為がくるのであり、図式化すると、吝嗇が（A）→（B）、奢侈が（A）→（C）という一連の動きで表わされる。そして表面的には対照的な（B）狭義の吝嗇と（C）散財は、賑恤・救済が拠って立つ「公」の視座から見れば、両者とも同レベルの「私」の行為であり、それ故にともに輿論の指弾を受けるのである。

汰侈篇に関して次に考えなければならない問題は、以上で検討してきた贅沢競争などの奢侈と全く関係がない、もしくは奢侈が話の主題でない逸話が、それも相当数収録されている事実である。このことは何を意味するのであろうか。たとえば〈10〉の逸話は、確かに奢侈で有名な石崇の宴席が場面ではあるが、話の主題はその宴席で「美人」（酌婦）の斬殺を命じる主人の石崇の残忍さとその残忍な行為を平然と眺めていた客の王敦の剛毅さにある。同じく王敦は〈11〉の話でも、石崇の屋敷の豪華なトイレに居並ぶ侍女の目の前で悠然と衣服を着替えたとあり、〈10〉・〈11〉はともに主題は王敦の豪胆な態度であり、[22]盛大な宴席や豪華なトイレが舞台とは言え、奢侈がテーマであるとは言い難い。〈21〉の王羲之が宴席で若輩にもかかわらず、牛の最も上等の部分をまっ先に食べたという話も同じ系列の逸話である。また人が大事にしている牛を賭けに勝って手に入れ、ほとんど無意味にその牛を殺すという話が〈15〉・〈20〉の二例あり、[23]高価な牛を屠殺し、わずかあぶり肉一切れを食べるのみという点、一種の奢侈ではあろうが、話のテーマは相手が大事にしている牛を惜しげもなく殺して、相手の鼻をあかすところにある。〈16〉の話は、王愷が一人の男を迷宮の如き屋敷の中に閉じ込め、瀕死の状態に陥るまで放っておいたという、奢侈でも有名な王愷の冷酷な一面を主題とした逸話であり、この王愷の冷酷なふるまいは〈10〉の「美人」の斬殺を命じた石崇のふるまいにも通じるのであり、岡崎文夫氏のいうところの「淫虐の風」の例であろう（[岡崎一九三二]）。また〈19〉は石崇が資産家であるのを皮肉られたのに対して色をなして抗弁した話である。このように篇名の「汰侈」が示す奢侈・贅沢とは異質の内容の逸話がかなり含まれている。

ではこれらの逸話〈10〉・〈11〉・〈15〉・〈16〉・〈19〉・〈20〉・〈21〉と、贅沢が主題の逸話〈12〉・〈13〉・〈14〉・〈17〉・〈18〉との共通項、すなわちこの汰侈篇全体に共通する主題は何であろうか。表面的には奢侈が主題の逸話群とそうではない逸話群にまたがって登場する人物、石崇（〈13〉・〈14〉・〈17〉と〈10〉・〈11〉・〈19〉）や王愷（〈13〉・〈14〉・〈17〉と〈15〉・〈16〉）の存在から推測し得るように、両者の逸話の主役の性格に共通する点が見られる。その主役の性格を考えるに際し注目すべきは〈17〉の珊瑚樹をめぐる石崇と王愷の勝負についての冒頭に「石崇与王愷争豪」とあり、その贅沢競争が「豪」を競うと表現されている点である。この場合の「豪」は直接的には物質的な豪奢の意味であろうが、あわせて精神的な豪気・豪胆に通ずる。奢侈を競いあった石崇・王愷・王済らの性格を表わす語を挙げると、「性好俠」（石崇。〈14〉の劉注所引の『晉諸公賛』）、「性至豪」（王愷。〈13〉の劉注所引の『晉諸公賛』）、「性豪侈」（王済。『晉書』巻四十二、王渾伝、附王済伝）と、「豪」もしくは「豪」に通じる「俠」で表わされている。そして「争豪」「争長」（〈17〉）「競相誇衒」（たがいに競いあって自慢した。〈14〉の劉注所引の『晉諸公賛』）、「競相高以侈靡」（たがいに競いあって贅沢を尽くす。〈17〉の劉注所引の『続文章志』）と財を傾けて競争しているのは、豪奢な物品に反映している豪気であり、それに負けることはそれ故に「愧羨」（恥じ、うらやむ。『続文章志』）のことなのである。このように贅沢競争は実は豪気を競ったのであり、その主役の豪気な性格にまつわる逸話という点で、奢侈とは無関係の逸話と共通するのである。「美人」が斬殺されようと、あるいは衆人の目の前で着替えようと平然としていた王敦（〈10〉・〈11〉）、年長者をさしおいて、まっ先に牛の心臓の部位を食べた王羲之（〈21〉）、人が大事にしていた牛を惜しげもなく殺し、相手の鼻をあかす王済・王衍（〈15〉・〈20〉）らにも豪胆な性格を窺うことができる。また一人の男を飢えるまで閉じ込めておいた王愷の残酷さも豪気の一面であろう。なお豪気に対する評価として、王羲之の豪胆なふるまいを機に世間の彼を見る目が変った（〈21〉）[24]というように肯定的な場合と、トイレで平然としていた王敦が侍女たちに将来きっと謀反を起こすにちがいないと噂された〈11〉というように危険を孕んだという点で否定的な場合もあった。

そもそも篇名の「汰侈」とは「倹嗇」と対になる分不相応の贅沢という意味をも含みこむ、おごりたかぶり、いばるという、豪気に通じるのが本来の意味であろう。この汰侈篇が豪気に関する逸話からなっていたのであるが、『世説新語』の他の篇にも豪気な性格に関する逸話があり、(25) その中でもとくに豪爽篇にはその篇名が示すように豪気にまつわる逸話が収録されている。では同じ豪気に関する汰侈篇と豪爽篇とが如何なる関係にあるのかが問題になる。豪爽篇は全部で十三条の逸話からなっているが、その中の五条は汰侈篇にも登場する王敦に関するエピソードであり、西晉後半から東晉の初めにかけての時代の豪気な性格の代表であったことがわかる。この王敦以外は桓温・桓玄ら桓氏一族の逸話が大部分を占めており、王敦とともに東晉時代にあって政権をねらって挙兵した人物がもっていた資質としての豪気な性格に関する逸話である。この豪爽篇が汰侈篇と対照的な点は、汰侈篇が〈21〉の王羲之を除くとすべて西晉時代を舞台とした、とくに奢侈の風潮の中での話なのに対し、豪爽篇は西晉から東晉にまたがる王敦も含め、東晉時代に活躍する人物の話からなっている。また汰侈篇がどちらかというと残酷な傾向を含み、暗い話が多いのに対し、豪爽篇の方はおおらかで明るい話が多い。こういう相違点を考慮して『世説新語』の編者は豪気に関する逸話を両者に分類したのであろう。以上、この節の後半では、汰侈篇には奢侈とは無関係な逸話が存在し、それらをも含む汰侈篇全体に共通する主題としての豪気の性格を論じた。

第三節　西晋の貴族社会の気風

『世説新語』の倹嗇篇の中で吝嗇の典型である和嶠と王戎、汰侈篇の中で豪奢を競いあった石崇・王愷・王済ら、彼らの吝嗇・奢侈に関する逸話がどこまで事実であるのかどうか、という問題はあるが、それはさておき、彼らが生きていたのは西晋時代（二六五〜三一六年）であり、この時代において『世説新語』の倹嗇・汰侈両篇には登場しないが、聚斂・吝嗇・奢侈に狂奔した貴族の名が、たとえば『晋書』などを繰ると散見する。宗室では、義陽王望は「性倹吝而聚斂、身亡之後、金帛盈溢、以此獲譏」（性格は吝嗇でしかも聚斂し、死去ののち黄金や絹が満ちあふれており、これにより非難を受けた）と、けちん坊の上によく取り込んでおり（巻三十七、宗室伝、義陽王望伝）、また竟陵王楙は「〔汝南王〕亮遣〔竟陵王〕楙就国。楙遂殖財貨、奢僭踰制」（汝南王亮は竟陵王楙を派遣してその封国に赴かせた。楙はそこで財貨を増やし、その奢侈はしきたりを超えていた）と、聚斂と奢侈に走った人物であり（同、竟陵王楙伝）、宗室にも聚斂・吝嗇・奢侈で有名な人物が存在していた(26)。また「貴戚」でも、奢侈で有名な王愷・王済以外に羊琇が奢侈で知られている。羊琇は武帝司馬炎の伯父の司馬師に嫁いだ羊徽瑜（景献羊皇后）(27)の従弟にあたり、武帝と親密であった（『晋書』巻九十三、外戚伝、羊琇伝）が、彼も「〔石崇〕与貴戚羊琇・王愷之徒、競相高以侈靡、而崇為居最之首、琇等毎愧羨、以為不及也」（石崇は貴戚の羊琇・王愷の輩と贅沢の面でたがいに競いあったが、石崇が一番であった。羊琇らはいつもくやしがり、うらやんで、負けたと思った。〈17〉の劉注所引の『続文章志』）とあるように石崇・王愷らと贅沢を競いあっていた一人であった。貴族では開国の功臣の一人何曾とその子何遵・何劭兄弟、および何遵の子何綏ら陳国の何氏一族が奢侈で有名である。とくに何曾は「性奢豪」（性質はたいへんに贅沢）で「食日万銭、猶日無下箸処」（食費が一日一万銭かけてもなお箸をおろす処がないとうそぶいた）とあり、その「侈汰無度」（おごりたかぶりは限度がない）を劉毅らに弾劾されており（『晋書』巻三十三、何曾伝）、何劭も「一日之供、以銭二万為限」（一日の食費は二万銭を限度とした）という（同、附何劭伝[28]）。また石崇と王愷の贅沢競争の如く、何劭と食膳で張り合った任愷、さらに王濬の名が奢侈の人物として挙がる[29]。以上のように『世説新語』の倹嗇・汰侈両篇に登場する人物以外にも吝嗇・奢侈で有名な人物が西晋王朝下に存在していたのである。そして『宋書』巻三十一、五行志二に「晋興、何曾薄太官御膳、自取私食、子劭又過之。而王愷又過劭。王愷・羊琇之疇、盛致声色、窮珍極麗。至元康中、夸恣成俗、転相高尚、石崇之侈、遂兼王・何、而儷人主矣」（晋朝が開かれ、何曾は太官が用意する食膳を〔粗末であると〕軽んじ、自分で家の料理を取り寄せた。子の何劭はまたそれを上回り、王愷はまた何劭を上回った。王愷や羊琇の輩は音楽や女色にさかんに入れ揚げ、珍奇や綺麗を極め尽くした。元康年間（二九一―九九年）に至ると、驕って勝手気ままにふるまうのが風俗となり、しだいにそれが高尚であるとみなされ、石崇の奢侈はついには王愷と何劭をたばにした〔のを凌駕し〕、天子と肩を並べるに至った[30]）とあり、西晋時代になると何曾をその端緒として奢侈の風潮がおこり、その風潮の中で、牽引役となったのが何曾・何劭・王愷・羊琇・石崇ら貴族であり、しかも何曾より何劭、何劭より王愷・羊琇、王愷・羊琇より石崇と、奢侈がエスカレートしていったという。この奢侈のエスカレートを直接に推進したのが贅沢競争であり、そのことは『世説新語』汰侈篇の〈17〉の逸話の劉孝標注所引の『続文章志』に石崇の贅沢ぶりを描いたのに続く前出の記事、「〔石崇〕与貴戚羊琇・王愷之徒、競相高以侈靡、而崇為居最之首、琇等毎愧羨、以為不及也」からもわかる。それ故に『世説新語』汰侈篇の〈13〉・〈14〉・〈17〉の石崇と王愷との贅沢競争の逸話は、贅沢競争という形をとる点で当時の奢侈の風潮の特徴を表わしており、石崇と王愷とが競うという点で西晋王朝崩壊前夜における風潮の流れが行きついた到達点を表わしており、その意味で西晋の奢侈の風潮の象徴であるといえる[31]。それに対し吝嗇の風潮は西晋時代では和嶠・王戎らがいるが、奢侈の風潮に比べて影が薄く、奢侈の風潮の脇役のような印象を与え、『世説新語』の倹嗇篇の登場人場を見るとむしろ東晋時代の前半の風潮のように見える。[32]いずれにせよ、西晋時代の奢侈の風潮と、それに付随する吝嗇の風潮は、第一節・第二節で分析した結果によると、奢侈と吝嗇はともにあくなき聚斂が前提にあり、その聚斂によりなした財を食費や贅沢品に注ぎ込むなどして散財するのが奢侈なのに対し、その財をたとえ婚儀であろうとも出ししぶりできうるかぎり使わないのが吝嗇であり、その点では両者は対照的であるが、聚斂と奢侈・吝嗇の一連の行為は、止足を守り餘剰を賑恤・救済にまわすという貴族のあるべき姿勢とは対蹠的であり、ともに輿論の非難の対象であり、その点では奢侈と吝嗇は同じく私欲に発する同次元の行為であり、「はじめに」で言及した岡崎文夫・谷川道雄両氏の理解、すなわち当時の奢侈の風潮と吝嗇の風潮が表裏一体の関係にあるという理解は正しい。

つぎに考えなければならないのは、西晋時代における宗室・外戚を含む貴族層におけるかたや奢侈の、かたや吝嗇の人物の輩出はそれらの性質を有するばらばらの個人の単なる集まりではなく、岡崎文夫氏が指摘するように、「奢侈の風」「吝嗇の風」が階層全体に瀰漫していたのであるが、ではこうした風潮が何故にこの西晋時代に起こったのかという問題である。言い換えるならば没歴史的な奢侈・吝嗇という個人の性格ではなく、歴史的な奢侈・吝嗇な風潮がこの時代に存在したのかという問題である。この貴族社会における現象は、魯褒の『銭神論』が皮肉をこめて描き出す金万能の当時の社会全体の風潮と密接に対応しているのであり、逆に言えばその拝金主義の風潮の一部が貴族層における奢侈と吝嗇の風潮をなしていたのである。そしてこうした拝金主義の風潮は、太康元年（二八〇）の呉の平定による中国再統一という太平の到来の事態がもたらした、一方では呉の物資の流入による経済界の活況、また一方では当面の最大の政治課題の解消による武帝を先頭とする政治面における弛緩などが背景としてあったのであろう。[33]ここでとくに注目したいのは、谷川道雄氏が指摘した当時の奢侈・吝嗇の風潮と私欲にもとづくという点で根を同じくする西晉の朝廷を舞台に繰り広げられた権力闘争と奢侈・吝嗇の風潮との関係である。権力をめぐる暗闘は泰始元年（二六五）の建国当初から存在したが、とくに太康元年（二八〇）の天下統一の実現による最大の政治課題の消滅により、それ以後、この権力闘争が顕在化し、より拍車がかかり、最後に外戚勢力の楊氏と賈氏が専権を振うようになり、それが宗室を中心とする八王の乱を惹き起こし、結果的に西晉王朝を崩壊に導くのである。[34] このような状況下において、奢侈や吝嗇に没頭した貴族は同じ私欲にもとづく権力闘争と如何にかかわっていたのであろうか。その点で興味深いのは、権力闘争の最も有名な対決が賈充対任愷のそれであり、結局任愷が敗れ去り、[35] 免官された任愷は「縦酒耽楽、極滋味以自奉養」（酒や娯楽にふけり、おいしい料理にこることによりわが身を養った。『晉書』巻四十五、任愷伝）と、酒・娯楽・料理にうつつを抜かす私的な奢侈生活に閉じ籠もった事実である。この任愷側に与した中に吝嗇で有名な和嶠がいたのも示唆的である。[36] また吝嗇で有名な王戎の場合、「竹林の七賢」の一人としての高い評価と吝嗇の評判との間には落差があり、その落差を説明するために『晉陽秋』ならびに戴逵の議論（ともに〈3〉の劉注所収）では、王戎は故意に吝嗇の評判を得ることにより危難の世から韜晦したと議論する。ちょうど三国魏末に阮籍が酒により韜晦して身を全うしたのと同様に王戎の吝嗇を説明するが、少なくとも元康年間以降は、当時権勢を振っていた賈氏・郭氏と親交をもち、愍懐太子廃嫡事件の際も全く諫奏しなかったというように、長い物には巻かれろ式に時流にあわせて政治との関わりにおいては消極的に生き、その一方で聚斂・吝嗇に執念を燃やしている。[37] 石崇の場合も、賈謐の「二十四友」の一人として、賈氏・郭氏には「望塵而拝」（〔広城君が出かけるときには、車から降りて道路の左側に坐って、広城君の車のたてる〕ほこりを仰いで拝伏した）というように諂事し、その一方で洛陽郊外の金谷の別荘で奢侈にふけっている。[38] 王戎と石崇は吝嗇と奢侈と対照的であるが、元康年間当時に権勢を振っていた賈氏・郭氏に対する関わり方は共通している。奢侈で有名な「貴戚」の王愷・羊琇・王済らも「貴戚」なるが故に武帝とは個人的には親密であり、その皇帝との私的な繋がりが武器であったが、たとえば羊琇と王済が斉王攸帰藩事件の際に諫奏したために武帝の怒りを買ったというように、自分の権勢は皇帝の胸三寸で転落する危険性を孕んだ脆弱なものであり、かつ楊氏・賈氏を中心とする権力闘争では傍流に位置していた[39]。以上のように任愷・和嶠・王戎・石崇・王愷・羊琇・王済ら、当時奢侈と吝嗇に名を馳せた人士は、政治の世界での権力闘争の場では、あるいは敗北し、あるいは傍観し、あるいは従属し、あるいは疎外されているというように、権力の主体ではない点で共通しており、この政治の場とは価値観の異なる「家」を場に、そこで積極的に聚斂・奢侈・吝嗇に精を出す。こうした行為を行う理由は、いみじくも石崇が『世説新語』の汰侈篇の〈9〉の逸話の中で王敦に言ったことば「士当令身名俱泰」（士というものは身代も名声もともに大きくなければならない）に集約されている。身代を大きくするためには大いに聚斂せねばならず、名声を高めるためには散財することにより豪気の評価を得なければならない、という聚斂と奢侈の行為に対する自己弁護のことばであるが、ちょうど在地の豪族が自己の勢力を拡大すると同時に「軽財好施」の任俠の精神にもとづき賑恤・救済を行い、それにより名望家と標榜されるのと対応するように、悪名高い聚斂・奢侈・吝嗇の行為を都洛陽の舞台に繰り広げた彼らは官僚貴族の一員として、本貫地から都に居を遷し、郷里からしだいに乖離してゆく結果、その点では拠って立つべき場である朝廷の場で、しかも政治的には疎外されるという状況下で自立し安定した基盤の希求の、しかし屈折した形での表現であったのである。そしてともに競争による相対的な評価にもとづくために、際限なくエスカレートしたのであろう。

最後に付言しておきたいのは、第二節での『世説新語』の汰侈篇の分析により、贅沢競争は実は豪気を競っていたのであると論じたが、その事実が西晉時代の貴族社会の何を物語っているのかという問題である。一つは在地の豪族が任俠的精神の表われである賑恤行為などを通して郷里の名望となり、また任俠的精神と通ずる豪気の資質を発揮して戦乱の世において郷里を防衛したが、その任俠的精神・豪気の資質を、贅沢競争というように散財という屈折した形式ではあるが重視するという点では、西晉時代の貴族社会がいまだに荒々しい若い段階の貴族社会であることを示しており、もう一つは豪気という、目に見えない内面的・精神的な人間の資質を、贅沢競争では豪奢という、目に見える外面的・物質的な物に反映させて競うという点、東晉時代以降の貴族社会が芸術・学問・宗教などの方面で内面的・精神的な貴族文化を花開かせたのとは対照的であり、その点では西晉時代当時の貴族社会は成金趣味的な様相を呈する未成熟な段階でもあり、両者とも西晉の貴族社会がまだ若い段階にあることを示している。

以上、西晉時代の奢侈および吝嗇の風潮が何を意味するのかを検討して明らかになったのは、当時の貴族社会がその内にかかえる、乗り越えるべき問題がその表面に噴出したのが、奢侈および吝嗇の風潮であったという事実であり、それはまた貴族社会の展開において、西晉当時の貴族社会が過渡期であることの一証左であった。

おわりに

本章では『世説新語』の倹嗇篇と汰侈篇の分析を通して、西晉時代の貴族社会における吝嗇および奢侈の風潮を考察し、以下の二点の特徴を見出した。

第一に、倹嗇篇の逸話の多くに見られる吝嗇の行為は、聚斂による過度の蓄財→狭義の吝嗇、という構造をもつのに対して、汰侈篇の逸話に見られる奢侈（贅沢）の行為は、聚斂による過度の蓄財→散財、という構造をもつのであり、ともに前半は同じ「聚斂による過度の蓄財」という「私」の行為があり、後半は「狭義の吝嗇」と

「散財」という表面的には正反対の行為であるが、「公」の視座から見れば、両者とも同次元の「私」の行為であり、それ故に、ともに二重に「私」的な（私欲的な、利己的な）行為からなるという点である。その点では、岡崎文夫・谷川道雄両氏の「財物に対する関心の強さ」という共通した精神傾向にもとづく表裏一体としたものという理解が正しいことを論証することができたかと思う。そして、止足を守り餘剰を賑恤・救済にまわすという貴族のあるべき姿勢とは対蹠的であるが故に、ともに輿論の非難の対象となるのである。

第二に、汰侈篇には奢侈と無関係の逸話も含まれているのであり、汰侈篇全体に共通する主題は豪気であり、賑恤行為とは「散ずる」点では同じ贅沢競争（実は散財競争）という散財行為も、賑恤が他者のためであるのに対し、散財は自己のためという点で正反対であるが、単なる自己満足の行為ではなく、「豪」（豪気、豪胆）という名声の獲得をめぐる争いであった。そして、本来は在地の豪族が「軽財好施」の任俠の精神にもとづく賑恤行為に与えられた、「散」に対応する「豪」の評価（名声）を、都洛陽の官僚貴族の場合、本末顚倒し、それを獲得するために贅沢競争という「散」の行為をするようになったのであり、そこに、後漢の第一次郷論から西晋の第三次郷論への連続性と変質の一面が見出せるのである。その一方、贅沢競争が典型的であるように、西晋当時の貴族社会が成金趣味的な様相を呈する未成熟な過渡期であることを示している。

この吝嗇と奢侈の風潮と相い連関する西晋の貴族社会の他の現象、たとえば『銭神論』が描く拝金主義の風潮や『釈時論』が描く選挙の溷濁については、それぞれ第九章（次章）、第十章で考察する。

注

（1）『世説新語』に関する研究などについては井波律子『世説新語』［井波一九八八］の参考文献参照。『世説新語』全体を素材として、その背景の時代の人間を考察した論考として宇都宮清吉「世説新語の時代」〔宇都宮一九三九〕がある。

（2）全訳・抄訳を問わず、参照した日本語訳を以下に列挙する。（a）大村梅雄訳、平凡社、中国古典文学全集第三十二巻、『歴代随筆集』、一九五九年所収（ただし賞誉・品藻・排調・軽詆の各篇は省略）。（b）川勝義雄・福永光司・村上嘉実・吉川忠夫共訳、筑摩書房、世界文学大系第七十一巻、『中国古小説集』、一九六四年所収。（c）森三樹三郎訳、平凡社、中国古典文学大系第九巻、『世説新語・顔氏家訓』、一九六九年所収。（d）目加田誠訳、明治書院、新釈漢文大系第七十六・七十七・七十八巻、『世説新語』上・中・下、一九七五―七八年（劉孝標注も含めた全訳）。（e）竹田晃訳、学習研究社、中国の古典第二十一・二十二巻、『世説新語』上・下、一九八三・八四年。（f）吉川忠夫訳、講談社、中国の古典、『魏晋清談集』、一九八六年所収（選訳であり、かつ他書所載の逸話も加える）。（g）井波律子訳、角川書店、鑑賞中国の古典第十四巻、『世説新語』、一九八八年（約二割の選択。訳者には「中国人の機智 ――『世説新語』を中心として――」、中公新書六九三の著がある）。なお（h）八木沢元訳、明徳出版社、中国古典新書の『世説新語』、一九七〇年は抄訳で、倹嗇篇・汰侈篇の部分の日本語訳はない。

（3）注釈として以下の四書を利用した。余嘉錫『世説新語箋疏』〔余嘉錫一九八三〕、徐震堮『世説新語校箋』〔徐震堮一九八四〕、楊勇『世説新語校箋』〔楊勇一九六九〕、王叔岷『世説新語補正』〔王叔岷一九七五〕。

（4）劉孝標注所引の『語林』では「嶠諸弟往園中食李、而皆計核責銭、故嶠婦弟王済伐之也」と、その一族の弟たちが果樹園で食べたすももの種の数を計算して代金を請求した和嶠に対し、王済がすももの木を伐りたおしたことになっている。

（5）「責之」を「責銭」として解釈したが、「責単衣」だとするならば、単衣そのものの返還を求めたという意味になる。

（6）『本草綱目』巻十六、草部、隰草類下の王不留行の条には「〔李〕時珍曰、此物、性走而不住、雖有王命、不能留其行、故名」とあり、李時珍は王不留行の名の由来を「たとえ王の命令であっても、その行くのを止めることができない」と説く。注（2）の（d）参照。「王」が「往」と音通するならば、「行ってしまえ。ひきとめはしない」とも読める。

（7）劉孝標注に「『中興書』曰、李軌、字弘範、江夏人、仕至尚書郎。按軌、劉氏之甥、此応弘度、非弘範也」とあり、李軌、字弘範ではなく李充、字弘度を正しいとする。李充の母衛氏は衛展の妹であり、故に李充は衛展の甥。注（2）の（d）参照。

（8）「郗公」が郗超の祖父郗鑒を指すのか、父郗愔を指すのか、よくわからなかった。話の雰囲気からして父子の可能性が高いと考え、注（2）の（f）の吉川忠夫氏の説に従った。

（9）〈2〉の劉孝標注所引の『王隠晉書』では「戎性至倹」と評する。

（10）「至倹」「倹吝」「倹節」はそれぞれニュアンスが異なり、とくに「倹節」の場合、倹約の意で本来的には否定的な評語ではない。

（11）『晉書』巻四十三の王戎伝のこの部分に対応する諸家の『晉書』の逸文を見てみると、「性好興利、……昼夜算計」は『王隠晉書』（『世説新語』倹嗇篇〈3〉の劉孝標注、『初学記』巻十一、職官部上、太尉司徒司空および吏部尚書）、「恒若不足」は『徐広晉紀』（『初学記』巻十八、人部中、富）、「而又倹嗇、……天下人謂之膏肓之疾」は『王隠晉書』（『初学記』巻十一、職官部上、太尉司徒司空と『藝文類聚』巻四十七、職官部、司徒）、「女適裴頠、……恒鑽其核」は『世説新語』倹嗇篇〈5〉・〈2〉・〈4〉）、「以此獲譏於世」は『徐広晉紀』（『初学記』巻十八、人部中、富）となり、おそらく正史の編者は先行して存在したこれらの諸書を利用して、この王戎の吝嗇に関する記述の部分を再構成したのであろう。

（12）〈6〉の衛展に対する李充の批判、〈8〉の王導に対する王悦の諫言の可能性、〈1〉の和嶠に対する王済の行動など、批判の対象は直接には（B）の吝嗇な行為に対してである。〈9〉の場合、郗超の行動は一見すると郗愔の「大聚斂、有銭数千万」の（A）の範疇の行為に対する批判のようにも見えるが、散財するという批判の意味をこめた行為はむしろ（B）の吝嗇行為に対応する。

（13）たとえば〈7〉の「盈溢不散」はとりようによっては「盈溢」が（A）、「不散」が（B）と対応しており、かつ両者が連動している。

（14）政事篇「陶公性検厲、勤於事、作荊州時、敕船官悉録鋸木屑、不限多少、咸不解其意、後正会、値積雪始晴、聴事前除、雪後猶湿、於是悉用木屑覆之、都無所妨、……」。

（15）ただ倹約家の陶侃は「性倹吝」とあり（〈8〉）、そこには寒門出身であり、実務にたけた実力者陶侃に対する庾亮を含めた貴族たちの揶揄の気持ちがあるのかもしれない。

（16）劉孝標注は『王丞相徳音記』を引用し、その話では王愷が妓女に笛を吹かせ、すこし忘れたので、黄門に殺させたが、王敦は平然としていたとする。

（17）「舅」を「甥」にかえて解釈する。武帝司馬炎は王愷の姉の子、つまり甥であり、王愷が逆に武帝の舅にあたる。注（3）

の楊勇の『校箋』参照。

(18) 『荘子』雑篇・譲王篇「原憲居魯、環堵之室、茨以生草、蓬戸不完、桑以為枢、而甕牖二室、褐以為塞、上漏下湿、匡坐而弦歌」などに、原憲の貧しさの例として割れたかめを壁にはめこんで窓としたあばら屋をあげる。

(19) 『王隠晉書』(〈10〉の劉注所引)に「石崇為荊州刺史、劫奪殺人、以致巨富」とある。

(20) 第九章参照。『晉書』巻四、恵帝紀に「高平王沈作『釈時論』、南陽魯褒作『銭神論』、廬江杜嵩(崧)作『任子春秋』、皆疾時之作也」とあり、『銭神論』以外にもこの時代の風潮を批判する書が著されている。

(21) 『晉書』巻三十三、何曾伝、「劉毅等数劾奏(何)曾侈汰無度、帝以其重臣、一無所問。都官従事劉享嘗奏曾華侈、……」。

(22) 王敦は〈10〉・〈11〉以外にも、脇役ではあるが、〈19〉・〈20〉にも登場しており、この汰侈篇を代表する一人である。

(23) 汰侈篇で牛が話題となるものとして〈14〉・〈21〉の逸話があり、このように多く登場するのは牛、とくに優秀な牛が当時、価値ある動産の象徴であったからであろうか。【補注】『晉書』巻二十五、輿服志に「古之貴者不乗牛車、……、自霊献以来、天子至士、遂以為常乗、至尊出朝堂挙哀乗之」とあり、後漢からの流行であった。銭大昕『廿二史考異』巻二十、晉書四、輿服志には、六朝の牛車の例を多数引用、ただし、牛車の利用をさらに以前からあるとする。早瀬貴代氏の指摘。

(24) 〈21〉の条には劉孝標は「俗以牛心為貴、故羲之先飡之」と注す。

(25) 注(2)の(f)の吉川忠夫氏の著作の第二部第八章の「豪気」には『世説新語』の豪爽・雅量・倹嗇・任誕の各篇から六条の豪気に関する逸話が採用されている。ちなみに倹嗇篇からは〈9〉の郗超の散財ぶりの話である。

(26) 義陽王望の孫棘陽王奇も「奇亦好畜聚、不知紀極、遣三部使交・広商貨、……」(巻三十七、宗室伝、義陽王望伝)と、財貨を貯えるために部下を交州・広州に派遣して交易を営ませている。

(27) 『晉書』巻三十一、后妃伝上に伝がある。

(28) 『晉書』何曾伝に「然性奢豪、務在華侈、帷帳車服、窮極綺麗、厨膳滋味、過於王者。毎燕見、不食太官所設、帝輒命取其食。蒸餅上不坼作十字不食。食日万銭、猶曰無下箸処。……」とあり、劉毅らの弾劾の記事が続く。同、附何劭伝に「而驕奢簡貴、亦有父風。衣裘服翫、新故巨積。食必尽四方珍異、一日之供、以銭二万為限。時論以為太官御膳、無以加之。……」とあり、同、附何遵伝に「性亦奢忲、役使御府工匠作禁物、又鬻行器、為司隷劉毅所奏、免官。……(何綏)自以継世名貴、奢侈過度、……」とある。また何遵の子で何綏の弟である何羡は「既驕且吝」とあり、吝嗇で知られている。

(29)『晉書』巻四十五、任愷伝。同、巻四十二、王濬伝。『太平御覧』巻四九三、人事部、奢参照。
(30)『晉書』巻二十八、五行志中にもほぼ同文がある。
(31)ちなみに宮崎市定氏は「中国に於ける奢侈の変遷」［宮崎一九四〇］の第三章「中世の奢侈」で、中世における奢侈の例として、〈12〉の王済の話、および〈13〉の石崇と王愷の話の一部を引用、もう一つ、羊琇が奴隷に酒の甕を抱かせ、その体温でうまい酒を醸造した逸話を載せている（『太平御覧』巻四九三、人事部、奢所収の『臧栄緒晉書』）。
(32)倹嗇篇の後半には衛展・王導・庾亮・陶侃・郗愔と、東晉初めの建国の功臣が目白押しであるが、注（2）の（g）の著作で井波律子氏は、西晉末の激動期の苦難を耐えて生きぬいた彼らにものを惜しむ性癖が染みついているのも、無理からぬことであると、その理由を推測されている。あるいは彼らは西晉時代の吝嗇の風潮の影響を若い頃に経験したとも考えられる。なお井波氏は〈9〉の「郗公」を郗鑒と解釈する。注（8）参照。
(33)葭森健介氏は一九九〇年一月の中国中世史研究会例会での発表「「清」「濁」の構造――西晉貴族の経済観念――」で、西晉末の統一後の貨幣経済の発展の中で利益の追求に走る貴族を「濁」ととらえ、奢侈の風潮の前提として貨幣経済の発展を想定している。［葭森一九八九］参照。
(34)第五章および第六章参照。
(35)『晉書』巻四十、賈充伝。同、任愷伝。
(36)『晉書』任愷伝。王濬も平呉の戦役で功績をあげたにもかかわらず、王済の父王渾との反目により逼塞させられていたが、彼も「玉食錦服、縦奢侈以自逸」（御馳走を食べ錦を着、奢侈を好き放題し、自らたのしんだ。『晉書』巻四十二、王濬伝）と奢侈にふけっている。彼らの奢侈・吝嗇の評は、あるいは政敵が意図的に流した可能性もある。
(37)『晉書』巻四十三、王戎伝。また第一節参照。宇都宮清吉氏は「世説新語の時代」［宇都宮一九三九］の中で（五一一―五一二頁）、王戎の表面的には矛盾する行為を、理性と意志を人格の核心とし、「人々の俗評に超然として人生生活の上に合理的なるものを樹立しようとしていた王戎の態度を観察するなれば」、矛盾ではないと、肯定的に評価されている。
(38)『晉書』巻三十三、石苞伝、附石崇伝。
(39)『晉書』巻四十二、王渾伝、附王済伝。同、巻九十三、外戚伝の羊琇伝と王恂伝、附王愷伝。

（本稿は一九九〇年五月のエルの会での谷川道雄氏はじめ会員の討論を踏まえた上で、再考し作製したものである。）

第九章　『銭神論』の世界

はじめに

西晉（二六五―三一六年）の隠逸の士魯褒が著した『銭神論』は同王朝下の、中でもとくに第二代皇帝恵帝司馬衷の治世の元康年間（二九一―九九年）の社会に彌漫していた拝金主義の風潮に対する批判の書である。この『銭神論』に言及した記載は早くも東晉時代に現われている。干宝（?―三七一年）の『晉紀』の総論（『文選』巻四十九、史論上、および『晉書』巻五、懐帝紀・愍帝紀の論賛に所収）である。

覧傅玄・劉毅之言、而得百官之邪、核傅咸之奏・銭神之論、而覩寵賂之彰。

傅玄や劉毅のことばに目を通して、官僚が不正であったのがわかり、傅咸の上奏や『銭神論』を調べて、賄賂が顕著であったのを知る(1)。

と、『銭神論』は傅咸の上奏と並べられて、西晉時代における政界の溷濁、とくに賄賂の横行に対する同時代の証言として挙がっている。(2)また唐初に編纂された正史の『晉書』巻四、恵帝紀の末尾に恵帝の治世を総括した一節がある。

及居大位、政出羣下、綱紀大壊、貨賂公行、勢位之家、以貴陵物、忠賢路絶、讒邪得志、更相薦挙、天下謂之互市焉。高平王沈作釈時論、南陽魯褒作銭神論、廬江杜嵩作任子春秋、皆疾時之作也。

〔恵帝が〕即位するや、まつりごとは下愚の輩に牛耳られ、綱紀はがたがたと壊れ、賄賂が公然と横行し、権勢を振い高位にある家の者は、その家柄を笠に着て人々を侮り、誠実で優れた人物は仕官の途が絶たれ、人を陥れるよこしまな人物は望みがかない、さらにたがいに推挙しあう。天下の人々はこのありさまを「互市」（中国王朝国家と他の国家・民族間の交易活動）と呼んだ。高平国出身の王沈が『釈時論』を、南陽郡の魯褒が『銭神論』を、廬江郡の杜嵩（崧）が『任子春秋』を著したが、すべて時世を憂うる著作であった。

と、「互市」とよばれた当時の風潮に対する憂憤の書の一つとして、王沈の『釈時論』および杜嵩の『任子春秋』とともに魯褒の『銭神論』の名が挙がっている。(3)降って現在においても西晉王朝を滅亡へと導いた貴族階層の腐敗、すなわち拝金主義の風潮の同時代的史料として、また中国経済史上、当時の経済が商品〔貨幣〕経済の段階にあった証左の史料としてよく引用される。(4)

このように現在に至るまでよく言及されているにもかかわらず、『銭神論』に対して正面から取り組んだ専論はほとんどなく、わずかに牟発松氏の「魯褒《銭神論》的産生与当時的商品貨幣経済　――謹以求正于胡寄窓先生」〔牟発松一九八五〕一篇を数えるのみである。牟発松氏の論考の主題は『銭神論』の出現の背景の考察、とくに当時の経済の発展段階との関連の検討であるが、詳しくは第四節の中で吟味したい。

本章では、まず第一節で『銭神論』を著した魯褒に関する諸問題、第二節で『銭神論』の邦訳を提示し、第三節で魯褒の『銭神論』以外の『銭神論』の存在に関する諸問題を検討し、第四節で魯褒『銭神論』の内容を分析したい。

第一節　魯褒

この節では魯褒に関して、とくに同時代の拝金主義の風潮に対して『銭神論』を著して批判した魯褒とは如何なる立場の人物であるのか、という関心に答える形で検討したい。魯褒に関する根本的かつまとまったものとしては唯一とも言うべき史料は王隠の『晉書』（逸民伝）の魯褒の記事（その佚文は『太平御覧』巻五〇二、逸民部、逸民二所引）とそれをほぼそのまま利用したと推定される正史の『晉書』巻九十四、隠逸伝に収める魯褒伝である。正史の『晉書』魯褒伝の原文を、その中に採録されている『銭神論』の原文の大略の部分を除き、以下に掲げる。

魯褒、字元道、南陽人也。好学多聞、以貧素自立。元康之後、綱紀大壊、褒傷時之貪鄙、乃隠姓名、而著銭神論、以刺之。其略曰、……。蓋疾時者共伝其文。褒不仕、莫知其所終。

魯褒、字は元道、本籍は南陽郡。学問を好み、博識であった。貧しいので自ら生計をたてた。元康年間以降、綱紀はがたがたと壊れたが、魯褒は時世が貪欲で下卑なのを憂い、そこで匿名で『銭神論』を著し、その時世の風潮を風刺した。その大略は云云。時世を憂うる人士はみなこぞってその文章を伝写したものと思われる。魯褒は

官に就かず、その後どうなったかについては誰も知らない。(5)

とある。この原文の「元康之後、……蓋疾時者共伝其文」、すなわち魯褒伝の大半は『銭神論』執筆の動機、原文の大略、発表後の反響といういわば『銭神論』そのものに関する内容であり、その事実から彼の伝が立てられた最大の理由は彼が『銭神論』の著者であるという点に求められるであろう。それに対して魯褒自身に関しては、『銭神論』に関する記事の前後、言い換えるならば魯褒伝の冒頭と末尾の部分に簡略に記されているのみである。それによると、魯褒の字と本籍、知識人であったが貧しい故に生活のために自ら働かなければならなかったこと、仕官をめざすのをいさぎよしとせず、在野で生涯を終えたであろうことがはなはだ漠然と知り得るばかりであり、魯褒が生きていた西晉当時の貴族社会の中で考えるならば、第一に学問があるが貧しいという点、階層上は寒門もしくは寒人層に属する人士であると予想され、第二に官界に出仕しなかったという点、それ故に隠逸伝に収められているのであろうが、隠逸の士であり、それ故に貴族社会からは二重の意味で疎外されてはいるが、その周縁に連なる位置にいた人物であり、この位置がそのまま貴族社会を中心に展開する拝金主義の風潮を批判する、すなわち『銭神論』を著す基本的な視座となったのであろう。(6)

魯褒に関して考察する場合、もう一つ検討しなければならない史料がある。それは『元和姓纂』巻六、十姥、魯の条の記載である。

扶風郿県　魯芝、官至荊州刺史。又晉光禄大夫魯褒。

扶風郡の郿県　魯芝、官位は荊州刺史に至る。また晉の光禄大夫の魯褒。

とある。何故に検討せねばならないのかというと、『晉書』魯褒伝の記載と対比すると矛盾が二点あるからである。一つは本籍、もう一つは出仕の有無の問題である。まず前者について検討する。『晉書』では「南陽の人なり」と魯褒の本籍が南陽郡であるのに対し、『元和姓纂』では扶風郡郿県（陝西省眉県）とする。『元和姓纂』に挙げられている扶風の魯氏は六朝時代を通じての名家の一つであり、たとえば扶風の魯氏の中でも最も有名な人物で、『元和姓纂』にもその名が挙がっている魯芝は三国魏において大将軍（曹爽）司馬、荊州刺史を歴任、嘉平元年（二四九）の司馬懿のクーデターの際には城門をうちやぶり城外にいた曹爽のもとに馳せ参じたという忠義の逸話で知られた人物であり、西晉に入って光禄大夫、特進に昇進し、泰始九年（二七二）、八十四歳で亡くなっている（『晉書』巻九十、良吏伝、魯芝）。扶風の魯氏に属する人物はこの魯芝を筆頭に史書に散見する。(7) それに対して南陽の魯氏は『元和姓纂』には立てられておらず、また史書にも魯褒以外には現われない。このように扶風の魯氏と南陽の魯氏とを対比するならば、扶風の魯氏の方がより大きく有力な宗族であったことがわかるが、はたして魯褒がいずれの宗族出身であるのかは決定し得ない。つぎに後者について検討し、あわせて相い矛盾する二つの史料『晉書』魯褒伝と『元和姓纂』のいずれを採るべきか、について考察する。『晉書』魯褒伝では「褒不仕」と官に就かなかったというのに対し、『元和姓纂』では「又晉光禄大夫魯褒」と光禄大夫という官職名を冠している。魯褒がもしも『元和姓纂』の記載通り、名門の扶風の魯氏の一員でしかも西晉王朝に出仕して官位が光禄大夫（第三品）という高官にまで昇っていたのならば、魯褒自身が実際に都の洛陽の官界に身をおいて目のあたりにした貴族社会の腐敗、すなわち拝金主義の風潮に対して、それ故にこそ生き生きと『銭神論』に描くことができ、また著名なるが故に『銭神論』を著す際に姓名を隠したという点もより合点がゆく。しかし『元和姓纂』の「又晉光禄大夫魯褒」の箇所は文章としては不完全であり、またその箇所の上に魯芝に関して「魯芝、官至荊州刺史」とあるが、魯芝が『晉書』の本伝によると西晉時代に光禄大夫に至っている点を勘案するならば、「晉光禄大夫」の部分は前の魯芝に関する説明の続きである可能性が高い。そうすると「魯褒」の字句のみが残るのであるが、魯褒が扶風の魯氏に属する明証がないかぎり、この二字は衍字である可能性が高い。呉士鑑・劉承幹『晉書斠注』でも「元和姓纂六曰、晉光禄大夫魯褒。案、伝云不仕、而林氏作光禄大夫、恐誤（『元和姓纂』巻六に「晉光禄大夫魯褒」とある。考えるに、魯褒伝では「不仕」といっているのに、林氏（林宝。『元和姓纂』の著者）は「光禄大夫」とするが、それは誤りであろう）」と注しており、出仕の有無に関する矛盾については『元和姓纂』の方を誤りであると推定している。以上、魯褒に関する『晉書』魯褒伝と『元和姓纂』の間の矛盾を検討してきたが、『元和姓纂』自体の記事の信憑性の低さの問題もあり、一応は『晉書』魯褒伝の記載、すなわち南陽郡出身で、出仕しなかったという方に従いたい。ただ魯褒自身に関する情報が乏しく、かつ史料間の矛盾も絡んで、具体的な像が結び難く、それ故に極端に言えば『銭神論』の著者として假託された「魯褒」という名の架空の人物である可能性をも含めて疑問の餘地が残る。

第二節　『銭神論』の邦訳

魯褒が著した『銭神論』の分析の基礎作業として、拙稿「魯褒『銭神論』訳注」［福原二〇〇一a］にもとづき、その原文と邦訳を示す。なお、『銭神論』のおもなテキストは二つ存在する。一つは『藝文類聚』巻六十六、産業部下に収められているもの、もう一つは『晉書』巻九十四、隠逸伝、魯褒の条に引かれているものであり、ともに節略されており、前者が八二三字、後者が四一五字で、重なるのが一六一字である。この二つの『銭神論』のテキストのそれぞれの原文・邦訳を示した。なお、『銭神論』のテキストとしての問題点に関しては第三節参照。

一　『藝文類聚』所収の『銭神論』

有司空公子、富貴不歯、盛服而遊京邑、駐駕乎市里。顧見綦毋先生、班白而徒行。公子曰、嘻、子年已長矣。徒行空手、将何之乎。先生曰、欲之貴人。公子曰、学詩乎。曰、学矣。学礼乎。曰、学矣。学易乎。曰、学矣。公子曰、詩不云乎、幣帛筐篚、以将其厚意、然後忠臣嘉賓、得尽其心。礼不云乎、男贄玉帛禽鳥、女贄榛栗棗脩。易不云乎、随時之義、大矣哉。吾視子所以、観子所由、豈随世哉。雖曰已学、吾必謂之未也。先生曰、吾将以清談為筐篚、以機神為幣帛。所謂礼云礼云、玉帛云乎哉者已。公子拊髀大笑曰、固哉子之云也。既不知古、又不知今、当今之急、何用清談。時易世変、古今異俗、富者栄貴、貧者賤辱。而子尚質、而子守実、無異於遺剣刻舡、膠柱調瑟。貧不離於身名、誉不出乎家室、固其宜也。昔神農氏没、黄帝堯舜、教民農桑、以幣帛為本。上智先学、変通之、乃掘銅山、俯視仰観、鋳而為銭。故使内方象地、外員象天。銭之為体、有乾有坤、其積如山、其流如川、動静有時、行蔵有節、市井便易、不患耗折、難朽象寿、不匱象道。故能長久、為世神宝。親愛如兄、字曰孔方。失之則貧弱、得之則富強、無翼而飛、無足而走、解厳毅之顔、開難発之口。銭多者処前、銭少者居後。詩云、哿矣富人、哀哉煢独、豈是之謂乎。銭之為言泉也、百姓日用、其源不匱、無遠不往、無深不至。京邑衣冠、疲労講肄、厭聞清談、対之睡寐、見我家兄、莫不驚視。銭之所祐、吉無不利、何必読書、然後富貴。由是論之、可謂神物、無位而尊、無勢而熱、排朱門、入紫闥。銭之所在、危可使安、死可使活、銭之所去、貴可使賤、生可使殺。是故忿諍辯訟、非銭不勝、孤弱幽滞、非銭不抜、怨仇嫌恨、非銭不解、令問笑談、非銭不発。諺曰、銭無耳、可闇使、豈虚也哉。又曰、有銭可使鬼、而況於人乎。子夏云、死生有命、富貴在天、吾以死生無命・富貴在銭。何以明之、銭能転禍為福、因敗為成、危者得安、死者得生。性命長短、相禄貴賤、皆在乎銭、天何与焉。天有所短、銭有所長。四時行焉、百物生焉、銭不如天。達窮開塞、振貧済乏、天不如銭。若臧武仲之智、卞荘子之勇、冉求之藝、文之以成人矣。今之成人者、何必然、唯孔方而已。夫銭窮者使通達、富者能使温暖・貧者能使勇悍。故曰、君無財則士不来、君無賞則士不往。諺曰、官無中人、不如帰田。雖有中人、而無家兄、何異無足而欲行、無翼而欲翔。使才如顔子、容如子張、空手掉臂、何所希望。不如早帰、広修農商、舟車上下、役使孔方。凡百君子、同塵和光、上交下接、名誉益彰。


司空公子（司空の御曹司）は富貴なることとならぶものなく、着飾って都で遊んでいたが、〔ある日〕盛り場で車を駐め見回すと、綦毋《きぶ》先生が胡麻塩頭で〔車に乗らず〕歩いているのが目に入った。

公子「ああ、あなたはお歳を召していらっしゃるのに、〔車に乗らず〕徒歩でしかも手ぶらで、いったいどこに行こうとしていらっしゃるのですか」。

先生「高貴な方の御屋敷にうかがおうと思っておるのじゃ」。

公子「『詩』を学ばれましたか」。

「学んだ」。

「『礼』を学ばれましたか」。

「学んだ」。

「『易』を学ばれましたか」。

「学んだ」。

公子「『詩』に「幣帛《おくりもの》を筐匱《かたみ》〔に満たし〕、以って其の厚意を将《すす》め、然る後に忠臣嘉賓、其の心を尽くすを得〔る矣〕」といいませんか。『礼』に「男の贄《にえ》は〔大なる者は〕玉帛、〔小なる者は〕禽鳥《とり》、女の贄は榛《はしばみ》栗棗脩《ほじし》」

といいませんか。『易』に「時に随うの義、大いなるかな」といいませんか。私があなたの所以（行動）をながめ、あなたの所由（経歴）を見るところ、どうして世間に随っているといえましょうか。すでに学ばれたとおっしゃいましたが、私にはいまだに〔学んでおられ〕ないにちがいないと思われます」。

先生「わしは清談をもって筐篚となし、機神（機知）をもって幣帛となしておるのじゃ。いわゆる『礼と云い、礼と云う、玉帛を云わんや』じゃ」。

公子はひざをたたいて大笑い。「なんと頑迷なのでしょう、あなたのおっしゃることは。いにしえを知らないばかりか、今のことも御存知ない。今さしせまっているのは、どうして清談を用いることでしょう。時はうつり世はかわり、昔と今では風俗ががらりとかわり、〔今の世は〕金持ちが栄えて身分も高く、貧乏人は身分も賤しく恥辱を受けるのです。というのにあなたが質実を尊び守るのは、ちょうど、「剣を遺《おと》して舡《ふね》に刻む」（愚人が頑固に旧を守り、時勢のうつりかわりを知らないたとえ）や「柱《ことじ》に膠《にかわ》して瑟《しつ》を調う」（一つのことにとらわれ融通のきかないたとえ）と異ならない。貧しさが身から離れず、名誉が家から一歩も外に表われないのもまことにもっともなことだ。

そのむかし、神農氏が亡くなり、黄帝や堯・舜が人々に農業と養蚕を教え、幣帛を根本となし、聖人や先学がこれを変通させ、そこでようやく銅山で採掘し、〔地を〕見降し〔天を〕仰ぎ見て、銭（銅銭）を鋳造した。だからこそ〔銭は〕内側は方形にして大地をかたどり、外側は円形にして天上をかたどらせた。なんと雄大なことであろう。銭の形体たるや、乾（天）があり坤（地）があり、それが蓄積されるのはちょうど山のようであり、それが流通するのはちょうど川のようであり、流動と静止にはタイミングがあり、流通と貯蔵にはころあいがある。市場では便利で手軽、減ったり折れたりする心配もない。朽ちにくいのは長寿を、尽きないのは道を象徴しており、だからこそよく長持ちし、現世の神宝とあがめられるのである。

〔その一方で〕親愛なることは実の兄のようで、字《あざな》は孔方とよばれている。これを手離すと貧しくなり、手に入れると富んで強く、翼がないのによく飛び、足がないのによく走り、いかめしい顔をほころばせ、気難しい人の口を開かせる。銭の多い者は前に出、銭が少ない者は後にひかえる。『詩』に「哿《よ》いかな富人、哀れなるかな煢独《けいどく》（独り身）」とあるのは、まさにこのことをいっているのではないか。

銭が「泉」とよばれるのは、人々が毎日用いるのに、その源が尽きず、遠くどこまでも行かないところがなく、深くどこまでも至らないところがないからである。都の貴族が講義に倦み疲れ、清談に聞き飽き、それらの場でいねむっていても、私の兄（銭）を見つけると、〔眠けもふきとび〕目をみひらいてみつめないものはいない。銭が助けるのはめでたいさいわいなことで、利益にならないものはない。どうして学問を修め、それから富貴になる必要があろうか。以上の例により〔銭について〕論断するならば、神物（不可思議なもの）というべきものである。地位がないのに尊く、権勢がないのにいそがしく、〔富貴の邸の〕朱塗りの門をおしひらき、王城の大門に入る。銭のあるところ、危険も安全にかえることができ、死人も活きかえらせることができる。〔逆に〕銭のないところ、貴い御方も賤しめることができ、生者も殺すことができる。だからこそ忿諍や訴訟も、銭がなければ勝てず、弱い立場やうまくゆかない場合も、銭がなければ抜け出せず、仇や怨みも、銭がなければ晴らすことができず、よい評判や笑い話も、銭がなければ口から出させることができない。

諺に「銭には耳がないので、こっそり使うことができる」といい、また「銭があれば鬼さえもあごで使うことができる」という。いわんや人は〔当然のこと使うことができる〕。

子夏が「死生、命あり。富貴は天にあり」と言ったが、私は「死生、命なし。富貴は銭にあり」と思う。どのようにそれを証明するか、といえば、銭はわざわいを転じて福となし、失敗を成功となすことができる。危険におちいっている者を安全にかえ、死者を生きかえらせることができる。生命の長短や容貌・秩禄の貴賤はみな銭にかかっているのであり、天がどうして関係があろうか。天にも短所があり、銭にも長所がある。季節がめぐり、万物が生ずる点、銭は天に及ばないが、困った状況を打開し、貧乏を救う点、天は銭に及ばない。臧武仲の智慧と卞荘子の勇気と冉求の多藝をそなえ、礼楽によってみがきをかけたならば、完成した人間といってよいであろう。今の時代の完璧な人間とは、必ずしもそうならなければならない訳ではない、ただ「孔方」（銭）さえあればよい。

そもそも銭は不如意な人をのびやかにし、金持ちをほかほかさせ、貧乏人を勇敢にさせることができる。だからこそ「君主に財産がなければ兵士はやってこないし、君主に褒賞がなければ兵士が進まない」というのである。諺に「官庁に仲介者がいなければ、田舎に帰った方がよい」とあるが、仲介者がいても、実の兄貴（銭）がいなければ、足がないのに走ろうとし、翼がないのに飛ぼうとしているのとどうして異なることがあろうか。才能が顔子（顔淵）、容貌が子張（顓孫師）、と匹敵しても、手ぶらで大手を振って（あとをかえりみないで）何の希望があろうか。さっさと田舎に帰って、手広く農作や商売に精を出し、舟や車で行き来し、「孔方」をこきつかう方がましである。どんな君子でも俗世間と調子を合わせ、智慧の光を和らげかくし、目上の人と交際し目下の人に応接すれば、名誉がますます輝いてくる。」

二　『晉書』魯褒伝所収の『銭神論』

銭之為体、有乾坤之象、内則其方、外則其円。其積如山、其流如川。動静有時、行蔵有節、市井便易、不患耗折。難折象寿、不匱象道、故能長久、為世神宝。親之如兄、字曰孔方、失之則貧弱、得之則富昌。無翼而飛、無足而走、解厳毅之顔、開難発之口。銭多者処前、銭少者居後、処前者為君長、在後者為臣僕、君長者豊衍而有餘、臣僕者窮竭而不足、詩云、哿矣富人、哀此煢独。銭之為言泉也、無遠不往、無幽不至。京邑衣冠、疲労講肄、厭聞清談、対之睡寐、見我家兄、莫不驚視。銭之所祐、吉無不利、何必読書、然後富貴。昔呂公欣悦於空版、漢祖克之於嬴二、文君解布裳而被錦繍、相如乗高蓋而解犢鼻、官尊名顕、皆銭所致。空版至虚、而況有実、嬴二雖少、以致親密。由此論之、謂為神物。無徳而尊、無勢而熱、排金門而入紫闥。危可使安、死可使活、貴可使賤、生可使殺。是故忿争非銭不勝、幽滞非銭不抜、怨讎非銭不解、令問非銭不発。洛中朱衣、当途之士、愛我家兄、皆無已已。執我之手、抱我終始、不計優劣、不論年紀、賓客輻輳、門常如市。諺曰、銭無耳、可使鬼。凡今之人、惟銭而已。故曰軍無財、士不来、軍無賞、士不往。仕無中人、不如帰田、雖有中人、而無家兄、不異無翼而欲飛、無足而欲行。

銭の形体たるや、乾坤（天地）の象形をもち、内側はその方形に、外形はその円形にのっとっている。それが蓄積されるのはちょうど山のようであり、それが流通するのはちょうど川のようであり、流動と静止にはタイミングがあり、流通と貯蔵にはころあいがある。市場では便利で手軽、減ったり折れたりする心配もない。折れにくいのは長寿を、尽きないのは道を象徴しており、だからこそよく長持ちし、現世の神宝とあがめられるのである。〔その一方で〕この銭に親しむこと実の兄のようで、字は孔方とよばれている。これを手離すと貧しくなり、手に入れると富みさかえ、翼がないのによく飛び、足がないのによく走り、いかめしい顔をほころばせ、気難しい人の口を開かせる。銭が多い者は前に出、銭が少ない者は後にひかえる。前に居る者は殿様となり、後に居る者は家来となり、殿様は豊かであり餘り、家来は貧しくぴいぴいしており、『詩』に「哿いかな富人、此の煢独を哀れむ」というのである。

銭が「泉」とよばれるのは、遠くどこまでも行かないところがなく、奥深くどこまでも至らないところがないからである。都の貴族が講義に倦み疲れ、清談を聞き飽き、それらの場でいねむっていても、私の兄（銭）を見つけると、〔眠けもふきとび〕目をみひらいてみつめないものはいない。銭が助けるのはめでたいさいわいなことで、利益にならないものはない。どうして学問を修め、それから富貴になる必要があろうか。そのむかし、呂公〔前漢の呂后の父〕は〔銭をともなわない〕空《ただ》の名刺によろこび、漢祖〔劉邦〕は〔蕭何が他の官吏よりも〕二銭多く〔餞別に贈った〕のをおぼえており、〔卓〕文君〔司馬相如の妻〕は粗末な麻のきものを脱いで錦繡のきものをまとい、相如は高蓋〔のついたりっぱな車〕に乗り、犢鼻の下着を脱いだ。出世して有名となったのはみな銭のおかげである。ただの名刺は全くからっぽであった。だから、いわんや本当の銭があったならば〔もっとよかったであろうし〕、二銭多かったというのは〔少ないといえば〕少ないけれども、それが〔劉邦と蕭何との〕親密さをもたらしたのである。以上の例により銭について論断するならば、神物〔不可思議なもの〕であると思う。

徳義がないのに尊く、権勢がないのにいそがしく、〔富貴の邸の〕黄金の門をおしひらいて、王城の大門に入る。危険も安全にかえることができ、死人も生きかえらせることができる。貴い御方も賤しめることもでき、生きている人も殺すことができる。だからこそ忿争も銭がなければ勝てず、うまくゆかない場合も銭がなければ抜け出せず、怨讎も銭がなければ解消せず、よい評判も銭がなければ立たない。

洛陽の朱衣〔をまとった高貴な御方〕や今をときめく紳士方が、私の兄〔銭〕をいとおしむこと、みなとどまるところをしらず、私の手をとり、私をずっと抱いたまま、優劣も関係なく、年齢も関係ない。賓客がつめかけ、門前はいつも市をなすにぎわい。諺に「銭には耳がないので、鬼をもあごで使うことができる」という。

およそ今の時代の人間とは、ただ銭さえあればよい。

だからこそ、「軍隊に財産がなければ、兵士はやってこず、軍隊に褒賞がなければ、兵士は進まない」というのである。仕官の際に仲介者がいなければ、田舎に帰った方がよい。仲介者がいたとしても、実の兄〔銭〕がいなければ、翼がないのに飛ぼうとし、足がないのに行こうとしているのと異ならない。

以上が、現存の二種の『銭神論』の拙訳である。

第三節　さまざまの『銭神論』

第一節で引用した『晉書』魯褒伝の大半が『銭神論』に関する記載であることから、魯褒と『銭神論』との密接な結び付きは言うまでもなく強いことがわかる。そして恵帝の元康年間以降の綱紀が弛緩した状況において魯褒は時世の「貪鄙」を憂い、匿名で『銭神論』を著してその時世を風刺した、という。この魯褒が著した『銭神論』は本来の形では全文が現存していないが、比較的に長い原文が『藝文類聚』巻六十六、産業部下、銭と『晉書』巻九十四、隠逸伝、魯褒に収められており(8)、また佚文が『初学記』巻二十七、宝器部、銭と『太平御覧』巻八三六、資産部、銭下に残されている。ところがこれらの二つの類書にはそれぞれ複数の『銭神論』の佚文を見出すことができる。それらを以下に列挙し、便宜上（A）～（F）の記号を附した。

『初学記』巻二十七、宝器部、銭

（A）「綦毋氏銭神論曰、黄金為父、……、孔方効地」

（B）「王隠晉書曰、恵帝時有銭神論曰、銭之為体、……、其流如川」

（C）晉魯褒銭神論「銭之為体、……、銭少者居其後云云」

『太平御覧』巻八三六、資産部、銭下

（D）「晉魯褒銭神論曰、大哉矣、銭之為体、……、銭少者居後」
（E）「綦毋氏論銭曰、黄銅中方、……、未之喩也」
（F）「成公綏銭神論曰、路中紛紛、……、豈虚也哉」

以上の二類書中の『銭神論』の佚文それぞれ三条、計六条（A）～（F）を見ると、魯褒の『銭神論』以外にも同名の『銭神論』が他の人名を冠して出てくるが、それらを著者別に整理すると、魯褒は（C）（D）、成公綏が（F）、綦毋氏が（A）（E）、不明が（B）となる。つまり魯褒の『銭神論』以外に数種の『銭神論』が存在した、言い換えるならば魯褒の『銭神論』がそれらの諸『銭神論』の中の一つであった、という可能性が出てくる。なお著者不明の（B）に関して、牟発松氏は無名氏の『銭神論』とみなしている（［牟発松一九八五］）。以下、成公綏、綦毋氏、あわせて牟氏の言う無名氏の諸『銭神論』に関して、魯褒の『銭神論』との関連に重点を置き、検討したい。

（一）成公綏

『太平御覧』所引の（F）の「成公綏銭神論曰」に続く佚文を掲げる。

路中紛紛、行人悠悠、載馳載駆、唯銭是求。朱衣素帯、当塗之士、愛我家兄、皆無能已、執我之手、託分終始、[9]不計優劣、不論能否、賓客輻湊、門常如市、諺曰、銭無耳、何可闇使、豈虚也哉。

道路はごたごた、旅人はぞくぞく、車を馳せ車を駆け、ただただお金のみを追い求める。朱衣をまとい白絹の帯をしめた高貴なお方や今をときめく紳士方が我が家の兄（銭）をいとおしむことみなかぎりなく、私の手をとり、ずっと身を寄せたまま。優劣も関係なく、能力のあるなしも関係ない。賓客がつめかけ、門前はいつも市をなす

三国魏末、西晉初め

成公綏の『銭神論』

↓

西晉の元康年間

魯褒の『銭神論』

にぎわい。諺に「銭には耳がないのに、どうしてこっそり使うことができようか」というが、どうしてでたらめであろうか[10]。

とある。注目すべきは、この佚文の「朱衣素帯、……豈虚也哉」の部分が、字句の異同はあるものの、現存する魯褒の『銭神論』、より詳しく言うならば『晉書』魯褒伝所収の『銭神論』の一段と重なっている点である[11]。この事実を如何に理解すればよいであろうか。

　この問題を考察するためにまず著者とされている成公綏について見ておきたい。『晉書』巻九十二、文苑伝に収められている彼の伝によると、字は子安、東郡白馬県（河南省滑県）の人。彼の文才を認めた張華の推挙により太常博士に徴され、以後、祕書郎、祕書丞、中書郎など文才を揮うことが期待される官職を歴任、三国魏末から西晉初めにかけて官界にあり、泰始四年（二六八）に完成した泰始律令の編纂にも参画していた。作品としては「天地賦」「嘯賦」などの賦を中心に詩文を多数制作し、文集十餘巻を残した（『隋書』巻三十五、経籍志、集「晉著作郎成公綏集九巻、残缺。梁十巻」）。泰始九年（二七三）、四十三歳で亡くなっている。ただ『晉書』の成公綏伝には『銭神論』への言及はなく、その点では『晉書』の魯褒伝に『銭神論』について原文の略文をも載せて言及しているのとは対照的であり、成公綏が本当に『銭神論』を著したのかどうかについては依然として疑問が残る。たとえば張華に假託された『博物志』の如く後人が成公綏に假託し、あるいは『晉書』魯褒伝に魯褒が「姓名を隠して」著したとあるが、その際に成公綏の名を借りた可能性もある。『全上古三代秦漢三国六朝文』では「全晉文」巻五十九の成公綏の段に『太平御覧』所収の佚文（F）を採録しており、その点から厳可均は成公綏自身の文章と認めていたことがわかる。魯褒の『銭神論』の他に成公綏の『銭神論』が事実存在していたのならば、魯褒の『銭神論』が恵帝の元康年間（二九一―九九年）以降の作であるのに対して、成公綏の『銭神論』は、成公綏の歿年が泰始九年（二七三）である点から考えて、少なくとも歿年以前の三国魏末から西晉初めまでのある時点での作であり、それ故に魯褒の『銭神論』に先行していたことになる。その事実にさきほど見たように両者の『銭神論』の文章が一致するという点を勘案するならば、魯褒の『銭神論』は成公綏の『銭神論』を核にして、それをふくらませた作品であったことになるであろう。そしてさらに重要なことは『銭神論』の中で描かれ批判されている対象の拝金主義の風潮が、『晉書』魯褒伝の記載では「元康の後、綱紀大いに壊れ、褒は時の貪鄙なるを傷み」というように恵帝の元康年間に始まったと理解されたが、それ以前の少なくとも武帝の泰始年間にすでに存在していたことを示すのであり、恵帝の元康年間の風潮は、太康元年（二八〇）の呉平定による天下統一がもたらした政治の弛緩や永熙元年（二九〇）の恵帝という暗愚な皇帝の即位以後の綱紀の崩壊により、さらに拍車がかけられた情況ということになる点である。それ故に拝金主義の風潮が出現した原因を単純に武帝の天下統一後の政治の弛緩や経済の好況という要素のみに帰せられなくなり、より深い要因を求めざるを得ないことを示唆していることになる。

〔二〕綦母氏

『初学記』所引の佚文（A）は「綦母氏銭神論曰」とあり、それに続けて

黄金為父、白銀為母、鉛為長男、錫為適婦、天性剛堅、須火終始、体円応乾、孔方効地。

黄金《こがね》を父にもち、白金《しろがね》を母にもち、鉛を長男、錫を長男の嫁とする。天性は剛堅、しょっちゅう火を求めている。体が円形なのは乾（天）に対応し、孔《あな》が方形なのは地にならっている。

とあり、また『太平御覧』所引の佚文（E）は「綦毋氏論銭曰」とあり、それに続けて

黄銅中方、叩頭対曰、僕自西方庚辛、分土諸国、処処皆有、長沙越巂、僕之所守。黄金為父、白銀為母、鉛為長男、錫為少婦。伊我初生、周末時也、景王尹世、大鋳茲也。貪人見我、如病得医、飢饗太牢、未之喩也。

黄銅（真鍮）の「中方」（字か。真ん中が方形、つまり銅銭の「円形方孔」の「方孔」の意）[12]がぬかずいて答えた。「私は西方の庚辛の方角[13]よりやってきて、諸国に封土を分け与えられ[14]、あらゆる土地すべてにおりました。長沙郡（湖南省長沙市）・越巂郡（四川省西昌県）〔という辺境の地〕でも、私が太守として統治しておりました。黄金を父にもち、白銀を母にもち、鉛を長男、錫を新妻としております。そもそも私が始めて誕生いたしましたのは周王朝の末の時代でありました。景王（周の第二十四代の王、姫貴、在位前五四四―前五二〇年）が君臨し、大規模に銭を鋳造されました[15]。貪欲な人間が私を見る〔その渇望の〕様は、病人が医者を得たり、飢えた者が太牢〔の御馳走〕をふるまわれたりする様に喩えてもとても及びません。」

とあり、佚文（A）（E）の間には重複する部分がある。「黄金為父、白銀為母、鉛為長男、錫為適婦（少婦）」の部分である。しかし、現存する魯褒の『銭神論』とは、『初学記』所引の（A）の「体円応乾、孔方効地」が魯褒の『銭神論』の「……、故使内方象地、外員象天。〔大矣哉、〕銭之為体、有乾有坤、〔内則其方、外則其円、〕」と意味が通じるが、全体的には重複していない。厳可均は『全上古三代秦漢三国六朝文』「全晉文」巻一一三、魯褒、銭神論の末尾の注の中で「……後幅当有綦毋先生詰責銭神一段、故御覧有黄銅中方叩頭対一段也（後半の部分には当然綦毋先生が銭神を詰責する一段があったはずである。だからこそ『太平御覧』に「黄銅中方、叩頭対」の一段があるのである）」と、現存の魯褒の『銭神論』では失われた「綦毋先生」の発言（「詰責」）の部分と推定し、この『初学記』『太平御覧』所引の綦毋氏の『銭神論』の佚文（A）（E）を合鈔した文章を魯褒の『銭神論』の一部と

して、その末尾に収録している。それに対して、牟発松氏は綦毋氏を実在の人物とみなし、綦毋氏の『銭神論』を魯褒の『銭神論』に先行する一連の諸『銭神論』の一つとする（〔牟発松一九八五〕）[16]。以上のように綦毋氏および綦毋氏の『銭神論』の存否に関して、厳可均は両者の存在を否定するのに対し、牟発松氏は両者の存在を肯定する。私は基本的には厳可均の注での推定に従いたい。第四節で詳述するが、現存する魯褒の『銭神論』の構成は、二人の登場人物、「司空公子」と「綦毋先生」のことばのやりとりからなる導入の部分があり、続いて司空公子の議論、つまり本論があるのみであり、本来はそれにひきつづきさらに綦毋先生の議論、すなわち形式的には司空公子の議論に対する反論、内容的には司空公子の議論と同質の議論の部分が存在していたと推測され、その部分は散佚してしまったが、その一部分が佚文として残っているのが綦毋氏の『銭神論』であろう。その佚文が現存の魯褒の『銭神論』と重複しない点は、成公綏の『銭神論』の佚文と対照的であるが、むしろ当然の結果であるといえよう[17]。さらに細かく見るならば、（E）の佚文では『銭神論』ではなく「論銭」と銭に関して議論するという点、また「綦毋氏」と姓のみ称し、魯褒の『銭神論』の登場人物「綦毋先生」と共通する点も傍証になるのではないか。ただ綦毋氏の『銭神論』の佚文の内容を読むかぎり、銭（「黄銅中方」）が自ら語っているという設定であり、結果的には拝金主義の風潮に対する批判であろうが、内容それ自体からは厳可均が述べるように直接的な「詰責」とは言えない。

本来の魯褒の『銭神論』の構成の復元

司空公子と綦毋先生の応酬	司空公子の議論	綦毋先生の反論

（三）無名氏

『初学記』所引の（B）『王隠晋書』の「恵帝時有銭神論」とある一条を、牟発松氏は魯褒の『銭神論』に先行する一連の諸『銭神論』の一つ、無名氏、すなわち著者不明の『銭神論』とみなす〔牟発松一九八五〕。確かに『初学記』には別に（C）「晉魯褒銭神論」が載せられており、その点ではこの（B）の『銭神論』は魯褒の『銭神論』とは別の『銭神論』であるかの如くである。しかし、（B）の原文の冒頭の部分「王隠晉書曰、恵帝時有銭神論曰、……」を検討すると、この文章は第一義的には王隠の『晉書』の佚文であり、その内容は恵帝の治世の叙述であり、その文脈の中で『銭神論』の名が挙がっている。同じ主旨の文章はすでに「はじめに」で引用した『晉書』恵帝紀にもあり、そこでは「南陽の魯褒、『銭神論』を作る」とその著者が明示されていた。また（B）の引用文「銭之為体、有乾坤之象、其積如山、其流如川」は現存の魯褒の『銭神論』、厳密に言えば『晉書』魯褒伝および『初学記』所収の（C）、『太平御覧』所収の（D）の系統の『銭神論』の佚文とほぼ一致していることからも、[16]おそらくは（B）の佚文は魯褒の『銭神論』の一部であり、魯褒以外の無名氏である可能性は少ないと思われる。なお著者名を省略する例としては他に「はじめに」で引用した干宝『晉紀』総論で単に「銭神之論」とある（逆にこの「銭神之論」が魯褒の『銭神論』以外のある『銭神論』、あるいは一連の諸『銭神論』の総称の可能性もある）。

第四節　『銭神論』の分析

この節では、魯褒の『銭神論』そのものを第二節の原文、およびその邦訳に即して分析したい。福井佳夫『六朝の遊戯文学』〔福井二〇〇七〕の第七章「魯褒『銭神論』論」を参照した。熊礼匯『先唐散文藝術論』〔熊礼匯一九九九〕下冊では、西晉の「儒家論体散文」の「対問体論文」に分類されており、とくに「諧謔成分越来越重」の特徴を有する典型として、挙げられている。

現存する魯褒『銭神論』に登場するのは、「司空公子」、大官の御曹司で都にて遊び暮らす若者と、「綦毋先生」、学問を修め、田舎から出てきた老人、という二人の架空の人物である。なお、二人の呼称について、司空公子の「司空」を「空を司る」、綦毋先生の「綦毋」を「毋（無）を綦（きわ）む」と読むことが可能である（後述）。この二人の登場人物のそれぞれの性格の設定は、漢代六朝に流行した出処論である「七」「設論」の文学ジャンルの隠棲する老先生の主人とかれに出仕をうながす貴公子の賓客という主客のパターンを下敷きにしている。その点からもわかるが、この『銭神論』は、文学ジャンルとしては、有韻であるので、広義の賦であり、さらに、後述するように、高貴な御方を訪問する際に何を持参すべきかについての両者の応酬という点では、一種の出処論である（第十章第三節参照）。

構成は、「司空公子」と「綦毋先生」の応酬、およびそれに続く司空公子の議論の二つの部分からなる。また、すでに第三節で論じたように、さらに綦毋先生の反論が続き、本来は三部構成、つまり、両者の応酬、司空公子の議論、綦毋先生の反論という構成であった可能性がある。(18)

前半（両者の応酬）の主題は「幣帛」、つまり贈り物に関してであり、高貴な御方を訪問する際に何を持参すべきかについての二人の応酬という設定であり、二人はたがいに経書を引用しつつ自説を展開する。両者の意見の対立点を図式化すると、司空公子は「筐篚」に容れた「幣帛」であるのに対して、綦毋先生は「清談」の場における「機神」、つまり機知を対置させる。司空公子はさらに清談はすでに古く、今は贈り物であると反論する。

それに続けて、後半の司空公子の議論が展開する。後半の主題は「銭」、つまり銅銭であり、銅銭により貨幣を代表させる。まず銭の由来とその形体から説き起こし、ついで対句や脚韻や擬人法などの修辞を駆使して、銭が本来有する機能とその利便性、さらに当時の銭が有するに至った万能性――その結果、銭が「神宝」「神物」

と称され、また「天」と比較されるのであるが、――へと議論を進め、最後にこの金万能の時代の処世術として、とくに仕官する場合、「幣帛」、より端的には金銭の付け届けが必須であると結論づける。

そして、現存の魯褒『銭神論』の内容は、当時の拝金主義の揶揄であるが、単なる拝金主義に対する批判ではなく、注目すべきは、「筐篚」に容れた「幣帛」と「清談」の場における「機神」の対決からわかるように、あくまでも主題は当時の選挙であり、その点では、第十章でとりあげる『釈時論』と共通するのである。

この『銭神論』の文章としての最大の特徴であり、かつ人口に膾炙する要因は、修辞の駆使であり、『銭神論』由来のことば、たとえば「孔方」「御足《おあし》」が銭の別称として用いられていることからも、間接的ではあるが、証明している。以下、修辞の実際として、対句や擬人法や典故などを、順に見てゆきたい（詳細は、拙稿「魯褒『銭神論』訳注」〔福原二〇〇一a〕参照）。

対句の多様さ、これに関しては、福井佳夫氏の「魯褒『銭神論』論」〔福井二〇〇七〕に詳しい。一例のみ、挙げておきたい。「親愛如兄、字曰孔方。失之則貧弱、得之則富強、無翼而飛、無足而走、解厳毅之顔、開難発之口。銭多者処前、銭少者居後」（親愛なることは実の兄のようで、字《あざな》は孔方とよばれている。これを手離すと貧しくなり、手に入れると富んで強く、翼がないのによく飛び、足がないのによく走り、いかめしい顔をほころばせ、気難しい人の口を開かせる。銭の多い者は前に出、銭が少ない者は後にひかえる）（下平声七陽の「方・強」と上声二十五有の「走・口・後」が押韻しており、「強・走・口・後」は対句の後句の末字である。〔福原二〇〇一a〕の押韻参照）。

比喩もふんだんに使われており、とりわけ、比喩の中でも擬人法に関しては、「親愛如兄、字曰孔方。……、無翼而飛、無足而走」（銭の別称「孔方」「御足《おあし》」のルーツ）、「京邑衣冠、疲労講肄、厭聞清談、対之睡寐、見我家兄、莫不驚視」（都の貴族が講義に倦み疲れ、清談に聞き飽き、それらの場でいねむっていても、私の兄（銭）を見つけると、（眠けもふきとび）目をみひらいてみつめないものはいない）、「雖有中人、而無家兄、何異無足而欲行、無翼而欲翔」（仲介者がいても、実の兄貴（銭）がいなければ、足がないのに走ろうとし、翼がないのに飛ぼうとしているのとどうして異なることがあろうか）、「可謂神物。無位而尊、無勢而熱、排朱門、入紫闥」（神物〔不可思議なもの〕であると思う。徳義がないのに尊く、権勢がないのにいそがしく、〔富貴の邸の〕黄金の門をおしひらいて、王城の大門に入る）とあり、一方では親しみのある「家兄」（実の兄）、また一方では何でもかなえることができる「神物」に喩えており、たくみに銭（貨幣）の有する両面の性格を表現しているのが特徴である。ちなみに、第三節で紹介した、「綦母氏銭神論」でも、たとえば、『太平御覧』所収の佚文（E）の「黄銅中方、叩頭対曰、僕白西方庚辛、分土諸国、処処皆有、長沙越巂、僕之所守。黄金為父、白銀為母、鉛為長男、錫為少婦。伊我初生、周末時也、景王尹世、大鋳茲也。貪人見我、如病得医、飢饗太牢、未之喩也」（黄銅（真鍮）の「中方」がぬかずいて答えた。「私は西方の庚辛の方角よりやってきて、諸国に封土を分け与えられ、あらゆる土地すべてにおりました。長沙郡・越巂郡〔という辺境の地〕でも、私が太守として統治しておりました。黄金を父にもち、白銀を母にもち、鉛を長男、錫を新妻としております。そもそも私が始めて誕生いたしましたのは周王朝の末の時代でありました。景王（周王）が君臨し、大規模に銭を鋳造されました。貪欲な人間が私を見る〔その渇望の〕様は、病人が医者を得たり、飢えた者が太牢〔の御馳走〕をふるまわれたりする様に喩えてもとても及びません」）と、擬人表現が見られるのであり、その点、現行の『銭神論』と共通しており、両者の関係を考える場合、参考になるのであり、やはり、この「綦母氏銭神論」が本来、現行の『銭神論』の後に続いていた根拠の一つになるのではないか。

典故として、経書をはじめ、さまざまな書が利用されており、当時の諺も引かれている。「銭無耳、可闇使」[19]（銭には耳がないので、こっそり使うことができる）「有銭可使鬼」（銭があれば鬼さえもあごで使うことができる）「官無中人、不如帰田」（官庁に仲介者がいなければ、田舎に帰った方がよい）など。中でも、『論語』を踏まえている箇所の効果が際立っている。まず、司空公子と綦母先生のやりとりである「公子曰、嘻、子年已長矣。徒行空手、将何之乎。先生曰、欲之貴人。公子曰、学詩乎。曰、学矣。学礼乎。曰、学矣。学易乎。曰、学矣。公子曰、詩不云乎、幣帛筐篚、以将其厚意、然後忠臣嘉賓、得尽其心。礼不云乎、男贄玉帛禽鳥、女贄榛栗棗脩。易不云乎、随時之義、大矣哉。吾視子所以、観子所由、豈随世哉。雖曰已学、吾必謂之未也」（公子「ああ、あなたはお歳を召していらっしゃるのに、〔車に乗らず〕徒歩でしかも手ぶらで、いったいどこに行こうとしていらっしゃるのですか」。先生「高貴な方の御屋敷にうかがおうと思っておるのじゃ」。公子「『詩』を学ばれましたか」。「学んだ」。「『礼』を学ばれましたか」。「学んだ」。「『易』を学ばれましたか」。「学んだ」。公子「『詩』に「幣帛《おくりもの》を筐匱《かたみ》〔に満たし〕、以って其の厚意を将《すす》め、然る後に忠臣嘉賓、其の心を尽くすを得〔る矣〕」といいませんか。『礼』に「男の贄《にえ》は〔大なる者は〕玉帛、〔小なる者は〕禽鳥《とり》、女の贄は榛《はしばみ》栗棗脩《ほじし》」といいませんか。『易』に「時に随うの義、大いなるかな」といいませんか。私があなたの所以〔行動〕をながめ、あなたの所由〔経歴〕を見るところ、どうして世間に随っているといえましょうか。すでに学ばれたとおっしゃいましたが、私にはいまだに〔学んでおられ〕ないにちがいないと思われます」）は、季氏篇の、孔子がその子孔鯉〔伯魚〕に『詩』と『礼』の修学の有無を尋ねた逸話を下敷きにする（「陳亢問於伯魚曰、子亦有異聞乎。対曰、未也。嘗独立、鯉趨而過庭、曰、学詩乎。対曰、未也。曰、不学詩、無以言也。鯉退而学詩。他日又独立、鯉趨而過庭、曰、学礼乎。対曰、未也。不学礼、無以立也。鯉退而学礼。聞斯二者」）。『論語』では年長の孔子が子の鯉に尋ねているが、『銭神論』では逆に年少の司空公子が年長の綦毋先生に尋ねている。単に典故として下敷きにしたのではなくパロディー化している。そして、綦毋先生が学んだという『詩』『礼』『易』からそれぞれ「幣帛筐篚、以将其厚意、然後忠臣嘉賓、得尽其心」（幣帛《おくりもの》を筐匱《かたみ》〔に満たし〕、以って其の厚意を将《すす》め、然る後に忠臣嘉賓、其の心を尽くすを得〔る矣〕）、「男贄玉帛禽鳥、女贄榛栗棗脩」（『礼』に「男の贄《にえ》は〔大なる者は〕玉帛、〔小なる者は〕禽鳥《とり》、女の贄は榛《はしばみ》栗棗脩《ほじし》」）、「随時之義、大矣哉」（時に随うの義、大いなるかな）を引用し[20]、そして、「吾視子所以、観子所由」（私があなたの所以〔行動〕をながめ、あなたの所由〔経歴〕を見る）は『論語』為政篇の孔子の語を踏まえる（「子曰、視其所以、観其所由、察其所安、人焉廋哉、人焉廋哉」）。金谷治氏は「所以」を「以《な》す所」と訓じ、ふるまいと解釈、「所由」を「由る所」と訓じ、経歴と解釈する（［金谷一九九九］）。宮崎市定氏は、「所以」を「以《もっ》てする所」、行っていること、「所由」を「由る所」、由来するところ、とする（［宮崎一九七四］訳解篇）。最後に「雖曰已学、吾必謂之未也」と結論付けるが、ここで、改めて孔子の二度の問いかけに対する孔鯉の応答「未也」を意識的に使う。

それに対する綦毋先生の反論にも「所謂礼云礼云、玉帛云乎哉者已」（いわゆる「礼と云い、礼と云う、玉帛を云わんや」じゃ）と『論語』が引用されている。陽貨篇の「子曰、礼云礼云、玉帛云乎哉、楽云楽云、鐘鼓云乎哉」であり、礼楽における形式より精神の重要性を説いている。

つぎに司空公子の拝金主義を謳歌する議論の中では、「子夏云、死生有命、富貴在天、吾以死生無命、富貴在銭」（子夏が「死生、命あり。富貴は天にあり」といったが、私は「死生、命なし。富貴は銭にあり」と思う）がある。『論語』顔淵篇の「司馬牛憂曰、人皆有兄弟、我独亡。子夏曰、商聞之矣、死生有命、富貴在天、君子敬而無失、与人恭而有礼、四海之内、皆為兄弟也、君子何患無兄弟也」より引用し、その上で、「有」を逆の意味の「無」、「天」を同じ韻の「銭」に入れ替えている。

そして、同じく司空公子の議論の中の「若臧武仲之冉智、卞荘子之勇、冉求之藝、文之以成人矣。今之成人者、何必然、唯孔方而已」（臧武仲の智慧と卞荘子の勇気と冉求の多藝をそなえ、礼楽によってみがきをかけたならば、完成した人間といってよいであろう。今の時代の完璧な人間とは、必ずしもそうならなければならない訳ではない、ただ「孔方」（銭）さえあればよい）は、憲問篇の「子路問成人。子曰、若臧武仲之知、公綽之不欲、卞荘子之勇、冉求之藝、文之以礼楽、亦可以為成人矣。曰、今之成人者、何必然。見利思義、見危授命、久要不忘平生之言、亦可以為成人矣」をそのまま引用し、「見利思義、見危授命、久要不忘平生之言」を「唯孔方而已」と変えて、話を一気に落としている。ただし「以礼楽」が欠落している可能性が高い。臧武仲・公綽・卞荘子・冉求はともに魯人であり、冉求、字は子有、は孔子の弟子である。

修辞で忘れてはならないのは「倒反」、その中の「反語」のレトリックである（陳望道『修辞学発凡』〔陳望道一九三二〕。〔福井二〇〇七〕参照）。『銭神論』全体、とくに司空公子による銭の礼賛、つまり拝金主義の謳歌は、それを誇張し、大仰に言うことにより、一言も言っていないにもかかわらず、実はそれに対する批判である。

『銭神論』の背景には西晉当時の拝金主義の風潮があるが、その風潮の一面が「吝嗇の風」「奢侈の風」であり、その逸話を収録したのが『世説新語』の倹嗇篇と汰侈篇であった。両篇を分析した第八章「西晉の貴族社会の気風に関する若干の考察――『世説新語』の倹嗇篇と汰侈篇の検討を通して――」において、当時の奢侈を代表する石崇の「士当令身名俱泰」（士というものは、身代と名声、どちらも豊かでなくてはならぬ）という、自己の聚斂と奢侈に対する弁護のことばに注目した。「身」とは身代、資産であり、「名」とは名声、名誉である。その「身」「名」がともに大きくならなければならないという（石崇は名実論を踏まえるか。「身名」の語は『銭神論』にも出てきている）。「身」を大きくする方向、すなわち財物の聚斂は、王戎をその典型とする「吝嗇の風」の貴族は言うまでもなく、石崇ら「奢侈の風」の貴族も行っている。それに対して、「名」を大きくする方向、すなわち名声の獲得については、すでに宮崎市定氏が『九品官人法の研究』〔宮崎一九五六〕（一七四―一八二頁）で指摘されているように、貴族の上層では竹林の七賢の一人である王戎の如く清談により、または奢侈で有名な石崇の如く贅沢競争により、下層では賄賂により上層の貴族に取り入り、名声を得ようとする。下層の貴族、つまり寒門は郷里あるいは赴任先における聚斂により資産を築き、それを元手として貴戚を中心とする貴族の上層に賄賂を行うことにより交際を求め、人物評価の場において名声を獲得、それを足掛りによりよい郷品や官職を得ようと、言い換えるならば猟官運動を繰り広げるのである。以上の考察の結果、『世説新語』の倹嗇・汰侈両篇と『銭神論』との関係は、同じく西晉時代の貴族社会における拝金主義の風潮を扱っているのであるが、より詳しく見るならば、前者がおもに貴族の上層の風潮を、後者が下層の風潮を対象とする点が異なっていたということがわかる。

『銭神論』の主題である選挙と密接に結び付いた拝金主義の風潮、具体的には人々から「互市」と呼ばれた公然たる賄賂による請託の横行に対しては、『銭神論』の如き警世の書の出現以外にも批判の動きが当然存在した。まず挙げるべきは、この時期に司隷校尉の任にあった傅玄、劉毅、傅咸らによる摘発、弾劾である。その結果、「京師粛然」「貴游懾伏」とあるように、一時的には拝金主義の風潮の沈静化に効果を上げたが、あくまでも司隷校尉個人の恣意による対症療法にとどまった。より根本的な方策として、猟官運動を必然的に生み出している土壌としての当時の選挙制度、すなわち九品中正制度の撤廃を提起する流れがあった。曹魏の夏侯玄に始まり、西晋に入り、劉毅、衛瓘、李重、段灼、潘岳と続く、一連の九品中正制度批判の上奏である。ここで注目すべきは、たとえば夏侯玄の上奏の場合、九品中正制度が施行されて以来、かつては郷論や清談により、現在は請託により、健全な選挙が阻碍されていると論じ、今の賄賂による請託のみならず昔の郷論や清談をも批判している点であり、ちょうど『銭神論』での司空公子の「幣帛」重視と綦毋先生の「清談」重視——ということは逆に二人の主張が魯褒に批判、揶揄されているのであるが——と符合している。すなわち『銭神論』はこれらの一連の九品中正制度批判の上奏と表裏一体をなすのであり、魯褒は『銭神論』において、第一義的には拝金主義を批判するのであるが、それは綦毋先生に託して、その視角から拝金主義の代弁者である司空公子を批判したのではなく、また一方で清談に固執する綦毋先生に対しても一定の距離をおき、揶揄という形で一種批判を行っているのである。ちなみに魯褒は『晋書』隠逸伝に立伝されている隠逸の士であり、また『銭神論』の二人の登場人物の名も司空公子の「司空」を「空を司る」、綦毋先生の「綦毋」を「毋（無）を綦《きわ》む」と読むならば、魯褒が老荘思想に拠って立っている証しともとれる。こうした魯褒が『銭神論』を著した視座は、川勝義雄氏が「漢末のレジスタンスないか。

運動」〔川勝一九六七〕で論じられた逸民的人士の濁流および清流に対するそれを基本的に継承しているのでは

おわりに

本章での考察により、以下のことが明らかになった。

第一に、魯褒は寒門もしくは寒人層の出身の隠逸の士であり、その点では当時風靡していた拝金主義の風潮の中心であった貴族社会からは二重の意味で疎外されてはいるが、その一方ではその周縁に連なる位置にいた人物であり、その位置こそが『銭神論』を著す基本的な視座となったであろうという点である。(第一節)

第二に、複数の『銭神論』の佚文の存在から、①少なくとも成公綏と魯褒、この二人の手になる二種の『銭神論』が存在し、西晉初めまでに成立した成公綏の『銭神論』をベースに、それをふくらませたのが恵帝の治世に成立した魯褒の『銭神論』であり、そのことから『銭神論』の批判の対象である拝金主義の風潮の出現の原因を武帝の天下一統後の政治の弛緩や経済の好況という要因のみに帰せられず、より深い要因を求める必要がある点、②現存する魯褒の『銭神論』の司空公子と綦毋先生の応酬、司空公子の議論と続く後に本来は綦毋先生（綦毋氏）の反論の部分が存在していた可能性があるという点である。(第二節)

第三に、現存の魯褒『銭神論』は、対句、擬人法を中心とした比喩、『論語』を中心にした典故、反語などの修辞を駆使し、「司空公子」と「綦毋先生」という二人の架空の登場人物による、前半は、出処についての両者の応酬であり、その対立点は、高貴な御方を訪問する際に持参すべきもの、綦毋先生の機知（清談）対司空公子の贈り物（賄賂）である。後半は、司空公子の議論であり、その主題こそが、贈り物に用いる「銭」（貨幣）であり、金万能（拝金主義）の時代、金銭による賄賂が必須であると、結論づける。以上が内容である。（第四節）

第四に、現存の魯褒『銭神論』の主題の拝金主義という点では、『世説新語』の倹嗇・汰侈両篇と共通しているのである。その内容が出処論という形式にのっとっていることからもわかるように、西晋当時の貴族社会の上層では清談や贅沢競争、下層では賄賂という、選挙の実態（[宮崎一九五六]）、と対応しているのである。綦毋先生が清談、司空公子が賄賂、それに対して、贅沢競争を『世説新語』汰侈篇が代表しているのである（第八章）。また、選挙の溷濁全体を批判しているのが、一連の九品中正制度批判の議論であり、王沈の『釈時論』であった。（第四節）

次章（第十章）ではその『釈時論』をとりあげるのであり、そこで、『銭神論』と『釈時論』の関係など、詳細に論ず。

注

（1）この引用部分は『左伝』桓公二年の臧哀伯（臧孫達）の魯の桓公に対する諫言の一節「国家之敗、由官邪也。官之失徳、寵賂章也」を踏まえる。

（2）東晋時代に著された西晋に関する史書では、干宝『晉紀』以外に王隠『晉書』でも『銭神論』に言及している。「恵帝時有銭神論、……」（恵帝紀か。『初学記』巻二十七、宝器部、銭）、「恵褒《ママ》、字元道、南陽人也、好学多聞、以貧素自立、元康之後、綱紀大壊、褒傷時之貪鄙、乃隠姓名、著銭神論以刺之、褒不仕、莫知所終」（逸民伝、魯褒。『太平御覧』巻五〇二、逸民部二、逸民二。両者とも湯球『九家旧晉書及晉諸公別伝輯本』参照）。ただし、前者の引用文中には『鋳《ママ》神論』に著者名を冠しておらず、厳密にいえば魯褒以外の手になる『銭神論』を指している可能性がある。その問題に関しては第三節の〔三〕無名氏で検討する。

（3）王沈『釈時論』、杜嵩『任子春秋』の内容に関しては第十章で考察する。

（4）通史・概説書としては、たとえば岡崎文夫『魏晉南北朝通史』〔岡崎一九三二〕内編（九九―一〇〇頁。平凡社、東洋文庫版九七頁）、谷川道雄『世界帝国の形成』〔谷川一九七七〕九九頁、王仲犖『魏晉南北朝史』〔王仲犖一九七九〕上冊二一四頁。

（5）注（2）参照。王隠『晉書』の佚文には「蓋疾時者共伝其文」の一節がなく、また「莫知其所終」の「其」の字を欠く。

（6）この魯褒の視座は同時代の他の批判者やさらに遡って後漢末の「逸民的人士」の視座と共通するのではないか。「はじめに」の『晉書』恵帝紀の記事、増淵龍夫「後漢党錮事件の史評について」〔増淵一九六〇〕、川勝義雄「漢末のレジスタンス運動」〔川勝一九六七〕参照。第十章で詳細に論ず。

（7）後漢では扶風平陵の人魯恭・魯丕兄弟と恭の孫魯旭（『三国志』では「馗」）がいる。魯旭（馗）は太僕として献帝に従って長安に赴き、王允と謀って董卓を亡きものにせんとしたが、董卓誅殺後、李傕に殺されている。『後漢書』列伝巻十五、魯恭伝。『三国志』巻六、董卓伝裴注所引の張璠『漢紀』。南朝では東晉末に南徙し劉裕と戦った魯宗之、宋朝で活躍したその子魯軌、孫の魯爽がおり（『宋書』巻七十四、『南史』巻四十、魯爽伝など）、劉宋もしくは南斉に魯康祚がおり（『南史』巻七十三、孝義伝上）、また陳朝では魯悉達・広達兄弟がおり（『陳書』巻十三、『南史』巻六十七の魯悉達伝。『陳書』巻三十一、『南史』巻六十七の魯広達伝）、南朝では扶風の魯氏は遅れて渡江した北来貴族としてだいたい武将として活躍する傾向がある。

（8）『冊府元亀』巻九三八、総録部、怨刺には『晉書』魯褒伝所収の原文が再録されている。『銭神論』の原文に関しては厳可均『全上古三代秦漢三国六朝文』「全晉文」巻一一三、魯褒、銭神論参照。

（9）「託文終始」の字句を「全晉文」は「説分終始」とする。なお魯褒の『銭神論』の該当箇所は「抱我終始」。

（10）「何可闇使」は魯褒の『銭神論』の該当箇所は「可闇使」で、反語を意味する「何」の字がなく、逆の意味になり、その方が全体の意味が通りやすい。

（11）成公綏の『銭神論』の佚文と魯褒の『銭神論』（『晉書』魯褒伝所収と『藝文類聚』産業部、銭所収）の該当部分の字句の

表9－1

成公綏	魯褒、『晉書』	『藝文類聚』
路中紛紛		
行人悠悠		
載馳載駆		
唯銭是求		
朱衣素帯	洛中朱衣	
当塗之士	当塗之士	
愛我家兄	愛我家兄	
皆無能已	皆無已已	
執我之手	執我之手	
託分終始	抱我終始	
不計優劣	不計優劣	
不論能否	不論年紀	
賓客輻湊	賓客輻湊	
門常如市	門常如市	
諺曰	諺曰	諺曰
銭無耳	銭無耳	銭無耳
何可闇使		可闇使
豈虚也哉		豈虚也哉
		又曰
	可使鬼	有銭可使鬼
		而況於人乎

異同を表にする（表9－1）。

(12) 魯褒の『銭神論』には「親愛如兄、字曰孔方」「今之成人者、何必然、唯孔方而已」と、銭がその字「孔方」で親しくよばれているが、「中方」と「孔方」はともに銅銭の真ん中の方形の孔の意であり、故に「中方」も銅の字のたぐいであろう。

(13) 『史記』巻二十七、天官書に「庚辛、華山（陝西省東部の山岳。五岳の一、西岳）以西」とあり、庚辛は五行思想では金徳、方角では西にあたる。

(14) 『尚書』武成に「分土惟三」とあり、その孔安国の注に「列地封国、公侯方百里、伯七十里、子男五十里、為三品」とある。

(15) 『国語』周語下、景王二十一年の条。「最（ママ）王二十一年、将鋳大銭、……、卒鋳大銭」。『漢書』巻二十四下、食貨志下「……、卒鋳大銭、文曰、宝貨、肉好、皆有周郭」を参照。

(16) 牟発松氏の行論は、魯褒の『銭神論』の登場人物の一人として「綦毋先生」がいることから、綦毋氏の『銭神論』が魯褒の『銭神論』に先行して存在し、魯褒はそれにもとづき綦毋先生を自分の『銭神論』に登場させたと論ず。

(17) さらに想像をたくましくすれば綦毋先生の反論の内容も司空公子の議論と本質的には同質であり、司空公子の議論がそのまま転じて拝金主義の風潮に対する揶揄の形を装う批判の役割を十二分に果し、かつその描写・修辞なども生彩に富んでいたために後世に伝えられ、それに対して同じ内容の、その意味では繰り返しになる綦毋先生の反論の部分が散佚してしまったのではないか。ただ綦毋氏の『銭神論』の佚文を読むと、司空公子の議論の部分と同様に銭が擬人化、人格化されているところがあるが、綦毋氏の『銭神論』の場合は銭（「黄銅中方」）自身が語る（より詳しくいうならば、「叩頭して対えて曰く」というように誰か天子か神か身分の高い者の下問に答える）という設定であり、その点では、司空公子の議論でも銭を神や兄になぞらえるものの、銭の外からの説明に終始するのとは対照的である。あるいは司空公子の議論が銭の外からの説明、続いて綦毋先生の反論では、銭が自ら説明する、すなわち内からの説明、というように役割を分担していたのかもしれない。

(18)［熊礼匯一九九九］下冊は「従問答体的結構形式看、篇末当有「先生」表態之詞」と論ず。

(19)現在も「有銭能使鬼推磨」（金があれば鬼に石臼を挽かせることができる。地獄の沙汰も金しだい）の成句がある。

(20)『毛詩』小雅、鹿鳴の序、「鹿鳴、燕羣臣嘉賓也。既飲食之、又実幣帛筐篚、以将其厚意、然後忠臣嘉賓、得尽其心矣」を引く。「幣帛」は、本来は神に供えるぬさ、天子に献上するきぬ、賓客に贈る引出物の意。のちに、贈り物、進物一般を指す。「筐篚」はかたみ、竹製のかご、はこ。「筐」「篚」をその方円や蓋の有無により細かく区別する説がある。「将」は、すすめる。奨と同義。「厚意」、てあつい、ねんごろな気持ち。「忠臣」、真心を尽くす臣、忠誠、忠義の臣。「嘉賓」、りっぱな賓客。「尽心」、全身全霊で尽力する。心力を尽くす。

『左伝』荘公二十四年に「秋、哀姜至。公使宗婦覿用幣、非礼也。御孫曰、男贄、大者玉帛、小者禽鳥、以章物也。女贄、不過榛栗棗脩、以告虔也。今男女同贄、是無別也。男女之別、国之大節也。……」とあり、贄における男女の区別がその趣旨である。『国語』魯語上参照。現存の三礼には見えない。「贄」は、にえ、てみやげ。初対面の君主や先生に贈る礼物。「玉帛」は、たまときぬ。『左伝』哀公七年に「禹合諸侯於塗山、執玉帛者万国」とあり、その杜注に「諸侯執玉、附庸執帛」とある。会盟や朝聘のときの礼物。「禽鳥」は、とり。「榛栗棗脩」は、はしばみ（その実は小さな栗に似る）・くり・なつめ・ほじし（乾肉）。それぞれ音通から、虔・慄・早・修の婦徳を表わすという（『左伝』の疏）。『礼記』曲礼下に「婦人之贄、椇榛脯脩棗栗」とある。

『易』随卦の象伝、「随、剛来而下柔。動而説随。大亨貞无咎。而天下随時、随時之義、大矣哉」の後半を引く。ただし、『経典釈文』巻二、周易音義によると、王粛本は「随時之義」が「随之時義」であり、朱子もそれに従っている。「随時」は、時世にしたがう、俗に合わせる。臨機応変。

第十章　『釈時論』の世界

はじめに

『釈時論』は、西晉王朝第二代皇帝、「昏昧」なる恵帝の治世に現われた警世の書である。唐修『晉書』巻四、恵帝紀に言及があり、同巻九十二、文苑伝、王沈の条にその原文を載せる。恵帝紀では恵帝崩御の記事に続く、恵帝とその治世に対する総評に、「……。高平王沈作釈時論、南陽魯褒作銭神論、廬江杜嵩作任子春秋、皆疾時之作也」

の一節があり[1]、当時の選挙の溷濁を中心とする時世を批判した著作として、『銭神論』『任子春秋』と並んで、その名が挙がっている[2]。

この『釈時論』に関する専論はない。しかし、いくつかの著書や論考が言及する。そして、その言及は、論著の性格により、二つに分けることができる。すなわち、文学と歴史である。

前者では、中国文学史の文学ジャンルの系譜上における位置付けに重点がおかれ、たとえば、銭鍾書氏はその著『管錐編』〔銭鍾書一九七九〕で「按ずるに、『答客難』・『賓戯』・『解嘲』の属であり、しかも「嘻笑」を「怒罵」に変じたものである」と論じている。(3)「『答客難』・『賓戯』・『解嘲』之属」とは、言い換えるならば、「設論」というジャンルである。この「設論」に関しては、谷口洋・佐竹保子両氏に一連の諸論考がある。両氏の論旨については、第三節で紹介したい。(4)

後者では、西晉王朝下の悪風に関する同時代の証言としてとりあげられてきた。たとえば、岡崎文夫氏はその著『魏晉南北朝通史』において、「原来釈時論の全体の主意は、西晉時代権豪の跋扈せる状況を詳叙したもの」と評しており〔岡崎一九三二〕、宮崎市定氏は『九品官人法の研究』の中で、都洛陽での猟官運動のありさまを論じた文脈において、「されば王沈は釈時論を造ってこれを諷した」と触れており〔宮崎一九五六〕(5)、また、谷霽光氏はその論考「六朝門閥――門閥勢力之形成与消長」を『釈時論』の「公門有公、卿門有卿」を含むその前後の「門閥主義」の風潮を論じた一節の引用でもって締め括っている。(6)この三者の言及箇所をより細かく見るならば、「権豪の跋扈」「猟官運動」のありさま、「門閥主義」の風潮と、それぞれ注目する点が少しく異なっている。

私自身、かつて『西晉の武帝司馬炎』〔福原一九九五〕の「『釈時論』」（二一八―二二一頁）で以下のように論じた。「門閥主義」の風潮と猟官運動の猖獗という一見すると相い矛盾する現象の連関が説かれている。劉毅の「九品八損」の議の一節にも、賄賂などを使って中正に対して運動を行うと、その結果、「上品無寒門、下品無勢族」の状況が生ずると、『釈時論』と同じく両者の因果関係を議論している点である。この矛盾を解く鍵の一つは、すでに唐長孺氏が指摘されているように、劉毅の言う「勢族」は「世族」ではなく、少なくとも魏晉にかけて二、三代朝臣を輩出した権門勢家であり、東晉において確立し、南朝において継続した「門地二品」の門閥貴族ではないという点である。むしろ東晉以後の門閥貴族制はこの魏晉時代の未成熟の、濁流にまみれた熱い貴族制を克服し、沈静化したところに登場するといえる、と。すなわち、歴史の諸家の力点が異なっている箇所、とくに、「門閥主義」の風潮か、猟官運動の猖獗か、の間の矛盾に最も関心があったのであり、「門閥主義」の風潮は実は「権貴の跋扈」であり、そうであるならば、猟官運動の猖獗とは矛盾しない、と考えたのである。また、「王沈『釈時論』訳注」〔福原二〇〇〇〕でもって、訳注を作成した。

本章では、この訳注を踏まえ、また、文学の方面の成果をも咀嚼し、まず、著者の王沈、『釈時論』の構成と内容、出処論としての『釈時論』、時世論としての『釈時論』、の順で検討を加え、その上で、『釈時論』が浮び上がらせる世界を明らかにすることにより、拙著でのこの矛盾に対する一応の解答を検証するとともに、その世界が示す魏晉段階の社会の特徴を考察したい。

第一節　著者の王沈

『釈時論』そのものの分析にさきだち、それを著した王沈の人となりを検討する。王沈に関しては『晉書』文苑伝にその伝が収められている。(7)

王沈、字は彦伯、本貫は高平国。幼少よりすぐれた才智を有していたが、「寒素」の家柄の出身であったので、世俗に合わせ従うことができず、時勢を誇る豪貴に抑え込まれた。〔高平〕郡に出仕して文学掾（教学課課員）を

> 拝命したが、こと志と違っていたので鬱鬱として楽しまず、そこで『釈時論』を著した。その文は以下の通り。……。この当時、政治は堕落しており、ポストとそれに見合う才幹ある人物は結び付いておらず、りっぱな人物の多くが官界から退いて貧窮に甘んじており、〔王沈も〕結局、郷里で生涯を終えた。……。

伝の大半を『釈時論』の引用が占めており、王沈本人についてはあまり多くは語られず、わずかにわかるのは、「寒素」（寒門の素族）出身の王沈が、才幹を有しながらも、豪貴に追従することをいさぎよしとせず、そのためにその官歴は本籍のある郡の文学掾という地方の閑職の下級官吏どまりであり、結局、中央官界に出ることもできず、郷里の家で生涯を終えたことである。『釈時論』の登場人物の設定との関連で注目すべきは、「寒素」という表現であり、それについては第三節にて論じたい。

王沈が寒門出身であるという点と関連して、確認すべきはその本貫のことである。というのは、本伝には「高平人」とあり、単に高平国と郡国レベルのみを指すのか、あるいは県レベルまでの高平国高平県をつづめて表現しているのか、よくわからないが、いずれにせよ、高平国はその領域が現在の山東省の西南部、当時は兗州に属する済水・泗水の流域で、高平国は西晉の初めに新設された公国であり、その前身は山陽郡であった[8]。もともと春秋の宋の地、統一秦の碭《とう》郡、前漢初めには彭越が封ぜられた梁国となり、景帝代、済東国（のち東平国と改め、さらに後漢に入り任城郡が分離）・山陽国が分離、この山陽国が山陽郡に改まり、西晉初めに高平国となったのである。『晉書』が「晉初分山陽置」と記すのは誤りであり、『読史方輿紀要』が「晉改為高平国」（巻三）、「晉泰始初、更為高平国」（巻三十二）と記すのが正確である。改称は、西晉建国時の五等開国爵の創設にともない、功臣の陳騫が高平〔開国〕郡公に封ぜられたことに連動するのであろう。山陽郡公でないのは、漢魏禅譲革命後、後漢の献帝劉協が山陽公に降封されていたからではないか。この場合の山陽は河内郡の山陽県である[9]。

後漢末、山陽郡は「八友」に数えられた張倹・劉表・檀敷や『潜夫論』を著した仲長統ら、清流派人士を輩出した淵叢の地であった（その一方、濁流派の宦官である侯覧も出ている。ちなみに、西晉末の流民のリーダーの一人で、東晉建国の元勲である郗鑒もこの地の出身である）。中でも、山陽郡高平県を本貫とする山陽の王氏はこの郡屈指の名族であり、後漢後半では、ともに三公を歴任した清議派の王龔・王暢父子が出ている。とりわけ、王暢は「八俊」の一人に数えられ、かつ「天下の俊秀、王叔茂」と称された天下の名士であった。降って、その孫で当代を代表する詩人として「建安の七子」の筆頭に置かれた王粲、その王粲の従孫にあたり、「正始の音」を代表する若き思想家で、『老子』『周易』に斬新な注を付けた王弼らを、後漢末から曹魏初めにかけて輩出した。しかし、王粲が建安二十二年（二一七）に四十一歳で病死し、その二子が同二十四年（二一九）に起こった魏諷の反乱未遂事件に連坐して処刑され、その家系は断絶、さらに降って司馬懿がクーデターを起こし、「正始の音」の何晏らを処刑した曹魏の嘉平元年（二四九）に王弼が二十四歳の若さで病死している。その後、魏晉時代には人材が乏しくなったのか、正史などでその名を見出しがたく、一族の凋落の傾向が推測される。(10)

その間にあって注目すべきは、唯一、王弼の兄の王宏が西晉にて尚書になり、太康五年（二八四）に卒しているが、この王宏が王沈と同じく「高平人」と記されている点である。(11)とすると、王沈も没落した山陽の王氏の一員、しかしながら、王暢以下の主流との系譜上の繋がりが記されていない点を勘案するならば、主流からは外れた、その傍系・疎族の出身の可能性が高いのではないか。であるならば、「時世」や「時豪」に対する思いは、その没落した名族の傍系の出身という境遇故に、より増幅されたであろうことが想像される。

以上の王沈の境遇に関しては、改めて第三節で言及したい。

第二節　『釈時論』の構成と内容

この節では『釈時論』の構成と内容を検討する。それにさきだち、『晉書』文苑伝の王沈の条に引用されている本文(12)とその私の日本語訳を、拙稿「王沈『釈時論』訳注」［福原二〇〇〇］のそれを若干改め、示したい(13)。なお、便宜上、『晉書』の評点本（中華書局、一九七四年）に従い、三つの段落に分けて各段落の冒頭にローマ数字の大文字を掲げる（Ⅰ～Ⅲ）。さらに内容や換韻を勘案し、私見でもって小段落に細分し、その文頭にラテン文字の小文字を附した。

Ⅰ（a）東野丈人観時以居、隠耕汙腴之墟。有冰氏之子者、出自沍寒之谷、過而問塗。（b）丈人曰、子奚自。曰、自涸陰之郷。奚適。曰、欲適煌煌之堂。丈人曰、入煌煌之堂者、必有赫赫之光。今、子困於寒、而欲求諸熱、無得熱之方。（c）冰子瞿然曰、胡為其然也。丈人曰、融融者皆趣熱之士、其得爐冶之門者、惟挾炭之子。苟非斯人、不如其已。冰子曰、吾聞、宗廟之器、不要華林之木、四門之賓、何必冠蓋之族。前賢有解韋索、而佩朱韍、舎徒担而乗丹轂。由此言之、何恤而無禄。惟先生告我塗之速也。

Ⅱ（d）丈人曰、嗚呼、子聞得之若是、不知時之在彼。吾将釈子。（e）夫道有安危、時有険易、才有所応、行有所適。（f）英奇奮於縦横之世、賢智顕於覇王之初、当厄難則騁権譎以良図、値制作則展儒道以暢攄、是則衰龍出於縕褐、卿相起於匹夫、故有朝賤而夕貴、先巻而後舒、当斯時也、豈計門資之高卑、論勢位之軽重乎。（g）今則不然。上聖下明、時隆道寧、羣后逸豫、宴安守平。百辟君子、奕世相生、公門有公、卿門有卿。指禿腐骨、不簡嵦儜。多士豊於貴族、爵命不出閨庭。四門穆穆、綺襦是盈、仍叔之子、皆為老成。賤有常辱、貴有常栄、肉食継踵於華屋、疏飯襲跡於耨耕。（h）談名位者以諂媚附勢、挙高誉者因資而随形。至乃空囂者以泓噌為雅量、璅慧者以浅利為鎗鎗、脢胎者以無検為弘曠、僂垢者以守意為堅貞、嘲哮者以麤発為高亮、韞蠢者以色厚為篤誠、痷婪者以博納為通済、眂眂者以難入為凝清、拉答者有沈重之誉、嗛閃者有清劓之声、嗆哼怯畏於謙譲、闒茸勇敢於饕諍。斯皆寒素之死病、栄達之嘉名。（i）凡茲流也、視其用心、察其所安、責人必急、於己恒寛。徳無厚而自貴、位未高而自尊、眼罔嚮而遠視、鼻鷚鼽而刺天。忌悪君子、悦媚小人、敖蔑道素、懾吁権門。心以利傾、智以勢惛。姻党相扇、毀誉交紛。当局迷於所受、聴採惑於所聞。（j）京邑翼翼、羣士千億、奔集勢門、求官買職、童僕闚其車乗、閽寺相其服飾、親客陰参於靖室、疏賓徙倚於門側。時因接見、矜厲容色、心懐内荏、外詐剛直、譚道義謂之俗生、論政刑以為鄙極。高会曲宴、惟言遷除消息、官無大小、問是誰力。（k）今以子孤寒、懐真抱素、志陵雲霄、偶景独歩、直順常道、関津難渡、欲騁韓盧、時無狡兎、衆塗圮塞、投足何錯。

Ⅲ（l）於是冰子釈然乃悟曰、富貴人之所欲、貧賤人所悪。僕少長於孔顔之門、久処於清寒之路、不謂熱勢自共遮錮。敬承明誨、服我初素、弾琴詠典、以保年祚。伯成・延陵、高節可慕。（m）丹轂滅族、呂・霍哀吟、朝栄夕滅、旦飛暮沈。冊・周道師、巣・由徳林、豊屋蔀家、易著明箴。人薄位尊、積罰難任、三郤尸晋、宋華咎深。投扃正幅、実獲我心。

Ⅰ（a）「東野丈人」（東野に住む老翁）が時世を観察しながら、「汙腴之墟」（低湿で地味が痩せた村里）に隠れ住み耕していた。そこに「冰氏之子」という若者が「沍寒之谷」（厳寒の谷間）から出てきて、〔丈人のところに〕立ち寄り、「塗」（官途の比喩）を尋ねた。（b）丈人「おまえさんはどこから来たのじゃ」。「「涸陰之郷」（厳寒のむら。『左伝』昭公四年、「固陰沍寒」）から参りました」。「どこに行くのじゃ」。「煌煌とまばゆい殿堂に行きたいと思っております」。丈人「煌煌たる殿堂に入る者には、必ず赫赫と輝く光があるものじゃ。今、おまえさんは寒さに困って熱を求めておるが、熱を手に入れるすべはないのじゃ」。（c）冰子は目を瞠って尋ねた、「いったいどうして、そうなのでしょうか」。丈人「融融と明るい者はみな熱〔権勢〕に追従する人士であり、鍛冶屋の門をくぐることができるのは炭を持参している者だけなのじゃ。もしもそのような者でないのであるならば、はじめからやめておいた方がましじゃ」。冰子「宗廟の彝器は華やかな林の木で必ずしも作られるわけでもなく、「四門之賓」〔都の四方の城門に待機する、諸侯の接待役。『尚書』舜典、「賓于四門、四門穆穆」〕にどうして高位高官の一族である必要がありましょうか。いにしえの賢者の中には、〔布衣が着ける〕飾りのない革の紐を解いて〔官印を繋ぐ〕朱色のベルトを身につけ、荷物を担いで自分の足で歩くのをやめ、朱塗りの車に乗った者がいた、と私は聞いております。この事例から言えば、どうして憂いに沈み、不幸なことがありましょうか。先生、ただただ、私に塗を速やかに行く方法を御教示下さい」。

Ⅱ（d）丈人「ああ、おまえさんが聞き及んでいるのはそういうことであろうが、時世が〔それからは懸け離れた〕かなたにあるのをわかっておらぬ。わしが講釈して進ぜよう。（e）そもそも道には安全と危険があり、時世には乱と治があり、才智と徳行には応じ適うところがあるのである。（f）傑物は合従連衡の世に奮起し、賢者は覇者や王者が創業せんとするときに出現し、難局にあたっては権謀を発揮して妙策を編み出し、制度を創設するにあたっては儒学を展開して思う存分に思うところを披瀝したのであり、これこそすなわち天子が布衣から出現し、大臣が匹夫から崛起し、それ故に、朝に賤しきも夕べに貴く、先に巻かるるも後に舒ぶ、であり、この時世に生まれ会わせるや、どうして門地の高低を計ったり、権勢や官位の軽重を問題にしたりする必要があろうか。（g）だが、今はそうではない。おかみに聖徳ありて臣下は聡明、時世は隆昌にして人心も安寧、公卿は遊び娯しみ、安楽かつ太平である。諸侯ら君子は世々代々生まれ、公門に公有り、卿門に卿有り〔三公の家門からは三公が、九卿の家門からは九卿が出る）、のありさまである。禿腐骨を指し、蚩儜を簡ばず（枯骨になっている先祖によって決まり、凡庸な輩も選り分けることができない、の意か）。多くの顕官は高貴な家柄に輩出し、官位爵位はそれらの家門〔に占められ、〕外には出ない。四門は穆穆として美徳を有する諸侯で満ち（『尚書』舜典）、綾絹の肌着を身に着けた貴戚の子弟で満ち溢れ、仍叔《じょうしゅく》の子のような若造も（『左伝』桓公五年）、一人残らず〔伊尹のような〕旧臣となる。卑賤の者はつねに屈辱にまみれ、高貴の者はつねに栄誉をにない、御馳走を食べる者はりっぱな御屋敷にあとからあとへと続き、粗食に甘んずる者は草を刈り田を耕す田舎であとからあとへと続く。（h）名声や地位を話題にする者は媚び諂うことにより権勢の家に付き従い、高名を馳せる者は在官中のキャリアにたより権勢の家に随う。そのためになんと、空囂《くうごう》（むやみにやかましい）の者は泓噌《おうしょう》（声が大きい）を雅量（度量が大きい）と、瑣慧《さけい》（瑣末な智慧）の者は浅利（浅知恵）を鎗鎗《そうそう》（鐘の打響くような明晰さ、の意か）と、脢胎《ばいたい》（放縦）の者は無検（しまりがない）を弘曠（人物のスケールが大きい）と、僂垢《ろうこう》（短小で醜い）の者は守意（片意地）を堅貞（堅固で貞潔）と、嘲哮（吼え叫ぶように粗暴）の者は麤発（粗野）を高亮（高尚で聡明）と、韞蠢《うんしゅん》（愚か）の者は色厚（鈍い）を篤誠（誠実）と、痷婪《あんらん》（開けっ広げ）の者は博納（なんでも取り込む）を通済（太っ腹で融通無碍）と、眡眡《しし》（人をねめつける、の意か）の者は難入（気難しい）を凝清（氷のように清澄）と評価され、拉答（散漫で締まりが無い）の者には沈重（沈着で重々しい）の名誉が、嗛閃《けんせん》（こせこせと落ち着きが無く物怖じする）の者には清剿（積極的に粛清・退治する、の意か）の名声があり、嗆啍《そうとん》（嗆啍《そうこう》。愚かで気後れする）は謙譲に怯畏（おそれおびえる）し、闒茸《とうじょう》（心が下劣である）は饕諍《とうそう》（貪欲で喧嘩っ早い）に勇敢である、という事態に至っている。これらはすべて清貧の士の死に至る病であり、栄達の士のめでたい評判である。（i）およそこれらの手合いはその心の動きや心の底を注視し観察するに、他人を責める場合は必ず刻薄で、自分に対してはつねに寛大である。人徳は厚くないにもかかわらず自らを高貴であると思い込み、地位はいまだに高くないにもかかわらず自らを尊いと自惚れており、目はきょろきょろと焦点がさだまらずに遠くを眺め、鼻は傲慢にも天を突き刺すがごとく上を向いている。君子を忌み嫌い、小人に媚び喜び、徳行の家門に対しては傲然と侮り、権貴の家門に対しては震えひれ伏す。心は利欲に動かされ、智は権勢に眩まされる。姻戚同士はたがいに推奨しあい、毀誉褒貶がこもごも入り乱れる。担当部局（中正）は受け取った情報に迷わされ、調査役（清定・訪問）は聞き取った情報に惑わされる。（j）都では翼翼として（張衡『東京賦』）、士大夫ははなはだ多く、権勢家の御屋敷の門前に奔り集まり、官や職を買い求め、〔権門の家の〕下僕はその車を覗き込み、門番はその衣服や宝飾でもって判断し、入魂の賓客はこっそりと靖室（清室。主人の書斎）に通され、疎遠の賓客は門のかたわらでうろうろするばかり。〔運良く〕接見の栄に浴したあかつきには、容姿を厳しく構え、内心はどぎまぎしているにもかかわらず、外面は剛直そうに取り繕い、道徳や刑罰を論ずるのを野暮の骨頂と貶す。盛大な宴会でもこぢんまりした宴会でも、宴席では話題はただただ昇進と任官の噂ばかり、官の上下の如何を問わず、これは結局誰の力なのかを問い詰める。（k）今、おまえさんは身寄りの後ろ楯もない寒門出身で、純真で素朴な心を懐き、志は空の雲をも凌がんばかり、自分の影のみを道連れに一人歩み、ひたすらまっすぐにつねに変らぬ正しい道に従っておるが、関所や渡し場は越しがたく渡りがたく、韓盧のような速い犬を思う存分に走らせようにも、この時世にすばしこい兎はおらず、数多ある塗（官途）はすべて壊れ塞がり、足を踏み出そうにも置くところがあろうか」。

Ⅲ（l）ここに至って冰子はからりと氷解し、ようやくのこと悟った、「「富貴は人の欲する所なり、貧賤は人の悪む所なり」（『論語』里仁篇）と聞いておりました。私は幼きより孔孟（儒学）の門下で育ち、ずっと清寒の道に身を置いており、熱勢（権勢家とそれに追従する輩）そのものが組んで遮り阻むとは夢にも思っておりませんでした。謹んで聡明な訓誨を服膺し、私の初心を忘れず、琴を弾き典籍を詠み、それでもって天寿を全うしたいと思います。伯成（伯成子高。禹のときに諸侯を辞し隠逸となる）と延陵（春秋呉の王子、季札）は、その気高い節義は慕うに値いたします。（m）朱塗りの車〔に乗る権勢の家〕は一族を滅ぼし、呂・霍の両氏〔前漢の権勢を誇った外戚〕は呻吟し、朝に栄えたかと思えば夕べに滅び、旦に飛んだかと思えば暮れには落ちる。李聃と荘周は道の教えの師匠、巣文と許由〔ともに堯の禅譲を断った隠者〕は高徳の叢林。「屋を豊かにし家に蔀す」〔屋根を大きくし、日除けをめぐらせる。徳のない者が高位に登るとますます智慧を暗くする、の意〕は『易』〔豊卦、上六〕のすぐれた箴誡。人品が卑しいのに官位が尊ければ、罰が積み重なること防ぎがたく、三郤〔春秋晉の卿、郤錡《げきき》・郤犨《しゅう》・郤至〕が晉で屍を曝したのは〔『左伝』成公十七年〕、宋華〔春秋宋の卿、華元か〕の罪咎が重い。錠前を掛けて幅巾〔隠者が用いる頭巾〕を正して、本当の私の心を取り戻そうと思います」。

以上が『釈時論』の拙訳である。この拙訳を利用し、『釈時論』の構成と内容を検討したい。『釈時論』は隠逸の老翁である「東野丈人」と寒門出身の若者である「冰氏之子」という、二人の假想の登場人物による対話の展開に重点を置き、その構成を考えると、評点本『晉書』王沈伝でも三つの段落に分けられているように、Ⅰ丈人と冰子の問答、Ⅱ丈人の講釈、Ⅲ冰子の決意表明の三部構成である。以下、この枠組みにより、内容の梗概を示したい。

Ⅰは、官途、当路の比喩である「塗」をめぐる問答である。（a）は時世を観察しながら隠れ住み自ら耕していた東野丈人のもとに立ち寄った冰氏之子が「塗」を尋ねたという、両者の対話のきっかけを説明する楔子、いとぐちであり、その設定は『論語』微子篇の、弟子を引き連れて仕官の口を求め諸国を巡る孔子があるとき、子路に命じて隠者の長沮と桀溺に渡し場の在り処を尋ねさせた場面を下敷きにする。[14]（b）は「塗」を尋ねた冰子に向かって故郷と目的地を確認した上で、厳寒の地〔寒門〕から煌煌たる殿堂〔朝廷〕に赴かんと志す冰子に対して、その方法はない、と断言する。（c）は「瞿然」と驚いた冰子のその理由の問いかけをきっかけに、高位高官を得て富貴となるための必要条件を争点に押し問答、「熱」「光」「炭」を持つか、もしくはそれに従うことが必須であるとの主張をする丈人と、賢智・才幹を信ずる冰子が真っ向から対立し、両者の議論は平行線をたどる。

Ⅱは、東野丈人による「釈時」、つまり時世に関する講釈である。(15) この「釈時」が表題になっていることからも明らかなように、ここからが本論である。丈人は、両者の議論の争点は時世に対する認識の相違に由来し、拠って立つところが、丈人は当今、冰子は往古という図式を提示する。（d）は前置きであり、冰子への時世の講釈の宣言。（e）は古今の対比にさきだつ、発語の辞「夫」（それ。そもそも）が導く常套の一般論であり、時の流れ、「道」「時」における二項対立、選挙の判断材料である「才」「行」についての相対性という、決まった言い回しであり、以下の古今の対比を導く。（f）は往古の、言い換えるならば、冰子が主張し前提として認識している状況。いにしえの「縦横之世」「覇王之初」、すなわち戦国や楚漢という乱世や創業時は、「英奇」「賢智」がものをいう実力主義の時代であり、冰子が主張するように、「朝賤而夕貴」、卑賤出身の者が一夜にして高貴な身分になることも稀ではなかった、と述べる。

しかし、「今則不然」、いまは時世がちがう、と、いにしえの話を断ち切り、（g）以下、（j）に至るまで、当今、すなわち時世を論ず。（g）は「門閥主義」の風靡の講釈。天下は太平、「公門有公、卿門有卿」、三公の家門からは三公が、九卿の家門からは九卿が輩出するという、家柄や血筋がものをいう門閥本位の時代であり、「賤有常辱、貴有常栄」、貴賤が固定化している、と話を進める。（h）は「門閥主義」の結果である、人物の実際からは懸け離れた評語の列挙など。門閥化の故に、「談名位者以諂媚附勢、挙高誉者因資而随形」、名声や地位を談ずる者は媚び諂うことにより権勢の家門に付き従い、高い名声を挙げる者は官資にたより形勢の家に随う。

そのためになんと「空囂者以弘噌為雅量」、むやみにやかましい人物は声が大きい点を度量が大きいと読み替えられて評価され、……に至る、と、「栄達之嘉名」、栄達の士の場合の凡庸にもかかわらず出世を約束する評語の執拗なまでの列挙がある。（i）と（j）は、猟「品」運動・猟「官」運動に狂奔する非君子の生態を戯画的に辛辣に活写する。まず、（i）は「凡茲流也」以下、非君子に通有する人となり、心の動きを窺い、その結果の「毀誉交紛」が選挙担当者に「迷惑」をもたらすさまを描く。ついで、（j）は張衡の『東京賦』の一節の引用である「京邑翼翼」以下、権勢の家門に群がる非君子とかれらに対する権勢家の下僕らのあしらい、幸運にも招じ入れられた非君子のふるまいや宴席のありさまを描く。

そして、締め括りとして、（k）の「寒素」、家柄も低く、といって非君子・俗物のように運動をするのもいさぎよしとしない冰子が官途に入る餘地は全くないと断を下すことにより引導を渡し、ここにようやく丈人の講釈が終わる。

Ⅲは、Ⅱの東野丈人の講釈を聞いて「釈然」と氷解して開悟した冰氏之子が、官途を通しての富貴への路を断念し、隠棲、自適の生活に方向転換せんとする決意を述べる。その前半の（l）は、丈人の講釈の最後の（k）から同じ脚韻が続いており、そのことから明らかなように、内容も密接に呼応しており、丈人の（k）の直接の応答、同意の答えである。その後半の（m）に入ると、「朝栄夕滅」の要素が増し、前漢の外戚の没落を例として、天子の禅譲を断った隠者への尊敬を述べ、最後に自適の生活への決意を表明して終わる。

以上の梗概から、まず確認すべきことは、『釈時論』は「塗」（官途）に関して、出仕して官僚となるのがよいのか、処士として野に在るのがよいのか、を論ずる、いわゆる出処論であり、東野丈人の主張である「処」の論拠として、「釈時」、すなわち、時世を講釈するという時世論を展開するという、二層の入子構造をなしており、ⅠとⅢの出処論の間にⅡの、より厳密に言うならば、Ⅱの（g）〜（j）の時世論が挟まっていることである。

出処論の形式でもって時世論の内容を包摂しているのである。

つぎに、出処論という『釈時論』の形式に注目し、その性格を考察したい。

第三節　出処論としての『釈時論』

『釈時論』は、中国文学史においてどのように位置付けられるであろうか。おもに谷口洋・佐竹保子両氏の設論および出処論に関する一連の諸論考に拠りつつ、検討を加えたい[16]。

『釈時論』の文体は脚韻を踏む散文であるという点、広義の賦のジャンルに属するのであり、内容から判別するに、主人と賓客が隠棲か出仕か、その是非・優劣を議論する問答形式の出処論であり、この文学ジャンルは、最後に主人が出仕を決意する「七」と、隠棲をよしとする結論に至る「設論」の二つに分けることができ、前者は前漢の枚乗の『七発』を劈頭に、後漢・魏晉・南朝と作り続けられたのに対して、後者は前漢の東方朔の『答客難』に始まり、東晉に至るまで書き続けられた。『釈時論』の場合、主人役の東野丈人の講釈によって悟った賓客役に相当する冰氏之子が出仕を断念して自適の生活を決意するのであるから、設論の系譜に連なる作品であることがわかる[17]。銭鍾書氏も「はじめに」で触れたように、『釈時論』を設論を代表する東方朔の『答客難』、班固の『〔答〕賓戯』、揚雄の『解嘲』の「属」で、時世の変化により「嘻笑」を「怒罵」に変えている、と論ず[18]。

つぎに、さらに『釈時論』が設論のジャンルの系譜のどこに位置付けられるかを、出処に対する変化を軸に検討したい。それを整理したのが表10-1である。出処に関しては、その出発点に『論語』の泰伯篇の「天下有道則見、無道則隠」（天下に道があれば現われ、道がなければ隠れる）、衛霊公篇の「君子哉蘧伯玉、邦有道則仕、邦無道則巻而懐之」（君子なるかな蘧伯玉、国に道があれば出仕し、国に道がなければ巻いて之（才幹）を抱く）という道の有無に対応する出処の判断がある。それが漢代の設論、具体例として『答客難』『解嘲』『答賓戯』や蔡邕の『釈誨』などの出処論では、古今を対比して、乱世のいにしえでは出仕したであろうが、太平の現在は家に居るという論理に逆転する。ところが、晉代の皇甫謐の『釈勧論』や郭璞の『客傲』に至って、太平の現在、出仕も隠棲もどちらでも同じであるという出処同帰論が出現し、それがこの時代の先端の主潮となり、論理的には出処の是非に関する議論である「設論」はその終焉を迎える。さらに、設論のジャンルの掉尾を飾る東晉の曹攄の『対儒』では、乱世で居り、治世では出ると、なんと再逆転するに至っている。

　このような「設論」の系譜における出処の是非の変遷から見るならば、『釈時論』は、第一節で見たその内容、とくに東野丈人の講釈の中で、乱世である戦国・楚漢と天下一統後の西晉という古今の対比を行い、寒素の冰氏之子は才幹がものをいう乱世のいにしえであるならばともかく、太平の世である現在、出仕するすべがない、と論ずる点から明白であるように、同時代の設論であるが、出処同帰論に変化した『釈勧論』や『客傲』とは異なり、むしろ、一時代前である漢代の設論の論理、すなわち、乱世のいにしえに出仕し、太平の現在は家に居る、を基本的に襲っているのである(19)。

　そして、漢代の設論群の中でも、とりわけ後漢末の蔡邕の『釈誨』との間に多くの共通点を見出すことができるのであり、その点から『釈時論』は漢代の

表10-1　設論における出処の変化

『論語』	無道	隠・巻
	有道	見・仕
漢の設論、『釈時論』	古、乱	出
	今、治	処
晉の設論	古、乱	
	今、治	出・処
		出処同帰論
東晉の『対儒』	古、乱	処
	今、治	出

設論、とくに『釈誨』の影響のもとで制作された可能性が高いと思われる。共通点として第一に挙げるべきは、何といっても、権勢家とそれに追従する人士に対する批判であるという内容である。[20]第二に、主客二人の登場人物が、他の設論の作品では主人役は著者自身を示すことが多く、賓客役は単に問答の相方として具体的な呼称が与えられていない（東方朔『答客難』は「東方先生」と「客」、揚雄『解嘲』は「揚子」と「客」、班固『賓戯』は「主人」と「賓」、崔駰『達旨』は「己」と「或」、張衡『応間』は「余」と「間余者」）のに対して、『釈時論』は主人役の「東野丈人」と賓客役の「冰氏之子」、『釈誨』は主人役の「華顚胡老」と賓客役の「務世公子」と、ともに架空の登場人物が設定されており、その点ではむしろ、賦の色彩が濃い、もう一つの出処論のジャンルである「七」と共通する。第三に、両者ともに見える「胡為其然也」や、『釈時論』の「吾将釈子」と『釈誨』の「吾将釈汝」など、同一もしくは類似の措辞が同様の構成の位置で使われている点が挙げられる。

以上、まとめるならば、『釈時論』の文学史上の系譜での位置は、まず有韻の散文である広義の賦であり、その中でも、隠棲をよしとする出処論である設論の流れを汲んでおり、古今と出処の関係に注目するならば、同時代の西晉の設論ではなく、漢代の設論、とりわけ後漢末の蔡邕の『釈誨』の強い影響を見出すことができるのである。では王沈は何故に設論、中でも漢代のそれを選択せねばならなかったのであろうか。第一節で検討した王沈の境遇を勘案するならば、「出」（出仕）に対する思いの強さを物語っているのであろう。『釈誨』に近いのは、第一の共通点故であろう（その詳細は第四節以下で論じたい）。

さらに出処論としての『釈時論』の特徴を浮かび上がらせるための一つの試みとして、『釈誨』および同時代の同じく譏刺の書である『銭神論』と、三書それぞれの出処と清濁を判断の基準とした登場人物ならびに著者の立場の図式を提示したい。それを整理したのが表10‐2である。基本的な図式として、まず、後漢末の清流・濁流の両勢力と逸民的人士の関係を示す川勝義雄氏の図式を参考に掲げた。[21]三書において出処の是非を議論する主

表10・2　登場人物の清濁と出処による位置と批判の方向

川勝義雄氏の図式

『釈時論』

処	出	
〔挟炭之子〕〔趣熱之士〕	冰氏之子〔王沈〕（客）	濁
東野丈人〔王沈〕（主）		清

処	出	
	濁流派人士	濁
逸民的人士	清流派人士	清

『銭神論』

処	出	
	司空公子（主）	濁
〔魯褒〕	綦母先生（客）	清

『釈誨』

処	出	
	務世公子（客）	濁
芋顛胡老〔蔡邕〕（主）		清

⇧ 主客間の批判の方向
↑ 実際の批判の方向

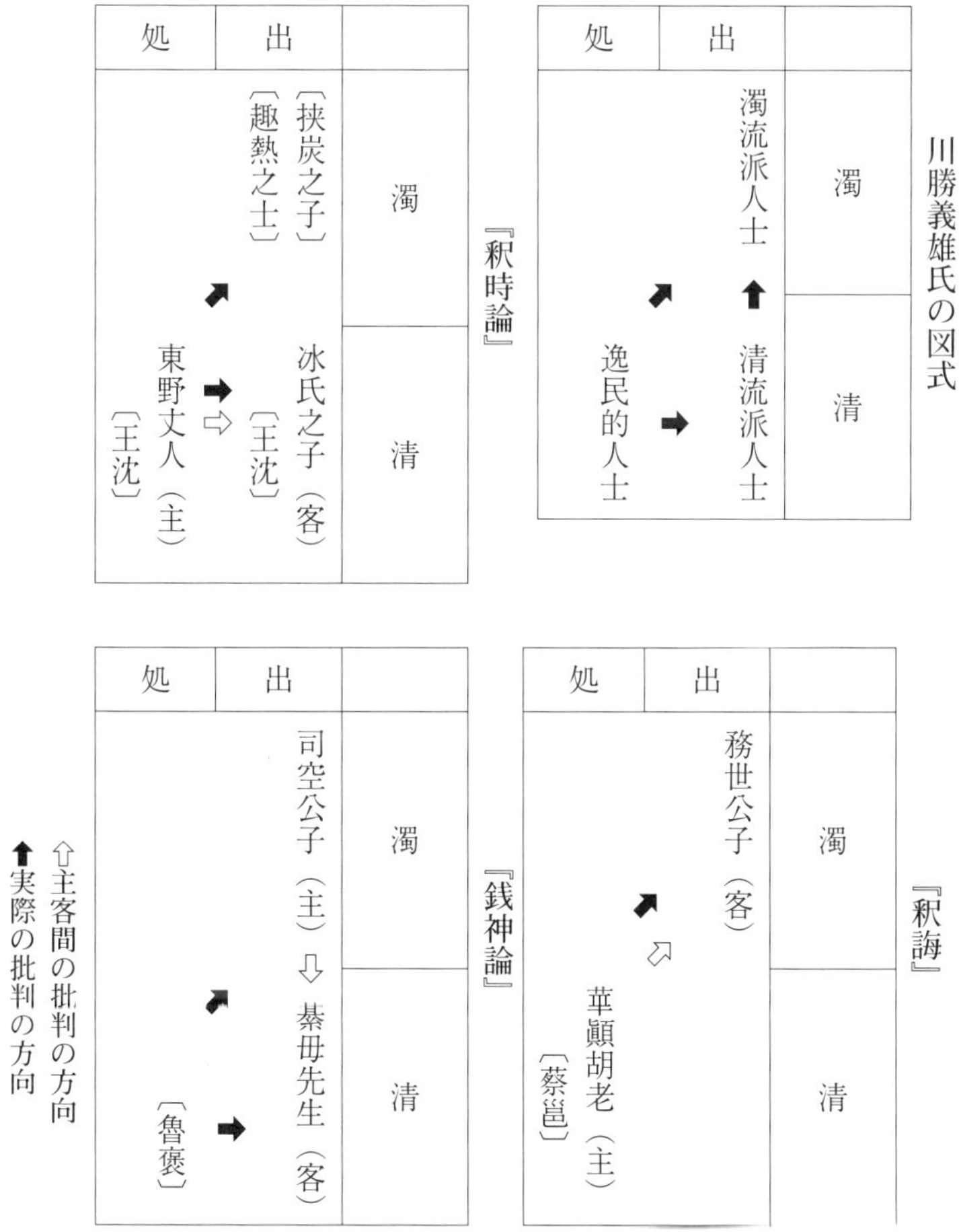

人と賓客それぞれの、出処と清濁による位置と、その間における批判の方向に注目すると、川勝氏のいう逸民的人士（処・清）は濁流派人士（出・濁）のみならず、清流派人士（出・清）をも批判するのであるが、『釈誨』の場合、川勝氏の図式を重ね合わせると、逸民的人士に重なる「華顚胡老」（処・清）が濁流派人士に重なる「務世公子」（出・濁）を論破するのに対して、『釈時論』の場合、逸民的人士に重なる「東野丈人」（処・清）が清流派人士に重なる「冰氏之子」（出・清）を教え諭す、という設定である。そして、『銭神論』の場合、濁流派人士に重なる「司空公子」（出・濁）が清流派人士に重なる「綦毋先生」（出・清）をやりこめているが、その戯画的・揶揄的な表現から、著者である隠逸の士魯褒は［処・清］の視座に立ち、司空公子はもちろんのこと、それのみならず綦毋先生をも批判していることがわかる[22]。当代の選挙の汚濁の批判である三書は、顕在的、潜在的にかかわらず、ともに主要な、言い換えるならば著者の批判の方向は、川勝氏の図式で言うならば、逸民的人士（処・清）から濁流派人士（出・濁）に向かうのが本筋のはずである[23]。ところが、『釈時論』の場合、出処論の主客の設定では、その批判の主体として「東野丈人」が設定されているにもかかわらず、批判の対象、つまり『釈誨』『銭神論』ではそれぞれ「務世公子」「司空公子」が設定されているが、『釈時論』では設定されておらず、強いて挙げるならば、Ｉの東野丈人の議論に登場する「挟炭之子」「趣熱之士」がそれに相当するのである。そして、東野丈人の直接的な批判の対象は、川勝氏の図式では副次的な批判の対象である清流派人士に位置する「冰氏之子」であった。では、何故に念頭に置いていた『釈誨』のように直接的に批判の対象を代表する登場人物「務世公子」を設定せずに、出仕を望むが［清］に位置する「冰氏之子」を教え諭して改心させるという間接的な批判の手法を用いたのであろうか。

　この『釈時論』の設定の由来は、著者である王沈の立場と密接に関連していたと想像することができる。それを探るために第一節にて検討した王沈自身の人となり、とくに「寒素」という表現に注目したい。というのは、

『釈時論』の賓客役の登場人物「冰氏之子」の出身が「沍寒之谷」「涸陰之郷」であり、東野丈人の講釈の末尾（Ⅱの（k））で、冰氏之子を「孤寒」「懐真抱素」と、「寒素」を敷衍したことばで表現しており、「寒素」ということばを通して「冰氏之子」は王沈自身を髣髴とさせるからである。[24]［出・清］の冰氏之子に王沈、とくにその前半生が投影されていることは確かである。それに対して、郷里に隠棲する処士という後半生が［処・清］の「東野丈人」に投影されており、一応冰子が前半生、丈人が後半生の分身であり、この王沈自身の一種の自問自答という形式を選び、後半生が前半生を批判することにより、自分なりに納得している、と言えよう。だが、執筆の直接の動機が「鬱鬱不得志」という点、単純に悟ったとは言い難く、『釈時論』の東野丈人の講釈での評語の列挙の執拗さ（（h））や非君子の生態の描写の辛辣さ（（i）・（j））などからも、少なくとも「観時以居」、時世を観察しているのであり（（a））、純粋な逸民、全くの世捨て人になったわけではないのである。その点では、冰氏之子の自適への決意表明は、『答客難』の古の処士を手本に生きるという主張、『達旨』『応間』『釈誨』の自然の摂理に支えられた「自得」の論理（［谷口一九九四］Ⅱb）を襲っているが、それのみが王沈自身の本心ではないのである。

いずれにせよ、隠逸をよしとする出処論である設論の形式を借り、出仕を断念し自適の生活を誓うという結びで終わっている『釈時論』であるが、その著者王沈の生涯を見る限り、むしろ「賢人失志」の文学といってよい。執筆当時の状況を蔡邕『釈誨』や魯褒『銭神論』と比較するならば、ともに隠者もしくは処士、あるいは中央官界とは縁のない地方の下級官吏という点では共通しており、その視座から当時の選挙を中心とする社会に批判の矢を放つのであるが、三者の立場は、その時代や境遇の差故に微妙に異なっている。蔡邕は自発的に中央からの招きを断って閑居しており、魯褒は完全に出世の道を断念して隠棲しているのに対して、王沈の場合は心ならずも出世することができず、その点では未練が残っているのであり、その三者の温度差が、ストレートに批判する

『釈誨』、完全に突き放した『銭神論』に対して、『釈時論』の場合、王沈の心に存したであろう相い反する気持ちを人格化した二人の人物が議論し、その中で、時世をとりあげるという形式を採ったのであろう。

そして、注目すべきは、西晋の『釈時論』『銭神論』の場合、ともに賓客役が、「冰氏之子」「綦毋先生」と［出・清］の位置に設定され、著者の王沈・魯褒に批判されている点である（『釈誨』の場合の「務世公子」は［出・濁］）。この点に関しては第五節にて論及したい。

では、出処論の形式でもって盛り込んだ内容である時世論、つまり東野丈人の講釈、それは王沈自身が身をもって受けた西晋当時の不当なハンディキャップに対する王沈の認識であるが、それを次節にて分析と考察を加えたい。

第四節　時世論としての『釈時論』

東野丈人の講釈であるⅡ（（d）～（k））のうち、時世論に相当するのは、厳密には、「今則不然」に続く「上聖下明」から始まり、「今以子孤寒」でもって再び冰氏之子との出処の是非をめぐる議論にもどるまでの（g）～（j）の部分であり、この「釈時」の部分はさらに、脚韻の転換でもって分けることができる[25]。下平声八庚と同九青の通押である（g）（h）「上聖下明、時隆道寧、……、斯皆寒素之死病、栄達之嘉名」と、上平声十一真、同十二文、同十三元、下平声一先の通押である（i）「凡茲流也、……、当局迷於所受、聴採惑於所聞」と、入声十三職の押韻である（j）「京邑翼翼、羣士千億、……、官無大小、問是誰力」、また内容の変化でもって分けるならば、（g）「門閥主義」の風靡、（h）品題による評語の列挙、（i）（j）猟官運動に奔走する俗物の生態、となる。

時世論の三つの内容の相互の関係は、『釈時論』のテキストに即して読む限り、（g）大下太平の結果、世襲が前面に出る「門閥社会」が出来し、（h）地位や名声を獲得するためには権勢家に追従せねばならず、ついには実態からは懸け離れた評語が出来し、（i）それを求める人士が、（j）運動に狂奔する、というように展開する。しかし、（h）と（i）（j）の間には因果関係を見出すことができるが、（g）と（h）の間には、文章は同じ脚韻を踏んでいるにもかかわらず、文脈上に断絶が存す。すなわち、「はじめに」で触れたように、「門閥主義」と猟官運動はそもそも相い容れることが可能で、両立することが可能であるか、「門閥化」が徹底するならば、猟官運動の餘地さえないのではないか、という疑問と繋がるのである。（g）の文章を素直に読む限り、「門閥主義」の話に違いなく、あるいは、前節で検証した結果、『釈時論』は『釈誨』を下敷きにしている可能性が高いことがわかったが、その『釈誨』の「抱膺し従容たるも、爵位自ずから従い、須を撚き髯を理めるも、餘官は貴きに委ぬ」「世臣・門子・暬御之族《せつぎょ》」と「外戚の門に卑俯し、近貴の誉れに助けを乞う」「貪者」「夸者」の並列に引き摺られて、そのまま踏襲したのが（g）と（i）（j）であるかもしれない[26]。また、現実の西晋の元康年間において、猟官運動の猖獗は言うまでもなく、たとえば「門資」などの「門閥主義」の要素をも確認することができるのも確かである。いずれにせよ、出処論、つまり選挙の枠内ではあるが、二つの問題が繋がっているのである。

『釈時論』に即し、この矛盾を解く一つの鍵は、西晉の太康年間（二八〇―八九年）に上疏された、九品中正制度による選挙に対する批判である、劉毅の「九品八損」の議に存す[27]。その第一損の後半に「或以貨賂自通、或以計協登進、附託者必達、守道者困悴。無報於身、必見割奪、有私於己、必得其欲。是以上品無寒門、下品無勢族」（賄賂でもって交際をかなえたり、はかりごとでもって昇進を果したり、追従し請託を行う人物はかならず栄達し、道義を守る人物は困苦に陥る。自分に付け届けをしなければ、かならず品を貶め抑えられ、自分の私党となれば、かならず望みをかなえることができる。それでもって「上品に寒門無く、下品に勢族無し」という）とあり、この上疏の場合には、猟官運動が「門閥主義」を惹起すると理解することができるのであり、「門閥主義」が猟官運動を惹起するという『釈時論』の文脈と対比するならば、因果の方向は逆であるが、「門閥主義」と猟官運動の両者が密接に繋がっている点では一致しており、その点では、『釈時論』の議論の因果関係は孤立してはいない。では、「門閥主義」と猟官運動の両立に対する疑問はどのように考えればよいのであろうか。実はその解答はすでに、唐長孺氏が「士族的形勢和升降」〔唐長孺一九八三a〕の中で提出されており、それによると、「上品に寒門無く、下品に勢族無し」の「勢族」は「世族」、門閥貴族ではなく、[28]「魏晋蟬連的政治地位」（魏晋時代にせみの鳴き声のように連なり続く政治上の地位）を保持していた権勢の家門である、と論ず。すなわち、魏晋の「勢族」は、東晋南朝に存在する典型的な門地二品、門閥貴族とは一線を画す、魏晋両王朝（魏・西晋）にわたって高位高官を出し、また魏晋禅譲革命時の五等〔開国〕爵の創設により爵位を得た、せいぜい三代続いた権門、権貴であり、『釈時論』の中では「勢」「形」（Ⅱ（h））、「権門」（（i））「勢門」（（j））、「熱勢」（Ⅲ（l））と、ただし門閥主義を述べた（g）には見られないが、表現されている。ということは、東野丈人が講釈した前半（g）は、【イ】「勢族」、権貴とその子弟、後半（i）（j）は、【ロ】権貴に追従する非君子、利己的人士の描写であり、この選挙を私物化した「熱」い濁流の二大構成要素は、たとえば、劉寔の『崇譲論』の「同才之人先用者、非勢家之子、則必為有勢者之所念也」（才幹が甲乙つけがたい人物の場合、優先的に登用されるのは、権勢の家柄の子弟でなければ、それはかならずや権勢を握る者が気に掛けている人物である）[29]の一節の【イ】「勢家之子」と【ロ】「有勢者之所念」と重なるのである。

そして、この【イ】【ロ】の両者が官界を排他的に独占している状況は、（k）にて丈人が断ずる、【い】「孤寒」、寒門出身者で、【ろ】「懐真抱素」、誠実・純朴で、俗に従うのをいさぎよしとしない「氷氏之子」は二重の意味で官途から排除され、入り込む餘地が全くないという、【イ】【ロ】と正反対の出身と性格の設定により確認することができるのであり、(g)の門閥から権貴への読み替えの妥当性の一傍証になるであろう。テキストに沿って言うならば、任官の要件としての、個人の才能もしくは家柄(門閥)という古今の対比の構図と、選挙の私物化における権貴に対するその子弟と追従者という私的な結合の構図が、前者の家柄(門閥)と後者の権貴とその子弟のところで、重なりあった結果ではないか。

以上の『釈時論』が示す、私物化による選挙の溷濁という時世は、『釈誨』の中で華顚胡老が論ずる後漢末の時世と同質である。つまり、後漢末から西晉にかけて、濁流の系譜が脈々と続いており、後漢・西晉両王朝の滅亡の素因となったのである。では、全くの繰り返しであろうか。二つの時代の状況に差異はないのであろうか。その解答が、Ⅱの(h)、すなわち、(g)の門閥主義と(i)(j)の猟官運動の描写の間に挾まれた一段である。「談名位者以諂媚附勢、挙高誉者因資而随形」、高名な地位や名声を望んで得る人物は【ロ】「媚び諂い」や【イ】「資」(門資、世資や官資)により「勢」「形」(権勢)に附随する、と言い、それに続けて、「至乃……」(現代中国語の「至於竟然」。そのためになんと、……に至っている)に導かれて、「空囂者以弘噌為雅量」以下、同じ言い回しとその変形が繰り返され、最後に「斯皆寒素之死病、栄達之嘉名」と受けて、締め括られる。この破調の、突出した感もある執拗なまでの繰り返され、それだけに王沈の止むに止まれぬ思いが籠っているように感ぜられる。この一段の前半は「【甲】者以【乙】為【丙】」の文型が八回繰り返しており、この文型中の可変の熟語【甲】【乙】【丙】のうち、たとえば冒頭の一節を例にとると、【甲】は「空囂」(むやみにやかましい)、【乙】は「弘噌」(声が大きい)、【丙】は「雅量」(度量が大きい)であり、【甲】と【乙】とはほぼ同義の類語であり、ともに凡庸な非君子のさまざまな悪い、マイナスイメージの性格を表わしており、それに対して、【丙】はそれとは反対に、善い、プラスイメージの評価を表わす評語である。ただし、表面的には【甲】【乙】に類似し、強いて連想することが

表10-3　「虚誉」の実と名

甲	乙	丙
空囂	弘噌	雅量
璅慧	浅利	鎗鎗
脢胎	無検	弘曠
僂垢	守意	堅貞
嘲哮	龘発	高亮
韞蠢	色厚	篤誠
痷婪	博納	通済
眂眂	難入	凝清
拉答		沈重
嗛閃		清剿
嗆啍		
闒茸		

可能である評語への読み替えであり、その点では、同じ西晋の裴頠の『崇有論』の中に見られる「是以立言藉於虚無、謂之玄妙、処官不親所司、謂之雅遠、奉身散其廉操、謂之曠達」（そこで一家言を吐くときに〔道家の〕無の哲学を借りれば、玄妙と言われ、官職に就いてその職務に身を入れなければ、雅遠と言われ、身の処し方として廉潔・節操を蔑ろにすれば、曠達と言われる）という、放誕な行為とそれに対する善い評語の関係と共通している。(30)「【甲】者以【乙】為【丙】」の基本文型に続いて、「【甲】者有（得）【丙】之誉（声）」の文型の対句が来る。この場合は、たとえば、前句「拉答者有沈重之誉」を例に取ると、【甲】は「拉答」（散漫でしまりがない）、【丙】は「沈重」（沈着で重々しい）であり、さきに検討した「【甲】者以【乙】為【丙】」の文型と比較するならば、【甲】はマイナスイメージの性格、【丙】はプラスイメージの評語という点では共通しているが、【甲】と【丙】とが正反対の内容であるという点では異なっている。そして、最後に【甲】のみの対句が来る。以上の三つの文型の【甲】【乙】【丙】の性格と評語の熟語をまとめたのが表10-3である。なお、【丙】の評語のうち、「雅量」「弘曠」「高亮」「篤誠」「通済」は『晋書』に伝を有する人物の評語として見える。おそらくは本来はその人物の「状」の中の用語であろう。(31)また、「雅量」は『世説新語』ではその篇名の一つに立てられており、「弘曠」もその賞誉篇に収められている阮渾の逸話の一節に「阮籍の子渾、器量は弘曠」と見える。【丙】の評語は実際に使われていたのである。

この【丙】の評語は、前出の対句では「誉」「声」、すなわち名誉、と表現されており、【甲】【乙】の性格とは、類似しておろうが、相反しておろうが、いずれにせよ、【丙】の「名」は【甲】【乙】の「実」からは乖離しているのである。このような実態から乖離した名誉、名声は、当時の議論の中では、たとえば、劉毅の「九品八損」の議では、「虚を獲て誉れを成す」（第一損）、「党誉は虚妄」（第五損）、「名誉を虚飾す」「虚名を隆む」（ともに第六損）、「徒らに白論と結び、以って虚誉を為す」（第七損）とあり、劉寔の『崇譲論』に「浮声虚論」、張載の『権論』に「朋党を結び、虚誉を聚め、以って俗を駆る」とあり[32]、「虚」の字と結びついている用語・措辞が頻出しており、このことから、この『釈時論』中の【丙】も、「虚」と結び付いた「誉」「声」、すなわち「虚誉」「虚声」であることがわかる[33]。この「虚誉」を中心として、『釈時論』中の時世論の構図をまとめるならば、この「虚誉」を獲得するための条件が「熱勢」であり、【イ】権勢に連なる子弟、もしくは【ロ】それに追従する人士であり、これこそがこの時世論の基本的な構図であり、【イ】【ロ】それぞれは（g）の「門閥主義」の風靡と（i）（j）の猟官運動に邁進する人士の生態として、（h）「虚誉」の列挙の前後に振り分け、描き分けられており、（h）の締め括りでもって「虚誉」が【イ】【ロ】を合わせた「栄達」の「嘉名」と、逆に【い】【ろ】の「寒素」の「死病」と断じたのである。

そして、「虚誉」の列挙は、同じ（h）の「談名位者以諂媚附勢、挙高誉者因資而随形」に続き、（i）（j）の猟官運動に狂奔する人士の生態に繋がるのであるから、すなわち、より直接的には【ロ】の権勢に追従する人士と結び付いており、この結合こそが王沈が最も指弾したかったことであることを示している。

では、架空の登場人物である「東野丈人」と「冰氏之子」が議論した出処論の中で「丈人」が講釈した時世論という形式で描写された時世、それは選挙の溷濁の実態であったが、著者の王沈が目のあたりにしていた西晋王朝下の、とりわけ元康年間の現実そのものであろうか。つまり、銭鍾書氏の言を借りるならば「怒罵」というように、主観・感情が勝っている可能性を排除することができない点であり、主観が客観的事実を曇らせて、表現にバイアスがかかっているか否か、検証する必要がある。確かに、（g）では古今の対照を際立たせるあまりに類型的であるきらいが、また、（i）（j）では風刺の効果を狙う戯画的な描写に誇張の恐れが感ぜられるのであるが、少なくとも同時代の証言、しかも、閉塞された被害者の立場からのそれであり、『晋書』恵帝紀において『銭神論』とともに当時の風潮を批判した議論として挙げられており、『晋書』文苑伝の王沈の伝は『釈時論』を載せるために立てられたといっても過言ではない点などから推測するに、おそらくは、発表された当時、評判となり、共感をもって迎えられ、とりわけ心ある寒門・寒人層には自分たちの代弁として受け容れられたのであろう。[34]以上のことを勘案して、『釈時論』が論ずる時世は同時代の現実を写していると判断して大過はないであろう。その上で、時世論の中核にある「虚誉」を軸に、西晋の元康年間を中心とする魏晋時代の選挙の溷濁の実態を考察したい。

第五節　『釈時論』の世界——選挙の溷濁——

前節で論じたように、『釈時論』が最も強調するのは「虚誉」である。すなわち、王沈の認識では「虚誉」こそが選挙の溷濁の根源なのである。そのことは、第一に当時の選挙の根幹に名声、名誉、つまり人物評価が存すること、第二にその人物評価が「虚誉」化していることを示している。では、魏晋時代の段階にて、どのようにして名声、名誉、中でも「虚誉」を馳せたのであろうか。選挙における「虚誉」獲得の具体相は、宮崎市定氏が『九品官人法の研究』［宮崎一九五六］の中で喝破した。上流階級は清談と奢侈により、下層階級は賄賂による、と。[35]

以下、元康年間を中心に、私見を交えつつ敷衍したい。まず、清談の場合、元康年間を通じて「竹林の七賢」の一人王戎が健在であり、吏部人事に影響力を保持しており、「三語の掾」のエピソードのように、「虚名」により抜擢したという。魏晉交代期から「竹林の七賢」が清談をリードしていたが、清談の端緒は曹魏の正始年間の「正始の音」に遡り、たとえば、その主役の一人夏侯玄は傅嘏に「能く虚誉に合す」と評されている。「正始の音」や「竹林の七賢」はともにしばしば「浮華」のレッテルが貼られ、攻撃されたが、その素因は清談の根である清議が生まれた郷里からの離脱に求められよう。つぎに、奢侈の場合、その典型は武帝期の石崇と王愷の贅沢競争であり、私の考えでは、「豪」の評価を獲得するためのマッチレースであり、本来は郷里での賑恤・散施に対する評価であった「豪」が、都洛陽を舞台にした贅沢競争により代表される散財に対する評価へと本末顚倒して矮小化し、「虚誉」化したのである。[36] 最後に、賄賂の場合、遡って太康年間において、武帝の下問に答えて、劉毅が「私門」による事実上の売官を、後漢の桓帝・霊帝の売官を引き合いに出し、痛烈に批判しており、さらに呉平定以前に、西晉一代を通じて最大の疑獄事件が起こっていた。鬲県の県令袁毅が中央官僚の多方面へ賄賂攻勢をかけ、その見返りとして「虚誉」を求めたのである。このように賄賂は西晉を通じて見られるが、拝金主義が主題である『銭神論』は、賄賂が清談を圧倒してゆく状況を窺わせる。[37] 清談という「搦め手の」手段を利用するのではなく、露骨で直接的な賄賂攻勢が、下層のみならず、官界全体を覆っていったのである。この状況こそが、「はじめに」の冒頭でも引用した『晉書』恵帝紀によると、元康年間において、賄賂による請託が公然と横行するありさまは、賄賂と「虚誉」の交換を外国との交易である「互市」に譬えられており、『釈時論』に反映され、その中で「冰氏之子」は選挙の場から排除されていたのである。そして、第三節の最後に論じた［出・清］の賓客役が批判されているという『釈時論』『銭神論』の設定は、清議が清談に、さらにはその清談さえもが賄賂に圧倒されてゆく状況が想定されるのであり、以上の現実が投影していたのである。

「虚誉」の出現の画期は、言うまでもなく、曹魏成立直前における九品中正制度の創設である。以来、この官吏登用制度を中心とする広義の選挙の場において、その根幹をなす人物評価の結果である評語、それはすでに触れたように、「状」に書き込まれたのであろうが、その評語が制度的な裏付けをもったのである。しかし、早くも曹魏代には、人物評価の前提として、人才の見極めに関する劉劭の『人物志』が著され、また、「才」（才幹）と「性」（徳性）の関係についての議論が起こったことからわかるように[38]、そもそも人物を評価すること自体に根本的な困難さが存し、それ故に、当初から人物評価に恣意や愛憎が入り込む餘地があり、その結果、人物評価の郷里との断絶とも相い俟って、「名」と「実」が乖離した「虚誉」が出現したのである。そして、その「虚誉」の獲得をめざし、あるいは元康年間の賈謐の「二十四友」など、権貴に追従する現象が生じたのである[39]。

『釈時論』が指弾する、三世紀後半、西晉の元康年間の選挙の溷濁と、蔡邕の『釈誨』が批判する、二世紀後半、後漢の「桓・霊」の時期のそれとは、権貴とそれに結び付いた私党による選挙の私物化という点では、同質である。が、『釈時論』が強調する「虚誉」の有無という点では、少しく異なっている。「虚誉」自体は「桓・霊」の時期にも存するのであるが、九品中正制度、とくにその「状」と結び付いている元康年間のそれとは重みが異なるのである。しかも、「桓・霊」の時期に選挙を私物化した「濁流」勢力に対して批判の矢を放った清流運動の武器であった清議こそが九品中正制度の母胎であったにもかかわらず、元康年間の段階では、あろうことか、再燃した選挙の私物化の手段、「虚誉」に化してしまっているのである。元康年間の選挙の溷濁を身をもって体験した王沈の心中を想像するに、その憤懣の対象は単純ではなく、選挙の私物化による溷濁と「虚誉」という二重性があり、この二重性こそ『釈時論』の構成に反映しているのではないか。

以上、西晉の元康年間の「虚誉」を中心とする選挙の溷濁を見てきたが、むろんのこと、「濁流」一色であったわけではなく、「清流」に相当する、この溷濁に対する批判勢力が厳然と存在していた。その代表が、摘発や弾劾をその任としていた歴代の司隷校尉、傅玄・劉毅・傅咸らである。だが、「清」「濁」両者のせめぎあいこそが八王の乱となり（第五章参照）、後漢の党錮の禁と同様に、結果として、王朝自体を弱体化し、滅亡を招来することになるのである。一方、選挙の溷濁という政治課題は、西晉以後、どのように展開していったであろうか。「熱」い溷濁の沈静化は、清濁の分離を選択する。その結果が、門閥化であり、東晉南朝の門地二品、門閥貴族が成立、存続する。そして、王沈が望んだであろう賢才主義は、歴史的には、この門閥主義が行き詰まった後を受けて、おもに北朝において展開し、科挙の創設として結実、近世社会の幕開けに繋がってゆくのである。

おわりに

本章では、西晉の元康年間に王沈が著した『釈時論』の分析を踏まえ、当時の選挙の溷濁を考察した。以下、簡単にまとめたい。『釈時論』は外形は出処論であり、その中に時世論が内包されている。文学史的には「設論」の系統に連なり、とりわけ『釈誨』の影響が大きかった。時世論の内容は、「門閥主義」の風靡の議論、「虚誉」の列挙、猟官運動に狂奔する俗物の生態の描写、の三つの部分に分けることができ、この時世論から、〔門閥を読み替えた〕権勢、権貴を中心に、その子弟（「挾炭之子」）とその追従者（「趣勢之士」）、その一類型が名誉、名声を排他的に独占することにより、「虚誉」が生まれるに至り、その対極に位置する「冰氏之子」のような「寒素」が選挙の場から二重の意味で排除される、という図式が浮かび上がる。そして、「虚誉」と結び付くのは、より直接的には権勢に追従する人士であり、権勢と追従者の賄賂と「虚誉」の交換こそが『釈時論』『銭神論』の主題であり、「互市」になぞらえられたのであり、当時の選挙の溷濁の焦点であった。

今後、同じ「疾時之作」で、『釈時論』の姉妹編ともいうべき『銭神論』、在野からの批判に対して、朝廷での批判である、劉毅の「九品八損」の議に代表される九品中正制度に対する批判の分析を通して、西晉の風潮、とくに選挙の溷濁の実態について、さらに明らかにしてゆきたい。

注

（1）邦訳は第九章「はじめに」（二九六頁）にある。『資治通鑑』は、改変節略した記事を、巻八十三、晉紀、恵帝の元康九年（二九九）の条に繋ぐ。

（2）『晉書』によると、恵帝の治世の「疾時之作」として『釈時論』の他に、魯褒『銭神論』・杜嵩（崧）『任子春秋』・蔡洪『孤奮論』などがあったが、『任子春秋』と『孤奮論』は現存しない。『銭神論』に関しては第九章にて論じた。拙稿「『銭神論』の世界」（『唐代史研究会報』第五号、一九九二年、所収の一九九一年夏期シンポジウム報告要旨）、福井佳夫『六朝の遊戯文学』〔福井二〇〇七〕の第七章「魯褒『銭神論』論」（初出は「西晉の遊戯文学（上）」『中京大学文学部紀要』第三十九巻第三号、二〇〇五年）など参照。『任子春秋』に関しては、『晉書』巻九十一、儒林伝、杜夷の条、「兄崧、字行高、亦有志節。恵帝時、俗多浮偽、著任子春秋以刺之」。鄭樵『通志』巻十上、晉紀上、恵帝は『任子春秋』を『壬子春秋』に作り、顧炎武『日知録』巻二十、「古人不以甲子名歳」は、その「壬子」を元康二年（二九二）にあてる。周済『晉略』参照。また、王鳴盛は『杜子春秋』が正しいとする（『十七史商榷』巻五十一、晉書九、「杜崧」、「……。崧、恵帝紀作嵩。任子当作杜子」）。秦栄光『補晉書藝文志』（『二十五史補編』第三冊所収）巻三、子部、雑家類、「任子春秋一巻、杜嵩撰」は『壬子春秋』説を「正与疾時之意合」と賛同し、『杜子春秋』説を「望文生義、絶無証拠者也」と全面否定するのに対して、周一良『魏晉南北朝史札記』〔周一良一九八五〕、《晉書》札記、「任子春秋与皮裏春秋」は『壬子春秋』説を否定し、『杜子春秋』説についても判断を留保する。『孤奮論』に関しては、『晉書』巻九十二、文苑伝、王沈の条に「元康初、松滋令呉郡蔡洪、字叔開、有才名、作孤奮論、与釈時意同、読之者莫不歎息焉」とある。

（3） 銭鍾書『管錐編』［銭鍾書一九七九］第三冊、「全上古三代秦漢三国六朝文」第一三三則に、「王沉《釈時論》。按即《答客難》・《賓戯》・《解嘲》之属、而変嘻笑為怒罵、殆亦随時消息也。譏訶世俗処、可与干宝《晉紀総論》・劉峻《広絶交論》・盧思道《労生論》映発。「徳無厚而自貴、位未高而自尊、眼罔嚮而遠視、鼻鬖鼿而刺天」、刻劃倨傲之態、与李康《運命論》刻劃便佞之態、妙筆堪偶。……」とある。熊礼匯『先唐散文藝術論』［熊礼匯一九九九］は、西晉の散文を、「玄理論文」「儒家論体散文」「書・箋之作」「章表」「詩・賦序」に分類し、そのうち「儒家論体散文」を「対問体雑文」「直陳体論文」に分けるが、『釈時論』は、皇甫謐『釈勧論』・夏侯湛『抵疑』・張敏『頭責子羽文』・束晳『玄居釈』・魯褒『銭神論』とともに「対問体雑文」（「雑文」は劉勰『文心雕龍』雑文篇の語。「対問体」の論文で、多くは「譏呵世俗、抒憤言志之作」）。宋玉「対楚王問」に始まり、漢代の儒家思想にもとづく「雑文」と対比するならば、新たな傾向として、玄学の影響、「逞才揚徳」の手法のますますの巧妙化、「譏世呵俗」の「火気」のますますの拡大、行文形式のますますの賦体化、諧謔成分のますますの重さ、の五点が挙げられているが、『釈時論』はとくに玄学の影響と「譏世呵俗」の「火気」のますますの拡大の二傾向の代表的・典型的な例として挙げられている。前者は儒・道思想を兼用することにより「抒憤之詞」を作ったと。後者は古今の対比を通して、当今を鞭撻するのであり、『釈時論』はさらに、餘すところなく暴露し、休むことなく嘲罵するのであり、世族の仕途に対する壟断や寒素の士に対する抑圧など、かずかずの「悪迹」や「醜態」をすべて表わしている。門に走り官を求める細部を写し取るのは、描叙はさながら絵のようであり、その文を読むと、作者の語語に憤怒が含まれその怒りにたえないのが感ぜられる（おもに、第三節「西晉儒学論体散文的藝術特色」、一「対問体雑文的藝術特点」）。また、福井佳夫氏は、遊戯文学という観点から分析しており、『釈時論』は『銭神論』とともに、西晉の「諷刺ふう遊戯文学」（「嘲笑ふう遊戯文学」「社交ふう遊戯文学」に対して）に含められており、門地の高下により立身が決まる不公平さへの憤懣という、その主題の展開のしかたが、『銭神論』と比較するならば、ストレートすぎるきらいがあり、世俗批判のトーンは高くなっている一方、「諷刺ふう遊戯文学」と称するには、ややユーモアの「糖衣」が不足している、と論ず（［福井二〇〇七］第八章「諷刺ふう遊戯文学の輩出」二「立身不遇と諷刺」）。

（4） 谷口洋「「客難」をめぐって」［谷口一九九一］、「揚雄の「解嘲」をめぐって」［谷口一九九二］、「後漢における「設論」の変質と解体」［谷口一九九四］。佐竹保子「「設論」ジャンルの展開と衰退 ――漢代から東晉までの人生観管見――」［佐竹一九九四ａ]、「皇甫謐の「釈勧論」について」[佐竹一九九四ｂ]、「西晋の出処論」[佐竹一九九五]、「郭璞「客傲」訳注およびその位置付け」[佐竹二〇〇三]。対象とする時代は、谷口氏が漢代、佐竹氏はおもに晋代である。

（5）『魏晋南北朝通史』[岡崎一九三二]、外編、「魏晋の文明」の「魏西晋政術の転移（其三）」の冒頭（四八六―四八九頁）。さらに、その大意として「今の世は上に聖王ありて政治が下に明かで」以下、「官は大小となくすべて誰某の御蔭と云ふ。云々」までを引用し、「皮肉と嘲笑とが横溢して居る」とコメントし、「公門に公あり、卿門に卿あり」ということばと劉毅の上奏文中の「上品無寒門、下品無勢族」の類似を指摘する。また、「魏西晋政術の転移（其二）」の末尾（四八六頁）でも、「晋代士を取るの乱雑」の例として、「空囂者。以泓噌為雅量」以下を引用する。『九品官人法の研究』[宮崎一九五六]第二編「本論」、第二章「魏晋の九品官人法」、十三「九品官人法の貴族化」（全集版では一五五頁）。「京邑は宏大にして群士千億あり」以下、「疏賓なれば門側に徘徊するのみ」までを引用する。

（6）[谷霽光一九三六]。呂思勉『両晋南北朝史』[呂思勉一九四八]にも言及がある。

（7）なお、『晋書』には、同姓同名の別人の王沈の伝がある（巻三十九）。この王沈（字は処道）は、名門の太原王氏出身で、佐命の勲臣の一人であったが、泰始二年（二六六）に歿す。『隋書経籍志』に『魏書』（史部、正史）と『晋王沈集』（集部、別集）が著録されている。その子王浚は永嘉の乱時の河北の軍閥。守屋美都雄『六朝門閥の一研究――太原王氏系譜考――』[守屋一九五一]参照。

（8）『漢書』巻二十八、地理志上、『続漢書』郡国志三、『晋書』巻十四、地理志上、兗州、『読史方輿紀要』巻二、歴代州域形勢二、両漢・三国、兗州刺史部、山陽郡、同巻三、歴代州域形勢三、晋・十六国、兗州、高平国、同巻三十二、山東、兗州府、金郷県、昌邑城。

（9）矢野主税編著『改訂魏晋百官世系表』[矢野一九七一]、譚其驤主編『中国歴史地図集』[譚其驤一九九一]第三冊、三国・西晋時期、李曉傑『東漢政区地理』[李曉傑一九九九]参照。

（10）『後漢書』列伝巻四十六、王龔伝、および同伝附王暢伝、同列伝巻五十七、党錮伝、『三国志』巻二十一、魏書、王粲伝、同巻二十八、魏書、鍾会伝および裴注など。[矢野一九七一]参照。

（11）『晋書』巻九十、良吏伝、王宏の条。[矢野一九七一]では、王沈は王氏（高平人）の項に参考として掲載されている。

（12）厳可均輯『全上古三代秦漢三国六朝文』では、「全晋文」巻八十九に収録されている。『釈時論』は、他には『太平御覧』

に断章が一条存するのみである。巻八七一、火部、炭、「王況釈時論曰、融融者皆趍熱之士、得鑪冶之門者唯挾炭之子」。「王況」の「況」の字は「沈」の俗字「沉」の字を誤写したのであろう。『晉書』所収の『釈時論』の該当部分とつきあわせるならば、「趍」(「趨」の俗字)が「趣」、「得」が「其得」、「鑪」が「爐」、「唯」が「惟」、と異同があるが、大意までは変らない。

(13) 日本語訳を含め、『釈時論』の原文とその校勘・押韻、訓読による読み下し文、注釈に関しては[福原二〇〇〇]を参照。

(14) 『論語』微子篇、「長沮・桀溺耦而耕、孔子過之、使子路問津焉。……」。同じく微子篇に「子路従而後、遇丈人以杖荷。……」「逸民、……。謂虞仲・夷逸、隠居放言、……」と、「丈人」「隠居」の語も見えることから、おそらくは王沈は執筆に際して、隠逸に関する言及が多い微子篇全般を意識し、念頭に置いていたのであろう。

(15) 東野丈人の講釈の冒頭(Ⅱ(d))に、「嗚呼、子聞得之若是、不知時之在彼。吾将釈子」とあり、タイトルの「釈時」はここに由来するのであろう。

(16) 「はじめに」、および注(4)参照。谷口洋氏は、「設論」の源流として戦国諸子の説得術や民間の語り物を、方向づけたものとして賦の要素や「賢人失志」の独白の文学を指摘する。佐竹保子氏は、「設論」の特性として、主客対峙の設定と両者の問答という構成、主人公の人生観の披瀝、脚韻を踏む韻文、技巧性と遊戯性、「設論」を示す題名などを挙げる。

(17) 『文選』巻三十四・巻三十五の「七」、巻四十五の「設論」、『文心雕龍』雑文篇、費振剛・胡双宝・宗明華輯校『全漢賦』[費振剛他一九九三]を参照。

(18) 注(3)参照。

(19) 古今の転節において、設論の劈頭を飾る『答客難』と同じ措辞である「今則不然」(現在はそうではない)を用いている。ただし、この措辞は漢代の文章に頻出し、同じく東方朔の「非有先生論」(『文選』巻五十一、論)にも見え、遡るならば、戦国の『孟子』梁恵王下にすでに類語の「今也不然」が見える。漢代の「設論」でも、『答客難』の「蘇秦張儀之時」、『解嘲』の「上世」(戦国)、『賓戯』の「蘇張范蔡之時」と、古の乱世として游説の士が活躍した戦国を意識している(『釈時論』では「縦横之世」)。

(20) 『釈誨』(『後漢書』列伝巻五十下、蔡邕伝所収)は、蔡邕の本伝によると、後漢の桓帝の治世(一四六―一六七年)の宦官の「五侯」が擅恣していた時期に執筆された。その梗概は以下の通り。「務世公子」が「聖上は寛明、輔弼は賢知」の「方今」、出仕を促したのに対して、「華顚胡老」はまず、伏犠以来の「昔」の君臣の推移を説き、戦国になってそれが土崩し、智者・辯者・武夫・戦士が活躍し、「聖哲」は身を潜めたが、「今」、「大漢」が陶唐を継いで太平を招来し、君臣も穆穆と和らいでいる。そして、「世臣・門子・暬御之族」はじっとしていても爵位がついてきて、「粲乎として煌煌、華栄に非ざる莫し」。「貪夫は財に殉い、夸者は権に死に」、「外戚の門に卑俯し、近貴の誉れに助けを乞」うも、結局は連坐・滅家の罪誅を受ける。昔の先人は自分の能力を発揮して活躍したが、僕はこのような人とは交わることができないので、璞を抱いて優遊としているのだ、と。それを聞いた公子は恥じ入って退散し、胡老は晴れやかに琴を引き寄せて歌い出す。［谷口一九九四］Ⅲb参照。

(21)　川勝義雄『六朝貴族制社会の研究』［川勝一九八二］の第Ⅰ部「貴族制社会の形成」所収の諸論考、とくに「漢末のレジスタンス運動」［川勝一九六七］に拠る。

(22)　『銭神論』に関しての論考などに関しては注（2）参照。その梗概は以下の通り。「司空公子」が「綦毋先生」に話し掛けたことをきっかけに、高貴な方の屋敷を訪ねる際の「幣帛」（贈り物）として何を持参すべきか、についての議論の応酬があり、先生が清談の場における機神（エスプリ）と言ったのに対して、公子は今の時代は「筐篚」に容れた幣帛、ありていに言えば、銭であると主張し、以下、滔々と銭の万能性を説く。「無翼而飛、無足而走、解厳毅之顔、開難発之口」「京邑衣冠、疲労講肄、厭聞清談、対之睡寐、見我家兄、莫不驚視」など諧謔に富んでおり、『論語』顔淵篇の「死生有命、富貴在天」を「死生無命、富貴在銭」ともじるなど、その偉大な点を天と比較しており、今の時代の完璧な人間とは、ただ「孔方」さえあればよい、とまで言う。一方で「神宝」「神物」と崇められるかと思えば、また一方で「我家兄」と親しまれ、「孔方」という字までつけられている、という。最後に、この銭万能、拝金主義の世の処世術として、とりわけ仕官の場合、賄賂が必須である、と結論づける。

(23)　蔡邕は後年出仕し、司空の董卓の辟召を経て左中郎将に至っているが、『釈誨』執筆当時は処士であった。注（20）参照。

(24)　Ⅱの（h）の末尾にも「寒素之死病、栄達之嘉名」とあり、この場合は「栄達」の対語である。寒素に関して、『晉書』巻三、武帝紀、太康九年正月壬申の条に「詔曰、……。今内外羣官挙清能、抜寒素」、同巻四十六、李重伝に「時燕国中正劉沈挙霍原為寒素、……。司徒左長史荀組以為、寒素者、当謂門寒身素、無世祚之資、……」、葛洪『抱朴子』外篇、審挙に「故時人語曰、挙秀才、不知書、察孝廉、父別居、寒素清白、濁如泥、高第良将、怯如雞」とある。西晉で新設された制科の一科目名でもあった。［宮崎一九五六］の全集版では一二五頁。

(25) 于安瀾『漢魏六朝韻譜』〔于安瀾一九八九〕、〔福原二〇〇〇〕の〔押韻〕参照。
(26) 注（20）参照。
(27) 『晉書』巻四十五、本伝、および『羣書治要』巻三十、晉書下、伝、劉毅、所収。ともに節録で、たがいに出入りがある。〔宮崎一九五六〕の「九品官人法に対する批難」にこの上疏全般の要点が紹介されている（全集版の一四一―一四七頁）。
(28) 『文献通考』巻二十八、選挙考、挙士では「如劉毅所謂上品無寒門、下品無世族」とあり、「世族」につくる。ちなみに、現代中国語の普通話では、「勢族」「世族」、さらに中国の六朝史研究でよく用いられる「士族」も、発音・声調ともに同じである。
(29) 『晉書』巻四十一、本伝。
(30) 『晉書』巻三十五、裴秀伝、附裴頠伝。「崇有論」の内容については、堀池信夫『漢魏思想史研究』〔堀池一九八八〕の「裴頠の崇有思想」を参照。同じような措辞は葛洪『抱朴子』外篇、巻三十三、「漢過」に「於是傲兀不検、丸転萍流者、謂之弘偉大量。苛碎峭嶮、懐螫挾毒者、謂之公方正直。……」とあり、岡崎文夫氏は漢末の過悪ではなく、西晉時代のありさまを顕わしたものと解している（『魏晉南北朝通史』四八五―八六頁）。
(31) 森野繁夫編『六朝評語集（晉書）』〔森野一九八二〕を参照。「雅量」、裴秀「雅量弘博、思心通遠」（『晉書』巻三十五、本伝。武帝の詔。以下、『晉書』を省略）、賈充「雅量弘高、達見明遠」（巻四十、本伝。武帝の詔）、崔讃「以雅量見称」（巻四十五、崔洪伝）、郭奕「山濤称其高簡有雅量」（巻四十五、本伝）など。「弘曠」、張華「器識弘曠」（巻三十六、本伝）。「高亮」、何曾「明朗高亮、執心弘毅」（巻三十三、本伝。武帝の詔）、「高亮厳粛」（巻五十、秦秀伝）、李憙「執節高亮、在公正色」（巻三十四、羊祜伝。羊祜の上表）、李胤「忠允高亮、有匪躬之節」（巻四十四、本伝。武帝の詔）など。「篤誠」、斉王攸「明徳清暢、忠允篤誠」（巻三十八、本伝。武帝の詔）、荀顗「明允篤誠、思心通遠」（巻三十九、本伝。武帝の詔）、淮南王允「忠孝篤誠、憂国忘身」（巻六十四、本伝。斉王冏の上表）など。「通済」、郭訥「風度簡曠、器識朗抜、通済敏悟、才足幹事」（巻六十四、賀循伝。陸機の推薦の評語）。「状」に関しては矢野主税「状の研究」〔矢野一九六七〕参照。
(32) 劉寔の『崇譲論』に関しては注（29）参照。張載の『権論』は『晉書』巻五十五、本伝所収。
(33) この「虚誉」「虚名」とその類語の初出を求めるならば、すでに戦国時代の諸子の議論において、名実の概念と関連して、見出すことができるのであり、続く秦漢時代の論著にも見られる。「虚声」の例として、『韓非子』「六反」に「布衣循私利而誉之、世主聴虚声而礼之、礼之所在、利必加焉」、『後漢書』列伝巻五十一、黄瓊伝に「是故俗論皆言、処士純盗虚声」、「虚誉」の例として、『管子』「明法解」に「故羣臣以虚誉進其党」、『漢書』巻五十八、公孫弘伝に「与内富厚而外為詭服、以釣虚誉者殊科」、『後漢書』巻二、明帝紀に「自今若過称虚誉、尚書皆宜抑而不省」、「虚名」の例として、『史記』巻七十六、平原君伝に「且虞卿操其両権、事成、操右券以責、事不成、以虚名徳君、君必勿聴也」、徐幹『中論』「亡国」に「〔王〕莽之為人也、徒張設虚名以夸海内」、『後漢書』列伝巻七十三、逸民伝、周党に「而敢私窃虚名、誇上求高、皆大不敬」とあり、他に「虚称」の例として、『顔氏家訓』名実篇に「窃名者、厚貌深姦、干浮華之虚称、非所以得名也」とある。なお、応劭『風俗通〔義〕』過誉篇、葛洪『抱朴子』外篇、「名実」、顔之推『顔氏家訓』名実篇など参照。

(34)『釈時論』と並称された蔡洪の『孤奮論』は「之を読む者、歎息せざる莫し焉」という反響があった。『釈時論』も同様の反響があったと想像される。注（2）参照。

(35)〔宮崎一九五六〕第二編第二章、十三「九品官人法の貴族化」の一五二―一五五頁（全集版）。

(36) 第八章参照。

(37) 注（22）参照。

(38)『人物志』に関しては、岡村繁「人物志の流伝について」〔岡村一九五二〕、多田狷介「『人物志』訳稿」（上）（下）〔多田一九七九〕〔多田一九八〇〕など参照。「才」「性」に関しては、『世説新語』文学篇の「鍾会撰四本論始畢、……」の劉孝標所引の『魏志』に「会論才性同異、伝於世。四本者、言才性同、才性異、才性合、才性離也。尚書傅嘏論同、中書令李豊論異、侍郎鍾会論合、屯騎校尉王広論離。文多不載」。陳寅恪「書世説新語文学類鍾会撰四本論始畢後」〔陳寅恪一九五六〕参照。

(39) 郭璞『客傲』は出処同帰論であるが、隠逸による「有名」をも否定するのであり、西晉における「虚誉」が背景にあったと思われる。〔佐竹二〇〇三〕参照。賈謐の「二十四友」については第七章参照。

第十一章　西晉の墓誌の意義

第一節　墓誌の起源に関する議論

中国では死者の記録を石に刻む墓誌が発達した。同じ死者の記録の刻石であっても墳墓のある塋域内の地上の墓前・墓道（参道）に立てられたのがそれぞれ墓碑・神道碑であるのに対して、墓誌とは地下の墓室内の柩の前かもしくは羨道（甬道）に安置された刻石を指す。また同じ墓室内の刻文でも直接的には被葬者に関する記録ではない買地券・鎮墓文などとは区別される。[1] この墓誌が定型化したのをとくに墓誌銘とよぶが、[2] その完成は北魏の孝文帝の洛陽遷都の頃、すなわち五世紀末のことである。[3] ひるがえってこの墓誌の起源、より厳密に言うならば北魏で完成した墓誌銘の直接のルーツがどの時代の如何なる刻石にまで遡り得るかについてはいまだ定論がない。墓誌の起源が確定し得ない要因の一つは、墓誌の定義の暧昧さに求められる。たとえばその書式の方面に限っても、羅宗真氏のことばを借りるならば、墓誌の定義を、（イ）「わずかに死者の姓名・籍貫・年齢・身分と生卒年月および埋葬時期と地点を記載したもの、あるいはさらにもうすこし簡略にしたもの」とし、すなわち多くの墓甎の類をも含めて墓誌とみなすのか、もしくは（ロ）それに「生平の事略」と「頌詞の銘文」を加えてふくらませたものとし、すなわち墓誌銘に近い書式をもつもののみに墓誌を限定するのか、と書式上の墓誌の定義には二説あり、それにともないその間で墓誌か否かの問題が生ずるのであり、論者により認識が異なるからである。(4) このように現段階では墓誌の定義には幅があることを念頭におき、現在に至るまでの墓誌の起源に関する議論を整理したい。

かつて北魏以前の墓誌の原石もしくは拓本がほとんどなく、文献史料のみにもとづき墓誌の起源を論じなければならなかった清末までの段階では二つの立場があった。一つは文献史料に見える墓誌の起源に関する議論の記事による立場であり、もう一つは文献史料に残る、つまり伝承の墓誌の誌文の存在に重きをおく立場である。前者は『文選』巻五十九、墓誌の李善注所引の王倹の議論、「石誌不出礼典、起宋元嘉顔延之為王琳（王球）石誌」を根拠として、墓誌の起源を南朝宋の元嘉年間（四二四―五三年）におくのであり、(5) たとえば趙翼の『陔餘叢考』巻三十二「墓誌銘」に見られる。(6) それに対して後者は『藝文類聚』などの文献史料に残されている墓誌の文章の存在に注目するが、その中でも最も古い誌文、『西京雑記』巻三に見える杜鄴（杜子夏）と『博物志』巻八の醇儒王史威長の墓誌(7)の存在を根拠に前漢にまで墓誌の起源を遡らせるのであり、その代表は黄本驥の『古誌石華』で、その自叙に「墓誌実濫觴於両漢、浸淫於六朝、而波靡於唐宋、不自劉宋始也」と論じ、南朝宋起源説を否定する。(8) 以上のように、両者は文献史料にもとづく点では共通するが、重視する史料と根拠の相違により、墓誌の起源の時期に関しては、前者の南朝宋と後者の漢代とに意見が二分されてきた。(9)

ところが清末以来、とくに民国成立以降、墳墓の発掘が本格化するにつれて墓室中より墓誌が続々と発見されるようになり、一転して出土史料である墓誌の実物にもとづき墓誌の起源が改めて論ぜられるようになった。(10) その結果、墓誌の起源の可能性としては、二つの系列が浮かび上がってきた。一つの系列は、おもに後漢時代から登場する墳墓の墓室内に刻まれていた被葬者に関する記録であり、『墓記』「封記」「画像石題字」「石槨題字」「墓甎」などがそれに属し、三国時代に入り「神座」が加わる（――［A］）。もう一つの系列は、後漢時代に流行した墓碑・墓闕（神道闕）が後漢末から魏晉にかけて何度か出された立碑の禁止によりすたれるが、それに代わって西晉において出現する墓室内の小型の碑形をもつ墓誌である（「墓誌碑」ともよばれる。――［B］）。この西晉の墓誌が出現するきっかけとなった立碑の禁は厚葬の禁止の一環であり、『宋書』巻十五、礼志二によれば、後漢献帝の建安十年（二〇五）と西晉武帝の咸寧四年（二七八）の都合二回禁令が出されており、また王倹の「表徳論」では「祇畏王典、不得為銘、乃撰録行事、就刊於墓之陰云爾」（曹魏、甘露二年（二五七））と、当時墓誌が墓碑の代替として登場したと論じている。[11]二つの系列［A］［B］とも先程の文献史料にもとづく起源説の中で南朝宋説よりも遡るのであるが、それでは両系列のうち、いずれが後世の墓誌の直接の起源であろうか。日本における墓誌の起源に関する代表的な論考三篇を中心に検討したい。その論考とは水野清一氏の「墓誌について」［水野一九五八b］、中田勇次郎氏の「中国の墓誌」［中田一九七五］と日比野丈夫氏の「墓誌の起源について」［日比野一九七七］の三篇である。

まず水野清一氏は［A］［B］両系列とも墓誌として認める。ただし後漢時代には地上の墓碑・墓闕が流行していたのに対して、墓室内の墓誌はさかんではなく、立碑の禁止により、一、小型の碑形、および二、その矮小化した板状の、すなわち［B］の系列の墓誌が、三、［A］の系列の墓誌とともにさかんになる、と論ず。［A］［B］の両系列ともに墓誌と認める立場は羅宗真氏の「略論江蘇地区出土六朝墓誌」［羅宗真一九八〇］、劉鳳君氏の「南北朝石刻墓誌形制探源」［劉鳳君一九八八］の主張、また趙万里氏の『漢魏南北朝墓誌集釈』［趙万里一九五六］、王壮弘・馬成名両氏の『六朝墓誌検要』［王壮弘・馬成名一九八五］の墓誌収録の基準と共通する。

つぎに中田勇次郎氏は［A］の系列を「墓誌に近いもの」と位置づけ、それに対して［B］の系列の西晉の墓誌に見られる誌（序）と銘からなる墓誌銘の文体、すなわち墓誌の誌文の成立に注目し、実質的な墓誌の起源とみなす。馬子雲氏の『碑帖鑑定浅説』［馬子雲一九八六］（未見。邦訳が栗林俊行訳『中国碑帖ガイド』［馬子雲、栗林訳一九八八］であり、以下、この邦訳によった）の立場と重なる。

最後に日比野丈夫氏は［A］の系列の中の画像石の説明文（「題字」）こそが墓誌の直接の起源であり、それが独立したのが［A］の系列に含まれる「墓記」「封記」であると論ず。また［B］の系列の小型の碑もすでに後漢に存在し（「孔君墓碣」永寿元年（一五五）、「孔謙碣」永興二年（一五四））、西晉になって始めて登場するものではなく、また後漢末から魏晉にかけて流行するが、その後すたれるのであって、墓誌の直接の起源ではない、と論ず。(12)

以上、出土史料にもとづく墓誌の起源に関する諸論考の論旨を見てきたが、今一度簡単に整理すると、水野清一氏は［A］［B］両系列、中田勇次郎氏は［B］の系列、日比野丈夫氏は［A］の系列を墓誌の起源とみなす。いずれの説が正しいのであろうか。この問題に対して私は次節以下、［B］の系列、すなわち西晉に出現する小型の碑形の墓誌（「墓誌碑」）に焦点を当てて考察したい。［B］の系列は立碑の禁による偶然の所産であり、後漢の墓碑と北魏の墓誌の単なる橋渡し役にすぎないのであろうか。また日比野丈夫氏が論ずるように北魏の墓誌には直接に繋がらないのであろうか。言い換えるならば、西晉の小型の碑形の墓誌が出現した、より積極的な要因、歴史上において果した、より積極的な役割はないのであろうか。この疑問に答えるために、まず西晉の墓誌を整理・分析し、ついでその中に共通する特徴を探りだし、それが示す意味を検討することにより、改めて私なりに西晉の墓誌の意義、ひいては中国における墓誌の起源とその意義について考察したい。

第二節　西晉の墓誌の特徴

第一項　三国・西晉の墓誌

この節ではまず西晉の個々の墓誌を整理し、その上でその特徴を分析するが、対象とする墓誌に関して、時期的には西晉時代（二六五―三一六年）に限定せず、一つの時代のサイクルとして、また前節において言及した立碑の禁止との関連上、三国から西晉時代（二二〇―三一六年）に範囲を拡大し、また［B］系列の墓誌のみに限定せず、［A］［B］両系列、すなわち広義の墓誌すべてを一旦俎上に載せることにより、逆に［B］系列、すなわち西晉の小型の碑形の墓誌の特徴を浮かび上がらせたい。

この時期の墓誌、その個々の情報を整理したのが表11-1～11-3の「三国・西晉の墓誌」（［A］系列・［B］系列・系列未詳）である。[13]なお採録の取捨の基準としては、前節の冒頭で触れたように、同時期の同じく被葬者の記録ではあるが、本来地上にあった墓碑・墓闕などの類、たとえば魏の「范式墓碑」、呉の「谷朗墓碑」、西晉の「郛休碑」「孫氏（任城太守羊夫人）碑」「韓寿神道闕」「王君神道闕」など、[14]また同じ墓室内の刻文であっても直接的には被葬者に関する記録ではない鎮墓文・買地券・墓甎の類、たとえば「楊紹買地券」などは除き、[15]さらに「房宣墓誌」の如く偽刻であると判明している墓誌や、[16]「虔恭残石」の如く墓誌の原石の一部である可能性があるものの確定し得ない残碑・残石も除外した。[17]

表11-1　［A］系列の墓誌

被葬者	性別	本籍 郡（国）県	夫とその本籍	出土地 省・県（市）	葬年（＊は歿年）	墓誌の形状と寸法 高×幅（×厚）、単位cm ＊は原石、他は拓本	墓誌の書式 題	墓誌の書式 （序）誌	墓誌の書式 銘	字数 ＊は陰有 ＊＊は陰側有	出土時期と現所蔵機関
1 張□	男	潁川		河南洛陽	魏？	？　？	神座			八	
2 鮑寄	男	陳郡		河南洛陽	魏？	長方形　三〇・五×七・八	神座			一一	
3 鮑捐	男	陳郡		河南洛陽	魏？	長方形　三四・五×七・八	神座			一三	
4 馮恭	男	趙国高邑		河北唐山	太康三年　二八二	細長　一三〇×一〇（九三×一二・四×一二）		○		三八	北京故宮博物院
5 楽生	男	陽平		河南洛陽	元康三年＊　二九三	方形（「墓記」）　二三・三×二三・四 長方形（「柩銘」）三一・二×一五・七	柩	○		二四	一九二三年
6 張普	男	清河		北京	景元元年　二六〇	甎形　？	墓	○		四〇＊？	同治初年
7 張盛	男	沛国豊		河南洛陽	魏	甎形　？		？		三行 行五字	
8 張光	？	□陽			泰始元年　二六五	甎形　三一×一六		○		八	
9 張圭の妻	女		張圭	河南洛陽	太康三年　二八二	甎形　？		○		七	一九二六年
10 蔣□	？			安徽寿	元康元年　二九一	甎形　？	神柩			一三	一九六一年
11 鄧元の女	女				元康七年　二九七	甎形　？		？		？	
12 賈栄	？	平陽		河南洛陽	西晋	残缺　？		？		？	一九二八年

①張□～③鮑捐は「神座」、④馮恭は、「石槨題字」、⑤楽生の方形の石が「墓記」、長方形の甎が「柩銘」と呼ばれる。
⑥～⑫は墓甎である。

表11-2 ［B］系列の墓誌

13 和国仁	男	趙国 中丘		河北 磁	太康五年 二八四	方首（榫）	五〇×二三	墓			三〇	
14 王文伯	男	□□・□光（楽安）（寿）		河南洛陽	八年 二八七	圭首（穿）残缺	二二×一七		○		一九	一九五三年 河南博物院
15 菅洛	女	□郡?（代）	徐氏	河南洛陽	永平元年 二九一	円首（暈、龍頭）	五八×二四・四	墓碑	○	辞	二*四四	一九三〇年 陝西省博物館
16 成晃	男	陽平		河南孟津	元*康元年 二九一	円首（暈、龍頭）	六九・三×二八・八	碑	○		一七二	一九二五年 千唐誌斎
17 裴祇	男	河東 聞熹		河南洛陽	三年 二九三	方首（榫、方趺）	四三×二五×四*		○		九三	一九三六年 洛陽古代藝術博物館
18 荀岳 / 劉簡訓	男 / 女	潁川 潁陰 / 東萊 掖		河南偃師	五年 二九五（永安元年三〇四）	圭首	五九×四一・六	墓	○		六**二七	一九一七年 偃師商城博物館
19 王□君侯	男	天水 新陽		河南洛陽	元康六年 二九六	円首	六四×二一	碑	○	歎?	一*八二	一九三六年
20 郭槐	女	太原 陽曲	賈充、平陽襄陽	河南洛陽	六年 二九六	圭首（方趺）	七六×三一・二	柩	○		一七一	一九三〇年 北京図書館
21 魏雛	男	?		河南洛陽	八年 二九八	円首	四五・五×二一	柩	○	辞	一*五二	宣統元年（一九〇九）
22 徐義	女	城陽 東武	徐氏、太原	河南洛陽	九年 二九九	圭首（方趺）	九三×五二・四	銘	○	頌	一〇〇一	一九五三年 河南博物院
23 左棻	女	斉国 臨淄		河南偃師	永康元年 三〇〇	方首	二七・三×一四・三		○		八九*	一九三〇年 陝西省博物院
24 張朗	男	沛国 相		河南洛陽	元年 三〇〇	円首（暈、龍頭）	五三×二七	碑	○	辞	四*一八	一九一六年 大倉集古館
25 劉宝	?	?		山東 鄒	二年 三〇一	円首	?	?	?	?	?	鄒県孟廟
26 張纂	男	南陽 白水		?	永嘉元年 三〇七	碑形	三八×一三・五	碑	○	○?	?	清末 不明
27 華芳	女	平原 高唐	王浚、太原晉陽	北 京	元年 三〇七	方首	一三一×五七	銘	○	頌	一六三〇	一九六五年 首都博物館
28 石尠	男	楽陵 厭次		河南洛陽	永嘉二年 三〇八	方首	四六×二三・五×九・七		○		四**八一	一九一九年 故宮博物院
29 石定	男	楽陵 厭次		河南洛陽	二年 三〇八	方首	四五・六×二三・四		○		一八五	一九一九年 故宮博物院
30 劉韜	男	?		河南偃師	?	圭首	五八・四×一六・四	墓	○		四七	乾隆・嘉慶間 不明
31 劉氏	女	城陽 黔陬	鄭舒、滎陽開封	河南偃師	?	圭首?残缺	三五・四×一五・三	?	○	?	五五	一九一九年
32（杏園34号墓）	男	?		河南偃師	?	碑形残缺	四四×四五×一一	○?	○	辞	九*〇	一九八四年
33 荀煒	?	?		?	?	?	?	?	?	?	?	
（参）王戎	男	琅邪 臨沂		河南洛陽	永*興二年 三〇五	碑形	?	銘	○	?	数百字	隋代 散佚

表11-3　系列未詳の墓誌

34 魯銓	男			甘粛武威	太康元年　二八〇	方形？　二八×三〇		○		三六	
35 杜謖	男	蜀郡成都		四川成都（双流）	太熙元年　二九〇	長方形　一三二×六七		○		五五	一九三九年　成都市博物館（？）
36 徐文□	男	東萊盧卿		？	元康八年　二九八	長方形？　六八×三三		○		六〇	
37 士孫松	女	奏国	傅宣、北地泥陽	河南洛陽	永寧二年　三〇二	長方形　六〇×三六		○		一三九	一九五四年　洛陽博物館
38 王□	男			河南洛陽	？	方形　一一×一二　一一・三×一二・四	表			九　九	一九二六年　故宮博物院

第二項　形状の特徴

［B］の系列の墓誌に共通する第一に挙げるべき特徴は、言うまでもなく原石の形状が後漢時代に流行した地上の墓碑の如く碑形をなしており、それと関連して本来は墓室内において立てられていた点である【補注】［関野一九三五］参照）。碑形という点ではさらに細かく、〔一〕圭首、〔二〕円首、〔三〕方首（もしくは板状）と、碑頭の形により分類し得る。〔一〕圭首は碑頭が圭角の如く尖っており、⑭王文伯、⑱荀岳・劉簡訓、⑳郭槐、㉒徐義、㉚劉韜の五基がそれにあてはまり（なお拓本を見ると⑭王文伯には穿があるらしい）、㉛劉氏（鄭舒夫人）の墓誌も圭首であろう。〔二〕円首は半円形をなしており、⑮菅洛、⑯成晃、⑲王□君侯、㉑魏雛、㉔張朗、㉕劉宝の六基がそれに属し、中でも⑮菅洛、⑯成晃、㉔張朗の三基は暈と龍頭の浮き彫りを刻む（なお⑲王□君侯と㉑魏雛は墓誌の材質が石ではなく、それぞれ瓦、甎である）[18]。以上の圭首、円首は先行する漢碑にすでに見える[19]。それに対して〔三〕方首は水野清一氏（［水野一九五八b］）によれば、圭首、円首の碑が矮小化した碑である、と論ぜられる。⑬和国仁、⑰裴祇、㉓左棻、㉗華芳、㉘石尠、㉙石定の六基は後述の如く本来は墓室内に立てられていたこ

とが推測され、それ故に方首に属する墓誌であろう。[20] 以上の〔一〕～〔三〕のいずれに属するかは不明であるが、確かに碑形をなしている墓誌として㉖張纂、㉜［杏園三四号墓］、㉝荀煒の三基がある。碑頭の形状が不明であるのは、㉖張纂、㉝荀煒の場合は原石、拓本が見られず、㉜［杏園三四号墓］の場合、碑頭を欠く残誌であるからである。なお表11‐3の系列不明の㉞魯銓、㉟杜謖、㊱徐文□、㊲士孫松、㊳王□の五石は拓本で見るかぎりでは長方形の板状の墓誌であろうが、〔三〕の方首、ひいては［B］系列の碑形をなす一群の墓誌に属するかどうかは確定し得ない。この［B］系列の碑形の墓誌が本来は墓室内に立てられていた証拠としては、直接的には出土状況がある（㉒徐義、㉜［杏園三四号墓］、なお⑰裴祇の墓室が洛陽古墓博物館（【補注】洛陽古代藝術博物館に改称。［塩沢二〇一〇］参照）に復元されており、そこに墓誌の原石もしくはレプリカが立てられている。注（55）参照。墓室内に立てられていた墓誌の碑陽が柩に向いていたかどうか、さらに考察すべき新たな疑問が出てくる）。間接的には、墓室内に置かれていた点は「刊石玄堂」の誌文（㉔張朗）、地上の碑の如く立てられていた点は方趺（台座）の存在（⑰裴祇、⑳郭槐、㉒徐義）とその方趺にさしこむ榫《ほぞ》の存在（⑬和国仁、⑰裴祇、㉜［杏園三四号墓］）、および陰陽両面への刻文（⑮菅洛、⑰裴祇、⑲王□君侯、㉑魏雛、㉒徐義、㉓左棻、㉔張朗、㉖張纂、㉜［杏園三四号墓］、㉝荀煒）、側面を含めた四面への刻文（⑱荀岳・劉簡訓、㉗華芳、㉘石尠）がその状況証拠、とくに〔三〕方首や〔一〕～〔三〕のいずれに属するかは未詳であるが碑形をなしている墓誌のそれとなろう。

　以上の［B］の系列の墓誌の形状およびそれにともなう特徴、それは［A］の系列の墓誌と区別し得る共通の特徴であるが、この時期の［B］の系列の墓誌を後漢、および少数ではあるが、その流れをくむ三国、西晉の墓碑と対比するならば、置かれた位置が同じ墓域内でも、墓誌が地下の墓室内であるのに対して墓碑は地上であるというように異なるが、碑形をなし、立てられていたという点は共通している。ただ大きさは西晉の墓誌の場合、多くは高さが四〇～六〇センチメートル台で、最大の㉗華芳の墓誌の高さが一三一センチメートルであり（表11

-2)、多くが二メートル以上の高さをもつ漢碑(21)と比較するならばかなり小型であり、洛陽の関林内の洛陽古代藝術館(22)などで実際に両者の原石（たとえば同室の王基の墓碑と㉒徐義の墓誌）を見比べるとその明らかな違いを実感し得る。また北魏の墓誌銘と対比するならば、安置されている位置が両者ともに地下の墓室内という点では共通するが、北魏の墓誌銘の場合、方形の墓石が平置され、その上に蓋がかぶせられるという点、形状および置かれ方が異なっていることがわかる。

第三項　刻文の特徴

つぎに刻文に関する、具体的には書式、字数、書体の特徴を検討したい。まず書式に関しては、後漢の墓碑に見られる題（題額、篆額と標題、「碑」「墓」）と散文の序と韻文の銘（「辞」「頌」「乱」）と多くの場合碑陰に列挙されている門生故吏ら立碑者の姓名などからなる書式、基本的にそれを継承する北魏の墓誌銘の題（蓋に刻まれる）・序・銘からなる書式を基準とすると(23)、［B］の系列の墓誌の中で、⑮荀洛、⑲王□君侯、㉑魏雛、㉒徐義、㉔張朗、㉖張纂、㉗華芳の七基は題・序・銘を完備、⑯成晃、⑱荀岳・劉簡訓、⑳郭槐、㉚劉韜の四基は銘を欠き、題と序からなり、⑭王文伯、⑰裴祗、㉓左棻、㉘石尠、㉙石定、㉛劉氏（鄭舒夫人）?の六基や㉞魯銓、㉟杜謖、㊱徐文□、㊲士孫松の四石は題・銘ともになく、序の部分のみであり（㉜［杏園三四号墓］は現存の部分は序と銘であるが、他の西晋の墓誌で銘を有するのはすべて題をも有しており、㉜［杏園三四号墓］もおそらくは本来は題が存していたと思われる。⑬和国仁と㊳王□は題のみであるが、この書式は後漢以来の広義の墓誌、西晋でも［A］系列の墓誌にいくつかその例が見られる）、［B］の系列の小型の碑形の墓誌には後漢の墓碑や北魏の墓誌銘と同じく題・序・銘を完備する書式が見られるが、定型化はしておらず、それと関連して題の末尾にある墓誌を表わす名称も「墓碑」（⑮

菅洛）、「碑」（⑯成晃、⑲王□君侯、㉔張朗、㉖張纂）、「墓」（⑬和国仁、⑱荀岳・劉簡訓、㉚劉韜）、「銘」（㉒徐義、㉗華芳）、「柩」（⑳郭槐、㉑魏雛）と多様であり、かつ「碑」「墓」「銘」など漢碑と共通しており、[24] また銘の名称も「辞」（⑮菅洛、㉑魏雛、㉔張朗、㉜［杏園三四号墓］）、「頌」（㉒徐義、㉗華芳）、「歎」（⑲王□君侯）と題の名称ほどではないが、一定しておらず、かつ「辞」「頌」などすでに漢碑に見える。[25] 以上、西晉の墓誌の中でも［B］の系列の墓誌の書式は定型化していないが、後漢の墓碑、北魏の墓誌銘と共通し、とくに後漢の墓碑の書式を、その形状とも相い俟って継承していたこと（ただし西晉の墓誌の中で碑陰に門生故吏らの姓名が列挙されているのは、㉜［杏園三四号墓］のみである）がわかる。[26] なおそれに附随して興味深いのは、西晉の墓誌の形状と題、銘の名称の間に相関関係が窺われ、その結果、おぼろげながらも二つのグループの存在が浮かび上がる点である。一つは暈と龍頭をもつ円首の墓誌で、題が「墓碑」もしくは「碑」、銘が「辞」のグループ、つまりより漢碑の主流に近いグループであり、⑮菅洛、⑯成晃、㉔張朗がそれに属し、もう一つは圭首もしくは方首の墓誌で、題が「墓」もしくは「銘」、銘が「頌」のグループであり、⑱荀岳・劉簡訓、⑳郭槐、㉒徐義、㉗華芳がそれに属し、前者の被葬者が歴史的に無名の人物であるのに対し、後者の被葬者である郭槐と徐義は恵帝の皇后で元康年間（二九一―九九年）に権勢を振った賈南風の実母と乳母、荀岳は荀彧らを輩出した潁川の荀氏出身の高官、華芳は太原の王氏出身で西晉の末年河北の軍閥に擡頭した王浚の夫人と、当時の権貴およびそれに連なる人物である。ただ両グループの存在が何を意味するのかはよくわからない。

ついで字数を書式との関連で検討すると、題、序、銘を完備する墓誌では、⑮菅洛二四四字、⑲王□君侯一八二字、㉑魏雛一五二字、㉒徐義一〇〇一字、㉔張朗四一八字、㉗華芳一六三〇字と、字数未詳の㉖張纂を除き、すべて一〇〇字以上であり、中でも㉗華芳は西晉の墓誌の中では最も字数が多い。銘を欠き題と序からなる墓誌でも、⑯成晃一七二字、⑱荀岳・劉簡訓六九二字（内、荀岳のみの誌文は六二七字）、⑳郭槐一七一字と、題・誌・

銘を完備する墓誌と同じく一〇〇字以上であり（㉚劉韜四七字は現存する拓本が本来の墓誌の一部であるので除いた）、序のみの墓誌では、⑭王文伯一九字、⑰裴祗九三字、㉓左棻八九字、㉘石尠四八一字、㉙石定一八五字、㉛劉氏（鄭舒夫人）五五字、㉞魯銓三六字、㉟杜謖五五字、㊱徐文□六〇字、㊲士孫松一三九字と、［B］系列の中では㉘石尠、㉙石定、系列未詳の中では㊲士孫松を除き、一〇〇字以下である。また［A］系列の墓誌および題のみの⑬和国仁、㊳王□はすべて五〇字以下であり、とくに［B］の系列の中でも題・序・銘もしくは題・序の書式を備える墓誌の大部分が一〇〇字以上であるのとは対照的である。この対照は第一節の冒頭で言及した墓誌の定義における（イ）「わずかに死者の姓名・籍貫・年齢・身分と生卒年月および埋葬時期と地点を記載したもの、あるいはさらにもうすこし簡略にしたもの」と（ロ）それに「生平の事略」と「頌詞の銘文」を加えてふくらませたものに対応するのであろう。そしてその点で字数が一〇〇字以上の［B］の系列の中でも題・序・銘もしくは題・序の墓誌は、字数においても後漢の墓碑および北魏の墓誌銘と共通するのである(27)。

最後に書体（書法）に関しては、巧拙・豊瘦など個々の墓誌の刻文の書体にはそれぞれその個性が見られるが、逆にこの魏晉時代の刻石に共通する特徴がその背後に窺われる。［B］の系列の墓誌では⑯成晃の題額が篆書である以外はすべて波磔をもつ八分の隷書であり、中でも丁寧に刻まれている⑮菅洛、⑯成晃、⑰裴祗、⑱荀岳・劉簡訓、⑳郭槐、㉒徐義、㉓左棻、㉔張朗、㉗華芳、㉘石尠、㉙石定、㉚劉韜、㉛劉氏（鄭舒夫人）、㉜［杏園三四号墓］の十四基（および系列未詳中の㊲士孫松）は「折刀頭」の特徴を備え、楷書に近い典型的な魏晉時代の八分であり、その点では後漢の墓碑の書体である隷書（漢隷、八分）から北魏の墓誌銘の書体である楷書（正書）への間の過渡的な書体であったことがわかる(28)。なおここで挙げた墓誌以外、および［A］系列の墓誌もすべて八分であるが、ここで挙げた墓誌の書体と比較するならば全般的に乱雑、稚拙な書体が多い。

以上、形状・刻文などの特徴の分析の結果、［B］系列の小型の碑形の一群の墓誌が、（一）鳥瞰的には後漢で流行した墓碑から北魏で完成した墓誌銘への展開の橋渡し役を果していたこと、(二) 共通した特徴を備えるものの、過渡的な存在として定型化していなかったことがわかる。

さらに表11‐2から見てとれる［B］の系列の墓誌独特の特徴として興味深いのは、時期的、地域的な偏在傾向である。まず墓誌制作の時期、すなわち被葬者の葬年（⑯成晃は葬年が不明なので歿年参照）を検討すると、表中の㉚劉韜から㉝荀焯までの葬年、歿年ともに不明である墓誌を除くと、西晋の武帝の太康五年（二八四、⑬和国仁）から懐帝の永嘉二年（三〇八、㉘石尠、㉙石定）まで西晋王朝下に限られ、とくにその後半の恵帝の治世（永熙元年（二九〇）―光熙元年（三〇六））に十七基中⑮菅洛から㉕劉宝まで十一基（系列未詳の㊲士孫松などもその時期である）というように集中していることがわかる。また墓誌の出土地を検討すると、⑭干文伯、⑮菅洛、⑰裴祗、⑲王□君侯、⑳郭槐、㉑魏雛、㉒徐義、㉔張朗、㉘石尠、㉙石定の十基（系列未詳の㊲士孫松、㊳王□の二石も）が河南省の洛陽市、⑱荀岳・劉簡訓、㉓左棻、㉚劉韜、㉛劉氏（鄭舒夫人）、㉜［杏園三四号墓］の五基が偃師県（【補注】現偃師市）、⑯成晃の一基が孟津県と、［B］系列の中で出土地不明の二基を除く十九基中、計十六基が現在の行政区画で言うと河南省の北邙山を中心にたがいに隣接する諸市・県内にあり、「漢魏故城」、すなわち西晋当時の都洛陽をとりかこむ形で、より詳しく言えば、洛陽の北を東西につらなる北邙山一帯と現在の洛陽市内に当たる当時の洛陽の西郊から集中的に出土しており、如何に地域的に偏在していたかがわかる[29]（図11‐1「洛陽における西晋の墓誌の出土地」参照）。これらの時期的、地域的な偏在はたとえば西晋の墳墓が全国的に分布し、墓誌と同じく墓室に置かれていた墓甎、買地券や副葬品、たとえば鎮墓瓶、神亭壺などが三国から西晋時代を通じて呉の地域を中心に分布するのと対比するならば、著しい対照をなす[30]。この西晋の墓誌、とくに［B］の系列に属する墓誌の偏在は何を意味するのであろうか。この問題は次節で考察したい。

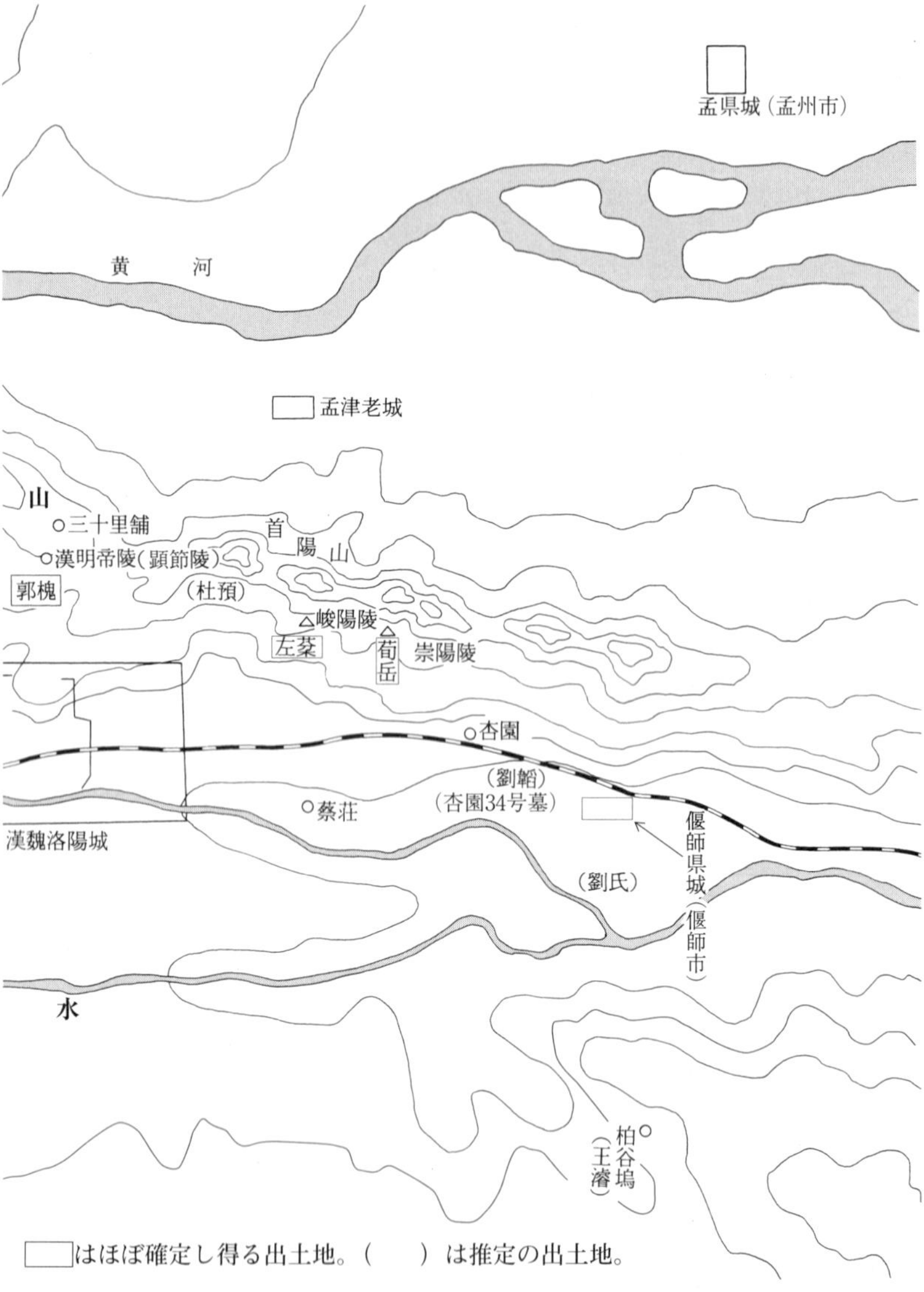
孟県城（孟州市）
黄　河
孟津老城
山
三十里舗
首陽山
漢明帝陵（顕節陵）
郭槐
（杜預）
峻陽陵
左棻
荀岳
崇陽陵
杏園
（劉韜）
（杏園34号墓）
蔡荘
漢魏洛陽城
偃師県城（偃師市）
（劉氏）
水
柏谷塢
（王濬）
□はほぼ確定し得る出土地。（　　）は推定の出土地。

西晉の墓誌の出土地

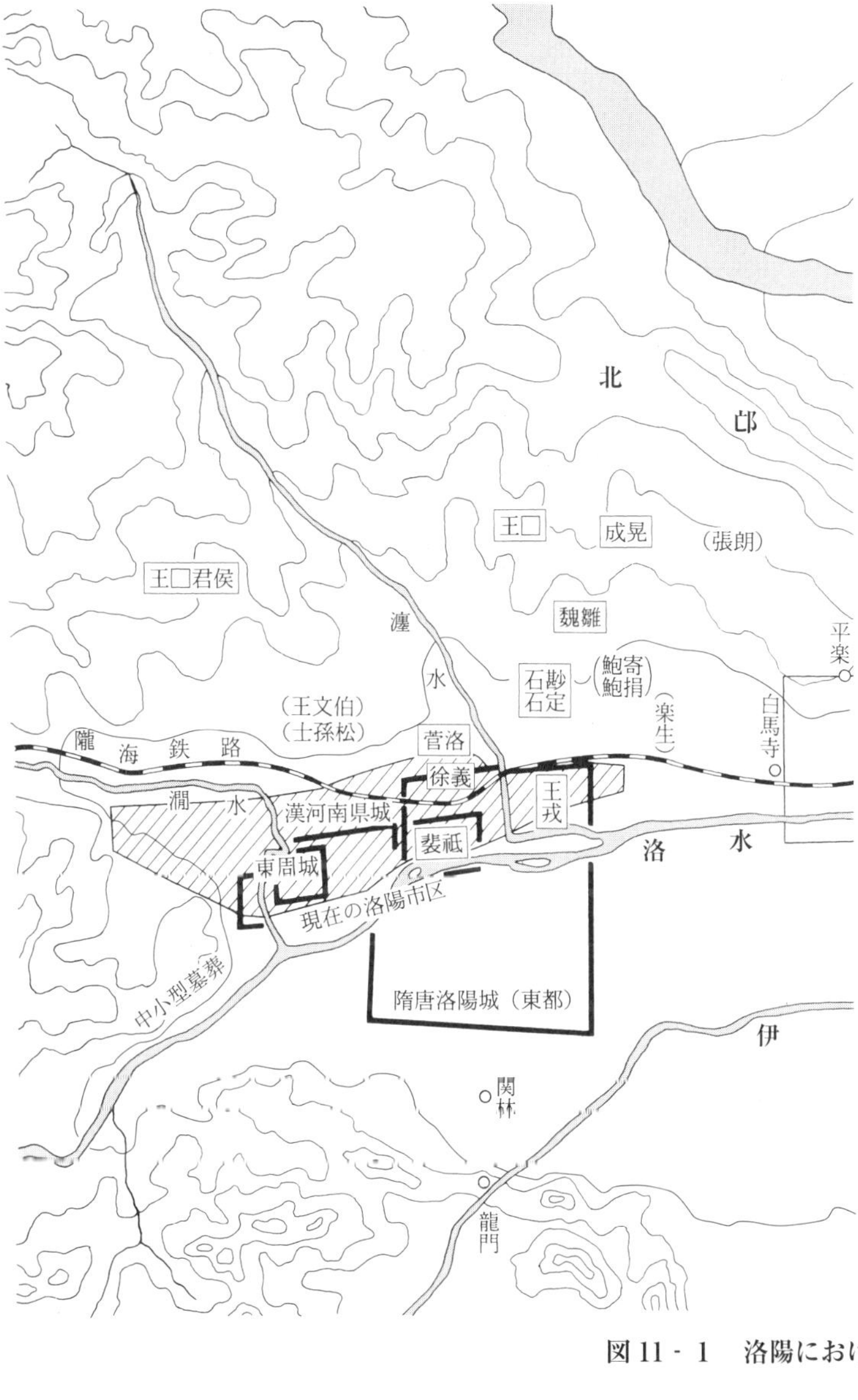
北
邙
王□
成晃
(張朗)
王□君侯
魏雛
瀍
水
平楽
石尠
石定
(鮑寄)
(鮑捐)
(楽生)
白馬寺
(王文伯)
(士孫松)
隴　海　鉄　路
菅洛
徐義
澗　水
漢河南県城
王戎
裴祗
洛　水
東周城
現在の洛陽市区
中小型墓葬
隋唐洛陽城（東都）
伊
関林
龍門

図 11 - 1　洛陽における

第四項　王戎の墓誌

この節を終えるにあたり、以上において明らかになった出土史料である魏晉時代の墓誌、中でも［B］の系列に属する、西晉の小型の碑形の墓誌が有するいくつかの特徴を手掛りとして、文献史料に載せられている西晉の墓誌の真偽を検討したい。それは唐の封演の『封氏聞見記』巻六、石誌に見える王戎の墓誌である。その記載によると、

東都殖業坊十字街有王戎墓、随代釀家穿旁作窖、得銘曰、晉司徒尚書令安豊侯王君銘、有数百字。

とあり、竹林の七賢の一人である王戎（第八章第一節参照）の墓誌が隋代に洛陽（「東都」）城内で出土したと伝える（なお鄭樵『金石略』巻上、三国晉南朝に「晉王戎碑、惟存数十字、西京」とあり、北宋代には洛陽（「西京」）において数十字を刻んだ残石が存していたことがわかるが、それ以後消息はなく、散佚したらしい）。出土の経緯、つまり釀酒家があなぐらをつくるために掘っていて偶然発見したという点から、おそらくは王戎の墳墓に突き当たり、その墓室内で墓誌を発見したと推測され、かつ『金石略』では「碑」と称するのは、地上に立てられていた墓碑ではなく、［B］の系列の碑形の墓誌であることがわかる。さらに「……王君銘」という題と「数百字」の誌文からなるという点は、王戎の墓誌が、出土例ではすべて一〇〇字以上である、題・序・銘、もしくは題・序の書式の墓誌に相応し、題の名称「銘」は㉒徐義、㉗華芳と共通し、王戎自身琅邪の王氏出身の貴族である点から、王戎の墓誌は［B］の系列の中でもさらに圭首もしくは方首で、「墓」もしくは「銘」の題と「頌」の銘をもつグループに属する可能性が高い。なお墓誌制作の時期に関しては、『晉書』巻四十三、王戎伝の「永興二年、薨于郟県」の記載から恵帝の永興二年（三〇五）の歿年から程遠からぬ時期であることが予想され、その点では［B］の系列の墓誌が西晉のとくに恵帝の治世に集中する傾向と重なり、また出土した地点に関しても、隋唐の東都洛陽は後

漢から三国魏、西晉、北魏にかけての京師洛陽（現在の「漢魏故城」）の西郊で、その点でも洛陽周辺で集中的に出土する傾向と符合し、中でも「殖業坊」は現在の洛陽市老城区内に比定し得るから、⑮菅洛（「洛陽城北門外後坑村」）、⑰裴祇（「周公廟北墻外」）、㉒徐義（「洛陽老城北五股路鉄路小学院内」）の出土地と近い。以上の検討により、王戎の墓誌は西晉特有の碑形をもつ墓誌の条件を満たしており、真石であったことはほぼ間違いはないであろう。それ故に、王戎の墓誌をとくに表11－2の末尾に参考として附しておいたが、原石・拓本ともに現存しないものの、［B］の系列の墓誌の例が一つ加わることにより、この一群の西晉の墓誌の輪郭がより明確になるであろう。(31)

第三節　西晉の墓誌の意義

第一項　左棻の墓誌

前節でその特徴を分析した［B］系列に属する小型の碑形をもつ墓誌（「墓誌碑」）が西晉王朝下において突如出現した原因については以下の如く説明されてきた。後漢時代において儒学の浸透により厚葬の風潮が生じ、それにともない墳墓に墓碑や神道闕などの石刻が続々と立てられるようになった。ところが後漢末から魏晉にかけての厚葬に対する規制、薄葬の奨励の一環として立碑の禁が布告され、その結果、地上に立つべき墓碑の代替として地下の墓室内に碑形の墓誌が立てられたと（第一節および注（11）参照）。確かに外在的には魏晉の立碑の禁により墓碑が極端に減少し、代って碑形の墓誌が登場したのであろう。しかし、この説明のみではたとえば［B］

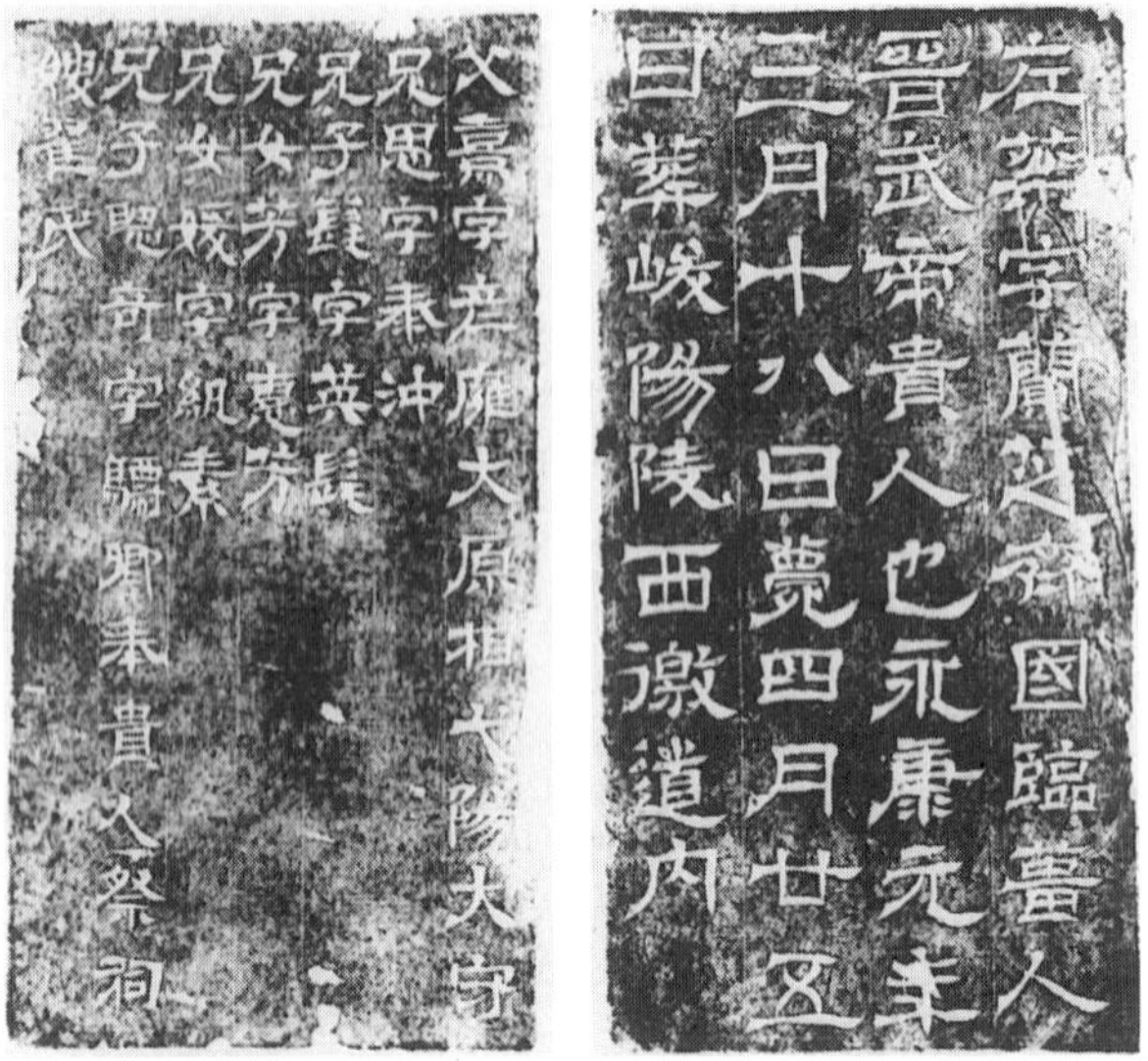

写真 11 - 1　㉓左棻の墓誌

系列の碑形の墓誌の時期的かつ地域的な偏在の理由を解き得ない。碑形の墓誌はのちの北魏の墓誌銘の如く定型化しておらず、出土した墓誌の数も二十数基と少なく、また発掘された西晉の墳墓の墓室内に墓誌がない場合が圧倒的に多い点[32]からもわかるが、墓室内に必ず立てなければならないという訳ではなかった。それ故に、逆に言うならば慣行化していない墓誌をことさらに墓室内の柩の前に立てるという行為は、出土した墓誌それぞれの場合、墓誌を制作して墓室内に立てた人物がどうしてもそうせざるを得なかった個々の事情が何かあったはずである。その止むに止まれぬ個々の事情を分析し、それらに通底している共通項を見出すことができるならば、それこそが西晉において碑形の墓誌が出現した真の原因ではないか。この予測をもとに、具体的には個々の墓誌の誌文、とくに㉓左棻の墓誌の誌文を中心に据えて、その内容の中に墓誌制作の経緯にかかわる文章を探り、それに焦点を当てて考察したい。

左棻はその文才により西晉の武帝の後宮に召され貴人の地位に登った才媛であり、彼女の伝は『晉書』巻三十一、后妃列伝上に立てられている（なお本伝では諱を芬、官を貴嬪につくる）[33]。兄の左思は「洛陽の紙価を貴む」の故事で著名な『三都賦』を著した文士である[34]（第七章参照）。㉓左棻の墓誌（写真11－1）は郭玉堂『洛陽出土石刻時地記』によると、民国十九年（一九三〇）の陰暦十二月に偃師城の西十五里の蔡荘村（洛陽故城の東十里）で掘り出され、誌石の大きさはふつうの甎と同じぐらいで（二七・三×一四・三センチメートル）、重さは七斤十二両（約三・九キログラム）であったという。方首の墓誌で、陰陽両面に八分隷で八十九字を刻む。その誌文は、碑陽には、

左棻、字蘭芝、斉国臨菑人、／晉武帝貴人也。永康元年／三月十八日薨、四月廿五／日、葬峻陽陵西徼道内。

と、墓主（被葬者）である左棻自身の記録、具体的には、姓、諱、字、本籍、後宮での官位、歿年月日、葬月日と墓葬の地が、碑陰には、

父熹、字彦雍、大原相、弋陽大守。／兄思、字泰沖。／兄子髦、字英髦。／兄女芳、字恵芳。／兄女媛、字紈素。／兄子聡奇、字驃卿、奉貴人祭祠。／嫂翟氏。

と、父左熹と兄左思およびその家族の記録が簡潔に記されている[35]。

この誌文においてとくに注目すべきは、第一に碑陽に「葬峻陽陵西徼道内」、すなわち武帝の陵墓である峻陽陵に陪葬されたと、第二に碑陰に「兄子聡奇、……、奉貴人祭祠」、すなわち亡き左棻の祭祠を兄の次子が執り行うと刻まれている点である。以下、二点に関して順次考察する。

第二項　「假葬」

左棻は洛陽東郊に造営された西晉の武帝の陵墓、峻陽陵の陵園の「西徼道内」（陵園をとりまく道の西の部分の内側）に陪葬され、その結果、河南省偃師県（【補注】偃師市）においてその墓誌が出土したのである。逆にこの左

写真11-2　⑱荀岳・劉簡訓の墓誌

棻の墓誌の出土により、それ以前未詳であった峻陽陵の位置が確定した（蔣若是「従「荀岳」「左棻」両墓誌中得到的晋陵線索和其他」〔蔣若是一九六一〕、中国社会科学院考古研究所洛陽漢魏故城工作隊「西晋帝陵勘察記」〔洛陽漢魏故城工作隊一九八四〕。前章の地図および注（29）参照）。左棻が武帝の陵墓に陪葬されたのは、生前における武帝と左棻の関係、つまり皇帝と後宮の女官という関係の反映であり、前漢以来見られる、官僚らに対する帝陵の陵園内およびその周辺に墓田を下賜する制度による（楊寛『中国皇帝陵の起源と変遷』〔楊寛一九八一〕の「歴代の陵寝制度と身分的序列制」参照）。左棻の墓誌以外の西晋の墓誌では⑱荀岳・劉簡訓の墓誌（写真11-2）にも陪葬の記事が見られる。その誌文に「先祖世安措于潁川潁陰県之北。其年七月十二日、大雨過常、旧墓下湿、崩壊者多。聖詔嘉悼、愍其貧約、特賜墓田一頃、銭十五万、以供葬事。是以別安措於河南洛陽県之東、陪附晋文帝陵道之右。其年十月戊午朔、廿二日庚辰葬」とあり、本籍をおく潁川郡潁陰県、すなわち郷里の先祖代々の「旧墓」の多くが大雨で崩れたので、恵帝は文帝（司馬昭）の陵墓（「崇陽陵」）に陪葬するという形で、その陵道の傍に墓田を下賜したという内容であり、誌文はこの後にさらに詔書の原文をそのまま刻んでいる[36]。この西晋における墓田（「葬地」）下賜の例を『晋書』に求めると、以下の三例を見出す。巻三十四、羊祜伝「従弟（羊）琇等述（羊）祜素志、求葬於先人墓次。帝（武帝）不許、賜去城（洛陽）十里外近陵葬地一頃」、巻四十、賈充伝「太康三年（二八二）四月薨、時年四十六。帝（武帝）為之慟、……、給塋田一頃」、巻五十七、滕脩伝「太康九年（二八八）卒、請葬京師（洛陽）、帝（武帝）嘉其意、賜墓田一頃」。墓主（被葬者）の遺志が望む場合（滕脩）、望まぬ場合（羊祜）と異なるが、ときの皇帝から亡き功臣に対して「墓田」（「葬地」「塋田」）一頃が下賜されている。そしてこの下賜された墓田は帝陵の近傍（⑱荀岳・劉簡訓、羊祜）、あるいは少なくとも京師洛陽の近郊（滕脩。賈充の墓田も賈充に附葬された賈充の後妻郭槐の墓誌（⑳）が「洛陽老城東北平楽村北地」（〔郭玉堂一九三九〕）から出土している点から洛陽近郊にあったことがわかる）であることから、左棻の如く帝陵の陵園内での陪葬ではないにしろ、広義の「陪葬」といえるであろう。また墓田を下賜されたのではないが、自発的に洛陽の近郊に墳墓を営んだ例として『晋書』には杜預と王濬の名が挙がっている[37]。

洛陽の北に東西に連なる北邙山、その中でもひときわ高い首陽山のふもとに西晋王朝歴代の帝陵が営まれたが、その帝陵群を中心に「陪葬」された臣下の墳墓がひろがり[38]、そしてその一部ではあるが、墳墓の墓室内に小型の碑形の墓誌が立てられたのである。そしてその結果が、西晋の墓誌の特徴の一つである洛陽近郊からの集中的な出土に表われたのであった。では何故に「陪葬」の場合に墓誌が必要とされたのであろうか。それを解く手掛りとなるのは『晋書』巻三十三、王祥伝の記事である。「（王）祥有五子、肇・夏・馥・烈・芬。……、烈・芬並幼知名、為祥所愛。二子亦同時而亡。将死、烈欲還葬旧土、芬欲留葬京邑。祥流涕曰『不忘故郷、仁也。不恋本土、達也。惟仁与達、吾二子有焉』」、すなわち王祥はあるとき王烈・王芬の二児を同時に失ったが、その死の間際、一子王烈は「旧土」（「本土」「故郷」）、つまり郷里に、それに対してもう一子の王芬は「京邑」、つまり京師洛陽に葬られんことを望んだという[39]。この逸話の興味深い点は、本籍地である琅邪郡臨沂県の郷里を離れて洛陽に居住していた王祥とその家族の場合、本籍地である地方の郷里、そこには琅邪の王氏の先祖代々の墳墓があったのであろうが、その郷里か、もしくは現住地である中央の京師、そこには後漢、三国魏・西晉と洛陽を都に定めた王朝下で帝陵が営まれた地であるが、その京師か、墳墓を営む場合には基本的に両者から選択する可能性があったという点であり、⑱荀岳・劉簡訓（写真11 - 2。［福原二〇一〇］参照）の場合、本来は郷里（潁川郡潁陰県）にある「旧墓」に亡き荀岳を葬る予定であったが、大雨による「旧墓」の崩壊の結果、改めて皇帝から崇陽陵の陵道の近傍、広く言えば京師洛陽において墓田を下賜され、そこに荀岳が葬られ、のちに夫人の劉簡訓も附葬され、夫婦合葬墓となったのであり、羊祜の場合、羊祜自身は生前「先人墓次」、おそらくは郷里の泰山郡南城県（山東省費県西）にあったであろう先祖代々の墳墓がある墓域に葬られんことを望んでいたが、武帝はそれを許さず、峻陽陵に近い地に墓田を下賜している。[40] このように当時の貴族、とくに皇帝との結び付きが強い権貴・功臣の場合、墳墓を営む地に関して郷里（すなわち先祖）と京師（すなわち皇帝）の二方向へのベクトルが作用するのであり、それは当時の貴族のありかたの二面性――すなわち地方の名望家であり、かつ中央の官僚である――の反映であるが、この京師洛陽に改葬された場合に、その一部ではあるが、墓誌が制作されているのである。他の西晉の墓誌は誌文に埋葬の事情に関しては明記していないが、［A］系列、系列未詳をも含めて洛陽で出土した墓誌の墓主の本籍がすべて洛陽ではない事実（第二節の表11 - 1～11 - 3参照）が、郷里の本来の墳墓ではなく何らかの理由で京師に葬られたことを示唆しているのではないか。

つぎに洛陽近郊以外で出土した墓誌も少数ではあるが存在し、その場合の埋葬の事情に関して、具体的には㉗華芳の墓誌（写真11 - 3）を例にとり考察したい。華芳の墓誌は一九六五年、北京市の革命公墓のある八宝山の西で出土した。華芳は太原の王氏出身の王浚の夫人であり、王浚は西晉末の永嘉の乱の混乱期に使持節、侍中、都督幽州諸軍事、領護烏丸校尉、幽州刺史、驃騎大将軍、博陵公の官爵をもち幽州に出鎮した、河北の軍閥であ

陰及両側

陽

写真 11‐3　㉗華芳の墓誌

写真 11 - 4　謝鯤の墓誌

った。[41] 華芳は誌文によると永嘉元年（三〇七）二月に、おそらくは夫王浚が駐留していたであろう燕国薊県の地（現在の北京市附近）で歿し、同年四月に王浚の手で葬られているが、その墳墓に関しては誌文に「先公旧墓在洛北邙、文衛二夫人亦附葬焉。今歳荒民飢、未得南還、輒権假葬于燕国薊城西廿里、依高山顕敞、以即安神柩、魂而有霊、亦何不之」とあり、[42] 本来ならば亡き父王沈（「先公」）が埋葬され、文・衛両先夫人も附葬されている洛陽の北邙山にある太原の王氏の兆域に附葬すべきであるが、戦乱や飢饉のために、一時的に王浚が駐留していた薊城の近くの丘山に假葬し、北邙山にある「旧墓」への将来の帰葬を期している。洛陽を志向する点では表面的には前に見た帝陵へ陪葬され、洛陽から本籍地を志向する場合と正反対である。ちなみに王浚に至るまでの太原の王氏の墳墓の地が誌文に載せられているので、それを整理すると以下のようになる。[43]

曾祖父（王柔）——太原晉陽（山西省太原市）
祖父（王機）——河内野王（河南省沁陽県）
父（王沈）——河南洛陽

夫人（華芳）――燕国薊県

これを前に見た郷里と京師との関係にあてはめると、曾祖父王柔の代までは本籍の地である郷里太原郡晉陽県に墳墓が営まれていたが（祖父王機の場合、従曾祖王沢の墓がある河内郡に葬られている）、父王沈の代になって洛陽の北邙山に遷っている。(44) そして華芳が帰葬されるべき地は本籍の太原ではなく京師の洛陽であった。この華芳の場合と共通するのが東晉の謝鯤の場合である。この墓誌（写真11‐4）の誌文には「晉故豫章内史陳国陽夏謝鯤、幼輿。以泰寧元年十一月廿八日、假葬建康県石子岡、在陽大家墓東北四丈。……旧墓在荧陽」とあり、謝鯤は東晉の都建康に「假葬」されたのであるが、誌文の末尾に「旧墓」の地を記している。それを図式化すると、

本籍――陳国陽夏（河南省太康県）
「旧墓」――滎陽〔滎陽〕（河南省滎陽県）
「假葬」――〔丹陽〕建康（江蘇省南京市）

となり、西晉の滅亡と東晉の成立により、多くの漢人人士が中原から南渡したのであるが、その一人である謝鯤も当時五胡政権の領域内にあった滎陽郡にある「旧墓」（それは本籍地の陳郡ではないが）に中原回復のあかつきには帰葬されんことを期していたのであろう。(45) 華芳と謝鯤の両墓誌に共通するのは、本籍地ではないものの、第二の故郷ともいうべき地の先人が葬られている「旧墓」への志向をもち、それ故に現住地において假葬されていることが墓誌の誌文に記されている点であり、その中で「旧墓」への志向と現住地における「假葬」という点では、前に見た洛陽出土の墓誌にも、すなわち、西晉の墓誌すべてにあてはまるのである。そしてその場合の墓主（被葬者）の存在証明の役割を、具体的には墓主の姓、名、字、本籍などの記載という形で墓誌が果しているのであり、その点では遡るならば陝西省臨潼県の秦始皇陵の西で発見された秦の刑徒瓦や河南省の漢魏洛陽故城の南で発見された後漢の刑徒甎、(46) また後漢以来見られる戦地において葬られた墓主の墓誌（西晉の墓誌の中でも㉞魯銓が

それに属し、五胡十六国時代のものもいくつか存在する）[47]、降ってはさきほど言及した謝鯤を含めて東晉における南渡人士の墓誌[48]、また北魏の孝文帝の洛陽遷都にともない成立したであろう墓誌銘[49]にも、広義の假葬において存在証明の役割を果すという点で相い通じるのではないか。

以上まとめると、西晉の墓誌が制作される条件としてまず挙げられるのは、先人が葬られている「旧墓」から離れた地に広義の「假葬」が行われた場合であり、その大部分は「旧墓」のある本籍地から離れた京師洛陽に「假葬」、言い換えれば帝陵に広義の「陪葬」がなされた場合であり、その結果、西晉の墓誌の誌文に記されている墓主の本籍（夫人の場合は夫の本籍）と墓葬の地（すなわち墓誌の出土地）とが、㉟杜謖を除き、一致しないのであり、また墓葬の地（墓誌の出土地）の大部分が洛陽周辺であったのである。そして左棻の墓誌にもどると、左棻は武帝の命により本籍の地である郷里の斉国臨淄県（現山東省淄博市）から入洛、後宮に出仕し、歿後、洛陽東郊の武帝の峻陽陵に陪葬されたのであり、それ故に左棻の本籍、出自を含む簡単な記録とともに、陪葬の事実を特記していたのである。

第三項　「家」

つぎに左棻の墓誌の碑陰誌文の「兄子聡奇、……、奉貴人祭祠」の一節に関して考察したい。亡き左棻の祭祠を兄左思の次子が執り行うことを石に刻むことにより明記している点、左思は左棻の死の約八年後に亡くなっており、おそらくは左思自身がこの墓誌を制作したのであろうが、そこには末永く祭祠の執行を妹左棻の霊に約束することにより、後宮に仕え一生独身を通し、夫も子もなかった、その意味ではこの世とのきずなの少ない左棻への鎮魂の思いが「兄子聡奇、字驃卿、奉貴人祭祠」の一行に凝縮されているように私には思われる。なお左思

⑯成晃の墓誌

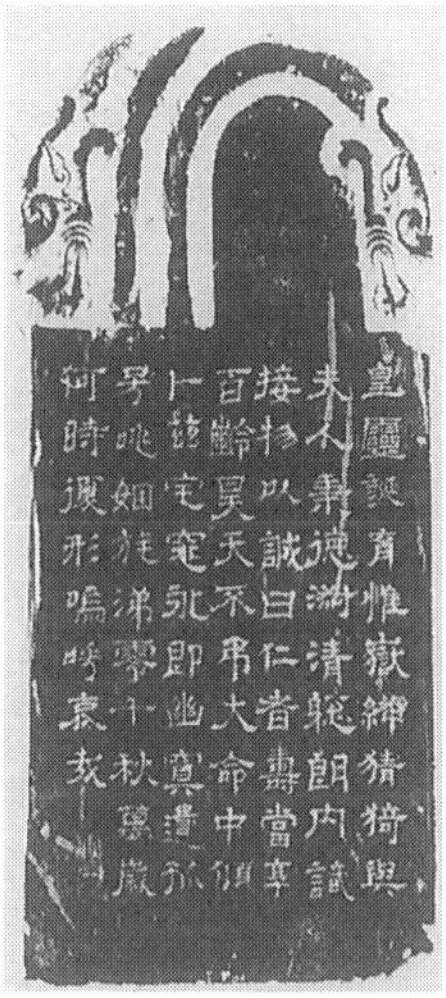

陰

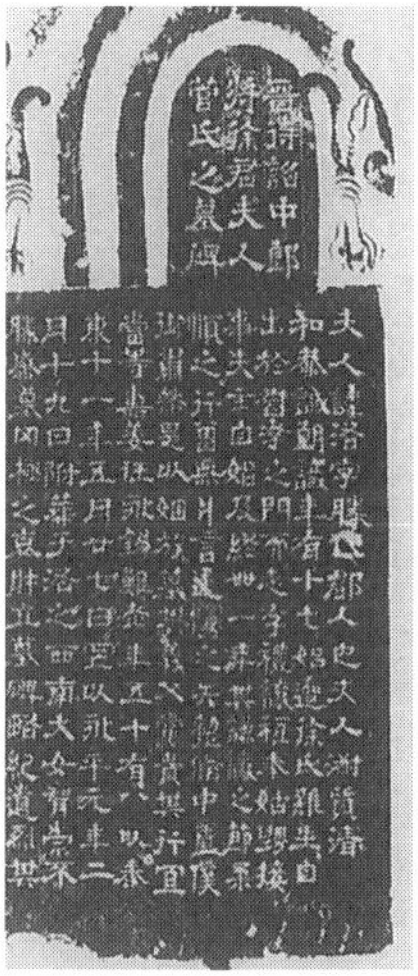

陽

⑮菅洛の墓誌

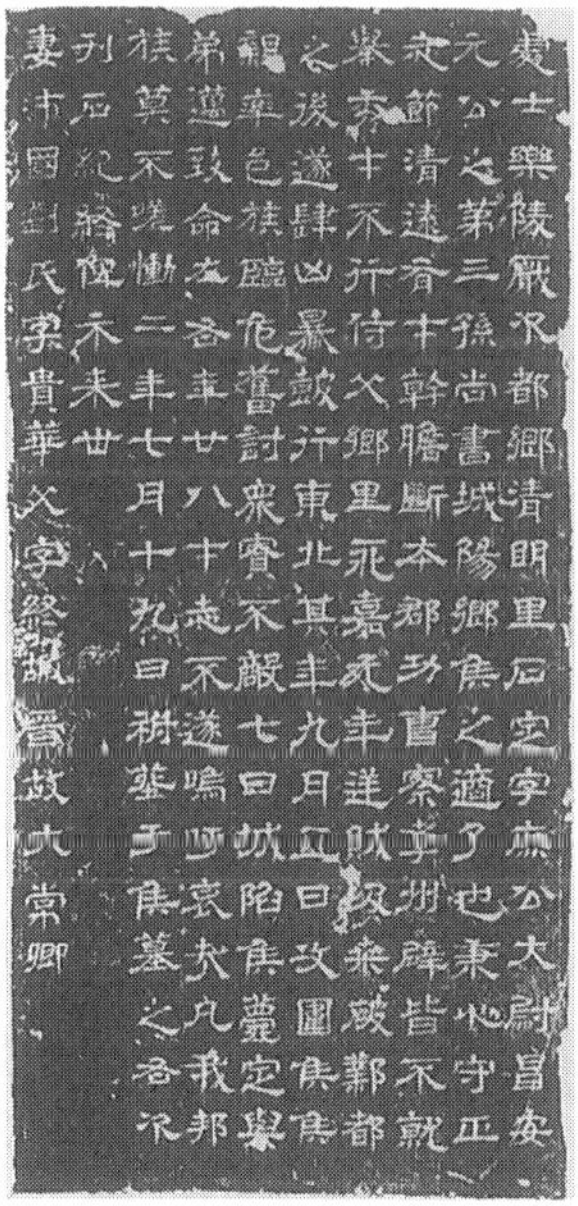

㉙石定の墓誌

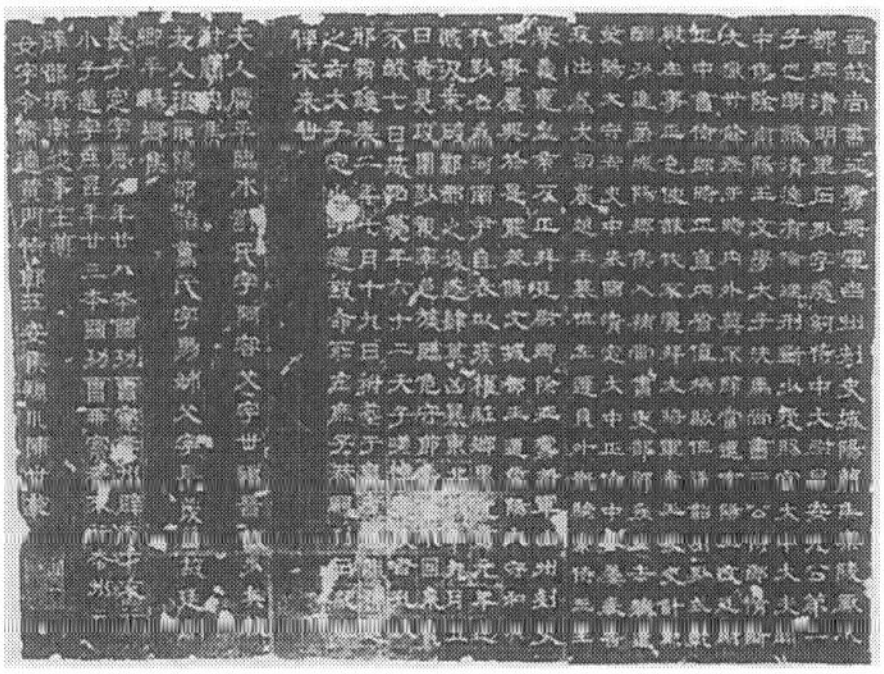

㉘石尠の墓誌

写真11 - 5

陰

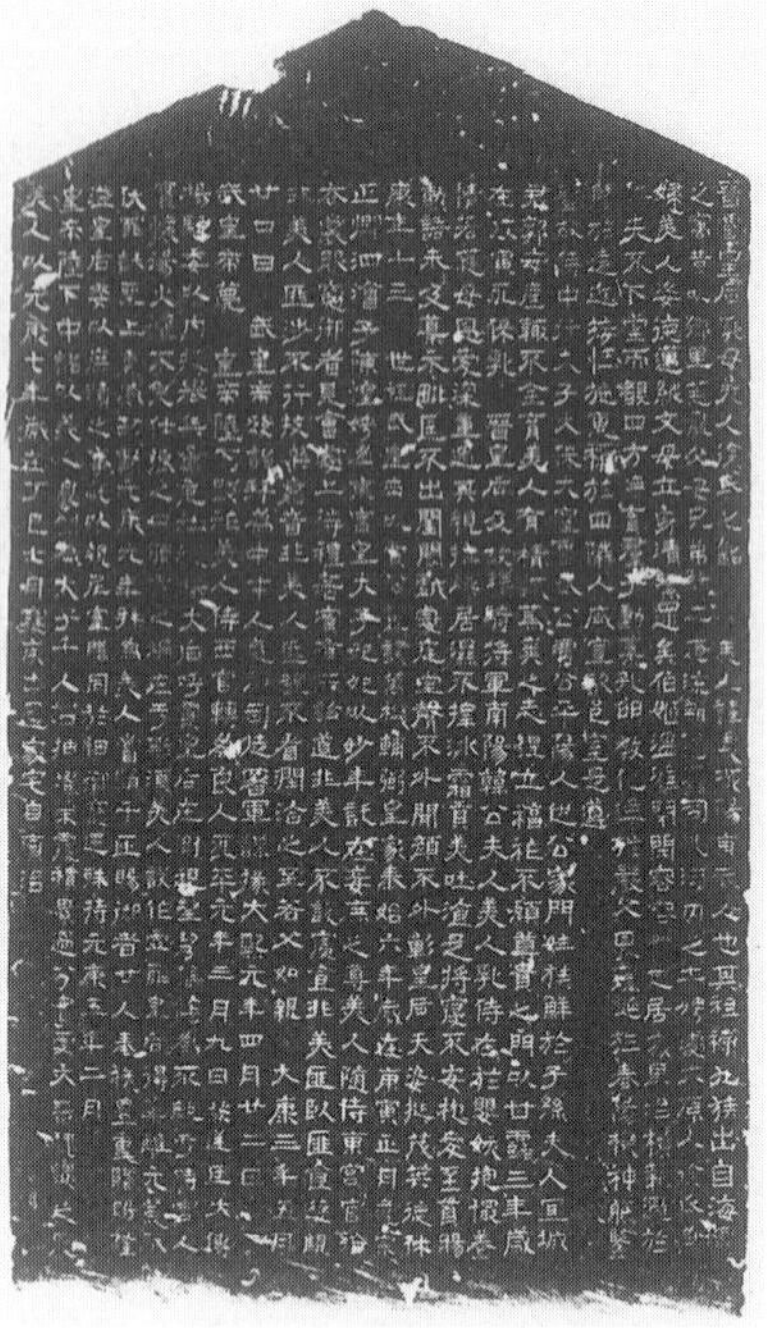

陽

写真11-6　㉒徐義の墓誌

の妹左棻に対する思いは、生前ではあるが、後宮に入る左棻に贈った「悼離贈妹詩」二首に表現されており[50]、また左棻にも「答兄思詩書」(『晋書』本伝)があった。この左棻の墓誌と祭祠という点で類似の要素をもつのが⑮菅洛、⑯成晃、㉘石尠の三墓誌(写真11-5)であり、それぞれ「大女聟」(長女の夫)、「大女聟河間東郷訓」、「庶子恭」が墓誌を制作したと刻まれている。菅洛と成晃の場合は男子がおらず、そのために長女の夫が、石尠の場合は嫡子の石定が石尠と一緒に戦い、同日戦死したので、庶子の石恭が石尠らの葬儀を営み、墓誌を制作したのであろう[51](石定の墓誌は㉙(写真11-5))。つまり長女の夫や庶子であるからこそ、言い換えるならば本来祭祠を執行すべき嫡子がいないからこそ、ことさらに墓誌を制作して明記しなければならなかったのではないか。左棻の場合は子がなく兄の次子であるのに対して、子もしくは女の夫という点で異なるが、本来被葬者の喪祭の礼をつかさどるべき嫡子を欠いている点で共通している。なお㉒徐義の墓誌（写真11－6）は「子孫攀慕断絶、永無瞻奉、嗚呼哀哉、遂作頌曰、……」とあり、徐義の息子徐烈ら子孫が追慕の主体であるが、[52] たとえば「皇后追念号咷、不自堪勝」とあるように恵帝の皇后賈南風の亡き乳母徐義に対する追慕の念こそが、このりっぱな墓誌の制作、ひいては墳墓の造営の実質的な原動力であったであろう。[53] 賈南風は幼い頃から乳母の徐義に懐いていたが、皇后に立てられてからも徐義を後宮に召して美人の官位を与えて、「見会処上、待礼若賓。有論道、非美人不聞。寝食、非美〔人〕匪臥匪食。遊観、非美人匪渉不行。技楽嘉音、非美人匪観不看。潤洽之至、若父若親」と、いつも一緒に居て全幅の信頼をおいており、徐義が病の床に臥せてからはねんごろに見舞っている。賈南風と徐義の間の親愛の情から一種の擬似的な親子関係ともいうべききずなが見出され、それが徐義の墓誌に投影しているのである。以上の西晉の墓誌に見られる点を抽象的に言うならば、墓主（被葬者）である死者に対する残された生者による家族のきずな、とくにそれを何らかの形で欠いている場合の、確認という共通項でくくることができよう。

つぎに同じ家族のきずなであるが、死者同士の家族のきずなの確認として、合葬もしくは附葬に関する記載が目に付く。たとえば⑱荀岳・劉簡訓の墓誌は陰陽両面には夫荀岳、左側面には夫人劉簡訓（右側面は子孫）の記載があり、劉簡訓の誌文の末尾の部分には「四月十八日乙酉附葬」と刻まれており、元康五年（二九五）七月に歿し、同年十月に葬った荀岳の墳墓の墓室内にその九年後の永安元年（三〇四）三月に歿した夫人劉簡訓が同年四月に「附葬」された、すなわちここに荀岳・劉簡訓夫妻が合葬されたのである。[54] また⑰裴祇の墓誌を読むと、裴祇とともに太夫人（母）伏氏、夫人馬氏、女の恵荘の三人の女性が附葬されており、誌文自体は簡潔に裴祇自身の官名、字、本籍、享年と他の三人の出自と墓室内における柩の位置を記しているのみのものであるが、裴祇

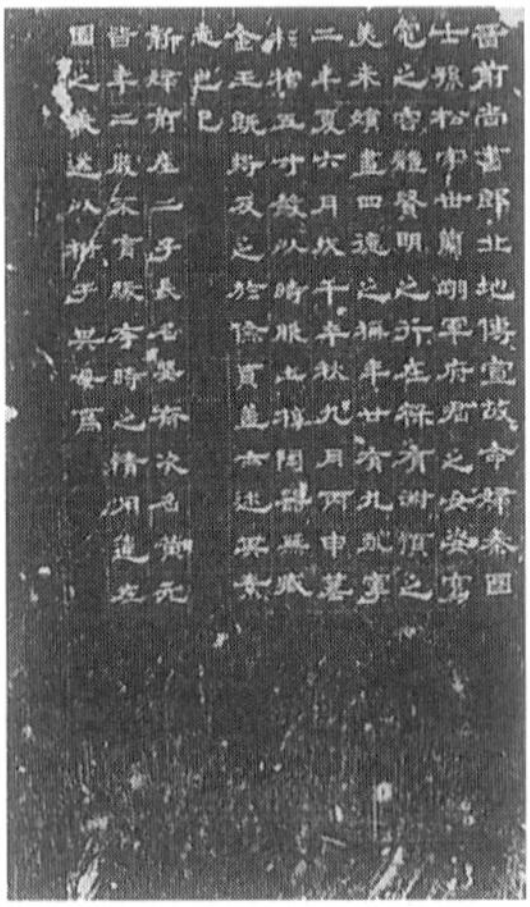

㊲士孫松の墓誌

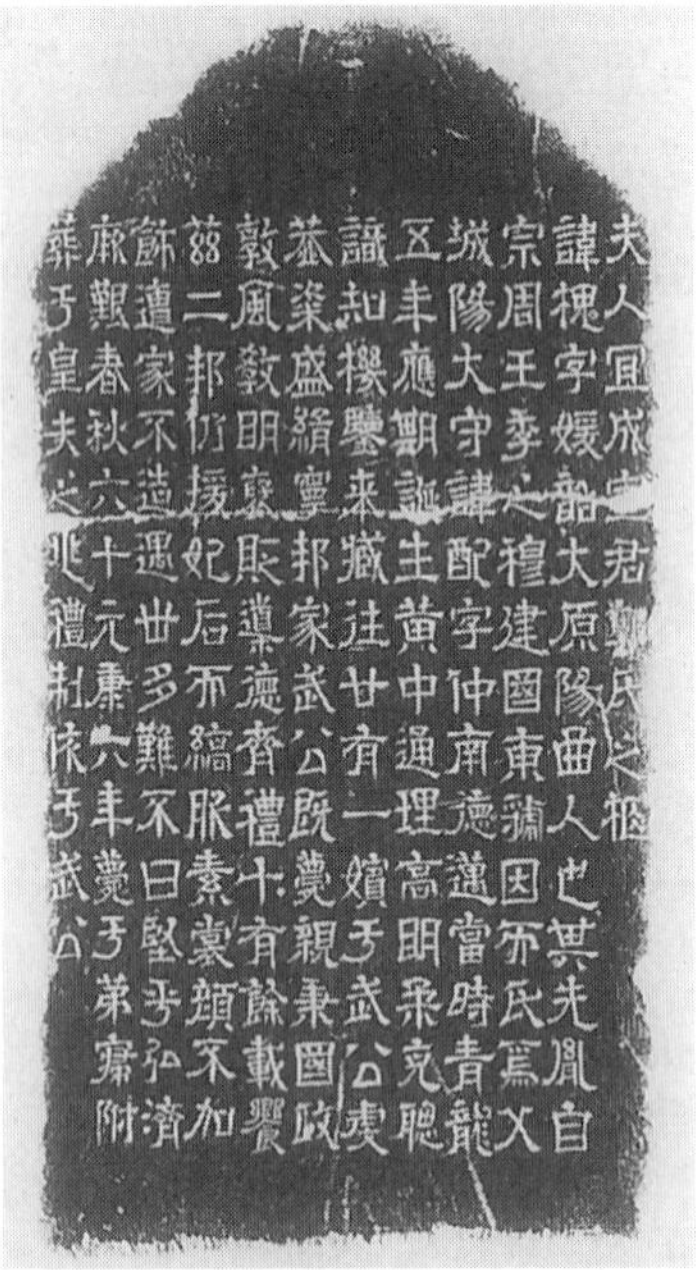

⑳郭槐の墓誌

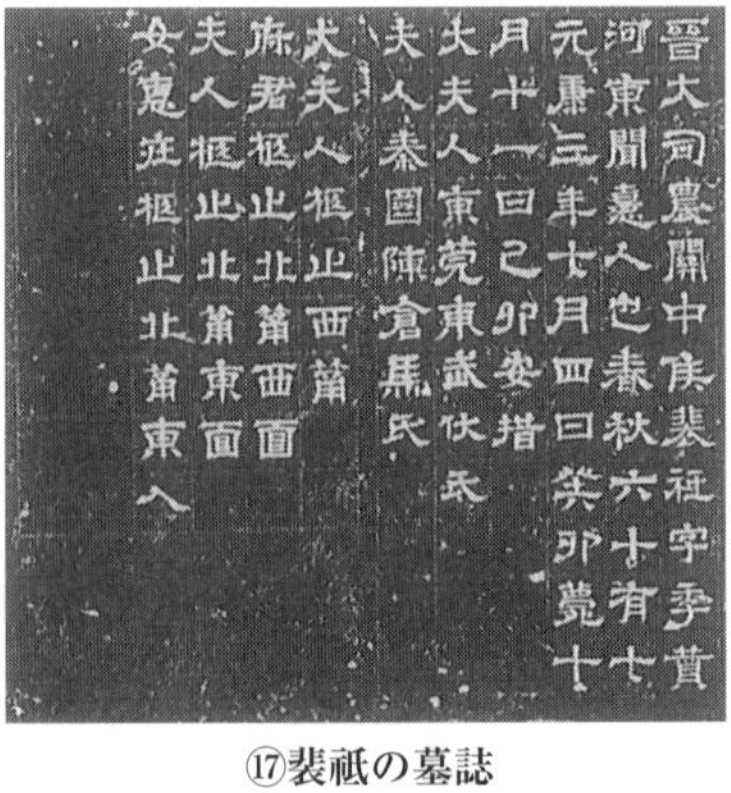

⑰裴祗の墓誌

写真 11‐7

を中心にこの家族合葬墓に仲良く安住するように、残された者が願っているように私には思われる（裴祇の甎製の墓室は洛陽古墓博物館において復元されており、太夫人の柩のあった後室（「西箱」）内に墓誌が立てられており、右の側室「北箱」に裴祇夫妻の柩が安置され、さらに側室の右の耳室（「北箱東入」のみ甎室ではなく、土がむきだしている）に女の柩が安置されていた）。(55) ⑳郭槐の墓誌（写真11－7）には「附葬于皇夫之兆」とあり、「皇夫」賈充と同じ墓室に合葬されたのではないが、同じ「兆」（兆域、墓域）に附葬されたことを記す。この墓誌制作には当時恵帝の皇后であった女の賈南風の意向が働いていたことは明らかであり、その背景には、賈充の前夫人（李豊の女）の女で斉王攸の妃であった賈褒（荃）と後夫人郭槐の女である賈南風との間の、李氏郭氏両夫人のいずれを賈充と合葬するかをめぐる確執があったが、(56) その反映のように思われる。また㉔張朗の場合（カバーの裏の写真が張朗墓誌の原石。［関野一九三五］参照）、「昊天不弔、奪我考妣」「合葬斯宇」の刻文から夫婦合葬墓の墓誌であることがわかる。(57)

その中でも最も印象に残るのは、形状などからは系列未詳に入れた(58)㊲士孫松の墓誌（写真11－7）である。誌文にはまず士孫松の妻としての良き資質と彼女の薄葬の遺志などを記した後に、改行して「新婦前産二子、長名嬰斉、次名黄元、皆年二歳不育、縁存時之情、用違在園之義、遂以祔于其母焉」と、二十九歳の若さで亡くなった士孫松は、先立って夭逝した二児の亡骸とともに合葬された旨が刻まれている。士孫松の夫傅宣に関しては『晉書』巻四十七に伝が立てられており、それによると士孫松の歿後、弘農公主を娶ったが男子に恵まれず、ついには弟傅暢の子傅沖を後嗣に定めている。(59) 士孫松を葬り、喪に服し、祭祀をつかさどったのは夫傅宣であったはずであり、墓誌を制作したのも傅宣であろう。附葬された二児と地上から隔絶した墓室内に柩を安置されたことにより、現世での、とくに夫傅宣を中心とする生者とのきずなが断たれ、現世での生の痕跡を失う亡妻、その亡妻の生の証しを石に刻むことにより永遠に残そうとした夫傅宣の追慕の思いが、刻文の書風の美しさと相い俟ってひしひしと伝わってくるように私には思われる。この士孫松の場合を左棻の場合と比較するならば、左棻

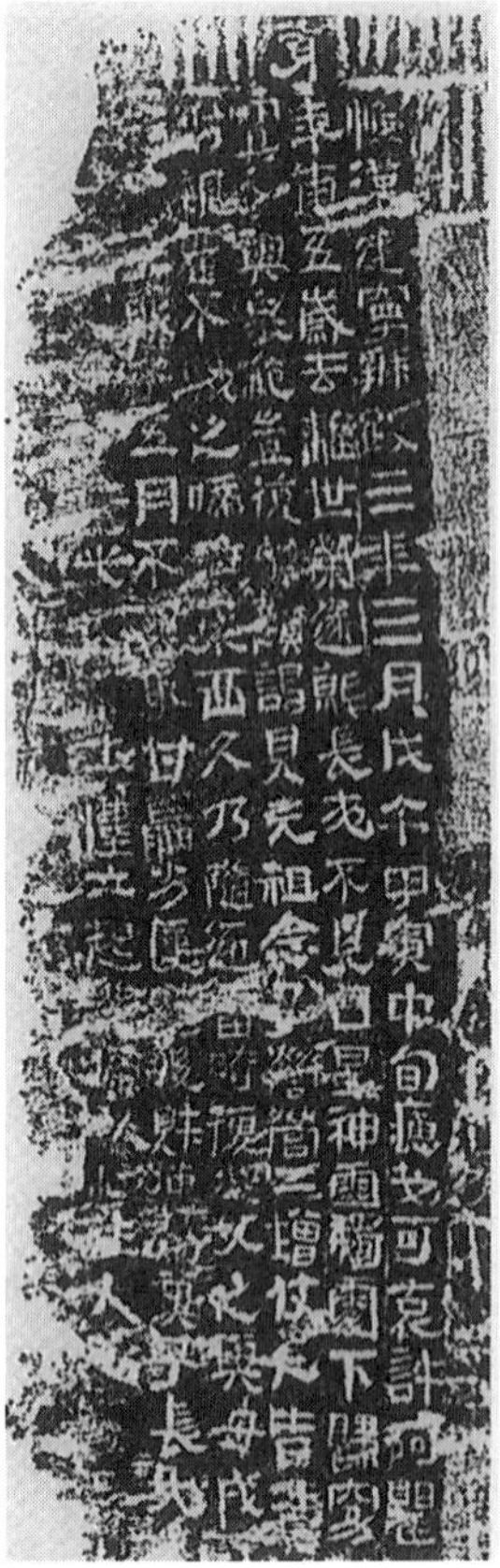
写真11 - 8　許阿瞿画像石

が後宮に入り一生嫁がなかったのに対し、士孫松は嫁いで二児をもうけたという点では対照的であるが、士孫松も早く二児を失っており、歿後における生者とのきずなの細い、孤独さという点では相い通ずる。この二人の女性の墓誌に共通に見られる、残された生者（この場合はとくに左思と傅宣）の孤独なる故人に対する鎮魂の思いこそ墓誌制作の原動力になったのではないか。

さらに推測が許されるならば、㉓左棻と㊲士孫松の両墓誌を含め、西晉の［B］系列の小型の碑形の墓誌の中で女性が墓主である墓誌が占める割合は、⑮菅洛、⑳郭槐、㉒徐義、㉗華芳、㉛劉氏（鄭舒夫人）と数えると、少なくはなく、かつ墓主こそ男性ではあるが、⑰裴祗（写真11 - 7）、⑱荀岳・劉簡訓（写真11 - 2）、㉔張朗は夫婦合葬墓、家族墓の墓誌であり、実質的には夫人ら女性をも含めた墓誌である。このようにたとえば西晉当時を対象とする文献史料『晉書』などが描く世界と比べて女性が多く登場するのは、基本的には私的な場としての「家」が墓誌制作の主体であった結果であり、あるいはさらに男系中心の社会において、より疎外される可能性が高い女性に対して、その落差を埋め合わせるが如く、鎮魂の思いを表現する墓誌が多くなるという結果に反映したのではないか。[60]

以上をまとめると、前半は祭祀などを通しての死者と生者との間の、後半は合葬などによる死者同士の、ともに家族間におけるきずなの確認が西晉の小型の碑形の墓誌の誌文中に特徴的に見られた。この死者、つまり被葬者を中心とする家族、さらには宗族、姻戚とのきずなの確認は言い換えるならば死者の現世での生の証しであり、墓誌が地上の墓碑とは異なり地下の墓室内に立てられていることからその読む対象としてまず第一に被葬者の霊が考えられていたと推測するならば、その被葬者（死者）に対する残された生者のなし得る鎮魂の唯一の表現ではなかったであろうか。そしてとりわけそのきずなの細い場合にこそ、墓誌を制作し、その誌文にきずなの確認を明記することにより、その保証を誓う必要があったのである。墓誌制作に対して家族が主体であるという点、同じ要素を時代を遡って後漢の墳墓の刻石に求めるならば、墓室内に置かれていた広義の墓誌、たとえば夭逝した愛児を傷んだ「許阿瞿画像石題記」（写真11－8）などに見出すことができるのであり、[61]また同時代の他の文化の所産に求めるならば、㉓左棻の墓誌との関連で言及した左思の古詩、妹左棻との別離をうたった「悼離贈妹詩」や女の左芳・左媛姉妹の幼い日常をうたった「嬌女詩」、左思と同じく賈謐の「二十四友」の一人に数えられる潘岳の亡き妻をうたった「悼亡詩」や夭逝した我が子を傷んだ「金鹿哀辞」など、[62]その精神が相い通ずる。それとは逆に地上に立てられ、他者、すなわち被葬者以外の家族、宗族、郷党の人々、さらには「行人」を読み手として想定し、また他の漢碑（顕彰碑、功徳碑など）と同様に門生故吏ら他者が立碑に協力し、中には碑陰に醵金した門生故吏らの姓名などを列挙している場合もある墓碑[63]と対比するならば、あくまでも読み手が死者（被葬者）の霊であり、制作の主体が家族である墓誌は公私の点で対照的である。

第四節　墓誌の成立とその歴史的意義

被葬者である死者に対する残された生者の追慕の思いを石に刻むことにより永遠に後世に伝えようとする意志が西晉の小型の碑形の墓誌の制作の原動力であった点は、先行する後漢の墓碑と共通するのであるが[64]、西晉の墓誌の場合はさらにこの章ですでに分析した如く、二つの大きな特徴が見出された。それを改めて図式化すると、

	本来のありかた	現実の状況→墓誌の制作
Ⅰ	「旧墓」の地（多くは郷里、本籍地）	「假葬」の地（現住地、異郷。多くは京師洛陽）
Ⅱ	宗族	家族（→個人）
貴族	地方の名望家	中央の官僚

となり、（Ⅰ）生活を営み墳墓を造る地という点では、郷里から離れた異郷の地で、（Ⅱ）血縁的紐帯の点では、宗族から析出された家族（さらには個人）という本来のありかたからは二重の意味で切り離され、疎外された現実の状況下において、貴族の場合は地方の名望家から中央の官僚となり、京師洛陽を本拠としたときに、始めて西晉の墓誌が登場するのである。疎外状況下における家族内での死者に対する思いが、「旧墓」の地への志向や家族ひいては宗族とのきずな、すなわち喪失した本来のありかたへの希求として表現されるのであり、こうした状況下でより尖鋭化し、より内面化した死者に対する思いが結晶したのが中国における墓誌の本質であるとする

ならば、この西晉に登場した小型の碑形の墓誌こそが中国における実質的な墓誌の起源といえるのではないか。それでは何故に墓誌が出現すべき同じ状況がそれ以前にもあったはずであるにもかかわらず、西晉時代に至って始めて墓誌が出現するのであろうか。(Ⅰ)と(Ⅱ)個々の特徴をもつ、その意味では広義の墓誌が後漢時代に現われており、その萌芽はすでに見えていた。それをさらに推進させたのは、長い眼で見れば死生観における死者の畏怖の対象から追慕の対象への転化とそれにもとづく喪葬儀礼の変化[65]、短期的には追慕の対象となった死者に対する喪葬における厚葬から薄葬への、いわばより外面的、物質的からより内面的、精神的へとの墓葬の変質[66]という文脈の中で、外圧的には第一節で触れた魏晉時代における厚葬の規制の一環としての立碑の禁止を契機に墓碑に代って墓誌が出現するのであるが、内発的には一方では仏教や道教などの宗教が熱狂的に信仰され、また一方では個人の自立的人格の表現である藝術が生み出された同時代の同じ精神状況から墓誌が成立したのであり[67]、その点では、墓誌も六朝時代の人々、とりわけ貴族が生み出した文化所産の一つに数えられるのである。それと関連して興味深いのは、西晉の墓誌が前節で見たように時期的には恵帝の治世、とくに元康年間(二九一—二九九年)に、地域的には京師洛陽に集中するが、中でも当時洛陽において専権を振った賈皇后(南風)を中心とする賈氏・郭氏ら権貴、およびそれと連なる人物の墓誌が、⑳郭槐、㉒徐義の二基あり、一方で潘岳や左思ら、墓誌とその精神が相い通ずる作品を著した文人がおり(また左思の妹㉓左棻の墓誌制作には左思がかかわっていたと思われる)、両者の繋がりを直接に示す明証はないが、賈氏一族の一員で当時の権貴の一人であった賈謐のもとにつどった「二十四友」の中に潘岳や左思が属しており、またたとえば潘岳が郭槐の誄をつくっているなど間接的に示唆する史料が存在するのであり[68]、もしも潘岳らが⑳郭槐、㉒徐義の墓誌の文章を書くなど直接にかかわっていたのならば、賈謐の「二十四友」に属する文士たちが墓誌成立に寄与していたことになる(第七章参照)。

最後にヨーロッパの墓制と比較するならば、後漢の墓碑の流行に代って西晉の墓誌が登場する変化は、ほぼ同時期の古代ローマ帝国における地上の墓碑銘の盛行からキリスト教の普及による、その消滅とそれに代って地下にカタコムがつくられるという変化と、内面化という点で相い通じるのではないか[69]。

おわりに

この章では西晉の墓誌、とりわけ［B］系列に属する小型の碑形の墓誌（「墓誌碑」）の意義に関して、第二節においてはおもに墓誌の形式面に、第三節においては内容面に焦点をしぼり、その特徴を分析した。

墓誌の形式面の特徴として、形状に関しては、小型の碑形であり、さらに碑頭の形により、圭首・円首・方首の三種からなる。刻文に関しては、書式は定型化しておらず、字数は書式が題・序・銘と完備している墓誌に多く、書体は晉隷（波磔・「折刀頭」をもつ八分の隷書）が大半である。また、時期的には、恵帝の治世に、地域的には、当時の都洛陽周辺、とくに北邙山一帯と西郊に集中している。なお、現存しないが、隋代に発見された王戎（「竹林の七賢」に数えられ、『世説新語』倹嗇篇の主役、第八章第一節）の墓誌は以上の西晉の墓誌の特徴をそなえており、真石の可能性が高い。

刻文の内容から見出せる特徴として、左思（「二十四友」に数えられる文士。第七章）の妹左棻の墓誌を中心に、その制作は、現住地での「假葬」の場合のみであり、それが洛陽周辺という地域偏在の要因であり、また、墓主と生者とのきずなの確認のためであり、きずなが細い女性の割合が多かったのである。

その結果、まず外在的には西晉の墓誌が後漢の墓碑から北魏の墓誌銘への死者追慕の刻石の大きな流れの中で、両者を繋ぐ橋渡し役の役割を果していた点を確認し得た。第一節で整理した中国における墓誌の起源に関する論考では、後漢の墓碑と西晉の墓誌との繋がりを重視する水野清一氏と西晉の墓誌と北魏の墓誌銘との繋がりを重視する中田勇次郎氏の論旨とそれぞれの部分で一致する。がその一方で、西晉の墓誌の地域的な偏在傾向を鍵に、内在的には西晉の墓誌は現住地において家族が主体という、二重の意味で疎外された状況下において始めて制作されたのであり、この西晉の墓誌こそが中国における墓誌の起源であろうと結論づけた。この結論は中田勇次郎氏の論旨と一致するが、中田氏が墓誌の書式に注目したのに対し、墓誌出現の内発的な要因、時代的な背景を重視する点で異なる。

繰り返しになるが、西晉の墓誌は、心性史的には「神」から「人」への変化、その中での外面的・物質的文化から内面的・精神的文化への変化、という二重の変化の一環である、死生観における死者の畏怖の対象から追慕の対象への変化、追慕の対象となった死者に対する厚葬から薄葬への変化の所産であり、その点では、西晉の墓誌は、たとえば、左思の妹との別離を詠《うた》った「悼離贈妹詩」や潘岳が亡き妻を詠った「悼亡詩」と同一地平線上に存するのである。

注

（1）買地券・鎮墓文に関しては池田温「中国歴代墓券略考」〔池田一九八一〕、呉天穎「漢代買地券考」〔呉天穎一九八二〕、富谷至「黄泉の国の土地売買――漢魏六朝買地券考――」〔冨谷一九八七b〕参照。
（2）北魏の墓誌には、たとえば司馬昞の墓誌を例にとると、蓋石の題字に「墓誌銘」、誌文の表題に「魏故持節左将軍平州刺史宜陽子司馬使君墓誌銘」とあるように、蓋石の題字もしくは誌文の表題、あるいは両者ともに「墓誌銘」、またはそれに類する語（「墓誌之銘」「墓誌銘并序」「誌銘」など）が題されている場合が多く、趙万里『漢魏南北朝墓誌集釈』［趙万里一九五六］巻二から巻六に収録されている北魏の墓誌二八八点中一六八点が「墓誌（志）銘」と題している。本来は散文の誌（序）と韻文の銘の結合を意味し、墓誌の中でも書式が整い完成したのをとくに墓誌銘というのであろう。なお「墓誌銘」と題する現存の最も古い墓誌は南朝宋、大明八年（四六四）に葬られた劉懐民の墓誌である。［劉鳳君一九八八］参照。

（3）［劉鳳君一九八八］では、東漢（後漢）・魏晉時期を墓誌の「産生和探索的時期」、南北朝時期を「発展和定型時期」とし、南北朝時期を東漢・魏晉から隋唐への「過渡時期」とみなしており、また［中田一九七五］でも、隋唐に至り、誌面に撰者と書者が表記されるようになり、ここに名実ともに完成するのであり、その点では北魏の墓誌はいまだ過渡的であると論ずるが、書式・形体など基本的には北魏において定型化が完成したとみなしてよいと思われる。

（4）［羅宗真一九八〇］四七頁「早年墓志、僅僅記載死者姓名・籍貫・年齢・身份和生卒年月以及埋葬時間地点、或者更簡略一些。後来才陸続有生平事略和頌詞銘文。因此可以認為、如果基本上具備了前者的条件、即応称為墓志」。羅宗真氏は（イ）をも墓誌とみなしており、それは後述の墓誌の起源の二つの系列のうち（A）をも墓誌とみなすことに繋がる。

（5）『文選』巻五十九、墓誌の李善注に「呉均『斉春秋』、王倹曰、石誌不出礼典、起宋元嘉顔延之為王琳石誌」とあり、同じ内容の記事が『南斉書』巻十、礼志下にあるが、「有司奏、大明故事、太子妃玄宮中有石誌、参議墓銘不出礼典、近宋元嘉中、顔延〔之〕作王球石誌、素族無碑策、故以紀徳、自爾以来、王公以下、咸共遵用、……」と、王倹の議論の次の有司の上奏の内容とする。『文選』李善注の「王琳」、『南斉書』礼志の「王球」は同一人物であり、『宋書』巻五十八、王球伝に「唯与琅邪顔延之相善」とあり、王琳は王球の誤りであろう。『藝文類聚』所収の傅亮（卒年は元嘉三年（四二六））の「墓銘」（巻五十）、建平王劉宏（卒年は大明二年（四五八））の「墓誌」（巻四十八）などが墓誌の劉宋起源説の傍証に挙げられる。［中田一九七五］南北朝の墓誌、南朝参照。

（6）趙翼『陔餘叢考』巻三十二、「墓誌銘」には、墓誌銘の始まりに関する議論を紹介し、また文献史料に残る古来の墓誌らしき刻石について丹念に列挙した上で、「由此数事以観、則墓銘之来已久、而王倹謂始自宋元嘉中顔延之、此又何説、竊意古来銘墓但書姓名官位、間或銘数語於其上、而譔文叙事臚述生平、則起於顔延之耳」と結論づけており、一応（イ）の要件を満たした墓誌の存在を認め、「墓銘」と呼んだ上で、（ロ）に限定したのを完全な墓誌銘と認め、それが南朝宋の元嘉年間に始めて現われたと解釈している。

(7)『西京雑記』（四部叢刊本）巻三に「杜子夏葬長安北四里、臨終作文曰『魏郡杜鄴、立志忠款、犬馬未陳、奄先草露、骨肉帰於后土、気魂無所不之（『礼記』檀弓下にもとづく）、何必故丘、然後即化、封於長安北部、此焉寝息』。及死、命刊石、埋於墓側。墓前種松柏樹五株、至今茂盛」とあり、杜鄴（杜子夏）自身が文章を作っている。杜鄴に関しては『漢書』巻八十五、本伝参照。『博物志』（[范寧一九八〇]による）巻七、異聞に「漢西都時、南宮寝殿内有醇儒王史威長死、葬銘曰『明明哲士、知存知亡、崇隴原壟、非寧非康、不封不樹、作霊乗光、厥銘何依、王史威長』」とある。ともに前漢時代に属し、かつ六朝時代に成立した小説に収められている点が共通している。小南一郎『中国の神話と物語り――古小説史の展開――』[小南一九八四]第二章、「西京雑記」の伝承者たち参照。

(8)『古誌石華』（黄本驥輯『三長物齋叢書』（道光中湘陰蔣氏刊本）所収、新文豊出版公司編輯部編『石刻史料新編』第二輯第二冊所収）巻一には墓誌の例として、まず漢の「王威長」「杜鄴」が、ついで晋の「無名氏」（元康二年（二九二））「王献之保母李氏」「劉韜」と続く。ちなみに『古誌石華』三十巻の解題は『中国墓誌精華』[中田編一九七五]の「墓誌主要文献解題」にあり、それによると道光八年（一八二八）の自序があり、同二十七年（一八四七）に増補版が刊行された、という。漢の墓誌が文献史料であるのに対し、晋の墓誌は明清代以前の出土にかかる史料であるが、「無名氏」は原石が不明、「王献之保母李氏」は偽刻の疑いが濃く、「劉韜」は原拓のみ現存（表11-2㉚）。

(9) なお北宋の高承『事物紀原』巻九「墓誌」では衛霊公の故事、比干の墓誌の発見、前漢の夏侯嬰の逸話を引用して、「則墓之有誌、其来遠矣」と説く。この場合は（イ）の立場よりもさらに広義に解釈し、地中の墓室に関する刻石を指している。[中田一九七五]の「墓誌の淵源」参照。

(10) ようやく出土しはじめた新出の墓誌に関する知見を踏まえた清末の葉昌熾は、その著『語石』の中で、三国魏以前に墓誌はなく、晋に至り始めて墓誌が登場するが、それはわずかに姓名・年月・爵里などのみを刻んだもので、銘詞をもつ完全な墓誌は南北朝になって始めて登場すると説き（巻四「墓誌」）、結果的には趙翼と同じ認識となった。西晋の墓誌の出土時期に関しては注（13）参照。

(11)『宋書』巻十五、礼志二「漢以後、天下送死奢靡、多作石室石獣碑銘等物。建安十年、魏武帝以天下雕弊、下令不得厚葬、又禁立碑。魏高貴郷公甘露二年、大将軍参軍太原王倫卒、倫兄俊作『表徳論』、以述倫遺美、云、祇畏王典、不得為銘、乃撰録行事、就刊於墓之陰云爾。此則碑禁尚厳也。此後復弛替。晋武帝咸寧四年、又詔曰、此石獣碑表・既私褒美、興長虚偽、

傷財害人、莫大於此、一禁断之、其犯者雖会赦令、皆当毀壊」。また『太平御覧』巻五八九、文部、碑に「晋令曰、諸葬者、皆不得立祠堂・石碑・石表・石獣」とある。『晋令』とは泰始四年（二六八）に完成した泰始律令の令の部分か。［魏鳴一九八六］参照。

（12）「孔君墓碣」について葉昌熾『語石』巻四「墓誌」に「惟曲阜孔君碑出於墓中、額止『孔君之墓』四字、其即如後世之墓誌歟、然叙事文頗簡質、与他漢碑無異、蓋誌石不過二三尺、横亦如之、壙中為地甚隘所容止此、故其為文不過略述生平梗概」とある。ただ本当に墓室から出土したかどうかについては疑問が残る。また日比野丈夫氏は「孔謙碣」に関しては高さ五二センチメートル、幅二三センチメートルという小型であり、墓室に安置されていた方が自然であると推測される。王昶『金石萃編』巻九、漢、「孔謙碣」「孔君墓碣」参照。

（13）表作製に利用した文献を個々の墓誌ごとに列挙する。頻出の文献は［　］内の略称で示す。索引類としては楊殿珣『石刻題跋索引』（増訂本）［楊殿珣一九五七］［索引］、永田英正編「新出石刻資料一覧」［永田一九六七］［一覧］、氣賀澤保規「中国新出石刻関係資料目録」（1）［氣賀澤一九八一］、（2）［氣賀澤一九八二］、（3）［氣賀澤一九八三］、（4）［氣賀澤一九八九］、（5）［氣賀澤一九九二］【補注】（6）［氣賀澤一九九七］［目録］。以下、個々の墓誌の拓本や解説などが掲載されている文献を年代順に挙げる。劉承幹『希古楼金石萃編』［劉承幹一九三三］［希古楼］、郭玉堂訪記・王広慶校録『洛陽出土石刻時地記』［郭玉堂一九四一］（氣賀澤保規氏恵贈の複写による。なお人文雑誌第四期、一九五七年に「介紹「洛陽出土石刻時地記」」（程仲皋）の記事がある）［時地記］、羅振玉『墓誌徴存目録』［羅振玉一九四三］［徴存］、趙万里『漢魏南北朝墓誌集釈』［趙万里一九五六］［集釈］、平凡社刊『書道全集』第三巻、中国三、三国・西晋・十六国、一九五九年［書道三］、第二十六巻、中国・補遺、一九六七年［書道二十六］・中田勇次郎編『中国墓誌精華』［中田編一九七五］［精華］、方若原著、王壮弘増補『増補校碑随筆』［方若一九八一］［校碑］（増補の部分は（増））、王壮弘・馬成名『六朝墓誌検要』［王壮弘・馬成名一九八五］［検要］、馬子雲『碑帖鑑定浅説』［馬子雲一九八六］［浅説］、平凡社刊『中国書道全集』第二巻、魏・晋・南北朝、一九八六年［中国書道］、北京図書館金石組編『北京図書館蔵中国歴代石刻拓本匯編』第二冊、三国・晋・十六国・南朝（中州古籍出版社、一九八九年。本章の墓誌の拓本の写真の多くはこの書から転載）［匯編］、西林昭一責任編集・執筆『ヴィジュアル書藝術全集』第四巻、三国―東晋（雄山閣、一九九一年）［書藝術］。【補注】趙超『漢魏南北朝墓誌彙編』［趙超一九九二］［彙編］。

①張□　検要。

②鮑寄　索引。時地記、集釈、検要、書藝術、彙編。羅振玉『芒洛冢墓遺文』四編補遺（民国中）。次の③鮑捐と対。

③鮑捐　索引。時地記、集釈、検要、書藝術、彙編。『芒洛冢墓遺文』四編補遺。

④馮恭　索引。集釈、検要、匯編、彙編。

⑤楽生　索引。時地記、徴存、集釈、検要、浅説、匯編、彙編。方形の石製の「墓記」（「元康三年八／月十七日陽／平楽生年七十／物故」）と長方形の瓴製の「柩銘」（「陽平楽／生之（止）柩」）からなる。

⑥張普　匯編。二種の陽文隷書（界線あり）のスタンプ。一種は「魏景元元年使持節／護烏丸校尉幽州刺／史左将軍安楽郷侯／清河張普先君之墓」、もう一種は「張使君兒（？）／墓同年造」と刻す。④馮恭、⑬和国仁との類似。

⑦張盛　検要。

⑧張光　匯編、彙編。「泰始元年□陽張光」（傍に小さく「□□□」）。隷書であるが乱雑な字。

⑨張圭の妻　時地記、検要。

⑩蔣□　検要（「蔣之」につくる）、彙編（「蔣之」につくる）。［呉興漢一九六三］。正書。

⑪鄧元の女　索引。検要。端方『匋斎臧石記』巻四。「六月廿三日／鄧元女喪／元康七年六月廿三日」。

⑫賈栄　時地記、検要。時地記によると郭玉堂自身が一元で入手している。

⑬和国仁　徴存、検要、浅説、匯編。④馮恭との類似（書式、制作年、出土地）。

⑭王文伯　一覧（太康八年残墓誌）、目録（1）（2）（5）（西晉紀年残墓誌）。浅説、匯編、彙編。［河南省文化局文物工作隊第二隊一九五七］。誌文を復元するならば「大康八年□（閏）□（八）□（月）／乙巳朔歳□（在）□（丁）□（未）／晉故中郎□（楽）□（安）□（寿）／光人姓王□□（字）／文伯年□□（十）□□」となるのではないか。

⑮菅洛　索引。時地記、徴存、集釈、検要、浅説、匯編、彙編。［陝西省博物館一九八八］・集釈。［陝西省博物館一九八八］以外は「菅」を「管」につくる。

⑯成晃　索引。希古楼、時地記、徴存、集釈、書道三、検要、浅説、中国書道、匯編、書藝術、彙編。［河南省文物研究所・河南省洛陽地区文管処一九八四］（上）。

⑰裴祇　目録（2）（5）。精華、浅説、中国書道、書藝術、彙編。［日比野他一九七四］、［黄明蘭一九八二a］、［洛陽古墓

博物館一九八七」（裴祇とその家族の死を八王の乱と結び付けて説くのは誤りである）。家族墓の墓誌。

⑱荀岳・劉簡訓　索引。希古楼、時地記、徴存、集釈、書道三、精華、校碑（増）、検要、浅説、匯編、彙編。羅振玉『芒洛冢墓遺文』三編（民国中）、平凡社刊旧版『書道全集』第四巻（一九三一年）、［関野一九三五］。欧陽輔『集古求真』巻一、小楷上「荀岳墓石」は偽刻とする（同『補正』巻一、小楷「荀岳墓誌」参照）。夫婦合葬墓の墓誌。墓誌の表裏に元康五年（二九五）に葬られた夫荀岳に関して、右側面に永安元年（三〇四）に葬られた夫人劉簡訓に関して記す（左側面は子孫）。墓誌が元康五年に制作され、永安元年に刻み加えられたのか、あるいは永安元年に始めて制作されたのか、よくわからない。

⑲王□君侯　時地記、匯編。題額の中に墓誌の要素が入っている（④馮恭、⑮和国仁と共通）。「瓦製」、円首、「君侯」の称などの点で㉑魏雛と類似。

⑳郭槐　索引、目録（2）（5）。時地記、徴存、集釈、書道三、精華、検要、浅説、匯編、彙編。

㉑魏雛　索引。時地記、徴存、集釈、検要、浅説、彙編。平凡社刊旧版『書道全集』。浅説は「雛」を「鄒」につくる。石柱が附属し、「元康八年二月甲戌朔十日／将軍魏君之神柩也」と刻む。誌文から魏雛は武官系統の人物であったことが推定される。

㉒徐義　一覧（徐美人墓誌）、目録（1）（2）（3）（4）（5）（6）。精華、検要、浅説、中国書道、匯編、書藝術、彙編。［河南省文化局文物工作隊第二隊一九五七］、『中華人民共和国河南省碑刻画像石』［日比野他一九七四］。陳直「晉徐美人墓石考釈」［陳直一九八〇］。

㉓左棻　索引。時地記、徴存、集釈、書道三、検要、浅説、匯編、彙編。

㉔張朗　索引。希古楼、時地記、徴存、集釈、書道三、校碑（増）、検要、浅説、匯編、書藝術、彙編。平凡社刊旧版『書道全集』、［関野一九三五］。関東大震災で破砕、その後修復。夫婦合葬墓の墓誌か。

㉕劉宝　目録（5）。［劉鳳君一九八八］。【補注】［羅新・葉煒二〇〇五］。

㉖張纂　検要、浅説。

㉗華芳　一覧、目録（1）（2）（3）（5）（6）、書道二十六、精華、検要、浅説、匯編、書藝術、彙編。北京市文物工作隊（郭存仁）「北京西郊西晉王浚妻華芳墓清理簡報」［北京市文物工作隊（郭存仁）一九六五］（［曹子西・于徳源一九八六］に再録）、邵茗生「晉王浚妻華芳墓志銘釈文」［邵茗生一九六六］。［郭伯南一九九〇］に墓誌と同時に出土した「玻璃碗」に

ついて記す。
㉘石尠　索引。希古楼、時地記、徴存、集釈、校碑（増）、検要、浅説、匯編、彙編。『芒洛冢墓遺文』四編補遺。次の㉙石定と同型で同時に出土。石尠と石定は父子で永嘉の乱の最中、永嘉元年（三〇七）九月七日の落城の際に枕を並べて討死し、翌二年七月十九日、二人の遺骸が、石定が石尠に附す形で葬られた。
㉙石定　索引。希古楼、時地記。徴存、集釈、精華、校碑（増）、検要、浅説、匯編、彙編。『芒洛冢墓遺文』四編補遺、平凡社刊旧版『書道全集』。
㉚劉韜　索引。時地記、徴存、集釈、書道三、校碑、検要、浅説、匯編、彙編。王昶『金石萃編』巻二十五など。平凡社刊旧版『書道全集』。［徐自強一九八八］、劉声木『寰宇訪碑録校勘記』巻一では「墓志」ではなく「神道闕」とする。
㉛劉氏（鄭舒夫人）　索引。時地記、徴存、集釈、検要、浅説、匯編、彙編。
㉜［杏園三四号墓］　目録（4）（西晋代墓誌碑）。書藝術、「河南偃師杏園村的両座魏晋墓」［中国社会科学院考古研究所河南第二工作隊一九八五］。碑陰に漢碑の如く人名が列挙されている。
㉝荀焯　浅説。
㉞魯銓　匯編。匯編は「銓」を「詮」につくる。戦死者の墓誌。誌文を勘案するに偽刻の可能性がある。
㉟杜謖　［西林一九八九］成都市博物館、［高文・高成剛一九九〇］六朝。前者は「杜謖造冢墓石」、後者は「杜謖冢志」と掲げており、冢墓の造営に関して誌されている。前者の拓本は誌文のみに対し、後者の拓本では誌文の上部に鎮墓獣が刻まれている。また前者によると、原石は成都市博物館所蔵であるが、後者は不明とする。出土地に関して、私が西林氏に直接にうかがったところでは成都市南郊の空港であるのに対し、後者は双流県の図書館とする。以上の如くいくつか疑問が残る。
㊱徐文□　徴存、検要、匯編、彙編。「其子其□ト□改□（葬）西去旧墓七有一／□国治□（卌）□（有）五西南去□□□」と改葬に関して誌す点、⑱荀岳・劉簡訓と共通する。
㊲士孫松　一覧（孫世蘭墓誌）、目録（1）（3）（5）（6）。精華、浅説、中国書道、書藝術、彙編。［河南省文化局文物工作隊第二隊一九五七］、［陳直一九五八］、［日比野他一九七四］。誌文の内容、書体から判断するならば［B］系列の小型の碑形の墓誌と同質である。
㊳王□　時地記。検要、浅説、匯編。刻文は「晉故虎／牙将軍／王君表」で二石。「表」と表現する点、五胡十六国時代に

表11-4　西晉の墓誌の出土時期

時代	年代	被葬者
清朝乾隆・嘉慶間		㉚劉韜
宣統元年（一九〇九）		㉑魏雛
清末		㉖張纂
民国時代	一九一六年	㉔張朗
	一七年	⑱荀岳・劉簡訓
	一九年	㉘石尠
		㉙石定
		㉛劉氏（鄭舒夫人）
	二三年	⑤楽生
	二五年	⑯成晃
	二六年	⑨張圭の妻
		㊳王□
	二八年	⑫賈栄
	三〇年	⑮菅洛
		⑳郭槐
		㉓左棻
	三六年	⑰裴祇
共和国時代	五三年	⑭王文伯
		㉒徐義
	五四年	㊲士孫松
	六一年	⑩蔣□
	六五年	㉗華芳
	八四年	㉜［杏園三四号墓］

多い「墓表」（たとえば「梁舒墓表」前秦、「崔遹墓表」後燕、「呂憲墓表」後秦、書道博物館所蔵、「鎮軍梁府君墓表」後涼―西涼。［西林一九八九b］参照）に繋がるのであろうか。

④馮恭に先行する漢の石槨題字として、「郭季妃石槨題記」「郭仲理石槨題字」がある。［王壮弘・馬成名一九八五］参照。

⑤楽生に先行する漢の墓記として、「賈武仲妻馬姜墓記」がある。［高文一九八五］参照。［王壮弘・馬成名一九八五］では「墓誌」と表記する。

墓甎の中でも墓誌の要素がある刻字甎に限った。具体的には［王壮弘・馬成名一九八五］に挙げられている墓甎であり、それに『北京図書館蔵中国歴代石刻拓本匯編』第二冊所収の墓甎を加えた。

出土時期がわかっている西晉の墓誌を整理したのが上の表11-4「西晉の墓誌の出土時期」であり、この表から以下のことがくみとれる。清朝の時代に発見されたのは㉚劉韜・㉑魏雛・㉖張纂の三基のみで、しかも㉚劉韜以外の二基は同じ清朝でも末年であり、清朝の金石学者には西晉の墓誌はほとんど知られていなかったことがわかる。ちなみに王昶の『金石萃編』（嘉慶十年（一八〇五）刊）には劉韜の墓誌一基が採録されているのみで（巻二十五）、陸増祥『八瓊室金石補正』には西晉の墓誌は採録されていない。民国期に入り、とくに一九一六年から三〇年にかけて、㉔張朗以下十三基の墓誌が陸続として発見された。その一因は民国十年（一九二一）前後の洛陽鏟の発明による邙山の陵墓を中心とする発掘ブームにある（[馬子雲一九八六]、[馬子雲（栗林俊行訳）一九八八]の八九―九〇頁。注（29）参照。ちなみにこの時期までのおもな墓誌は[趙万里一九五六]に収録されている。その後、日中戦争・国共内戦の空白期を迎える。ただこの間にも⑰裴祗の墓誌が盗掘により発見されている（一九三六年）。中華人民共和国が成立した一九四九年以降、都合六基が発見されている。

(14) 三国から西晉にかけて何度か発布された禁令により後漢に比べて数は減るものの墓碑、神道碑が立てられており、現存するものとしては魏の「孔羨碑」（黄初元年（二二〇）、山東曲阜、拓本は一四四×八一センチメートル）、「范式墓碑」（青龍三年（二三五）、山東任城、陰に門生故吏名?）、「霍君神道碑」、呉の「谷朗墓碑」（鳳皇元年（二七二）、湖南耒陽、拓本は一一五×七五センチメートル、碑側に題名）、「葛祚碑」、西晉の「郛休碑」（泰始六年（二七〇）、山東掖県、拓本（陽）は二〇九×八九センチメートル、陰に故吏ら立碑関係者の名）・「孫氏碑」（任城太守羊夫人。泰始八年（二七二）、山東新泰）、「韓寿神道闕」（洛陽で出土、原石は関林が所蔵。【補注】洛陽博物館新館に移置か）、「王君神道闕」（太康五年（二八四）、山東安丘）・「趙府君墓闕」などがあるが、地域的には多くが現在の山東省から出土、時期的にも三国から西晉初めのものが多く、また碑の大きさも拓本の大きさから判断するに西晉の碑形の墓誌よりも大きい。たとえば西晉の墓誌の大部分が高さ一メートル以下であるのに対し、地上の墓碑などは一メートル以上である。

(15) 買地券に関しては注（1）参照。神亭壺に関しては、長谷川道隆「呉・晉（西晉）墓出土の神亭壺」[長谷川一九八六]、小南一郎「壺型の宇宙」[小南一九八九]参照。

(16) 魏から西晉にかけての墓誌あるいはそれに類する石刻の偽刻を、『増補校碑随筆』[方若原著、王壮弘増補一九八一]附偽刻（原著**印・増補*印）・『六朝墓誌検要』[王壮弘・馬成名一九八五]（△印）・『碑帖鑑定浅説』[馬子雲一九八六]（×印）により列挙すると、魏では、孫二娘等（「題名」、黄初元年（二二〇）三月、**×）、王五娘等（「題名」、黄初元年三月、**×）、任達（正書、景初二年（二三八）十一月、△）、高堂隆（正書、景初二年、△）、管寧（「碑」隷書、正始二年（二四一）十月、*）、諱墳（正書、嘉平元年（二四九）三月、△）、王縄武（正書、甘露五年（二六〇）□月十六日、*△）、陳景（陳璟。正書、景元三年（二六二）九月六日、*△）、張輔国（楷書、咸熙元年（二六四）九月二十九日、**△×）、西晉では張永昌（「神柩」、夫人天水趙氏「造像」（原石は西安碑林所蔵）。隷書、泰始四年（二六八）七月、＊。△は疑偽刻）、房宣（「墓版」「墓甎」、太康三年（二八二）二月、＊＊×）、王興（隷書、永熙元年（二九〇）、△）、王濬（「墓誌銘」隷書、永平□（七）年、＊＊△×）、周章（「墓記」正書、太康十五年五月、△）、劉遽（「墓石題字」、元康六年（二九六）四月七日、＊△）、郭少女（「残石」隷書、永嘉二年（三〇八）五月、＊）、李子忠（「残誌」、年月を泐す、＊＊×）、永安侯（「墓石」「墓刻石」隷書、＊△）、管夫子（「碑」、⑮菅洛の形式と書法を下敷きにする、×、おそらく魏の管寧と同じ偽刻を指すのであろう）、呂猛妻馬（「墓碣」隷書、＊。△は疑偽刻）があり、とくに房宣の墓誌は葉昌熾の『語石』（宣統元年（一九〇九））巻一、晉二則や端方『匋斎臧石記』（宣統元年）巻四、晉に著録されていたが、誌文の「晉故使持節都督青徐諸軍事征東将軍軍司、関中侯、房府君之墓。君諱宣、字子宣、和明人也。璝君之子、夫人王氏。太康三年二月六日」は、西晉の墓誌の中でも清の乾隆嘉慶年間と最初に出土した㉚劉韜の墓誌の誌文「晉故使持節都督青徐諸軍事征東将軍軍司、関中侯、劉府君之墓。君諱韜、字泰伯、叔孝処士君之元子也。夫人沛国蔡氏」を下敷きにしていることは明らかであり（官職が同じ点はすでに端方の『匋斎臧石記』が指摘している）、また形や書法なども同時代の墓誌と比較するならば異質である。王濬の墓誌の王濬は西晉の呉平定の立役者の一人で『晉書』巻四十二に伝が立てられているが、その死について「太康六年（二八五）卒、時年八十、謚曰武。葬柏谷山、大営塋域、葬垣周四十五里、面別開一門、松柏茂盛」とあり、「永平七年」（「永平」の元号は二九一年のしかも二ヶ月間のみ）と矛盾する。永安侯の墓石を『六朝墓誌検要』〔王壮弘・馬成名一九八五〕は偽刻とするが、『中国書道全集』第二巻〔平凡社刊一九八六〕に著録されている。『六朝墓誌検要』は張永昌と馬氏（呂猛妻）を「疑偽刻」とし、私自身も偽刻の可能性が高いと思うが（張永昌は他の同時代の墓誌とは異質であり、馬氏（呂猛妻）は前漢の「賈武仲妻馬姜墓記」を踏まえているふしが窺われ、誌文に「呂猛妻馬」とあるのもおかしい）、一応除外しない。なお、北京図書館金石組編『北京図書館蔵中国歴代石刻拓本匯編』〔北京図書館金石組一九八九〕第二冊（三国両晉南北朝Ⅰ）の「三国、魏」に採録されている墓誌の拓本の中で、「何晏碑誌」は誌文に「仲達題寄」とあり、何晏を誅殺した司馬懿（字が仲達）が作製し、しかも字を記す点、また「明帝五年」という書き方や明帝の太和五年（二三一）と何晏の卒年である正始十年（二四九）の矛盾などから、「管寧墓誌」は標題に「大儒管夫子碑」とあり、『増補校碑随筆』『碑帖鑑定浅説』が偽刻とみなす「管夫子」の墓誌であり（ただ⑮菅洛の形式と書法を見出せない）、「陳蘊山墓誌」は標題が「大魏故陳□墓誌」とあるが、この時代の墓誌では「大魏」「墓誌」と称する例がなく、「河南人」で河南洛陽の出土というが、後で論ずるように洛陽出土の墓誌の被葬者の本籍はすべて他郷である点からも矛盾し、また景元二年の明年（二六二、壬午）が「辛巳」年とするのも不可解で、しかも書体が正書である点からも偽刻の可能性が高く、除外した。

(17) 残碑、残誌、残石に関して、「王基残碑」（景元二年（二六一）卒、河南洛陽で出土、拓本は一一三×九三センチメートル。原石は洛陽の関林が所蔵）、「張君残碑」（河南出土、拓本一〇二×四五センチメートル）、「司馬芳残碑」（司馬芳は司馬懿の父司馬防に比定されているが、疑問点があり、また立てられたのは北魏の時であろう。陝西西安出土、原石は陝西省博物館碑林が所蔵）はその大きさから、「袁君残碑」は碑陰に故吏を列挙している点から、おそらくは地上に立てられた墓碑、紀功碑、顕彰碑の類であろう。「西郷侯残碑」「当利社残碑」は如何なる性質のものかは不明。ただ「虔恭残石」（[北京図書館金石組一九八九]所収）のみは墓誌の可能性が高い。残石（拓本二八×二二センチメートル、隷書）の誌文に「虔恭徽漠九十」「孟化成軻背景啓推□」「不存貞順節義貴」と、⑳郭槐の墓誌と同じ「虔恭」の語句が見られ、他の残存する誌文からも女性の墓誌の可能性が窺える。なお⑭王文伯、㉛劉氏（鄭舒夫人）、㉜[杏園二四号墓]も残石であるが墓誌であるのが明白であるので除外しなかった。

(18) 円首の墓誌は西晉以後にもいくつか見られる。東晉では張鎮墓誌（太寧三年（三二五）。四二×三九・二センチメートル（以下、「センチメートル」を省略）、穿あり。江蘇省呉県出土）、五胡十六国では梁舒墓表（前秦、建元十二年（三七六）。三七×二六・五。甘粛省武威県）と呂憲墓表（後秦、弘始二年（四〇〇）。三六・五×三〇。陝西省西安市。台東区立中村不折書道博物館所蔵）、北魏では劉賢墓誌（承平年間（四五二―六五年）。一〇三×三〇×一二。遼寧省朝陽県）、沮渠封戴墓表（沮渠氏高昌国［北涼］承平十三年（四五五）。四三・八×二五・二。新疆ウイグル自治区吐魯番県。「木表」も同時に出土）、司馬金龍墓誌（太和八年（四八四）。七一×五六。山西省大同市附近。墓誌は墳墓の前室内に立てられていたが、墓表が墓門上に置かれており、また夫人姫辰の墓誌も同時に出土）、封和突墓誌銘（正始元年（五〇四）。四二×三三。山西省大同市）がある。張鎮墓誌は［名古屋市博物館・中日新聞社一九八九］［西林一九八九a］、呂憲墓表は陸増祥『八瓊室金石補正』巻十、それ以外は［西林一九八九b］参照。【補注】五胡十六国の墓誌については［張銘心二〇〇八］［關尾二〇〇九］など参照。張銘心氏は「円首碑形墓表」と名付ける。

(19) 圭首としては鄭固碑、魯峻碑、白石神君碑、鮮于璜碑、張遷碑など、円首としては衡方碑、趙寛碑、樊敏碑など。孔謙碣・孔君墓碣も円首である。円首の場合、暈と龍頭の装飾をもつ。水野清一「碑碣の形式」（平凡社刊『書道全集』第二巻所収）、［黄永年一九八九］［馬子雲一九八六］および注（12）参照。

(20) 中田勇次郎編『中国墓誌精華』［中田一九七五］に見える東晉の墓誌、すなわち謝鯤墓誌（太寧元年（三二三））。六〇×一六・五センチメートル（以下、「センチメートル」を省略）。江蘇省南京市）、王興之墓誌（咸康七年（三四一））。二八・五×三七・三。背面は妻の宋和之の墓誌。南京市）、劉尅墓誌（升平元年（三五七））。二七×一五・五。両面に刻文。甎。江蘇省鎮江市）、王閩之墓誌（升平二年（三五八））。四二・五×一九・五。両面に刻文。甎。南京市。［朝日新聞東京本社企画部一九七三］も参照）、王彬女王丹虎墓誌（升平三年（三五九））。四八×二四・八。甎。南京市）は方首に相応するであろう。なお東晉南朝の墓誌に関しては［羅宗真一九八〇］［羅宗真一九八一］、中村圭爾「東晉南朝の碑・墓誌について」［中村一九八八b］など。中村氏の論考で言及されている周闡墓誌も『呉興金石記』巻二に古墓から発掘された古碑という点では張鎮墓誌と同様に碑形の墓誌ではないか。【補注】川合安「六朝『謝氏家族墓誌』について」［川合二〇〇二］、同「東晉琅邪王氏墓誌について」［川合二〇〇七］、拙稿「晉代の女性と家族の特徴に関する一考察」［福原二〇〇三］なども参照。

(21) 高文『漢碑集釈』［高文一九八五］により後漢の墓碑の高さを挙げる（残碑は除外）。景君碑二三〇センチメートル（以下も単位はセンチメートル）、武斑碑二三〇、鄭固碑二一一、孔宙碑二四一、鮮于璜碑二四二、武栄碑二三九、衡方碑二三一、夏承碑二六七、孔彪碑三四三、魯峻碑三八〇、韓仁銘二一八、尹宙碑二六七、趙寛碑一一〇、孔褒碑三三三。趙寛碑を除き高さが二メートル以上ある。孔謙碑（孔謙碣）は高さが八六、幅が五六で西晉の碑形の墓誌と変らず、「碣」とも称される如くいわゆる漢碑、とくに一群の後漢の墓碑の範疇には入らないと思われる。注（12）参照。三国・西晉の墓碑としては［北京図書館金石組一九八九］によると、魏の范式残碑の拓片が額五〇×二七、碑一〇〇×六七、呉の谷朗碑の拓片が一一五×七五、西晉の郛休碑の拓片が碑陽二〇九×八九、陰が六九×九〇、任城太守羊夫人孫氏碑が額三八×三二、碑身が一七五×八九で、碑自体は漢碑と同様に高さが二メートルを超す。

(22) ［洛陽古代藝術館一九八二］参照。【補注】石刻は洛陽博物館新館に移す。

(23) ［中田一九七五］参照。

(24) ⑮菅洛「晉待詔中郎／将徐君夫人／菅氏之墓碑」、⑯成晃「晉故処士／成君之碑」（篆書）、⑲王□君侯「晉故殿中中郎／将右衛□（佽）飛□／□督□□□／□□□□□□／□□梁国□／天水□（新）陽人□（也）／王□君侯之碑」（碑陰にある。題額に墓誌の要素を含む）、㉔張朗「晉故沛／国相張／君之碑」（字の大きさが下の序の字よりも大きい）、㉖張纂「晉張君碑」、⑬和国仁「晉故太康五年十一／月辛卯朔十九日己酉広野将軍趙国中／丘和国仁之墓」（題のみで、題中に墓誌の要素が入っている）、⑱荀岳・劉簡訓「晉故中書侍郎潁川潁陰荀君之墓」（額題ではなく、誌文の冒頭にある標題）、㉚劉韜「晉故使持節都督青徐諸軍事征／東将軍軍司関中侯劉府君之墓」（標題）、㉒徐義「晉賈皇乳母美人徐氏之銘」（標題。改行せずに二字分空けて序が始まる）、㉗華芳「晉使持節侍中都督幽州諸軍事領護烏丸校尉幽州刺史驃騎大将軍博陵公大原王公故夫人平原華氏之銘」（標題）、⑳郭槐「夫人宜成宣君郭氏之柩」（標題）、㉑魏雛「晉故／武威／将軍／魏君／侯柩」。「柩」の題をもつ墓誌が存在する点は、地上の墓碑のみではなく、墓室内の［A］系列の墓誌との関連の可能性を示唆している。後漢の墓碑の場合、額題は「漢故郎中鄭君之碑」（鄭固碑）、「漢故雁門太守鮮于君碑」（鮮于璜碑）の如く大半は「碑」で終わり、「漢循吏故聞熹長韓仁銘」（韓仁銘）の如く「銘」で終わるのが景君碑、韓仁銘、尹宙碑の三例あり、衡方碑のみは「漢故衛尉卿衡府君之墓」と「墓」で終わる。なお書体は篆書が多く、武斑碑、張寿碑、衡方碑、魯峻碑・孔褒碑が隷書（八分）である。［高文一九八五］による。それに対して北魏の墓誌銘の場合、蓋石や誌文の冒頭に刻まれるが、「……墓誌銘」が圧倒的に多く、ついで「……墓誌」が多く、他に「墓銘」「誌銘」「銘」などがある［趙万里一九五六］巻一—巻六。北魏の墓誌銘二八八石中、「墓誌銘」が一六八石）。

(25)　⑮菅洛「其辞曰」、㉑魏雛「其辞曰」、㉔張朗「其辞曰」（以上の三基の「其辞曰」は碑陽の序の末尾。銘は碑陰）、㉜［杏園三四号墓］「其辞□」（銘も碑陽にあり、碑陰は人名を列挙する）、㉒徐義「遂作頌曰」（碑陰）、㉗華芳「乃作頌曰」（碑陰。銘は碑陰から側面にわたる）、⑲王□君侯「歎曰」（碑陽の冒頭にあり、以下の誌文は厳密には韻を踏まず、銘ではない）。後漢の墓碑の場合、韓仁銘を除き銘があるが、大半は「其辞曰……」と銘を導き、「辞」が用いられている。その他には「乱」（景君碑。さらにその前文に「乃作誄曰」とある）、「頌」（鮮于璜碑）、「銘」（魯峻碑、尹宙碑）が見られる。［高文一九八五］による。それに対して北魏の墓誌銘の場合を［趙万里一九五六］で検討すると、多くは「銘」（八十九例）、「辞」（七十三例）、「詞」（五十六例）であり、「墓誌銘」（八例）、「頌」（六例）などもいくつか見られる。

(26)　後漢の墓碑の場合の題と銘の名称の組み合わせの主流は「碑」——「辞」であり、［B］の系列の墓誌では㉔張朗がその組み合わせをそのまま踏襲している。なお後漢の墓碑の中で碑陰に門生故吏ら立碑者の姓名が列挙されているのは、景君碑（故吏）、武斑碑（故吏?）、孔宙碑（門生、故吏、弟子）、孔彪碑（故吏）、魯峻碑（故吏、門生）。なお衡方碑には立碑者の姓名が列挙されていないが、碑文中に「於是海内門生故吏□□□采嘉石、樹霊碑、鐫茂伐、祕将来」とある。［馬子雲一九八六］参照。

(27) 後漢の墓碑の中で、景君碑は六〇二字、鄭固碑は四〇九字、孔宙碑は四〇〇字、鮮于璜碑は八二七字、武栄碑は二七二字、張寿碑は五五六字。ただし額題および門生故吏ら立碑関係者の姓名の羅列は除く。北魏の墓誌銘では、司馬悦墓誌は六六一字、楊穎墓誌銘は四七二字、楊阿南墓誌銘は三六二字、楊播墓誌銘は一〇〇八字、楊泰墓誌銘は三九八字、元卲墓誌銘は一〇〇二字、崔鴻墓誌銘は六五六字。［西林一九八九b］による。

(28) 書体（書法）の変遷に対しては［馬子雲一九八六］など参照。西林昭一氏はさらに書風は銘石書体であるという（［西林一九九一b］）。

(29) 馬子雲『碑帖鑑定浅説』［馬子雲一九八六］によると「邙山の陵墓の土地は、……。民国十年（一九二一）前後には、洛陽の農民のある人が洛陽鏟を発明して、地下の埋蔵物を探知し、この事は数年流行して、邙山の陵墓の殉葬物はすっかり掘り出されてしまった。……」（［馬子雲一九八八］栗林俊行訳、八九―九〇頁）とあり、「洛陽鏟」の発明による邙山の発掘ブームの結果、西晉の墓誌が洛陽周辺から集中的に出土したともいえる。注（13）の西晉の墓誌の出土時期、［若是・士斌一九五五］参照。ちなみに京都市考古資料館には「洛陽鏟」の実物が収蔵されている。【補注】［塩沢二〇一〇］九一頁。

(30) 墓甎に関しては便宜的に氣賀澤保規『中国新出石刻関係資料目録』（1）～（5）［氣賀澤一九八一］［氣賀澤一九八二］［氣賀澤一九八三］［氣賀澤一九八九］［氣賀澤一九九一］に著録されている紀年墓甎六十七例を統計的に整理するならば、紀年は、二二〇―二九年が〇、二三〇―三九年が一例、二四〇―四九年が〇、二五〇―五九年が二例、二六〇―六九年が三例、二七〇―七九年が六例、二八〇―八九年が十七例、二九〇―九九年が二十一例、三〇〇―〇九年が七例、三一〇―一六年が十例と、前後の後漢から東晉へと一貫して存在するが、三国から西晉にかけては西晉後半の二九〇―三一六年に集中しており、西晉の碑形の墓誌の時期的分布と重なる。それに対して出土地は江蘇省二十五例、浙江省十二例、広東省七例、安徽省五例、江西省、湖南省はともに三例、福建省、山東省、雲南省、広西壮族自治区がともに二例、江西省、湖北省、北京市、陝西省が各一例で、三国呉、および西晉の旧呉の地域に集中している。買地券に関しては冨谷至「黄泉の国の土地売買」［冨谷一九八七b］の「買地券一覧」によると、近年の出土文物である買地券が九例ある。それらの紀年および出土した省を列挙すると、⑳黄武六年（二二七）、湖北省、㉑赤烏八年（二四五）、安徽省、㉓五鳳元年（二五四）、江蘇省、㉔永安五年（二六二）、湖北省、㉕建衡二年（二七〇）、江蘇省、㉖鳳皇三年（二七四）、安徽省、㉗太康六年（二八五）、江蘇省、㉚永康元年（三〇〇）、江蘇省、㉛永寧二年（三〇二）、江蘇省となり、時期的には三国から西晉の全般にかけて分布するが、地域的には三国呉および西晉の旧呉の地域から出土しており、冨谷氏によると後漢以前の墓田売買の文書（漢代型地券）が華北に集中するのに対して、三国以降の護符的鎮墓文（三国六朝型地券）が南にかたよる（孫呉など）結果であり、［B］系列の西晉の小型の碑形の墓誌とはとくに地域的に著しい対照をなす。他に鎮墓瓶・神亭壺なども呉の地域で出土する。注（15）参照。

（31）王戎の墓誌以外では趙明誠『金石録』巻二十の「晉鴻臚成公重墓刻」（実墓主は成公重の妻魏夫人 が西晉の墓誌の可能性がある。碑に「永寧二年四月辛巳朔十五日乙未守鴻臚関中侯成公重魏夫人之霊柩」といい、「永寧二 年」（三〇二）は恵帝の治世で㊲士孫松の紀年と同じであり、「霊柩」という表現は「柩」（⑤楽生、⑳郭槐、㉑魏雛）と類似し、題中に葬年月日が入るのは④馮恭、⑬和国仁と同じ。刻字は題のみであろうか。ちなみに『晉書』には東郡の成公氏が二人立伝されており（巻六十一の成公簡と巻九十二、文苑伝の成公綏）、おそらく成公重も東郡の成公氏の一員であろう。陶宗儀『古刻叢鈔』「墓刻、隷」、黄本驥『古誌石華』巻一、晉には無名氏の墓誌の誌文の一部を著録する。「惟晉元康二年 太歳在子、承開造斯、窀窆丙戸、□出西左、参師啚合、宮商是位、亀筮易□、咸□同吾、鑁爵除殞・邪悪奔走、千禄百福、永施後焉」とあり、「元康二年」（二九二）は恵帝の治世で、⑯成晃（元康元年（二九一））と⑰裴祇（元康三年（二九三））の間に位置するが、誌文の内容は西晉の墓誌の内容とは異質のように思われる。また北宋以来の金石関係の文献には、たとえば「晉光禄勲向凱碑」（元康九年（二九九）四月甲子薨、永康元年（三〇〇）十二月葬。趙明誠『金石録』巻二十）の如く西晉の碑が著録されており、その碑が［B］の系列の西晉の小型の碑形の墓誌（「墓誌碑」）の可能性があるが、その多くは確認し得ない。なお陳思『宝刻叢編』巻六、河北西路、趙州に「晉太尉楊駿墓誌。在寧晉県北十里、駿、武帝后之父也。寰宇記」とあるが（［王壮弘・馬成名一九八五］にも著録）、呉式芬『金石彙目分編』巻三、直隷下、趙州、寧晉県に「……〔金石録〕云、碑陰所記、凡二百五十三人、晉咸寧中建」とあり、『晉書』巻四十、楊駿伝によると永平元年（二九一）に歿しており、咸寧年間（二七五―八〇年）に立てるのと矛盾する。碑陰に立碑者を連名する点をも勘案するならば生前に立てられた顕彰碑、頌徳碑ではないか。あるいは後世の偽刻か。

（32）西晉の墓誌が集中的に出土する洛陽の西晉墓でさえも、たとえば「洛陽晉墓的発掘」［河南省文化局文物工作隊第二隊一九五七］の報告では、発掘した五十四座中、墓誌が出土したのは一号墓（⑭王文伯）、八号墓（㉒徐義）、一二二号墓（㊲士孫松）

の三座のみである。

(33)『晉書』巻三十一、后妃列伝上、左貴嬪によると泰始八年（二七二年。『太平御覧』巻一四五、皇親部、嬪所引『晉起居注』では咸寧三年（二七七））に修儀、その後に貴嬪に官位を進めるが、墓誌に記す「貴人」との関連はよくわからない。また「姿陋無寵、以才徳見礼、体羸多患、常居薄室。帝毎遊華林、輒回輦過之、言及文義、辞対清華、左右侍聴、莫不称美」とあり、左棻の後宮での生活が髣髴とし、「帝重芬詞藻、毎有方物異宝、必詔為賦頌、以是屢獲恩賜焉」とあり、宮廷女流詩人として武帝の求めに応じ賦、頌、誄をつくる。左棻の作品については末尾に「答兄思詩書及雑賦頌数十篇、並行于世」とあり、また『隋書』巻三十五、経籍志、集に「梁有……、晉武帝左九嬪集四巻、……、亡」、『太平御覧』巻一四五、皇親部、嬪に「左貴嬪集有離思賦、相風賦、孔雀賦、松柏賦、泣漚頌賦、納皇后頌、楊皇后登祚讃、芍薬花頌、鬱金頌、菊華頌、神武頌、四言詩四首、武元皇后誄、万年公主誄」と、のちに『左九嬪集』（『左貴嬪集』）が編まれているが、その中で「離思賦」「納皇后頌」「武元皇后誄」は『晉書』本伝に採録されている。左棻の作品の佚文は厳可均『全上古三代秦漢三国六朝文』「全晉文」巻十三、左九嬪、逯欽立輯校『先秦漢魏晉南北朝詩』〔逯欽立一九八三〕上、晉詩、左芬。

(34)『晉書』巻九十二、文苑伝、左思、「左思、字太沖、斉国臨淄人也。……。父雍起小吏、以能擢授殿中侍御史。……。復欲賦三都、会妹芬入宮、移家京師、……、及賦成、時人未之重、……、於是豪貴之家競相伝写、洛陽為之紙貴」。

(35)『晉書』左思伝では父左熹（字は彦雍）の諱を「雍」につくる。注（34）参照。なお左思の二人の女、左芳と左媛の名が記されているが、左思の「嬌女詩」（『玉臺新詠』巻二）はこの二人の日常を生き生きと描いており、左棻の墓誌の出現によりその実在が確認された。詩中の姉妹の字「其姉字恵芳」「小字為紈素」は墓誌中の姉妹の字と一致する。

(36)本文に引用した誌文に続けて「写詔書如左。詔、中書侍郎荀岳、体量弘簡、思識通済、不幸喪亡、甚悼愍之、其賜銭十万、以供喪事。詔。故中書侍郎荀岳、忠正簡誠、秉心不苟、早喪才志、既愍惜之、聞其家居貧約、喪葬無資、脩素至此、又可嘉悼也。旧墓遇水、欲於此下権葬、其賜葬地一頃銭十五万、以供葬事。皇帝聞中書侍郎荀岳卒、遣謁者戴璿弔、皇帝遣謁者戴璿、以少牢祭具、祠故中書侍郎荀岳、尚饗」とあり、詔書では「墓田」を「葬地」と表現している。【補注】〔福原二〇一〇〕参照。

(37)杜預の場合、『晉書』巻三十四の本伝に載せられている「遺令」中に「吾去春入朝、因郭氏喪亡、縁陪陵旧義、自表営洛陽城東首陽之南為将来兆域。而所得地中有小山、上無旧冢。其高顕雖未足比邢山、然東奉二陵、西瞻宮闕、南観伊洛、北望夷叔、曠然遠覧、情之所安也。……」とあり、杜預は生前に「陪陵の旧義」により、南北は洛水・伊水と北邙山の中の首陽山との間、東西は、帝陵、おそらくは宣帝司馬懿の峻平陵と文帝司馬昭の崇陽陵と洛陽城との間（現在の偃師県）に「兆域」を定めている。王濬の場合、『晉書』巻四十二の本伝に「太康六年卒、時年八十、謚曰武。葬柏谷山，大営塋域、葬垣周四十五里、面別開一門、松柏茂盛」とあり、巨大な「塋域」が洛水の南の柏谷山に営まれている。図11－1参照。

(38) 「洛陽晉墓的発掘」［河南省文化局文物工作隊第二隊一九五七］に「西晉王朝在洛陽定都有五十二年（公元二六五―三一六、内中愍帝四年在長安）、在它故都的周囲、自応理有当時各個社会階層的墓葬。今天発掘的只是属於城西的一部、城東過去也有晉墓出土、而且晉朝帝陵很可能也是在東区。根拠近年発掘的結果、西区的晉墓多沿着邙山的南坡、南到洛河北岸為止、再南還没有晉墓出現。澗西発掘的多属中小型墓葬、可能属於当時一般的官吏的世族」とあり、城東の帝陵近辺のみならず、城西の北邙山南麓から洛河の間にも西晉墓があり、また澗河以西の地区にも中小の墳墓が多数あることがわかる。なお澗西の墳墓に関連して、三国魏の時代であるが、「［黄初三年（二二二）］冬十月甲子、表首陽山東為寿陵、作終制曰、……、其皇后及貴人以下、不随王之国者、有終没皆葬澗西、前又以表其処矣」（『三国志』魏書、巻二、文帝紀）とある。

(39) 王祥の歿年は泰始四年（二六八年。『晉書』巻三、武帝紀、『三国志』魏書、巻十八、呂虔伝注所引『王隠晉書』。『晉書』巻三十三、王祥伝は泰始五年とする）、享年八十九歳（「遺令」は八十五歳のとき）であるから、二子を失ったのはおそらく三国魏のときであろう。ちなみに王祥の「遺令」（『晉書』本伝）の「西芒上土自堅貞、勿用甓石、勿起墳隴」の一節から、王祥自身は洛陽の北邙山に葬られたのであろう。

(40) 『晉書』巻三十四、羊祜伝、「羊祜、字叔子、泰山南城人也。世吏二千石、至祜九世、並以清徳聞。……。祜、蔡邕外孫、景献皇后（司馬師の夫人羊徽瑜）同産弟」。咸寧四年（二七八）に亡くなっている（『晉書』巻三、武帝紀）。

(41) 官爵は華芳の墓誌の標題に従う。王浚に関しては『晉書』巻三十九、王沈伝、王浚。守屋美都雄『六朝門閥の一研究――太原王氏系譜考――』［守屋一九五一］第三章参照。永嘉元年（三〇七）の華芳の歿後、王浚は冀州をも領したが、建興二年（三一四）、石勒に捕らえられ殺されている。

(42) 銘（「頌」）は「假瘞燕都、寄情山岡」と表現する。

太原王氏の略系譜

- 柔―機
  - 機―黙―佑
  - 機―沈―浚
- 沢―昶
  - 昶―渾
    - 渾―済
    - 渾―澄
  - 昶―深
  - 昶―倫―遐
  - 昶―湛―承

(43)「曾祖父諱柔、字叔優、故漢使持節、護匈奴中郎将、雁門太守。夫人宋氏、李氏。墓在本国晉陽城北二里。祖父諱機、字産平、故魏東郡太守。夫人郭氏、鮑氏。墓在河内野王県北、白径道東北、比従曾祖代郡府君（王沢）墓南、鄰従祖東平府君（?）墓。父諱沈、字処道、故使持節、散騎常侍、司空、博陵元公。夫人潁川荀氏。墓在洛陽北、陪恭陵之東、西比武陵王、衛将軍、東比従祖司空、京陵穆侯（王昶）墓。浚前夫人済陰文氏、諱粲、字世暉、年廿四薨、有子女、……。中夫人河東衛氏、諱琇、字恵瑛、年十九薨、無子。……」。右二夫人陪元公墓西三丈」。前ページに太原王氏の略系譜を附す（[守屋一九五二][矢野一九七一] 参照）。王浚は妾の趙氏の子で、王沈歿後、夫人荀氏に子が無かったので、「親戚」が王浚を後嗣に定めている（『晉書』本伝）。

(44)『晉書』王沈伝に「泰始二年、薨。帝素服挙哀、賜祕器朝服一具、衣一襲、銭三十万、布百匹、葬田一頃、謚曰元」と、武帝から「葬田」を下賜されている。その「葬田」は「恭陵」（後漢の安帝の陵墓）の東に陪い、その東西にはそれぞれ王昶と武陵王（宗室の司馬澹か）の墳墓に隣接していた。注（43）参照。ちなみに「恭陵」については『東漢会要』巻七、礼、凶礼、帝陵、安帝恭陵に「『帝王世紀』曰、高十二丈、在雒陽西北、去雒陽十五里」とある。

(45)『中国墓誌精華』[中田編一九七五] 釈文・解題、⑧謝鯤墓誌（大庭脩）参照。謝鯤は『晉書』巻四十九に立伝されている。

(46) 冨谷至「ふたつの刑徒墓」[冨谷一九八七a]、船越信「秦漢の瓦塼文刑徒墓誌」[船越一九九一]。冨谷氏は後漢の洛陽出土の刑徒甎の誌文に見える地名は刑徒の本貫地ではなく、移送される以前に収容されていた獄の所在地を示す、と論ず。刑徒が故郷から離れた地で埋葬されている点は西晉の墓誌と共通している。

(47) 注（18）参照。

(48) 注（20）参照。

(49) 中田勇次郎「中国の墓誌」[中田一九七五] 参照。

(50)『先秦漢魏晉南北朝詩』上、晉詩、左思所収。その一部を引用すると、「惟我惟妹、実惟同生、早喪先妣、恩百常情、女子有行、実遠父兄、骨肉之思（恩）、固有帰寧。何悟離拆、隔以天庭、自我不見、於今二齢。豈唯二齢、相見未剋、雖同京宇、殊邈異国。越鳥巣南、胡馬仰北、自然之恋、禽獣罔革。仰瞻参商、沈憂内塞、何以抒懐、告情翰墨」「以蘭之芳、以膏之明、永去骨肉、内充紫庭。至情至念、惟父惟兄、悲其生離、泣下交頸」「既乖既離、馳情髣髴、何寝不夢、何行不想。静言永念、形留神往、優思成疚、結在精爽」とあり、同じ洛陽に住みながら、後宮に入って以来、「生離」の状況にある左棻に対する思いを吐露している。

(51) ⑮菅洛「……、附葬于洛之西南。大女聟嘗不勝感墓（慕）网（罔）極之哀、財（才）立墓碑、略紀遺烈」、⑯成晃「宗親外内、賞属大小、及其疇類、遠近知識者、莫不悲愕肝情淩砕者也。故銘勒名字・立身・脩行、以表之霊祇」、改行して「大女夫河間東郷訓、深惟成君徳行純厚、情性款密、善和遠近、願其命斉南山、極子堂養。如何昊天、未老彫喪。路人行夫、尚有哀傷、況訓親属、豈不惆悵、碑以叙之、嗚呼哀哉」。㉘石尠の墓誌によると、永嘉元年（三〇七）九月、郷里である楽陵郡を防衛していた石尠は陥落の際に「逆賊」の汲桑に殺害されたが、「天子嗟悼、遺使者孔汱・邢覇護喪。……、祔葬于皇考（石鑒）墓側神道之右。大子宗・小子邁致命所在。庶子恭嗣、刊石紀終、俾示来世」とあり、また㉙石定の墓誌にもその誌文と対応して、同日に戦死した石定について「祔葬于侯墓之右次、刊石紀終、俾示来世」とある。

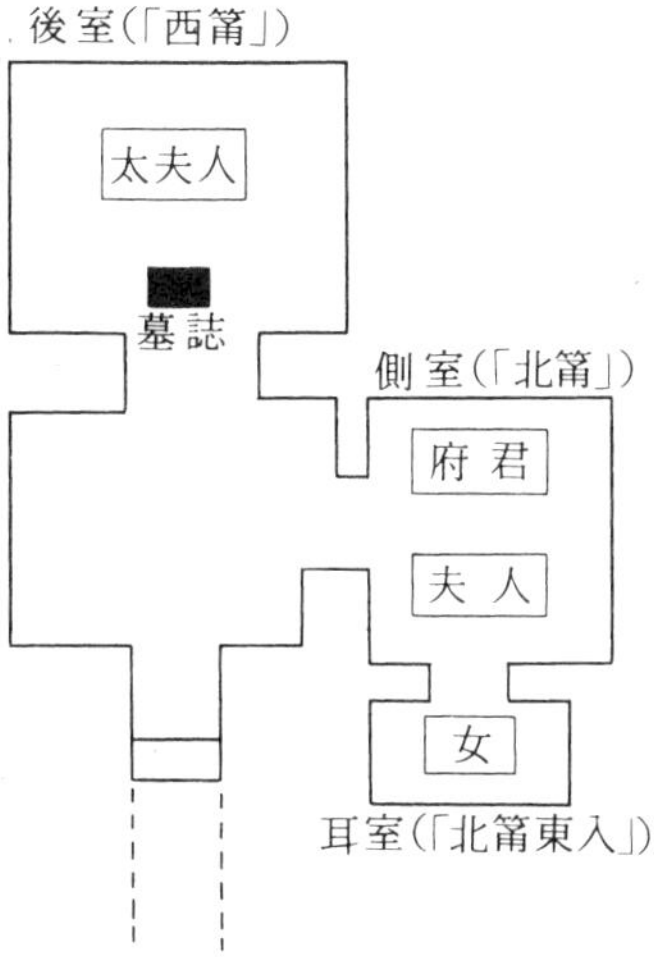

(52) ㉒徐義の墓誌の誌文中に「太康三年五月廿四日、武皇帝発詔、拝為中士（才）人息烈、司徒署軍謀掾」「元康五年二月、皇帝陛下、中詔、以美人息烈、為太子千人督」と、「息烈」と記されている。ただ「美人諱義、城陽東武人也。……、昔以郷里荒乱、父母兄弟、終亡遂流離、迸竄司川（州）河内之土、娉処太原人徐氏為婦」とあり、本来「徐」姓であったのかどうか疑問が残る。

(53) 徐義の墳墓の詳細に関しては「洛陽晉墓的発掘」［河南省文化局文物工作隊第二隊一九五七］参照。賈南風は『晉書』巻三十一、后妃伝上に恵賈皇后として立伝されている。西晉の権臣賈充と⑳郭槐の女で、暗愚な恵帝に代って専権を振った。【補注】小池直子「賈南風婚姻」［小池二〇〇三］参照。

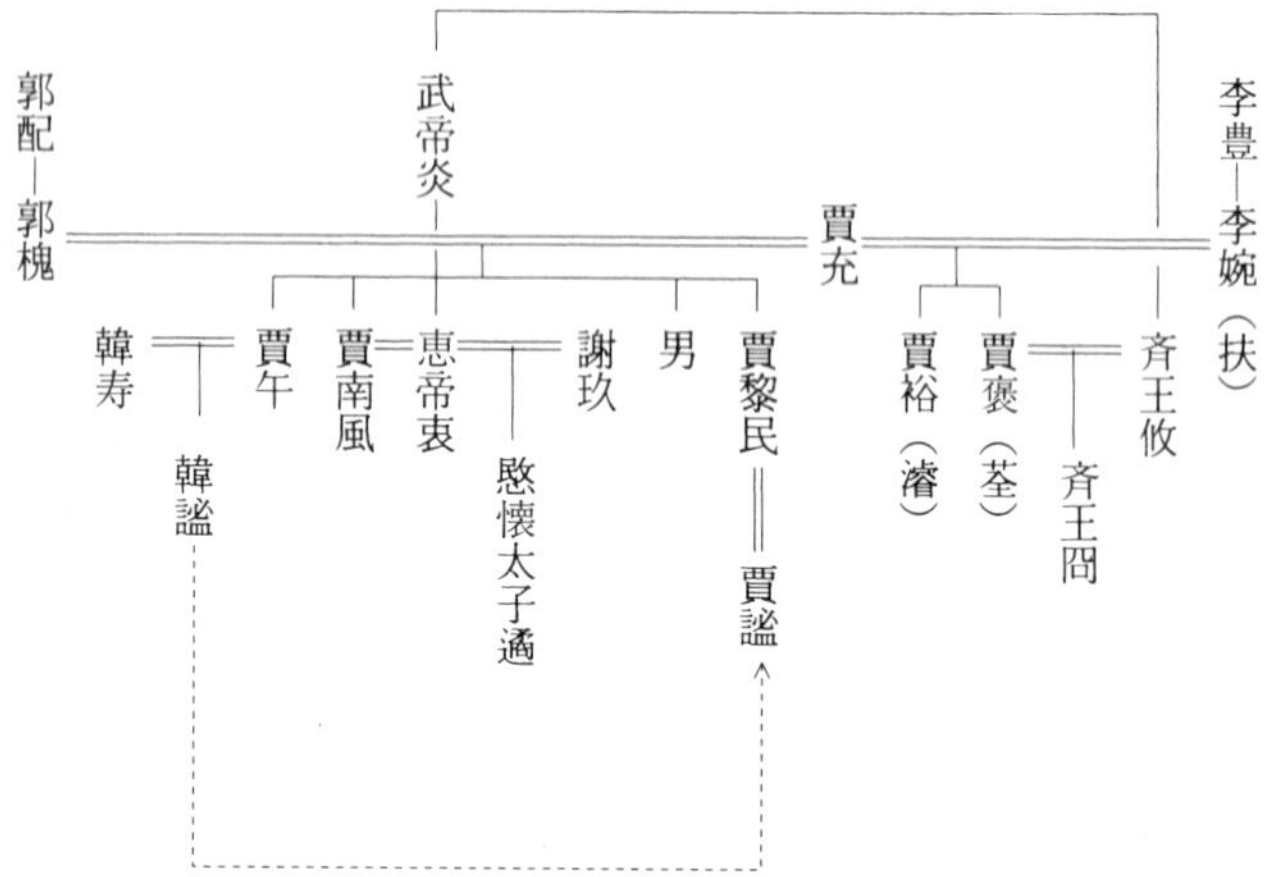

(54)　碑陽に「君以元康五年七月乙丑朔（己丑朔の誤り。［趙万里一九五六］の考証。以下も同じ）、八日丙申、歳在乙卯、疾病卒。……。其年七月十二日、大雨過常、旧墓下湿、崩壊者多。……。其年十月戊午朔、廿二日庚辰（廿三日庚辰）、葬」、左の碑側に「夫人劉氏、年五十四、字簡訓。永安元年、歳在甲子、三月十六日癸丑、卒于司徒府。乙卯、殯。其年多故、四月十八日乙酉、附葬」とある。【補注】［福原二〇一〇］参照。

(55)　碑陰に「大夫人柩止西箱。／府君柩止北箱西面。／夫人柩止北箱東面。／女恵荘柩止北箱東入。」と墓室内における柩の位置が示されている。

(56)　賈充の前夫人は李豊の女（『世説新語』賢媛篇注所引『婦人集』は諱を「婉」、『隋書』経籍志、集は「扶」につくる）であったが、曹魏の嘉平六年（二五四）に起こった司馬師による当時中書令であった父李豊の誅殺に連坐して李氏は楽浪郡に流され、その後賈充が改めて娶ったのが郭配の女郭槐であった。ところが泰始元年（二六五）、西晋の武帝の即位にともなう大赦により李氏は洛陽に帰ることが許され、武帝は賈充に左右夫人、つまり正妻を二人置くのを特例として聴《ゆる》したために両夫人の間で緊張状況が生じ、とくに郭槐が嫉妬した。結局は李氏が身を引いて賈充と同居せずに別宅に住むということで一応収まった。この両夫人は史書では、たとえば李氏は『女訓』を著した賢夫人であるのに対し、郭槐は嫉妬深い女性というように対照的に描かれており、郭槐が李氏を別宅に訪問したときのこと、思わず跪いて挨拶をしたという逸話からもわかるが、李氏をもちあげている。両者の関係は太康三年（二八二）の賈充の歿後は、李氏の女である賈褒（武帝の弟斉王攸の妃）・賈裕と郭槐の女である賈南風（恵帝の皇后）の異母姉妹の間での、いずれの母を賈充に附葬して合葬させるのかの問題が起こり、その後長年にわたり争ったが、永康三年（三〇〇）賈皇后が廃されるや、李氏が附葬されて、ようやくここに結着がついた（『晉書』巻四十、賈充伝。『世説新語』賢媛篇。賢媛篇にはこの経緯に関して一つの逸話が収められているが、その一つを引用する。「賈充妻李氏作『女訓』、行於世。李氏女斉献王（斉王攸）妃、郭氏女恵帝后。充卒、李郭女各欲令其母合葬、経年不決。賈后廃、李氏乃祔葬、遂定」）。この賈充の両夫人の女の間の母の合葬をめぐる争いという背景を確認した上で、元康六年（二九六）に歿して葬られた⑳郭槐の墓誌の「附葬于皇夫之兆」を読むならば、ここに賈南風の思いがこめられていたと思われる。またその四年後の永康元年（三〇〇）の李氏の附葬の際、郭槐の柩、そして墓誌はどのような扱いを受けたのか、墓誌の出土地と関連して新たな疑問が湧く。

(57) ㉔張朗の墓誌の誌文はよくわからない部分があるが、注目すべき箇所を以下に引用する。「君、……、春秋六十有七、永康元年三月丙戌、顧念未遂、奄忽徂卒。母氏内化、尽中饋之礼、温慈柔恵、有三母園。年五十有六、元康八年十二月戊申、寝疾不興、昊天不弔、奪我考妣、出入屏営、靡怙靡恃、以父終之年十一月壬申、神遷后土、合葬斯宇。令終有淑、遺教顕融、孤弱喁摧、哀慕無窮□□、噎涕漣漣、刊石玄堂、銘我家風、霊遷潜逝、声寿永宣。其辞曰」（碑陽の後半）、「穆穆考妣、邈邈其賢。……」（碑陰の冒頭）とあり、元康八年（二九八）十二月に母（「母氏」「妣」）が歿し、ついで一年餘りして永康元年（三〇〇）三月に父の張朗（「君」「父」「考」）が歿し、同年十一月に合葬したのであろう。劉承幹『希古楼金石萃編』〔劉承幹一九三三〕巻十「晉沛国相張朗碑」による（ただし「摧哀慕……銘我家風」の一行が脱けており、私が大倉集古館で原石から写したところにより補う）。

(58) ㊲士孫松の墓誌の誌文、「晉前尚書郎、北地傅宣、故命婦、秦国士孫松、字世蘭、翊軍府君之女、姿窈窕之容、体賢明之行、在禄有淑順之美、未嬪尽四徳之称。年廿有九、永寧二年夏六月戊午卒、秋九月丙申葬。杉柏五寸、斂以時服土椁陶器、無臧金玉、既反之於倹質、蓋亦述其素志也已」とあり、改行して本文の引用部分に続く。『中国墓誌精華』〔中田編一九七五〕の釈文・解題の4の「傅宣妻士孫松墓誌」（永田英正氏執筆）参照。

(59) 傅宣に関しては『晉書』巻四十七の傅玄伝に附伝されている。傅宣は北地の傅氏に属し、傅嘏の孫、傅祗の子。『晉諸公叙讃』を著した傅暢は弟。「宣字世弘。年六歳喪継母、哭泣如成人、中表異之。及長、好学。趙王倫以為相国掾、尚書郎、太子中舎人、遷司徒西曹掾。去職、累遷為祕書丞、驃騎従事中郎。恵帝至自長安、以宣為左丞、不就、遷黄門郎。懐帝即位、転吏部郎、又為御史中丞、卒、年四十九、無子、以暢子沖為嗣」。また傅祗伝に趙王倫の敗北に関する記事の後に「子宣尚弘農公主」とある。

(60) 拙文「中国、西晉王朝における女性の墓誌」〔福原一九八九〕参照。

(61) 一九七三年に河南省南陽市で出土した画像石の一部、石の寸法は高さ一一二、幅七〇センチメートルで、誌文はその左端に刻されている。画像は許阿瞿が舞楽百戯を見て楽しんでいる様子が描かれ、誌文は隷書で一三六字、四字句で韻を踏む。紀年は後漢の建寧三年（一七〇）。「惟漢建寧、号政三年、三月戊午、甲寅中旬。痛哉可哀、許阿瞿／□。年甫五歳、去離世栄、遂就長夜、不見日星。神霊独処、下帰窈／冥、永与家絶、豈復望□。謁見先祖、念子営営、三増仗人、皆往／弔親。瞿不識之、啼泣東西、久乃随逐、当時復□、父之与母、感／□□□、□□五月、不□□甘。羸劣瘦□、投財連（聯）篇（翩）、冀子長哉、／□□□□。□□□此、□□土塵、立起□埽、以快往人」。南陽市博物館「南陽発現東漢許阿瞿墓誌画像石」〔南陽市博物館一九七四〕、〔高文一九八五〕〔日比野一九七七〕参照。「許阿瞿画像石題記」を含め、後漢の「画像石題記」「黄腸石題記」に関しては〔西林一九八九b〕参照。

(62) 〔興膳一九七三a〕。

(63) 注（26）参照。西晉の墓誌では㉜〔杏園三四号墓〕の碑陰に見られる。

(64) 西晉の墓誌の誌文では、たとえば「大女聟嘗不勝感墓（慕）罔（罔）極之哀、財（才）立墓碑、略紀遺烈」（⑮菅洛）、「故銘勒名字・立身・脩行、以表之霊祇」（⑯成晃）、「刊石玄堂、銘我家風」（㉔張朗）などに窺われる。注（51）参照。

(65) 当時の死生観に関しては、前野直彬「冥界遊行」〔前野一九七五〕、吉川忠夫「魂気の如きはゆかざるなし」〔吉川忠夫一九七六b〕、冨谷至「黄泉の国の土地売買」〔冨谷一九八七b〕、都築晶子「六朝時代における個人と「家」――六朝道教経典を通して――」〔都築一九八九〕など参照。冨谷氏の論考では、買地券における漢代型地券（黄泉文書、墓田売買文書）から三国六朝型地券（護符的鎮墓文）へと移行、変化すると論ずるが、一方で漢代型地券から墓誌へ破線の矢印で継承関係を推定するのは、両者が華北に集中し、死後において生前と同様の生活が営まれるという観念にもとづくという点で共通するのと相い俟って示唆的である。それと関連して当時、「挽歌詩」が流行した。現在も繆襲・傅玄・陸機・陶淵明らの作品が残っている。それを読むと当時の人々には死者の霊が墳墓の墓室内で生活すると観念されていたことがわかる。西岡弘『中国古代の葬礼と文学』〔西岡一九七〇〕、一海知義「文選挽歌詩考」〔一海一九六〇〕、盧葦菁「魏晉文人与晩歌」〔盧葦菁一九八八〕、松家裕子「抒情的五言詩の成立について」〔松家一九九〇〕など参照。喪葬に関しては諸橋轍次『支那の家族制』〔諸橋一九四〇］喪葬篇に礼制上は死者の精神は宗廟に、肉体は墓室に分けて祭るのであるが、死者は精神・肉体ともに墓室内にいるという素朴な観念により、後漢以来、墓祭をさかんにし、宗廟の祭りを軽くする傾向になった、と論ず。木島史雄「招魂をめぐる礼俗と礼学」［木島一九九〇］参照。墳墓に関しては町田章『古代東アジアの装飾墓』［町田一九八七］、佐原康夫「漢代祠堂画像考」［佐原一九九一］、とくに夫婦合葬墓・家族墓の盛行に関しては太田有子「古代中国における夫婦合葬墓」［太田一九八〇］参照。【補注】西晉の墓葬・墳墓については、張学鋒編著『中国墓葬史』［張学鋒編著二〇〇九］、余黎星・繆韵・余扶危編著『洛陽古墓図説』［余黎星・繆韵・余扶危編著二〇〇九］など参照。

(66) 薄葬に関しては王充『論衡』薄葬篇、［吉川忠夫一九七六b］［魏鳴一九八六］参照。

(67) ［小南一九八四］、［谷川一九七七］第四章の「超俗の世界」参照。

(68) 『晉書』巻三十三、石崇伝に「［石崇］与潘岳諂事賈謐、謐与之親善、号曰二十四友。広城君（郭槐）毎出、崇降車路左、望塵而拝、其卑佞如此」、巻四十、賈充伝附賈謐伝。潘岳の「賈充婦宜城宣君誄」に「昔在武公、葬礼殊倫、伉儷一体、朝儀則均、行成于己、名生于人、考終定謚、実曰宣君、祝宗莅事、卿相奉引、軽車整駕、介士列陣、鸞路依容、輼車升櫬」とあり、潘岳は他にも多くの誄をつくっている。厳可均『全上古三代秦漢三国六朝文』「全晉文」巻九十二、潘岳四参照。上田早苗氏は『中国墓誌精華』［中田編一九七五］釈文・解題中の2「徐義墓誌」で潘岳ら「二十四友」のある者が賈皇后の意を受けて墓誌の文をつくったのではないかと推定している。第七章参照。

(69) フィリップ・アリエス著『図説死の文化史・ひとは死をどのように生きたか』［アリエス 一九九〇］六―一二、五二―五七頁参照。

【補注】(1) 「洛陽における西晉の墓誌の出土地の地図」は、地形、地名に関しては「河南省一万分之一地形図」の新安県、孟県、偃師県（以上は東三省陸軍測量局、民国十四年（一九二五）の製印）、洛陽県（国民革命軍総司令部参謀処、民国十五年（一九二六）の製印）と賀官保『洛陽文物与古迹』［賀官保一九八七］所収の「洛陽文物与古迹分布示意図」、隋唐の東都洛陽城に関しては平岡武夫『唐代の長安と洛陽、地図』［平岡一九五六］所収の地図（松田壽男・森鹿三編『アジア歴史地図』［松田・森一九六六］再録）、現在の洛陽市街に関しては最近の洛陽の旅遊図類、また墓誌の出土地に関してはおもに『洛陽出土石刻時地記』〔郭玉堂・王広慶一九四一〕とそれに附されている「洛陽石刻出土地図」にもとづき作製した。【補注】〔塩沢二〇一〇〕所収の「洛陽盆地の自然環境」の地図を用いて補正を加えた。

以下、洛陽出土の墓誌の地図上における位置を確定、推定するための根拠とした、さらに詳しい出土地、出土状況を引用する。なおとくに記さない場合は〔郭玉堂・王広慶一九四一〕の記載である。②鮑寄「〔鮑〕寄座在東、〔鮑〕揖（捐）在西、両墓相距四五歩」。③鮑捐「洛陽城東北二十里楊坟村北二百七十歩処出土」。⑤楽生「洛陽城東十五里陳家村東南出土」。（以上、写真11-9）⑨張圭の妻「洛陽城東史家凹出土」。⑫賈栄「洛陽東劉家坡東地出土」。⑭王文伯「洛陽自一九五三年春季至一九五五年九月以前、共発掘了晉代墓葬五四座、……。墓葬的分佈、按自然区画、基本上可以分作「城北」、「城西」和、「澗西」三区。城北区限於邙山南坡、城西区限於洛河北岸、西至澗河。均属於晉都的城西範囲。」（〔河南省文化局文物工作隊第二隊一九五七〕の一号墓）。（写真11-10）⑮菅洛「洛陽城北門外後坑村出土」。⑯成晃「洛陽東呂家廟及左寨両村人、於城東北十八里左姓地中掘得、地在鳳凰臺及莫家溝二村之東、左寨村之西北、距〔郭〕玉堂所住劉家坡村一里許」。⑰裴祇「洛陽市内定鼎路周公廟北墻外」（〔洛陽古墓博物館一九八七〕）。⑱荀岳・劉簡訓「洛陽故城東十里蔡荘人掘井得之」。⑲王□君侯「洛陽城西北前楼村李汝珍地中出土、地在麻屯」。（写真11-10）⑳郭槐「洛陽城東北平楽村北地中出土」㉑魏雛「洛陽城東北十八里西呂家廟村東北半里許出土」。（写真11-11）㉒徐義〔河南省文化局文物工作隊第二隊一九五七〕の八号墓、⑭王文伯参照。「洛陽老城北五股路鉄路小学院内」（〔黄明蘭一九八二b〕）。㉓左棻「偃師城西十五里蔡荘村、鮑姓自地中掘出、地在洛陽故城東十里」。㉔張朗「洛陽城東北二十里後営村西北出、距十八年楊乾誌出土処数十歩」。（写真11-11）㉘石尠「洛陽城北五里馬坡村東数十歩地中出土、地主巴姓」。㉙石定「与石尠碣同地出土、発掘者為馬坡村人」。㉚劉韜「偃師西、洛陽東出土」「今在偃師武氏。……。億案、志向為土人掘出之、已二十餘年仍棄置一民家、乾隆癸卯、余自杏園荘假之而帰（『偃師金石遺文記』）」（『金石萃編』）。（写真11-11）㉛劉氏「偃師西南扒頭村寨壕内出土」。（写真11-12）㉜〔杏園三四号墓〕「一九八四年夏季、我隊在配合河南首陽山電廠建廠過程中、清理了両座魏晉墓、……。這両座墓与遇去発表的杏園東漢壁画墓和杏園唐墓同在一片墓区」（〔中国社会科学院考古研究所河南第二工作隊一九八五〕（写真11-12））。（写真11-12）㊲士孫松「洛陽晉墓的発掘」の二二号墓、⑭王文伯参照。㊳王□「洛陽北小梁村南高家嶺村北地中出土、在元延明墓南里許地内」。（写真11-12）

【補注】（2）〔偃師商城博物館一九九二〕によると、一九九〇年に偃師県城関鎮北坋村の東磚廠で発見された古墓中の前室の入口のところから「字磚」が出ている。「字磚」は方形で一辺は四〇センチメートル（厚さは五センチメートル）、表面に隷書で六行刻されており、「永平十六年四月廿／二日、姚孝経……」と読みとれ、永平は後漢の明帝の元号で、その十六年は西暦七三年にあたり、現在発見されている最も早い時期の広義の墓誌の一例であろう。

本章は、京都大学人文科学研究所の「中国中世の文物」研究班（班長は礪波護氏）での発表、一九九二年の中国魏晉南北朝史学会年会暨国際研討会（会場は西安市の陝西師範大学）における口頭発表にもとづき、また、研究班の吉川忠夫氏ら班員の王戎墓誌などに関する御教示、南京博物院の羅宗真氏の御指正などにより、執筆した。

【補記】　本章発表以後、いくつか新出の西晉の墓誌が紹介されている。たとえば、洛陽市文物工作隊『洛陽出土歴代墓志輯繩』［洛陽市文物工作隊一九九一］には、羊祜墓誌、斉慈妻陳氏墓誌、南陽王妃墓誌などの拓本が、郝本性・李秀萍編『新中国出土墓誌　河南　1』［郝本性・李秀萍一九九四］には、孟県にて出土した士氏墓誌の拓本・釈文などが、羅新・葉煒『新出魏晉南北朝墓志疏証』［羅新・葉煒二〇〇五］には、趙氾墓誌（香港中文大学文物館所蔵）、司馬馗妻王氏墓誌、孟□妻趙令芝墓誌の釈文・疏証が、趙君平・趙文成編『河洛墓刻拾零』［趙君平・趙文成二〇〇七］には、孟津県平楽鎮にて出土した三基の墓誌を中心に八基の墓誌の拓本が収められている。また、私自身も二〇一〇年に洛陽市にて、始めて見る墓誌の拓本を数点、買得した。その多くは出土の経緯が未詳であることからも偽刻の可能性を捨てきれず、このたびは、本章に新出の西晉の墓誌を追加し、検討することは断念した。

①張□神座

②鮑寄神座

③鮑捐神座

④馮恭石槨題字

⑤楽生墓誌

写真 11‐9

⑥張普墓磚

⑧張光墓磚

⑬和国仁墓誌

⑭王文伯墓誌

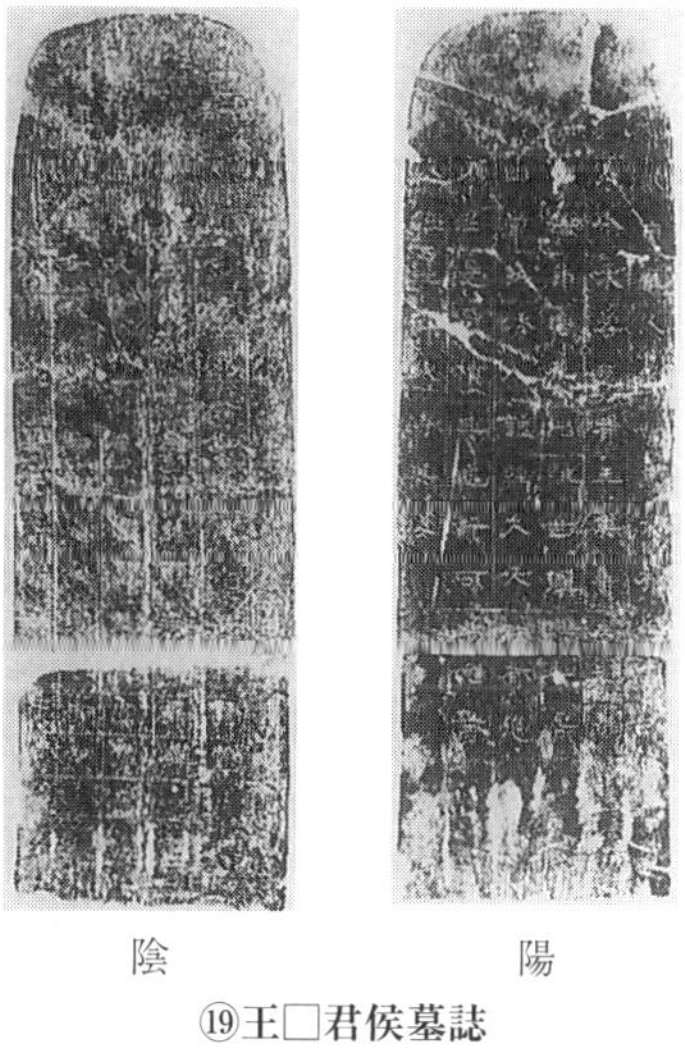

陰　陽

⑲王□君侯墓誌

写真 11 - 10

石柱

陰

陽

㉑魏雛墓誌

陰

陽

㉔張朗墓誌

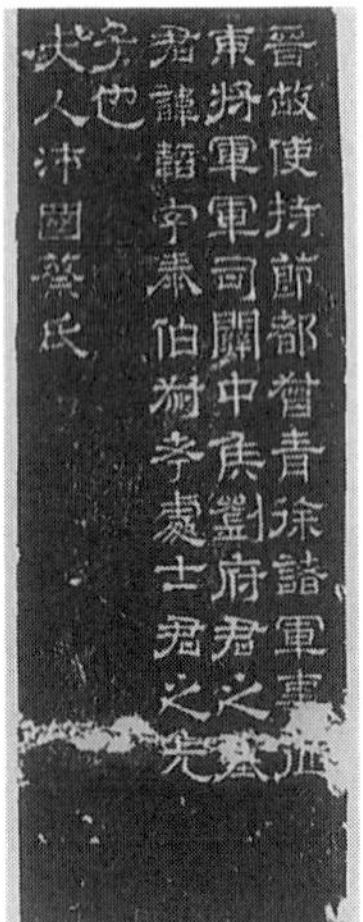

㉚劉韜墓誌

写真 11 - 11

㉛劉氏墓誌

㉜杏園 34 号墓

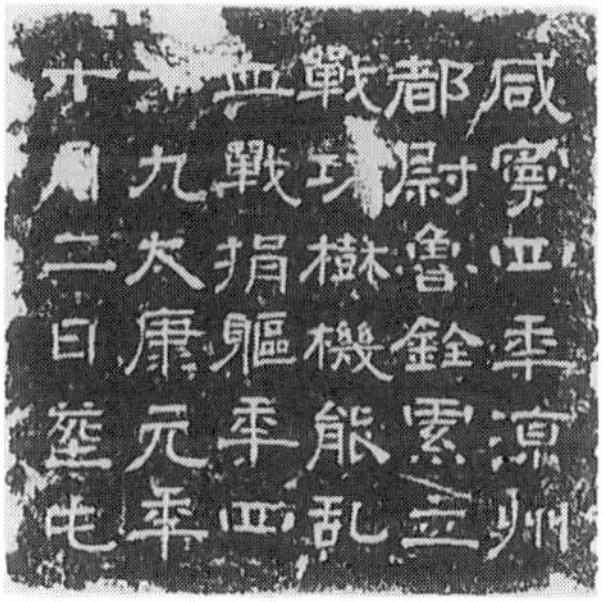

㉞魯銓墓誌

㉟杜謖墓誌

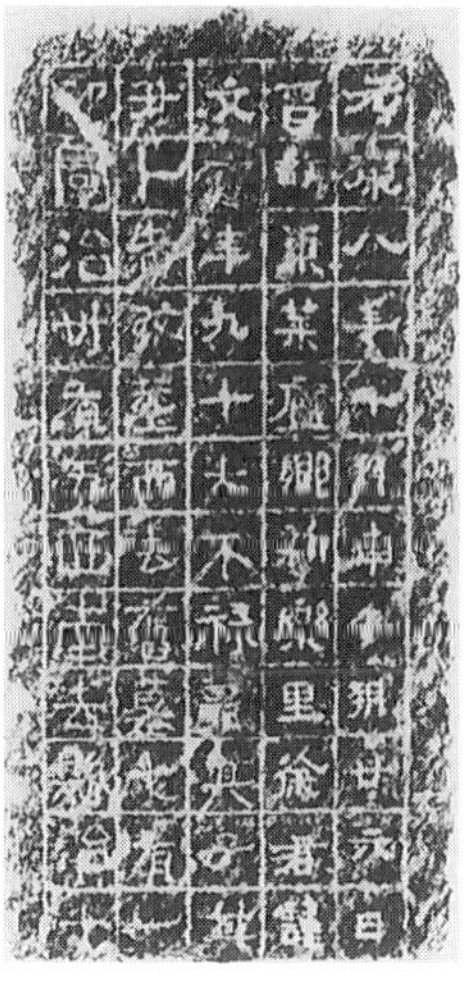

㊱徐文□墓誌

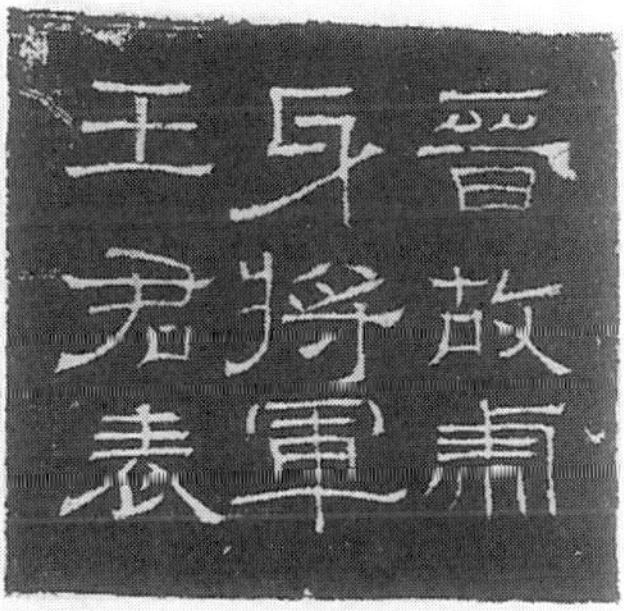

㊳王□墓誌

写真 11・12

結語

中国史の流れの中で、秦漢帝国と隋唐帝国の間に挟まれた四百年にわたる六朝時代（魏晉南北朝時代）は、さらに、三国・西晉、東晉・五胡十六国、南北朝、と三分することができる。その第一段階の魏晉時代（三国・西晉。「序論」参照）を、内藤湖南は古代（「上古」）から中世（「中古」）への転換期、さらに詳しく言うならば、その過渡期であると認識していた。とするならば、魏晉時代の国家・社会は、古代の残滓と中世の萌芽が入り混じった、複雑な様相を呈していたことが想定されるのである。では、実際の歴史にそのような様相が確認されるであろうか。

それに先立ち、魏晉時代の歴史の展開を、おもに拙著『西晉の武帝司馬炎』［福原一九九五］により、たどっておきたい。

後漢の延熹二年（一五九）、外戚の「跋扈将軍」梁冀が誅殺され、「外戚の時代」から「宦官の時代」へと変り、その「宦官の時代」に党錮事件（一六六年、一六九年）と黄巾の乱・涼州の反乱（一八四年）が起こった。中平六年（一八九）、霊帝が歿するや、宦官二千人餘りが殺され、董卓が実権を掌握したが、反撥は大きく、各地で群雄が割拠する「軍閥の時代」に突入し、群雄（軍閥）の一人である曹操が、建安元年（一九六）に献帝をその本拠地である許県に迎え、同五年（二〇〇）には官渡の戦いで袁紹を打ち破り、華北の東半を制圧したが、同十三年（二〇八）の赤壁の戦いに一敗地に塗れ、これが三国鼎立の起点となった。曹操は丞相の任にあったが、魏公、魏王と爵位を進め（二一三年、二一六年）、その幕下には「建安の七子」が集った。

黄初元年（二二〇）、曹操が歿し、その官爵を継いだ曹丕は、同年、漢魏禅譲革命により即位し、曹魏王朝が成立、それに対して、劉備と孫権もそれぞれ王朝（蜀漢と孫呉）を開き、ここに狭義の三国時代が始まる。蜀漢は流寓政権、孫呉は割拠政権の色合いが濃く、それぞれの国力の比は、宮崎市定氏の推定によると、曹魏六・孫呉二・蜀漢一、であり（[宮崎一九七七]）、この国力の差から、曹魏に対して、孫呉と蜀漢は両者の同盟と天然の要害により拮抗しているというのが基本的な構図であった。曹魏では、文帝（曹丕）が歿し、明帝が即位し、とくに内政に対して意欲的に取り組んだ（第二章）、その治世の間に、蜀漢の丞相諸葛亮による北伐に幾度かさらされたが、諸葛亮の五丈原での病歿により終熄し（二三四年）、その防戦に当たっていた司馬懿は、燕王を自称していた遼東の公孫淵を撃滅し（二三八年）、それらの功績により、曹魏随一の重臣となっていた。明帝の歿後、廃帝（斉王芳）、後廃帝（高貴郷公髦）、元帝（陳留王奐）の三「少帝」があいつぎ、この間、皇太后は一貫して明帝の皇后であった郭太后（永寧宮）であり、嘉平元年（二四九）の対曹爽クーデターの発動（その結果、「正始の音」が終焉を迎える）を始め、対呉の要衝である寿春での「淮南三叛」、つまり王淩、毌丘倹・文欽、諸葛誕らのあいつぐ挙兵（あるいは未遂）に対する鎮定、都洛陽にあっては、廃帝（斉王芳）と後廃帝（高貴郷公髦）の廃位など、司馬懿とその子司馬師・司馬昭兄弟は一貫して、語弊を恐れずに言うならば、外戚の位置におり、この郭太后の権威を利用し、具体的には彼女の「令」をよりどころとし、着々と王朝乗っ取りを進めていったのである（後趙の建国者石勒は「司馬仲達父子のように寡婦を欺き、誑かして、天下を取るようなまねは死んでもできぬ」と論評したという。『晉書』石勒載記下）。そして、「苛酷」な政策により人心を失った曹魏に対して、司馬氏は意図的に「寛裕」な政策でもって人心を収攬していた（孫呉の張悌の言。『三国志』、呉書、三嗣主伝、裴注所引『襄陽記』）。なお、「竹林の七賢」の阮籍はこの司馬氏の三人の幕府にいずれも従事中郎として仕え、景元四年（二六三）に亡くなり、その前年には嵆康が刑死している。

この景元四年（二六三）、三国志の情勢が大いに変動する。司馬昭の主導により、蜀漢が平定されたのである。それと前後して、郭太后が亡くなり、さらには、晋公、晋王と爵位を進めてきた相国司馬昭が亡くなった。そして、泰始元年（二六五）、司馬昭の後を嗣いだ司馬炎が禅譲により即位し、晋王朝を開いた。旧魏臣は革命直前の〔開国〕五等爵により安堵されていた。革命の前年から着手されていた礼儀・法律・官制の一新の一環として、同四年（二六八）には『泰始律令』が発布された。また、咸寧二年（二七六）には国子学が新設された（第三章）。太康元年（二八〇）、孫呉を平定し、統一が実現し、ここに三国時代は幕を下ろしたのである。曹魏成立以来、ちょうど六十年である。これを機に、新たに占田・課田制と戸調制という土地制度・税制が実施された。

しかし、早くも暗雲が垂れこめる。太康三年（二八二）、斉王攸帰藩事件が起こったのであり、この事件が、私見によると、八王の乱の前哨戦となるのである（詳細は第五章第二節第二項）。太熙元年（二九〇）、武帝が殂し、恵帝が即位するや、楊太后の一族である楊駿が外戚として専権を振ったが、権臣賈充の娘である賈皇后がクーデターを企て、楊氏一派を滅ぼした（広義の八王の乱の開始）。元康年間（二九一―二九九）の約十年間、「闇主」恵帝と「虐后」賈皇后の君臨の下、比較的に平穏であり、賈皇后に連なる賈謐の下に「二十四友」が集い（第七章）、当時の「互市」に擬えられた風潮を批判した『銭神論』や『釈時論』が喝采を浴びた（第九章、第十章）。だが、元康九年（二九九）から翌年にかけての賈皇后による愍懐太子の廃嫡・殺害が導火線となり、趙王倫の対賈皇后のクーデターが起こり（狭義の八王の乱の開始）、以後、洛陽でのクーデターから市街戦、さらには会戦へと、規模の上でも地域的にも拡大しつつ、連鎖的に抗争が続くのである。これが八王の乱である（第五章・第六章）。その間に、抗争を重ねるごとに弱体化してゆく西晉王朝のくびきから離脱し、自立を図る動きが始まる。幷州（山西省）では匈奴の劉淵が、益州（四川省）では巴氐の李雄が自立し、それぞれ漢（前趙）、成漢を建国し、五胡十六国の端緒を開く（三〇四年）。こうして、戦乱の重心は八王の乱から、内徙の非漢族と流民化した漢族が主体となり、西晉王朝に敵対した永嘉の乱になし崩し的に移り、その間に恵帝が歿し、「八王」の一人東海王越が勝ち残り、一応八王の乱は終結している（三〇六年）。そして、永嘉五年（三一一）、漢の攻勢により洛陽が陥落、懐帝が出降し、ここに事実上、西晉王朝は滅んだ。再統一から三十一年目のことである。長安で余喘を保っていた愍帝も、建興四年（三一六）に出降し、ここに名実ともに晉王朝は滅亡したのである（ただし、翌年、その報に接した琅邪王睿が建業にて即位し、晉王朝が再興された。東晉の元帝である）。

以上の魏晉時代の歴史的展開からまず感得しうるのは、西晉による統一を挟んで、前後に大きな戦乱があることである。前者が後漢末からの「三国志」の戦乱としてあまりにも有名であり、後者が西晉末の八王の乱と永嘉の乱であるが、むしろ後者の方が戦乱の規模としては大きいのである。何故ならば、たとえば一例として、八王の乱の一幕である成都王穎対長沙王乂の抗争での成都王穎軍をとりあげると（第六章第二節）、成都王穎が差し向けた陸機率いる総勢二十餘万の軍容は、漢魏以来いまだかつてなかったほど盛大であったと言われているからである。

ただし、「三国志」の戦乱と西晉の戦乱は性格を異にしている。というのは、大勢として、前者は戦乱を通じて統一に向かっていたのであるのに対して、後者は逆に分裂に向かっていたのであり、むしろ、「三国志」の戦乱に先行する、後漢末の党錮事件と黄巾の乱・涼州の反乱が、西晉末の八王の乱と永嘉の乱と対応しているのである。何故ならば、党錮事件と八王の乱、その個々の抗争は、ともに私権化に対する輿論の反撥という根本的に同じ構図であり（第五章第一節）、それらに続く、黄巾の乱・涼州の反乱と永嘉の乱も、国家の私権化のしわ寄せが人民に至り、その限界を超えた結果であり、具体的には、圧迫を受けた農民や流民、あるいは内徙の非漢族がその反乱の主体であり、現王朝そのものを否定し、その打倒をめざすというように、根本的に同じ構図であったからである。

そして、後漢の滅亡、それは四百年餘り存続していた秦漢帝国の瓦解を意味するのであるのに対して、西晉の滅亡は百年足らずであるが、魏晉国家体制の瓦解を意味するのであり、その点で、マルクスが『ルイ・ボナパルトのブリュメールの十八日』の中で言ったように、歴史は繰り返したのである。つまり、魏晉国家体制による再建は失敗に終わったのである。両者のそれぞれの滅亡の原因である八王の乱と党錮事件が同じ構造である点に注目するならば、西晉王朝、ひいては魏晉国家体制が、結局、後漢の滅亡の原因を内包していたことを意味するのであるが、その最大の原因が、先述した、国家の、とりわけ選挙の場における私権化とそれに対する輿論の反撥という問題であった。

では、その背景として、国家、さらには社会にどのような変動の事態が想定し得るであろうか。現実に基層社会の変動に端を発し、自然聚落としての「郷」が壊滅し（［宮崎一九三六］「漢代の郷制」）、「塢」「村」などの新たな村落共同体が生まれたのであるが、川勝義雄氏の考察によれば、魏晉時代に先行する漢代の基層社会において、「父老」―「子弟」の年歯秩序が支配する、いわゆる「里共同体」に、「上家」（豪族）―「下戸」（貧農）の上下関係が生じ、その結果、郷里が引き裂かれた。豪強が兼併し、「郷曲に武断」する（『史記』平準書）、いわゆる「豪族の領主化傾向」が出現する（［川勝一九七〇b］）。その延長線上に、たとえば、「宗族部曲三千餘家」を統率し、曹操軍団の一翼を担った李典らのような「豪俠」が出現する。［川勝一九五四］）。さらに、川勝氏は、この貴族制社会の成立を社会構造の変化（後漢の基層社会「里共同体」の解体）に求め、第一の条件として豪族の領主化傾向、第二の条件としてその豪族の領主化傾向に対抗し、新たな共同体を冀求するレジスタンス運動の高まり、その矛盾の相克から貴族制社会が出現したと考えるのである。

この後漢の基層社会における矛盾の相克に対応する国家レベルの政治事件である党錮事件では、後者が前者を濁流になぞらえ、自らを清流と自認したのであり、また、私権化に対する輿論の反撥、「私」対「公」、国家対社会という図式でもっても表わされる。二項の図式にするならば、濁流、私権化、国家（政権）対清流、公権化、輿論、社会（民間）である。注目すべきは、国家（政権）と社会（民間）が公私を逆転している点である。これこそが党錮事件と八王の乱の真因ではなかろうか。

ちなみに、この社会・国家における二段階の展開と通底するであろう同様の展開が、同時代の心性（精神）においても見出せる。その一端が、西晉の墓誌の出現の背景である（第十一章「西晉の墓誌の意義」）。私は、「心性史的には『神』から『人』への変化、その中での外面的・物質的文化から内面的・精神的文化への変化、という二重の変化の一環である、死生観における死者の畏怖の対象から追慕の対象への変化、追慕の対象となった死者に対する厚葬から薄葬への変化の所産であ」る、と論じたが、第一段階が外面的・物質的文化、厚葬、第二段階が内面的・精神的文化、薄葬に対応するのではないか。そして、続けて、その所産の墓誌と同時期の左思の「悼離贈妹詩」や潘岳の「悼亡詩」とが通底している、と考えた。とするならば、個人の覚醒が生み出した人間性に溢れた藝術に代表される文化、その典型が、抒情的な五言詩を生み出し、また、個人としての詩人が出現した、曹操とその子曹丕・曹植（「三曹」）と、その下に集った「建安の七子」に始まる魏晉の文学にも二段階の展開を見出せるのではないか。そして、藝術として、漢代での書写材料としての紙の発明とも相い俟って、書や絵画がそれぞれジャンルとして確立するのであり、魏晉期の鍾繇（第一章）や衛瓘（第五章）は書の名手としても名高かった。

また、その第二段階と通底しているのが、個人の罪の意識の出現であり、それに即応するのが個人〔救済〕宗教である。本来の共同体から、家族単位で、さらには個人単位で析出された人間は、その疎外の状況下において、罪の意識を媒介として、その精神の救済のために、宗教が求められたのである。その宗教とは、渡来宗教である仏教とその仏教の刺戟で誕生した民族宗教の道教である。この道教の源流の一つ「五斗米道」は漢中に「宗教共同体」をも実現した。このように、熱烈に宗教が信仰される、いわば「宗教の時代」が始まったのであり、「儒仏道」というように、三教が並立したのである。それに連動し、思想・学問では、漢代の思想としての儒学（学問としての経学）一尊から「玄儒文史」というように多様化した。儒学は、とくに「礼教」として国家・社会に定着していたのであり、たとえば禅譲もその所産の一つであり、九品中正制度の「清議」の主対象は礼制違反であったが、その一方、その儒学に対する反撥として、玄学（老荘思想）が風靡するのであり、とりわけ、清談と結び付いていた。「正始の音」ではとくに『老子』の解釈に重きが置かれ（なお、第一章の正始年間の肉刑復活の是非をめぐる「私議」も「正始の音」の一環であった）、それに対して、「竹林の七賢」は『荘子』の解釈に重きが置かれるとともに、『荘子』的言動に関する逸話が『世説新語』任誕篇に収められている。文学については、「三曹」「建安の七子」以降、「竹林の七賢」の阮籍・嵇康、賈謐の「二十四友」の潘岳・陸機らが輩出（第七章）、個人の精神の内奥などが、とくに五言詩でもって表白された。史学については、魏晋期の書籍目録である鄭黙『中経』や荀勖『新簿』が四部分類を創始し、その丙部（史部に相当）が甲部（経部）から分離したことからわかるように、史学が独立し、独自に発達を始めるのである。

以上のような文化的な新展開の一方で、第一段階と通底して、個人の欲望が噴出し、淫虐や奢侈の風潮が蔓延し、地位や名誉を渇する出世欲（上昇志向）が前面に出てきたのであり、この動向こそが、選挙などを中心とする私権化の底流であり、ひいては後漢や西晋など、王朝国家を崩壊させる原動力となったのである。

党錮事件にもどって、二項の図式の後者、基層社会における豪族の領主化傾向に対するレジスタンス運動を基盤とした、国家の私権化を批判し、公権の回復をめざす、人物評価を中核とした輿論を形成し、清流を自任する社会（民間）勢力、これこそが六朝貴族の本源であるが、この勢力が標榜したのが「清」の理念であった。私権化を「濁」と見立て、その対置概念として生まれたのであろう（漢代の郷挙里選の科目「孝廉」の「廉」、清廉という徳目が国家が要請する徳目としてすでに存しているが）。そして、魏晋時代、さらに六朝時代は、まさに「清」の時代であったのである。この時代を一語で表現するキーワードといってもよい。その典型が「清」を含む「清通」「清遠」「清虚」「清操」「清貞」「清慎」「氷清」などの評語であり（［森野一九八〇］［森野一九八二］［森野・上村一九八二］）、『釈時論』にも「凝清」「清剿」という評語が見える（第十章第四節）。それのみならず、官職や文学など、当時のあらゆる分野にも「清」が浸透しており、それらの現象を対象とした論考も多い（［上田一九七〇］［渡辺一九七九］［興膳二〇一二］など）。その枢軸は、川勝氏の郷論環節の重層構造によるならば、第一次郷論の場での「清議」から第三次郷論の場での「清談」という、選挙の場のそれであり、清談のホープとして、曹魏の「正始の音」の人士、曹魏から西晋にかけての「竹林の七賢」、そのエピゴーネン、と続くのであり、後述の王衍もその流れの末尾に位置していたのであり、かれらの言動の逸話が『世説新語』の中核をなしている（［吉川一九八六］）。

興味深いのは、後漢の滅亡と西晋の滅亡、それぞれに対する知識人（「士」）との関係である。前者の場合を象徴するのは、「逸民的人士」徐穉の漢帝国崩壊の予見と漢帝国の建て直しをめざす陳蕃ら清議の徒に対する批判の言、「大樹がまさに倒れんとするとき、一本の縄で支えられるものではない。あたふたと休むまもなくかけずりまわるのは何としたことか」［川勝一九六七］である。なお、太尉、太傅と歴任した陳蕃は「天下を澄清する志」を有し、濁流と対決し、党錮事件で非業の死を遂げた。それに対して、西晋末年の清談の領袖であり、宰相（「太尉」）でもあった王衍は石勒に捕らえられた際に、あまりの無責任ぶりに、石勒から「あんたは名声が天下を覆い、自身は重任に居り、少壮のときから朝廷に出仕し、そのまま白首に至っている。どうして世事に与からなかったなどといえるのか。天下を破壊したのは、まさにあんたの罪だ」と面罵され（『晋書』王戎伝、附王衍伝）、殺される間際、「もしも「浮虚」（虚無玄理）を尊ぶこと（清談にうつつをぬかすこと）をしなければ、こんなことにはならなかったのに」と後悔したという（『世説新語』軽詆篇劉注所引『晋陽秋』、『晋書』王衍伝）。ちなみに、顧炎武は『日知録』「正始」の中で、清談により西晋が滅んだのは、単なる易姓の「亡国」ではなく、仁義が廃れ、禽獣なみになった「亡天下」である、と論じ、竹林の七賢ら清談の徒を指弾する）。後年、洛陽を奪回した桓温も「「神州」（中原、とくに旧都洛陽一帯）が滅び、百年もの間、廃墟となったのは、王夷甫（王衍）らがその責めを負わねばならぬ」と慨嘆している（『世説新語』軽詆篇、［吉川一九八六］参照）。これら王衍、さらには清談に対する指弾は、後漢末の清議の徒・「逸民的人士」と比較するならば、時代性がより顕著となる。王衍は地位の点では陳蕃に近いが、清議の徒ではなく、端的に言って、「逸民的人士」が政権の中枢にいたということである。何故、そのようなことになったのであろうか。

そもそも「清」の理念は、清流士大夫の、儒学にもとづく、利欲・権力欲に走る濁流勢力に対する批判である「清議」に本来的に内包されていたが、より民衆に近い逸民的人士の老荘思想を加えた隠逸思想にもとづく、濁流勢力のみならず、名誉欲に走る清流士大夫に対する批判により、「清」の理念はより純化された。ここに、清流勢力とそれに属するが、その内にて批判する逸民的人士の関係に即応する「清」の理念の通貫と二段階の展開という両面を見出すのである。そして、濁流的なありかたは、本源的には、人間の自己の生存から発した、それ故に本来的に有する欲望・利欲にもとづくのであるのに対して、自他ともに律し、共生をめざす「清」の理念は単なる「濁」の対置概念ではなく、高次の理念であり、ここに、学問にもとづく知識・礼儀のみならず、「清」の理念を保持する人格こそが人の上に立つ資格をもつ、そこから、ある意味では、政治に無欲である在野の逸民・処士であるからこそ輿望を獲得するという、逆説的な新たな指導者観を生み出したのである（[福原二〇〇一b]の注（17））。そして、その延長線上に王衍がいたのである。

そして、清議・清談を国家と結び付けているのは、言うまでもなく、漢魏禅譲革命前夜に創設された九品中正制度である。それ故に、この制度は国家の制度ではあるが、社会の要素が色濃い。それを示すのが、九品中正制度の「中正」官（州大中正・郡中正）の存在である。というのは、「中正」官は六朝の正史の職官志（百官志）には掲載されておらず（王鳴盛『十七史商榷』三国志「州郡中正」、晉書「九品中正」）、それのみならず、『三国志』や唐修『晉書』の西晉の部分の列伝では、官僚の肩書きのみとしては記されておらず（唐修『晉書』の東晉の部分から、列伝の履歴の箇所に出始める）、曹魏の正始年間における夏侯玄の九品中正制度批判の議論（『三国志』魏書、本伝）の中では「上」（皇帝・政府）に対峙する「下」（民間）の代表として論じられており、西晉の太康年間における劉毅の「九品八損」の議（『晉書』本伝など）の中では、その職務に対して刑罰を問えない（選挙不実の律の適用外）という指摘があり、また、『晉令』の佚文（『通典』職官典、州郡上、総論州佐、中正の原注）によると、「中正」官を兼職している在京の官僚が月に三回（あるいは一回とも）、わざわざ洛陽城の上東門外で、しかもそのたびに幔幕を張って、そこで会議を開いているのである。これらの「中正」官の特徴は、国家と社会を対峙させるならば、社会、それこそが川勝氏が名付けた「郷論環節の重層構造」であるが、その代表であり、魏晉当時、貴族による「内官」と「中正」官の兼任こそが国家と社会にまたをかけているのを端的に表現しているのである。ちなみに、魏晉時代の肉刑の復活の是非をめぐる朝廷での論争での反対派の立場である（第一章）。

重要な点は、公権性を帯びた人物評価の風潮という社会の現象が九品中正制度として新国家により取り込まれたのであるが、完全に消化されなかったことである。たとえにより表現するならば、国家のピラミッドに対置する社会のピラミッド、それは川勝氏の「郷論環節の重層構造」に相当するが、が屹立していたのである。「中正」

官の特異性は、この社会のピラミッドの側に属することに由来するのであり、「内官」＋領「中正」官という形こそ、国家と社会、この二つのピラミッドにまたをかけているのを端的に表現していたのであり、日本の学界における六朝貴族の中央の官僚か地方の名望家かという、本質をめぐる論争があったが、ある意味では、中央の官僚が国家のピラミッド、地方の名望家が社会のピラミッドと重なるのであり、少なくとも、王朝の興亡とは切り離され存続する六朝貴族の国家、皇帝権からの自立性はこの社会のピラミッドに足場を有するからである。そして、漢代の国家身分「官」―「民」から六朝の社会身分「士」―「庶」への転換の背景であり〔葭森二〇一一〕、また、この時代特有の、一見すると不可解な現象、たとえば、官僚のサボタージュなどの背景でもある。

後漢時代後半、各地の郷里社会において、人物評価の風潮が出現し、全国的に拡大した。この段階では、原則として本籍地と現住地が一致していた。その後、後漢末の戦乱などにより、人士が流離した結果、本籍地と現住地の不一致が顕著となった。その段階において、本籍地と現住地の乖離を黙認した上で本籍地を標榜する「本籍地主義」と本籍地を変えて現住地に一致させるという「土断」による「本籍地主義」、つまり二つの「本籍地主義」の可能性が存した。前者が九品中正制度の前提であり、後者が郷挙里選の前提であり、衛瓘や李重の九品中正制度批判の議論の中で「土断」を提言するのである。現実には、前者の「本籍地主義」を選択したのであり、その結果、一種の「郷里」の遊離を生み出すとともに、現住地はある意味では束縛がなくなるのであり、その結果、全国に拡大したのであり、国家・社会が安定すると、官僚の多くは都に居住したのである（これが西晉の墓誌の出現の前提であり（第十一章）、とりわけ興味深いのは、都洛陽の当利里の居民が社祠を建立したときに立てられた「晉当利里社碑」の碑陰題名にも、たとえば、「社史趙国范肇字弘基」と本籍が刻されており、その本籍を確認するとほとんどが河南洛陽ではない点である〔寧可一九九九〕。ちなみに、辟雍碑の碑陰題名にも本籍が刻されている（第四章））。これをきっかけに、士庶区分が始まり、本籍地と結合した「門地」が重視されるようになり、東晉以降、門閥貴族が出現するようになる。

その結果であろうか、魏晋の段階で、社会のピラミッド、すなわち、「郷論環節の重層構造」での「第三次郷論」の場（都洛陽での貴族社交界）の遊離が進んでおり、その場では、すでに本論でも引用した、宮崎市定氏の簡要な指摘（［宮崎一九五六］）がある。上層では清談と贅沢競争、下層では賄賂。この宮崎氏の指摘を敷衍したのが、本書の社会史篇の第七章から第十章までの四篇であり、私の研究はここに集中していたのである。

第九章「『銭神論』の世界」と第十章「『釈時論』の世界」は、ともに西晋の恵帝（在位は二九〇―三〇六年）の治世に現われた、「互市」になぞらえられた時世を批判した警世の書を対象としている。第十章では、王沈『釈時論』の分析にもとづき、元康年間の第三次郷論の場における選挙の溷濁、すなわち権貴と結び付いたその子弟（「挾炭之子」）とその追従者（「趣勢之士」）の二類型による名声（「虚誉」）の排他的独占を剔出した。第九章では、拝金主義の風潮を指弾した魯褒『銭神論』の分析にもとづき、権貴の近付きになる手段として、清談（「綦毋先生」）と賄賂（「司空公子」）が対比され、後者に軍配が上げられ、その賄賂に用いられる「銭」の崇拝、すなわち拝金主義との結び付きを見出した。

第七章「賈謐の二十四友をめぐる二三の問題」と第八章「西晋の貴族社会の気風に関する若干の考察――『世説新語』の倹嗇篇と汰侈篇の検討を通して――」はともに西晋の貴族社会の特徴についての論考である。第八章では『世説新語』の汰侈篇に見える西晋当時の第三次郷論の場での贅沢競争は、実は「豪」（豪胆）という名声をめぐるマッチレース（「輩」）であり、本来は、在地の豪族の任俠の精神にもとづく賑恤行為（「軽財好施」）。『後漢書』党錮列伝の序に見える「八厨」の「能く財を以て人を救う」行為がその典型であろう）に与えられた、「散」に対応する「豪」の評価（名声）を、都洛陽の官僚貴族の場合、本末顚倒し、それを獲得するための「散」の行為であったことを突き止めたのである。第七章は、宮崎氏が言及していない、元康年間当時の第三次郷論の場に存在した、権貴の一人賈謐と文学的才能でもって結び付いた「二十四友」を考察し、「互市」の風潮下、権貴に賄賂でもって結び付いた寒門層（『銭神論』『釈時論』）と共通する側面を、また、八王の乱時に宗室諸王に軍事的才能などにより結び付き、その私党となった寒門・寒人層（第五章第三節）とも共通する側面を見出した。

なお、東晋以降の貴族制社会は、以上の魏晋段階の第三次郷論の場が遊離し、さまざまな権貴を中心とする「熱い」（『釈時論』「熱勢」、第十章）貴族制社会を克服し、沈静化する。すなわち、「門閥主義」と「賢才主義」の二方向で変質するのであり、前者はとりわけ南朝で展開し、後者は北朝で展開し、科挙を生み出すに至るのである。

では、魏晋時代におけるもう一つのピラミッドである国家（政権）、すなわち魏晋王朝国家は、大雑把に言って、後漢王朝内の曹操政権、曹魏王朝、西晋王朝の三段階に分けることができるのであるが、どのような特徴を有するのであろうか。

その起点となるのが曹操政権である。渡邉義浩氏の図式〔渡邉二〇〇四〕〔福原二〇〇六〕によると、三国の諸集団・政権は〈軍事力を基盤とする〉君主権力と〈豪族層の支持などを基盤とする〉「名士」層を構成要素として成立しており、前者が後者を尊重・重用し、後者が前者に依存・協力することにより結び付いており（その一方でせめぎあいがあった）、両者のバランスがとれていた曹操・劉備・孫権の諸政権が生き残った。中でも、曹操政権が北中国を制覇した要因は、私見によるならば、①荀彧の帰順とかれの推挙による人材の確保、②投降した青州黄巾を基盤とした「青州兵」の編成による軍団の成立、③屯田制の創設による財政上の基盤の確立、④献帝の擁立による大義名分の獲得、の四点を指摘することができるが、②③④が幕下の智謀の士の献策にもとづくのであるから、「才」を求める曹操自身の熱意とも相い俟って、①こそが最大の要因であろう。そして、国家と社会の二つのピラミッドに相応する曹操政権の君主権力と「名士」層のそれぞれの頂点には曹操と荀彧が位置していたのである。ただし、第一章で明らかにしたように、単純に二元論に還元することはできないのであり、排他的に対峙する面のみではないのである。

皇帝を戴く王朝国家の交替をたどるならば、秦漢帝国の最後に位置する後漢王朝から、曹魏・蜀漢・孫呉の三国鼎立（遼東で燕を名乗った公孫氏政権も存立していたが）、ついで西晉王朝、東晉王朝と五胡十六国の並立と続くのであり、主要な交替は漢魏間と魏晉間の二つの禅譲革命による後漢、曹魏、西晉の展開であり、漢魏間の禅譲革命では九品中正制度の創設、魏晉間の禅譲革命では〔開国〕五等爵の創設をともなっていた。また、曹魏にはその前身である、官爵でいうならば、丞相と魏公、魏王に立脚した、曹操政権と曹丕政権（一年に満たないが）があり、同様に、西晉にもその前身である、相国と晉公、晉王に立脚した、司馬昭政権と司馬炎政権があり、後漢の献帝から魏王の曹丕に、曹魏の元帝から晉王の司馬炎に帝位が禅譲されたのであるが、むしろ政権の実体はそれぞれの丞相府、相国府という幕府（公府）にあったのである。

西晉王朝、とりわけ武帝司馬炎の立場に立って考えるならば、結果として滅亡するに至る後漢王朝、すなわち秦漢帝国の克服と曹魏王朝の克服、この二つの政策課題が存した。前者は曹操政権、曹魏王朝との共通の課題であり、たとえば、曹操政権から曹魏王朝に脱皮する直前の曹丕政権の段階で創設された九品中正制度を西晉王朝は継承しているのであり、また、新たな権威確立のための政策として、律令の制定など、曹魏の明帝の魏律を継承し、さらに発展させているのである（第二章の「おわりに」参照）。曹操政権が、曹魏王朝、西晉王朝、さらには東晉王朝に連続している点の一証左が、肉刑復活の是非をめぐる廷議が曹操政権で始まり、曹魏王朝、西晉王朝、東晉王朝と続いた事実である（第一章）。また、西晉の太康年間（二八〇―二八九年）に実施された占田・課田制と戸調制という土地制度（田制）・税制の内、少なくとも後者は曹操政権による建安初年の兗州での実施に由来することも傍証になろう〔渡辺二〇〇一〕。

それに対して、後者、つまり曹魏王朝の「前車の轍」を踏まないように、克服する政策として、曹魏の宗室「冷遇」政策に対する「優遇」政策などがよく知られており（第六章「はじめに」）、また、「苛酷」というレッテルが貼られた曹魏王朝に対して、「寛容」を旨とした方針を打ち出し、それに沿った礼教政策、たとえば、国子学の創設などが実施された（第三章・第四章など参照）。なお、第三章「西晉における国子学創立に関する考察」では、礼教国家を志向する西晉の武帝は、礼教の中心であるべき太学が避役を目的とする「濁」の場に堕ちたという現実に対して、中央官学の改革として断行したのが、国子学の創立による中央官学の清濁分離の「二学」体制の確立であった。

興味深いのは軍事制度である。この軍事制度においても、たとえば、曹操政権において新設された中領軍・中護軍が曹魏・西晉両王朝と継承されるのであり（［何茲全一九四八］）、中でも、注目すべきは、都督制の成立である（［小尾二〇〇二］［石井一九九二］［森本一九九八］［山口二〇〇二］）。後漢後半の臨時職に由来し、三国の諸軍閥では、武装化した豪族など、さまざまな武装集団を統率する必要から、将軍と対比するならば、監察に特徴を有する「都督」が用いられ、漢魏革命前後には「州都督」が誕生、当初は対呉・対蜀の要衝である寿春・襄陽・長安への出鎮が中心であったが、西晉に入り、さらに統一を実現した後、鄴・許昌・長安などの「方鎮」には、曹魏の失敗を鑑み、「親親」の有力な宗室諸王が任命され（石函の制）、「藩屏」が期待されたが、あにはからんや、八王の乱が勃発、とりわけ、その後半の主役となるに至る（第五章・第六章）。第六章で検討したように、そもそも曹魏と相反するように、任官することができた西晉の宗室諸王が都督として出鎮し、管轄下における軍事権の掌握とともに、開府辟召権により、管轄下の地方から人材を軍府に辟召すると同時に、中央官として全国からも士大夫を登用することができ、彼らが代表する輿論と結び付く可能性を有していた。前出の渡邉義浩氏の三国の諸集団・政権の図式を借りるならば、西晉の宗室諸王の方鎮には君主権力と「名士」層の二つの要素を見出すことができるのであり、「藩屛」としての出鎮した宗室諸王自身の、皇帝との血の繫がり、その中でもより皇帝に近い「親親」という立場と士大夫に代表される輿論の支持をよりどころとして挙兵することができたのであり、また、宗室諸王の方鎮それ自体、政権、国家に転化する可能性を秘めており、事実、琅邪王睿（東晉の元帝）の方鎮が東晉王朝の母胎となったのである。

以上の曹操政権、曹魏王朝で創設され、西晉王朝が継承した諸制度、あるいは西晉王朝で創設された諸制度が、おそらくは、先行する古代社会から中世社会への転換とその社会の転換に対応する古代国家から中世国家への転換という大勢の中での、当時の社会の変質に対する国家の即応の結果であり、これら諸制度は、以降の東晉・五胡十六国、南北朝の諸国家、ひいては隋唐帝国に継承されてゆくのである。

後漢の実質上の滅亡を受けて成立した魏晉王朝の使命は、公権としての国家の再建であった。そして、その公権は権威と輿論という二つの要素に分けることができる。この両者が衝突したのが、肉刑の復活の是非をめぐる朝廷での論争であった（第一章）。権威をより重視したのが肉刑復活に対する賛成派であり、輿論をより重視したのが反対派であった。魏晉両王朝では、曹魏が権威を、西晉は輿論を、対比するならば、重視している。権威の創出・強化に取り組んだのが、曹魏の明帝であり、宮殿の造営もその一環であった（第二章）。それに対して、西晉の武帝も権威の創出・強化に取り組んだ。それが国子学の創建（第三章）や辟雍碑の建立（第四章）という、礼教政策を通してであった。それと同時に、曹魏に反撥した輿論に配慮し、意識的に輿論にもとづく公権の確立をめざし、自らも率先して、孝行・節倹の範を満天下に示し、また、「寛裕」を旨とした政策を打ち出した。付言するならば、皇帝対貴族の対立の側面もあるが、国家レベルの問題の解決の前には、皇帝と貴族は対立せず、つまり、皇帝対貴族の対立は後景に退くのである。

にもかかわらず、西晉王朝のこの公権の場に私権化の潮流が押し寄せる。その萌芽は魏晉禅譲革命前夜の五等爵の制定という爵位の大盤振舞い、それは輿論を取り込もうとした、しかし、それが自己目的化していたのであった。さらに、太康元年（二八〇）の孫呉の平定による中国再統一の実現により、政治の場が弛緩し、私権化が全面展開する素地が提供された。武帝自身も私権化してゆく。具体的には、立太子問題に端を発している。皇太子の箔付けというのも、晉辟雍碑の建立の目的の一つであった（第四章）。そして、ついには、八王の乱の先蹤ともいうべき斉王攸帰藩事件が起こったのである（第五章）。

西晉王朝の滅亡、それは一連の魏晉王朝国家の体制の崩壊を意味するが、おそらくは、先行する古代社会から中世社会への転換とその社会の転換に対応する古代国家から中世国家への転換の時間的なズレ、すなわち、中世社会と古代国家というズレに求められるのであり、この時期こそが内藤湖南が言う「過渡期」であろう。ただし、すべてが無に帰した訳ではない。王朝国家は滅亡し、国家体制が崩壊したのであるが、その国家体制が生み出した諸制度、たとえば、その制度としては、曹魏で屯田制が成立し、西晉でそれを継承した上で、占田・課田制を制定されたが、北魏の均田制に繋がっており、また、曹魏で魏律が、西晉で泰始律令が制定されたが、後世、律令を根幹とする隋唐帝国が出現したのである。

あとがき

本書は、おもに一九八二年（昭和五十七）から二〇〇九年（平成二十一）にかけて公にした諸論考にもとづいている。まず、各章、つまり各論考の初出について、以下に挙げる。

第一章　魏晉時代における肉刑復活をめぐる議論の背景　——廷議における賛成派と反対派の論拠の分析を中心に——

「魏晉時代の肉刑復活論の意義、再論　——廷議における賛成派と反対派の論拠の分析を中心に——」、『京都外国語大学研究論叢』第四十八号、一九九七年、

「はじめに」の大部分は、「魏晉時代の肉刑復活論の意義」、『京都外国語大学研究論叢』第二十八号、一九八七年。

第二章　曹魏の明帝　——奢靡の皇帝の実像——

「三国魏の明帝　——奢靡の皇帝の実像——」、『古代文化』第五十二巻第八号、二〇〇〇年

第三章　西晉における国子学の創立に関する考察

「西晉における国子学の創立に関する研究ノート」（上）（下）、京都外国語大学環日本研究会『環日本研究』第四号・第五号、一九九七年・一九九八年

第四章　晉辟雍碑に関する考察

「晉辟雍碑に関する一試論」、『京都外国語大学研究論叢』第五十一号、一九九八年、第三節第二項・第三項は「晉辟雍碑の再検討 ――碑陰題名の分析を中心として――」（伊藤敏雄編『魏晉南北朝史と石刻史料研究の新展開 ――魏晉南北朝史像の再構築に向けて――』、平成十八〜二十年度科学研究費補助金・基盤研究（B）（1）一般「出土史料による魏晉南北朝史像の再構築」成果報告書別冊、二〇〇九年）

第五章　八王の乱の本質

「八王の乱の本質」、『東洋史研究』第四十一巻第三号、一九八二年

第六章　西晉代宗室諸王の特質 ――八王の乱を手掛りとして――

「西晉代宗室諸王の特質 ――八王の乱を手掛りとして――」、『史林』第六十八巻第二号、一九八五年

第七章　賈謐の二十四友をめぐる二三の問題

「賈謐の二十四友をめぐる二三の問題」、『六朝学術学会報』第十集、二〇〇九年

第八章　西晉の貴族社会の気風に関する若干の考察 ――『世説新語』の倹嗇篇と汰侈篇の検討を通して――

「西晉の貴族社会の風潮について ――『世説新語』の倹嗇篇と汰侈篇の検討を通して――」、『京都外国語大学研究論叢』第三十六号、一九九一年

第九章　『銭神論』の世界

「『銭神論』の分析」（上）、『京都外国語大学研究論叢』第三十九号、一九九二年、第二節は「魯褒『銭神論』訳注」（『京都外国語大学研究論叢』第五十七号、二〇〇一年）の『銭神論』の原文とその邦訳、第四節は新たな書き下ろし。

第十章　『釈時論』の世界

「『釈時論』の世界」、『京都外国語大学研究論叢』第七十一号、二〇〇八年（日本中国史研究年刊刊行会編『日

本中国史研究年刊　二〇〇八年度』（上海古籍出版社、二〇一一年）に漢訳を収録）、
第二節に『釈時論』の原文を追加
第十一章　西晉の墓誌の意義
「西晉の墓誌の意義」、礪波護編『中国中世の文物』、京都大学人文科学研究所、一九九三年

全章にわたり、表記の統一などのために改変を施した。とくに各章の「おわりに」は、他の章との繋がりを示すなど、大幅に改めた。論旨の変更はない。

振り返るならば、京都大学文学部の二回生のときに、文史哲にわたる各専攻の中から東洋史学を選択した理由など、今では茫漠としていて定かではなく、そして、東洋史の中でも中国の六朝史に絞ったのは、それ以前だと史料が少ないので難しく、それ以後だと史料がだんだんと増えて、たいへんであると、漠然と思ったというように、消去法であり、とくに積極的な理由があった訳ではなかったように思う。卒論のテーマは、西晉代、呉平定を主導し、かつ、『春秋左氏経伝集解』を著した杜預という一人の人物をとりあげ、杜預の生き方は祖父の杜畿と父の杜恕、二人の生き方をアウフヘーベンしたものであったという結論であった。そして、現在に至るまで、私の研究テーマの時代はこの西晉が中心である。その後の挫折などについては省略するが、大学院進学後、同じく西晉代に起こった八王の乱という事件に取り組み、修士論文として、何度も考え直し、書き直し、博士課程進学の年の秋、東洋史研究大会で口頭発表し、翌年、『東洋史研究』に掲載させていただいたのが、最初の活字論文である（第五章）。その後、ぽつぽつと論文を書き、一九九五年の時点での魏晉時代に対する私の理解にもとづいた概説が『西晉の武帝司馬炎』［福原一九九五］であり、それ以降は、たとえば、国子学の創立（第三章）など、この拙著で言及しなかった事象や、『釈時論』（第十章）など、言及したもののさらに探求すべき問題がある事象

などに取り組んできた。

　以上の研究の素地となったのは、何といっても、学部生、聴講生、院生、研修員のときに受講したさまざまな授業、とりわけ演習であった。中でもまず思い出されるのは、島田虔次先生の土曜日午後三・四講時の劉師培「普告漢人」の演習であり、出席者は学部生が二人、それ以外は院生・オブザーバーで、読みの担当が学部生のみであったこともあり、一週間まるまる下調べをしても追いつかなかったが、漢文史料読解の基礎が身についた。なお、島田先生といえば、「八王の乱の本質」（第五章）の抜刷をさしあげたところ、「撫」の読みのみを尋ねられ、「〔軽く〕たたく」と答えたところ頷かれた場面が、いまでも鮮烈に記憶に残っている。つぎに、川勝義雄先生の『南斉書』竟陵王子良伝の演習である。当時の経済の専門用語などが頻出する難読の文章であり、さすがの荻生徂徠さえも訓点を施さなかったが、ある語が前後関係からは普通の意味ではない箇所があったとき、川勝先生がこの場合北朝の正史の列伝のどこそこの用法と同じであろうと指摘されたのに感心した覚えがある。ついで、谷川道雄先生の『晉書』や北朝正史の列伝や唐の藩鎮関係の史料など各種の演習であり、質量とも最もきたえられた。なお、国子学の創立について研究したのは（第三章）、ある演習の中で、先生から指摘されたのがきっかけである。先生の退官後、いろいろな研究会などの場で引き続き、指導を受けた。きたえられたという点では、他にも、竺沙雅章先生と梅原郁先生の演習が印象に残っている。

　また、ゼミがなかったので、その代り、東洋史学研究室の当時の助手・院生からいろいろと手ほどきを受けた。たとえば、恒例の東洋史サマーセミナー（岐阜県と福井県の県境に程近い石徹白《いとしろ》での合宿）での研究発表や「農書研究会」での史料講読や論文選読などでの指導である。杉山正明さんからは東洋史研究大会での発表を勧められたりもした。中でも、五回生の夏休み、渡辺信一郎さんが一対一で、毎日、『晉書斠注』の杜預伝を一緒に読んでいただいたことが一番ありがたかった。

私が院生のころから、とくに、就職してから、さまざまな研究会・学会や中国での学会に参加するようになり、多くの研究者と接するようになった。私が参加した日本での研究会・学会を順不同で列挙するならば、中国中世史研究会（後身が中国中世研究者フォーラム）、内藤湖南研究会、書論研究会、長沙呉簡研究会、六朝史研究会（エルの会）、瀬戸内魏晉南北朝史研究会、唐代史研究会、魏晉南北朝史研究会（前身が若手魏晉南北朝史研究者の会）、六朝学術学会、三国志学会、中国古代史研究会などであり、たとえば葭森健介氏とは五つの研究会の場でお会いしている。なお、京都大学人文科学研究所の「中国貴族制社会の研究」班（班長は川勝義雄先生、礪波護先生）などいくつかの共同研究班に参加させていただいたが、「中国中世の文物」班（班長は礪波護先生）は、私自身、出土史料に始めて本格的に取り組むきっかけであり、「西晉の墓誌の意義」（第十一章）はこの班に出席していなかったら、まず存在しなかった。また、魏晉時代の出土史料に関する關尾史郎氏・伊藤敏雄氏それぞれの科研の分担研究者に加えていただき、長沙呉簡研究会の場などで出土史料に対する取組み方を学んでいる。

近年、研究会ではないが、毎年三月に辻正博氏の肝煎りで団を組み、洛陽を中心にめぐっており、塩沢裕仁氏や宇都宮美生氏の案内で、漢魏洛陽城およびその周辺の関連遺跡などを案内していただき、金墉城遺址や西晉武帝の峻陽陵など、始めて行くことができた。あるとき、永寧寺遺址近くの土管の敷設現場にて見ることができた漢魏洛陽城の下から積み重なる後漢・魏晉・北魏の地層、とりわけ魏晉と後漢の両地層を画する焦土層には興奮した。

一九八九年（平成元）以来、京都外国語大学に勤めており、さまざまな面で恩恵を受けている。給与や研究費などがなかったら、おそらく、研究を続けることはかなり困難であったと思う。また、教職員の方々からはいろいろと助けていただいた。学内の研究会や講演会に出席し、知見を広めることができた。本書の全十一章中、六章の初出は外大の紀要などに掲載した論考である。大学では教養の世界史を担当しているが、特筆したいのは、三国時代の歴史の講義の場での学生のラディカルな質問である。とくに印象に残るのが二つある。一つは『三国志』などの文献史料はすべて嘘っぱちではないか、と尋ねられた。〔文献〕史料の信憑性の問題であり、その場で反論することができなかった。そのとき、頭の中でもやもやしているがことばにならなかったのは、文献史料を書いた本人も気付かない無意識の表現の中に、その時代に通底する事象が反映していれば、信じることができるのではないか、という考えであった。それはともかくとして、この質問が機となり、文献史料のみならず出土史料をあつかうことも多くなったことにもよるが、私自身、史料批判がより意識されるようになり、たとえば、「準同時代史料」など考えるようになったのである（本書の序論の「魏晉史の史料の特徴」参照）。もう一つは、よっぽど、つまらなそうに授業していたのか、にこにこと先生はおもしろいのですかと尋ねられ、虚を衝かれた。学問の原点を衝く質問に、しどろもどろで答えることができなかった。私自身、素朴に歴史が好きであり、論文でもって歴史上の疑問を解くのは楽しいのであるが、この時代の歴史を完全に自家薬籠中のものにした上で、授業を通して学生に伝えることができていなかった、と反省した。

つらつら考えるに、私の研究方法の特徴は、一貫して、魏晉、とくに西晉という時空を範囲として、何か素朴な疑問を見出し、その時代に生きていた人々に思いを馳せることにより増幅させ（それは、あるいは大学入学前後の学生運動の影響かもしれないが）、その疑問を解く方向で、調べて、論文にしてゆくが、一定水準に達していないことが多く、研究会などでの口頭発表で叩かれて、それを経ることにより、ようやくまともな論文になるということの繰り返しであった。そして、思いつく疑問から出発するために、テーマに一貫性がなく、ばらばらであり、場当たり的なきらいがあり、それと同時に、ややもすると泥縄式であるので、それぞれの分野の咀嚼が十分でなく、専門性が低く、素人的な論文がどうしても多い。そのために、この本書を編み、しめくくりとして新たに「結語」を執筆する段になり、体系的な纏まりがある訳ではないので、たいそう困ってしまった。つけがまわってきたのである。

また、当然のこと、六朝貴族制に対する理解が問われるのであるが、当初は外在的な理解にとどまっており、『西晉の武帝司馬炎』でも六朝貴族制との関連で描くことができなかった。その後、内藤湖南研究会に参加するなど、貴族制論の原点である内藤湖南の貴族制論の体得をめざし、それに関する論文を数篇著したが、いまだ、完全に体得するところまでは至っていない。なお、現時点の私の六朝貴族制に対する理解は、本書の序論の「貴族・貴族制・貴族制社会」で示した。ただ、川勝義雄氏の貴族制論が基本的に正しいと思うようになっている。何故ならば、川勝氏があまり言及されなかった魏晉時代、とりわけ西晉においても、結果的には八王の乱を推進した原動力となったのであるが、輿論が存在しており（第五章）、堕落し本末顚倒したのであるが、「豪」による人物評価が後漢末以来存在しており（第八章）、後漢末の濁流勢力と清流勢力と逸民的人士という図式が西晉の『銭神論』『釈時論』にも存在していた（第十章）など、素朴な疑問から出発した私の個別の研究の結果として、川勝氏の貴族制論の傍証となっている、そういうことが続いてきたからである。

最後に、本書の刊行に直接お世話になった方々、とりわけずっと指導していただいてきた谷川道雄先生、本書の出版を勧めていただいた夫馬進先生、前著があまりにも誤字などが多かったのに鑑みて、校正を依頼したのに応えて、快く初校を史料の原文の確認なども含めて校正をしていただいた山口正晃氏、ほんとうに多忙の中、しかも短時間に、中文の目次と要約を作成していただいた李済滄氏、出版していただく京都大学学術出版会、とりわけ懇切丁寧に編集を担当していただいた國方栄二氏に感謝の意を表します。

なお、本書の刊行に対して、京都外国語大学の国際言語平和研究所（所長は堀川徹氏）から過分な学内出版助成金の交付を受けました。ここに、改めて、関係者各位に感謝の意を表します。

最後の最後になったが、節酒と粗食により私の健康維持に心をくだいてくれており、また、前著（［福原一九九五」）の人名索引（私家版）を作成してくれたりもした妻の福原（旧姓山村）弘子に本書を捧げる。

二〇一一年十一月

福原啓郎

参考文献一覧

参考文献を日文、中文の順で、それぞれ個人と機関に分け、列挙する。日文は著者の五十音順で、中文は著者の姓のピンイン順である。［ ］は第十一章注（13）での略称を示す。

〈日文〉

足立豊解説　一九七一『晉・皇帝三臨辟雍碑』、二玄社、書跡名品叢刊、第一六六回配本

池田温　一九八一「中国歴代墓券略考」、『東洋文化研究所紀要』第八十六号

石井仁　一九九二「都督考」、『東洋史研究』第五十一巻第三号

一海知義　一九六〇「文選挽歌詩考」、『中国文学報』第十二冊

伊藤敏雄　一九八六「正始の政変をめぐって――曹爽政権の人的構成を中心に――」、『中国史における乱の構図』、雄山閣出版

伊藤正文　一九五八『曹植』、岩波書店刊『中国詩人選集』第三巻

稲葉一郎　一九七六「呉楚七国の乱について」、『立命館文学』三六九・三七〇合併号

井波律子　一九八三『中国人の機智――『世説新語』を中心として――』、中公新書。講談社学術文庫、二〇〇九年

井波律子　一九八八『世説新語』、角川書店刊『鑑賞中国の古典』第十四巻

今鷹真・井波律子・小南一郎訳　一九七七・一九八二・一九八九　『三国志』、筑摩書房刊『世界古典文学全集』第二十四巻（三冊）
上田早苗　一九七〇　「貴族的官制の成立——清官の由来とその性格——」、中国中世史研究会編『中国中世史研究——六朝隋唐の社会と文化——』、東海大学出版会
内田智雄編　一九六四　『訳注中国歴代刑法志』、創文社
宇都宮清吉　一九三九　「世説新語の時代」、『東方学報』京都第十冊第二分、『漢代社会経済史研究』（弘文堂、一九五五年）に訂正再録
大澤陽典　一九七六　「西晉政治史の二・三の問題——八王の乱の前史として——」、『立命館文学』三七一・三七二合併号
太田有子　一九八〇　「古代中国における夫婦合葬墓」、『史学』第四十九巻第四号
大庭脩　一九五四　「漢代官吏の勤務規定——休暇を中心として——」、『聖心女子大学論叢』第四集、「漢代官吏の勤務と休暇」に改題して、大庭『秦漢法制史の研究』（創文社、一九八二年）に収録
大庭脩　一九七一　『親魏倭王』、学生社（増補版、学生社、二〇〇一年）
岡崎文夫　一九三二　『魏晉南北朝通史』（弘文堂書房。内編のみ、東洋文庫版、平凡社、一九八九年）
岡村繁　一九五二　「人物志の流伝について——支那中古人物論の本質解明への一試論——」、広島哲学会『哲学』第三輯
越智重明　一九五七　「晉代の都督」、『東方学』第十五輯
越智重明　一九五九　「西晉の封王の制」、『東洋学報』第四十二巻第一号
越智重明　一九六三　『魏晉南朝の政治と社会』、吉川弘文館

越智重明　一九八〇「魏晉時代の四征将軍と都督」、『史淵』第一一七輯
越智重明　一九八二『魏晉南朝の貴族制』、研文出版
越智重明　一九九三「六朝の免官、削爵、除名」、『東洋学報』第七十四巻第三・四号、越智『中国古代の政治と社会』（中国書店、二〇〇〇年）に再録
落合悠紀　二〇一〇a「曹魏時代における太学について――明帝紀を中心として――」、『駿台史学』第一三九号
落合悠紀　二〇一〇b「曹魏時代における肉刑復活論に関する一考察」、『白山史学』第四十六号
小尾孟夫　一九七八a「曹魏における『四征』将軍」、『広島大学教育学部紀要』第一部第二十六号、「曹魏における『四征』将軍と州都督」に改題、小尾『六朝都督制研究』に収録
小尾孟夫　一九七八b「晉代における将軍号と都督」、『東洋史研究』第三十七巻第三号、「晉代における将軍号と州都督」に改題、『六朝都督制研究』に収録
小尾孟夫　二〇〇一『六朝都督制研究』、溪水社
加賀栄治　一九六四『中国古典解釈史　魏晉篇』、勁草書房
金谷治訳注　一九九九『論語』（新版）、岩波文庫
狩野直喜　一九六八『魏晉学術考』、筑摩書房
鎌田重雄　一九四三「漢代の禁錮」、『歴史学研究』第十三巻第三・四号、鎌田『秦漢政治制度の研究』（日本学術振興会、一九六二年）に再録
川合安　一九九五「沈約の地方政治改革論――魏晉の封建論と関連して」、中国中世史研究会編『中国中世史研究　続編』、京都大学学術出版会

川合安　二〇〇二「六朝『謝氏家族墓誌』について」、『古代文化』第五十四巻第二号
川合安　二〇〇七「東晉琅邪王氏墓誌について」、『東北大学東洋史論集』第十一輯
川勝義雄　一九八二『六朝貴族制社会の研究』、岩波書店
川勝義雄　一九五〇「シナ中世貴族政治の成立について」、『史林』第三十三巻第四号、「貴族政治の成立」に改題補訂し、川勝『六朝貴族制社会の研究』に再録
川勝義雄　一九五四「曹操軍団の構成について」、京都大学人文科学研究所『創立廿五周年記念論文集』、「曹操軍団の構成」に改題補訂し、川勝『六朝貴族制社会の研究』に再録
川勝義雄　一九六七「漢末のレジスタンス運動」、『東洋史研究』第二十五巻第四号、川勝『六朝貴族制社会の研究』に補訂再録
川勝義雄　一九七〇ａ「魏・西晉の貴族層と郷論」、中国中世史研究会編『中国中世史研究』（東海大学出版会）所収の「貴族制社会と孫呉政権下の江南」の前半部、川勝『六朝貴族制社会の研究』に補訂再録
川勝義雄　一九七〇ｂ「貴族制社会の成立」、岩波講座『世界歴史』第五巻、川勝『六朝貴族制社会の研究』に補訂再録
川勝義雄他訳　一九六四『世説新語』、筑摩書房刊『世界文学大系』第七十一巻、「中国古小説集」所収
木島史雄　一九九〇「招魂をめぐる礼俗と礼学」、『中国思想史研究』第十三号
木島史雄　一九九六「「大晉龍興皇帝三臨辟雍皇太子又再莅之盛徳隆熙之頌」にみる晉初の礼学とその実践」、『中国思想史研究』第十九号
金文京　二〇〇五『三国志の世界』、講談社、中国の歴史第四巻
氣賀澤保規　一九八一「中国新出石刻関係資料目録」（１）、書論編集室編『書論』第十八号

氣賀澤保規　一九八二「中国新出石刻関係資料目録」(2)、『書論』第二十号
氣賀澤保規　一九八三「中国新出石刻関係資料目録」(3)、『書論』第二十二号
氣賀澤保規　一九八九「中国新出石刻関係資料目録」(4)、『書論』第二十五号
氣賀澤保規　一九九二「中国新出石刻関係資料目録」(5)、『富山大学教養部紀要』第二十四巻第二号（人文・社会科学篇）別冊
氣賀澤保規　一九九七「中国新出石刻関係資料目録」(6)、『明治大学人文科学研究所紀要』第四十一冊、以上［目録］
氣賀澤保規編著　二〇〇二『復刻　洛陽出土石刻時地記（郭玉堂原著）――附　解説・所載墓誌碑刻目録』、汲古書院
小池直子　二〇〇三「賈南風婚姻」、『名古屋大学東洋史研究報告』第二十七号
興膳宏　一九七三a『潘岳　陸機』、筑摩書房、「中国詩文選」第十巻
興膳宏　一九七三b「石崇と王羲之」、『書論』第三号
興膳宏　一九七四「潘岳年譜稿」、『名古屋大学教養部紀要』第十八輯
興膳宏・川合康三　一九九五『隋書経籍志詳攷』、汲古書院
興膳宏　二〇一一「人物評価における「清」字」、『三国志研究』第六号
黄永年（氣賀澤保規訳・補注）一九八九「碑帖学」(上)、『書論』第二十五号
古勝隆一　二〇〇八「魏晋時代の皇帝権力と死刑――西晋末における誅殺を例として――」、冨谷至編『東アジアの死刑』、京都大学学術出版会
小嶋茂稔　一九九九「『冀州刺史王純碑』考」、『論集中国古代の文字と文化』、汲古書院

小林聡　一九九三「六朝時代の印綬冠服規定に関する基礎的考察――『宋書』礼志にみえる規定を中心にして――」、『史淵』第一三〇輯
小林聡　一九九六「晉南朝における冠服制度の変遷と官爵体系――『隋書』礼儀志の規定を素材として――」、『東洋学報』第七十七巻第三・四号
小南一郎　一九八四『中国の神話と物語り――古小説史の展開――』、岩波書店
小南一郎　一九八九「壺型の宇宙」、『東方学報』京都、第六十一冊
小南一郎　一九九五「射の儀礼化をめぐって」、『中国古代礼制研究』、京大人文科学研究所
小南一郎　二〇〇一「飲酒礼と裸礼」、『中国の礼制と礼学』、朋友書店
佐竹保子　一九九四ａ「「設論」ジャンルの展開と衰退――漢代から東晉までの人生観管見――」、内藤幹治編『中国的人生観・世界観』、東方書店。佐竹『西晉文学論』（汲古書院、二〇〇二年）の第一章「皇甫謐」、とくにその第二節「皇甫謐「釈勧論」とその属する「設論」というジャンル」に再録
佐竹保子　一九九四ｂ「皇甫謐の「釈勧論」について」、神戸大学文学部中国文学研究会『未名』第十二号。佐竹『西晉文学論』第一章「皇甫謐」、とくにその第二節「皇甫謐「釈勧論」とその属する「設論」というジャンル」に再録
佐竹保子　一九九五「西晉の出処論」、『日本中国学会会報』第四十七集
佐竹保子　二〇〇三「郭璞「客傲」訳注およびその位置付け」、『東北大学中国語学文学論集』第八号
佐藤達郎　一九九三「曹魏文・明帝期の政界と名族層の動向――陳羣・司馬懿を中心に――」、『東洋史研究』第五十二巻第一号
佐原康夫　一九九一「漢代祠堂画像考」、『東方学報』京都第六十三冊

塩沢裕仁　二〇一〇『千年帝都　洛陽　その遺跡と人文・自然環境』、雄山閣
滋賀秀三　一九七二「刑罰の歴史――東洋――」、荘子邦雄・大塚仁・平松義郎編『刑罰の理論と現実』、岩波書店
滋賀秀三　一九七六「中国上代刑罰についての一考察――誓と盟を手がかりとして――」、『石井良助先生還暦祝賀　法制史論集』、創文社
滋賀秀三（訳注）一九七九『唐律疏議訳注篇』一、律令研究会編『訳注日本律令』五、東京堂出版
重沢俊郎　一九五二「漢魏に於ける肉刑論」、京大支那哲学研究会『東洋の文化と社会』第一集
島田虔次編　一九八三『アジア歴史研究入門』第一巻、同朋舎
下倉渉　一九九六「散騎省の成立――曹魏・西晉における外戚について――」、『歴史』第八十六輯
杉山正明　一九九八「史料とはなにか」、岩波講座『世界歴史』第一巻『世界史へのアプローチ』
角谷常子　一九九一「秦漢時代の石刻資料」、『古代文化』第四十三巻第九号
關尾史郎　二〇〇九「「五胡」時代の墓誌とその周辺」、『環日本海研究年報』第十六号
関野貞　一九三五『支那碑碣形式ノ変遷』、座右宝刊行会
曾我部静雄　一九七六『中国社会経済史の研究』、吉川弘文館
多賀秋五郎　一九五三『唐代教育史の研究――日本学校教育の源流――』、不昧堂書店
多賀秋五郎　一九七七「中世儒教主義学校体系完成の過程」、『東洋教育史研究』一
高橋和巳　一九五七「潘岳論」、『中国文学報』第七冊、河出書房新社刊『高橋和巳作品集』第九巻「中国文学論集」（一九七二年）、『高橋和巳全集』第十五巻「中国文学論」一（一九七八年）に再録
高橋和巳　一九五九・六〇「陸機の伝記とその文学」上・下、『中国文学報』第十一・十二冊、『高橋和巳作品集』

「中国文学論集」、『高橋和巳全集』「中国文学論」一に再録
竹田晃訳　一九八三・八四　『世説新語』上・下、学習研究社刊『中国の古典』第二十一・二十二巻
多田狷介　一九七九　「『人物志』訳稿」（上）、日本女子大学史学研究会『史艸』第二十号
多田狷介　一九八〇　「『人物志』訳稿」（下）、日本女子大学史学研究会『史艸』第二十一号
谷川道雄　一九六六　「六朝貴族制社会の史的性格と律令体制への展開」、『社会経済史学』第三十一巻第一―五号、谷川『中国中世社会と共同体』（国書刊行会、一九七六年）に再録
谷川道雄　一九七七　『世界帝国の形成』、講談社、現代新書、新書東洋史二
谷川道雄　一九七九　「東アジア世界形成期の史的構造――冊封体制を中心として――」、唐代史研究会編『隋唐帝国と東アジア世界』、汲古書院
谷川道雄　一九八九　「後漢末、魏晉時代の遼西と遼東」、『中国辺境社会の歴史的研究』、昭和六十三年度科学研究費補助金総合研究（A）研究報告書（研究代表者谷川道雄）
谷川道雄　一九九〇　「六朝時代の名望家支配について」、『龍谷大学論集』第四三六号
谷口洋　一九九一　「「客難」をめぐって――「設論」の文学ジャンルとしての成熟と変質――」、『中国文学報』第四十三冊
谷口洋　一九九二　「揚雄の「解嘲」をめぐって」、『中国文学報』第四十五冊
谷口洋　一九九四　「後漢における「設論」の変質と解体」、『中国文学報』第四十九冊
辻正博　二〇〇八　「西晉における諸王の封建と出鎮」、笠谷和比古編『公家と武家Ⅳ・官僚制と封建制の比較文明史的考察』、思文閣出版
都築晶子　一九八九　「六朝時代における個人と「家」――六朝道教経典を通して――」、『名古屋大学東洋史研究

報告』第十四号
冨谷至　一九七九「「儒教の国教化」と「儒学の官学化」」、『東洋史研究』第三十七巻第四号
冨谷至　一九八三「秦漢の労役刑」、『東方学報』京都、第五十五冊
冨谷至　一九八七ａ「ふたつの刑徒墓――秦～後漢の刑徒と刑期――」、川勝義雄・礪波護編『中国貴族制社会の研究』、京都大学人文科学研究所
冨谷至　一九八七ｂ「黄泉の国の土地売買――漢魏六朝買地券考――」『大阪大学教養部研究集録（人文・社会科学）』第三十六輯
冨谷至　一九九五『古代中国の刑罰、髑髏が語るもの』、中央公論社、中公新書
冨谷至　二〇〇三『木簡・竹簡の語る中国古代――書記の文化史――』、岩波書店
内藤湖南　一九一四『支那論』、筑摩書房刊『内藤湖南全集』第五巻に再録
内藤湖南　一九二二「概括的唐宋時代観」、『歴史と地理』第九巻第五号、『内藤湖南全集』第八巻に再録
内藤湖南　一九四七『支那中古の文化』（『中国中古の文化』に改題）、弘文堂、『内藤湖南全集』第十巻に原題にもどし再録
内藤湖南　一九四七『支那近世史』（『中国近世史』に改題）、弘文堂、『内藤湖南全集』第十巻に原題にもどし再録
永田英正編　一九六七「新出石刻資料一覧」、平凡社刊『書道全集』第二十六巻、中国・補遺［一覧］
永田英正　一九七二「漢代の集議について」、『東方学報』京都、第四十三冊
永田英正編　一九九四『漢代石刻集成』、同朋舎出版
中田勇次郎編　一九七五『中国墓誌精華』、中央公論社［精華］

中田勇次郎　一九七五　「中国の墓誌」、中央公論社刊『中国墓誌精華』、『中田勇次郎著作集　心花室集』第二巻、中国書道史論考、魏晉南北朝篇、二玄社刊、一九八四年に再録
中林史朗・渡邉義浩編著　一九九六　『三国志研究要覧』、新人物往来社
中村圭爾　一九八二　「「郷里」の論理——六朝貴族社会のイデオロギー——」、『東洋史研究』第四十一巻第一号、中村『六朝貴族制研究』（風間書房、一九八七年）改訂再録
中村圭爾　一九七四　「晉南朝における除名について」、『人文研究』第二十六巻第十一分冊、『六朝貴族制研究』に「除名について」に改題、改訂再録
中村圭爾　一九八八ａ　「南朝における議について——宋・斉代を中心に——」、『人文研究』第四十巻第十分冊
中村圭爾　一九八八ｂ　「東晉南朝の碑・墓誌について」、河音能平研究代表『比較史の観点による史料学の総合的研究』、大阪市立大学、中村『六朝江南地域史研究』（汲古書院、二〇〇六年）再録
仁井田陞　一九三三　『唐令拾遺』、東方文化学院東京研究所
仁井田陞　一九三九　「中国における刑罰体系の変遷——とくに「自由刑」の「発展」——」、『法学協会雑誌』第五十七巻第三・四・五号、仁井田『中国法制史研究　刑法』（東京大学出版会、一九五九年）再録
西岡弘　一九七〇　『中国古代の葬礼と文学』、三光社
西川利文　一九九〇　「漢代博士弟子制度について——公孫弘の上奏文解釈を中心として——」、『鷹陵史学』第十六号
西川利文　一九九一　「漢代博士弟子制度の展開」、『鷹陵史学』第十七号
西田太一郎　一九七四　『中国刑法史研究』、岩波書店
西林昭一監修・考古文物研究友好訪中団編　一九八九ａ　『中国の書・史蹟と博物館ガイド』、雄山閣

西林昭一　一九八九b『中国新出土の書』、二玄社
西林昭一責任編集・執筆　一九九一a『ヴィジュアル書藝術全集』第四巻、三国—東晋、雄山閣出版［書藝術］
西林昭一　一九九一b『書の文化史』上、二玄社
丹羽兌子　一九七〇「魏晋時代の名族——荀氏の人々について——」、『中国中世史研究——六朝隋唐の社会と文化——』、東海大学出版会
馬子雲（栗林俊行訳）一九八八『中国碑帖ガイド』、二玄社（馬子雲『碑帖鑑定浅説』、紫禁城出版社、一九八六年の翻訳）
長谷川道隆　一九八六「呉・晋（西晋）墓出土の神亭壺——系譜および類型を中心に——」、『考古学雑誌』第七十一巻第三号
濱口重国　一九三七「漢代の笞刑に就いて」、『東洋学報』第二十四巻第二号、濱口『秦漢隋唐史の研究』（東京大学出版会、一九六六年）上巻所収
濱口重国　一九五七「魏晉南朝の兵戸制度の研究」、『山梨大学学藝学部紀要』第二号、『秦漢隋唐史の研究』上巻所収
日比野丈夫他監修　一九七四『中華人民共和国河南省碑刻画像石』、共同通信社開発局
日比野丈夫　一九七七「墓誌の起源について」、『江上波夫教授古稀記念論集〈民族・文化篇〉』、山川出版社
平岡武夫編　一九五六『唐代の長安と洛陽、地図』、京都大学人文科学研究所
フィリップ・アリエス（福井憲彦訳）一九九〇『図説死の文化史・ひとは死をどのように生きたか』、日本エディタースクール出版部
福井佳夫　二〇〇七『六朝の遊戯文学』、汲古書院

福原啓郎　一九八九「中国、西晉王朝における女性の墓誌」、『Mare Nostrum 地中海文化研究会研究報告』Ⅱ
福原啓郎　一九九五『西晉の武帝司馬炎』、白帝社刊『中国歴史人物選』第三巻
福原啓郎　二〇〇〇「王沈『釈時論』訳注」、『京都外国語大学研究論叢』第五十五号
福原啓郎　二〇〇一ａ「魯褒『銭神論』訳注」、『京都外国語大学研究論叢』第五十七号
福原啓郎　二〇〇一ｂ「内藤湖南の中世貴族成立の論理」、内藤湖南研究会編『内藤湖南の世界――アジア再生の思想――』、河合文化教育研究所
福原啓郎　二〇〇三「晉代の女性と家族の特徴に関する一考察」、京都外国語大学『COSMICA』第三十二号
福原啓郎　二〇〇四「長沙呉簡に見える「刑」に関する初歩的考察」、『長沙呉簡研究報告』第二集
福原啓郎　二〇〇六「渡邉義浩著『三国政権の構造と「名士」』」、『唐代史研究』第九号
福原啓郎　二〇〇八「賈謐の二十四友に所属する人士に関するデータ」、『京都外国語大学研究論叢』第七十号
福原啓郎　二〇一〇「西晉の荀岳墓誌の検討」、『京都外国語大学研究論叢』第七十五号
福原啓郎　二〇一一「日本における六朝貴族制論の展開について」、『京都外国語大学研究論叢』第七十七号
藤川正數　一九五四「郷飲酒礼に現われたる秩序の原理」、『内野台嶺先生追悼論文集』
伏見冲敬　一九七一「晉・辟雍碑」、『書品』第二一四号
船越信　一九九一「秦漢の瓦塼文刑徒墓誌」、『古代文化』第四十三巻第九号
堀池信夫　一九八八『漢魏思想史研究』、明治書院
本田済　一九五五「魏晉における封建論」、『人文研究』第六巻第六号
前野直彬　一九六一「冥界遊行」、『中国文学報』第十四・十五冊、前野『中国小説史考』（秋山書店、一九七五年）再録

増淵龍夫　一九六〇「後漢党錮事件の史評について」、『一橋論叢』第四十四巻第六号、増淵『新版　中国古代の社会と国家』、岩波書店、一九九六年再録
町田章　一九八七『古代東アジアの装飾墓』、同朋舎
松家裕子　一九九〇「抒情的五言詩の成立について」、『中国文学報』第四十二冊
松田壽男・森鹿三編　一九六六『アジア歴史地図』、平凡社
水野清一　一九五八a「碑碣の形式」、平凡社刊『書道全集』第二巻、中国・漢
水野清一　一九五八b「墓誌について」、『書道全集』第六巻、中国・南北朝Ⅱ
南澤良彦　一九八七「王粛の政治思想――「感生帝説」批判の背景――」、『中国思想史研究』第十号
宮川尚志　一九四三「魏晉及び南朝の寒門・寒人」、『東亜人文学報』第三巻第二号、宮川『六朝史研究、政治・社会篇』（日本学術振興会、一九五六年）補訂再録
宮川尚志　一九五六a「黄巾の乱より永嘉の乱へ」、『六朝史研究、政治・社会篇』
宮川尚志　一九五六b「六朝時代の都市」、『六朝史研究、政治・社会篇』
宮崎市定　一九三六「読史箚記」、『史林』第二十一巻第一号、宮崎『アジア史研究』第一、同朋舎、一九五七年、岩波書店刊『宮崎市定全集』第十七巻、一九九三年
宮崎市定　一九四〇「中国に於ける奢侈の変遷――羨不足論」、『史学雑誌』第五十一編第一号、『アジア史研究』第一、『宮崎市定全集』第十七巻、一九九三年、また本文のみは『中国に学ぶ』（中央公論社、中公文庫、一九八六年）に再録
宮崎市定　一九五六『九品官人法の研究――科挙前史』、東洋史研究会、『宮崎市定全集』第六巻、一九九二年、中公文庫、一九九七年

宮崎市定　一九六八　『大唐帝国』、河出書房刊『世界の歴史』第七巻。河出文庫、一九八九年、『宮崎市定全集』第八巻、一九九三年
宮崎市定　一九七四　『論語の新研究』、岩波書店。『宮崎市定全集』第四巻、一九九三年
宮崎市定　一九七七　『中国史』上、岩波全書。『宮崎市定全集』第一巻、一九九三年
目加田誠　一九七五―七八　『世説新語』上・中・下、明治書院刊『新釈漢文大系』第七十六・七十七・七十八巻
籾山明　一九九五　「秦漢刑罰史研究の現状」、『中国史学』第五巻
森野繁夫　一九七六　『六朝詩の研究』、第一学習社
森野繁夫編　一九八〇　『六朝評語集――世説新語・世説新語注・高僧伝――』、中国中世文学研究会
森野繁夫編　一九八二　『六朝評語集（晉書）』、中国中世文学研究会
森野繁夫・上村素子編　一九八二　『六朝評語集（古「晉書」）』、中国中世文学研究会
森本淳　一九九八　「曹魏軍制前史――曹操軍団拡大過程からみた一考察――」、『中央大学アジア史研究』第二十二号
守屋美都雄　一九五一　『六朝門閥の一研究――太原王氏系譜考――』、日本出版協同、東洋大学学術叢書
諸橋轍次　一九四〇　『支那の家族制』、大修館書店、『諸橋轍次著作集』第四巻、一九七五年に収録
八木沢元　一九七〇　『世説新語』、明徳出版社刊『中国古典新書』
安田二郎　一九六七　「「晉安王子勛の叛乱」について――南朝門閥貴族体制と豪族土豪――」、『東洋史研究』第二十五巻第四号、安田『六朝政治史の研究』（京都大学学術出版会、二〇〇三年）に「晉安王劉子勛の反乱と豪族・土豪層」に改題、収録
安田二郎　一九七六　「八王の乱をめぐって――人間学的考察の試み――」、『名古屋大学東洋史研究報告』第四

号。『六朝政治史の研究』に「八王の乱と東晉の外戚」に改題、収録。
安田二郎　一九九五「西晉初期政治史試論――斉王攸問題と賈充の伐呉反対を中心に――」、『東北大学東洋史論集』第六号、安田『六朝政治史の研究』に「西晉朝初期政治史試論」に改題、収録
安田二郎　二〇〇六「曹魏明帝の「宮室修治」をめぐって」、『東方学』第一一一輯
矢野主税　一九六七「状の研究」、『史学雑誌』第七十六編第二号
矢野主税編著　一九七一『改訂魏晉百官世系表』、長崎大学史学会、長大史学叢書二
山口正晃　二〇〇一「都督制の成立」、『東洋史研究』第六十巻第二号
山根幸夫編　一九八三『中国史研究入門』上、山川出版社
楊寛（西嶋定生監訳、尾形勇・太田有子共訳）一九八一『中国皇帝陵の起源と変遷』、学生社
吉川幸次郎　一九六二『三国志実録』、筑摩書房、筑摩書房刊『吉川幸次郎全集』第七巻、一九六八年所収
吉川忠夫　一九六七「范曄と後漢末期」、『古代学』第十三巻第三・四号、吉川『六朝精神史研究』（同朋舎出版、一九八四年）所収
吉川忠夫　一九七六ａ「党錮と学問――とくに何休の場合――」、『東洋史研究』第三十五巻第三号、吉川『六朝精神史研究』に収録
吉川忠夫　一九七六ｂ「魂気の如きはゆかざるなし――漢墓を訪ねて想う――」、筑摩書房『展望』一九七六年六月号、吉川『中国古代人の夢と死』（平凡社選書、一九八五年）第一章
吉川忠夫編訳　一九八六『魏晉清談集』、講談社刊『中国の古典』
吉川忠夫　一九八七「鄭玄の学塾」、川勝義雄・礪波護編『中国貴族制社会の研究』、京都大学人文科学研究所
吉田歓　二〇〇〇「漢魏宮城中枢部の展開」、『古代文化』第五十二巻第四号

葭森健介　一九八六「魏晋革命前夜の政界――曹爽政権と州大中正設置問題――」、『史学雑誌』第九十五編第一号
葭森健介　一九八七「『山公啓事』の研究――西晋初期の吏部選用――」、川勝義雄・礪波護編『中国貴族制社会の研究』、京都大学人文科学研究所
葭森健介　一九八九「「清」の時代――もう一つの『三国志』――」、『歴史と地理』第四一一号
葭森健介　一九九六「劉弘と西晉の政界――劉弘墓出土によせて――」、『古代文化』第四十八巻第十一号
若江賢三　一九七八「前漢文帝の刑法改革考」、『東洋学術研究』第十七巻第五号
渡辺信一郎　一九七九「「清」――あるいは二～七世紀中国における一イデオロギー形態と国家――」、『京都府立大学学術報告（人文）』第三十一号、渡辺『中国古代国家の思想構造――専制国家とイデオロギー――』（校倉書房、一九九四年）に再録
渡辺信一郎　一九九六『天空の玉座』、柏書房
渡辺信一郎　二〇〇〇「宮闕と園林――三～六世紀中国における皇帝権力の空間構成――」、『考古学研究』第四十七巻第二号、渡辺『中国古代の王権と天下秩序――日中比較史の視点から――』（校倉書房、二〇〇三年）に再録
渡辺信一郎　二〇〇一「戸調制の成立――賦斂から戸調へ――」、『東洋史研究』第六十巻第三号、渡辺『中国古代の財政と国家』（汲古書院、二〇一〇年）に再録
渡邉義浩　一九九五『後漢国家の支配と儒教』、雄山閣出版
渡邉義浩　二〇〇四『三国政権の構造と「名士」』、汲古書院
渡邉義浩　二〇〇五「「封建」の復権――西晉における諸王の封建に向けて――」、『早稲田大学大学院文学研究科紀

要』第五十巻第四号、渡邉『西晉「儒教国家」と貴族制』（汲古書院、二〇一〇年）に副題を除き再録
渡邉義浩　二〇〇六「西晉における国子学の設立」、『東洋研究』第一五九号、渡邉『西晉「儒教国家」と貴族制』に「国子学の設立」に改題、再録
渡邉義浩　二〇〇七『三国志研究入門』、日外アソシエーツ

朝日新聞東京本社企画部発行　一九七三『中華人民共和国出土文物展図録』
大阪市立美術館編　一九七六『六朝の美術』、平凡社
芸術新聞社　一九九三『中国碑刻紀行』、『季刊墨スペシャル』第十四号
三国時代の出土文字資料班編　二〇〇五『魏晉石刻資料選注』、京都大学人文科学研究所
筑摩書房刊　一九六四『中国古小説集』、『世界文学大系』第七十一巻。川勝義雄・福永光司・村上嘉実・吉川忠夫共訳『世説新語』所収
名古屋市博物館・中日新聞社編　一九八九『中華人民共和国南京博物院名宝展図録』
平凡社刊　一九三一　旧版『書道全集』第四巻
平凡社刊　一九五五『東洋史料集成』、『世界歴史事典』第二十三巻
平凡社刊　一九五九ａ『歴代随筆集』、『中国古典文学全集』第三十二巻。大村梅雄訳『世説新語』所収
平凡社刊　一九五九ｂ　新版『書道全集』第三巻、中国三、三国・西晉・十六国、［書道三］。神田喜一郎「中国書道史」3、三国・西晉の石刻と、皇帝三臨辟雍碑の解説（外山軍治氏の執筆）所収
平凡社刊　一九六七　新版『書道全集』第二十六巻、中国・補遺［書道二十六］
平凡社刊　一九六九『中国古典文学大系』第九巻、『世説新語・顔氏家訓』。森三樹三郎訳『世説新語』所収

平凡社刊　一九八六『中国書道全集』第二巻、魏・晉・南北朝［中国書道］

〈中文〉

卜憲群・張南　一九九四『中国魏晉南北朝教育史』、人民出版社
曹子西・于徳源編　一九八六『秦漢魏晉十六国北朝時期薊城資料』、紫禁城出版社
陳伯弢　一九三六「晉辟雍碑跋」、『制言半月刊』第十三期
陳東原　一九三六『中国教育史』、商務印書館
陳俊強　二〇〇四「漢末魏晉肉刑争議析論」、『中国史学』第十四巻
陳望道　一九三二『修辞学発凡』、上海、大江書舗（新2版、上海教育出版社、一九九七年）
陳寅恪　一九三三「天師道与浜海地域之関係」、『中央研究院歴史語言研究所集刊』第三本第四分冊、『陳寅恪先生論集』臺北、中央研究院歴史語言研究所、一九七一年、陳『金明館叢稿初編』（上海古籍出版社、陳寅恪文集之二、一九八〇年）再録
陳寅恪　一九五六「書世説新語文学類鍾会撰四本論始畢後」、『中山大学学報』一九五六年第三期、『金明館叢稿初編』再録
陳直　一九五八「対《洛陽晉墓的発掘》与《南京近郊六朝墓的清理》両文的意見」、『考古通訊』一九五八年第二期。陳直『文史考古論叢』（天津古籍出版社、一九八八年）に再録
陳直　一九八〇「晉徐美人墓石考釈」、『河南文博通訊』一九八〇年第一期。『文史考古論叢』に再録
程樹徳　一九二六『九朝律考』（合刊、上海商務印書館、一九二七年）
程舜英　一九八八『魏晉南北朝教育制度史資料』、北京師範大学出版社

程仲皋　一九五七「介紹「洛陽出土石刻時地記」」、『人文雑誌』第四期
范寧　一九八〇『博物志校証』、中華書局
方若原著、王壮弘増補　一九八一『増補校碑随筆』、上海書画出版社（修訂本、上海書店出版社、二〇〇八年）［校碑］
費振剛・胡双宝・宗明華輯校　一九九三『全漢賦』、北京大学出版社
傅振倫　一九九三『洛陽考古随筆』、洛陽市第二文物工作隊編『河洛文明論文集』、中州古籍出版社
高明士　一九七九「中華民国における中国教育史の研究」、『東洋教育史研究』三
高明士　一九八四『唐代東亜教育圏的形成――東亜世界形成史的一側面――』、国立編訳館中華叢書編審委員会
高文　一九八五『漢碑集釈』（修訂版、一九九七年）、河南大学出版社
高文・高成剛編　一九九〇『四川歴代碑刻』、四川大学出版社
谷霽光　一九三六「六朝門閥――門閥勢力之形成与消長」、『武漢大学文史哲季刊』第五巻第四期、『谷霽光史学文集』（江西人民出版社・江西教育出版社、一九九六年）第四巻、雑著に再録。
顧廷龍　一九三一「大晉龍興皇帝三臨辟雍皇太子又再莅之盛徳隆熙之頌跋」、『燕京学報』第十期
郭培育・郭培智主編　二〇〇五『洛陽出土石刻時地記』、大象出版社
郭伯南　一九九〇『文物縦横談』、文物出版社
郭玉堂訪記・王広慶校録　一九四一『洛陽出土石刻時地記』、大華書報供応社（氣賀澤保規編著『復刻洛陽出土石刻時地記』、汲古書院、二〇〇二年）［時地記］
何茲全　一九四八「魏晉的中軍」、『国立中央研究院歴史語言研究所集刊』第十七本、何『読史集』（一九八二

年)、『何茲全文集』第二巻「中国史綜論」(中華書局、二〇〇六年)再録
賀官保編写　一九八七『洛陽文物与古迹』、文物出版社
郝本性・李秀萍編　一九九四『新中国出土墓誌　河南　1』、文物出版社
黄明蘭　一九八二a「西晉裴祗和北魏元暐両墓拾零」、『文物』一九八二年第一期
黄明蘭　一九八二b「西晉散騎常侍韓寿墓墓表跋」、『文物』一九八二年第一期
黄彰健　一九八二「論曹魏西晉之置十九博士、並論秦漢魏晉博士制度之異同」経今古文学問題新論(中篇之四)、『大陸雑誌』第六十四巻第一号
葭森健介　二〇一一「「士庶」考——針対唐宋変革前史的一個考察」、日本中国史研究年刊刊行会編『日本中国史研究年刊　二〇〇八年度』、上海古籍出版社
蔣若是　一九六一「従「荀岳」「左棻」両墓誌中得到的晉陵線索和其他」、『文物』一九六一年第十期
景有泉・李春祥　一九九七「西晉「八王之乱」爆発原因研究述要」、『中国史研究動態』一九九七年第五期
柯昌泗　一九四三『語石』(原稿本、『語石　語石異同評』、中華書局、考古学専刊丙種第四号、一九九四年)
李振興　一九八〇『王粛之経学』、台北、嘉新水泥公司文化基金会
李曉傑　一九九九『東漢政区地理』、山東教育出版社
劉承幹　一九三三『希古楼金石萃編』(呉興劉氏希古楼刻本、『石刻史料新編』(第一輯)、新文豊出版公司、一九七七年、第五冊に所収)[希古楼]
劉鳳君　一九八八「南北朝石刻墓誌形制探源」、『中原文物』一九八八年第二号
柳詒徵　一九二九・三〇「南朝太学考」、南京、『史学雑誌』第一巻第五・六号、第二巻第一・二・三号
逯欽立輯校　一九八三『先秦漢魏晉南北朝詩』、中華書局

盧葦菁　一九八八「魏晋文人与晩歌」、『復旦学報』、社会科学版、一九八八年第五期
呂思勉　一九四八『両晋南北朝史』、上海、開明書店
呂思勉　一九五八『燕石続札』、上海人民出版社
羅振玉　一九四一『石交録』（『貞松老人遺稿甲集』所収。『羅雪堂先生全集続編』第二冊）巻二
羅振玉　一九四二『墓誌徴存目録』［徴存］
羅新・葉煒　二〇〇五『新出魏晋南北朝墓志疏証』、中華書房
羅宗真　一九八〇「略論江蘇地区出土六朝墓誌」、『南京博物院集刊』第二集
羅宗真　一九八一「南京新出土梁代墓志評述」、『文物』一九八一年十二期
馬子雲　一九八六『碑帖鑑定浅説』、紫禁城出版社（邦訳が栗林俊行訳『中国碑帖ガイド』二玄社、一九八八年）［浅説］
毛礼鋭・沈灌群主編　一九八六『中国教育通史』第二巻（全六巻、一九八五～八九年）、山東教育出版社
牟発松　一九八五「魯褒《銭神論》的産生与当時的商品貨幣経済――謹以求正于胡寄窓先生」、『江淮論壇』一九八五年第五期
寧可　一九九九「記晋当利里社碑」、『寧可史学論集』、中国社会科学出版社
啓功　一九七三「従河南碑刻談古代石刻書法藝術」（『文物』一九七三年第七期）
銭鍾書　一九七九『管錐編』、中華書局
若是・士斌　一九五五「洛陽鏟」、『文物参考資料』一九五五年第七期
邵茗生　一九六六「晋王浚妻華芳墓志銘釈文」、『文物』一九六六年第二期
山口正晃　二〇〇三「曹魏西晋時期的都督与将軍」、『魏晋南北朝隋唐史資料』第二〇輯

沈家本　一九〇九『歴代刑法考』、『沈寄簃先生遺書』甲編（民国中）所収
蘇健　一九八九『洛陽古都史』、博文書社
譚其驤主編　一九九一『中国歴史地図集』（地図出版社）第三冊、三国・西晋時期
唐長孺　一九五九「南朝寒人的興起」、唐『魏晋南北朝史論叢続編』、生活・読書・新知三聯書店
唐長孺　一九八一「西晋分封与宗王出鎮」、中国社会科学院歴史研究所魏晋南北朝隋唐史研究室編『魏晋隋唐史論集』第一輯、中国社会科学出版社、唐『魏晋南北朝史論拾遺』（中華書局、一九八三年）訂補再録
唐長孺　一九八三ａ「士族的形勢和升降」、『魏晋南北朝史論拾遺』
唐長孺　一九八三ｂ「魏晋州郡兵的設置和廃罷」、『魏晋南北朝史論拾遺』
唐長孺　一九八三ｃ「南北朝期間西域与南朝的陸道交通」、『魏晋南北朝史論拾遺』
王国維　一九二一ａ「漢魏博士考」、『観堂集林』巻四
王国維　一九二一ｂ「魏石経考」、『観堂集林』巻二十
王靖憲主編　一九八六『中国美術全集』（人民美術出版社）書法篆刻編、巻二、魏晋南北朝書法
王叔岷　一九七五『世説新語補正』、台北藝文印書館
王文錦他点校　一九八八『校点本通典』、中華書局
王仲犖　一九七九『魏晋南北朝史』、上海人民出版社
王壮弘・馬成名　一九八五『六朝墓誌検要』、上海書画出版社（修訂本、上海書店出版社、二〇〇八年）［検要］
魏鳴　一九八六「魏晋薄葬考論」、『南京大学学報』（哲学社会科学）一九八六年第四期
呉天穎　一九八四「漢代買地券考」、『考古学報』一九八二年第一期
呉興漢　一九六三「安徽省寿県東門外発現西漢水井及西晋墓」、『文物』一九六三年第七期

熊礼匯　一九九九『先唐散文藝術論』、学苑出版社
徐震堮　一九八四『世説新語校箋』、中華書局
徐公持編著　一九九九『魏晉文学史』、人民文学出版社
徐金星・黄明蘭　一九八五『洛陽市文物志』、洛陽市文化局
徐自強主編　一九八八『北京図書館蔵石刻叙録』、書目文献出版社
許平石　一九三六「晉太学盛徳隆熙頌碑跋」、『河南博物館館刊』第四集
厳耕望　一九六三『中国地方行政制度史』（中央研究院歴史語言研究所）上篇（三）、魏晉南北朝地方行政制度、都督与刺史
閻文儒　一九五五「洛陽漢魏隋唐城址勘査記」、『考古学報』第九冊
楊承彬　一九七八『秦漢魏晉南北朝教育制度』、台湾商務印書館、岫廬文庫
楊殿珣　一九五七『石刻題跋索引』（増訂本）、上海、商務印書館［索引］
楊吉仁　一九六八『三国両晉学校教育与選士制度』、正中書局
楊勇　一九六九『世説新語校箋』、香港、大衆書局（台北、正文書局、一九八八年再版）
楊育彬　一九八五『河南考古』、中州古籍出版社
于安瀾（暴拯群校改）　一九八九『漢魏六朝韵譜』、河南人民出版社
余嘉錫　一九三二「晉辟雍碑考証」、『輔仁学誌』第三巻第一号、一九三二年。『余嘉錫論学雑著』（中華書局、一九六三年）上冊に再録
余嘉錫　一九八三『世説新語箋疏』、中華書局
余黎星・繆韵・余扶危編著　二〇〇九『洛陽古墓図説』、国家図書館出版社

袁維春　一九九〇『秦漢碑述』、北京工藝美術出版社
張愛波　二〇〇六『西晉士風与詩歌――以「二十四友」研究為中心――』、斉魯書社
張国星　一九八六「関於《晉書・賈謐伝》中的「二十四友」」、『文史』第二十七輯
張銘心　二〇〇八「十六国時期碑形墓誌源流考」、『文史』二〇〇八年第二輯（第八十三輯）
張鵬一　一九三三「晉辟雍碑跋」、『北平図書館館刊』第七巻第六号
張学鋒編著　二〇〇九『中国墓葬史』（上下二冊）、広陵書社
張彦生　一九八四『善本碑帖録』、中華書局、考古学専刊乙種第十九号
趙超　一九九二『漢魏南北朝墓誌彙編』、天津古籍出版社［彙編］
趙君平・趙文成編　二〇〇七『河洛墓刻拾零』、北京図書館出版社
趙万里　一九五六『漢魏南北朝墓誌集釈』、科学出版社［集釈］
周一良　一九八五『魏晉南北朝史札記』、中華書局。遼寧教育出版社刊『周一良集』第二巻、一九九八年、に
　繁体字、縦書きに改めて再録。
周予同　一九三三『中国学校制度』、商務印書館、師範小叢書
祝総斌　一九八〇「「八王之乱」爆発原因試探」、『北京大学学報』哲学社会科学版、一九八〇年六期
北京図書館金石組編　一九八九『北京図書館蔵中国歴代石刻拓本匯編』（中州古籍出版社）第二冊、三国・晉・
　十六国・南朝［匯編］
北京市文物工作隊（郭存仁）　一九六五「北京西郊西晉王浚妻華芳墓清理簡報」、『文物』一九六五年十二期（『曹
　子西・于徳源一九八六』に再録）

国家文物局主編　一九九一『中国文物地図集』（中国地図出版社）河南分冊
国務院　一九九七「国務院関于公布第四批全国重点文物保護単位的通知」一九九六年十一月二十日、『文物』一九九七年第三期
河北第一博物院　一九三二　執筆者未詳「晉咸寧辟雍碑并額及附記」、『河北第一博物院半月刊』第十一期・第十二期
河南省文化局文物工作隊第二隊　一九五七「洛陽晉墓的発掘」、『考古学報』一九五七年第一期
河南省文物局編　一九九二『河南碑誌叙録』、中州古籍出版社
河南省文物局編　一九九四『河南文物名勝史迹』、中原農民出版社
河南省文物研究所、河南省洛陽地区文管処編　一九八四『千唐誌齋蔵誌』、文物出版社
洛陽古代藝術館（宮大中執筆）一九八二「洛陽古代藝術館介紹」、『中原文物』一九八一年第三期
洛陽古墓博物館編　一九八七『洛陽古墓博物館』、朝華出版社
洛陽市文物工作隊　一九九一『洛陽出土歴代墓誌輯繩』、中国社会科学出版社
南陽市博物館　一九七四「南陽発現東漢許阿瞿墓誌画像石」、『文物』一九七四年第八期
陝西省博物館（李域錚・趙敏生・雷冰編著）一九八八『西安碑林書法藝術』（増訂本）、陝西人民美術出版社
偃師商城博物館（王竹林）一九九二「河南偃師東漢姚孝経墓」、『考古』一九九二年第三期
偃師県志編纂委員会編　一九九二『偃師県志』、生活・読書・新知三聯書店
中国科学院考古研究所洛陽工作隊　一九七三「漢魏洛陽城初歩勘査」、『考古』一九七三年第四期
中国社会科学院考古研究所編著　二〇一〇『漢魏洛陽故城南郊礼制建築遺址』、文物出版社
中国社会科学院考古研究所洛陽工作隊　一九七八「漢魏洛陽城南郊的霊台遺址」、『考古』一九七八年第一期

中国社会科学院考古研究所洛陽工作隊　一九八二「漢魏洛陽故城太学遺址新出土的漢石経残石」、『考古』一九八二年第四期
中国社会科学院考古研究所洛陽漢魏故城工作隊　一九八四「西晉帝陵勘察記」、『考古』一九八四年第十二期
中国社会科学院考古研究所河南第二工作隊　一九八五「河南偃師杏園村的両座魏晉墓」、『考古』一九八五年第八期

中文目錄

中文摘要

拙著《魏晉政治社會史研究》是一部關於曹魏、西晉政治社會史的論文集。全書共分兩個部分，第一部分爲政治史篇（第一章～第六章），第二部分爲社會史篇（第七章～第十一章）。

第一章《魏晉時代有關恢復肉刑的議論及其背景——以贊成派與反對派在廷議中的論據分析爲中心》。曹魏、西晉、東晉時期，朝廷圍繞是否恢復肉刑，進行了反復的議論，本章重點在於分析贊成派和反對派的論據，并以下面兩個問題作爲行文的基點：爲什麼象鄭玄、葛洪這樣具有代表性的知識人主張恢復看上去不合時宜的肉刑呢？爲什麼曹操以及曹魏文、明二帝儘管有心恢復肉刑，但結果卻并沒有實現呢？

贊成派與反對派并不是通過"私議"，而是利用廷議來闡釋各自的觀點。前者的主張，是恢復肉刑中替代死刑的斬右趾，反對派其實并非完全否定肉刑，只是認爲實施的時期尚早。由此可見，兩者之間并沒有什麼根本性的區別。在這裡，我們可以把焦點對準曹魏前期的士大夫。如果根據川勝義雄、吉川忠夫兩氏的分類，再運用現代政治的方法加以區分，就可以發現贊成派屬於潁川集團、權道派或者說官僚型人物，而反對派則屬於北海集團、党人派以及國會議員型人物。也就是說，雙方都淵源於清流派，同時具備官僚與議員的側面。兩者的分岐點在於，當政權、國家處於微弱狀況時，究竟應優先確立作爲公權的國家（政權）之必要條件亦即權威呢？還是應首先得到輿論（人心）的支持？在爭論過程中，反對派的最大根據是肉刑本來具有殘虐性，這會導致輿論（人心）的反對，而贊成派并沒有成功地說服這一點，因此在反對派占據優勢的情況下，肉刑終究沒有得到恢復。

第二章《曹魏的明帝——奢靡皇帝的實像》，對曹魏明帝的實像作了分析。明帝一方面試圖恢復肉刑，另一方面又被評爲"奢靡"。

明帝制定"三祖"的廟號，竝且自封烈祖，這些顯示了他有著強烈的自負，也就是繼承武帝（曹操）、文帝的事業，創設制度，確立權威，完成曹魏王朝的建設。明帝在政策上積極制定律令的同時，另一方面卻又不顧重臣們的諫奏，引蕭何答劉邦"非壯麗，無重威"之語，強行營造宮殿，結果被評爲"奢靡"。

第三章《關於西晉國子學創立的考察》。國子學創設於西晉，本章著重分

析了西晉時任國子祭酒、博士的人物以及創設的時間、創設的背景等問題。

西晉武帝志在建設一個禮教國家，但他所面對的現實卻是本應成爲禮教中心的太學變成了以避役爲目的的“濁”地。武帝對中央官學進行了改革，他采納劉靖、王恂等人的提議，創設國子學。由此帶來的結果，是在中央官學之中確立了清濁分離的“二學”體制。經咸寧二年（二七六）下詔，國子學於咸寧四年（二七八）開始籌建，於元康三年（二九三）建設完成。任國子祭酒、博士的都是具有儒學素養，出身名族的侍從官，學生則是貴族子弟。

第四章《關於晉辟雍碑的考察》針對與國子學有關的“晉辟雍碑”作了探討。

民國二十年（一九三一），“晉辟雍碑”出土於河南省偃師縣漢魏洛陽故城南郊太學遺址附近。該碑爲西晉首屈一指的螭首巨碑，高三米，立於咸寧四年（二七八）。碑陽刻有題額、序、頌以及立碑的年月日。碑文主要敘述了晉王朝如何以恢復秩序和復活禮教作爲根基建立基業，并對泰始、咸寧年間武帝以及皇太子司馬衷（後來的惠帝）分別親臨辟雍學禮作了記錄。比較而言，對皇太子的親臨著墨更多。碑陰則有與學禮、立碑相關者四百餘人的題名，其中包括太常、博士祭酒、博士以下的“禮生”、“弟子”、“寄學”、“散生”等各類學生。

立此碑的最重要意圖，是從視覺上宣揚、標榜西晉王朝“寬容”的禮教政策；其次是彰顯皇太子，意在對抗那些指皇太子“暗愚”的風評。立碑的背景，也有兩點值得注意，第一是東漢時期反映門生故吏關係的彰顯碑十分盛行；第二是魏晉時期設立碑之禁，受此影響，彰顯碑急劇減少。

細觀此碑碑陰題名，還可以看到某些反映咸寧四年前後社會態勢的痕跡，如泰始、咸寧年間爆發於涼州的鮮卑禿髮樹機能的叛亂，以及武帝叔父司馬倫從琅邪王轉封爲趙王等等，後者是咸寧三年（二七七）宗室諸王大規模始封、轉封中的一個環節。

第五章《八王之亂的本質》與第六章《西晉時期宗室諸王的特質——以八王之亂爲綫索》，兩篇都是針對八王之亂的論考。

第五章有一個基本的設問，即表面上由外戚及宗室進行的相互抗爭演繹成爲八王之亂，在此過程中，并沒有呈現出四分五裂或者說毫無秩序的狀況，所謂抗爭，是以連鎖性的形式反復出現的，這其中的原因是什麼呢？本章通過分析抗爭的結構，發現存在著一種方向性，而推動這一方向的則是当時的輿論。

輿論的主體，是擁有自覺性的士大夫，鄉里社會就是他們的支持母體。在

他們看來，國家作爲一種公權力，已經墮入到了私權化狀態之中，那些執掌政權的人物和評價人物的輿論之間出現了乖離，這種狀況正是國家陷入存亡危機的原因所在。針對那些導致私權化產生的勢力，士大夫們顯示出了批判的姿態。這樣一種輿論的淵源，可以追溯到八王之亂以前的齊王司馬攸歸藩事件，那時朝臣們對武帝提出了批判，進而在東漢末年清流運動中形成的輿論那裡也可以找到其源流。

這種輿論原本力圖維護國家的存在以及中國的統一，但是其結果卻推動了八王之亂，其因何在呢？如果看八王之亂中的個別抗爭（“起義”），那些有著權力野心的寒門寒人層結成私党，作爲幕下謀士，他們先是讓外戚、宗室位居起義的中心，在抗爭結束以後，又挑動其奔向私權化。在上述輿論中，這些寒門寒人層的行動正是國家私權化的象徵所在，於是針對它們的批判又再次引發起義。寒門寒人階層的出現，乃是貴族制的產物，而後者的形成和輿論又密切相關，因此可以說八王之亂是輿論不斷推移與演進的結果，深刻反映了貴族制在理念與現實上的矛盾。

第六章探討的問題源於第五章的結論，也就是宗室諸王爲什麼迫不得已而成爲八王之亂的主角？

與曹魏時期不同，西晉的宗室諸王原本是可以任官的，其中有能力者還能夠作爲都督出鎮，雖然幷非“封建”，但被寄予一種“藩屏”的作用。在這種狀況下，出鎮的宗室諸王往往通過開府或者掌管所轄地區的軍權，擁有了強大的權力。開府也就意味著從管轄之下的地方辟召人材進入自己的軍府，同時也可以擢用那些來自全國竝且作爲中央官的士大夫，這些人物一般都代表了各自地域的輿論，因此招延他們，也就有了同輿論相結合的可能。

在八王之亂的前期，抗爭之際常見詔敕（其中多爲“矯詔”）、“騶虞幡”，甚至皇帝本人也出現在抗爭中，這就表明當時的抗爭，殺手鐧是源於皇帝或者說皇帝所代表的國家意志。正因爲如此，當八王之亂後期不能直接倚仗皇帝時，出鎮“藩屏”的宗室諸王與皇帝的血緣關係，尤其是與皇帝較近的“親親”，或者士大夫所代表的輿論，往往成爲地方得以舉兵的憑仗。

第七章《圍繞賈謐二十四友的二、三個問題》與第八章《關於西晉貴族社會風氣的若干考察——從探討〈世說新語・儉嗇篇〉與〈汰侈篇〉來看》是兩篇分析西晉貴族社會特徵的論文。

元康年間（二九一—二九九年）的貴族社會，出現了被稱作“二十四友”的“文學集團”，第七章探討了这一集團的歷史性質。

趙王司馬倫針對賈皇后發動政變時，誅殺了外戚權貴賈謐，此時對其“黨與”二十四友是如何問罪呢？此外，針對二十四友的批判中，值得注意的是閻纘的上奏。對這兩件事予以綜合分析，就可以發現這些人幷沒有作爲賈謐的黨羽遭到誅殺。這有利於我們探討賈謐與二十四友相交的性質。不過從結果看，他們還是受到了一定的處罰。閻纘在上奏中提議免官，但實際上是外遷，這在当時的一般認識中屬於較輕的處置。

爲什麼會出現這樣的結果呢？八王之亂時，那些通過軍事才能與宗室諸王交接幷成爲其心腹的寒門、寒人層是要被誅殺的對象，而通過文學才能與賈謐相交的“二十四友”成爲左遷的對象，儘管二者在受到懲處這一點上相同，但卻有著輕重的不同。張輔彈劾二十四友時，說他們互相舉薦，結黨爲群，營造“聲勢”。由此可見，賈謐與二十四友的交接，近似於當時彌漫于社會的“互市”風潮中，用賄賂勾結權貴的寒門層（《錢神論》、《釋時論》），因爲二者在獲取“名聲”這一點上極爲相似。在九品中正制度之下誕生的名士社會（“貴族社會”），經常可見攀附權貴，評價人物的現象，二十四友正是一個體現出這種“熱勢”的集團。

第八章分析《世說新語・儉嗇篇》與《汰侈篇》，藉此探討了西晋貴族社會的吝嗇及奢侈的風潮，指出其中兩個特徵：

第一，《儉嗇篇》眾多逸話中描述的吝嗇行爲，大致有以下結構，即通過聚斂導致過度蓄財→狹義的吝嗇。相比較而言，記錄奢侈行爲的《汰侈篇》，所載逸話的結構則是通過聚斂導致過度蓄財→散財。在兩類結構中，前半部分相同，都是“聚斂導致過度蓄財”，這屬於一種“私”的行爲。後半部分的“狹義的吝嗇”與“散財”，表面上看是正相反的行爲，但如果從“公”的視角來說，則兩者又同屬於一個層次的“私”的行爲。因此上述兩種結構呈現出來的是一種雙重意義的“私”（私欲、利己）的行爲。所謂貴族，其應有姿態的是貫徹止足的精神、積極進行賑恤和救濟，而上述行爲無疑與此正好相反，因而受到了輿論的責難。

第二，《汰侈篇》還有一些與奢侈無關的逸事，不過貫穿整篇的主題還是豪氣二字。就“散”這一點而言，賑恤行爲與豪奢競爭（實際是散財競爭）一樣，都是一種散財的行爲，但賑恤的對象是他人，散財卻在爲自己，這一點形成鮮明對比。不過散財行爲也幷非單純爲了自我的滿足，它還是一種競爭，是爲了獲

得“豪”（豪氣、豪胆）的名聲。原本在“輕財好施”的任俠精神鼓舞下，地方的豪族積極從事賑恤，針對其“散”財的行爲，輿論評爲“豪”，由此獲得名聲。問題的關鍵在於，首都洛陽的官僚貴族卻本末倒置，單純爲了獲得這種評價，而把“散”的行爲演變爲一場豪奢的競爭。

第九章《〈錢神論〉》的世界》與第十章《〈釋時論〉》的世界》對西晉惠帝（二九〇—三〇六年在位）時期出現的警世之書作了探討。這些警世之書把時世比作“互市”，對此作了激烈批判。

具體來說，第九章澄清了以下四點：

第一，作者魯褒是出身於寒門階層或者寒人階層的隱逸之士，他所處的地位正是《錢神論》的視角所在。第二，以《錢神論》为名的佚文有幾種存在，其中成公綏與魯褒的二種《錢神論》是可以確認的。現存魯褒《錢神論》只是描述了“司空公子”與“綦毋先生”的酬對以及“司空公子”的議論，接下來的部分，原本應是“綦毋先生（綦毋氏）”所作的反論。第三，現存魯褒《錢神論》中隨處可見各種修辭手法，如對句、以擬人法爲中心的比喻、以《論語》爲主的典故、反語等等。

第四，“司空公子”與“綦毋先生”的酬對，是在拜訪高貴之人時應該具備的一種對立，“綦毋先生”的機知（清談）與“司空公子”的禮物（賄賂）形成對立。“司空公子”談論的主題是用作禮物的“錢”（貨幣），其結論是身處金錢萬能（拜金主義）的時代，就不得不使用金錢作爲賄賂。現存魯褒《錢神論》在形式上採用的是出處論，由此可知，當時西晉貴族社會正好與選舉的實際狀況相對應（宮崎市定《九品官人法的研究》），即在上層彌漫著清談和豪奢競爭，下層則是賄賂公行。在這裡，清談代表“綦毋先生”，賄賂代表“司空公子”，與此相對，豪奢競爭則是《世說新語・汰侈篇》。

第十章對西晉元康年間王沈所著《釋時論》進行了分析，在此基礎上考察了當時選舉的溷濁狀況。《釋時論》在外形上屬於出處論，不過其中也包含有時世論，在文學史上，與“設論”的系統相連，尤以蔡邕《釋誨》的影響最大。就時世論而言，其內容可分爲三個部分：談論“門閥主義”的盛行；列舉“虛誉”；描寫了俗物們瘋狂獵官的醜態。從時世論的描述可以得到一個圖式，即“虛誉”對“寒素”。前者以權貴爲中心，加上其子弟（“挾炭之子”）及追從者（“趣勢之士”），完全獨占了名聲。後者的位置正與其相對，如“冰氏之子”這樣的人物在雙重意

義上被完全排斥到了選舉範圍之外。

第十一章《西晉墓誌的意義》詳細探討了西晉時代的墓誌。

這一時期墓誌形式的特徵，就形狀而言，有小型碑形（“墓誌碑”），根據碑頭的形狀，又分爲圭首、圓首、方首等三種。刻文書式幷沒有定型，字數在具備題、序、銘等內容完整的墓誌中較多，書體大半爲晉隸（波磔、“折刀頭”的八分隸書等）。從時期來看，西晉的墓誌集中於惠帝時期，在地域上多分布在首都洛陽周圍。

通過上述刻文特徵，再來觀察以左思之妹左棻墓誌爲中心的各種墓誌，還會發現一些特點。這就是墓誌僅僅是在針對現住地的“假葬”之處製作的，這也是爲什麽選擇在偏僻的洛陽周圍的原因，其次，墓誌的製作是爲了確認墓主與生者之間的紐帶。從結果來看，人際關係較少的女性墓誌占據了多數。西晉時期，在現住地多以家族作爲主體，所以從雙重意義上而言，當時的墓誌是在一個較爲疎外的狀況下開始制作的。本文的結論是，西晉墓誌正是中國墓誌的起源。

西晉時期在心性史上是從“神”變化到“人”，在文化上是從外向的、物質的側面向內面的、精神的方向轉變的時期，西晉墓誌深刻反映了這種雙重變化。就死生觀而言，死者本是受人們畏怖的存在，現在卻變成追慕的對象，這一時期由厚葬變爲薄葬的原因也似在此。從這一角度來看，西晉墓誌中，如左思與妹妹別離時所作的《悼離贈妹詩》以及潘岳悼念亡妻的《悼亡詩》是處在同一地平綫上的。

人名索引

あ

い

う

え

お

か

き

く

け

こ

す

せ

た

ち

と

な

に

は

ひ

ふ

へ

ほ

ら

り

る

れ

ろ

わ

著者略歴

福原　啓郎（ふくはら　あきろう）
　京都外国語大学外国語学部教授
一九五二年　大阪府生まれ
一九八四年　京都大学大学院文学研究科博士後期課程（東洋史学専攻）単位取得満期退学
一九八九年　京都外国語短期大学英語科専任講師
一九九〇年　京都外国語大学外国語学部専任講師
一九九三年　京都外国語大学外国語学部助教授
二〇〇一年より現職

主要論著
『西晉の武帝司馬炎』、白帝社、一九九五年
『内藤湖南の世界――アジア再生の思想』（共著）、河合文化教育研究所、二〇〇一年
「長沙呉簡に見える「刑」に関する初歩的考察」（長沙呉簡研究会『長沙呉簡研究報告』第二集、二〇〇四年）

東洋史研究叢刊之七十七（新装版　15）
魏晉政治社会史研究
二〇一二年三月三十一日　第一刷発行
著　者　福《ふく》原《はら》啓《あき》郎《ろう》
発行者　檜山爲次郎
発行所　京都大学学術出版会
〒606-8305　京都市左京区吉田近衛町69　京都大学吉田南構内
電話〇七五（七六一）六一八二　FAX〇七五（七六一）六一九〇
URL http://www.kyoto-up.or.jp/
印刷所　亜細亜印刷　株式会社

ISBN978-4-87698-535-7　C3322

ORIENTAL RESEARCH SERIES No.77

A Study
for
The Political and Social History
of
The Wei- Jin Dynasties

by

FUKUHARA Akiro

Kyoto University Press

2012